憲法演習ゼミナール読本(上)

憲法演習ゼミナール読本

（上）

甲斐素直 著

法学演習
ゼミナール

信山社

はしがき

　前書『憲法ゼミナール』は，品切れとなった．したがって，できるだけ早くに新版を出すことが筆者の責務である．しかし，その目的から，改めて内容を検討してみると，単純に前書刊行後，現在までの判例・学説の変化を加味した形で刊行するだけでは，克服のできない問題があることに気付かざるを得なかった．

　前書が刊行されたのは，法科大学院ができる少し前の時点で，法科大学院や新司法試験がどのようなものになるかも判らないままに，しかし，それにも通用する本という事を意識して刊行したものであった．

　その後に，学部・大学院の講義はいかにあるべきか，という問題意識から，いろいろと試行錯誤をした．結局，前書のベースとなった私のゼミのレジュメにさらに手を入れて活用するというパターンが一番役に立つように思われた．ただ，その過程で，前著における記述の仕方に含まれていた問題点もいろいろと見えてきた．

　最大の問題は，新司法試験問題が，事前に予想していた以上の長文のものとなったということである．したがって，それに的確に対応しうるものとするためには，可能なものは，問題をより長文化しないと，新司法試験をめざす人の役に立つものではなくなる，ということである．

　そのように，問題文を大幅に変更すれば，当然，その説明文も大幅に変更せざるを得なくなる．さらに，内容的にも手を入れねばならない箇所が多々あった．例えば，問題点を正確に理解してもらうための背景説明というつもりで書いている部分までも，学生諸君からは論文に書く必要があると思われていたり，逆に，ここは当然学生諸君も判っていて，書くまでもなく補ってもらえる，というつもりで飛ばしてある部分が，そのまま論文で穴となって現れる，というようなことが起こることが判ってきたのである．

　この結果，本書は，前書の原稿で生き残ったものは皆無というほどの大幅改訂となり，量的にも倍増し，上・下巻とすることになったため，改訂版ではなく，新たな書として刊行することとなった．しかし，基本的な特徴は，前書と同一であるので前書同様，学生諸君の座右において活用して頂ければ幸いである．

　以下，簡単に本書の特徴を説明する．

1　本書の特徴

　本書は，いわゆる演習書といわれる書の1つである．演習書というのは，概説書と違い1つの法的テーマを選んで，それに関連するあらゆる論点をまとめて述べている，という点に特徴がある．すなわち，概説書であれば，あるテーマに関係する事項が，その書の筆者の理論体系に従い，本の各所にバラバラに書かれているが，演習書では，特定のテーマに関連する限り，すべて集中的に書かれている，という点に特徴がある．

　これまで憲法に関する演習書も多数書かれてきた．筆者よりはるかに優れた業績を上げられた方々による書も多い．特に，法科大学院の導入後には，法科大学院での演習に活用されることを狙って，一層多数の類書が現れた．

　それらの中で，本書の特徴を紹介するならば，良くも悪くも，その最大の特徴は，前述のとおり，ゼミにおけるレジュメを集大成したものである，という点にある．

　それは，司法試験や国家公務員試験法律職など，実務法曹を目指す学生諸君を対象として，論文の書き方指導に重点を置いて運営している．毎週のテーマは，ゼミ生諸君が互いに討論して決定する．提出された論文を，添削するとともに，そこに共通に見られる問題点を意識しつつ，どのようにすれば，良い評価を得られる論文となりうるかという点を中心に説明を行っている．さらに，ゼミの場で学生諸君から質問があれば，それをフィードバックして，レジュメに加筆修正を行ってきた．

　すなわち，

　(1)　通常，演習書は，多数の学者の共同執筆になるものである．しかし，本書は，全文を筆者1人で書いているために，視点の統一ができている．

　(2)　通常の演習書であれば，学者としての立場から，何が論点となり，どのように論ずればよい

はしがき

か，という点だけを叙述している．これに対して，本書では，学生諸君が国家試験の論文を書く際に論点として把握すべき点をもっぱら取り上げている．さらに，ゼミ生が犯した過ちに対する論及を通じて，一般に学生諸君がついうっかり犯しがちな間違い，すなわち何は論点としてはならず，また，どのような記述をしてはいけないか，という点も含めて叙述している．したがって，論文式国家試験を目指す諸君にとっては，参考になる度合が非常に高いと自負している．

（3）普通の演習書は，先ずそれを読んで，しかる後に論文を書くということを想定して書かれている．それに対して，本書は，上述した成り立ちから当然に，まず学生諸君が自力で一応論文を書き，しかる後に本書を読んで，自分の問題点を検討する，というスタイルで書かれている．そこで，本書は，最初に問題文だけを抜き出した頁を作り，まず解説抜きの問題にぶつかって自力で考えることができるように工夫してある．

（4）論文が良いものとなるためには，直接論文に書かれる事項でなくとも，その背景となった事実を知っているのといないのとでは，個々の言い回しなどに決定的な違いが生じ，それが結局試験における当落を分かつ要素になる，と私は信じている．そこで，論文には書く必要のない背景情報にもかなり力を入れた記述をしている．特に，判例に関する正確な知識は，実務法曹を目指す者にとっては，欠くことのできないものであるところから，関係する判例については，憲法判例百選〈第5版〉(本文中においては，特段の理由がない限り，単に「百選〈第5版〉」という．)を適宜紹介し，また，そこに紹介されているだけでは不足すると認められるものについては，判決原文をかなり詳細に引用し，かつその解説を行っている．

ただし，誤解を避けるため，ここに強調するが，諸君に見て欲しいのは，判例の採用している論理である．諸君の論文で，判例を詳細に紹介してはいるが，その論理に対し，賛否いずれとも述べていないもの，あるいは，判例であるというだけの理由で，絶対に正しい，という前提で書かれているものが，時々ある．しかし，それでは論文ではない．論文は，あくまでも，自らの見解を"論"ずる文章なのである．判例の論理が気に入ったら，それを自らの見解として論じ，反対なら，その問題点を指摘

する意識で書いてほしい．

2　本書の構成

今日，わが国の憲法学は次のような4つの領域でそれぞれ様々な論点を有するように発展している．

(1)　憲法総論
(2)　統治機構論［本書第Ⅰ部］
(3)　人　権　論［本書第Ⅱ部］
(4)　憲法訴訟論［本書第Ⅲ部］

したがって，本書で取り上げるテーマもまた，こうした領域に対応して説明するのが便利である．しかし，本書では憲法総論については特に項目をたてていない．国家試験において，単純に憲法総論だけを論点とする出題例は近年全くないこと，また，よい論文というものは，その中に必ず憲法総論的な要素を持っているものであることなどが理由である．

人権論は，近年では，常に憲法訴訟論の要素を取り込んで論じられる必要がある．人権を個々人のレベルで国家に対して主張するには，常に裁判が最後のよりどころになるからである．また，憲法訴訟論のあるものは，統治機構における活動の限界として論じられることも多い．そうした事項は，当然統治機構論や人権論の講で，その説明の一環として論じている．しかし，いくつか，憲法訴訟固有の論点というべきものがある．それらについては，とくに憲法訴訟論に集めてみた．本書では，前著以上に，憲法訴訟論の充実に意を用いた．

3　本書の利用法

本書は，体系書ではないので，始めから終わりまで通して読む必要はない．普通の演習書と同じように，目次から，関心のあるテーマを選んで読んで貰えればよい．しかし，もし自分の論文力を伸ばしたいならば，各講の問題だけを抜き出してあるので，それに目を通し，適当な問題を選んで，現在の自分の力でどこまで書けるかを試してみてほしい．その上で，自分の答案と対比しつつ，各講を読んで貰えれば，一段と実力をつけることができると考えている．

2008（平成20）年7月

著　者

(上) 目 次

第Ⅰ部 統治機構論

第1章 立 法

第1講 国の唯一の立法機関と委任の限界 …………………………… 4
第2講 国権の最高機関 …………………………… 15
第3講 二院制の意義 …………………………… 24
第4講 議院の自律権 …………………………… 30
第5講 国政調査権 …………………………… 40
第6講 国会議員の法案提出権 …………………………… 48
第7講 国会の条約承認権 …………………………… 52
第8講 国会議員の免責特権とその限界 …………………………… 65
第9講 政党の内部自律と司法審査 …………………………… 69

第2章 行 政

第10講 内閣総理大臣の地位と権限 …………………………… 77
第11講 内閣の全会一致性 …………………………… 85
第12講 議院内閣制の本質と衆議院の解散 …………………………… 88
第13講 独立行政委員会の合憲性 …………………………… 93

第3章 司 法

第14講 裁判の公開 …………………………… 98
第15講 司法権の独立 …………………………… 105
第16講 司法権に対する民主的統制 …………………………… 110
第17講 裁判官の良心 …………………………… 118
第18講 裁判員制度の合憲性 …………………………… 121
第19講 裁判官の政治的基本権の制限 …………………………… 127

第4章 財 政

第20講 予算と法律 …………………………… 135
第21講 幼児教育助成制度と憲法89条 …………………………… 147
第22講 政党概念と財政憲法 …………………………… 157

第5章 地方自治

第23講 地方自治の本旨 …………………………… 162
第24講 道州制の導入と地方自治の本旨 …………………………… 171
第25講 法律と条例の罰則 …………………………… 176

〈(上) 目　次〉

第26講　条例による財産権の制限 …………………………… *185*
第27講　住民投票の拘束力 ……………………………………… *190*
第28講　知事の多選制限の合憲性 ……………………………… *195*

第6章　最高法規

第29講　憲法改正権の限界 ……………………………………… *199*

第Ⅱ部　人権論

第1章　人権総論

第30講　人権の制約原理 ………………………………………… *212*
第31講　定住外国人の参政権 …………………………………… *217*
第32講　外国人の再入国の自由 ………………………………… *225*
第33講　プライバシーの限界 …………………………………… *233*
第34講　プライバシーと芸術 …………………………………… *240*
第35講　プライバシーの具体的権利性 ………………………… *248*
第36講　自己決定権とその限界 ………………………………… *256*
第37講　人権の私人間効力 ……………………………………… *266*
第38講　団体自律権と構成員の人権 …………………………… *274*

第2章　精神的自由権論

第39講　内心の静穏の権利 ……………………………………… *283*
第40講　政教分離 ………………………………………………… *292*
第41講　取材源秘匿の自由 ……………………………………… *306*
第42講　マスメディアへの反論文掲載請求権 ………………… *315*
第43講　マスメディアの編集権と政見放送 …………………… *322*
第44講　通信の秘密 ……………………………………………… *328*

――〈(下) 目　次〉――

第3章　経済的自由権論

第45講　弁護士会の強制加入制度と憲法22条
第46講　財産権制限と損失補償

第4章　社会権論

第47講　憲法25条と教育の自由
第48講　教育を受ける権利と教科書検定
第49講　障害者の教育を受ける権利
第50講　山猫ストと労働基本権

第51講　公務員の労働基本権
第52講　救済処分としての陳謝命令

第5章　平等権論

第53講　国籍法3条1項と憲法14条
第54講　女性の坑内労働
第55講　待婚期間の意義
第56講　非嫡出子の相続分

第6章　参政権論

(上) 目　次

第57講　参政権の本質
第58講　在外邦人の参政権
第59講　拡大連座制の合憲性
第60講　平成18年度参院選の議員定数

第7章　人身の自由権論

第61講　税務調査権と憲法31条
第62講　自己に不利益な供述を拒否する権利（黙秘権）

第Ⅲ部　憲法訴訟論

憲法訴訟論に対する前書き

第1章　司法判断適合性論

第63講　司法権の概念
第64講　ムートネスの法理
第65講　行政権の第一次的判断権
第66講　昭和女子大事件といわゆる部分社会の法理

第2章　憲法判断の法理論

第67講　自制論とブランダイス・ルール
第68講　立法事実論と立法裁量論
第69講　立法の不作為と司法審査
第70講　実質的証拠の原則

第3章　合憲性判定基準論

第71講　二重の基準と合理性基準
第72講　営業の自由概念と審査基準
第73講　事前抑制禁止の原則
第74講　駅構内におけるビラ配りとパブリック・フォーラム
第75講　準パブリック・フォーラムにおける審査基準
第76講　統治行為論

第4章　判決の方式と効力論

第77講　憲法裁判としての判決のあるべき効力
第78講　違憲判決の種類
第79講　救済法
第80講　条約と司法審査

（付録）　新司法試験短答式問題集と本書の解説（憲法）
〈平成17年／平成18年／平成19年／平成20年：解説と問題の対応関係一覧〉……前付

※　平成17年度〜平成20年度までの新司法試験短答式問題集［公法系］の中から憲法に関わる問題を抽出し，これと解説を対応させた。
　なお，下巻（巻末）には同問題集［公法系］を全文掲載した。

憲法：新司法試験短答式問題と解説 目次

第1講	国の唯一の立法機関と委任の限界 ……… *4*		・平成20年〔第2問〕（配点：3）—— (20)
	・平成17年〔第6問〕（配点：2）—— (14)	第20講	予算と法律 ……………………………… *135*
第2講	国権の最高機関 ……………………… *15*		・平成20年〔第18問〕（配点：2）—— (20)
	・平成20年〔第12問〕（配点：3）—— (14)		・平成18年〔第8問〕（配点：2）—— (21)
	・平成18年〔第2問〕（配点：2）—— (14)	第21講	幼児教育助成制度と憲法89条 …… *147*
第5講	国政調査権 ………………………… *40*	第22講	政党概念と財政憲法 ……………… *157*
	・平成20年〔第15問〕（配点：2）—— (15)	第23条	地方自治の本旨（その他地方
	・平成17年〔第27問〕（配点：3）—— (15)		自治の各講参照）………………… *162*
第6講	国会議員の法案提出権 及び		・平成20年〔第19問〕（配点：3）—— (21)
第8講	国会議員の免責特権とその限界 *48, 65*	第24講	道州制の導入と地方自治の本旨 …… *171*
	・平成18年〔第17問〕（配点：2）—— (15)		・平成18年〔第20問〕（配点：2）—— (21)
第7講	国会の条約承認権 …………………… *52*	第25講	法律と条例の罰則（その他第26講
	・平成19年〔第20問〕—— (16)		も参照）……………………… *176, 185*
	・平成18年〔第6問〕（配点：2）—— (16)		・平成19年〔第19問〕（配点：3）—— (22)
第9講	政党の内部自律と司法審査 及び		・平成17年〔第7問〕（配点：3）—— (22)
第22講	政党概念と財政憲法 ……… *69, 157*	第26講	条例による財産権の制限 ………… *185*
	・平成20年〔第13問〕（配点：2）—— (17)	第27講	住民投票の拘束力 ………………… *190*
	・平成19年〔第12問〕（配点：3）—— (17)	第29講	憲法改正権の限界 ………………… *199*
第10講	内閣総理大臣の地位と権限 ……… *77*		・平成20年〔第1問〕（配点：2）—— (23)
	・平成19年〔第15問〕（配点：2）—— (18)		・平成20年〔第20問〕（配点：2）—— (23)
第11講	内閣の全会一致制 ………………… *85*		・平成18年〔第14問〕（配点：3）—— (23)
	・平成18年〔第12問〕（配点：3）—— (18)		・平成17年〔第10問〕（配点：3）—— (24)
	・平成18年〔第8問〕（配点：2）—— (18)		・平成19年〔第1問〕（配点：3）—— (24)
第12講	議院内閣制の本質と衆議院の解散 …… *88*		・平成19年〔第13問〕（配点：2）—— (25)
	・平成20年〔第16問〕（配点：2）—— (19)		・平成18年〔第10問〕（配点：3）—— (25)
第13講	独立行政委員会の合憲性 ………… *93*		・平成17年〔第1問〕（配点：2）—— (25)
	・平成17年〔第14問〕（配点：2）—— (19)	第30講	人権の制約原理 …………………… *212*
第14講	裁判の公開 ………………………… *98*		・平成20年〔第3問〕（配点：3）—— (26)
	・平成18年〔第18問〕（配点：3）—— (19)	第31講	定住外国人の参政権 ……………… *217*
	アについて第70講 実質的証拠の原則		・平成19年〔第2問〕（配点：2）—— (26)
	イについて第4講 議院の自律権 ……… *30*		・平成18年〔第15問〕（配点：2）—— (27)
	ウ及びエについて第16講 司法権に対		・平成17年〔第12問〕（配点：2）—— (27)
	する民主的統制 ………………… *110*	第32講	外国人の再入国の自由 …………… *225*
	・平成19年〔第16問〕（配点：2）—— (20)		・平成19年〔第8問〕（配点：3）—— (28)
第15講	司法権の独立 ……………………… *105*	第33講	プライバシーの限界 及び
第16講	司法権に対する民主的統制 ……… *110*		第34講・35講・36講等参照 …*233, 240, 248, 256*
第17講	裁判官の良心 ……………………… *118*		・平成19年〔第4問〕（配点：2）—— (24)
第18講	裁判委員制度の合憲性 …………… *121*	第34講	プライバシーと芸術 ……………… *240*
第19講	裁判官の政治的基本権の制限 …… *127*	第35講	プライバシーの具体的権利性 …… *248*

第36講	自己決定権法の限界 …………… 256		・平成17年〔第22問〕（配点:3） —— (40)
第37講	人権の私人間効力 ……………… 266	第54講	女性の坑内労働
	・平成19年〔第3問〕（配点:2） —— (29)	第55講	待婚期間の意義
	・平成18年〔第3問〕（配点:3） —— (29)	第56講	非嫡出子の相続分
	・平成17年〔第35問〕（配点:3） —— (30)	第57講	参政権の本質
第38講	団体自律権と構成員の人権 ……… 274	第58講	在外邦人の参政権
	・平成20年〔第4問〕（配点:2） —— (30)	第59講	拡大連座制の合憲性
	・平成17年〔第20問〕（配点:2） —— (31)	第60講	平成13年度参院選の議員定数
第39講	内心の静穏の権利 ……………… 283		・平成18年〔第9問〕（配点:3） —— (41)
	・平成18年〔第11問〕（配点:2） —— (31)		・平成17年〔第3問〕（配点:3） —— (41)
第40講	政教分離 ………………………… 292	第61講	税務調査権と憲法31条　及び第62講参照
	・平成20年〔第6問〕（配点:2） —— (32)		・平成20年〔第9問〕（配点:3） —— (42)
	・平成19年〔第6問〕（配点:3） —— (32)		・平成18年〔第1問〕（配点:3） —— (43)
	・平成17年〔第39問〕（配点:3） —— (32)	第62講	自己に不利益な供述を拒否する権利
第41講	取材源秘匿の自由 ……………… 306		・平成17年〔第25問〕（配点:3） —— (43)
	・平成17年〔第24問〕（配点:3） —— (34)	第63講	司法権の概念
	・平成18年〔第5問〕（配点:3） —— (35)	第64講	ムートネスの法理
第42講	マスメディアへの反論文掲載請求権 …… 315	第65講	行政権の第一次的判断権
第43講	マスメディアの編集権と政見放送 …… 322	第66講	昭和女子大事件といわゆる部分社会の法理
第44講	通信の秘密 ……………………… 328		・平成17年〔第5問〕（配点:3） —— (44)
〔以下（下）〕			・平成17年〔第9問〕（配点:3） —— (44)
第45講	弁護士会の強制加入制度と憲法22条	第67講	自制論とブランダイスルール
	・平成18年〔第7問〕（配点:3） —— (36)	第68講	立法事実論と立法裁量論
第46講	財産権制限と損失補償		・平成20年〔第17問〕（配点:2） —— (45)
	・平成17年〔第11問〕（配点:2） —— (36)	第69講	立法の不作為と司法審査
第47講	憲法25条と教育		・平成19年〔第17問〕（配点:3） —— (45)
	・平成20年〔第7問〕（配点:3） —— (37)	第70講	実質的証拠の原則
	・平成19年〔第10問〕（配点:2） —— (37)	第71講	二重の基準と合理性基準
第48講	教育を受ける権利と教科書検定	第72講	営業の自由概念と審査基準
	・平成20年〔第8問〕（配点:3） —— (37)		・平成17年〔第37問〕（配点:3） —— (46)
	・平成17年〔第29問〕（配点:2） —— (38)	第73講	事前抑制禁止の原則
第49講	障害者の教育を受ける権利	第74講	駅構内におけるビラ配りとパブリック・フォーラム
第50講	山猫ストと労働基本権		・平成20年〔第5問〕（配点:3） —— (46)
	・平成18年〔第4問〕（配点:2） —— (38)	第75講	準パブリック・フォーラムにおける審査基準
	・平成17年〔第4問〕（配点:2） —— (39)		・平成19年〔第7問〕（配点:3） —— (47)
第51講	公務員の労働基本権		
	・平成19年〔第11問〕（配点:3） —— (39)	＊本書に関連項目のないもの＊	
第52講	救済処分としての陳謝命令	◇ 天　皇	
第53講	国籍法3条1項と憲法14条　及び第54講・55講・56講参照		・平成20年〔第14問〕（配点:2） —— (48)
	・平成19年〔第5問〕（配点:3） —— (40)		

- ・平成18年〔第16問〕（配点:3）——（48）
◇ 国会の会期
- ・平成19年〔第14問〕（配点:2）——（48）
◇ 租税法律主義
- ・平成19年〔第18問〕（配点:2）——（49）
◇ 国民の義務
- ・平成20年〔第11問〕（配点:3）——（49）
- ・平成18年〔第13問〕（配点:2）——（49）

◇ 国家賠償請求権
- ・平成18年〔第19問〕（配点:2）——（50）
- ・平成17年〔第2問〕（配点:3）——（50）
◇ 学問の自由
- ・平成19年〔第9問〕（配点:3）——（51）
◇ 刑事補償
- ・平成20年〔第10問〕（配点:3）——（51）

解説項目と出題例の対応一覧

第1講　国の唯一の立法機関と委任の限界
・平成17年〔第6問〕（配点：2）

　国会が唯一の立法機関であること（憲法第41条）に関する次の各文章のうち，正しいものをすべて選び出したものはどれか．（解答欄は，[No.15]）

ア．憲法第41条は実質的意味の立法が国会によってのみ制定されることを意味するが，実質的意味の立法が一般的・抽象的規範を意味するとすれば，栄典制度についても法律で定めなければならないことになる．

イ．国の行政組織の基本も法律によって定められなければならないとの立場から，現行の国家行政組織法は，各省の課及び室の設置も法律によらなければならないと定めている．

ウ．国会両院の議院規則は，国会だけが実質的意味の立法を制定できることに対する憲法に明示された例外であるので，議院規則制定事項である両院の「会議その他の手続及び内部の規律」については必ず議院規則で定めなければならず，実際，国会法もそうした事項につき定めていない．

エ．地方公共団体による条例制定は，国会だけが実質的意味の立法を制定できることに対する憲法上の例外の一つであるが，住民の権利を制限する条例を制定するためには，法律による個別具体的委任が必要である．

オ．国会が実質的意味の法律の制定を内閣等の行政機関に委任することは認められるが，委任を受けた行政機関は自ら委任命令を制定しなければならず，他の行政機関にさらに委任することは許されないというのが最高裁判所の立場である．

1．アのみ　　2．イのみ　　3．ウのみ
4．エのみ　　5．オのみ　　6．アとイ
7．イとウ　　8．ウとエ　　9．ア，イ，ウ
10．イ，ウ，エ

第2講　国権の最高機関
・平成20年〔第12問〕（配点：3）

　国民主権の観念における権力性の契機と正当性の契機に関する次のアからウまでの各記述について，それぞれ理論的に成立するものには1を，成立し難いものには2を選びなさい．（解答欄は，アからウの順に[No.28]から[No.30]）

ア．国民主権の観念は，本来，君主主権との対抗関係の下で生成し，主張されてきたものである．このような経緯を踏まえると，国民主権の担い手は，抽象的なものではないし，特別の資格を持った君主でもないことになる．[No.28]

イ．主権の権力性の契機において，主権の主体である国民は有権者（選挙権者の総体）を指す．しかし，国民を有権者ととらえることは，必ずしも憲法が直接民主主義を採用しているという結論を帰結するわけではない．[No.29]

ウ．主権の正当性の契機において，主権の主体である国民は全国民（国籍保持者の総体）を指す．国民を全国民ととらえると，国民主権の原理は，命令的委任に拘束された国民代表制を要請することになる．[No.30]

・平成18年〔第2問〕（配点：2）

　日本国憲法における「主権」の概念に関する次のアからエまでの各記述について，誤っているもの二つの組合せを，後記1から6までの中から選びなさい．（解答欄は，[No.5]）

ア．日本国憲法前文には「われらは，いづれの国家も，自国のことのみに専念して他国を無視してはならないのであつて，政治道徳の法則は，普遍的なものであり，この法則に従ふことは，自国の主権を維持し，他国と対等関係に立たうとする各国の責務であると信ずる」とあるが，ここにいう「主権」は「国家の統治権」を意味する．

イ．国民主権の意義を，国家が支配権力を行使する権威のより所（国家権力の正統性）が国民に由来することと解する立場からすると，国民主権の原理は，国家権力の行使が全国民の名の下で行われるべきことを意味するにとどまり，実際に国家の意思決定に国民の意思が的確に反映されるような仕組みを作ることまでは要請されない．

ウ．ポツダム宣言8項には「日本国ノ主権ハ本州，北海道，九州及四国並ニ吾等ノ決定スル諸小島ニ局限セラルベシ」とあるが，ここにいう「主権」は

— 14 —

日本国憲法第1条にいう「主権」の意味とは異なる．
エ．日本国憲法の国民主権原理が明治憲法の天皇主権の否定として表明されたものだという趣旨からすると，日本国憲法下において，少なくとも天皇は国民ではないことは明らかである．

1．アとイ　　2．アとウ　　3．アとエ
4．イとウ　　5．イとエ　　6．ウとエ

第5講　国政調査権

・平成20年〔第15問〕（配点：2）

国政調査権に関する次のアからエまでの各記述について，明らかに誤っているもの二つの組合せを，後記1から6までの中から選びなさい．（解答欄は，[No.33]）

ア．ある刑事事件の係属中に，当該事件で審理されている事実と同一の事実について調査することは，それが立法目的又は行政監督目的で行われるものであっても許されない．
イ．ある罪に関する法改正の要否に関連して，犯罪捜査や公訴提起の状況等，その罪についての検察権の一般的な運用状況について調査することは許される．
ウ．特定の個人の犯罪行為を発見し，これを処罰するのに必要な証拠を収集するためだけに国政調査権を行使することは，たとえその個人が現職の国会議員であったとしても許されない．
エ．団体の規制に関する法改正の要否に関連して，議院における証人の宣誓及び証言等に関する法律に基づき証人として出頭したある団体の代表者は，その個人的な信条を明らかにするように尋問された場合でも，証言を拒むことは許されない．

1．アとイ　　2．アとウ　　3．アとエ
4．イとウ　　5．イとエ　　6．ウとエ

・平成17年〔第27問〕（配点：3）

国会の権能に関する次の各文章について，それぞれ，正しい場合には1を，誤っている場合には2を選びなさい．（解答欄は，アからオの順に[No.66]から[No.70]）

ア．憲法によれば，両議院は，それぞれ国政に関する調査に関して，証人の出頭，証言及び記録の提出を要求することができるとされている．この規定を受けて，議院における証人の宣誓及び証言等に関する法律は，各議院から証人としての出頭及び証言又は書類の提出を求められたときは，原則として何人もこれに応じなければならないとし，正当な理由なく，出頭，書類の提出，宣誓，証言を拒んだ場合の刑罰を定めているほか，各議院が，国政調査に関して，捜索，押収を行うことを認めている．
イ．国政調査権は，司法権の独立を害しない限り，司法に関する事項にも及ぶ．両議院の議員によって構成される裁判官訴追委員会は，裁判官について訴追の請求があったとき又は弾劾による罷免の事由があると思料するときは，その事由を調査しなければならない（裁判官弾劾法第11条）が，これは，そのような国政調査権行使の一例である．
ウ．各議院は，答弁又は説明のために国務大臣の出席を求めることができる．出席を求められた国務大臣は，両議院の一に議席を有するか否かにかかわらず，出席しなければならない．他方，両議院の一に議席を有する国務大臣は，いつでも議案について発言するため議院に出席することができるのに対し，議席を有しない国務大臣は，議院から求められた場合に限って出席することができる．
エ．両議院の会議は公開とするのが原則であるが，出席議員の三分の二以上の多数で議決したときは，秘密会を開くことができる．裁判所が裁判の対審を非公開とする場合には，公の秩序又は善良の風俗を害するおそれがなければならないが，両議院の会議を非公開にするについては，そのような制限は加えられていない．
オ．条約の締結に必要な国会の承認については，先に衆議院に提出しなければならない．先に提出を受けた衆議院がこれを承認したのに，参議院が承認しなかった場合に，両議院の協議会を開いても意見が一致しないとき，又は参議院が提出を受けた後，国会休会中の期間を除いて30日以内に議決しないときは，衆議院の議決をもって国会の承認があったものとされる．

第6講　国会議員の法案提出権及び
第8講　国会議員の免責特権とその限界

・平成18年〔第17問〕（配点：2）

国会議員の地位と権能に関する次のアからオまでの各記述について，誤っているもの二つの組合

せを，後記1から10までの中から選びなさい．
（解答欄は，[No.41]）

ア．比例代表選挙において選出された国会議員も全国民の代表であるが，国会法は，比例代表選出議員が，選出された選挙における他の名簿届出政党に所属する者になったときは退職者となると規定している．

イ．憲法第50条は，両議院の議員は「法律の定める場合を除いては」国会の会期中逮捕されないと定めており，それを受けて，国会法は，議員が国会の会期中に逮捕され得る場合として，院外における現行犯の場合とその院の許諾のある場合を挙げている．

ウ．憲法第51条は，国会議員が「議院で行った演説，討論又は表決について，院外で責任を問はれない」と定めているので，議員が所属する政党が，議員の院内での表決などを理由に除名処分を行うことは憲法上許されないが，政党の除名処分が司法審査の対象とならないため，実際にはそうした憲法第51条違反の除名処分に法的統制が及ばないことになっている．

エ．最高裁判所は，議員が院内での質疑等によって個人の名誉を低下させる発言をしたとしても，国会議員がその付与された権限の趣旨に明らかに背いてこれを行使したものと認め得るような特別の事情がある場合に限り，国家賠償法第1条第1項にいう違法な行為があったとして国の損害賠償責任が認められると判示した．

オ．国会が国の唯一の立法機関である以上，議員は当然に法案をその所属する議院に提出することができるが，この議員の法案提出につき一定の人数の賛同を得ていることを要求するなどして制限を加えることは憲法上許されないのであって，実際，国会法には議員による法案提出を制限する規定はない．

1．アとイ　　2．アとウ　　3．アとエ
4．アとオ　　5．イとウ　　6．イとエ
7．イとオ　　8．ウとエ　　9．ウとオ
10．エとオ

第7講　国会の条約承認権
・平成19年〔第20問〕（配点：2）
条約に関する次のアからオまでの各記述について，明らかに誤っているもの三つの組合せを，後記1から10までの中から選びなさい．（解答欄は，[No.45]）

ア．憲法は，条約の締結方式については直接規定していないが，批准書の認証を天皇の国事行為としていることから，批准による締結を予定しており，いかなる条約であっても，締結には，署名のみでなく批准書の交換・寄託を要する．

イ．締結について国会の承認を要する条約は，広く国家間の合意をいい，条約，協約，協定，議定書，憲章など名称のいかんを問わないが，国家間の合意であっても，既存の条約を執行するために必要な技術的・細目的な協定等は，必ずしも国会の承認を得る必要はない．

ウ．条約締結の国会承認については，衆議院の優越が認められており，両議院が異なる議決をした場合で，両院協議会を開いても意見が一致しないときは，衆議院の議決が国会の議決となるが，衆議院は，両院協議会の開催を拒むことができる．

エ．条約は，法律などと同様，憲法上，公布することとされているが，国家間の合意という性質上，締結により効力が発生しているので，公布は，事実上内容を周知させるために行われるにすぎず，施行とは無関係である．

オ．憲法第98条第2項にいう「日本国が締結した条約」は，日本国と外国との間の文書による合意を広く含むが，日本国が外国の国有の土地を賃借する契約のように，両当事者が純然たる私人の立場で結んだものは含まない．

1．アイウ　　2．アイエ　　3．アイオ
4．アウエ　　5．アウオ　　6．アエオ
7．イウエ　　8．イウオ　　9．イエオ
10．ウエオ

・平成18年〔第6問〕（配点：2）
内閣は，A国との間で，相手国から引渡請求を受けた犯罪人を相互に引き渡す義務を課す犯罪人引渡条約を締結した．ところが，内閣が事後にその承認を国会に求めたところ，国会は，引渡義務の対象から自国民が除外されていないことを理由に，引渡義務の対象から自国民を除外するとの条項を付して，その犯罪人引渡条約を承認するとの議決をした．このような事態に関する次のアから

カまでの各記述について，明らかに誤っているもの二つの組合せを，後記1から9までの中から選びなさい．（解答欄は，[No.14]）

ア．国会の条約承認手続において両院協議会の手続が認められていることからして，犯罪人引渡条約に新たな条項を付する決議は，国会に認められた権限である．

イ．条約の締結に際して，内閣が事前に国会の承認を受けることは条約の成立要件であるから，この犯罪人引渡条約は，新たな条項の有無にかかわらず国内法上効力が認められない．

ウ．新たな条項を付して承認するとの国会の議決は，内閣に対し，新たな条項を含んだ条約の締結交渉を政治的責務として課すことになる．

エ．条約の内容を確定するのは，内閣の職務に属することであるから，国会が行うことができるのは承認か不承認に限られ，国会は犯罪人引渡条約に新たな条項を加えることは認められていない．

オ．条約に国会の承認が必要なのは今日の民主国家には共通のことであり，内閣案のとおりに国会の承認を受けることができなかった犯罪人引渡条約は，結局は不承認を意味することになるから国内法としては無効と考えざるを得ない．

カ．条約は国会の議決を必要とする一種の法律であるから，後法優先の原則により，新たな条項の付された条約は国内法として効力を持つことになる．

1．アとウ　2．イとエ　3．ウとオ
4．エとカ　5．アとエ　6．イとオ
7．ウとカ　8．アとオ　9．イとカ

第9講　政党の内部自律と司法審査及び
第22講　政党概念と財政憲法

・平成20年〔第13問〕（配点：2）

次のアからウまでの各記述について，政党に関する最高裁判所の判例の趣旨に照らして，正しいものに○，誤っているものに×を付した場合の組合せを，後記1から8までの中から選びなさい．（解答欄は，[No.31]）

ア．憲法は政党につき明文で規定していないが，政党は国民の政治意思を国政に実現させる最も有効な媒体であり，議会制民主主義は政党を無視してはその円滑な運用を期待することはできない．し

たがって，政党は議会制民主主義を支える不可欠の要素といえる．

イ．国民には，政党を結成し，政党に加入し，若しくは政党を脱退する自由が保障されている．他方，政党は，政治上の信条や意見を共通にするものが任意に結成する団体であるから，党員に対して政治的忠誠を要求し，一定の統制を施すことができる．

ウ．法律上の権利義務関係をめぐる争訟であっても，政党の除名処分の有効性が紛争の前提問題となっている場合には，宗教上の教義や信仰の対象に関する価値判断が前提問題となっている場合と同様，裁判所の審査権は及ばない．

1．ア○　イ○　ウ○　2．ア○　イ○　ウ×
3．ア○　イ×　ウ○　4．ア○　イ×　ウ×
5．ア×　イ○　ウ○　6．ア×　イ○　ウ×
7．ア×　イ×　ウ○　8．ア×　イ×　ウ×

・平成19年〔第12問〕（配点：3）

政党に関する次のアからエまでの各記述について，それぞれ正しい場合には1を，誤っている場合には2を選びなさい．（解答欄は，アからエの順に，[No.28]から[No.31]）

ア．日本国憲法において，政党について直接規定する条文はない．憲法第21条第1項の言論の自由の中で，政党を新たに設立する自由，政党に加入する自由，そして政党を脱退する自由が保障されている．[No.28]

イ．政党を憲法で直接規定することには，問題もある．なぜなら，それによって，政党の公的機関性が強まり，「戦う民主主義」の名の下に，法律によって党内民主主義を規制したり，反民主主義政党を排除したりするおそれも出てくるからである．[No.29]

ウ．国民と議会を媒介する組織として政党が発達しており，政党が国家意思の形成に事実上主導的な役割を演じる「政党国家」現象が生じている．そのような状況においては，政党の数と構造が政治体制の在り方を左右するといえる．[No.30]

エ．法律上は，政党法を始めとして，政治資金規正法，政党助成法，政党交付金の交付を受ける政党等に対する法人格の付与に関する法律，公職選挙法などの法律で，それぞれの法律の目的に応じて政

党に関する規定が置かれている．[No.31]

第10講 内閣総理大臣の地位と権限
・平成19年〔第15問〕（配点：2）
　内閣に関する次のアからエまでの各記述について，正しいもの二つの組合せを，後記1から6までの中から選びなさい．（解答欄は，[No.34]）
ア．内閣は，内閣総理大臣及びその他の国務大臣により構成される合議体である．国務大臣の任命は天皇により認証されるが，認証は効力要件ではないから，内閣総理大臣が国務大臣を任命した時点で，合議体としての内閣が成立する．
イ．憲法第72条は，内閣総理大臣が内閣を代表して行政各部の指揮監督を行うと規定しているが，行政各部の指揮監督は，本来，内閣の権限である．したがって，内閣は，行政各部の行為についても，国会に対して連帯して政治責任を負う．
ウ．憲法第73条は，「他の一般行政事務の外」に内閣が行うものとして，第1号ないし第7号で重要な行政事務を列挙している．憲法上，同条以外に，内閣が行政事務を行う一般的権限を有することを示す規定はない．
エ．憲法第73条第6号が定める内閣の政令制定権について，憲法の規定を直接実施する政令は認められないとの立場によると，政令の種類は，法律の委任に基づく委任命令，法律の執行の細目を定める執行命令，既存の法律に代替する内容を定める代行命令に限定され，法律に定めのない事項を定める独立命令は認められないことになる．

　1．アとイ　　2．アとウ　　3．アとエ
　4．イとウ　　5．イとエ　　6．ウとエ

第11講 内閣の全会一致制
・平成18年〔第12問〕（配点：3）
　内閣及び内閣総理大臣に関する次のアからエまでの各記述について，それぞれ正しい場合には1を，誤っている場合には2を選びなさい．（解答欄は，アからエの順に[No.29]から[No.32]）
ア．憲法は，内閣総理大臣が欠けたときは，内閣は総辞職をしなければならないと定めているが，ここにいう「欠けた」とは，死亡や国会議員たる資格の喪失などを意味し，病気や一時的な生死不明は含まない．[No.29]

イ．最高裁判所の判例によれば，内閣総理大臣は，少なくとも内閣の明示の意思に反しない限り，行政各部に対し，随時その所掌事務について一定の方向で処理するよう指導，助言等の指示を与える権限を有する．[No.30]
ウ．閣議の決定は，慣例上全員一致でなければならないとされているから，一部の大臣が閣議の決定に参加せず，あくまでもその決定に反対であった場合には，内閣は総辞職しなければならない．[No.31]
エ．内閣総理大臣は，内閣を代表して議案を国会に提出し，国務を総理するほか，外交関係について国会に報告することを職務とするが，外交関係の処理と条約の締結は内閣が行うべき事務である．[No.32]

・平成18年〔第8問〕（配点：2）
　内閣に関する次の各文章のうち，誤っているものを組み合わせたものはどれか．（解答欄は，[No.18]）
ア．憲法には，内閣が衆議院における内閣不信任案の議決や内閣信任案の否決がなくても衆議院を解散できると明文で定めている規定はないが，内閣は，当初から，衆議院の解散を天皇の国事行為とする憲法第7条に基づき，衆議院を解散してきた．
イ．内閣は国会に対して連帯して責任を負うとともに，衆議院が内閣不信任案を提出することで内閣の政治責任を追及することになっているのであるから，国会の両院が内閣を構成する大臣の政治責任を不信任決議などによって追及することはできない．
ウ．憲法には閣議の議事の方法に関する規定はないが，閣議は全員一致で議事が決定されるという慣行が成立している．一般に，これは，内閣の国会に対する連帯責任を維持するためであると解されている．
エ．内閣総理大臣に事故がある場合や内閣総理大臣が欠けた場合には，内閣総理大臣があらかじめ指定した国務大臣が内閣総理大臣の職務を行うが，この内閣総理大臣臨時代理という地位は，内閣法が定めるものであって，憲法が明文で定めているものではない．
オ．最高裁判所によれば，最高の行政機関はあく

まで内閣であり，内閣総理大臣は内閣の首長にすぎないことから，内閣総理大臣は，閣議にかけて決定した方針に基づかなければ行政各部に対して指揮監督できないことはもとより，一定の方向で事務を処理するよう指示することもできない．

1．アとエ　　2．イとオ　　3．ウとア
4．エとイ　　5．オとウ

第12講　議院内閣制の本質と衆議院の解散
・平成20年〔第16問〕（配点：2）

内閣及び内閣総理大臣に関する次のアからウまでの各記述について，正しいものに○，誤っているものに×を付した場合の組合せを，後記1から8までの中から選びなさい．（解答欄は，[No.34]）

ア．議院内閣制に関する責任本質説は，内閣の国会に対する連帯責任，衆議院の内閣不信任決議権，内閣の衆議院解散権を，議院内閣制の必須の要素としている．

イ．内閣は憲法第73条第1号により法律を誠実に執行する義務を負うが，他方，憲法第99条により憲法尊重擁護義務をも負うので，内閣が違憲と解する法律が成立した場合には，一時的であれば，その執行を停止することができる．

ウ．内閣総理大臣は国務大臣の任免権，国務大臣の訴追に対する同意権及び予算の作成・提出権を有するが，これらはすべて内閣総理大臣の専権事項であるので，閣議にかけて決定する必要はない．

1．ア○　イ○　ウ○　　2．ア○　イ○　ウ×
3．ア○　イ×　ウ○　　4．ア○　イ×　ウ×
5．ア×　イ○　ウ○　　6．ア×　イ○　ウ×
7．ア×　イ×　ウ○　　8．ア×　イ×　ウ×

第13講　独立行政委員会の合憲性
・平成17年〔第14問〕（配点：2）

次のAからFの論述は，独立行政委員会の存在を合憲とする論拠又はこれを違憲とする論拠のいずれかである．そのうち，合憲とする論拠を組み合わせたものはどれか．（解答欄は，[No.32]）

A．独立公正に行われることが要求されるような特殊な行政事務については，内閣の指揮監督を受けない独立の行政機関を設けることが認められている．

B．独立行政委員会と内閣との間には事実上の意思疎通が行われ，内閣は，法律案の提出権，予算作成権において独立行政委員会に拘束されない．

C．憲法は国家統治の基本方式として三権分立主義を採用しており，この基本方式を法律で変更することは許されない．

D．内閣が独立行政委員会の委員の任命権を持ち，その任期が内閣による統制，責任を可能とする合理的な期間に限られている．

E．すべての行政権の行使について内閣が国会に対して責任を負うことになっており，準司法機関を除いて，内閣を通じての国会のコントロールから逸脱する行政部門が存在してはならない．

F．すべての行政機関が内閣に属し（憲法第65条），内閣総理大臣は行政各部を指揮監督する（同第72条）という規定によって，すべての行政権は内閣の下にあり，その指揮監督を受けなければならない．

1．AとE　　2．BとF　　3．CとA
4．DとB　　5．EとC　　6．FとD
7．BとC　　8．DとE　　9．FとA

第14講　裁判の公開
・平成18年〔第18問〕（配点：3）

次のアからエまでの各記述について，最高裁判所の判例の趣旨に照らし，それぞれ正しい場合には1を，誤っている場合には2を選びなさい．（解答欄は，アからエの順に[No.42]から[No.45]）

ア．刑事事件の証人尋問の際に，傍聴人が証人の状態を認識することができないような遮へい措置を採っても，審理が公開されていることに変わりはないから，憲法第82条第1項及び第37条第1項に違反しない．[No.42]

イ．家庭裁判所は，遺産の分割に関する処分の審判において，その前提となる相続権，相続財産等の権利関係の存否を審理判断することはできず，争いのない権利関係を前提として遺産の分割を具体的に形成決定するなどの処分をなすのであるから，その審判を公開法廷において行わなくとも，憲法第82条第1項に違反しない．[No.43]

ウ．憲法第82条第1項は，裁判の公開を制度として保障することにより，国民に裁判を傍聴する権利を認め，その一環として傍聴した内容についてメモを取る権利も保障したものというべきである

から，裁判長は，特段の事情のない限り，傍聴人がメモを取ることを禁止してはならない．[No.44]
エ．刑事事件の公判廷における写真撮影は，審判の秩序を乱し被告人その他訴訟関係人の正当な利益を不当に害する結果を生ずる恐れがあるため，最高裁判所規則により，裁判長の許可を得なければすることができないものと規定することは，憲法第21条に違反しない．[No.45]

　　アについて，第70講　実質的証拠の原則
　　イについて，第4講　議院の自律権
　　ウ及びエについて，第16講　司法権に対する民主的統制

・平成19年〔第16問〕（配点：2）
　司法に関する次のアからエまでの各記述について，明らかに誤っているもの二つの組合せを，後記1から6までの中から選びなさい．（解答欄は，[No.35]）
ア．憲法第76条第2項後段の規定からすると，裁判所の裁判の前審として，行政機関が行政処分についての審査請求や異議申立てに対して裁決ないし決定を下すことは許されるが，裁判所がそこで認定された事実に絶対的に拘束される旨定めることは許されない．
イ．憲法第77条第1項は，最高裁判所が「弁護士に関する事項」についても規則で定める権限を有すると規定しているが，これによると，弁護士の資格・職務・身分を，法律ではなく，最高裁判所規則で定めることも許される．
ウ．最高裁判所の裁判官は，憲法第79条第2項に定める国民審査の結果によって罷免される場合があるほか，憲法第78条に定める「公の弾劾」により罷免される場合があるが，それ以外の方法で罷免することは許されない．
エ．裁判官の定年は，憲法第79条第5項，第80条第1項により，法律で定められることになっているが，法律で定められた年齢を引き下げ，その年齢に達しているすべての裁判官を退官させることは，憲法第78条の趣旨に照らして許されない．

1．アとイ　　2．アとウ　　3．アとエ
4．イとウ　　5．イとエ　　6．ウとエ

第19講　裁判官の政治的基本権の制限
・平成20年〔第2問〕（配点：3）
　公務員の政治活動に対する制約に関する次のアからウまでの各記述について，猿払事件判決（最高裁判所昭和49年11月6日大法廷判決，刑集28巻9号393頁）に照らして，それぞれ正しい場合には1を，誤っている場合には2を選びなさい．（解答欄は，アからウの順に[No.2]から[No.4]）
ア．国家公務員の政治的中立性を損なうおそれのある政治的行為を禁止することは，強い政治性を有する意見表明そのものを制約する規制であるが，行政の中立的運営とこれに対する国民の信頼の確保という国民全体の共同利益のためであれば，特定の内容の表現を禁止することも許される．[No.2]
イ．国家公務員法第102条第1項は国家公務員に禁止される政治的行為の具体的定めを広く人事院規則に委任しているが，一般に公務員の政治的中立性を損うおそれのある政治的行為を禁じることは許されるのであり，同条同項はそのような行動類型の定めを委任するものであって，委任の限界を超えることにはならない．[No.3]
ウ．国家公務員の具体的な政治的行為を処罰することの合憲性判断に当たっては，当該公務員の職務内容や問題となる行為の内容などを総合的に考慮すべきである．例えば機械的労務の提供を職務とする者の政治的行為により公務員の政治的中立性が害されるおそれは小さいが，他方，行われた行為が選挙に際しての特定政党への支援活動という政治的偏向の強いものであれば，結局処罰は合憲と判断される．[No.4]

第20講　予算と法律
・平成20年〔第18問〕（配点：2）
　予算及び決算に関する次のアからエまでの各記述について，正しいもの二つの組合せを，後記1から6までの中から選びなさい．（解答欄は，[No.36]）
ア．一会計年度の期間については憲法上明文の規定はないが，国会の常会が毎年召集すべきこととされており，また，決算について毎年会計検査院が検査することとされていることから，憲法は会計年度を1年とすることを予定していると考えられる．

イ．予算は，一会計年度における国の財政行為の準則であり，政府の行為を規律する法規範であるから，国の歳入が歳入予算に定められた金額を超えると見込まれる場合には，内閣は，補正予算を作成・提出し，国会の承認を得た上で徴収することになる．

ウ．国の収入支出の決算は，次の年度に国会に提出され，審査がなされるが，既になされた支出が適正であったかどうかの事後審査であるから，国会が修正を加えることはできず，また，不承認の議決がなされても，既になされた収入支出に何ら影響を及ぼさない．

エ．内閣は，国会及び国民に対し，定期に，少くとも毎年一回，国の財政状況について報告しなければならないが，国会に対しては，毎会計年度予算及び決算を提出しているから，この報告に関しては，成立した予算及び決算を国民に対して報告すれば足りる．

1．アとイ　　2．アとウ　　3．アとエ
4．イとウ　　5．イとエ　　6．ウとエ

・平成18年〔第8問〕（配点：2）

　財政制度に関する次のアからエまでの各記述について，明らかに誤っているもの二つの組合せを，後記1から6までの中から選びなさい．（解答欄は，[No.19]）

ア．日本国憲法は，租税法律主義の例外を設けていないため，「条約中に関税について特別の規定があるときは，当該規定による」と定める関税法第3条ただし書の合憲性が問題となり得るが，憲法第84条にいう「法律の定める条件による」場合に該当するものとして，憲法違反ではないと解される．

イ．日本国憲法は，予備費の制度を設け，事前に国会の議決を経るとともに，具体的な支出については，事後的に国会の承諾を得ることを必要としている．そして，国会の承諾が得られない場合には，既に締結された契約は直ちに無効とはされないものの，当該契約を解除する正当な事由があるものと解される．

ウ．日本国憲法においては，予算発案権は内閣に専属する．しかし，憲法第83条の趣旨からして，国会は，提出された予算案につき，減額修正，増額修正のいずれもなし得ると解されており，国会法や財政法には，増額修正を想定した規定が置かれている．

エ．日本国憲法には，予算と法律が不一致の場合に関する規定は設けられていない．年度途中に予算に計上されていない経費を要する法律が成立した場合，内閣は，補正予算，経費流用，予備費などの予算措置を採るべき義務を負い，当該法律の執行が緊急を要するときには，事後に国会の承認を経ることを条件に，これらの予算措置のいずれであっても内閣の責任で選択して執行することができる．

1．アとイ　　2．アとウ　　3．アとエ
4．イとウ　　5．イとエ　　6．ウとエ

第23講　地方自治の本旨（その他地方自治の各講参照）

・平成20年〔第19問〕（配点：3）

　地方自治に関する次のアからウまでの各記述について，それぞれ正しい場合には1を，誤っている場合には2を選びなさい．（解答欄は，アからウの順に[No.37]から[No.39]）

ア．憲法第92条は地方公共団体の組織及び運営に関する事項については法律でこれを定めることとしているから，法律で地方公共団体そのものを廃止することは許されないが，地方議会を諮問機関とすることは必ずしも違憲ということはできない．[No.37]

イ．憲法第93条第2項は地方公共団体の長，議会の議員を住民が直接選挙することを定めているにとどまり，地方自治法に定める議会の解散請求や議員，長の解職請求の制度それ自体は憲法上の要請ということはできない．[No.38]

ウ．憲法第94条は地方公共団体の条例制定権を定めており，地方公共団体は，広義の自治事務に該当する事務であれば，条例により住民の基本的人権に制約を課すことも許されるのであって，このこと自体を直ちに違憲ということはできない．[No.39]

第24講　道州制の導入と地方自治の本旨

・平成18年〔第20問〕（配点：2）

　次のアからウまでの各記述について，正しいも

のに○，誤っているものに×を付した場合の組合せを，後記1から8までの中から選びなさい．（解答欄は，[No.47]）

ア．地方自治法は，地方公共団体として，普通地方公共団体と特別地方公共団体とを定めている．同法は，一時期，都の特別区について，その区長は特別区の議会が都知事の同意を得てこれを選任するものと定めていたところ，最高裁判所は，特別区は憲法上の地方公共団体には当たらないものと解して，これを合憲としたが，現在の地方自治法では，都の特別区も，都道府県及び市町村と同じく普通地方公共団体とされており，その区長は選挙人の投票により選挙される．

イ．憲法第93条第1項は，「地方公共団体には，法律の定めるところにより，その議事機関として議会を設置する」と規定している．したがって，地方自治法で，小規模の普通地方公共団体について，条例で，議会を置かず，選挙権を有する者の総会を設けることができる旨を規定することは，憲法に違反する．

ウ．憲法が，基礎的な地方公共団体と包括的な地方公共団体からなる2段階構造を保障しているか否かについては，議論がある．これを肯定する立場は，憲法が，制定当時の地方制度，すなわち市町村と都道府県からなる地方制度を前提にして地方自治を保障したことを尊重するものであるが，この立場からしても，都道府県より更に広域の道州のような自治組織を設けることは，必ずしも，憲法に違反すると解すべきことにはならない．

1．ア○　イ○　ウ○　　2．ア○　イ○　ウ×
3．ア○　イ×　ウ○　　4．ア○　イ×　ウ×
5．ア×　イ○　ウ○　　6．ア×　イ○　ウ×
7．ア×　イ×　ウ○　　8．ア×　イ×　ウ×

第25講　法律と条例の罰則（その他第26講も参照）

・平成19年〔第19問〕（配点：3）

地方自治に関する次のアからエまでの各記述について，それぞれ正しい場合には1を，誤っている場合には2を選びなさい．（解答欄は，アからエの順に[No.41]から[No.44]）

ア．憲法第94条は，地方公共団体の権能として条例制定権を定めているが，同条にいう「条例」には，民主的議決機関である地方公共団体の議会が制定する条例だけでなく，地方公共団体の長が制定する規則も含まれる．[No.41]

イ．憲法第93条第2項は，地方公共団体の長及び議会の議員のほか，「法律の定めるその他の吏員」についても地方公共団体の住民が直接これを選挙すると定めているから，選挙管理委員会の委員を公選とすべきことも同項に基づく憲法上の要請である．[No.42]

ウ．憲法第95条は，特別法の住民投票について定めているが，同条の「一の地方公共団体」は，一つの地方公共団体という意味ではなく，特定の地方公共団体という意味であり，かつ，既に国法上の地方公共団体と認められているものであることを要する．[No.43]

エ．憲法第92条は，地方自治の基本原則について定めているが，地方公共団体の長に対する住民による条例の制定又は改廃についての直接請求制度を設けることは，地方自治の本旨の一内容である団体自治を実現するものとして認められる．[No.44]

・平成17年〔第7問〕（配点：3）

条例に関する次の記述のうち，判例に照らし，正しいと認められるものを二つ選びなさい．（解答欄は，[No.16]，[No.17]順不同）

1．国の法令が，特定の事項につき一定の規律をしている場合には，地方公共団体が，当該事項につき同じ目的のために条例を制定し，法律と異なる内容の規制を施すことは，法律による明示的な委任のない限り許されない．

2．憲法第31条は必ずしも刑罰がすべて法律そのもので定められなければならないとするものでなく，法律の授権によってそれ以下の法令によって定めることもできるが，条例は，公選の議員をもって組織する地方公共団体の議会の議決を経て制定される自治立法であって，国会の議決を経て制定される法律に類するものであるから，条例で罰則を定める場合には，法律の授権を必要としない．

3．ため池の破損・決壊の原因となるような，ため池の堤とうを使用する行為を条例で規制しても違憲ではないし，ため池の堤とうを使用する財産

上の権利を有する者もこのような規制を受忍しなければならない責務を負うのであるから，憲法第29条第3項の損失補償も必要としない．
4．美観の維持や危害防止のために，政党の演説会開催の告知宣伝を内容とするポスターを街路樹にくくりつける行為を条例で禁止することは公共の福祉のために許されるが，表現の自由を制約するものであるため，当該行為に対して条例で罰則を科することは許されない．
5．公共の秩序を維持するために，集団行進及び集団示威運動に当たり，特定の場所又は方法につき合理的かつ明確な基準の下に，あらかじめ許可を受けさせてこのような場合にはこれを禁止することができる旨の規定を条例に設けることは違憲ではないが，遵守事項の一つとして「交通秩序を維持すること」という条件を付するのは，広義かつ包括的でその内容が不明確なものであるので許されない．
6．パチンコ店等を建築する者は市長の同意を得なければいけないという条例の規定に反して建築工事に着手した者に対し，市長が条例に基づいて工事の中止命令を発したが，これに従わないため，市がその者に工事を続行してはならない旨の裁判を求める訴えは，不適法である．

第29講　憲法改正権の限界
・平成20年〔第1問〕（配点：2）
　諸種の憲法概念に関する次のアからエまでの各記述について，明らかに誤っているもの二つの組合せを，後記1から6までの中から選びなさい．（解答欄は，[No.1]）
ア．憲法概念は，その存在様式によって区分することができる．憲法という法形式をとって存在している法を「形式的意味の憲法」と呼び，法形式にかかわらず国家の組織や作用に関する基本的な規範を「実質的意味の憲法」と呼ぶ．後者の概念からすれば，国会法や公職選挙法の一部の規定は憲法法源としての意味を持つことになる．
イ．形式的意味の憲法の効力は他の法規範よりも優越する．今日多くの国では，この優越性を現実に保障するため裁判所による違憲審査制を採用しているが，法令の合憲性について議会が最終的に判断するという制度が憲法の形式的優位性と矛盾するとはいえない．
ウ．憲法の内容に着目すると，「固有の意味の憲法」と「立憲的意味の憲法」を区別することができる．「権利の保障が確保されず，権力の分立が定められていない社会は，すべて憲法を持つものではない」という1789年のフランス人権宣言の有名な一節は，前者の趣旨を示したものである．
エ．形式的意味の憲法にはいかなる内容を盛り込むことも可能であるが，歴史的には立憲主義の成文化を求める動きが憲法典の普及を促進した．日本国憲法はこの経緯を踏まえ，憲法の形式的優位性の実質的根拠を示すため，第10章「最高法規」中に公務員の憲法尊重擁護義務を定める第99条を置いている．

1．アとイ　　2．アとウ　　3．アとエ
4．イとウ　　5．イとエ　　6．ウとエ

・平成20年〔第20問〕（配点：2）
　憲法改正の限界については，理論上限界があるという立場（限界説）と限界がないという立場（無限界説）があるが，次のアからエまでの各記述のうち，限界説からの記述二つの組合せを，後記1から6までの中から選びなさい．（解答欄は，[No.40]）
ア．憲法制定時の規範・価値によって将来の世代を拘束するのは不当である．
イ．憲法の妥当性の根拠は，基本的人権の保障を含む根本規範である．
ウ．憲法規範には実定化された自然法規範が含まれており，それは実定化されても自然法規範としての性質を失わない．
エ．憲法規範中に価値序列や階層性を認めることはできない．

1．アとイ　　2．アとウ　　3．アとエ
4．イとウ　　5．イとエ　　6．ウとエ

・平成18年〔第14問〕（配点：3）
　憲法改正に関する次のアからエまでの各記述について，それぞれ正しい場合には1を，誤っている場合には2を選びなさい．（解答欄は，アからエの順に[No.34]から[No.37]）
ア．国会が発議した憲法改正案は国民の承認を得なければならないが，憲法上は，必ず特別の国民投

票が実施されなければならないわけではなく，例えば，参議院議員通常選挙の際に国民の投票を求めることも認められている．[No.34]
イ．憲法第96条第1項は，憲法改正が成立するためには国民投票において「その過半数の賛成」を必要とするとしているが，憲法改正の重要性や硬性憲法であることを重視する場合には，「その過半数の賛成」とは国民投票における有効投票の過半数を意味すると解すべきである．[No.35]
ウ．憲法改正権が制度化された制憲権であるという理解からすれば，制憲権が万能である以上，憲法改正には限界はなく，いかなる内容の改正もなし得るということになる．[No.36]
エ．ポツダム宣言の受諾によって主権の所在が天皇から国民に移ったという，いわゆる八月革命説は，憲法改正には限界があるという立場を採りつつ日本国憲法の制定を正当化しようとするものである．[No.37]

・平成17年〔第10問〕(配点：2)
次の文章の空欄に，後記の命題群から最も適する記述を補充すると，憲法保障に関する文章が完成する．後記の組合せ群のうち，空欄を補充するために用いた命題を最も多く含むものはどれか．
(解答欄は，[No.24])
憲法保障には，様々な方法がある．まず，憲法保障のために，憲法自らがその保障を直接の目的とする特別の規定を置く場合がある．日本国憲法第10章(「最高法規」の章)において，(①)もその一例である．また，第9章(「改正」の章)において，(②)も憲法保障を高めている．さらに，我が国の憲法における統治機構の仕組みとして，(③)や(④)も，憲法保障のメカニズムを組み立てる原理となっている．さらに，憲法の目的である人権保障も，憲法保障の観点からは，その重要な要素となる．例えば，(⑤)は，憲法保障に役立っている．
【命題群】
A．人身の自由を保障することにより，明文の規定はないものの，暗黙のうちに抵抗権を保障していること
B．国民の憲法尊重擁護義務を定めていること
C．日本国が締結した条約及び確立した国際法規を遵守すべきと定めていること
D．国家の行為について裁判所がその憲法適合性を判断できるとしていること
E．国家緊急権の制度を設けていること
F．表現の自由を保障して，国民が憲法に反する政府の行為を批判できること
G．憲法典の変更に特別手続を設けて，硬性憲法の性格を持たせていること
H．公務員の憲法尊重擁護義務を定めていること
I．国民が自己の権利を守るため，実力をもって憲法に反する国家権力の行使に抵抗できるとしていること
J．内閣総理大臣及び国務大臣に憲法擁護の宣誓義務を課していること
K．国家の権力を国会・内閣・裁判所に分散させ，国会を二院制としていること
L．経済的自由を保障して，資本主義社会を維持していること

【組合せ群】
1．AFK　　2．BGL　　3．CHA
4．DIB　　5．EJC

・平成19年〔第1問〕(配点：3)
次の文章は，「法の支配」に関するものである．AからDまでの各空欄に，後記1から8までの中から適切なものを補充して，文章を完成させなさい．(解答欄は，AからDの順に[No.1]から[No.4])
「法の支配」の原理は，中世における「古き良き法」の優位の思想から生まれ，英米法の根幹として発展してきた．古典的には，「法の支配」とは専断的な国家権力の支配，すなわち，「【A】[No.1] 支配」を排斥し，権力を法で拘束することによって，国民の権利・自由を擁護することを目的とする原理である．
「法の支配」の原理にいう「法」の観念が問題となる．それは，議会が一定の手続に従って制定したという形式的要件だけではなく，その内容が「理にかなっている」ものでなければならないという実質的要件を含む観念である．法の支配という場合の「法」とは，【B】[No.2] の思想と固く結びついているのであり，権威主義的な法概念ではなく，民主主義的な法概念である．
日本国憲法も，「法の支配」の原理に立脚しているといえる．それは，憲法の最高法規性の明確化，

【C】[No.3] 人権の保障, 適正手続の保障, 【D】[No.4] に見られるような司法権の拡大強化, そして裁判所の違憲審査権の確立からみて明らかである.
1. 神の
2. 憲法第76条第2項後段の行政機関による裁判の全面的禁止
3. 憲法第11条及び第97条に規定されているように, 理念として「不可侵」である
4. 権力分立
5. 人の
6. 憲法第76条第2項前段の特別裁判所の設置の禁止
7. 基本的人権
8. 憲法第12条に規定されているように「常に公共の福祉のためにこれを利用する責任を負ふ」

・平成19年〔第13問〕（配点：2）
憲法第9条に関する次のアからウまでの各記述について, 正しいものに○, 誤っているものに×を付した場合の組合せを, 後記1から8までの中から選びなさい.（解答欄は, [No.32]）
ア. 政府は, 憲法第9条第2項は自衛のために必要な最小限度の実力, すなわち自衛力の保持を禁じていないという立場をとっている. その論拠は, 同条第1項は「国際紛争を解決する手段として」の戦争, すなわち侵略戦争を放棄するものであることと, 同条第2項冒頭の「前項の目的を達するため」という文言からして, 同条項における「戦力」の不保持は侵略戦争の放棄という目的にとって必要な限りのものであるということである.
イ. 最高裁判所は, 自衛隊機の離着陸の差止めが求められた訴訟において, 当該飛行場の設置及び航空機の配備・運用が違法か否かは, 自衛隊の組織・活動の合法性に関する判断に左右されるのであるから, 主権国としての我が国の存立の基礎に極めて重大な関係を持つ高度に政治的な問題であり, 純司法的な機能を使命とする司法裁判所の審査には原則としてなじまず, 法律上の争訟に当たらないと判示した.
ウ. 憲法第9条についての政府の解釈によれば, 同条によって集団的自衛権の行使が禁じられており, 個別的自衛権の行使に当たらないような武力の行使は許されないが, 武力の行使に当たらない武器の使用は許される. いわゆるPKO等協力法などの自衛隊の海外派遣を認める法律においては, このような解釈を前提として, 自衛隊員による自衛隊員等の生命, 身体を防衛するための必要最小限の武器の使用が認められている.

1. ア○ イ○ ウ○   2. ア○ イ○ ウ×
3. ア○ イ× ウ○   4. ア○ イ× ウ×
5. ア× イ○ ウ○   6. ア× イ○ ウ×
7. ア× イ× ウ○   8. ア× イ× ウ×

・平成18年〔第10問〕（配点：3）
憲法第9条に関する次のアからエまでの各記述について, 最高裁判所の判例の要約として, それぞれ正しい場合には1を, 誤っている場合には2を選びなさい.（解答欄は, アからエの順に[No.24]から[No.27]）
ア. 憲法第9条は, 我が国が主権国として持つ固有の自衛権を否定するものではなく, 憲法の平和主義は決して無防備, 無抵抗を定めたものではない. [No.24]
イ. 憲法第9条第2項がその保持を禁止した戦力とは, 我が国が主体となってこれに指揮権, 管理権を行使し得る戦力をいうものであり, 外国の軍隊は, たとえそれが我が国に駐留するとしても, ここにいう戦力には該当しない. [No.25]
ウ. 憲法第9条が侵略のための陸海空軍その他の戦力の保持を禁じていることは一見明白であるが, 自衛のための軍隊その他の戦力の保持を禁じているか否かに関して憲法第9条第2項は一義的に明確な規定と解することはできない. [No.26]
エ. 憲法第9条の宣明する国際平和主義, 戦争の放棄, 戦力の不保持などの国家の統治活動に対する規範は, 私法的な価値秩序とは本来関係のない公法的な性格を有する規範であるから, それに反する私法上の行為の効力を一律に否定する作用を営むことはない. [No.27]

・平成17年〔第1問〕（配点：2）
憲法第9条に関する次の各文章について, 正しいものに○, 誤っているものに×を付した場合の組合せを, 後記1から8までの中から選びなさい.

（解答欄は，[No.1]）

ア．憲法第9条第1項の「国際紛争を解決する手段としては」という文言は，放棄しようとする対象に何らかの限定を加える意味を持つものではないとする解釈によると，一切の戦争と武力による威嚇及び武力の行使は，同項により，禁止されることとなる．この立場では，同条第2項は，一切の戦力を保持しない旨定めた規定と解することになる．この解釈に対しては，これまでの国際法の用例が，「国際紛争を解決する」ための戦争を禁止するという定式によって，専ら侵略戦争を禁止しようとしてきたことと合致しないのではないかという批判が加えられている．

イ．憲法第9条第1項の「国際紛争を解決する手段」としての戦争が，いわゆる侵略戦争を意味すると解すると，同項自体は，自衛権の発動としての戦争（自衛戦争）を禁止していないことになる．しかし，この解釈に立っても，同条第2項が，侵略戦争放棄という「前項の目的」を実質的に達するために一切の「戦力」の不保持を定めたと解すれば，結局，外敵との戦闘を主たる目的とする物的組織体を設け得るという解釈は，生じる余地がなくなる．同条第1項の「国際紛争を解決する手段」及び同条第2項の内容を前記のように解することに対しては，侵略戦争以外の戦争についても，結局同条第2項によって不可能になるというのであれば，同条第1項による放棄の対象を侵略戦争に限定する意味があるか疑問であり，立法技術的にも拙劣といわざるを得ないとの批判がなされている．

ウ．憲法第9条第1項の「国際紛争を解決する手段」としての戦争をいわゆる侵略戦争と解した上で，そのような限定的放棄をすることを同条第2項の目的ととらえ，同条第2項の意味を，同条第1項で放棄された侵略戦争を行うための戦力は保持しないことを定めたものと解すれば，一定の戦力の保持は許されることになる．この解釈に対しては，侵略戦争を行うための戦力とそれ以外の戦力を区別できるのかという批判がなされている．

1．ア○ イ○ ウ○　　2．ア○ イ○ ウ×
3．ア○ イ× ウ○　　4．ア○ イ× ウ×
5．ア× イ○ ウ○　　6．ア× イ○ ウ×
7．ア× イ× ウ○　　8．ア× イ× ウ×

第30講　人権の制約原理
・平成20年〔第3問〕（配点：3）

「公共の福祉」に関する次のアからウまでの各記述について，それぞれ正しい場合には1を，誤っている場合には2を選びなさい．（解答欄は，アからウの順に [No.5] から [No.7]）

ア．憲法第13条の「公共の福祉」は，人権の外にあって，すべての人権を制約する一般的な原理であり，憲法第22条，第29条が特に「公共の福祉」を掲げたのは，特別な意味を有しないという見解がある．しかし，このような見解では，「公共の福祉」が極めて抽象的な概念であるだけに，人権制限が容易に肯定されるおそれが生じ，ひいては「公共の福祉」が明治憲法の法律の留保のような機能を実質的に果たすおそれがある．[No.5]

イ．「公共の福祉」によって制約される人権は経済的自由権と社会権に限られ，その他の権利・自由には内在的制約が存在するにとどまり，憲法第13条は公共の福祉に反しない限り個人に権利・自由を尊重しなければならないという，言わば国家の心構えを表明したものであるという見解がある．しかし，このように同条の法規範性を否定する見解は，プライバシー権などの「新しい人権」を憲法上の人権として基礎付ける根拠を失わせる．[No.6]

ウ．すべての人権に論理必然的に内在する「公共の福祉」は，人権相互間に生じる矛盾・衝突の調節を図るための実質的公平の原理であり，例えば，社会権を実質的に保障するために自由権を制約する場合には必要な限度の規制が認められるという見解がある．しかし，この見解では，憲法第22条，第29条の「公共の福祉」が，結局，国の経済的・社会的政策という意味でとらえられることになり，広汎な裁量論の下で経済的自由権と社会権の保障が不十分になるおそれがある．[No.7]

第31講　定住外国人の参政権
・平成19年〔第2問〕（配点：2）

障害福祉年金の受給資格について国籍要件を課すことは，憲法第14条第1項，第25条に違反しないとした最高裁判所の判決（最高裁判所平成元年3月2日第一小法廷判決，判例時報1363号68頁）

に関する次のアからエまでの各記述について，正しいもの二つの組合せを，後記1から6までの中から選びなさい。（解答欄は，[No.5]）

ア．この判決は，在留外国人に対する社会保障に関し，定住外国人か否かを区別しつつ，限られた財源の下では，福祉的給付を行うに当たり自国民を定住外国人より優先的に扱うことも許されるとした．

イ．この判決は，障害福祉年金の給付に関し，廃疾の認定日に日本国民でない者に受給資格を認めないことは憲法第14条第1項に反しないとしたが，これは，同項の規定の趣旨は外国人に対しても及ぶとする考え方と矛盾しない．

ウ．この判決は，障害福祉年金の受給資格について国籍要件を課すことは憲法に違反しないと判示する一方，在留外国人に対する社会保障上の施策として，将来的には法律を改正して国籍要件を撤廃するのが望ましいとの判断を示した．

エ．この判決は，社会保障上の施策において在留外国人をどのように処遇するかは，立法府の広い裁量に委ねられており，国は特別の条約の存しない限り，その政治的判断によりこれを決定できるという考え方を前提としている．

1．アとイ　　2．アとウ　　3．アとエ
4．イとウ　　5．イとエ　　6．ウとエ

・平成18年〔第15問〕（配点：2）

地方公共団体において，日本国民である職員に限って管理職に昇任することができる措置を執ることは，憲法第14条第1項に違反しないとした最高裁判所の判決（最高裁判所平成17年1月26日大法廷判決，民集59巻1号128頁）に関する次のアからエまでの各記述について，正しいもの二つの組合せを，後記1から6までの中から選びなさい。（解答欄は，[No.38]）

ア．この判決は，地方公共団体が，在留外国人を職員として採用する場合，その者について，どのような昇任の条件を定めるかは当該地方公共団体の裁量にゆだねられるから，その判断に裁量権の逸脱・濫用がない限り，違法の問題を生じないとした．

イ．この判決は，日本国との平和条約に基づき日本の国籍を離脱した者等の出入国管理に関する特例法に定める「特別永住者」の公務就任権を制限する場合について，一般の在留外国人とは異なる取扱いが求められると解する余地を否定した．

ウ．憲法が，在留外国人に対し一定の範囲で公務就任権を保障しているか否かについては争いがあるが，この判決は，これを否定する立場に立つことを明らかにしたものである．

エ．この判決は，当該地方公共団体の管理職の中に，住民の権利義務を直接形成し，その範囲を確定するなどの公権力の行使に当たる行為を行い，若しくは普通地方公共団体の重要な施策に関する決定を行い，又はこれらに参画することを職務とするものが含まれていることを前提としている．

1．アとイ　　2．アとウ　　3．アとエ
4．イとウ　　5．イとエ　　6．ウとエ

・平成17年〔第12問〕（配点：2）

次の[A]から[D]の空欄のうち，[A]から[C]については語句群から，[D]については文章群から，それぞれ適切な語句及び文章を入れると，外国人の参政権についての最高裁判所の判決文を要約した文章が完成する．[A]から[C]までに入れるべき語句の組合せとして適当なものを，語句群の組合せのうちから選ぶとともに，[D]に入れるべき文章を文章群のうちから選びなさい。（解答欄は，【語句群の組合せ】は，[No.26]，【文章群】は，[No.27]）

憲法第15条第1項にいう公務員を選定罷免する権利は，[A]に基づき，公務員の終局的任免権が[B]に存することを表明したものにほかならないから，その保障は我が国に在留する外国人に[C]．そして，[A]及びこれに基づく憲法第15条第1項の規定の趣旨にかんがみ，地方公共団体が我が国の統治機構の不可欠の要素を成すものであることを併せ考えると，憲法第93条第2項は，我が国に在留する外国人に対して地方公共団体における選挙の権利を[D]．

【語句群】
[A]について
ア．基本的人権の尊重原理　　イ．直接民主主義の原理　　ウ．国民主権の原理
[B]について

ア．自律的な個人　　イ．国民
ウ．日本国に居住する者
［C］について
ア．及ぶ　　イ．及び得る　　ウ．及ばない
【語句群の組合せ】
（前記［A］［B］［C］の順）
1．アアア　　2．アウア　　3．アウイ
4．イアア　　5．イウア　　6．イウイ
7．ウアイ　　8．ウアウ　　9．ウイイ
10．ウイウ

【文章群】
1．保障しているものの，その性質上，必要かつ合理的な範囲でその権利を制限することは，憲法上許される．
2．保障したものとはいえず，一定の外国人について，法律をもって付与する措置を講ずることは，憲法上禁止される．
3．保障したものとはいえないが，一定の外国人について，法律をもって付与する措置を講ずることは，憲法上禁止されているものではない．
4．保障しているので，一定の外国人について，法律をもってその権利を制限することは，憲法上許されない．

第32講　外国人の再入国の自由
・平成19年〔第8問〕（配点：3）

居住・移転の自由に関する次の文章の空欄アからオまでに，後記aからjまでの各文から適切なものを選択して文章を完成させる場合の正しい組合せを，後記1から6までの中から選びなさい．
（解答欄は，［No.18］）

憲法第22条は，職業選択の自由とともに，居住・移転の自由を保障している．この自由は，自己の住所又は居所を自由に決定し，また，自己の欲する場所へ自由に移動することを内容とする．居住・移転の自由は，【ア】．それゆえ，居住・移転の自由は，かかる歴史的背景に基づいて，経済的自由の一つに数えられてきたのである．しかし，この自由は，【イ】．また，現代社会においては，【ウ】．居住・移転の自由の中に海外渡航の自由が含まれるかどうかについては議論の存するところである．判例・多数説は，【エ】が，幸福追求権の一つと解する説もある．日本に在留する外国人には

【オ】．
a．封建時代には厳しく制限されていたものであるが，それが近代社会に至って確立することにより，資本主義経済の基礎的条件が整えられることになった
b．出国の自由はあるが，再入国の自由については争いがある
c．外国への移住は外国に定住するための海外渡航であるから，その中に一時的な外国への旅行である海外渡航も含まれると解する
d．身体の拘束を解く意義を有するため，人身の自由の一環としてとらえることも可能である
e．居住・移転の自由は人間らしい生活の基礎をなすものとされ，その生存権的基本権という側面が強く意識されるようになっている
f．近代立憲主義の萌芽期から認められていた最も古い人権の一つであるが，自明の自由と解されたために憲法には明示的に規定されないことが多かった
g．再入国の自由はあるが，入国の自由については争いがある
h．広く知的な接触の機会を得るためにも居住・移転の自由が不可欠であるとされ，この自由が精神的自由の要素を併せ持つことが説かれるに至っている
i．個人の自由意思で国籍を離脱することが認められる以上，一時的な海外渡航の自由も当然に認められると解する
j．本来人間存在の根源にかかわる自由であるという意味においては，人権というよりも公序としてとらえられるべきものである

（ア，イ，ウ，エ，オの順とする）
1．f-d-h-i-b　　2．f-d-h-c-b
3．a-d-h-c-b　　4．a-j-e-c-g
5．a-j-e-i-g　　6．f-j-e-i-g

第33講　プライバシーの限界　及び第34講，35講，36講等参照
・平成19年〔第4問〕（配点：2）

幸福追求権に関する次のアからエまでの各記述について，正しいもの二つの組合せを，後記1から6までの中から選びなさい．（解答欄は，［No.7]）
ア．学説における支配的見解は，幸福追求権の具

体的権利性を肯定する．最高裁判所も，京都府学連事件判決において，憲法第13条が保障するプライバシーの権利の一つとして，何人も，その承諾なしに，みだりにその容貌・姿態を撮影されない自由を有するものというべきである，と判示した．

イ．学説における支配的見解は，幸福追求権を包括的基本権と把握する．しかし，実際に，幸福追求権からどのような具体的権利が導き出されるかについては，見解が分かれる．明文で規定されていない権利・自由で，最高裁判所が認めているのは，ア．で挙げた権利・自由以外では，前科をみだりに公開されない自由だけである．

ウ．学説における一般的自由説は，包括的基本権である幸福追求権の内容について，「人格的生存」にとって不可欠という要件で限定しない．しかし，一般的自由説を採ることは，当該自由や権利の保障の程度という点で「人格」との関連性を考慮することと必ずしも矛盾しない．

エ．学説における人格的利益説の場合，どのような権利・自由が「人格的生存にとって不可欠な利益」であるかは，必ずしも明らかでない．例えば，自己決定権としての髪型の自由について，人格的利益説を採る論者の間でも「人格的生存にとって不可欠な利益」であるか否か，見解が分かれる．

1．アとイ　　2．アとウ　　3．アとエ
4．イとウ　　5．イとエ　　6．ウとエ

第37講　人権の私人間効力

・平成19年〔第3問〕（配点：2）

　私人間における人権保障に関する次のアからエまでの各記述について，明らかに誤っているもの二つの組合せを，後記1から6までの中から選びなさい．（解答欄は，[No.6]）

ア．憲法は，国家対国民の関係を規律する法であるから，憲法の人権規定は，特段の定めのある場合を除いて私人間においては適用されないとする説は，国家と社会を分離する自由主義的国家論と，人権はすべての法秩序に妥当すべき価値であるとの考え方を理論的背景としていると指摘されている．

イ．憲法の人権規定は，私人間においても直接適用されるとする説に対しては，私法の国家化をもたらし，私的自治の原則及び契約自由の原則の否定にならないか，国家権力に対抗するという人権の本質を変質ないし希薄化する結果を招くおそれがあるのではないかと指摘されている．

ウ．市民社会の自律的作用を尊重すべきであることから，民法第90条の公序良俗規定等の私法の一般条項を媒介として，憲法の人権規定を私人間において間接的に適用するとする説に対しては，資本主義の高度化に伴い，国家類似の組織を有し，国家類似の機能を行使する社会的権力の登場による人権侵害の危険性と可能性が増大していることを看過していると指摘されている．

エ．私人相互間の社会的力関係から，一方が他方に優越し，事実上後者が前者の意思に服従せざるを得ない場合，憲法の人権規定を，私人間においても適用ないし類推適用するとする説に対しては，こうした関係は法的裏付けないしは基礎を欠く単なる社会的事実としての力の優越関係にすぎず，国又は公共団体の支配が権力の法的独占に基づいて行われる場合とは性質上の相違があると指摘されている．

1．アとイ　　2．アとウ　　3．アとエ
4．イとウ　　5．イとエ　　6．ウとエ

・平成18年〔第3問〕（配点：3）

　私人間における人権保障に関する次のアからエまでの各記述について，最高裁判所の判決の要約として，それぞれ正しい場合には1を，誤っている場合には2を選びなさい．（解答欄は，アからエの順に[No.6]から[No.9]）

ア．企業者が特定の思想，信条を有する者をそれゆえに雇い入れることを拒んでも違法ではないのであるから，企業者は入社試験の際に学生運動歴を秘匿していたことを理由に本採用を拒否することもできる．[No.6]

イ．女子を男子より5歳若く定年退職させることは，企業経営の上で合理的であるが，必要不可欠とまでは言えないのであるから，女子の定年を男子より低く定めた就業規則の規定は，民法第90条の規定により無効である．[No.7]

ウ．労働組合による統制と組合員が市民又は人間として有する自由や権利とが矛盾衝突する場合，問題とされている具体的な組合活動の内容・性質，これについて組合員に求められる協力の内

容・程度・態様等を比較考量して，組合の統制力とその反面としての組合員の協力義務の範囲に合理的な限定を加えるべきである．[No.8]
エ．憲法の自由権的基本権の保障規定は，私人相互間の関係について当然に適用ないし類推適用されるものでなく，私立大学には学生を規律する包括的権能が認められるが，私立大学の当該権能は，在学関係設定の目的と関連し，かつ，その内容が社会通念に照らして合理的と認められる範囲においてのみ是認される．[No.9]

・平成17年〔第35問〕（配点：3）
　次の文章は，昭和48年12月12日の最高裁判所判決の一部分を抜き出したものである．この文章を読んで，以下の小問に答えなさい．
　私的支配関係においては，個人の基本的な自由や平等に対する具体的な侵害又はそのおそれがあり，その態様，程度が社会的に許容し得る限度を超えるときは，これに対する立法措置によってその是正を図ることが可能であるし，また，場合によっては，私的自治に対する一般的制限規定である民法第1条，第90条や不法行為に関する諸規定等の適切な運用によって，一面で私的自治の原則を尊重しながら，他面で社会的許容性の限度を超える侵害に対し基本的な自由や平等の利益を保護し，その間の適切な調整を図る方途も存するのである．そしてこの場合，個人の基本的な自由や平等を極めて重要な法益として尊重すべきことは当然であるが，これを絶対視することも許されず，統治行動の場合と同一の基準や観念によってこれを律することができないことは，論をまたないところである．

〈小問1〉この判決と同一の論点が問題となった最高裁判所判決の事例を次の事例群のうちから二つ選びなさい．（解答欄は，[No.84]，[No.85] 順不同）
【事例群】
　1．私立大学の定める生活要録と学生の精神的自由
　2．地方議会議員に対する出席停止処分
　3．企業における女子若年定年制
　4．宗教法人の教義にかかわる宗教法人の代表役員の地位確認
　5．在監者の図書・新聞紙の閲読の制限

〈小問2〉次の論評アから論評ウのうち，この判決に対する論評として明らかに誤っているものに×を，そうとはいえないものに○を付した場合の組合せを，後記の1から8までの中から選びなさい．（解答欄は，[No.86]）

論評ア．この判決は，国家類似の巨大な組織化された利益集団の出現した現代において，民主的憲法は単に制度としての国家の枠組みでなく，国民の政治・経済・社会の全生活分野にわたる客観的価値秩序であり，憲法の定立する法原則は社会生活のあらゆる領域において同じように尊重され実現されるべきだという新しい憲法観に立脚したものである，と評価することができる．

論評イ．この判決の見解は，人権規定を媒介する一般条項の活用が，「社会的許容性の限度を超える侵害」の場合というあいまいな基準の下に置かれており，さらに具体的事案に対する判断内容も，労働者の思想信条の自由という重要な人権に対して消極的であるため，無効力説に近いものといわざるを得ない．

論評ウ．この判決は，人権は対国家権力的なものという伝統的観念を前提にした上で，具体的な私的行為による人権侵害を，それに国家権力が財政援助や各種の監督ないし規制等を通じて極めて重要な程度にまでかかわり合いになった場合，又はある私的団体が国の行為に準ずるような高度に公的な機能を行使する場合に，国家権力による侵害と同視して憲法を適用しようとするものである，と評価することができる．

1．ア○　イ○　ウ○　　2．ア○　イ○　ウ×
3．ア○　イ×　ウ○　　4．ア○　イ×　ウ×
5．ア×　イ○　ウ○　　6．ア×　イ○　ウ×
7．ア×　イ×　ウ○　　8．ア×　イ×　ウ×

第38講　団体自律権と構成員の人権
・平成20年〔第4問〕（配点：2）
　次のアからウまでの各記述について，団体の自律性と構成員の思想の自由に関する最高裁判所の判例の趣旨に照らして，正しいものに○，誤っているものに×を付した場合の組合せを，後記1から8までの中から選びなさい．（解答欄は，[No.8]）
ア．どの政党又は候補者を支持するかは投票の自由と表裏をなすべきものであり，組合員各自が自

主的に決定すべき事柄である．しかし，労働組合には脱退の自由があるので，労働組合が総選挙に際し特定の政党の立候補者を支援する資金のための臨時組合費の負担を組合員に強制することは，許される．
イ．政治資金規正法上の政治団体に寄附するか否かは選挙における投票の自由と表裏をなし，会員各人が個人的な政治思想等に基づいて自主的に決定すべき事柄である．会員に脱退の自由のない強制加入団体である税理士会が，上記の寄附のために特別会費の納入を会員に強制することは，許されない．
ウ．大震災で被災した他県の司法書士会へ復興支援拠出金寄附のための負担金の徴収は，司法書士会の目的の範囲を逸脱するものではない．司法書士会が強制加入団体であることを考慮しても，本件会員の政治的又は宗教的立場や思想信条の自由を害するものではなく，会員の協力義務を否定すべき特段の事情があるとは認められない．

1．ア○　イ○　ウ○　　2．ア○　イ○　ウ×
3．ア○　イ×　ウ○　　4．ア○　イ×　ウ×
5．ア×　イ○　ウ○　　6．ア×　イ○　ウ×
7．ア×　イ×　ウ○　　8．ア×　イ×　ウ×

・平成17年〔第20問〕（配点：2）
　ある地方で発生した大地震について，強制加入団体であるX税理士会が，被災した地域の税理士会の業務遂行支援のために寄付を行うこととし，このため復興支援特別負担金を会員から徴収することを決議した．これに対して，X税理士会の会員であるYは，そのような強制的な寄付は，会員の憲法上の権利を侵害し，また，税理士会の権利能力の範囲外の行為であると主張し，決議の無効と特別負担金の支払義務の不存在の確認を求めて訴訟を提起した．この事例に関する次のアからオまでの各記述のうち，最高裁判所の判例に照らし，正しいものをすべて選び出したものはどれか．（解答欄は，[No.45]）
ア．Yは，負担金徴収決議が自己の思想及び良心の自由を侵害するとの理由でX税理士会の決議の無効を主張することはできないが，それは憲法の第3章に定める権利の条項は，専ら公的機関と個人との関係を規律するものであるからである．
イ．X税理士会の行う寄付は，その目的を遂行する上で直接又は間接に必要な範囲内での援助などにとどまるべきであるが，他の税理士会との間で業務その他について，提携，協力，援助等をすることもその活動範囲に含まれる．
ウ．憲法第3章に保障された権利が，自然人たる国民にのみ認められた権利であることを考えれば，法人であるX税理士会の人権は，特段の事情がない限り，自然人であるYの思想良心の自由に劣後する．
エ．X税理士会が強制加入の団体であり，その会員であるYには実質的には脱退の自由が保障されていないことからすると，寄付のために会員に強制的に協力義務を課すことは，寄付の目的にかかわらず，X税理士会の目的の範囲外の行為である．
オ．憲法第3章に定める権利の条項は，性質上可能な限り，法人にも適用されるものと解すべきであるから，いかなる相手にいかなる寄付を行うべきかは，自然人による寄付と別異に扱うべき憲法上の要請はなく，X税理士会において制限を受けることなく自由に決定することができる．

1．アのみ　　2．イのみ　　3．ウのみ
4．エのみ　　5．オのみ
6．アとイ　　7．ウとエ　　8．オとア
9．イとウ　　10．アとイとウ

第39講　内心の静穏の権利
・平成18年〔第11問〕（配点：2）
　思想・良心の自由に関する次のアからエまでの各記述について，誤っているもの二つの組合せを，後記1から6までの中から選びなさい．（解答欄は，[No.28]）
ア．憲法第19条の思想・良心の自由は，人の内心における精神活動の自由を保障したものであり，人の内心は何らかの形で外部に表明されない限りだれも知ることができないものであるから，その意味では，思想・良心の自由の保障は絶対的なものである．
イ．江戸時代の日本においてキリシタンであるか否かを告白させる目的で行われた「踏絵」は，内心における宗教的信条の告白を強制するものである

が，信教の自由を保障している日本国憲法の下では，このような事例に対して憲法第19条を適用する余地はない．

ウ．最高裁判所の判例によれば，「単に事態の真相を告白し陳謝の意を表明するに止まる程度」の謝罪広告であれば，これを新聞紙に掲載すべきことを命ずる判決は，被告に屈辱的若しくは苦役的労苦を科し，又は被告の有する倫理的な意思，良心の自由を侵害することを要求するものとは解されない．

エ．憲法第19条は，内心の告白を強制されないという意味では「沈黙の自由」を保障したものと解することができるから，「自己に不利益な供述を強要されない」と規定する憲法第38条第1項は，憲法第19条との関係では一般法に対する特別法の関係にあると一般に解されている．

1．アとイ 　2．アとウ 　3．アとエ
4．イとウ 　5．イとエ 　6．ウとエ

第40講　政教分離
・平成20年〔第6問〕（配点：2）

宗教法人法に基づくオウム真理教に対する裁判所の解散命令は，憲法第20条第1項に違反しないとした最高裁判所の決定（最高裁判所平成8年1月30日第一小法廷決定，民集50巻1号199頁）に関する次のアからエまでの各記述について，正しいもの二つの組合せを，後記1から6までの中から選びなさい．（解答欄は，[No.12]）

ア．この決定は，解散命令の制度は専ら宗教法人の世俗的側面を対象とし，かつ，専ら世俗的目的によるものであって，宗教団体や信者の精神的・宗教的側面に容かいする意図によるものではないとした．

イ．この決定は，解散命令の制度は信者の宗教上の行為を禁止したり制限したりする法的効果を一切伴わないのであるから，信者の宗教上の行為に何らの支障も生じさせるものではないとした．

ウ．この決定は，当該宗教法人に対する解散命令は，宗教法人法第81条の規定に基づき，裁判所の司法審査によって発せられたものであるから，その手続の適正も担保されているとした．

エ．この決定は，宗教上の行為の自由は，内心における信仰の自由が最大限尊重されるべきものであるのとは異なって，公共の福祉の観点からする合理的な制約に服するべきものであるとした．

1．アとイ 　2．アとウ 　3．アとエ
4．イとウ 　5．イとエ 　6．ウとエ

・平成19年〔第6問〕（配点：3）

政教分離原則に関する次のアからエまでの各記述について，最高裁判所の判例に照らして，それぞれ正しい場合には1を，誤っている場合には2を選びなさい．（解答欄は，アからエの順に[No.12]から[No.15]）

ア．憲法の政教分離規定は，国家と宗教との完全な分離を実現することが実際上不可能であることを前提として，国家が宗教的に中立であることを求めるのではなく，国家と宗教とのかかわり合いが我が国の社会的・文化的諸条件に照らして，相当な限度を超えると判断される場合にこれを許さないとする趣旨である．[No.12]

イ．憲法第20条第2項の狭義の信教の自由とは異なり，同条第3項による保障には限界があるが，同項にいう「宗教的活動」に含まれない宗教上の行為であっても，国及びその機関がそれへの参加を強制すれば，第20条第2項に違反することになると解される．[No.13]

ウ．国及びその機関の行為が憲法第20条第3項にいう「宗教的活動」に当たるか否かを検討するに当たっては，当該行為の外形的側面を考慮するのではなく，行為者の意図，目的，一般人に与える効果，影響等，諸般の事情を考慮し，社会通念に従って判断しなければならない．[No.14]

エ．神社自体がその境内において挙行する恒例の祭祀に際して地方公共団体が玉串料等を奉納することは，建築主が主催して建築現場において土地の平安堅固，工事の無事安全等を祈願するために行う儀式である起工式の場合とは異なり，既に慣習化した社会的儀礼にすぎないものになっているとはいえない．[No.15]

・平成17年〔第39問〕（配点：3）

後記の「判決文」と題する文章は，公立の高等専門学校において保健体育の剣道実技に参加しなかった学生に対し2年連続の原級留置処分及びそれを前提とする退学処分がされたことについて，

それを違法とした最高裁判所平成8年3月8日第二小法廷判決からの抜粋である．次の1から4までの各記述のうち，この判決文についての言明として妥当なものはどれか．（解答欄は，[No.94]）

1．判決文は，信仰上の根拠により剣道実技の履修を拒否している学生に対し，当該履修拒否を理由として不利益な取扱いをすることはおよそ許されないとする立場に立っている．

2．判決文は，被上告人は「学業劣等で成業の見込みがないと認められる者」に当たらず，したがって，退学処分をすべきではなかった，と判断したものではない．

3．判決文は，退学処分を選択するについては退学以外の他の処分を選択する場合と比較して特に慎重な配慮を要すると述べているが，結局は，校長が考慮すべき事項を考慮せず又は考慮された事実に対する評価が明白に合理性を欠いていたことから処分を違法と判断しており，この判断方法は退学処分以外の処分についても用いることができるのであって，退学処分の場合と他の処分の場合とを区別する実益はない．

4．判決文は，原級留置処分や退学処分を行うかどうかに関しては校長が合理的な裁量によって判断することを十分に期待し得るので，裁判所としては校長の判断が合理的なものであったかどうかについて原則的には審査しないとする立場に立っている．

【判決文】

高等専門学校の校長が学生に対し原級留置処分又は退学処分を行うかどうかの判断は，校長の合理的な教育的裁量にゆだねられるべきものであり，裁判所がその処分の適否を審査するに当たっては，校長と同一の立場に立って当該処分をすべきであったかどうか等について判断し，その結果と当該処分とを比較してその適否，軽重等を論ずべきものではなく，校長の裁量権の行使としての処分が，全く事実の基礎を欠くか又は社会観念上著しく妥当を欠き，裁量権の範囲を超え又は裁量権を濫用してされたと認められる場合に限り，違法であると判断すべきものである（……）．しかし，退学処分は学生の身分をはく奪する重大な措置であり，学校教育法施行規則13条3項も4個の退学事由を限定的に定めていることからすると，当該学生を学外に排除することが教育上やむを得ないと認められる場合に限って退学処分を選択すべきであり，その要件の認定につき他の処分の選択に比較して特に慎重な配慮を要するものである……．

1　公教育の教育課程において，学年に応じた一定の重要な知識，能力等を学生に共通に修得させることが必要であることは，教育水準の確保等の要請から，否定することができず，保健体育科目の履修もその例外ではない．しかし，高等専門学校においては，剣道実技の履修が必須のものとまではいい難く，体育科目による教育目的の達成は，他の体育種目の履修などの代替的方法によってこれを行うことも性質上可能というべきである．

2　他方，前記事実関係によれば，……被上告人は，信仰上の理由による剣道実技の履修拒否の結果として，他の科目では成績優秀であったにもかかわらず，原級留置，退学という事態に追い込まれたものというべきであり，その不利益が極めて大きいことも明らかである．また，本件各処分は，その内容それ自体において被上告人に信仰上の教義に反する行動を命じたものではなく，その意味では，被上告人の信教の自由を直接的に制約するものとはいえないが，しかし，被上告人がそれらによる重大な不利益を避けるためには剣道実技の履修という自己の信仰上の教義に反する行動を採ることを余儀なくさせられるという性質を有するものであったことは明白である．

上告人の採った措置が，信仰の自由や宗教的行為に対する制約を特に目的とするものではなく，教育内容の設定及びその履修に関する評価方法についての一般的な定めに従ったものであるとしても，本件各処分が右のとおりの性質を有するものであった以上，上告人は，前記裁量権の行使に当たり，当然そのことに相応の考慮を払う必要があったというべきである．……

3　被上告人は，レポート提出等の代替措置を認めてほしい旨繰り返し申し入れていたのであって，剣道実技を履修しないまま直ちに履修したと同様の評価を受けることを求めていたものではない．これに対し，○○高専においては，被上告人ら……学生が，信仰上の理由から格技の授業を拒否する旨の申出をするや否や，剣道実技の履修拒否

は認めず，代替措置は採らないことを明言し，被上告人及び保護者からの代替措置を採ってほしいとの要求も一切拒否し，剣道実技の補講を受けることのみを説得したというのである．本件各処分の前示の性質にかんがみれば，本件各処分に至るまでに何らかの代替措置を採ることの是非，その方法，態様等について十分に考慮するべきであったということができるが，本件においてそれがされていたとは到底いうことができない．……

4　以上によれば，信仰上の理由による剣道実技の履修拒否を，正当な理由のない履修拒否と区別することなく，代替措置が不可能というわけでもないのに，代替措置について何ら検討することもなく，体育科目を不認定とした担当教員らの評価を受けて，原級留置処分をし，さらに，不認定の主たる理由及び全体成績について勘案することなく，二年続けて原級留置となったため進級等規程及び退学内規に従って学則にいう「学力劣等で成業の見込がないと認められる者」に当たるとし，退学処分をしたという上告人の措置は，考慮すべき事項を考慮しておらず，又は考慮された事実に対する評価が明白に合理性を欠き，その結果，社会観念上著しく妥当を欠く処分をしたものと評するほかはなく，本件各処分は，裁量権の範囲を超える違法なものといわざるを得ない．

(参照条文) 学校教育法施行規則

第13条　校長及び教員が児童等に懲戒を加えるに当つては，児童等の心身の発達に応ずる等教育上必要な配慮をしなければならない．
2　懲戒のうち，退学，停学及び訓告の処分は，校長(大学にあつては，学長の委任を受けた学部長を含む．)がこれを行う．
3　前項の退学は，公立の小学校，中学校(学校教育法第51条の10の規定により高等学校における教育と一貫した教育を施すもの(以下「併設型中学校」という．)を除く．)，盲学校，聾学校又は養護学校に在学する学齢児童又は学齢生徒を除き，次の各号の一に該当する児童等に対して行うことができる．
一　性行不良で改善の見込がないと認められる者
二　学力劣等で成業の見込がないと認められる者
三　正当の理由がなくて出席常でない者
四　学校の秩序を乱し，その他学生又は生徒としての本分に反した者
4　第2項の停学は，学齢児童又は学齢生徒に対しては，行うことができない．

第41講　取材源秘匿の自由

・平成17年〔第24問〕(配点：3)

次の【ア】と【イ】の空欄には後記の**語句群**から，(A)から(C)までの空欄には後記の**文章群**から，それぞれ適切なものを入れると，いわゆる北方ジャーナル事件の最高裁判所判決に関する文章となる(**ただし，同じ語句又は文章が入ることはない．**)．【ア】と【イ】の空欄に入れるべき語句の組合せとして適当なものを選ぶとともに，(A)から(C)までの空欄に入れるべき文章を選びなさい．(解答欄は，【語句の組合せ】は，[No.56]，【文章群】は，(A)から(C)の順に[No.57]から[No.59])

憲法第21条第2項前段にいう検閲とは，【ア】が主体となって，思想内容等の表現物を対象とし，その全部又は一部の発表の禁止を目的として，対象とされる一定の表現物につき網羅的一般的に，発表前にその内容を審査した上，不適当と認めるものの発表を禁止することをいい，出版物の頒布等の仮処分による事前差止めは，検閲に【イ】．しかし，表現行為に対する事前抑制は，(A)というべきである．出版物の頒布等の事前差止めは，このような事前抑制に該当するものであって，とりわけその対象が，公務員又は公職選挙の候補者に対する評価，批判等の表現行為に関するものである場合には，(B)ものといわなければならない．ただ，そのような場合であっても，(C)．

【語句群】
a．公権力　　b．行政権　　c．司法権
d．当たる　　e．当たらない　　f．当たり得る

【語句の組合せ】
1．ad　2．ae　3．af　4．bd
5．be　6．bf　7．cd　8．ce
9．cf

【文章群】
1．頒布される出版物の内容いかんによっては，出版物の対象となった者の人格等に回復し難い損害が生じるおそれがあるから，そのような場合に限って，厳格かつ明確な要件の下に，検閲として，

許される場合がある
2. その表現内容が真実でなく，又はそれが専ら公益を図る目的でないことが明白であって，かつ，被害者が重大にして著しく回復困難な損害を被るおそれがあるときには，例外的に許容される
3. 裁判所による仮処分に基づくときには，一般に，口頭弁論ないし債務者の審尋を必要的とせず，立証についても疎明で足りるものとしており，表現の自由を確保する上で，その手続的保障として十分であるとはいえないから，相手方に反証の機会を与えない限り，許されない
4. その者の人格権としての名誉権を十分に尊重しなければならないのであるから，当該表現行為によって侵害される個人的利益を上回るような出版の必要性が認められない限り，許容される
5. 公の批判の機会を減少させるものであり，その性質上，予測に基づくものとならざるを得ないことから，事後制裁の場合よりも広汎にわたり易く，濫用のおそれがあることなどからすると，厳格かつ明確な要件の下においてのみ許される
6. そのこと自体から，一般にそれが公共の利害に関する事項であるということができ，その表現が私人の名誉権に優先する社会的価値を含み憲法上特に保護されるべきであることにかんがみると，原則として許されない
7. 被害者が重大にして著しく回復困難な損害を被るおそれがある場合には，その表現内容が真実であったとしても，例外的に許容される

・平成18年〔第5問〕（配点：3）
「知る権利」に関する次の文章を読み，後記1から3までの小問に答えなさい．
「知る権利」という概念は様々な意味で用いられている．まず，最高裁判所は，(a)事実の報道の自由が憲法第21条の保障の下にあると述べるにあたり，報道機関の報道が国民の「知る権利」に奉仕することを指摘している．また，「知る権利」は，情報を受領する権利を指して用いられることがあるが，最高裁判所の判決は，閲読の自由ないし情報摂取の自由が(b)ことを認めている．さらに，最近では，「知る権利」が政府に対して情報の開示を求める権利を指して用いられることが多い．なお，マス・メディアに対するアクセス権が，マス・メディアに対する「知る権利」と言われることがある．しかし，アクセス権は，「知る権利」というよりは，市民がマス・メディアを利用して表現行為を行う権利である．(c)このアクセス権に対しては様々な批判があり，権利として一般的に承認されてはいない．
〈小問1〉下線部(a)のように述べている最高裁判所の判決を次の1から3までの中から選びなさい．（解答欄は，[No.11]）
1. 新聞による公職候補者の前科の公表が名誉毀損罪に当たるか否かが争われた事例についての判決
2. 公職候補者を厳しく批判する雑誌の刊行，販売，配布等を差し止める仮処分が争われた事例についての判決
3. 取材フィルムの提出命令が取材の自由を侵害するとして争われた事例についての判決
〈小問2〉(b)に入るものとして適切なものを次の1から3までの中から選びなさい．（解答欄は，[No.12]）
1. 表現の自由を保障した憲法第21条第1項によって保障される
2. 表現の自由を保障した憲法第21条第1項の規定の趣旨，目的から，いわばその派生原理として当然に導かれる
3. 表現の自由を保障した憲法第21条第1項の精神に照らして十分尊重に値する
〈小問3〉下線部(c)のいうところのアクセス権に対する批判として明らかに適切でないものを，次の1から3までの中から選びなさい．（解答欄は，[No.13]）
1. アクセス権は，私人であるマス・メディアの作為（意見広告の掲載や反論文の掲載等）を求めるものであるので，国家からの自由であるという表現の自由とは根本的に性格が異なる．
2. マス・メディアによる報道において批判された者に当該メディアを用いて無料で反論することを認めることは，マス・メディアの側の報道を萎縮させ，批判的な報道がされなくなるおそれがある．
3. 周波数が有限であることから，放送局に対して公平な放送をするように要求することが憲法上認められるので，新聞によって批判された者の当

該新聞に対する反論文掲載請求権はともかく，放送局に対する同様の反論放送請求権を認めることはできない．

第45講　弁護士会の強制加入制度と憲法22条
・平成18年〔第7問〕（配点：3）
　次の文章は，職業選択の自由を規制する法令の合憲性判断基準に関するものである．AからDまでの空欄に，後記1から6までの中から適切なものを補充して，文章を完成させなさい．（解答欄は，AからDの順に［No.15］から［No.18］）

　最高裁判所は，職業選択の自由を規制する法令の合憲性に関して，［A］［No.15］の判決において，積極的な社会経済政策を実施するための法的規制措置については，立法府がその裁量権を逸脱し，当該法的規制措置が著しく不合理であることが明白な場合に限って，これを違憲として，その効力を否定することができる旨判示した．その後，［B］［No.16］の判決では，職業の許可制について合憲性を肯定し得るためには，原則として，重要な公共の利益のために必要かつ合理的な措置であることを要し，それが自由な職業活動が社会公共に対してもたらす弊害を防止するための消極的，警察的措置である場合には，許可制に比べて職業の自由に対するより緩やかな制限である職業活動の内容及び態様に対する規制によっては，その目的を十分に達成することができないと認められることを要する旨判示した．
　これらを受けて，職業選択の自由を規制する法令の合憲性審査基準に関して，判例はいわゆる「目的二分論」に立っていると理解した上で，これを基本的に支持する見解がある一方で，規制目的と合憲性審査基準を対応させることについて批判的な見解もある．このような中，最高裁判所は，平成元年に，［C］［No.17］において，ある小法廷が，［A］［No.15］の判決と同様の合憲性審査基準を述べた上で，当該規制は違憲とすべき場合に当たらない旨判示したのに対して，別の小法廷は，そのような審査基準を述べることなく当該規定の合憲性を肯定して，判断手法が分かれた．しかし，平成5年の［D］［No.18］についての判決では，その規制目的に言及した上で，［A］［No.15］の判決を引用して，当該規制は，その目的のために必要かつ合理的な範囲にとどまるものであって，これが著しく不合理であることが明白であるとは認め難く，憲法第22条第1項に違反するということはできない旨判示した．

1．薬局設置場所が配置の適正を欠くと認められることを都道府県知事による開設不許可事由とした薬事法の規定の合憲性が争われた事案
2．たばこ事業法，同法施行規則及びこれを受けた大蔵大臣依命通達による製造たばこの小売販売業に対する適正配置規制の合憲性が争われた事案
3．公衆浴場設置場所が配置の適正を欠くと認められることを都道府県知事による経営不許可事由とした公衆浴場法の規定の合憲性が争われた事案
4．酒類の販売業を税務署長の免許制とし，その要件を定めている酒税法の規定の合憲性が争われた事案
5．都道府県知事の許可なく小売市場を開設することを禁じた小売商業調整特別措置法の規定の合憲性が争われた事案
6．司法書士及び公共嘱託登記司法書士協会以外の者が他人の嘱託を受けて登記に関する手続の代理業務等を行うことを禁じた司法書士法の規定の合憲性が争われた事案

第46講　財産権制限と損失補償
・平成17年〔第11問〕（配点：2）
　以下は憲法第29条による財産権の保障に関する次の各文章のうち，最高裁判所の判例に照らして正しいものをすべて選び出したものはどれか．
（解答欄は，［No.25］）
ア．財産権に対して加えられる規制が憲法第29条第2項にいう公共の福祉に適合するものとして是認されるべきものであるかどうかは，規制の目的，必要性，内容，その規制によって制限される財産権の種類，性質及び制限の程度等を比較考量して決すべきものである．
イ．密輸に用いられた船舶，物品が被告人以外の第三者の所有物である場合，所有者たる第三者に告知及び密輸に用いられるとは知らなかったとの弁解の機会を与えずに附加刑として没収することは，憲法第31条違反であるばかりか，当該第三者の財産権をも侵害するものである．
ウ．条例は第29条第2項の「法律」に含まれない

が，財産権の内容を定めるのではなく単に財産権の行使を制限するだけであれば条例によって行うことができる．

エ．財産権を制限する法律が，損失補償が必要であるにもかかわらず，損失補償を認める規定を欠いていても，憲法第29条第3項に基づき損失補償を請求することができるが，この場合，その法律自体は憲法第29条第3項違反で無効となる．

1．アのみ　　2．イのみ　　3．ウのみ
4．エのみ　　5．アとイ　　6．イとウ
7．ウとエ　　8．エとア　　9．ア，イ，ウ
10．エ，ア，イ

第47講　憲法25条と教育
・平成20年〔第7問〕（配点：3）

生存権の法的性格に関する次のアからウまでの各記述について，それぞれ正しい場合には1を，誤っている場合には2を選びなさい．（解答欄は，アからウの順に［No.13］から［No.15］）

ア．プログラム規定説によれば，憲法第25条第1項は，国民の生存を確保すべき政治的・道義的義務を国に課したにとどまり，個々の国民に対して権利を保障したものではない．しかし，「健康で文化的な最低限度の生活」を保障するための受給請求権が生活保護法などの法律で定められれば，その受給請求権は憲法上の権利として認められる．
［No.13］

イ．抽象的権利説によれば，憲法第25条第1項は，国に立法や予算を通じて生存権を実現すべき法的義務を課している．しかし，当該条文を直接の根拠にして「健康で文化的な最低限度の生活」の保障を請求する権利まで保障するものではなく，その請求権は，生存権を具体化する法律によって初めて具体的な権利となる．［No.14］

ウ．具体的権利説を言葉どおりにとらえれば，憲法第25条第1項は，それを直接の根拠にして「健康で文化的な最低限度の生活」を確保するための具体的請求権を保障する規定ということになりそうである．しかし，具体的権利説といわれている見解は，必ずしも憲法のみを根拠に裁判所に具体的な給付請求ができるということまで主張するものではない．［No.15］

・平成19年〔第10問〕（配点：2）

生存権に関する次のアからウまでの各記述について，最高裁判所の判例に照らして，正しいものに○，誤っているものに×を付した場合の組合せを，後記1から8までの中から選びなさい．（解答欄は，［No.23］）

ア．憲法第25条第2項は事前の積極的防貧施策をなすべき国の努力義務を定め，第1項は第2項の防貧施策の実施にかかわらずなお落ちこぼれた者に対し，「最低限度の生活」を確保するため事後的救貧施策をなすべき国の責務を定めている．したがって，第1項にかかわる生活保護の受給資格等が争われる事案は，国民年金法による障害福祉年金の受給制限が争われる第2項に関する事案よりも厳格な司法審査が行われる．

イ．憲法上の人権規定の趣旨を具体化する立法が不備な場合に，国民が直接憲法に基づいて具体的な請求をなし得るかどうかは，人権規定により異なる．法律に補償に関する規定が欠けていても直接憲法第29条第3項を根拠にして損失補償請求権が認められることがあるのに対して，生存権の場合は，憲法第25条は個々の国民に対し具体的権利を付与していないから，直接同条に基づき具体的な給付請求をすることはできない．

ウ．憲法第25条の趣旨を立法により実現することについては，多方面にわたる複雑多様な，しかも高度の専門技術的な考察とそれに基づいた政策的判断を必要とする．したがって，憲法第25条の規定の趣旨にこたえて具体的にどのような立法措置を講ずるかの選択決定は，立法府の広い裁量に委ねられるが，それが著しく合理性を欠き明らかに裁量の逸脱・濫用と見ざるを得ないような場合には裁判所が審査判断するのであるから，憲法第25条は裁判規範性を持つといえる．

1．ア○　イ○　ウ○　　2．ア○　イ○　ウ×
3．ア○　イ×　ウ○　　4．ア○　イ×　ウ×
5．ア×　イ○　ウ○　　6．ア×　イ○　ウ×
7．ア×　イ×　ウ○　　8．ア×　イ×　ウ×

第48講　教育を受ける権利と教科書検定
・平成20年〔第8問〕（配点：3）

学校教育に関する次のアからウまでの各記述について，最高裁判所の判例の趣旨に照らして，それ

— 37 —

ぞれ正しい場合には1を，誤っている場合には2を選びなさい．（解答欄は，アからウの順に [No.16] から [No.18]）

ア．国は，必要かつ相当と認められる範囲において，教育内容について決定する権能を有し，教育の目的を遂行するに必要な諸条件を整備確立するため，教育の内容や方法について遵守すべき基準を設定できる．しかし，それは，教育における機会均等の確保と全国的な一定水準の維持という目的のために必要かつ合理的と認められる大綱的なものにとどめられるべきである．[No.16]

イ．高等学校教育においても，国は，教育の内容及び方法について遵守すべき基準を定立する必要があるが，教科書を使用しなければならないとする学校教育法の規定は，高等学校については訓示規定と解される．なぜなら，高等学校においては，生徒の側に学校を選択する余地や教育内容を批判する能力が相当程度あり，教育の具体的な内容や方法については，教師の裁量も尊重する必要があるからである．[No.17]

ウ．憲法第26条第2項後段の義務教育の無償の規定は，直接には，普通教育の対価を徴収しないこと，すなわち，授業料の不徴収を定める趣旨である．ただし，教科書，学用品等の授業料以外の費用については，国の財政等の事情を考慮して立法により無償と定められた場合に，その限度で，同項の義務教育の無償の内容となる．[No.18]

・平成17年〔第29問〕（配点：2）
　教育を受ける権利に関する次の文章のうち，①から⑥の空欄に入れるべき語句の組合せとして正しいものを語句群の組合せの中から選びなさい．
（解答欄は，[No.72]）

　「教育を受ける権利」の性質については，社会権説，公民権説，学習権説が主張されている．（①）配慮を求める社会権説は，かつての通説的見解であり，教育の（②）の平等を実現するための（①）配慮を国家に対して要求する権利ととらえる．公民権説は，国民主権の原理の下で，次の時代の（③）を育成することを重視する．学習権説は，発達過程にある子供の学習する権利を保障したものと解する．近時の多数説は，学習権説である．
　「教育を受ける権利」を学習権と結び付けて解

しても，そこから国家の教育内容への（④）に関して同じ結論が導かれるわけではないことに注意する必要がある．第二次家永教科書検定事件第一審判決（東京地判昭和45年7月17日）は，学習権という把握から国民の教育権を導き出し，国家の教育内容への（④）を原則として否認した．第一次家永教科書検定事件第一審判決（東京地判昭和49年7月16日）は，学習権と把握しつつも，国の権能が教育内容や教育方法にも及び得ることを是認した．旭川学力テスト事件上告審判決（最大判昭和51年5月21日）は，憲法第26条の規定の背後に学習権という観念が存在していることを肯定しつつも，そこから教育権の（⑤）について特定の見解が直ちに帰結されるものではないとした．

　学習権の意義を，最高裁判決と同様に，教師や親の教育の自由を根拠付けるとともに，これら教育の自由の（⑥）原理になる点にあるとする見解もある．他方で，学習権はもともと国民の教育権にかかわる教育思想であったことを理由に，最高裁判決のように，国家の教育権を導き出す機能を果たす学習権概念の使用を批判する見解もある．

【語句群】

ア．権力者	イ．侵害	ウ．所在
エ．経済的	オ．根拠	カ．教育的
キ．制約	ク．機会	ケ．介入
コ．主権者	サ．結果	シ．かかわり

【語句群の組合せ】
1．①にカ，②にク，③にコ
2．①にエ，③にコ，⑤にウ
3．②にク，④にケ，⑥にイ
4．①にカ，④にシ，⑤にオ
5．②にサ，③にア，⑥にキ

第50講　山猫ストと労働基本権
・平成18年〔第4問〕（配点：2）
　憲法第27条の勤労の権利及び第28条の労働基本権に関する次のアからオまでの各記述について，最高裁判所の判例の要約として，正しいもの三つの組合せを，後記1から10までの中から選びなさい．（解答欄は，[No.10]）

ア．憲法第27条の勤労の権利は，これを直接根拠として行政庁に対してその実現を求め得る具体的請求権であるとは解せないものの，立法府が勤労

の機会を実質的に確保するため最低限度の立法をしないときには，憲法第27条に基づいて，立法不作為の違憲確認訴訟を提起できる．
イ．労働組合の組合員に対する統制権は，労働者の団結権保障の一環として，憲法第28条の精神に由来するものであるが，労働組合が，公職選挙における統一候補を決定し，組合を挙げて選挙運動を推進している場合であっても，組合の方針に反して立候補した組合員を統制違反として処分することは，労働組合の統制権の限界を超えるものとして，違法といわなければならない．
ウ．労働組合への加入強制の方式の一つとして採用されているユニオン・ショップ協定のうち，使用者とユニオン・ショップ協定を締結している組合（締結組合）以外の他の組合に加入している者や，締結組合から脱退・除名されたが他の組合に加入し又は新たな組合を結成した者について，使用者の解雇義務を定める部分は，労働者の組合選択の自由や他の組合の団結権を侵害するものであり，民法第90条の規定により無効と解すべきである．
エ．憲法は，勤労者の団体行動権を保障しているが，勤労者の争議権の無制限な行使を許容するものではなく，労働争議において使用者側の自由意思をはく奪し又は極度に抑圧し，あるいはその財産に対する支配を阻止し，私有財産制度の基幹を揺るがすような行為をすることは許されない．いわゆる生産管理において，労働者が，権利者の意思を排除して企業経営の権能を行うときは，正当な争議行為とはいえない．
オ．憲法第28条の趣旨からすると，正当な争議行為については，刑事責任を問われず，また，民事上の債務不履行ないし不法行為責任を免除されると解され，ストライキを行った場合，それが正当な争議行為であると認定されれば，当該ストライキ期間中の賃金についても使用者側に請求することができる．

1．アイウ　2．アイエ　3．アイオ
4．アウエ　5．アウオ　6．アエオ
7．イウエ　8．イウオ　9．イエオ
10．ウエオ

・平成17年〔第4問〕（配点：2）
　労働基本権に関する次の各文章について，正しいものを組み合わせたものはどれか．（解答欄は，[No.9]）

ア．労働基本権の保障は，一般に，私人間にも直接適用されるとされている．労働組合法には，使用者は，正当な争議行為によって損害を受けたことの故をもって，労働組合又はその組合員に対し賠償を請求することができない旨の規定があるが，この考え方によれば，当該規定は，労働基本権が私人間に適用されるという憲法の趣旨を体現したものといえる．
イ．労働基本権は，自由権的側面も持つ．労働組合法には，労働組合の正当な行為について刑法第35条の規定の適用があるものとする旨の規定があるが，これは労働基本権の自由権的側面を規定したものである．
ウ．労働基本権は，団結権，団体交渉権及び団体行動権からなるが，このうち団結権は，労働基本権の最も基本的な権利であるので，現行法上，この権利が制限されている職種は存在しない．
エ．最高裁判所の判例は，公務員の労働基本権につき，公務員の地位の特殊性と職務の公共性等からして，これに必要やむを得ない限度の制限を加えることは，十分合理的な理由があるとして，公務員一般の争議行為を禁止する地方公務員法及び国家公務員法の各規定をいずれも合憲としている．
オ．最高裁判所の判例は，国家公務員の争議行為を禁止することが合憲であるとする理由の一つとして，代償措置としての人事院勧告制度の存在を重視しており，人事院勧告が凍結された際にこれに抗議して行った争議行為に関しては，その争議目的に照らして正当なものと評価すべきであるとして，これに関与したことを理由とする懲戒処分は許されないと判示した．

1．アとイ　2．イとウ　3．ウとエ
4．エとオ　5．オとア

第51講　公務員の労働基本権
・平成19年〔第11問〕（配点：3）
　公務員の労働基本権についての判例の動向に関する次のアからエまでの各記述について，それぞれ正しい場合には1を，誤っている場合には2を

選びなさい．（解答欄は，アからエの順に，[No.24]から[No.27]）

ア．一切の公務員の団体交渉権及び争議権を否認する昭和23年政令第201号の合憲性が争われた弘前機関区事件判決（最高裁判所昭和28年4月8日大法廷判決）において，最高裁判所は，憲法第13条の「公共の福祉」論と憲法第15条第2項の「全体の奉仕者」論を根拠にして，公務員の労働基本権の一律禁止を合憲とした．[No.24]

イ．公共企業体等労働関係法における争議権規制の合憲性が争われた全逓東京中郵事件判決（最高裁判所昭和41年10月26日大法廷判決）において，最高裁判所は，公務員の労働基本権を原則として保障し，比較衡量論に基づき，その制限が著しく合理性を欠き，立法府の裁量を明らかに逸脱しているか否かにより合憲性を判断するアプローチを採用した．[No.25]

ウ．地方公務員法の規制をめぐる都教組事件判決（最高裁判所昭和44年4月2日大法廷判決）と国家公務員法の規制をめぐる全司法仙台事件判決（最高裁判所昭和44年4月2日大法廷判決）において，最高裁判所は，全逓東京中郵事件判決を継承しつつ，さらに，争議行為をあおる等の行為に対する刑事罰について，合憲限定解釈を行った．[No.26]

エ．国家公務員法の規制をめぐる全農林警職法事件（最高裁判所昭和48年4月25日大法廷判決）において，最高裁判所は，全逓東京中郵事件判決を変更する旨述べ，「公務員の地位の特殊性と職務の公共性」論，公務員の勤務条件に関する「財政民主主義」論を根拠にして，公務員の争議行為の一律禁止を合憲とした．[No.27]

第53講　国籍法3条1項と憲法14条　及び54講，55講，56講参照

・平成19年〔第5問〕（配点：3）

法の下の平等に関する次のアからエまでの各記述について，それぞれ正しい場合には1を，誤っている場合には2を選びなさい．（解答欄は，アからエの順に[No.8]から[No.11]）

ア．地方公共団体が売春の取締りについて各別に条例を制定する結果，その取扱いに差異を生じることがあっても，憲法第14条第1項に反しないとした判決（最高裁判所昭和33年10月15日大法廷判決）の多数意見は，憲法が認めた地方公共団体の条例制定権の尊重を論拠とするものである．[No.8]

イ．非嫡出子の相続分について定める民法第900条第4号ただし書は憲法第14条第1項に反しないとした決定（最高裁判所平成7年7月5日大法廷決定）の多数意見が用いた判断枠組は，立法目的が重要なものであるか否か，その目的と手段との間に事実上の実質的関連性が認められるか否かを審査するものである．[No.9]

ウ．尊属殺に関する削除前の刑法第200条は憲法第14条第1項に反するとした判決（最高裁判所昭和48年4月4日大法廷判決）の多数意見の内容に着目すると，仮に，刑法が定める執行猶予の要件が緩和され，所定の減軽を経て執行猶予を付すことが可能になれば，削除前の刑法第200条は違憲ではないと解する余地がある．[No.10]

エ．女性のみに再婚禁止期間を定める民法第733条の立法趣旨は，父性推定の重複の回避と父子関係をめぐる紛争の防止にあるという判例（最高裁判所平成7年12月5日第三小法廷判決）の理解からすると，立法当時に比べて父子関係の立証がはるかに容易になっている現状の下でも，立法目的の合理性を肯定することは可能である．[No.11]

・平成17年〔第22問〕（配点：3）

次の1から6までの平等原則に関する記述について，最高裁判所の判例に合致しないものを二つ選びなさい．（解答欄は，[No.50]，[No.51]順不同）

1．憲法第14条第1項は法の下の平等を定めているが，この規定は合理的理由のない差別を禁止する趣旨のものであるから，各人に存する経済的，社会的その他種々の事実関係上の差異を理由としてその法的取扱いに区別を設けることは，その区別が合理性を有する限り，何ら憲法第14条に違反するものでない．

2．非嫡出子の法定相続分を嫡出子の2分の1とする旨の規定は，非嫡出子が婚姻家族に属していないという属性を重視し，そこに区別の根拠を求めるものであって，それ自体では，社会的身分による差別として合理性が疑われるが，当該規定は，遺言による相続分の指定等がない場合などにおいて

補完的に機能するものにすぎないから, 相続制度全体としてみれば, 憲法第14条第1項に反するということはできない.
3. 租税法の分野における所得の性質の違い等を理由とする取扱いの区別は, その立法目的が正当であり, かつ, 当該立法において具体的に採用された区別の態様がその目的との関連で著しく不合理であることが明らかでない限り, その合理性を否定することができず, これを憲法第14条第1項の規定に違反するものということはできない.
4. 在留外国人を対象とする指紋押なつ制度は, 外国人の登録を実施することによって外国人の居住関係及び身分関係を明確ならしめ, もって在留外国人の公正な管理に資するという法の目的を達成するため, 戸籍制度のない外国人の人物特定につき確実な制度として制定されたものであるが, 今日においては, 他の手段で代替することが可能であり, 日本人と異なる取扱いをすることにつき合理性が認め難いので, 憲法第14条第1項に違反する.
5. 憲法が各地方公共団体の条例制定権を認める以上, 地域によって差別が生じることは当然予期されることであるから, かかる差別は憲法自らが容認するところであると解するべきである. それゆえ, 地方公共団体が売春の取締りについて各別に条例を制定する結果, その取扱いに差異が生じることがあっても, 地域差のゆえをもって違憲ということはできない.
6. 刑罰として, 被害者が尊属であることを, 法律上, 刑の加重要件とする規定を設けても, かかる差別的取扱いをもって直ちに合理的な根拠を欠くものと断ずることはできないが, 加重の程度が極端であって, 立法目的達成の手段として甚だしく均衡を失し, これを正当化しうべき根拠を見い出し得ないときは, その差別は著しく不合理なものとして, 憲法第14条第1項に違反する.

第60講　平成13年度参院選の議員定数

・平成18年〔第9問〕（配点：3）
　投票価値の平等に関する次のアからエまでの各記述について, 最高裁判所の判例に照らして, それぞれ正しい場合には1を, 誤っている場合には2を選びなさい.（解答欄は, アからエの順に [No.20] から [No.23]）

ア. 議員定数をどのように配分するかは, 立法府である国会の権限に属する立法政策の問題であるが, 衆議院議員選挙において, 選挙区間の投票価値の格差により選挙人の選挙権の享有に極端な不平等を生じさせるような場合には, 例外的に, 立法府の裁量の範囲を超えるものとして, 憲法違反となる. [No.20]

イ. 衆議院議員選挙において, 選挙区間の投票価値の最大格差が3倍を超える場合には, 憲法の要求する投票価値の平等に反する程度に至っているといえるが, 必ずしもそれだけでは, 当該議員定数配分規定が憲法に違反しているということまではできない. [No.21]

ウ. 参議院議員の選挙区選挙については, 地域代表の性質を有するという参議院の特殊性により, 投票価値の平等が直接的には要求されないと解されるから, 衆議院議員選挙の場合とは異なり, 選挙区間における投票価値の格差が5倍を超えるような場合であっても, 憲法違反とはならない. [No.22]

エ. 議員定数配分規定が, 憲法の要求する投票価値の平等に反し, 違憲であると判断される場合, そのことを理由として当該規定に基づく選挙全体を無効としても, これによって直ちに違憲状態が是正されるわけではなく, かえって憲法の所期するところに適合しない結果を生ずるから, 行政事件訴訟法第31条の定める事情判決の制度を類推して, 議席を過小に配分された選挙区の選挙のみを無効とすべきである. [No.23]

・平成17年〔第3問〕（配点：3）
次の文章につき以下の問いに答えなさい.
　「国民主権」が何を意味するかについては争いがあるが, 一般に, 国民が公務員の選定罷免権を有し, 成年者の普通選挙が保障されるのは, 国民主権の現れであると解されている. 選挙権については, 選挙区間での人口の移動から生じた投票価値の不平等が裁判で争われてきた. 最高裁判所は, 各選挙人の投票価値の平等も憲法の要求するところとしているが, 投票価値の平等は, 国会が正当に考慮することのできる他の政策的目的ないしは理由との関連において調和的に実現されるべきもの

— 41 —

とされている．しかも，(A)最高裁判所は，参議院の選挙区に関して，著しい投票価値の不平等があって初めて違憲状態になるという立場を採っており，実際，(ア)近い格差が許容されている．また，(B)最高裁判所は，衆議院の議員定数配分規定（公職選挙法別表）が違憲であるとしつつ，選挙を無効とした場合には憲法の所期しない結果が生ずるとして当該選挙区の選挙を無効としない判決を下している．他方，最高裁判所は，立候補の自由についても(イ)の自由な行使と表裏の関係にあるとして(ウ)によって保障されるとしているが，選挙違反者に対する立候補の制限は選挙の公正という公共の福祉のための制限として許されるとしている．

〈小問1〉次の語群から言葉を選択して空欄ア，イ，ウを埋めるのに正しい組合せはどれか選びなさい．（解答欄は，[No.6]）

1．a d g　　2．b e h　　3．c f i
4．a e h　　5．b f i　　6．c d g
7．a f i　　8．b d g　　9．c e h

【語群】
a．6倍　　b．8倍　　c．10倍　　d．公務員の選定罷免権
e．選挙権　　f．公職就任権　　g．憲法第13条　　h．憲法第15条第1項　　i．憲法第15条第3項

〈小問2〉最高裁判所が下線部(A)のような立場を採る根拠として正しいものは，次のうちどれか選びなさい．（解答欄は，[No.7]）

1．二院制の下，第二院である参議院については，第一院である衆議院とは異なった形で国民意思を反映させるような選出方法を採ることが期待されているのであるから，衆議院ほど強く投票価値の平等の要請は及ばない．

2．国会が定めた都道府県を選挙区とする参議院選挙区選出議員についての選挙の仕組みが，国会の裁量権の行使として合理性を是認し得るものである限り，この選挙の仕組みの下で投票価値の平等が損なわれることになってもやむを得ない．

〈小問3〉最高裁判所が下線部(B)で挙げた選挙無効判決のもたらす「憲法の所期しない結果」とは，次のうちどれか選びなさい．（解答欄は，[No.8]）

1．公職選挙法別表及びこれに基づく選挙を当然に無効であると解した場合，当該選挙により選出された議員がすべて当初から議員としての資格を有しなかったこととなる結果，既にその議員によって組織された衆議院の議決を経た上で成立した法律等の効力にも問題が生じ，また，今後における衆議院の活動が不可能となる．

2．選挙無効の判決によって得られる結果は，当該選挙区の選出議員がいなくなるというだけであって，真に憲法に適合する選挙が実現するためには，公職選挙法自体の改正を待たなければならず，また，公職選挙法の改正を含むその後の衆議院の活動が当該選挙区からの選出議員を得ることができないままの異常な状態の下で行われざるを得ないこととなる．

3．選挙無効の判決が下されると，その効力の発生が判決から一定期日後に発生するとしても，国会は議員定数配分規定を改正して再選挙を行わざるを得ないことになるが，議員定数配分規定を改正するかどうかは高度に政治的な問題であるから，結局，裁判所が司法権の行使としてふさわしくない政治の茂みに踏み込むことになり，結果的に裁判所に対する国民の信頼が揺らぐことになる．

第61講　税務調査権と憲法31条 及び 62講参照

・平成20年〔第9問〕（配点：3）

人身の自由に関する次のアからウまでの各記述について，最高裁判所の判例の趣旨に照らして，それぞれ正しい場合には1を，誤っている場合には2を選びなさい．（解答欄は，アからウの順に[No.19]から[No.21]）

ア．迅速な裁判を一般的に保障する憲法第37条第1項は，それ自体が裁判規範性を有するものではないので，現実にこの保障に明らかに反し，迅速な裁判を受ける被告人の権利が害されたと認められる事態が生じた場合には，これに対処すべき法律上の規定があるときに限ってその審理を打ち切ることができる．[No.19]

イ．道路交通法上の警察官の呼気検査は，飲酒運転を防止するために運転者から呼気を採取してアルコール保有の程度を調査するものであって，その者から供述を得ようとするものではないから，これを拒んだ者を処罰する旨の規定は，憲法第38

条第1項に違反しない．[No.20]
ウ．憲法第39条前段は，何人も，実行の時に適法であった行為については刑事上の責任を問われない旨を規定しているが，行為の時に最高裁判所の判例が示していた法解釈に従えば無罪となるべき行為を処罰することは，同規定に違反するものではない．[No.21]

・平成18年〔第1問〕（配点：3）
　適正手続の保障に関する次のアからエまでの各記述について，最高裁判所の判例の要約として，それぞれ正しい場合には1を，誤っている場合には2を選びなさい．（解答欄は，アからエの順に[No.1]から[No.4]）
ア．刑事裁判において，起訴された犯罪事実のほかに，起訴されていない犯罪事実をいわゆる余罪として認定し，実質上これを処罰する趣旨で量刑の資料に考慮し，これに基づいて被告人を重く処罰することは，不告不理の原則に反し，憲法第31条に違反する．[No.1]
イ．憲法第31条の定める法定手続の保障は，直接には刑事手続に関するものであるが，行政手続についても同条の保障が及ぶと解すべき場合があり，その場合には行政処分の相手方に事前の告知，弁解，防御の機会を与えることが必要である．[No.2]
ウ．憲法第35条は同法第33条の場合を除外しているから，少なくとも現行犯の場合に関する限り，法律が司法官憲の発した令状によらずにその犯行の現場において捜索押収等をなし得べきことを規定したからといって，憲法第35条違反の問題を生じる余地はない．[No.3]
エ．法廷等の秩序維持に関する法律による制裁は従来の刑事的行政的処罰のいずれの範ちゅうにも属しないところの，同法によって設定された特殊の処罰であるが，その制裁は，通常の刑事裁判に関して憲法が要求する諸手続の範囲内において，これに準拠して科されるべきものである．[No.4]

第62講　自己に不利益な供述を拒否する権利
　　　　　（黙秘権）
・平成17年〔第25問〕（配点：3）
　以下の各文章は，被疑者，被告人の権利に関する最高裁判所の判例の内容を要約したものである．それぞれ，内容が正しい場合には1を，誤りである場合には2を選びなさい．（解答欄は，アからオの順に[No.60]から[No.64]）
ア．憲法第34条前段の弁護人に依頼する権利についての規定は，単に被疑者が弁護人を選任することを官憲が妨害してはならないというにとどまるものではなく，被疑者に対し，弁護人を選任した上で，弁護人に相談し，その助言を受けるなど弁護人から援助を受ける機会を持つことを実質的に保障しているものと解すべきである．
イ．憲法第35条は，刑事手続に関する規定であって，行政手続に適用されるものではないと解するのが相当であるから，収税官吏が所得税に関する調査について必要があるときは，納税義務者などに質問し，又は帳簿書類その他の物件の検査をすることができる旨を規定している昭和40年法律第33号による改正前の所得税法第63条には直接適用がないものといわなければならない．
ウ．憲法第37条第1項は，単に迅速な裁判を一般的に保障するために必要な立法上及び司法行政上の措置を採るべきことを要請するにとどまらず，さらに個々の刑事事件について，現実にその保障に明らかに反し，審理が著しく遅延し，迅速な裁判を受ける被告人の権利が害されたと認められる異常な事態が生じた場合には，その審理を打ち切るという非常救済手段が採られるべきことをも認めている趣旨の規定である．したがって，具体的刑事事件における審理の遅延が，通常その種の事件として想定される期間を著しく超えた場合には，裁判所は，被告人に対し非常救済手段として，免訴の言渡しをしなければならない．
エ．憲法第38条第1項の法意は，何人も自己の刑事上の責任を問われるおそれのある事項について供述を強要されないことを保障したものであるところ，この保障は，純然たる刑事手続においてばかりではなく，それ以外の手続においても実質上刑事責任追及のための資料の取得収集に直接結び付く作用を一般的に有する手続には，等しく及ぶものと解するのが相当である．
オ．公判廷における被告人の自白は，憲法第38条第3項に規定する「本人の自白」には該当しないと解すべきである．その理由としては，被告人の

発言，挙動，顔色，態度及びこれらの変化等からも，その自白が真実に合致するか，任意のものであるかなどを裁判所が判断し得ることが挙げられる．

第66講 昭和女子大事件といわゆる部分社会の法理

・平成17年〔第5問〕（配点：3）

最高裁判所昭和41年2月8日判決（民集20巻2号196頁）は，「司法権の固有の内容として裁判所が審判し得る対象は，裁判所法第3条にいう「法律上の争訟」に限られ，いわゆる法律上の争訟とは，法令を適用することによって解決し得べき権利義務に関する当事者間の紛争をいうものと解される」と判示している．この判例の見解を前提にした場合，法律上の争訟に関する次のアからオまでの記述につき，それが正しいときは1を，誤っているときは2を選びなさい．（解答欄は，アからオの順に［No.10］から［No.14］）

ア．国又は公共団体の機関の法規に適合しない行為の是正を求める訴訟で，選挙人たる資格その他自己の法律上の利益にかかわらない資格で提起する訴訟は，法律上の争訟に該当しない．

イ．国家試験における合格・不合格の判定は，学問・技術上の知識，能力，意見等の優劣・当否の判断を内容とする行為であり，試験実施機関の最終判断にゆだねられるから，国家試験における不合格判定が誤りであることを前提とする国家賠償請求訴訟は，法律上の争訟に該当しない．

ウ．直接国家統治の基本に関する高度に政治性のある国家行為の当否については専ら国民の政治判断にゆだねられるべきものであるから，衆議院の解散が無効であることを前提とする訴訟は，法律上の争訟に該当しない．

エ．具体的な権利義務ないし法律関係に関する紛争の形式をとり，宗教上の教義に関する判断が請求の当否を決するについての前提問題にすぎなくとも，これに立ち入ることなくしてはその当否を判断することはできず，しかも，それが訴訟の帰すうを左右する必要不可欠のものである場合には，その実質において法令の適用による終局的解決に適しないから，法律上の争訟に該当しない．

オ．行政庁が一定の処分又は裁決をすべきでないにもかかわらず，これがされようとしている場合において，これがされることにより重大な損害が生ずるおそれがあることを理由に，行政庁がその処分又は裁決をしてはならない旨を命ずることを求める訴訟は，法律上の争訟に該当しない．

・平成17年〔第9問〕（配点：3）

司法権に関する次の文章について，それぞれその内容が正しい場合には1を，誤りである場合には2を選びなさい．（解答欄は，1から5の順に［No.19］から［No.23］）

1．「司法権はすべて裁判所に属する」という原則の例外の一つとして，国会の両議院が行う議員資格争訟がある．これは，議員としての資質を疑わせるような非行等があった場合に懲罰としてその議員の資格を失わせるものであるから，議院の自律権を尊重し，それぞれの議院において，その争訟を処理するものとしたものである．

2．「司法権はすべて裁判所に属する」という原則の例外の一つとして，弾劾裁判所の裁判がある．これは，裁判官が職務上の義務に著しく違反し，又は職務を著しく怠ったときなどに，当該裁判官を罷免するための手続であり，実質的には懲戒処分に該当する．したがって，罷免処分を受けた裁判官は，国家公務員が懲戒処分を受けた場合と同様に，当該処分の取消しを求める取消訴訟を東京地方裁判所に提起することができる．

3．明治憲法の下では，軍法会議，皇室裁判所など，いわゆる特別裁判所が認められていたが，現行憲法は，これを許容していない．しかしながら，例えば，行政事件を専門に扱う行政裁判所を法律で設けることも，それが通常の裁判所の系列に位置付けられる限り，憲法に違反するものではないと一般に解されている．

4．「行政機関は終審として裁判を行ふことができない」とされている．したがって，例えば，ある行政機関が認定した事実は，これを立証する実質的な証拠があるときには，裁判所を拘束する，というようなルールを設けたとすれば，それは憲法違反になるというべきであるから，我が国においては，このような制度は採用されていない．

5．東京高等裁判所の特別の支部として，平成17年4月，特許権等の知的財産関係事件を取り扱う知的財産高等裁判所が設置された．この知的財産

高等裁判所が，東京高等裁判所の支部として位置付けられたのは，仮にこれを既存の高等裁判所とは別の9番目の高等裁判所とした場合，特許権等の知的財産関係事件に関する特別裁判所を設けることになって憲法違反の疑いが強いと考えられたためである．

第68講 司法権の概念
・平成20年〔第17問〕（配点：2）

司法権に関する次のアからエまでの各記述について，正しいもの二つの組合せを，後記1から6までの中から選びなさい．（解答欄は，[No.35]）

ア．憲法第76条第1項に規定される「司法権」については，民事及び刑事事件の裁判権を指し，性質上本来行政権の作用に属する行政裁判は，法律上特に定める権限として裁判所の権限とされたものである．

イ．憲法第76条第3項は，裁判官は「この憲法及び法律にのみ拘束される」と規定しているが，ここにいう「法律」には，国会によって制定される法律はもとより，政令や条例も含まれる．

ウ．司法権独立の原則の一内容として，司法権が立法権及び行政権から独立して自主的に活動することがあるが，これを担保するものとして，例えば，憲法第77条の最高裁判所の規則制定権や，憲法第80条の最高裁判所による下級裁判所裁判官の指名権が定められている．

エ．憲法第81条は「最高裁判所は，一切の法律，命令，規則又は処分が憲法に適合するかしないかを決定する権限を有する終審裁判所である」と規定しているが，最高裁判所の判例によれば，仮にこの規定がないとすると，最高裁判所に違憲立法審査権を認める余地はない．

1．アとイ　　2．アとウ　　3．アとエ
4．イとウ　　5．イとエ　　6．ウとエ

第69講 立法の不作為と司法審査
・平成19年〔第17問〕（配点：3）

次の文章は，選挙権行使の保障に関する最高裁判所の二つの判決に関するものである．AからDまでの各空欄に，後記1から6までの中から適切なものを補充して，文章を完成させなさい．なお，同じ記号には，同じ文章が入るものとする．（解答欄は，AからDの順に，[No.36]から[No.39]）

選挙権行使の保障に関し問題となるものとして，在宅投票制度や在外選挙制度がある．最高裁判所は，在宅投票制度を廃止し，その後復活しないことの違憲性が争われた訴訟において，立法不作為を含む立法内容の違憲性と国家賠償法第1条第1項との関係について【A】[No.36]旨述べた上，同項の適用上どのような場合に国会議員の立法活動が違法の評価を受けるかについて【B】[No.37]旨判示した．最高裁判所は，その後，在外選挙制度の違憲性が争われた訴訟において，まず，在外選挙制度の憲法適合性について【C】[No.38]旨判断し，さらに，国会議員の立法活動が国家賠償法第1条第1項の適用上違法の評価を受けるかについて，【A】[No.36]旨述べた上で【D】[No.39]旨判示した．

1．国会議員は国民に対して違憲の立法をしない法的義務を負っており，立法内容が違憲の場合，国会議員の立法又は立法不作為は原則として国家賠償法第1条第1項の適用上違法となる

2．国家賠償法第1条第1項の適用上違法となるかどうかは，国会議員の立法過程における行動が個別の国民に対して負う職務上の法的義務に違背したかどうかの問題であり，当該立法内容の違憲性の問題とは区別される

3．立法内容が憲法の一義的な文言に違反しているにもかかわらずあえて当該立法を行うような，容易に想定し難い例外的な場合でない限り，国家賠償法第1条第1項の適用上違法の評価を受けない

4．立法内容が国民に憲法上保障された権利を違法に侵害することが明白な場合や，国民に憲法上保障された権利行使の機会を確保するには所要の立法措置が必要不可欠で，それが明白なのに，国会が正当な理由なく長期にわたってこれを怠る場合などには，例外的に，国家賠償法第1条第1項の規定の適用上，違法の評価を受ける

5．在外国民に国政選挙での投票を認めないことは憲法に違反しており，平成10年の公職選挙法改正で在外選挙制度が創設されたが，その対象が衆議院と参議院の比例代表選挙に限られていた点で，従前の違憲状態が継続していた

6．平成10年の公職選挙法改正で在外選挙制度

が創設されたが，その対象が衆議院と参議院の比例代表選挙に限られている点で，遅くとも本判決言渡し後に初めて行われる衆議院議員の総選挙又は参議院議員の通常選挙の時点において，憲法に違反する

第72講　営業の自由概念と審査基準
・平成17年〔第37問〕（配点：3）

　以下は，「裁判所は，職業活動による他人の生命，健康への侵害を防止するなどの消極的・警察的目的を達成するために職業選択の自由が制限される場合には，国民経済の円満な発展や社会公共の便宜の促進，経済的弱者の保護等の社会政策及び経済政策上の積極目的を達成するために職業選択の自由が制限される場合よりも，その合憲性を厳密に審査すべきである」という考え方（以下「消極目的規制・積極目的規制二分論」という。）に関する文章である．アからオのうち，bがaに対する批判又は反論として成り立っているものについては1を，そうでないものについては2を選択しなさい．（解答欄は，アからオの順に[No.88]から[No.92]）

ア．a．　小売商業調整特別措置法に関する判決（最大判昭和47年11月22日）と薬事法距離制限規定を違憲とした判決（最大判昭和50年4月30日）とを合わせて読むと，最高裁判所が職業選択の自由の制限に関して消極目的規制・積極目的規制二分論に立っていると理解できる．

b．　森林法の共有森林分割制限規定を違憲とした最高裁判決（最大判昭和62年4月22日）は，森林経営の安定を図るという積極目的による経済規制についてかなり厳密な違憲審査をしているのであるから，この判決によって，最高裁判所が職業選択の自由の制限に関しても消極目的規制・積極目的規制二分論を採らないことが明らかになった．

イ．a．　消極目的規制・積極目的規制二分論には，規制目的の類型によって規制手段に対する違憲審査基準が決まる理由が明らかでないという問題がある．

b．　消極目的の規制については，裁判所が必要性・合理性の判断をすることが比較的容易であるが，積極目的の規制は，社会経済政策実施のための規制であって，その必要性・合理性の判断が裁判所になじみにくい．

ウ．a．　職業活動に対する規制の目的が消極的なものか積極的なものかを的確に区分することは，理論上も実際上も困難である．

b．　職業の許可制は，単なる職業活動の内容及び態様に対する規制を超えて，狭義における職業の選択の自由そのものに制約を課すものであり，職業の自由に対する強力な制限である．

エ．a．　裁判所が消極目的規制・積極目的規制二分論に立って違憲審査を行うと，法律制定に当たり，積極目的をうたえば職業活動の制限に対する司法的なチェックを免れることができるので，結果的に既得権益保護のための職業活動の制限が横行することになりかねない．

b．　消極目的規制・積極目的規制二分論の下では，国会が積極目的の規制を消極目的の規制であると偽って法律を制定することが抑止される結果，立法過程が透明化されるという効果があるのであるから，既得権益保護のための職業活動の規制は立法過程でそうしたものであることが明らかになりチェックされ得る．

オ．a．　消極目的規制について厳密な違憲審査がなされることになると，公害規制立法による経済規制のような場合にも厳密な違憲審査がなされることになり，不都合な結果が生じ得る．

b．　消極目的と積極目的の双方が混在している経済活動の規制に対しては，消極目的規制の違憲審査基準を基礎としつつ，積極目的の強度を考慮に入れて違憲審査の程度を緩和すべきである．

第74講　駅構内におけるビラ配りとパブリック・フォーラム
・平成20年〔第5問〕（配点：3）

　次の文章は，街路樹への広告物掲出を禁止する県条例の違憲審査の基準について論じたものである．次のアからウまでの各記述につき，この見解に対する批判となり得る場合には1を，批判となり得ない場合には2を選びなさい．（解答欄は，アからウの順に[No.9]から[No.11]）

　「この県条例の目的とするところは，美観風致の維持と公衆への危害の防止であって，表現の内容はその関知するところではなく，広告物が政治的表現であると，営利的表現であると，その他いかな

る表現であるとを問わず，その目的からみて規制を必要とする場合に，一定の抑制を加えるものである．もし本条例が思想や政治的な意見情報の伝達に係る表現の内容を主たる規制対象とするものであれば，憲法上厳格な基準によって審査されるが，本条例は，表現の内容と全くかかわりなしに，美観風致の維持等の目的から屋外広告物の掲出の場所や方法について一律に規制しているものである．この場合に，表現の内容を主たる規制対象とする場合と同じように厳格な基準を適用することは，必ずしも相当ではない．」

ア．表現の時，場所，方法について規制することによって実際上特定の内容を持つ表現だけを規制するような場合でも，緩やかな審査基準が適用されることになる．［No.9］

イ．表現の時，場所，方法について一律に規制する場合は，表現内容に対する規制の場合と比較して，規制者による恣意的な表現抑圧の危険が相対的に低いはずである．［No.10］

ウ．表現者にとって，特定の時，場所，方法で表現することと表現の内容とが同程度に重要である場合が少なくないことを見過ごしている．［No.11］

第75講 準パブリック・フォーラムにおける審査基準

・平成19年〔第7問〕（配点：3）

次の文章は，いわゆる泉佐野市市民会館事件判決（最高裁判所平成7年3月7日第三小法廷，民集49巻3号687頁）の判示を要約したものである．後記の小問1及び2に答えなさい．

集会の用に供される公共施設の管理者は，施設をその集会のために利用させることによって，他の基本的人権が侵害され，公共の福祉が損なわれる危険がある場合には，その利用を拒否することができる．そして，制限が必要かつ合理的なものとして肯認されるかどうかは，基本的には，基本的自由としての集会の自由の重要性と，当該集会が開かれることによって侵害されることのある他の基本的人権の内容や侵害の発生の危険性の程度等を較量して決せられるべきものである．ただし，(a)この較量をするに当たっては，集会の自由の制約は，基本的人権のうち精神的自由を制約するものであるから，経済的自由の制約における以上に厳格な基準の下になされなければならない．それゆえ，本件会館条例が会館の使用を許可してはならない事由として規定している「公の秩序をみだすおそれがある場合」とは，広義の表現を採っているとはいえ，本件会館における集会の自由を保障することの重要性よりも，本件会館で集会が開かれることによって，人の生命，身体又は財産が侵害され，公共の安全が損なわれる危険を回避し，防止することの必要性が優越する場合をいうものと限定して解すべきであり，その危険性の程度としては，単に危険な事態を生ずる蓋然性があるというだけでは足りず，明らかな差し迫った危険の発生が具体的に予見されることが必要であると解するのが相当である．(b)このように限定して解する限り，当該規制は，他の基本的人権に対する侵害を回避し，防止するために必要かつ合理的なものとして，憲法第21条に違反するものではない．

〈小問1〉下線部(a)に関連する次の1から3までの見解のうち，明らかに誤っているものを選びなさい．（解答欄は，［No.16］）

1．経済的自由は，精神的自由と同様に，自己実現にとって不可欠であるだけでなく，人間生活の基盤をなす重要なものである．

2．精神的自由といえども，それを保障するためには殺人や傷害といった犯罪行為を取り締まる法制度が必要であるから，経済的自由と性格が異なるものではない．

3．精神的自由は民主主義過程の維持保全にとって不可欠な権利であるが，自己実現に役立つわけではない．

〈小問2〉下線部(b)と同じ法律解釈の方法をとった最高裁判所の判決を次の1から3までの中から選びなさい．（解答欄は，［No.17］）

1．「主要食糧の政府に対する売渡を為さざることを煽動したる者」を処罰する食糧緊急措置令の規定が憲法第21条に違反しないとした判決．

2．「選挙に関し，投票を得若しくは得しめ又は得しめない目的をもって戸別訪問をすること」を処罰する公職選挙法の規定が憲法第21条に違反しないとした判決．

3．「風俗を害すべき書籍，図画，彫刻物その他の物品」を輸入禁制品として掲げる関税定率法の規定が憲法第21条に違反しないとした判決．

●本書に関連項目のないもの
◇天　皇

・平成20年〔第14問〕（配点：2）
　天皇の国事行為に関する次のアからエまでの各記述について，明らかに誤っているもの二つの組合せを，後記1から6までの中から選びなさい．（解答欄は，[No.32]）

ア．天皇は内閣の指名に基づいて最高裁判所長官を任命するが，内閣は，最高裁判所長官の指名及びその任命に関する助言と承認を1回の閣議で行うことはできない．

イ．天皇は国会を召集するが，内閣の助言と承認が国事行為の実質的決定権を含むという立場からすると，憲法第7条の規定により内閣が召集に関する決定権を有することになる．

ウ．天皇は栄典を授与するが，憲法は，恩赦の認証と異なり，栄典の授与自体が天皇の国事行為であるとしており，栄典の授与の認証を国事行為とはしていない．

エ．天皇は国会の開会式に参列するが，その際の「おことば」は天皇の象徴としての行為であるとする立場からすると，「おことば」について内閣の補佐は不要である．

1．アとイ　　2．アとウ　　3．アとエ
4．イとウ　　5．イとエ　　6．ウとエ

・平成18年〔第16問〕（配点：3）
　天皇の権能に関する次の1から8までの各記述について，正しいと認められるものを二つ選んでくれ．（解答欄は，[No.39]，[No.40]順不同）

1．天皇の国事行為について，それが内閣の助言に基づいてなされた場合には，天皇が責任を問われることはないが，天皇の発案に基づき内閣の承認を受けてなされた場合には，天皇が国事行為の責任を問われることがある．

2．天皇の権能は，一身に専属し，その国事に関する行為を他に委任することはできない．

3．天皇は，内閣の助言と承認が不当なものであると判断した場合でも，その助言と承認を拒むことは一切認められていない．

4．天皇は，憲法で列挙された国事に関する行為以外であっても，国政に関する権能を行使することが認められている場合がある．

5．憲法が定める天皇の任命行為は，すべて内閣の助言と承認に基づいて行われる．

6．天皇に衆議院の解散権があるとしても，それが内閣の助言と承認によって行われる以上，国会が天皇の政治責任を追及することは認められない．

7．天皇による国会開会式の「おことば」を「儀式」に含めて理解する見解に立てば，その行為については内閣による助言と承認は要求されない．

8．天皇に代わって摂政が置かれる場合は，摂政が自らの名で国事に関する行為を行い，その責任は摂政に帰属する．

◇国会の会期
・平成19年〔第14問〕（配点：2）
　国会の会期制に関する次のアからオまでの各記述について，正しいもの二つの組合せを，後記1から10までの中から選びなさい．（解答欄は，[No.33]）

ア．憲法は，会期制を採用しているが，会期の長さを特定しているわけではないので，国会法で常会の会期を1年間と定めることは可能である．

イ．憲法には，会期延長に関する規定はないが，国会法はこれについて定め，常会，臨時会及び特別会の会期延長の議決について，衆議院の優越を認めている．

ウ．憲法上，国会の会期を開始させる召集の実質的決定権は内閣にあると解されるが，臨時会については，内閣は，いずれかの議院の総議員の4分の1以上の要求があれば，その召集を決定しなければならない．

エ．憲法は，「会期不継続の原則」を採用しているが，議院の議決によって継続審査に付された案件はその例外としているから，一院で議決された議案は，継続審査に付された後，他院でも議決されれば成立する．

オ．憲法は，会期制を前提として「一事不再議の原則」を規定しているが，その例外として，法律案について衆議院が再議決することを認めている．

1．アとイ　　2．アとウ　　3．アとエ
4．アとオ　　5．イとウ　　6．イとエ
7．イとオ　　8．ウとエ　　9．ウとオ
10．エとオ

◇租税法律主義
・平成19年〔第18問〕（配点：2）

　市町村の国民健康保険条例に保険料率などの具体的規定がないことと租税法律主義を定めた憲法第84条との関係について判示した最高裁判所の判決（最高裁判所平成18年3月1日大法廷判決，民集60巻2号587頁）に関する次のアからエまでの各記述について，正しいもの二つの組合せを，後記1から6までの中から選びなさい。（解答欄は，[No.40]）

ア．この判決は，国又は地方公共団体が課税権に基づき，その経費に充てるための資金を調達する目的をもって，特別の給付に対する反対給付としてでなく，一定の要件に該当するすべての者に対して課する金銭給付は，その形式のいかんにかかわらず，憲法第84条に規定する租税に当たるというべきであるとした．

イ．この判決は，国民健康保険の保険料は租税ではないから憲法第84条が直接適用されることはないが，国又は地方公共団体が賦課徴収する租税以外の公課であっても，賦課徴収の強制の度合いなどの点において租税に類似する性質を有するものについては，憲法第84条の趣旨が及ぶと解すべきであるとした．

ウ．この判決は，憲法第84条の趣旨に照らせば，市町村が行う国民健康保険の保険料についても，条例において賦課要件をどの程度明確に定めておく必要があるかは，専ら国民健康保険が強制加入とされ，保険料が強制徴収される点を考慮して決定されるべきであるとした．

エ．この判決は，保険料率算定の基礎となる賦課総額の算定基準及び賦課総額に基づく保険料率の算定方法が賦課期日までに明らかにされているとしても，具体的な各年度の保険料率をそれぞれ各年度の賦課期日後に告示するとすれば，憲法第84条に反し，許されないこととなるとした．

1．アとイ　　2．アとウ　　3．アとエ
4．イとウ　　5．イとエ　　6．ウとエ

◇国民の義務
・平成20年〔第11問〕（配点：3）

　国民の義務に関する次のアからウまでの各記述について，それぞれ正しい場合には1を，誤っている場合には2を選びなさい．（解答欄は，アからウの順に[No.25]から[No.27]）

ア．大日本帝国憲法と異なり，国民主権と基本的人権の保障を旨とする日本国憲法において課される国民の義務は，国家への全面的な服従義務を意味するものではなく，憲法の基本原理と調和する限りにおいて認められるものである．[No.25]

イ．憲法が国民に職業選択の自由と財産権を保障するとともに，その意に反する苦役を禁止している以上，勤労の義務を規定した憲法第27条第1項は，道徳的・精神的な規定にすぎず，これに法的意味を認めることはできない．[No.26]

ウ．憲法第30条は国民の納税義務を定めているが，国際法や条約に基づいて免除される場合を除き，法律の定めるところにより，我が国に居住する外国籍の者から徴税することは違憲ではない．[No.27]

・平成18年〔第13問〕（配点：2）

　次のアからウまでの各記述について，正しいものに〇，誤っているものに×を付した場合の組合せを，後記1から8までの中から選びなさい．（解答欄は，[No.33]）

ア．憲法第26条第2項前段は，国民は，「その保護する子女に普通教育を受けさせる義務を負ふ」と定めている．この点，親権者には教育の自由があるから，親権者は，その保護する子女に受けさせる教育内容を決めることができ，子女に学校教育法による普通教育の代わりに，自ら自由に定めた内容による9年間の教育を受けさせることによっても，憲法第26条第2項前段の義務を果たしたことになる．

イ．憲法第27条第1項は，勤労の義務を定めている．憲法第18条は，「犯罪に因る処罰の場合を除いては，その意に反する苦役に服させられない」と定めているから，国は，犯罪による処罰の場合を除き，国民に「苦役」に当たる労働を強制することはできないが，苦役に当たらない程度のものであれば，犯罪による処罰の場合以外であっても，憲法第27条第1項を根拠として国民に勤労を強制することができる．

ウ．憲法第30条は，納税の義務を定めている．同条は，その主体について，「国民は」と規定してい

るが,この「国民」には内国法人(国内に本店又は主たる事務所を有する法人)も含まれる.また,法律をもってすれば,日本国内に居住する外国人及び外国法人(内国法人以外の法人)に対しても納税の義務を課すことができる.

1．ア○　イ○　ウ○　　2．ア○　イ○　ウ×
3．ア○　イ×　ウ○　　4．ア○　イ×　ウ×
5．ア×　イ○　ウ○　　6．ア×　イ○　ウ×
7．ア×　イ×　ウ○　　8．ア×　イ×　ウ×

◇国家賠償請求権
・平成18年〔第19問〕(配点：2)

憲法第17条及び国家賠償法に関する次のアからオまでの各記述について,明らかに誤っているもの二つの組合せを,後記1から10までの中から選びなさい.(解答欄は,[No.46])

ア．憲法第17条にいう「不法行為」は,民法上の「不法行為」と同義であると解し,かつ,公権力の行使について損害賠償請求をするには民法以外の特別の法律が必要であるとの見解がある.この見解によれば,国家賠償法第1条を改正し,公務員に故意がある場合にのみ賠償請求権が発生すると定めた場合,当該改正は憲法違反であると解される.

イ．憲法第17条を受けて制定された国家賠償法第1条は,公務員の不法行為に基づく国又は公共団体の責任を定めている.論理的には,この責任につき,国又は公共団体の自己責任であると解すると,公務員個人に対する賠償請求権は否定され,他方,代位責任であると解すると,公務員個人に対する賠償請求権は否定されないということになる.

ウ．憲法第17条及び国家賠償法第1条にいう「公務員」には,国会議員も含まれると解され,憲法第51条に定める国会議員の免責特権との関係が問題となる.この点,国家賠償法第1条第1項の適用上,国会議員個々人ではなく,国会自体について,その組織的行為の評価を論ずれば足りると解する立場を採れば,憲法第51条は,国会の不法行為を理由とする国家賠償責任追及の法的障害とはならない.

エ．国会議員は,憲法を尊重し擁護する義務を負っているので,違憲の法律を制定してはならないという行為規範の遵守義務が課されている.し

たがって,国会において議決された法律が違憲であれば,立法過程における国会議員の立法活動の当否にかかわらず,当該立法行為は,国家賠償法第1条第1項の適用上も違法となるとするのが,最高裁判所の基本的な考え方である.

オ．憲法第17条は,「国家無答責の原則」を否定する趣旨の規定であるが,国民に生じたあらゆる損害を国が賠償することまで定めたものではない.例えば,最高裁判所は,内閣等が物価安定という政策目標達成への対応を誤り原告らの郵便貯金を目減りさせたとしても,政府の政治的責任が問われるのは格別,法律上の義務違反ないし違法行為として国家賠償法上の損害賠償責任の問題は生じない旨判示した.

1．アとイ　　2．アとウ　　3．アとエ
4．アとオ　　5．イとウ　　6．イとエ
7．イとオ　　8．ウとエ　　9．ウとオ
10．エとオ

・平成17年〔第2問〕(配点：3)

国家賠償法第1条に関する次のアからエまでの各記述につき,それぞれ,正しい場合には1を,誤っている場合には2を選びなさい.(解答欄は,アからエの順に[No.2]から[No.5])

ア．弁護士会は,弁護士法により,弁護士に対する懲戒権の行使をゆだねられている団体であり,その懲戒権の行使は「公権力の行使」に当たるから,国家賠償法第1条にいう「公共団体」に当たると解されている.

イ．公立学校における教職員の教育活動は,私立学校の場合と性質上変わるところがないから,国家賠償法第1条にいう「公権力の行使」には当たらない.

ウ．国会議員の立法行為であっても,立法の内容が憲法の一義的な文言に違反しているにもかかわらず国会があえて当該立法を行うというような容易に想定し難いような例外的な場合であれば,国家賠償法上違法とされる場合が有り得る.

エ．検察官のした公訴提起は,後に刑事事件において被告人の無罪判決が確定した場合には,客観的に違法であると認められるから,国家賠償法第1条にいう違法の評価を受けるといわざるを得ず,違法であることを前提に故意又は過失の有無

を判断することになる．

◇学問の自由
・平成19年〔第9問〕（配点：3）
　学問の自由に関する次のアからエまでの各記述について，それぞれ正しい場合には1を，誤っている場合には2を選びなさい．（解答欄は，アからエの順に[No.19]から[No.22]）
ア．学問の自由を保障した憲法第23条の規定は，支配的見解によれば，大学における教授その他の研究者の学問研究の自由，学問研究成果の発表の自由及び教授の自由の保障に限定されており，国民一般の学問的活動の自由を保障するものとは解されていない．[No.19]
イ．最高裁判所の判例によれば，教科書検定制度は，普通教育の場で教科用図書として用いるための図書を作成する目的でつくられた規制であって，それは教科書の形態における研究結果の発表を著しく制限するから，学問の自由を保障した憲法第23条に反する．[No.20]
ウ．真理の探究を目的とする学問研究の自由は，憲法第19条の保障する思想の自由の一部を構成するが，研究活動が必ずしも内面的精神活動に限定されないことからすれば，学問研究の自由を思想の自由と同様の絶対的な自由と見ることはできない．[No.21]
エ．最高裁判所の判例によれば，学問の自由は教授の自由を含み，普通教育における教師に対しても一定の範囲における教授の自由が保障されるが，大学教育と異なり普通教育においては教師に完全な教授の自由は認められない．[No.22]

◇刑事補償
・平成20年〔第10問〕（配点：3）
　憲法第40条に関する次のアからウまでの各記述について，それぞれ正しい場合には1を，誤っている場合には2を選びなさい．（解答欄は，アからウの順に[No.22]から[No.24]）
ア．抑留又は拘禁の上，起訴された者が無罪となった場合，刑事補償に加えて国家賠償も請求することができるが，後者が公務員の故意・過失を要件とするのに対して，前者はそれらを要件としない．[No.22]
イ．最高裁判所の判例によれば，抑留又は拘禁の理由となった被疑事実が不起訴となった場合には，憲法第40条の補償問題は生じないが，実質上は無罪となった事実についての抑留又は拘禁と認められるものがあるときは，その部分は刑事補償の対象となり得る．[No.23]
ウ．最高裁判所の判例によれば，刑事訴訟法上の手続における無罪の確定裁判に限らず，少年審判手続における不処分決定事件でも，非行事実が認められないことを理由とする不処分決定である場合には，憲法第40条の「無罪の裁判」に含まれる．[No.24]

憲法演習ゼミナール読本(上)

第Ⅰ部　統治機構論

目次

第1章　立法
- 第1講　国の唯一の立法機関と委任の限界
- 第2講　国権の最高機関
- 第3講　二院制の意義
- 第4講　議院の自律権
- 第5講　国政調査権
- 第6講　国会議員の法案提出権
- 第7講　国会の条約承認権
- 第8講　国会議員の免責特権とその限界
- 第9講　政党の内部自律と司法審査

第2章　行政
- 第10講　内閣総理大臣の地位と権限
- 第11講　内閣の全会一致性
- 第12講　議院内閣制の本質と衆議院の解散
- 第13講　独立行政委員会の合憲性

第3章　司法
- 第14講　裁判の公開
- 第15講　司法権の独立
- 第16講　司法権に対する民主的統制
- 第17講　裁判官の良心
- 第18講　裁判員制度の合憲性
- 第19講　裁判官の政治的基本権の制限

第4章　財政
- 第20講　予算と法律
- 第21講　幼児教育助成制度と憲法89条
- 第22講　政党概念と財政憲法

第5章　地方自治
- 第23講　地方自治の本旨
- 第24講　道州制の導入と地方自治の本旨
- 第25講　法律と条例の罰則
- 第26講　条例による財産権の制限
- 第27講　住民投票の拘束力
- 第28講　知事の多選制限の合憲性

第6章　最高法規
- 第29講　憲法改正権の限界

第1章 立　法

第1講　国の唯一の立法機関と委任の限界

■問　題

　Xは，殺人罪でZ拘置所に未決勾留中の者である．Xの姉であるAは，裁判の期間中，何回となくXに面会に来ていた．その際，Xにとっては姪に当たる10歳になる娘のBを伴おうとした．しかし，Z拘置所では，監獄法施行規則（以下「規則」という．）124条の適用に関する内規として，在監者と幼年者との面会は，(ア)在監者の処遇上必要がある場合，及び，(イ)勾留が長期にわたっていること，面会の相手が在監者の実子であること，進学，進級等子供の教育上必要があるか配偶者の病気，入院等子供の成育上必要があるなど特別の事情があること，年2回程度であることという条件をすべて具備した場合，にのみこれを許可することとし，その余の場合は，規則120条にしたがって許可しないこととしていた．

　そこで，XがZ拘置所の所長Yに対し，Bとの面会許可を求める申請を行ったところ，YはBがXの実子ではないことを理由に，規則120条によりこれを許可しない旨の決定をし，Xにこれを告知した．この結果，BはXに面会することができなかった．そこで，Xは，規則は監獄法50条による委任に基づいて定められているところ，規則120条は同条の委任の範囲を超え，憲法41条に違反するものであり，この違憲の規則により精神的損害を受けたとして，Yを相手に国家賠償を請求した．

　この事例における憲法上の問題を論ぜよ（国家賠償請求の可否までは論じる必要はない．）．

〈参照条文〉

監獄法 45 条　被収容者ニ接見センコトヲ請フ者アルトキハ之ヲ許ス受刑者及ビ監置ニ処セラレタル者ニハ其親族ニ非サル者ト接見ヲ為サシムルコトヲ得ス但特ニ必要アリト認ムル場合ハ此限ニ在ラス

　　　　50 条　接見ノ立会，信書ノ検閲其他接見及ヒ信書ニ関スル制限ハ法務省令ヲ以テ之ヲ定ム

監獄法施行規則 120 条　14歳未満ノ者ニハ在監者ト接見ヲ為スコトヲ許サス

　　　　　　124 条　所長ニオイテ処遇上ソノ他，必要ノアル場合ハ前三条ノ制限ニヨラナイコトガデキル

第1章 立法　　1 国の唯一の立法機関と委任の限界

この講での論点細目次と論述のヒント

はじめに
1 権力分立制の歴史
2 自由主義と立法権の意義
　(1) 形式的意味の立法の独占機関説
　(2) 実質的意味の立法の独占機関説
　(3) 実質的意味の立法概念における一般性の意義
3 実質的意味の立法概念と法律の留保
　(1) 法律の留保を巡る説の対立
　　① 侵害留保説（美濃部達吉・田中二郎・田上穣治など）
　　② 全部留保説（柳瀬良幹・今村成和・杉村敏正など）
　　③ 社会留保説（高田敏・広岡隆・塩野宏・山田幸男など）
　　④ 権力行政行為留保説（成田頼明・原田尚彦・兼子仁など）
　(2) 実質的意味の立法概念を巡る説の対立
4 唯一の立法機関の意味するもの
5 国会中心立法の原則と委任立法の限界
　(1) 国会中心立法の原則の意義
　　〈補論〉命令以外の法形式による委任命令
　　　ア 通達／イ 規則
　(2) 国会中心立法の例外ないし適用外
　(3) 委任立法の限界
6 〈補説〉国会単独立法の原則
　(1) 国会単独立法の原則の意義
　(2) 国会単独立法の例外
　　① 地方自治特別法・条約・憲法改正
　　② 条約
　　③ 内閣の法案提出権
　　④ 憲法改正

はじめに

　ここに紹介した事実関係は，基本的には**最高裁判所第3小法廷平成3年7月9日判決**に基づいている（行政判例百選〈第5版〉98頁，憲法判例百選〈第4版〉462頁参照。なお，憲法判例百選〈第5版〉は，この判例を外し，社会権に関する平成14年1月31日判決を収録している。これは基本的には社会権の問題で事案が複雑なのでここでは避けたが，併せ読んでおいてほしい）。ただ，その事件では，本問のAは，その母が，死刑廃止運動の一環としてXと養子縁組した結果発生した親族関係であるなど，事実関係が複雑なので，ここではそのあたりを単純化している。

　なお，**監獄法は**，この判決後の平成17年に全面改正され，「刑事施設ニ於ケル刑事被告人ノ収容等ニ関スル法律」という名称に変更になったが，**接見**に関する本問で紹介した条文は，今も全く修正されていない。**監獄法施行規則**も，本件判決後，問題となった120条は削除されたが，接見に関するその他の条文は修正されていない。

　本問は，通常のアプローチであれば，**未決拘留中の者の人権の制限可能性**の問題である。しかし，それを最終的には**憲法41条から導かれる委任の限界**という問題として論じることを要求している点に特徴がある。したがって，論点は次の諸点である。

　第1に，**41条にいう立法の概念**である。それに同規則が該当しなければ，憲法41条違反の問題は生じない。

　第2に，41条にいう「**唯一**」から導かれる**国会中心立法主義の概念**である。その枠外あるいは適用外ということになれば，同じく憲法41条違反問題は生じない。

　第3に，**委任立法における授権概念**である。監獄法の授権規定が，その枠内にあって，始めて合憲な委任といえるからである。

　第4に，現実の規則120条が，委任の枠内にとどまった立法か否かである。

　以上の論点について，理由をきちんと挙げて説明することが大切である。短答式用の勉強を一所懸命にすると，とかく理由をそっちのけにして結論だけを覚える傾向があるが，論文では，それは致命的な欠陥となる。

　本講では，体系的な理解を身につけて貰うことを狙って，論文に書く必要のない基本的な部分から順次説明していくことにしたい。

1 権力分立制の歴史

　憲法41条にいう「国の唯一の立法機関」という言葉は，当然に権力分立制を予定し，その下における立法権の所属を示した規定と考えられる。権力分立は，本来は民主主義と結びつくものではない。君主制度でも，貴族制度でも，民主制度でも，国の主権者として，自分の権力の行使を他の者に委ねる必要がある場合には，等しく権力分立制の採用を必要とする。なぜなら，「権力は腐敗する。絶対権力は絶対に腐敗する」からである。例えば，古代

わが国は天皇親政であったが,有力貴族の藤原氏に権力の行使を委ねたために天皇の政治権力は無きに等しくなり,その後それを回復することは実質的には到頭出来なかったのである.

このように,理論的には絶対君主としての位置にあった者も,権力を他の者に委ねた場合には,事実上権力を奪われてしまうのである.そこで,例えば古代ギリシャの都市国家アテネでは,政治の担当者は1年をかぎり,再選を許さない,という形で権力を委託された者により,主権者が実質的に害される事態を防ごうとした.しかし,このような短い期間で権力行使を行なうものを取り替えては,どんな国家でもあっという間に人材を使い果たしてしまう.その結果,アテネはソクラテス裁判に端的に見られるような衆愚政治に陥って滅びていった.そこで中世イタリアの都市国家では,選挙によって統領を決定するが,その人間が死ぬまでその地位にある様にした.これはフィレンツェではメディチ家の僭主政治に道を開いてしまった.

こうした試行錯誤の結果,考えだされたのが権力分立である.つまり権力を丸々他の者に委ねるということはやめて,権力をいくつかの部分に分割して,その部分ごとに委ねればよいということである.だから,分割するのは別に,立法,司法,行政の3権でなければならない必然性はない.実際,初期のイギリスで採られたそれは,内政,外交という2つの分権であった.モンテスキューがこれを誤解して,今日の標準的な権力分立制である立法,行政,司法という3権に分けるという理論を考えだしたわけである.

このように,権力分立制は国家権力の行使者から主権者を守るための制度である.その結果,現行憲法の基本原理のなかでは,国家権力による国民の権利侵害の防止となるので,自由主義に立脚する制度と位置づけられる.

先に述べたとおり,この段を論文に書く必要はないが,ここに述べたことは,正確に理解しておく必要がある.なぜなら,次に述べる実質的意味の立法概念は,自由主義=権力分立制から導かれるからである.

2 自由主義と立法権の意義

41条後段は2通りに理解することが可能である.形式的理解と実質的理解である.

(1) 形式的意味の立法の独占機関説

第1の理解は,国会以外の機関は「法律」という名称の法規範を制定することはできない,とする.この意味の立法を形式的意味の立法という.議会主権の下において,法の支配の概念が確立している国においては,国のすべての活動は法律に根拠づけられる必要があるから,国会が法律制定権を独占するということで,必要にして十分であるといえる.イギリス議会が,男を女にし,女を男にする以外は何事も可能である,といわれるのはこのような意味での立法権を独占しているからである.わが国において,高橋和之は通説を分離型と名付け,自らの説を下降型と呼び,次のように述べる.

「最高規範を憲法とすると,その下で最高位の法制定を立法と捉え,その立法の実現(執行)を行政と捉えることになる.これを法形式の面で捉えれば,憲法の下における最高の法形式は対外関係の法形式である条約を別にすれば,法律である.故に立法とは,法律の制定を意味する.」(高橋『国民内閣制の理念と運用』(有斐閣)352頁)

＊ よく,諸君の中には,形式的意味の立法説を,全く論理的に破綻した説のように書くものがある(受験予備校のテキストはもちろん,憲法教科書の中にも,そのような表現をしているものがあることは承知している).しかし,その様な無用な非難は,自分の理解不足を露呈する以外の何ものでもない.他説の悪口はたいていの場合,墓穴を掘る結果となるので,厳に避けよう.

なぜ,形式的意味の法律の制定権を国会が独占していると考えても,予備校のいうように同語反復という批難を受けることにならないのだろうか.それは,高橋は,法律に法治主義を結びつけているからである.あらゆる行政活動が法律に準拠しなければならないと考える場合には,法律の制定権を国会が独占していれば実効的な支配が可能となる.そこで,高橋は上記引用箇所に続けて,次のように説明する.

「こういったからといって,立法を形式的意義に解

したということでは，必ずしもない．なぜなら，ここでの法律は，国会が一定の手続きに従って制定した法規範という意味においてのみならず，否，それ以上に最高位の法規範という実質的意義において理解されているからである．」

この結果，高橋の用語法では，法律の制定権の独占が，**実質的意味の立法**と呼ばれる．

(2) 実質的意味の立法の独占機関説

わが国の通説は，ドイツのラバント（Paul Labant）の説いたところにしたがい，本条を実質的意味の立法概念を規定したものと理解する．すなわち，先に述べたとおり，本条後段を権力分立制を規定したものと理解し，かつ権力分立制は，主権者たる国民の自由を，国家機関から実質的に保障する手段と理解する場合，その適用範囲はすべての国家活動である必要はない．国家活動のうちで，対国民的な活動に限定して良い．

このことを基準に，国が作るさまざまな法規範を2つに分類すると，対国民的な効力を持つ法規範だけが，本条にいう立法に該当するということができる．これを「法規命令（Rechts-satz）」と呼ぶ（略して「法規」と呼ぶことも多い）．これを実質的意味の立法と呼ぶ．権力分立制の本旨から，これだけが国会に独占を要求される立法と考えるのである．

これに対して，国家の制定する立法であっても，この実質的意味の立法以外の立法は，国会の独占は要求されない．高橋和之が分離型と呼ぶゆえんである．ただ，その場合でも，一般に国会が法律を制定することは妨げない，とされる．

しかし，私は，実質的意味の法以外では，憲法自身が定めた例外を除き，国会は法律制定権を有しないと考えている．なぜなら，対国民的な法以外で，国家活動に関わる法といえば，国家機関内部だけを対象とし，対国民的な効力は有しない法規範以外にはあり得ない．そうした法規範は，立法，司法，行政のそれぞれについて考えられる．立法機関内部を対象とする規範は「**議院規則**」，司法機関内部のそれは「**裁判所規則**」とそれぞれ憲法により命名されている．これに対して行政機関内部の法規範は憲法上特別の名称はないが，講学上は「**行政規則**」と呼ばれている．この3種類の規則をまとめて，以下では「**内部規則**」と呼ぶ．権力分立制の枠内では，内部規則はそれぞれの権力の主体が制定するべきである．それを国会に制定することを認めたのでは，実質的に国会が，規則制定を通じて他の権力を支配することが可能になり，権力分立制の意味そのものが失われるのである．憲法の定めた例外としては，内閣法，裁判所法などがある（66条1項，76条1項）．

(3) 実質的意味の立法概念における一般性の意義

法規の抽象的な概念は上記のとおりであるが，それを具体的にどのように把握するかは，その国家の体制によって大きく異なる．そのため，現行憲法下における法規の定義については，学者により相当の説の対立がある．特に問題となるのが，「一般性」の概念である．

実質的意味の立法概念の提唱者であるラバントは，最後まで一般性という概念を実質的意味の立法概念に取り込むことを拒否した．わが国でも，伊藤正己は不要とする（伊藤『憲法』第3版421頁）．確かに，実質的に法規命令に該当する法規範は，それが一般的抽象的な内容のものであろうと，個別的具体的な内容のものであろうと，すべてここでの立法に含まれるのが本来の概念であろう．

しかし，三権分立制の一環として行政が存在している．そして個別，具体的な法規範の定立行為というのは，まさに行政行為そのものであると考えられる．したがって，国会としてはそのような法律，たとえば特定の人に特定の許可を与えるという法律を作ることは，立法府の行政府に対する侵害行為に該当し，許されない．

同様に，三権分立制の一環として司法が存在している．裁判所の判決は，特定人に対する具体的な法規範の定立行為であるといえる．例えば，国会が特定人を死刑にする，という内容の法律を定めることは，法律という形式による司法行為に他ならず，やはり許されない．

したがって，仮に個別具体的な内容の法律を作ったとすれば，権力分立制に違反し，無効であると考えられる．こうしたことから，国会が制定できる法律は，少なくとも一般的，抽象的な内容のものに限られるべきである．

3 実質的意味の立法概念と法律の留保

＊ 本来なら，次の(1)は飛し，ここまでの記述に続けて，(2)に繋げるのが憲法としての本来の説明方法であろう．しかし，この問題は，憲法学的なアプローチばかりでなく，行政法学的なアプローチが存在する．そこで，そこから生じる混乱を避けるため，簡単に行政法的なアプローチとの関連について，(1)で説明しておく．

(1) 法律の留保を巡る説の対立

行政法学では，この問題を「法律の留保」という名称の下に議論する．すなわち，高橋が主張するように，国家の対国民的な行政活動のすべてについて，法律に基づくことが要求されるのではなく，そのうち，特定の領域だけを法律は留保しており，他の領域は行政が法律の根拠なくして一般性ある規範を制定しうるという理解を示すのである．以下，主要学説の流れとその内容を紹介すると次のとおりである．

① **侵害留保説**（美濃部達吉・田中二郎・田上穣治など） 国家が国民の自由権・財産権を制限する侵害行政に属する活動を行うには法律の根拠を必要とするが，その他の行政領域における活動には，必ずしも法律の根拠を必要としないとする．戦後間もない頃はこれが通説であった．本問で，これに依った場合にはおそらく接見は侵害行政に属しないという理解の下に，法律の根拠そのものが不要という答えが導かれることになろう．

② **全部留保説**（柳瀬良幹・今村成和・杉村敏正など） 現代国家においては侵害行政のみならず，それ以外の権力行政においても，その全般にわたって国民の権利義務に関わりを持つことが多いので，それらの行政領域についても議会のコントロールに服させるべきだ，との問題意識から，全部留保説が有力になり，やがて多数派を形成するに至った．これに依れば侵害留保説は立憲君主制的イデオロギーに基づくもので，現行憲法の民主主義構造からは，すべての権力行政に法律の留保を要するのは当然とする．

すなわち，この学説は，全部留保説と称するものの，その留保範囲は権力行政という狭い範囲に限られていることが特徴である．

③ **社会留保説**（高田敏・広岡隆・塩野宏・山田幸男など） 日本国憲法が福祉主義を基本原理とし，社会国家を重視していることに立脚して，給付行政を含む公行政の全領域に法律の留保を要求する説が出現する．基本的には全部留保説と同一の発想に立ちつつ，非権力行政の自由侵害可能性が新たに着目されるに至ったため，そうした行政にも，権力行政と同様にきわめて制限的態度で望むこととした説といえる．

④ **権力行政行為留保説**（成田頼明・原田尚彦・兼子仁など） 最近では，戦後のわが国の発展を支えた経済活動に対する国の行政指導を高く評価し，各種行政の持つべき機動性と積極的責任性を重視しようとする見地から，各種行政に一律に法律の根拠を要求するのは行き過ぎである，との見方が広がり，上記各説とは異なる立場から立論する者が現れた．これに依れば，法律の留保を必要とするものは国民の権利義務を権力的に左右する形式をとる権力行政であり，非権力行政は法律の留保を必要としない，という．

より正確には，権力的な「形式」で行われる場合には法律の根拠を必要とするが，それ以外の場合には実質的に規制行政に属する場合にも法律の根拠を要しない，とする．この結果，具体的には行政指導の形で行う活動は，一切法律の根拠の必要性から解放されて，時宜に応じて自由に行うことが許される，と結論する．この立場が，現在においては行政法学の多数派を形成していると見ることが許されるであろう．

(2) 実質的意味の立法概念を巡る説の対立

高橋和之の下降型を採用した場合には，行政に関してはすべて法律の留保が必要と考えられるはずである．したがって，上記行政法学説は，程度の差こそあれ，全て違憲と考えるのではないかと思われる．

それに対して，高橋いうところの分離型をとる通説の場合，実質的意味の立法に属する領域についてのみ，行政法的にいえば法律の留保を要求するわけであるから，行政法学説との調和の余地が出てくる．

憲法学説の場合，それは法規概念に対する理解という形式を採って論じる．それはかなり区々となっている．代表的なものを紹介すると，次のようなものがある．

a 「直接又は間接に国民を拘束し，あるいは国

民に負担を課する新たな法規範」(宮沢俊義『日本国憲法』〈芦部信喜補訂〉343頁)

b 「直接に国民を拘束し、又は、少なくとも国家と国民の関係を規律する一般的法規範である」(清宮四郎『憲法Ⅰ』〈第3版〉204頁)

c 「国民の権利・義務を定める規範を重要な構成要素とするが(内閣法11条はこれを確認するが)、国家と機関との関係に関する法規範をも包摂する概念と解される. 〈…中略…〉法規は一般的性格を持つことを重要な構成要素とする.」(佐藤幸治『憲法〈第3版〉』145頁)

d 「およそ一般的・抽象的な法規範をすべて含む」(芦部信喜『憲法〈第4版〉』280頁)

ここで気づかれるのは、芦部信喜説(同様の見解をとるものとして、長尾一紘・杉原泰雄など)は、隣接する行政法学の問題意識を基本的には全く無視していることである。実質的意味の法律を、国民の権利義務に関する法規範と解するか、一般的抽象的法規範と解するかは、行政組織・作用に関する規定が法律事項となるかどうかという点を除いて実質的に大きな違いはない、とする説がある(戸波江二『憲法〈新版〉』365頁)が、この点で妥当ではない。

これに対して、宮沢説の場合には、ほぼ全部留保説に対応しているといえるであろう。また、清宮説の考え方をとる場合には、国家と国民の関係という漠然たる言葉をどう具体化するかにより、いずれの説も包含しうる余地がある。佐藤幸治説の場合も同様である。

いずれにせよ、ここで重要なことは、行政国家といわれる現象の評価である。現実に社会国家における対国民的な行政活動の相当部分は、法律に基づくことなく行われており、また、それが国民の利益と合致しているという事実である。芦部説のようにいたずらに実質的意味の立法概念を拡大するときは、行政による迅速的確な対応は完全に不可能とならざるを得ず、国民の権利の侵害が逆に広がるということである。行政国家現象は、福祉主義の下における必然であり、立法権を拡大することによってこれを覆そうとする思想は、歴史の歯車を逆転させようとする以外の何ものでもない。現行憲法は、国会による行政のコントロールは、立法ではなく、議院内閣制というチャンネルを通じて実現しようと考えるべきである。私自身は、基本的に清宮説によっており、ただ、国家と国民の関係を「権力的に」規律するという形に読むことで、行政法学との調和を図るという考え方をとっている。

諸君のなかで芦部説を採る人は、以上の理由から少数説なので、論文でこの説を主張する場合にはしっかりした理由付けを行う努力が必要なことを強調したい。

4 唯一の立法機関の意味するもの

国会が国の唯一の立法機関である、という言葉は、論理的にいって、次の2つの概念に分解できる(あるいは2つの原則が派生する、と言っても良い)。すなわち、第1に、国会以外に立法機関はない、という意味である。これを国会中心立法主義と呼ぶ。第2に、国会の行う立法に、国会以外の機関が関与することはない、という意味である。これを国会単独立法の原則という。本問で問題となる委任立法の限界は、このうち、国会中心立法主義との関連において問題となる。

5 国会中心立法の原則と委任立法の限界

(1) 国会中心立法の原則の意義

法規範の定立行為そのものは、決して立法府の独占するものではない。先に述べたとおり、行政活動は、それ自体、個別・具体的な法規範の定立を伴うものと考えるべきである。しかし、行政権が個別、具体的な法規範の定立をする場合には、かならず法律からの授権を必要とする。さもないと、相互抑制による主権者の保護という権力分立の実質的意義が失われるからである。このように、行政府による対国民的な個別、具体的な行政活動は、すべて法律に根拠を有さなければならないという考え方を、「法の支配(rule of Law)」ないしは「法治主義(Gesetzmäßigkeit)」と言う。多くの諸君がこの議論を飛ばしてしまうが、これこそが本問における根本的な問題意識であるので、必ず論及してほしい。

現実の問題として、行政権が制定する法規範は具体的、抽象的なものには限定されず、かなり一般性を有するものも含まれる。行政府に、こうした一般性ある法規範の制定を許容する実際上の根拠は、大きく分けて2つある。1つは、限られた会期と呼ばれる期間内に開催される国会で、今日の国家の膨大な活動を、対国民的効力を持つものに限

るにせよ，すべて定めるということは不可能だということである．いま1つは，法律は一度作られるとそのまま変わらないのに，社会の方はどんどん変化するので，あまり細かいことまで定めてしまうと，頻繁に法律改正作業をする必要が生じてしまい，それには耐えられない，というきわめて現実的な理由によるものである．これは諸君に直感的に理解してほしくて書いた文章なので，論文に引用できるような，もう少し格調高い文章を芦部信喜から引用しておこう．

「社会福祉国家においては国家の任務が増大し，① 専門的・技術的事項に関する立法や，② 事情の変化に即応して機敏に適応することを要する事項に関する立法の要求が増加し，また，③ 地方的な特殊事情に関する立法や，④ 政治の力が大きく働く国会が全面的に処理するのに不適切な，客観的公正の特に望まれる立法の必要が増加した．」（『憲法〈第4版〉』282頁）

そこで，これらの限界からも，実際に採り得る手段は，法律では骨子だけを定めて，その細部については，その法律を執行するように法律で指定されている各権力機関がそれを定めるという方式を採る，ということになる．

定める方法は，1つは執行命令と呼ばれるものである．これは文字どおり法律を具体的に執行するために，法律の細部を補完する性格を持つものである．例えば，法律にある違法行為に対しては，1万円以下の過料に処するという規定があった場合，地方行政庁でその執行がばらつくのを防ぐため，その類型をさらに細分化し，例えば重大な違反の場合と軽い違反の場合に分け，前者は1万円，後者は5,000円という命令を設ける様な場合がそれにあたる．

いま1つは委任命令と呼ばれる．これは，法律の委任を受けて，新たに国民の権利を制限しまたは義務を課すような規定を設けることを言う．これが本問の中心論点であるから，今少し詳しく説明したい．

このように国会中心立法主義を理解していくと，法律における委任の限界というものが大きな問題となってあらわれてくる．委任の範囲を十分に大きくしてしまうと，法の支配そのものが揺らいでしまうからである．たとえば，第1次世界大戦が終了した後でドイツで作られた「ワイマール憲法」は，今日の目からみても非常に進歩的なすぐれた憲法であった．しかし，その憲法は，委任を制限するということを知らなかった．その結果1933年に作られた「授権法」は，立法府の権限のほとんどをナチスの総統であるヒットラーに授権したのだった．すなわち，総統命令が法律と同一の効力を有するにいたった．その結果，人類史に誇り得るすぐれた憲法の下で，合法的にナチスの独裁が可能になるという珍妙な事態が発生してしまったのである．

こうしたことから，委任というものはかならず合理的な限定を伴ったものでなければならない，と考えられる．その限界は，国会が立法部であるという実質を失わせるような包括的な委任は許されない，という点に存する．そうした程度に達した包括委任を「白紙委任」と言う．白紙委任は国会中心立法主義に違反し，違憲と解される．

〈補論〉 命令以外の法形式による委任命令

ア 通達　ほとんどの法律は，行政庁が執行することが予定されているから，第一次的には内閣の定める政令により，さらに細部については省令その他の規範形式で定められることになる．しかし，実際には，通達その他内部規則の形式で，法律の細部を定めることがある．行政法学者の中には，内部規則には対国民的拘束力がないのに，実質的には拘束力が発生する現象をどう理解するか，という形で疑問を呈する者がある．しかしこの疑問は，内部法規の形式をとりつつ，実際には実質的意味の立法であることを見落としているために起こるものである．実質的に対国民的な効力を有する法規範は，それが形式的には内部規則形式によった場合にも，当然に国会中心立法主義の枠内にあり，法規命令の一種として把握しなければならない．

イ 規則　法律によっては，裁判所が主として執行することが予定されているものがある．訴訟法はその典型である．この場合には，その細部は政令その他の行政庁の定める法規命令の形式ではなく，裁判所規則の形で定められる．すなわち憲法77条の列挙事項のうち，訴訟に関する手続き

と弁護士に関する事項は，具体的には刑事訴訟規則や民事訴訟規則のことで，法規命令に該当する．同じ裁判所規則という名称を使うが，内部規則には属さない．法規命令に属する裁判所規則は，最高裁判所は勝手に制定できず，国会の定める法律を執行する場合と法律の委任があった場合に，その枠内で作ることが出来るだけである．例えば，憲法33条は，国民の身体の自由に対する直接的な国家権力の侵害を定めているという意味で，典型的な法規命令である．この憲法の具体的な内容は刑事訴訟法に定められている．例えば200条を見ると，その具体的内容は裁判所の規則に委ねるという言葉が出てくるが，これが裁判所規則に対する委任規定である．そしてこの場合の裁判所規則とは，具体的には刑事訴訟規則144条ということになる．

同じように，国会について定めた法律で，法規命令に属する事項を議院規則に委ねることは出来るはずである．しかし憲法でもそれは予定されておらず，また，実際にも，法律の執行の目的や委任を受けて，法規命令の性質を有する議院規則を作った例はなさそうである．これは，裁判所が法律の具体的執行の場として直接的な国民との接点を有しているのに対して，国会は抽象的な法規範を制定する場であるという，その活動内容の差に起因しているものと考えられる．

(2) 国会中心立法の例外ないし適用外

＊ ここに書くこと自体は，君たちの論文に書かねばならないことではない．上述した実質的意味の立法という議論が，なぜ論文に必要なのか，ということの，角度を変えた説明である．

立法とは，権力分立概念から導かれる法規命令を言うのだ，という立場を採り，かつ一般性を有することに加え，国民の権利・義務を定めているものという要件を求めると，内部規則としての性格を持っている議院規則や裁判所規則が，これに該当するわけがない．つまりこれらは例外ではなく，適用外である．したがって，それらは委任規定の有無を問わず，制定できる．

同じことは行政規則にも言える．行政規則については憲法上特に保障規定が置かれていないが，裁判所規則等と同じく，行政庁内部の規則の制定は，特に法律の授権なくして行うことができる，と

考えるべきである．

その典型例は独立行政委員会における規則制定権に見ることができる．一例として会計検査院法34条を見ると「この法律に定めるものの外，会計検査に関し必要な規則は，会計検査院がこれを定める．」とある．ここでは一応「会計検査」という枠が与えられている．しかし，実は会計検査という概念を決定する規定がない．したがって，これは会計検査院が自分に関することなら何でも規則で定めることが出来る，としているに等しく，明らかに白紙委任に該当する．それが違憲ではないのは，会計検査院の権限というものは本質的に行政機関にしか及ばず，対国民的な効力を持つことがないために，何を定めても内部規則にとどまるから，と考えることができる．

国会の法律と，内部規則が矛盾抵触したらどうなるか，という問題がある．（国会法と議院規則の関係についての議論は，詳しくは，**第4講**に紹介してある）．簡単に結論だけを述べると，次のとおりである．本来，内部関係は三権分立制上，それぞれの権力府の自律が保障されるべき分野であり，立法府の介入は許されないと考えられる．したがって，本来なら法律を制定すること自体が許されない．現に存在する法律については紳士協定，すなわち内部規則と抵触しない限りにおいて有効であるが，矛盾や抵触が発生すれば，当然内部規則が優越する，と考えるべきである．

この同じ議論は，一般の行政規則についてもいうことができる．だからこそ，**佐藤幸治**は，実質的意味の立法概念として「国家と機関との関係に関する法規範をも包摂する概念」という言葉を挿入するのである．その結果，仮に本問の規則が行政規則に属するということになれば，その段階で41条の議論は不要になる．だからこそ，諸君は41条にいう実質的意味の立法概念をどのように構成しているかを書かねばならないのである．

(3) 委任立法の限界

実質的意味の立法に属する場合には，白紙委任は許されず，委任は個別・具体的でなければならないと一般の教科書では説かれる．しかし，完全に個別・具体的であれば，それは個々の行政活動そのものであって，もはや委任立法の問題ではない．委任立法である限りは，それは依然として一

般性ある法規範である．したがって，ここで問題となるのは，どの程度に具体性があればよいのか，ということである．

この点について，**佐藤幸治**は，イタリア憲法を引用した上で，「国会は顕著な政策的選択肢について明白な決定を行うことが必要であって，委任はその決定にとって手段的でなければならないと解すべきであろう」と説く（『憲法〈第3版〉』147頁）．**樋口陽一**もこれを支持している（樋口『憲法Ⅰ』（青林書院）326頁）などから，通説的見解ということができよう．しかし，手段とは何を言うのかは，今ひとつはっきりしない．

長谷部恭男は，「委任する法律には，委任の目的と受任者が立法する際に依るべき基準が明らかになっていなければならない」（『憲法〈第4版〉』（新世社）394頁）という．こちらの方は，いくつかの判例の採用するところとなっている．例えば，租税に関してであるが，最高裁判所は「義務の内容の一部たる記載事項の詳細を命令の定めるところに一任しているに過ぎない」（最大判昭和33年7月9日 刑集12巻11号2407頁）場合には違憲にならないとしている．下級審ではより明確に次のように述べている．

> 「法律が租税に関し政令以下の法令に委任することが許されるのは，徴収手続の細目を委任するとか，あるいは，個別的・具体的な場合を限定して委任するなど，租税法律主義の本質を損なわないものに限られるものといわねばならない．すなわち，もし仮に手続的な課税要件を定めるのであれば，手続的な事項を課税要件とすること自体は法律で規定し，その上で課税要件となる手続の細目を政令以下に委任すれば足りる．」（東京高判平成7年11月28日判時1570号57頁）

今問題にしているのは，刑の執行あるいは未決勾留という租税に比すべき重要問題であるから，同様の論理をここでも適用できるであろう．そこで，以上の物差しで本問の規定を検討してみよう．

監獄法50条は，その文言からすれば，委任の範囲については特に定めていない．そこで，単純に文言解釈を採用する場合には，法務省が必要と認めた制限は何でも定めることができる，と解しうることになり，それ以上の議論をすることなく，白紙委任の禁止に触れ，そもそも監獄法50条を違憲と考えるべきことになる．

そこで，合憲限定解釈の手法を導入することになる（何故，合憲限定解釈を行うべきかについては，憲法訴訟に関する第67講で論じているので，ここでは述べない）．合憲限定解釈を行うには，その判断の基礎を論じる必要がある．本件判決で，最高裁判所は，未決勾留そのものの意義から，論じおこしているが，それはこのためである．

> 「未決勾留は，刑事訴訟法の規定に基づき，逃亡又は罪証隠滅の防止を目的として，被疑者又は被告人の居住を監獄内に限定するものである．そして，未決勾留により拘禁された者（以下「被勾留者」という）は，(ア) 逃亡又は罪証隠滅の防止という未決勾留の目的のために必要かつ合理的な範囲において身体の自由及びそれ以外の行為の自由に制限を受け，また，(イ) 監獄内の規律及び秩序の維持上放置することのできない程度の障害が生ずる相当の蓋然性が認められる場合には，右の障害発生の防止のために必要な限度で身体の自由及びそれ以外の行為の自由に合理的な制限を受けるが，他方，(ウ) 当該拘禁関係に伴う制約の範囲外においては，原則として一般市民としての自由を保障される．」

Xは未決勾留であり，未決勾留は矯正目的といった刑の執行に伴う制約も存在しないので，このように，刑事訴訟の円滑・確実な遂行に必要な限度を超した制約を受けることはありえないからである．そのことは，参照条文に付した監獄法45条が端的に示している．すなわち同条は，原則として接見を広く許容し，特に親族については2項に規定をおいて，原則的に認めることを明確に予定している．このことから最高裁判所は次のように論じる．

> 「被勾留者には一般市民としての自由が保障されるので，法45条は，被勾留者と外部の者との接見は原則としてこれを許すものとし，例外的に，これを許すと支障を来す場合があることを考慮して，(ア) 逃亡又は罪証隠滅のおそれが生ずる場合にはこれを防止するために必要かつ合理的な範囲において右の接見に制限を加えることができ，また，(イ) これを許すと監獄内の規律又は秩序の維持上放置することのできない程度の障害が生ずる相当の蓋然性が認められる場合には，右の障害発生の防止のために必要な限度で右の接見に合理的な制限を加えることができる，としているにすぎないと解される．この理は，被勾留者との接見を求める者が幼年者であっても異なる

ところはない.」

したがって, 監獄法50条についても, このような制約が当然に加えられているのであって, 白紙委任と考えるべきではない. その結果, 次のように結論を下す.

「規則120条が原則として被勾留者と幼年者との接見を許さないこととする一方で, 規則124条がその例外として限られた場合に監獄の長の裁量によりこれを許すこととしていることが明らかである. しかし, これらの規定は, たとえ事物を弁別する能力の未発達な幼年者の心情を害することがないようにという配慮の下に設けられたものであるとしても, それ自体, 法律によらないで, 被勾留者の接見の自由を著しく制限するものであって, 法50条の委任の範囲を超えるものといわなければならない.」

少し法律用語を使って説明し直すと, 法50条には, 接見の立ち会いという例示がついており, したがって**「接見の態様」**に関して制限をすることを認めた規定である. それに対し, 規則120条は**「接見の基準」**そのものを定めており, 明らかに委任の範囲を超えて無効であるとしているのである.

ここで, 「未発達な未成年者の心情」の保護という理由による規制が許されるかという点を論じる者がいる. しかし, それは本来, 本条で考えてはならない点である. なぜなら, 監獄法は警察規制（消極規制）の立法だからである. 警察規制の立法における委任の幅をどのように理解しようとも, それを福祉目的の委任規定と読むことは本質的に許されないからである. したがって, 審査基準云々以前の問題である. 最高裁判所が, 未成年者保護という点をまったく論じなかったのは, そのためである.

なお, 問題文で論じる必要がないとした国家賠償について言えば, 本件判例は, この無効の規定に基づいて接見を拒否したことによることについての過失の認定に関しては, 従来, 規則120条の合憲性について特に問題になったことがないことを理由に, 過失の基礎となる予見可能性がないとして, 請求を退けている.

6 〈補説〉国会単独立法の原則

* 本問では, 以下の点は論点ではない. しかし, せっかくの機会なので説明しておこう.

(1) 国会単独立法の原則の意義

国の唯一の立法機関というとき, 国会中心立法の原則と並ぶ, いま一つの意味の大事な意味は, 法律は国会だけで作られるものであり, 他の機関の関与を必要とはしない, ということである. この点については, 憲法は41条だけに委ねず, 59条1項という補足規定を置いている. この条文は, 大日本帝国憲法37条「すべて法律は帝国議会の協賛を経るを要す」との関連で理解されなければならない. つまり旧憲法下では議会だけでは法律を制定することが出来ず, 最終的に天皇の裁可によって初めて法律として完成する, とされていたのである. これに対して, 国会だけで立法が完全に成立するということを定めているのが41条であり, 59条1項であるというわけである.

このことは, 憲法74条及び7条1号の解釈に重要な影響を与える. 74条は, 法律に主任の国務大臣の署名と内閣総理大臣の連署を要求している. 我が憲法の母法ともいうべき米国連邦憲法の場合にも, 同様に法律には大統領の署名を要求している. その場合, 大統領は, 法案の内容が適当ではないと考えるときは, 署名を拒否することができ, それによって法案の実施そのものを拒否することができる（1条7節2項＝拒否権と呼ばれる）. したがって, わが74条についても, 同様の拒否権を認めたものと読む余地はある. しかし, 上記のとおり, 単独立法の原則を41条及び59条1項が定めていると解する結果, この署名は単なる形式であって, 署名の拒否は許されない. 同様に, 7条もまた純然たる形式であって, 内閣は天皇に法律の公布をしないように助言と承認を与える自由を持たない. このことは, いわゆる7条解散において, 7条を実質的権限の根拠規定と読むことができない根拠の1つともなる.

(2) 国会単独立法の例外

① **地方自治特別法・条約・憲法改正**　現行憲法上, これに対する明確な例外は, 95条の地方自治特別立法である. なお, 同条にいう法律とは実際には国会法67条で, それがさらに地方自治法第261条を関連づけている. これによると, 国会がいったん法律として議決した上で, その成果を

住民投票の対象にすることになっている．地方自治特別法が具体的にはどのようなものか，ということは非常に難しい問題である．

② **条約**　条約は憲法上の体裁から見る限り，内閣の権限である（73条3号）．その点から，普通に考えれば，41条との関連における国会の権限ではないと考えられる．その場合には適用外となる．それに対して，芦部説のように一般性ある法規範はすべて41条に属すると考える場合には，憲法の定める例外として理解することになる．このことは，条約に対する国会の承認を巡って非常に難しい問題を引き起こすが，それについては第7講で論じている．

③ **内閣の法案提出権**　ある程度ここで議論を要するのは（逆に言えば，単独の論文として答案構成する必要がないのは），内閣の法律案提出権という問題である．国会以外の機関が，法律の制定に関与しているから，単独立法に違反するのではないかというわけである．形式的には，72条で「内閣を代表して議案を国会に提出し」とあり，この議案という言葉に法案は当然に含まれると解される（元々の政府案では明確に法案となっていたが，衆議院段階で，予算提案権も含める意味で，議案と直された，という経緯がある）．

実質的には，2つの点が議論の対象となりうる．1つは，そもそも法案の提出という行為は，立法活動に含まれるのか，という点である．提案者が誰であるかにより，国会の修正権に制限が生ずるならばともかく，そうでないとすると，41条にいう立法にはそもそも入らない，という議論がある．より有力な考え方は，議院内閣制の下において，両者の協同行動が72条という形で現れているのだ，という説明である．

なお，戦前のわが国の内閣制度のように超然内閣制を採用している場合ならともかく，わが憲法の採用する議院内閣制の下，内閣総理大臣が国会議員の中から指名される（憲法67条1項）という制度の下において，これが実質的な意味のある議論ではない，という議論が存在する．内閣総理大臣その他の閣僚が，その大臣としての資格で提出するか，議員としての資格で提出するか，というだけの意味しか持たない，というのである．しかし，議員個人として提出した場合には，内閣官房副長官，副大臣及び大臣政務官などに説明をゆだねることができず，質問にはすべて閣僚個人が回答する必要が生ずるので，実質的な差異は非常に大きい（国会法69条以下参照）．したがって，この理由は挙げない方がよい．

④ **憲法改正**　憲法改正については，国民主権説に立つ限り，半直接代表制の理念による間接民主制の修正として説明することになる．それに対して，人民主権説の場合には，当然に人民の権限となる．どちらで理解しても，41条の適用外と考えるべき問題である．

なお，内閣に憲法改正原案を国会に発議する権限があるかどうかは，法案提出権とは別の問題として論じられる．しかし，平成19年に成立した憲法改正手続・国民投票法では，内閣の発議権に関する規定はおかれなかったから，少なくとも同法の下においては，内閣に憲法改正原案の発議権はない．

これについては，**第29講**で詳しく論じている．

第2講　国権の最高機関

■問題■

宮沢俊義は，その著『憲法の原理』（岩波書店・1967年）において次のように論じた．

「国民代表とはある国家機関の行為が法律上国民の行為としての効果をもつことだけを意味するのではない．それはさらにその場合その国民代表者たる国家機関がその職務を行うに当たって何人からも完全に独立であることを意味する．いわゆる命令的委任（mandat impératif）に服する議員は，だから，この意味の国民代表者ではない．ここにこの近代的意味の代表の概念を一般の他の代表概念から区別する特色がある．

国民代表が何人からも独立であることの結果として，ここで代表せられるのは個々の国民ではなくて，全体としての国民だと考えられる．つまり全体としての国民と国民代表者との関係がここに国民代表と呼ばれるものなのである．」（同書1 90頁）

ここで，宮沢俊義が国民代表と呼んでいる概念は，現行憲法41条が，国会を「国権の最高機関」と呼んだことと密接な関係がある．

そのことを前提にして，何故，現行憲法は，国会を『国権の最高機関』と呼んだのかを説明するとともに，その語が意味していることを，現行憲法体系の下においては，どのように解釈すべきか，論じなさい．

■この講での論点細目次と論述のヒント■

はじめに
1　国民主権概念と現行憲法における解釈の対立
　(1)　人民主権
　(2)　狭義の国民主権
　(3)　わが国憲法の解釈
　　①　通説＝狭義の国民主権説＝の考え方
　　②　人民主権説の考え方
2　半直接代表制―間接民主制の直接民主制的制度導入による補完
3　国権の最高機関
　(1)　41条の「最高機関性」に関する説の考え方
　　①　政治的美称説
　　②　総合調整機能説
補論　国民代表概念について

はじめに

諸君に国権の最高機関について論じさせると，なぜか自由主義の論文と錯覚するらしく，三権分立制においては，各機関は対等だから，国権の最高機関という言葉に法的意味はない，よって政治的美称という調子で論文を書く傾向が顕著に認められる．

平然としてそういう記述をする諸君に対しては，健全な社会常識を持つ努力をしてほしいと思う．すなわち，わが憲法の起草者達は，そのような単純な間違いを犯すほどに馬鹿だったと，本当に諸君は信じているのだろうか．

何しろこの規定は，次のとおり，マッカーサー草案の段階から存在していたのである．

Article XL. The Diet shall be the highest organ of state power and shall be the sole lawmaking authority of the State.

そして，徹夜の交渉で大幅修正された政府原案でもそのまま生き残り，烈しい国会の論戦においても全く手が付けられないままに，今日の憲法に現れているのである．

マッカーサー草案の国会の章を起草したフランク・E・ヘイズ陸軍中佐は，民間にいた時は敏腕の弁護士として知られていた人物であり，ガイ・J・スウォーブ海軍中佐は，ペンシルベニア州から選出された下院議員であり，オズボーン・ハウギ海軍中尉は，新聞編集長等を歴任した人物である．そして彼らを統括した，マッカーサー草案作成の責任者であったチャールズ・L・ケーディス大佐は，最初弁護士として出発し，連邦公共事業局や連邦財務省の法律顧問を歴任している．要するに，当時のアメリカにおける最高の知性を集めているといって過言ではない．

また，日本側も，当時の法律学界の中心人物を政府や議会に集めてこれを検討した．マッカーサー草案と政府原案との間には相当の相違があり，さらに政府原案に対して議会の行った修正もかなり大きなものがあるが，それはそうした検討の成果である．その中で，本条だけは誰も修正しようとしなかったのである．すなわち，国会が国権の最高機関である，という地位を持つことと，三権の1つという地位を持つことが矛盾するとは，当時の誰も考えなかったのである．

そうした彼らが揃って過ちをしたはずがない．したがって，三権分立に違反するという，自分自身の理解は，どこか根本的なところで間違っているはずだ，という謙虚な認識を持ってほしい．

わが憲法統治機構の基本的な骨格が権力分立制にあることは自明であり，なによりも前講で説明したとおり，本条後段がその理念で作られているのであるから，少なくとも憲法起草者や制憲議会は，権力分立制に明白に反するような規定を，国会の章の冒頭におくわけがない，と直感的に理解していてほしいのである．

＊ 諸君がこのような書き方をしてしまう大きな原因は，諸君が使っている教科書で国権の最高機関のくだりを読むと，そういう感じに書かれているからである．しかし，これまた何時も強調することであるが，教科書は全体で1つのまとまりある書物である．ところが，諸君は前後と無関係にその中の特定の頁の特定の記述を抜き出してしまうものだから，上記のような憲法起草者を軽視しているような記述が生まれてしまうのである．

そこで，本問では，なぜ憲法がこのような記述を行ったかという理由を先ず書くことを要求している．「憲法制定者が馬鹿だったから」というのは，現在の規定を文言解釈できない理由にはなっても，なぜこのような記述が行われたか，という理由にはならないから，制定者達は何を考えて，このような規定を置いたのか，という理由を考えてくれるはずだ，という計算である．

その答えを一言で片付ければ，民主主義である．憲法41条は，国会に，国権の最高機関という地位と，唯一の立法機関という地位の二つの地位があることを規定している．唯一の立法機関という言葉は，前講で述べたとおり，権力分立制，したがって自由主義を示している．そうであれば，国権の最高機関とは，今ひとつの重要原理である民主主義に基づく国会の地位を表現したものであるはずだ，ということは容易に考えつくであろう．そのことは，教科書の最初の方からきちんと読み込んでいれば自ずと判るのであるが，それをせずにあちこちを摘み食い的に読んでいると，冒頭に紹介したような説明を覚え込んで，その誤りに自分自身でも気がつかないという事態に陥ってしまうのである．私が教科書の通読を繰り返す必要を強調するゆえんである．

そこで，本問では，そうした摘み食い的読み方をしている諸君でも，きちんと問題を読めば，いやでも民主主義の議論からアプローチするように，問題文の中に明白なヒントを挿入するという工夫してみた．宮沢俊義の文章を読めば，そこに述べられているのが，狭義の国民主権原理の下における国民代表の概念であることは，誰の目にも明らかであろう．そして，その国民代表概念と国権の最高機関が結びついていると問題文上で明記されているのであるから，その観点から記述してくれれば，自然と正解の論文になるはずだ，と計算して作問したのである．

次節以下においては，少し基礎の部分から説明している．以下の説明中，どこを論文に取り入れるかは，各人で悩んでほしい．

なお，議論に入る前に「機関」という言葉の意味について説明しておきたい．というのも，機関という言葉の意味が判っておらず，頓珍漢な記述をする例もまた非常に多いからである．

「国法上国家の意思を決定表示執行し又はこれに

参与する人を、その国家との関係の及ぶ限りにおいて、国家機関という。国家は法的組織体であって、国家の意思を決定し、表示するには、機関が必要である。国家機関の地位にあるのは自然人であって、この自然人の意思が、法律上国家の意思となる。〈中略〉国家機関はそれぞれ一定の任務をもっている。国家機関はその任務の範囲でのみ、行動しうる。この範囲外では、国家の行為ではなく、機関を構成する個人の行為があるにすぎない。機関が国家のために行動しうる範囲を機関の権能（Organbefugnis）又は権限（Kompetenz, Zuständigkeit）という。機関の権限は、機関の権利ではない。権利は、自己の目的のために認められるものであるが、機関の権限は、自己の目的のためではなく、国家の目的のために活動しうる事務の範囲である。機関は固有の権利義務を持たず、国家の権利義務を行うものである。」（橋本公亘『憲法』現代法律学全集、青林書院新社1972年389頁）

国会の場合、それは議員という自然人によって構成されている国家機関である。

1 国民主権概念と現行憲法における解釈の対立

国民主権は現行憲法の基本理念であること、及びここにいう国民が集合概念（民法学における表現を借りるならば実在的総合人）であって、個々の国民を意味するものでない（主権の唯一不可分性）、という点では学説の対立はない。憲法15条の参政権等を根拠にして、無造作に国民に機関性を認める諸君が時々いるが、そういう理解は、この段階から間違っている。

しかし、どのような集合概念であるかについては、大きな説の対立がある。すなわち人民主権と狭義の国民主権の対立である。諸君自身の論文では、いずれかの主権概念を採用すると述べた上で、何故そう考えるのかについて説明してくれればよい。しかし、以下では、簡単に両説のポイントを説明する。

(1) 人民主権

これは社会契約説を背景にしている説であって、歴史的にはホッブス、ロック及びジャン・ジャック・ルソーなどが説き、アメリカ独立戦争やフランス大革命などの理論的バックボーンとなったことで、重要である。

封建体制下において君主主権の源泉が被支配者の同意にあったのとの同様に、主権者たる人民が社会契約において国の支配を受けることに同意を与えている点に、国家権力の源泉があると考える（被治者の同意）。

主権者たる人民とは、社会契約に参加する個人の集合体をいう。すなわち、人民とは、有効に社会契約を締結する能力を持つ現実の自然人によって構成されているから、その集合体もまた国家機関として活動することができる。したがって、基本的には直接民主制を要求する。しかし、全人民が常に直接政治に関与することは非効率ないし不可能であるから、通常は代表者を通じて政治を行う（人民代表）。すなわち、常態としては代表民主制を要求する点においては、後述する国民主権論と違いはない。

ただし、決定的に違うのは、人民は自ら国政を執行する能力を有している点である。その結果、人民は、人民代表に対して**命令的委任**を与える。人民代表が人民の委任に反する行動を執った場合には、解任する権利を有する（リコール権）。

また、基本的に直接民主制を予定しているから、人民は、必要に応じて自ら政治に関与することができる。すなわち、人民代表が適切な法案を議会に提案しないときは、自ら提案することができる（人民発案）。議会が不適切な法案を制定したときは、それを法律とすることを拒否できる（人民拒否）。また、議会にゆだねることが不適切な問題については自ら決定することができる（人民投票）。

このような考え方をとる限り、国権の最高機関が、人民であることを疑う余地はない。換言すれば、人民主権説を採る限り、国会は国権の最高機関という表現は、根本的に間違っているのである。

この考え方は、米国独立戦争やフランス大革命などの近代市民革命の原動力となったにも関わらず、革命の主導者達は一般大衆が本当に適切に政治決定することが可能かという点について疑問を持ち、何時の革命でも、革命が成功するとともに、次に述べる狭義の国民主権が台頭するようになった。実際、人民主権のイデオロギーは、ナポレオンやヒットラーの例に明らかなように、独裁者がその独裁を正当化する手段として使用されることが、歴史上もしばしば見受けられるのである。そのため、人民主権説を採用する場合には、その悪用

（プレビシット）をいかに防ぐかが議論の中心にならざるを得ない．

(2) 狭義の国民主権

これは個人主義を背景にしている説であって，歴史的にはシェイエスなどが説いた．しかし，これは人民主権のように理論的に導かれた概念というよりも，むしろ近代議会制民主主義の母国たるイギリスが，その慣習法として発達させた制度の理論的説明と理解する方が正確である．

この説において，主権者たる国民とは，「老若男女の区別や選挙権の有無を問わず，『いっさいの自然人たる国民の総体』を言う」（芦部信喜『憲法学Ⅰ』240頁）．この考え方では，統治者たる国民と被治者たる国民とは，同一の存在である（治者と被治者の自同性）．

「（このように）主権が全国民に存すると考えると，このような国民の総体は，現実に国家機関として活動することは不可能であるから，全国民主体説にいう国民主権は，天皇をのぞく国民全体が国家権力の源泉であり，国家権力の正当性を基礎づける究極の根拠だということ，を意味することになる．したがって，国民に主権が存するとは，国家権力が『現実に国民の意思から発するという事実を言っているのではなく，国民から発すべきものだ』という建前を言っているに過ぎないことになる．」（芦部信喜・同上241頁）

すなわち，芦部の用語を使用するならば，**正当性の契機としての国民**である．

この場合，国民とは観念上の存在であって，実在しないから，国民そのものが国家機関として活動することはあり得ない．したがって，間接民主制を必然的に要求する．すなわち，国民は議会における代表者を通じて行動することになる（憲法前文＝国民代表）．この結果，国家機関とされるものの中で，最高の地位を占める機関（国権の最高機関）は，明らかに国民代表，すなわち議会となる．これが憲法41条前段がマッカーサー総司令部によって書かれ，日本政府も，制憲議会も，その妥当性に全く疑問を持たなかった理由である．すなわち，純粋に国民主権概念を採用する場合には，これは正しい記述なのである．換言すれば，本条は，文言解釈をする限り，わが国が人民主権説ではなく，国民主権説を採用していることの，条文上の根拠になる……はずである．しかし，諸君もよく知るように，本条について文言解釈するのが妥当とする学説は，今日ではないので，国民主権説の形式的根拠としても上げられることはない．

これを実際面から見ると，議会が主権を行使していると言っても過言ではない（議会主権）．

この説の下では，誰が国民代表となり，また，誰が国民代表を選ぶことができるかは，国権の最高機関たる議会が決定する．したがって，個々の有権者は，自らの権利として参政権を行使するのではなく，国民全体の利益を考えて参政権を行使するように，議会から義務づけられた者であるに過ぎない（参政権＝公務説）．議会は，誰に参政権を与えるかを決定する最高機関である．したがって有権者の範囲を，国民のどの一部に制限することも自由に決定できる（制限選挙）．

選出された議員は，自分を選出した有権者の代表者ではなく，全国民の代表者である．すなわち**国民全体の奉仕者**であって，その一部に過ぎない有権者**への奉仕者ではない**．したがって，有権者は議員に対して命令をすることはできない（命令的委任の禁止）．もちろん，命令に反したことを理由として解任する権利はない（リコールの禁止）．国民投票は，有権者に国民代表たる議会を上回る権限を授与することになるから禁止される．また，事実上国民投票と同じ効果を持つ議会の解散＝総選挙も，同じ理由から禁止される．三権分立制の本質を相互の均衡と抑制に求める場合，その均衡の確保のために内閣に議会の解散権を与える場合にも，その解散権は極端に制限された場合にしか行使し得ないものとすることになる．例えば，アメリカでは議会の解散制度はなく，またドイツでは議会が内閣信任案を否決（あるいは不信任案を可決）し，かつ，後任の首相を選任しないという例外的な場合に限定されている．

ここまで説明してくると，問題文に掲げた宮沢俊義の文章の意味が判るであろう．ここまでの説明を簡略化したものなのである．

(3) わが国憲法の解釈

① **通説＝狭義の国民主権説＝の考え方**　わが国憲法にいう国民主権とは，狭義の国民主権と考える．その実質的根拠としては次の点を上げることができる．

① 人民主権説を採ると，全国民が主権を有する国民と主権を有しない国民とに二分されることになるが，主権を有しない国民の部分を認めることは民主主義の基本理念に背く．

② 憲法は，選挙人の資格を法律で定めることとしている（憲法44条）．そして国会は，技術的その他の理由に基づいて，年齢，住所要件，欠格事項等を法律で定めることにより，その資格を制限している．人民主権説だと，有権者集団が人民とされるが，主権を有する国民の範囲を，法律が決定するのは論理矛盾である．

形式的根拠としては，先に述べたとおり，41条を上げることはできないので，次の点が通常は主張される．

① 憲法前文は「日本国民は，正当に選挙された国会における代表者を通じて行動」するとし，また「その権威は国民に由来し，その権力は国民の代表者がこれを行使する」と定めているが，これは間接民主制を採用することを示している．

② 憲法11条及び97条は，基本的人権の主体として「現在及び将来の国民」という表現を使用している．

③ 15条2項，43条1項はいずれも全国民の代表という概念を使用している．

④ 44条，47条は，議員及び選挙人の資格，選挙に関する事項を法律で定めるとしており，41条及び59条1項により，国会単独立法の原則がとられている．

⑤ 51条が命令的委任の禁止を明記している．

⑥ わが憲法は二院制を採用しているが，人民主権説で二院制を説明することは不可能である．

ごちゃごちゃとたくさんの根拠を上げたが，もちろん，本問でこんなに並べ立てる必要はない．どれを選ぶか，については，各人で悩んでみてほしい．

② 人民主権説の考え方 これに対して，わが憲法もまた人民主権原理を採用している，と説く立場があり，有力に主張されている（例えば杉原泰雄，北野弘久，辻村みよ子等）．

その実質的根拠としては，主権論とは，「国内における国家権力自体の帰属を指示する法原理である．国家意思の最終または最高の決定権，国家権力の究極の淵源，憲法制定権力などの帰属を指示する原理ではない」とする（杉原泰雄『憲法Ⅰ』有斐閣法学叢書195頁）．その形式的根拠を紹介しておくと，次のとおりである．

① 憲法96条でいう国民は，明らかに有権者集団の意味である．

② 15条1項の公務員選定・罷免権，同3項及び44条但書の定める普通選挙は，人民主権的に理解できる．

③ 憲法95条の地方自治特別法では，有権者集団に法律の拒否権を認めている．

④ 憲法7条解散が憲法慣行として確立しており，国民投票の制度は実質的には存在している．

⑤ 51条が命令的委任の禁止を定めていることは確かだが，次の選挙で落選することをおそれる議員は，実質的には有権者の命令的委任の下にある．

2　半直接代表制──間接民主制の直接民主制的制度導入による補完

前節に説明したところにより，何故現行憲法が，「国会は国権の最高機関」と定めたのか，という点については理解できたと思う．そこで，次の問題は，なぜ現在の学説は，この文言を文字通りに理解しないのか，ということである．

人民主権説が指摘するとおり，我が現行憲法には，明らかに直接民主制に基づくと認められる制度が明確にいくつも存在している．通説のように現行憲法にいう国民主権とは狭義の国民主権を意味すると解する場合，それら直接民主制的制度（ここで「的」を付しているのは重要である．「的」を外すと，直接民主制を肯定したことになり，間接民主制をもって正しいとする国民主権論が崩壊する．）をどのように理解すべきであろうか．それがここで取り上げる問題である．

前述のとおり，純粋に狭義の国民主権原理を貫く場合，そこで採られる選挙制度は，選挙人及び被選挙人のいずれも，国全体の利益を考えることができるような人物に制限する，制限選挙を要請することになる（純粋代表）．この制度の下においては，各議員はすべて自分の信念にしたがって国全体の利益を追求するのであって，そこに党派的行動はあり得ない．すなわちこの制度下においては政党は敵視されることになる．

しかし，19世紀末から20世紀初頭にかけて各

国で普通選挙運動が展開された結果，今日ではいずれの国においても普通選挙が採用されるに至った（半代表）．普通選挙においては，国全体の利益を考える人に限定して有権者としているわけではないから，選挙においては，各人はその個人的利益を追求することを優先して投票行動をとるものが多数を占める．したがって議会においても，そうした選挙人の利益を代表した人々が，国全体の利益ではなく，その選出母胎の利益の追求を目指して激突することになる．そこで，そうした人々は結集して政党を作り，議会は党利党略の場と化することになる．そのむき出しの党利の実現を目指して党略を巡らし，衝突と妥協を繰り返す中から，自ずと国全体にとって最善のものが選択されるであろうというのが，普通選挙制度の理念ということになる．

しかし，これはあくまでも理念であり，長期的には正しいかもしれないが，短期的にも常に実現するとは限らない．すなわち普通選挙制度の下においては，主権者たる国民が，その代表者に過ぎない議会によって害される可能性を否定することはできない．そこで，直接代表制的な制度を部分的に導入することにより，この半代表制の持つ欠陥を補正しようとすることになる（半直接代表制）．これがわが国現行憲法の採用している制度と理解するのである．

そのもっとも端的な表れは，憲法改正（96条）に見ることができる．

96条において，憲法が「国民」と呼んでいるものは，これまで説明してきた正当性の契機としての国民，すなわち老若男女の別なく全ての自然人を意味するものではない．明らかに有権者集団を国民と呼んでいるのである．人民主権説に立てば，これは人民そのものと考えて良い．しかし，狭義の国民主権税に立つ場合には，これは厳密に言えば，国民の代替物ともいうべき存在である．すなわち，例外的に有権者集団を国民の代用品にしたのであって，決して人民主権説のいうように，有権者集団を即国民と考えたわけではないからである．とにかく，国民主権説に立っている場合であっても，有権者集団を国民と呼ぶ場合，この国民は国家機関として活動する．これが芦部信喜の用語でいえば「権力性の契機としての国民」である．

そして，憲法改正においては，国会は発議権を有するのみで，最終的な決定権者は，この国民（有権者集団）である．したがって，この国民（有権者集団）は，明らかに国会に優越する地位を有する国家機関といえる．

今ひとつの例を，79条の定めている国民審査に見ることができる．そこにいう国民も有権者集団の意味である．これはユニークな制度である．議会が政党政治によって支配されることになると，司法を政治によって左右させるわけには行かないから，司法権の独立は強化される必要がある．その結果，司法権に対する民主的コントロールが欠落する．それを直接民主制的制度により補完しようとしたのが，この国民審査制である．したがって，その本質は有権者によるリコールと考えて差し支えない（詳しくは第16講参照）．

憲法では，国民という語を使用していないが，同じように理解できるのが，衆議院の7条解散である．7条解散の根拠として，民意を問う必要があると説明する場合，そこで実際に民意として現れるのは，有権者集団の意思であって，決して全自然人の意思ではない．したがって，この場合にも有権者集団が国民の代用品として，国家機関として活動することを肯定することになる（これについては第12講参照）．

以上を要約すると，現行憲法の下においては，様々な場合に有権者集団が国家機関として活動することが予定されており，少なくとも，96条及び79条の場合には，憲法はこの有権者集団を明白に国民と呼んでいる．この国民は，明らかに国権の最高機関であるので，その限りで，憲法41条前段を文字通りに理解することは不可能ということになる．

なお，余計な付け足しをする．直接民主制的制度ではないが，同じように代表民主制の欠陥を補完する制度として理解できるのが，司法権による違憲立法審査権である．純粋代表制の下においては，どのような法律が憲法に適合しているかを決定する最高機関は，国民の代表者たる議会そのものであり，したがって裁判所による法律の違憲審査は原理的に考えられない．しかし，半代表制の下において，議会により国民が害されること，すなわち憲法違反行為がなされる可能性があることを肯定するときは，議会とは別に違憲審査制度を導

3 国権の最高機関

(1) 41条の「最高機関性」に関する説の考え方

最高機関性については，普通の教科書には，政治的美称説，統括機関説及び総合調整機能説の三説があると書いてある．しかし，統括機関説と言うのは戦後間もない頃に佐々木惣一が唱えた説で，今日においては採る人はまずいない．したがって，現時点においては，わざわざ検討する必要はないと考えてよい．諸君の論文で名称をあげる必要すらない．

政治的美称説と，総合調整機能説との実質的相違は，民主主義に対応する国会の法的地位というものを肯定するか否かの一点のみにある．簡単に説明する．

① 政治的美称説 この説は，現行憲法の下で，文字通り国権の最高機関という地位に立っているのは，国家機関として活動する国民（有権者集団）であると考える．すなわち，憲法96条等がいう国民は，憲法改正を決定したり，最高裁判事をリコールしたりする権限を有するから，機関性がある．そして，憲法改正権力を保有しているのであるから，これが国権の最高機関であることも疑う余地はない．したがって，その意味で国会をその名称で呼ぶのは誤りとする．

しかし，憲法は法規範であり，したがって，その条文は原則として全て法的意味を持っているはずである．それなのに，法的には無意味と断定するためには，単に上述したように民主主義的意義が否定されたというだけでは不十分である．その言葉のあらゆる意味において，法的意味は考えられない，と言えて，初めて法的に無意味な表現であるという断定が可能になる．そこで，この説をとる場合には，虱潰しにあらゆる可能性が検討されなければならない．例えば，次のような表現が，その検討作業の典型である．

> 「国会は主権者でも統治権の総覧者でもなく，内閣の解散権と裁判所の違憲立法審査権によって抑制されていることを考えると，国会が最高の決定権ないし国政全般を統括する権能を持った機関であるというように，法的意味に解することはできない．」（芦部『憲法』〈第4版〉279頁より引用）

この結果，これは単に国民代表機関の政治的重要性をきれいな言葉（美称）で表現したという以上の法的効果をこの言葉に認めることはできないという結論が導かれる．この場合の美称とは，要するに上述の国民主権原理の採用をシンボリックに表現した，という意味である．

なお，この説について諸君の論文で取りあげる場合，この説が基本的に消去法であることを踏まえ，すべての可能性を否定してかかる必要がある，ということを記述の基本に置くことが大切である．その場合，先ず書くべきはこれまで述べてきたとおり，民主主義的意義を否定することであり，次いで，その他の可能性ということになる．諸君が，政治的美称説の根拠としてすぐに書きたがる権力分立制において各権力は対等という点は，この第2段階になって書かれるべき根拠である．

② 総合調整機能説 総合調整機能説もまた，文字どおりの意味において，国権の最高機関にあたるのは，96条等に登場する国家機関としての地位にある国民であることを肯定する．

確かに，政治的美称説が，常識的意味の「最高」という言葉は全て検討している．しかし，法規範においては，往々にして，言葉は常識的な意味とは別の意味に使われることがある．例えば，果実といえば，常識的には種子植物の花の子房が発達・変化したもので，果物屋で売っているもののことであるが，法律学で果実というときには全く違う答えになる．そこで，常識的な意味の「最高」には含まれない，何か別の法的意味を持っている可能性を，憲法の全体系の中で検討してみる必要がある．

そこで，今，現行憲法から，96条や79条を削除し，69条解散のみを許容する憲法が存在するとしてみよう．先に行った説明から，その場合，狭義の国民主権説に立つ場合には，国会が文字どおり，国権の最高機関たる地位を占めることに，異論はないはずである．しかし，ここで仮定した憲法は，96条等を除けば，現行憲法と同一内容である．すなわち，権力分立制を採用している．そして，憲法の条文構造を検討すれば，権力分立制の方が民主主義よりも優越的な地位に立つ原理であることは明

らかであろう．したがって，権力分立制が機能する領域においては，国会は他の二権と対等の地位にあるに過ぎず，優越的地位を持たない．換言すれば，国会に優越的地位を考えることができるのは，権力分立制が機能しない領域においてのみである．

このような領域の現行憲法における代表は，人事権である．国民が国会議員を選ぶ．その国会議員によって構成される国会が内閣総理大臣を選ぶ．そして，その内閣総理大臣及び内閣総理大臣によって決定された閣僚で構成される内閣が裁判官を選ぶ．ここから，国民→国会→内閣→裁判所という序列を明白に認めることができる．つまり，人事に関しては，三権は対等ではない．

財政権についても同じようにいうことができる．いかなる国家機関も財政的基盤なくして活動できない．ところが，憲法83条は，単に国会自体の財政権だけでなく，内閣や裁判所の財政についても，全て国会が握っていると宣言している．例えば，いかに内閣や最高裁判所が裁判員制度を導入すると決定しても，国会が裁判員制度の運営に必要な予算を付さなければ，最高裁判所としては，裁判員制度の導入は断念せざるを得ない．このように財政でも，明らかに，国会の意思は内閣や裁判所に優越している．

このような制度は，何のために定められているのであろうか．その答えを，総合調整機能とするのが，ここに紹介している説である．

国政というものは，権力分立制による均衡と抑制だけに頼っていたのでは，円滑な運用は不可能である．各権力に絶対的独立性を承認し，いずれの機関にも他に優越する権能を認めない場合には，各機関が激しく対立したときには，国政が空転する危険性が大きい．そこで，そうした場合に，各権力の対立を調整し，総合して，国政に調和をもたらす機関が必要となる．そうした権能を表現したものが国政の最高機関という表現と考えることができる．その結果，国家機関相互に軋轢が生じた場合，国会は最終的にはこの人事権と財政権で他の機関を抑えることが可能になるのである．国会は明らかに国権の最高機関といえるはずである．

ただ，この権能を，他の国家機関の活動をねじ曲げる目的で使用することは許されない．権力分立制に反するからである．その結果，それは総合調整目的の場合にだけ，使用可能な権能と理解されることになる．

政治的美称説に立つ者も，このような権能の存在を否定しているわけではないことに注意しよう．ただ，それを，説の名称に示されているとおり，政治的権能と考え，法的権能と考えていないという点で，差が生ずるのである．

補論　国民代表概念について

芦部の教科書を見ると，国権の最高機関に関する記述の直前に，政治的代表と社会学的代表という議論が書いてあり，そのままつなぎになる文章もないままに，最高機関性の議論につながっている．そこで，諸君の中には，本問に対する論文として，何の脈絡もなく，そのままの順序で論文を書いている例が結構現れる．

確かに芦部の教科書では，政治的代表，社会学的代表及び国権の最高機関の相互関係が判りにくい．そこで，以下，若干補足する．

そもそも本講の問題文中に引用した宮沢俊義の文章は「国民代表の概念」と題する論文が出典である．わが国憲法における代表概念は，政治的代表と理解するのが通説であるという趣旨の記述を芦部信喜はしている（『憲法〈第4版〉』277頁）が，この通説を確立したのがこの論文である．ここで，「政治的代表」という言葉は，「法律学的代表」ではない，という意味で使われている．しかし，芦部教科書のこの箇所の記述は判りにくいので，長谷部恭男の説明を引用して補足してみよう．

「法的意味においては，Xがある行為を行ったとき，法律上，Yが行ったのと同じ効果が生ずる場合に，XはYを代表するといわれる．私法上の法人と機関，あるいは後見人と被後見人との関係が典型的な法的代表の例である．支配的見解によれば，国民と議員との代表関係においては，代表者（議員）の行為が法的に被代表者（国民）の行為と見なされる訳ではない．議員は，出身選挙区の有権者の意思に拘束されず（命令的委任の禁止），全国民を代表する立場から自由に発言し表決する（自由委任の原則）．つまり，議員は国民を政治的に代表するのみであり，現実の国民の意思と議員の意思との一致は要求されない．このため，議会による国民の代表は一種の擬制であり，イデオロ

ギー的性格を有するといわれる」(長谷部『憲法〈第4版〉』317頁)

なお,長谷部自身は,この引用箇所に引き続いて,この理解は誤りであると主張する.関心のある人はそちらも読んでほしい.

芦部に話を戻すと,彼のいう政治的代表とはこのようなイデオロギー的な概念である.そして芦部は,この政治的代表の議論に続いて,社会学的代表の議論として「国民意思と代表者意思の事実上の類似」の必要性を書き,「日本国憲法における『代表』の観念も,政治的代表という意味に加えて,社会学的代表という意味を含むものとして構成するのが妥当である」と結ぶ.そして,中間にクッションになる記述が全く挟まれないままに,国権の最高機関の記述につながっている.

実は,これらの議論は,同書の始めの方にある国民主権論に関する記述の,国会への投影である.すなわち,芦部は国民主権の箇所で,正当性の契機としての国民と,権力性の契機としての国民という2つの概念を区別すべきことを強調する(前掲書41頁).中間の議論を飛ばして,結論だけを述べれば,正当性の契機としての国民から導かれる代表概念が政治的代表であり,権力性の契機としての国民から導かれる代表概念が社会学的代表である.

だから,こちらの方の用語を使用して,本講の本文に説明したところを言い直せば,国権の最高機関という表現は,政治的代表概念を前提とする場合には正しい記述であるが,社会学的代表概念を前提とする場合には誤っていることになる.おそらく,芦部の意識としては,社会学的代表の概念を説明した段階で,国権の最高機関という言葉を民主主義的に読むことの不当性についての説明は,完結しているのである.そして,そのように民主主義的な理解が誤っていることを前提とした場合,国権の最高機関という言葉を説明するにあたっては,もう1つ,自由主義的に理解できる可能性が存在するので,そう考えることはできないとして,その理由だけが,国権の最高機関に関する説明に書かれていると読んでいけばよいことになる(同書279頁).

＊ 念のため注記するが,これはあくまでも読み方の説明で,本問自体は主権論からのアプローチでなければならない.

第3講　二院制の意義

■問題■

現行会計検査院法第4条1項は次のように定めている．

「検査官は，両議院の同意を経て，内閣がこれを任命する．」

かつては，第2項に次のような定めが置かれていた．

「検査官の任命について，衆議院が同意して参議院が同意しない場合においては，日本国憲法第67条第2項の例により，衆議院の同意を以て両議院の同意とする．」

この第2項が，1999年春に削除されて現在は存在していないことの当否について，日本国憲法の定める二院制の意義と関連させて論ぜよ．あわせて，国会法13条の合憲性についても論ぜよ．

■この講での論点細目次と論述のヒント■

はじめに
1　国民主権原理と二院制
　(1)　わが国二院制の特徴
　　①　民意の忠実な反映→第一院とは異なる選挙方法
　　②　第一院の軽率な行動の抑制
　　③　第一院不存在時の国会の代行（参議院の緊急集会）
　(2)　第二院の存在形態
　　①　貴族院型（イギリス，旧日本）
　　②　連邦型（アメリカ）
　　③　第二次院型（フランス，イタリア，現日本）
2　両院相互の関係
3　両院対等の原則（59条1項）
　(1)　衆議院優越の理由
　(2)　衆議院優越度合いの相違の理由
　(3)　法律による衆議院の優越の可否
4　補論
　(1)　両院独立活動の原則（55条，56条，57条，58条，62条）
　(2)　両院同時活動の原則（第54条2項）

はじめに

　憲法は，その明文をもって，法律の制定などについて衆議院の優越を定めているが，それ以外に，法律で衆議院の優越を定めている場合がある．本問に挙げた会計検査院検査官の任命に関する同意における衆議院の優越は，その有名な例であった．こうした法律は徐々に廃止され，人事権に関しては，本問の会計検査官で衆議院の優越が廃止されたので，なくなった．現在残っているのは，問題文に言及した国会法13条程度である．これについて，かつての学説は，次のように述べて無造作に肯定していた．

　「憲法の定める二院制は衆議院の優位を原則とするものと認められるから，法律でこれに同調して，衆議院の優位を定めても差し支えないものと考えられる．」（清宮四郎『憲法I』（有斐閣・昭和32年）169頁）

　しかし，本当にその様に無造作に，憲法が衆議院の優越を原則と定めていると言い切れるのだろうか．むしろ例外というべきではないのだろうか．ここで論じてほしいのは，まさにその点である．

1　国民主権原理と二院制

(1)　わが国二院制の特徴

　二院制は狭義の国民主権の下においてのみ，考

えられる．二院制の要請は，すべてこの点から出てくることを述べなければ論文にはならない．

国家の規模が大きくなれば，直接民主制は物理的にも不可能になるから，どのような主権論を採ろうと，一定以上の規模の国家においては，代表民主制は必然となる．

しかし，同じく国民主権原理をとっていても，人民主権原理と狭義の国民主権原理では，代表民主制に対する評価が根本的に異なる．

1　人民主権の下では，直接民主制が基本的に正しい民主主義のあり方であると認識する．しかし，現実に常時それを行うことが不可能であるところから，議会制民主主義が導入されるのである．だが，主権者である人民が，自らの権利を放棄したわけではない．議会の決定が人民の意思とずれている場合には，人民自らが活動して，是正することが可能である．その手段として，人民は，人民投票，人民発案，人民拒否など，みずからが決定を下す，という直接的方法と，議会における代表者を命令的委任に反した，という理由で罷免する（リコール）という間接的方法を有している．したがって，民意の多元的な表明，議会の暴走の防止その他二院制を適正なものとする理由は，この制度の下では妥当せず，第二院はいかなる意味においても不要である．この結果，この説の下では，第二院は，第一院と同じ判断を下す場合には無用の長物であり，反対する場合には無用の障害物である，と言われるわけである．

2　狭義の国民主権では，国民そのものは抽象的概念であり，したがって自ら活動することはない．国民を代表する議会だけが民意を反映する手段である．議会の活動が不適当な場合にも，国民が国民投票などで直接是正することはありえないし，選挙民が議員をリコールすることは命令的委任の禁止から許されない．したがって，議会がより正確に国民の意思を反映するためには，多元的な国民意思の反映手段が求められ，この結果，第二院が必要となる．

したがって，本問の第1の論点は，主権論となる．主要論点ではないから，どの程度に簡略に論及するかが答案構成の腕の見せ所であるが，全く論及しなければ，その段階で合格答案足り得ない．

普通に諸君があげる二院制の存在根拠は，いずれも狭義の国民主権を前提としてのみ，意味を持つことが判るであろう．すなわち

① **民意の忠実な反映→第一院とは異なる選挙方法**　憲法43条1項は，両院を共に全国民を代表する議院と規定している．しかし，上述のように民意の多角的反映が二院制の根拠であることを考えると，両者が同一の選挙制度をとることは憲法の禁止するところである，と考えなければならない．憲法は参議院に半数改選制を要求することにより，このことを明確にしている．

なお，審議期間中の世論の推移を議会に反映しやすい，という点を上げる人があるが，二院制のどこにそのようなセンシティブな要素を導入できるのか理解できない．そもそも，命令的委任の禁止を基本命題とする狭義の国民主権原理の下で，世論の反映を議会の使命とする発想そのものが理解できない．

② **第一院の軽率な行動の抑制**　第一院が軽率な行動をとった場合，国民主権原理の下においては，国民がそれを問題にする手段はないのであるから，国民に代わる能力を持つ第二の代表機関を設ける以外には抑止手段を設けることができないのである．なお，これとは切り離して「議会の専制の防止」ということが挙げる人がいるが，この2つは同じ意味と理解すべきであろう．

③ **第一院不存在時の国会の代行**（参議院の緊急集会）
本問のように，「日本国憲法における二院制」といわれたとき，この点を落とすことはできない．これこそが他国に例を見ない，日本独特の二院制の根拠だからである．その内容そのものは，ここで繰り返し論ずることはしないが，独立活動の原則の例外という位置づけではなく，制度根拠としての位置づけで，その重要性を書いてくれた方が論文構成としては遙かに優れていると考えている．なお，この機能を「補充的役割」という用語を使用して説明している人があるが，単に第1院を補充するのではなく，国会の機能を一院だけで果たす，という二院制下における変則であるという意味が補充という用語では十分現れないという意味で，妥当な用語ではない，と考える．

なお，一般的には「下院と政府の衝突の緩和」ということが挙げられるが，これはわが国の場合，意味がない．内閣と衆議院との間で不信任とか，解散という問題が発生した場合，それに対応するどのような権限も，参議院は有していないからである．これは，アメリカのように議院内閣制を採用

しない二院制の国で言える機能であるので、日本国憲法の議論でそこまで書いては、かえって減点の要因となる．

(2) 第二院の存在形態

このような問題に対して、二院制の世界的な分類にスペースを投じて書く人がいるが、ここで論じるべきは、あくまでも「日本国憲法における二院制」なのだから、外国制度の紹介などは基本的に論点足り得ない．

そもそも、外国制度は単にその表面的な現象だけをとらえて云々することが非常に難しく、教科書等でも往々にして誤りを記述していることが多い．その意味でも、安易な事実紹介を「論文」の中で行うのは自殺行為である．

しかし、議論の背景として、各国制度を理解しておくことは大切であるので、以下、若干の紹介をしておきたい．

① **貴族院型**（イギリス、旧日本）　欧州各国における議会は、いずれもゲルマン民族の意思決定機関であった民会制度が発達したもので、封建制や絶対制よりも古い歴史を持ち、中世から近代に至るまで一貫して存在を続けてきた．それらは、ゲルマン民族が単一の戦士階層から、貴族、僧侶、平民その他の身分に分化していったのを受けて、フランスの三部会やドイツの等族会議に代表されるような、多院型議会へと変化していった．この中からさらに僧侶階層の没落あるいは貴族階層と平民階層への分裂とともに、貴族院と庶民院が生き残るという形で生まれた、いわば二院型のプロトタイプというべき型がこれである．

しかし、国民主権原理の確立と共に、これも、大きな変革を受けていることを無視してはならない．すなわち、単なる世襲貴族に加えて、多額納税者、学識経験者などがその構成員に加えられ、より多元的な国民意思の反映が、そこで行われるようになったのである．すなわち、世襲貴族が過去の国民を代表し、多額納税者が現在の国民中、社会的に強い力を持つものを代表し、学識経験者が将来の国民の利益を代表していると要約すれば、これも立派な国民の多元的な意思の代表といえるのである．わが国旧憲法下の貴族院はその典型である．イギリス貴族院も、そうした新たな社会階層を一代貴族という形で迎え入れることにより、やはり同様の機能を果たしてきたことが、今日まで

それが存続を続けてきた大きな理由である．

その意味で、貴族院型といっても、それも一種の国民代表としての機能を果たしていることを無視してはならない．

② **連邦型**（アメリカ）　連邦国家で二院制を採用したからといって、それが直ちに連邦型になるわけではない．アメリカは連邦型の代表的存在である．これは単に、議員が州を単位として選出するからこう呼ばれるわけではない．より強い結びつきが州と上院議員との間に存在するのである．たとえば、上院議員が任期中に欠けたときは、その後任者は州知事が一存で任命し、日本のような補欠選挙などはいっさい行われない．そのような意味で、明確に州代表としての要素を備えているのである．

③ **第二次院型**（フランス、イタリア、現日本）　貴族院や連邦型のような制度基礎を持たず、全国民を代表するという点では第１院と同じ基盤に立ち、第１院の行き過ぎ等を是正する機能を担っている第２院がこれである．今日の世界で、連邦国家ではない普通の国が二院制を採用している場合には、国民主権原理の要請から、当然にこの型となる．

しかし、それぞれの国の特殊事情を反映して、具体的制度においてはかなりの差異を示す．たとえばフランスの場合、ドゴールが地方の名士層を基盤としていたことから、そうした名士が選出されやすい特殊な選挙制度がそこに導入されてくる．

イタリアの場合には、憲法上は連邦国家の形態をとっていないが、建国における特殊事情からアオスタ流域州など一部の州や市は、連邦制下における州に比すべき強力な自治権を持っていることもあって、次第に連邦制に近い法制度へと変化してきている．

わが国の場合には、憲法制定時には、参議院は職能代表制を採用しようという明確なコンセンサスが存在していた．衆議院が地域を基盤として議員を選出するのに対して、これは職種を基盤として選出しようという方式で、究極の多角的民意の抽出を目指していたのである．しかし、全国民に対してもれなく何らかの職種によって選挙権を与えると共に、二重の投票権を与えない、という制度を制定することの難しさから、このことを憲法に明記することは見送られたのである．

しかし、かつて存在した全国区は、全国的な組織を有する団体以外に候補者を送り出すことができ

ない，という点で，限りなく職能代表制に近い制度であり，その点で高く評価することができる．

これに対して，現行参議院の選挙方式は，選挙区制と比例代表制を併用する，という点で，現行衆議院の選挙方式と基本的に違いがなく，両議院の違いをいたずらに卑小化している．これは二院制を定める趣旨を否定するに等しく，その意味で違憲の疑いがあるということができよう．特に問題が大きいのが比例代表制の導入である．比例代表制は，その本質から参議院の政党化をいやでも推進することになってしまうからである．政党化が進めば，参議院が衆議院と異なる観点から民意を反映することは当然に難しくなる．

選挙制度に関しては，間接選挙の導入の可否を論じている人が時々いる．これをこのレベルの答案で取り上げる必要があるとは思わない．しかし，出題のされ方によっては，それが論点となる場合もあるであろう．そこで，本問においては書く必要のない議論であるということを強調した上で，若干解説しておく．

地方自治制度が明確に直接選挙を要求している（憲法93条）のに対して，国政選挙に関してはそれを否定する規定は全くなく，民主制の理念とも背反しないから，導入は可能と考えるべきであろう．

そこで，例えば，参議院議員選出にあたって地方議会を基盤をする型の間接選挙を導入することは可能だろうか．今日のわが国のように，過密地域と過疎地域の落差が激しい国家にあっては，第一院の選挙制度を議員定数を忠実に人口比例するように作れば，必然的に第一院は大都市の意見のみを反映する機関となる．その行き過ぎを補正する，という二院制の趣旨に鑑みるときは，明確に地域代表的機能を参議院に与え，実質的に連邦型に近い運用をすることは，憲法の趣旨にむしろ適合している，と考える．実際，上記，フランスやイタリアの場合も，第二院はそのような機能を果たしている，ということができる．その意味で，検討の価値あるアイデアと思う．先に述べたように，選挙制度に地域代表的要素が強くても，議員が全国民の代表者と位置づけられている限り，連邦型になるわけではない．

2 両院相互の関係

二院制の下で，両院相互の関係を支配する重要な原則として，両院対等の原則，両院同時活動の原則，両院独立活動の原則の三原則が存在する．これを論ずる場合にも，諸君にとり重要なことは，これが論文である以上，単に三原則を紹介し，内容を説明するだけでは全く点にならない，ということである．ここにはほとんど学説の差異がない．したがって議論の分かれるところ，という観点からの論点はない．そのような場合には，先に書いた二院制の意義から，これら三原則を理論的に導く，という姿勢を示すことで，論文としての体裁を確保する，という手法を導入する必要がある．

3 両院対等の原則（59条1項）

国民主権原理を採用したからといって，常に二院制を採用しなければならないわけではない．

しかし，あえて二院制を導入する以上は，その制度目的，すなわち，多角的民意の反映と第一院の行き過ぎに対する抑止機能を，第二院に与えねばならない．

対等原則という観点から見た場合，特に重要な理由が，多角的民意の反映である．選挙制度の違いこそあれ，全国民の代表者という点で両者は全く対等の存在なのであるから，その持つ権能も対等，と考えるのが妥当である．

そして，第一院の行き過ぎ是正という観点から見た場合にも，等しい権能を持つことで，はじめて完全な抑止力を発揮することが可能となるのである．このように考えると，この両院対等の原則は二院制度の本質と密着したきわめて重要な原則であるといえる．

同時に，憲法は幾つかの場合に衆議院の優越を定めた．具体的には次の点である．
① 法律案の議決 （59条2項）
② 予算案の先議権と議決 （60条）
③ 条約の承認 （61条）
④ 内閣総理大臣の指名 （67条）

このことには，次の3つの論点が存在する．

第1に，なぜ第一院に優越が承認されるのか，という点である．

第2に，このうち，法律案の議決においては，衆議院は3分の2の多数というかなり厳しい条件の下でのみ，優越が可能になるのに対して，後の場合は，一定の要件さえ満たせば，単純過半数による議決でも優越が承認されるという点で，優越の度合いが大きいが，このような大幅な優越が承認された理由は何か，という点である．

第三に、これらの議論を受けて、法律で衆議院の優越規定を設けることは可能か、という、本問の中心論点が導かれることになる。

順次検討する。

(1) 衆議院優越の理由

この点はかなり単純である。あらゆる場合にその対等性を貫くときは、両者の意見の調整がつかないままに、国政が膠着し、麻痺するおそれが存在するからである。

そこで問題は、なぜ、衆議院が優越することにされたのか、という点にある。換言すれば、衆議院を第一院とわが憲法が規定した理由は何か、ということである。

一般に、衆議院議員の任期は4年であり、参議院は6年で、その年数の分だけ、より衆議院の方が、民意を良く反映しているから、と説明する。したがって、諸君としては論文にそう書いて何ら問題はない。

しかし、この説明には疑問がある。なぜなら、参議院は憲法上半数改選を義務づけられているから、3年ごとに選挙があり、その意味で、選挙頻度という点では、参議院の方がよりよく民意を反映している、とも言えるからである。全体としてみても、3年と6年の平均的年数を想定すれば、ほとんど衆議院の任期と遜色がない、ということができる。

また、衆議院は頻繁な解散、総選挙を通じて、より良く民意を反映しうるから、という説明も存在する。しかし、憲法制定時には69条解散だけが想定されていたことは間違いない。69条解散は、議院内閣制の本質に関する均衡本質説の要求する理念としての武器であって、実際に解散権を行使することを予定した制度ではない（要するに伝家の宝刀であって、抜くことは考えていない）。7条解散は、その後の憲法慣行の中で生まれた制度であるから、その事実をもって憲法制定理由を説明することには本質的な無理がある。

このように考えてくると、わが国議院内閣制が、内閣の存立基盤を国会全体ではなく、もっぱら衆議院の信任の上に維持することを憲法が規定している（特に70条参照）ことに、その根拠を求めることが妥当と私は考えている。69条の解散制度も、この均衡本質説から来る議院内閣制の理念を表明したものであるに過ぎない。

(2) 衆議院優越度合いの相違の理由

法律における衆議院の優越の度合いは、常識的な線である。たとえば、アメリカ憲法では、議会と大統領が対立した場合に、大統領の反対を押し切るために、議会に3分の2以上の多数による議決を要求している（1条7節3項）。このように、対立の解消のために一方の機関に優越を承認するするときには、その優越の乱用防止のため、特別多数を要求するのは一般的手法ということができる。

これに対して、②以下のように単純多数で参議院の反対を押し切れる、という制度はきわめて例外的である。このような制度の下では、第二院は事実上存在意義を失い、無用の長物に転落するおそれが強い。実際、予算の場合、衆議院で可決すれば、マスコミも事実上の予算成立として報道し、参議院のその後における審議にはほとんど注意が払われない。

特定の事項に関して、この異常に強力な優越を憲法が認めた理由は何か、ということは、法律の制定における衆議院の優越とは切り離して、検討する必要がある。

ここにあげられている事項には、一目で分かるとおり、議院内閣制と密接な関係が存在している。すなわち、予算とは、実質的に内閣以下の行政の活動原資であり、その制定権は、議院内閣制の下における国会の最も重要な行政コントロール手段である。条約とは、原則的には内閣が一存で締結しうる国際法規で、例外的に法律事項、財政事項、重要事項に該当する場合にのみ、国会の同意を要請されるに過ぎない。最後の首相の選任は、まさに議院内閣制そのものといって良い。こうして、ここでも議院内閣制が中心となる理由と見るべきである。

(3) 法律による衆議院の優越の可否

この節の冒頭に述べたとおり、両院対等の原則は、二院制の本質から導かれる原則である以上、その例外は憲法自らの定めた場合以外に認めることはできない。法律をもって導入することは明らかに妥当ではない。その観点からすれば、既に削除された会計検査院法4条2項ばかりでなく、現在存在している国会法13条についても違憲の疑いが濃厚であるということができる。近時、ねじれ国会の影響で、日銀総裁が空席となったことから、法律で衆議院の優越を定めるべきだと論じられる

が，同じ理由から無理のある議論といえる．

しかし，両院対等原則という憲法上の重要原則の例外を，一歩譲って，法律で例外を定めることが許されるとしても，法律という法形式をもって，憲法上，法律に認められた優越性を上回る優越性を導入することは明らかに違憲というべきである．いかなるものも，自ら有する異常の権限を他に与えることはできないのである．

仮にこれについても何らかの論理で肯定されたとしても，先に述べたとおり，衆議院の単純議決を両議院の議決と同視するという強力な優越性を認めるには，その様な強力な優越を認めるべき制度趣旨を同じくしている必要がある．私の主張するように，そのような強力な優越性は議院内閣制との関連において認められるものと考える場合には，そのような関連性を，政治的な中立性が強く求められているがゆえに，本質的に有していない会計検査院検査官の任命についてそれが認められるはずがないのである．同様に，国会の会期は，国会法11条が「臨時会及び特別会の会期は，両議院一致の議決で，これを定める」とあるとおり，自律権の支配するところであることからすれば，これまた，議院内閣制との関連を云々するべき問題ではない．

4 補　論

せっかくの機会であるので，本問とは関係がないが，残る2つの原則についても説明しておきたい．

(1) 両院独立活動の原則 (55条, 56条, 57条, 58条, 62条)

この原則には，特に論じなければならないような重要な問題は特に存在しない．「二院制について論ぜよ」というような出題の場合に，初めて論じる必要が生じる程度であろう．その場合には，何も知らないわけではない，ということをアピールする目的で，さらっと内容紹介する程度で十分であろう．

二院制をとる，ということはその制度目的のどれを重視するにせよ，2つの組織を作る，ということである．わざわざ2つの組織を作りながら，合同して活動させるのは意味がない．したがって独立活動が導かれる．これは原則というより，二つの組織が存在することから来る当然の結果，ということができる．ここから，議院の自律権という極めて大きな権能が導かれるが，二院制との関連で論ずるには大きすぎるテーマだから，一言触れるだけで十分である．

諸君の中には，両院協議会をその例外としてとらえていた人もいると思う．確かに普通教科書はそういう書き方をするから，論文としてはそれで問題はない．しかし，2つの組織が存在する以上，両者の意見が異なれば，調整しようとするのは当然で，そうした協調活動を一々例外と把握する必要はないであろう．アメリカなどに見られる両院の合同会議のようなものが，典型的な例外というべきである．

その意味で，日本の場合には，弾劾裁判所が例外という概念により近い．ただ，弾劾裁判所の場合には，国会に設置されているだけであって，国会の活動ということはできないから，その点で例外にカウントしないわけである．

(2) 両院同時活動の原則 (第54条第2項)

この原則の場合も，特に論じなければならないような重要な問題は特に存在しない．知らないわけではない，ということをアピールする目的で，さらっと内容紹介する程度で十分であろう．

同時活動の原則は，二院制の要請というより，国会という概念から導かれる当然の結果と把握するのが正しい．すなわち，内閣や裁判所と違い，国会は召集から始まって閉会までの会期と呼ばれる限定された期間だけしか存在していない．衆議院も参議院も，国会の構成要素である以上，その期間しか，活動能力を持たない．したがって，いやでも同時に活動をせざるを得ないのである．

衆議院が解散された場合，国会はその重要な要素を失って消滅する．国会が存在しない以上，参議院もその活動能力を失う．憲法54条2項は，この当然の事理を述べたものである．

参議院の緊急集会をその例外とする，というのも通説的な書き方であるから，諸君の論文としては問題はない．しかし，間違いと考えている．同時活動の原則は，あくまでも国会の存在を前提にしているのであるが，緊急集会は，国会が存在しない期間において，参議院が国会の機能を果たす，という制度だからである．

第4講　議院の自律権

■問　題■

　平成○○年，政府の与党であるX党は，衆議院においては3分の2以上の多数を占めているにも拘わらず，参議院においては過半数を割り込んだため，国会運営に大きな困難を感じていた．特に問題が生じたのが，一事不再議の原則との関係である．

　すなわち，大日本帝国憲法39条は「両議院ノ一ニ於テ否決シタル法律案ハ同会期中ニ於テ再ヒ提出スルコトヲ得ス」として，帝国議会における一事不再議の原則を憲法上明確に採用していた．現在の日本国憲法及び国会法には国会や議院における一事不再議を定める規定はない．しかし，会期制が採用されていることから考えて合理的見地から，一事不再議の原則が導き出されると考えられ，国会における慣行として確立している．そして，この理は，法案が否決された場合だけでなく，可決された場合にももちろん適用になる．その結果，野党側が，政府案と同一問題を取り扱っている法案を，先に参議院で可決した場合，一事不再議の原則から，もはや政府案を国会に提出すること自体が不可能となり，せいぜい衆議院で参議院可決案を大幅に改正するという選択肢が残るだけとなる．

　そこで，X党は，国会法を改正し，下記1のような条文を新設することとした．この改正法案に対し，参議院側は，多数を以て否決した．しかし，X党は衆議院において3分の2以上の多数により再議決することで，改正法を成立させた．

　これに対し，参議院では，これに激しく反発し，参議院議院規則を改正し，下記2の規定を新設した．

　この場合において，国会法と参議院規則のいずれが優越するかについて論ぜよ．なお，国会法の下記条項の合憲性自体は論じなくてよい．

記

1．国会法改正
　　第XX条の2　法律案が，政府の提案した予算案の支出額を増加させ，あるいは新規の支出を含み，もしくは将来もたらすものである場合には，衆議院に先に提出しなければならない．法律案が，収入の減額を含み，もしくは将来もたらすものである場合，また同じ．
2．参議院規則改正
　　第YY条の2　憲法に定める衆議院先議の案件を除き，参議院の法律案先議権に制限はない．

●類題1
　国会法と議院規則との関係について，その所管事項及び効力関係の問題を中心に論じなさい．

（平成13年度　外務省専門職員採用試験）

●類題2
　最高裁判所の規則制定権と国会の法律制定権の競合関係について，議院の規則制定権と国会の法律制定権の競合関係と対比しつつ，論ぜよ．

（平成12年度　司法試験問題）

第1章 立　法　　　　　　　　　　　　　　　　　　　　　　　4　議院の自律権

■この講での論点細目次と論述のヒント■

　はじめに
1　議院の自律権の概念
　(1) 議院の自律権の根拠
　(2) 自律権の分類
2　自主立法権＝議院規則制定権（58条2項前段）
　(1) 二重立法概念
　(2) 国会法の性格
　(3) 国会法及び議院規則の規制する対象範囲
　　ア　議院規則と法規命令
　　イ　国会法と内部事項
　(4) 議院規則と国会法の優劣
3　自主行政権
　(1) 自主人事権
　(2) 自主執行権＝自律的運営権
　　① 院内警察権
　　② 議員の不逮捕特権
　　③ 国政調査権
　　④ 議事運営と司法審査
　　⑤ 会議の公開の停止（57条）
　　⑥ 請願の受理権（16条→請願法）国会法9章
4　自主司法権
　(1) 議院の懲罰権（58条2項後段）
　(2) 議員の資格争訟の裁判権（55条）
5　自主財政権

はじめに

　いつも強調する，**論文は基本書のダイジェスト**であらねばならない，という問題は，本問に対しても良く該当する．ここで問題となるのは，二つの点である．国会法を論ずるには，実質的意味の立法概念を避けて通ることはできない．他方，議院規則制定権は，当然議院の自律に関わる問題である．この場合，特に念頭に置く必要があるのは，二院制である．すなわち，規則に対する法律の優越を認めてしまうということは，結局，衆議院の参議院に対する優越を認めるということになり，それでは二院制が実質的に崩壊する，という点を押さえることである．こうした一連の点を無視して，単純に国会法と議院規則の関係を論じた場合には，論点がまるで不足して，見るも無惨な落第等案ができあがるという運命が待っている．論文を書くときには，常にそのテーマの本質をつかむ努力をし，それに基づいて，基本書の全体系をどこまで書くべきかを克明に検討する，という姿勢を忘れてはならない．

1　議院の自律権の概念

(1) 議院の自律権の根拠

　議院の自律権を論ずる場合，忘れてならないことは，問題になっているのが「議院」であって，「国会」ではない，ということである．したがって二院制との関連こそがもっとも重要な点である．もちろん，それは導入部であって，主たる論点ではないから，簡略に触れれば十分である．

　すなわち，狭義の国民主権理念の下においては，普通選挙によって選ばれる第一院の意思が常に国民の意思と一致しているという保障はない．そこで，議会に民意を忠実に反映する方法として第一院とは異なる選挙方法で選出される第二院を設け，第一院の軽率な行動の抑制を行わせることによって，議会が真に民意を反映している存在とする訳である．このような目的から第二院を設けたことにより，必然的に，両者は対等であり（59条1項），相互に独立して活動する存在でなければならない，という原則が導かれる．この後者の，両院活動独立原則こそが議院の自律制の根拠なのである．ただ，これは議院が相互に自律権を有する根拠であって，他の国家機関との関係を説明することはできないから，それについては改めて権力分立制から説明していく必要がある．すなわち，他の国家機関は，国会の構成要素たる議院に対しては，権力分立制の枠を越えてその自律を侵害することはできない．その意味で，自律権には，二つの根拠があることになる．

(2) 自律権の分類

　通常，議院の自律権については，一般に，組織権と運営権という分類が行われている．したがって，諸君もその分類で論文を書いてくれて何ら問題はない．

　しかし，そのような分類方法が適切といえるか，については私は基本的な疑問を有している．根拠は2つある．

　第1は，この分類が，重複性を持っていることで

ある．例えば規則制定権は，組織に関する規則の制定権と運営に関する規則の制定権として把握されるはずである．しかし，規則制定権をこのように二重に論ずる必要があるとは思えない．

第2に，この分類基準で，自律に関わりのあるすべての論点を自動的に抽出できるとは思えない．ある組織が，自律権を持つことを議論する場合，論理的に言って自律性の及びうるすべての点に論及して，そこで自律が認められ得るかどうかを過不足なく詰める必要がある．

ではどのような基準によるのが妥当か．私は，憲法自身の行っている権力分類に準拠するのが，自律権や自治権について考察する場合，もっとも妥当であると考えている．すなわち，自主立法権，自主行政権，自主司法権及び自主財政権に分けて議論する方法である．本問の参議院議院規則は，その自主立法権の具体的現れである．

2　自主立法権＝議院規則制定権（58条2項前段）

憲法は，会議その他の手続き及び内部の規律に関する規則の制定権を明確に各議院に与えている．ここで問題となるのは，第1に二重立法概念であり，第2に国会法の合憲性であり，第3に国会法及び議院規則の管轄であり，第4に国会法と議院規則の優劣である．

(1)　二重立法概念

この概念については第1講に詳しく説明しているので，ここでは要点のみを説明する．

わが国においては，通説は，実質的意味の立法概念を規定したものと理解する．すなわち権力分立制を国民の自由の実質的保障手段と理解する場合，その適用範囲はすべての国家活動である必要はない．国家活動のうちで，対国民的な活動に限定して良い．

このことを基準に，国が作るさまざまな法規範を2つに分類すると，対国民的な効力を持つ法規範がある．これを「法規命令 Rechtssatz」と呼ぶ（略して「法規」と呼ぶことも多い）．これを実質的意味の立法と呼ぶ．権力分立制の本旨から，これだけが国会に独占を要求される立法と考える．

そこで，この法規命令をどのように定義するかが問題となる．ここでは，理由まで一々述べないが，諸君が以下の説の1つを採る場合，必ずその理由を述べるべきは当然であることを忘れないで欲しい．

もっとも通説に近い説である権利義務説をとれば，国会法の規定は，国会の傍聴人等に関するごく一部の規定を除き，実質的意味の立法に該当しないことになる．したがって，この説の場合には，さらに次のように述べて，はじめて国会法の制定が許容される．すなわち，この実質的意味の立法以外の立法は，国会の独占は要求されない．ただ，その場合でも，国会が法律を制定することは妨げない．

これに対して，佐藤幸治は，上記権利義務に加えて，国家の基本的な組織法は実質的意味の立法に属する，と説く．したがって，現に国会法に属する法領域で，実質的意味の立法に属する範囲が広がることになる．しかし，それでも全体が実質的意味の立法概念に該当するわけではないから，やはり上述のような補足が必要になる．

芦部信喜の場合には，一般的抽象的法規範はすべて実質的意味の立法概念に該当すると説くから，この場合には問題なく国会法のすべてが実質的意味の立法概念に属すると考えることができる．

この下りを記述するにあたって注意するべきは，できるだけ簡略な記述に押さえる，ということである．すなわち，本問の中心論点は，自律権であって，実質的意味の立法概念ではないから，実質的意味の立法概念にスペースを割きすぎると，自律権に関する記述不足となって，自動的に落第答案になってしまうからである．

(2)　国会法の性格

旧憲法51条は明確に「議院法」というものを予定していた．したがって，各議院の自律に属する事項に関する法律を制定することが合憲であることは疑問の余地がなく，また，条文上明確に議院法は，各議院規則に優越するとされていた．換言すれば，旧憲法下においては，議院規則制定権は法律に対する命令と同様に，議院法の施行細則を制定する権限に過ぎず，自主立法権はその限度で認められるに過ぎなかった，と理解できる．

この伝統を受けて，現行憲法下においても当然のこととして，憲法施行と同時に「国会法」が制定された（国会法は，現行憲法の制定後施行前に，施行に間に合わせるべく帝国議会が制定した法律の一つである）．

しかし，二院制をとりながら，このように各院の内部自律に関する事項について，それを専管する

法律が，別に制定されているという例は諸外国に見られない．しかも，現行憲法は，議院法というものを予定しておらず，また，法律の制定にあたり，衆議院に優越を認めている．

したがって，国会法の制定を認めることは両院独立活動の原則に違反する疑いが濃厚である．このから，現行国会法制定の当初から，国会法の合憲性については疑問が投げかけられてきた．これについては，学説としては論理的には次の三説が存在しうる．すなわち国会法は，

① 明治憲法以来の慣行と便宜上の必要に基づいた存在で，合憲とする説
② 議院の自主性を害しない限り合憲とする説
③ 議院の自律性を侵害するもので，違憲とする説

他国との比較法及び現行憲法の文言解釈から見れば，正しいのは明らかに③説である．しかし，国会法が現行憲法制定後，施行までに間に合うように大急ぎで制定され，憲法施行後一貫して存在し，それに基づいて議院運営がなされてきているから，③説を採れば，現行憲法下のあらゆる国会活動が違憲とされることになって，あまりに問題が大きい．そのため，現状としてはとる者はいない．結局，①説と②説が対立していることになる．この2つの学説は，簡単にいってしまえば，現行の国会法を旧議院法と同様に，規則に優越するものと考えるか否かで対立していることになる．

かつては，①説が疑う事なき通説であった．が，近時はむしろ②説の方が多数説になっていると私は考えている（同旨，戸波江二〈新版〉386頁．逆に①説を採る長尾一紘は，何が通説かについての言及を避けている．）．いずれにせよ，どちらが多数かということは，論文の論理に影響を与える問題ではないから，いつも強調するとおり，言及しない方がよい．いずれにしても，通説・判例というものはないから，どの説を採った場合にも，しっかりと根拠を書かねば，きちんと評価してもらうことはできない．根拠の詳細については基本書と相談してほしいが，議院の自律権を強調すれば②説となり，逆に41条該当性を強調すれば①説となる．私が学生時代は，法段階説的に法律の方が上位の法規範であることさえ指摘すれば，①説の根拠としては十分であったが，今日では，そのようなラフな理由付けでは，間違っても理由付けとは認めてもらえない．

(3) 国会法及び議院規則の規制する対象範囲

この点については，①②どちらの説も，国会法及び議院規則の存在を肯定しているから，論点は次の2つである．

ア 議院規則は，法規命令を含みうるか？
イ 国会法は，内部事項を含みうるか？

本問で仮定した国会法は，要するに，参議院議員が自らの属する院に自ら発案した法案を提出する権限を否定するものである．したがって，イに含まれる．しかし，ついでだから（特に書く必要はないが），アの点から順次検討しよう．

ア 議院規則と法規命令

冒頭に述べたとおり，公述人や傍聴人などは一般市民であるから，法規命令をどのように定義しようとも，かならずそれに関して定めた規定は，実質的意味の立法概念に該当することになる．これに対しては，2つの考え方があり得る．

第1の考え方は，実質的意味の立法に該当する以上，それは法律で独占しているはずだから，議院規則は委任命令あるいは執行命令という性格を持つ場合にのみ，これを規定しうるとする．しかし，このように説く論者は普通，見あたらない．

第2の考え方は，内部規則制定権は本来，組織体の当然の権限であり，しかも，憲法がわざわざ議院規則を予定した点から，憲法58条2項を，41条に対する特則と捉える．すなわち憲法自ら定めた例外として説明する．こちらが通説であろう．したがって，上記アの問に対する答えは，すべて含むことができる，ということになる．

イ 国会法と内部事項

ここでは，まさに議院規則の自律権との関連が問題となる．この結果，この点が，上記(1)の論点と結びついて，先鋭的な対立を示すことになる．すなわち，

① 内部事項についても，国会法と議院規則の競合的所管事項とする説
② 内部事項については，議院規則の排他的，専属的所管事項とする説

の2説が存在することになる．(1)で①説を採った者は，ここでも必然的に①説を採り，②説を採った者はここでも②説を採ることになるはずである．しかし，実際には，長年にわたって国会法が存在し，その規定に従って議院内部の事項についても処理されてきたために，②説を採用すると，国会法に従った内部事項の処理が違憲ということにな

り，妥当ではない．そこで，この段階では①説を程度の差こそあれ採用している．その結果，その場合にどちらが優越するかが大きな問題になる．これが本問の中心論点であるので，項を改めて説明しよう．

(4) 議院規則と国会法の優劣

上述の通り，議院規則と国会法が，法規命令に関しても内部事項に関しても，競合的に同じ対象に関して規定しうると考えた場合，議院規則と国会法のいずれにも規定もあり，しかも両者が矛盾している場合に，どちらが優越するかが問題となる．

公述人など，一般国民との関係では，41条から法律が優位すると考えて良い．ただし，58条の特則性を重視すれば，この場合にも，規則が優位すると考えることもできる．この点については，具体的な問題が生じたことがないこともあって，あまり論じられていない．

これに対して，内部規律に関しては，上記の対立は，この場面に来ると，大きく分けて次の3説に分裂する．

① 法律優位説
② 規則優位説→国会法＝紳士協定説
③ 規則優位説→大綱部分は国会法の優越，具体的運用は規則の優越

(1)(2)で①説を採った者の場合には，ためらうことなく，①説，すなわち両者が抵触した場合には，法律が優越する，と結論する．この場合，直接の根拠となっているのは，一院だけの議決で足りる議院規則よりも，両議院の議決を必要とする法律が優位するのは当然，という論理である．しかし，前述のとおり，真の根拠としては，議院自律をあまり重視しない明治憲法時代からの視点が存在している．

現実問題として，①説の純粋な論者は今日ではほとんどいなくなっている．芦部信喜の場合，分類としてはこれに属するといえるが，その論理は決して単純・明快なものではない．芦部説の場合，議院の内部規律であっても，一般性ある法規範は，当然実質意味の立法に含まれる．したがって，国会法が議院規則に優越するという結論が導かれる．しかし，議院規則制定権は議院の自律権の必然的結論であることを考えると，旧憲法下の議院規則のような劣弱な存在にすぎないと断定することはためらわれる．そのジレンマだけを解決

するには，憲法58条が憲法41条の特則であると説明すればよい．しかし，そのように説明してしまうと，今度は，そもそも41条において，対国民的法規範というラバント以来の要件をわざわざ否定して，一般性概念だけが実質的意味の立法概念の中身である，と主張した意義が失われる．だから，どうしても，国会法が優越するという点を完全に否定することはできない．そこで，結果的にいえば，次のように主張することになる．

「いずれかに割り切って考えるべきではなく，法律が優位するとしても，国会法の改正には衆議院優越の原則を適用しない慣行と，規則固有の所管に属する内部事項については規則を尊重し，法律をそれに適合するよう改訂する慣行を樹立すべきであろう．」
(〈第4版〉300頁より引用)

誠に煮え切らない主張であるが，それは上記のようなジレンマの結果である．問題は，ここで「慣行を樹立」せよ，と書いている点である．これは政治論ではありえても，法律解釈論ではありえない．しかし，論文はあくまでも法律解釈を書かねばならない．芦部説で論文を書く場合でも，それは変わらない．そのためには，上記文中の慣行という文言を，いずれも解釈に置き換えるのが，一番簡単な方法ではないか，と私は考えている．しかし，そう書いてしまうと次の説明する立場との違いは無いことになる．

これに対して，議院の自律を重視する立場からいえば，議院規則が一院だけの議決で完結的に成立するものだからこそ，院の内部自律に関しては，本来は議院規則のみが定めうる，と考える．この場合，それにも関わらず，現実に国会法が内部規則を規制していることをどう説明するかが最大の問題となる．

この視点に立った場合でも，いくつかの説がある．もっとも有名なのが，小嶋和司の説いた「国会法＝紳士協定説」である．すなわち，国会法は，各議院がそれに従う限りにおいて有効であるが，これと異なる議院規則が制定された場合には，議院規則が当然に優越すると考える（私もこれに賛同する．記述が今一つはっきりしないが，おそらく戸波江二もそうである）．

例えば佐藤幸治は次のように述べる．

「議院規則で定めるべき事項を国会法で定めようとする場合，一院だけで決めることを意味する衆議

院の優越は妥当せず，また，その国会法は道義的拘束力を持つにとどまり，法的に議院規則を排除する力を持ち得ないと解される」(第3版)193頁より引用)．

ただし，佐藤幸治は，厳密には②説ではなく，③説の主張者である．その場合でも，基本的には紳士協定説を採用するのであるから，その意味では③説は，②説の亜説と言える．

すなわち，③説は，これに加えて，行政組織編成権は法律の専管事項だと考える立場である．これについては，根拠条文をどこに求めるかについて説の対立があるが，本問との関連で重要なのは，直接または間接に国民の権利義務を規律する権限を有する機関を決定することは，41条の実質的立法概念にいう法規に含まれるとする立場である．

なお，本問の論点からはずれるが，行政組織編成権＝法律事項説について説明しておけば，このように41条で読む説の外に，次の2説がある．すなわち，その1は，議院内閣制を基礎として，内閣の下におかれる国家機関は国会の重要な関心事である，とする立場である(私自身は)．その2は憲法73条4号で内閣が官吏の関する事務を掌理するには，法律に基づく必要があるという規定で読む立場である．これら2説を採る限りでは，議院規則はあらゆる点で完全な自律立法権足りうる．

以上を要約すれば，①説というのは基本的に規則制定権を議院の自律権と関連づけて考えていない．戦前の議院法のように，憲法の定めた例外の場合だけでなく，一般的に規則に対する法律の優位を承認しているからである．これに対して，議院の自律権というものを重視すれば，芦部説にみられるように，実質的にはいやでも議院規則優越説に移行することになる．

したがって，本問の答えとしては，どの説を採っても，今日においては参議院規則の優越という答えになるであろう．

なお，現実の国会運営では規則優位説にしたがって行われている(これが近時，急速に規則優位説が通)．例えば国会法25条は「常任委員長は，各議院において各々その常任委員の中からこれを選挙する」と規定しているが，衆議院規則は次のように定めて抵触している．

「第15条 常任委員長の選挙については，議長の選挙の例による．議院は，常任委員長の選任を議長に委任することができる．」

同様に参議院規則は次のように定めて抵触している．

「第16条 召集の当日に常任委員長がないときは，議長の選挙の例により，その選挙を行う．議院は，常任委員長の選任を議長に委任することができる．」

表現は違うが，同一内容の規定であり，国会法と食い違っていることは判ると思う．そして，いずれの場合にも，現実には規則に従って運営されている．すなわち，紳士協定説が支配しているということになる．

ここに提起したものと同じような問題は，裁判所法と裁判所規則との間にも発生する．そして，こちらでは最高裁判所が毅然とした態度を示した結果，裁判諸規則が法律に優位する事が，実務的に確認された(裁判所法)．

本問に対する解説としては，以上で終わるが，せっかくの機会なので，以下，自主行政権，自主司法権及び自主財政権について解説しておきたい．

3 自主行政権

内閣もしくはその支配下にある行政庁，特に警察や検察による干渉を受けることのない権利がこれである．議院内閣制の下では，内閣による議院に対する干渉は考えられない，という立場から記述する者があるが，これは間違いである．

なぜなら，第1に，議院内閣制が健全に機能している場合であっても，議院内閣制は，内閣が「国会」の信任の上にある制度ではなく，「衆議院」の信任の下にある制度である．したがって，衆議院と参議院とが対立した場合は，内閣による参議院に対する干渉は当然に考えられる．

第2に，議院内閣制がゆがみ，内閣が暴走した場合には，衆議院に対する内閣の干渉すら考えられる．議員の特権としての不逮捕特権は，そのような事態を想定しない限り，全く無意味な権利保障であることはいうまでもない．

同じようなことは，国家公安委員会についても言える．これは戦前，警察が政府の手先として議会の弾圧に活躍した歴史から，内閣からの独立性を確保する手段として設置された独立行政委員会である．しかし，現実にはその独立性から，警察の内部腐敗をチェックする能力の不足が問題になっているのである．現行議院内閣制の下において

は,現実問題として内閣が警察を手足に使って議会の弾圧をする事態は考えられないが,だからといって警察を内閣の直接的指揮統制下に置くという議論が出ないのは,内閣による侵害の危険という理念が,今日も重視されていることを物語っている.

行政は広義の概念であるから,議員の自主行政権についても様々な類型が存在する.

(1) 自主人事権

裁判所における司法行政権という言葉が,もっぱら司法部内部における人事権を意味することから考えれば,議院においてもこれが重要な問題であることは理解できるであろう.

特に,議院役員の選任権(58条1項)は憲法自らの保障する重要な議院の権能である.議会制民主主義の母国というべきイギリスでは,この点に関する国王の干渉に悩んだことから,このような保障規定が存在する.しかし,わが国ではあまり問題が起きたことはなく,細かな論点が幾つか存在するにすぎない.論文には書く必要はほとんどない細かい話であるが,参考までに紹介しておく.

第1に,国会法16条は,議員以外から選ばれる事務総長(国会法27条1項)を議院の役員としている.これも憲法58条にいう議院の役員に該当するか否かが問題となる.学説的には議員の中から選任されるものだけを憲法上の役員とする説が有力である.しかし,これは,事務総長が一定の場合(国会法22条2項24条)に議長として行動することから来た規定である.現実に議長として活動する者を役員ではない,とする方がむしろ不当と考える.いかなる範囲のものを役員と規定するかは,議院の自律にゆだねられていると考えるのが,自律権の尊重という観点からも妥当と考える.

第2に,役員は,国会法16条の定めるものに限定されるか,という問題である.これも,議院の運営に重要な関わりを持つ者,たとえば常任委員長(国会法25条)は当然にこの憲法上の保障の対象と考えるべきであろう.

第3に,役員以外の人事権は認められないのか,という問題である.議会の自律という意義に照らせば,当然肯定されると結論できるであろう.国会法26条はそのことを明言している.

(2) 自主執行権=自律的運営権

これについては様々な論点が存在している.特に重要なのが,院内警察権,不逮捕特権,国政調査権,議事手続きと司法審査の四つである.順次検討しよう.

① 院内警察権 院内警察権の問題については,ややもすると,国会法の領域の問題と考えられがちである.しかし,これをめぐって争われた第一次国会乱闘事件(百選〈第5版〉386頁)では,裁判上重要な論点となった.

議員の議場での行為が,院内の秩序を乱す場合には,議院として懲罰権を有する.その行為が,同時に法律に抵触する場合に,それは免責特権の故に可罰性を失うか.これが論理的には第1の論点である(だから百選では免責特権というタイトルの下に論じている).しかし,この点については,免責特権は治外法権を意味するものではない,として一般に否定されている.わが憲法上,治外法権のような特殊な制度が明文の根拠なしに認めうるものではないことは当然であろう.

第2に,議院懲罰権と刑事責任とはどちらが優越するか.これについても,両者は競合しうるという点,あまり争いはない.治外法権が存在しない以上,特別の規定がないのであるから,競合と解する外はないであろう.

第3に,これがここでの中心論点であるが,免責特権に含まれる行為か,それとも刑事処罰の対象となる行為かについての判定権者は誰か,という問題がある.換言すれば,議場における暴行を処罰するには,議院による告訴・告発を要件とするか否かである.判例は判定権は裁判所にあるとした.しかし,学説的には批判が強い(例えば,藤田晴子「議院の自律権」日本国憲法体系5巻〔有斐閣〕参照).暴行の事実がなかった場合にも,他権が院内事項に介入する道を開いてしまうからである.

なお,議院証言法は,偽証罪について議院からの告発を要求している.これを類推するならば,院内における犯罪については,議院が告発しない限り,被疑者を逮捕し,あるいは起訴することはできないということになる.

② 議員の不逮捕特権 不逮捕特権に関する最大の問題は,その趣旨そのものにある.これに関しては,大きく2つの説が対立している.第1の説によれば,それは正当な議員活動を,政治的・党派的逮捕から擁護するためのものとする.この場合には,これは議員個人の特権であって,自律権と直接の関係はない.が,議院の自律的判断にゆだねようとしている点で,なお自律権の範疇に属

する．これに対して第2の説によれば，議院の正当な活動・運営を確保しようとするものである．この場合には，完全な議院自律権の一環として理解されることになる．

衆議院は，昭和29年のいわゆる造船疑獄に際して，期限付きの逮捕許諾を行った．これは明らかに不逮捕特権を第2説的にとらえ，完全に自律権と把握していたことを示している．

他国の憲法では，これらの点について明確な限定文言をおいている場合が多い．例えば米国は

「両議院の議員は，反逆罪，重罪及び公安を害する罪によるほか，会期中の議員に出席中，及びこれに往復の途上において逮捕されない特権を有する．」

と定める（憲法1条6節1項2文）．この最後の「公安を害する（Breach of Peace）」とは軽罪を意味するものとされているから，結局すべて犯罪（indictable offence）のためならば何時でも議員を逮捕しうることになる．したがって，同国の場合には，不逮捕特権が個人に対して党派的逮捕の禁止だけを意味していることは明らかである．

英国は不文憲法の国であるから，明文はないが，やはり議員に不逮捕特権が認められている．しかし，刑事上の犯罪についてはこの特権が認められたことはないといわれる．すなわち叛逆罪，重罪または公安の破壊の場合には議員はかつてこの特権の保護を受けたことはない（すなわち，下院がこれを要求したことがなかった）が，公安の破壊というのは軽罪のことであるから，結局アメリカと同様に，犯罪による逮捕の場合については，この特権が認められないことになっているのである．

これに対して，不逮捕特権を刑事事件についても認めるのはヨーロッパ大陸の諸憲法であって，19世紀から犯罪の場合にまで拡大したとされている．これはフランス憲法がまず採用し，ベルギー，ドイツ等の諸国はフランスの先例に倣ったといわれている．ただし保障の程度にはニュアンスの差がある．またフランスにおいても種々の変遷を経て現在に至っているのである．議員の不逮捕特権はフランスで最初に1789年6月23日の国民会議の命令において「各議員の身体は不可侵である」と宣言したのに始まり，1791年の憲法は

「国民の代表者は現行犯罪によりまたは逮捕令状によりこれを逮捕することができる．ただしその場合には直ちにこれを議会に通知することを要し，議会がその起訴を理由ありと議決した後でなければこれに対する訴追を継続することはできない．」

と規定した．その後第3共和政，第4共和政各憲法を経て1954年11月30日の改正憲法では，

「国会議員は会期の継続期間中には現行犯の場合を除き，その属する議院の許諾がない限り，重罪事件または軽罪事件に関し，これを起訴しまたは拘禁することができない．会期前に拘禁された国会議員は，その属する議院がその議員特権の剥奪を宣言しない限り，代理投票を行なうことができる．議院が，会期の開始後30日以内に右の宣言を行なわないときは，拘禁された国会議員は当然釈放されるものとする，会期外においては国会議員は，現行犯罪の場合，議院が許諾した起訴の場合または確定した有罪判決の場合を除き，その属する議院の理事部の許諾した場合でなければこれを拘禁することができない．国会議員の拘禁または起訴は，その属する院の要求があった場合にはこれを停止する．」

と規定し，現今の第5共和政憲法26条の基礎となっている．

1850年のプロイセン憲法は，こうしたフランス法の影響を受けて

「各議院の議員は会期中その院の許諾なくして犯罪のために審問され，または逮捕されることはない．ただし現行犯罪または犯行の翌日中に捕えられた場合はこの限りでない．」（84条2項）

とする．現行ドイツ基本法は

「刑罰を課されるべき行為のゆえに議員が責任を問われ，又は逮捕されるのは，連邦議会の許諾があった場合のみである．ただし，現行犯で又はその翌日中に逮捕されるときは，この限りではない．」（46条2項）

としている．しかし，刑事逮捕の場合に保障を拡大していても，これが個人に対する保障であって，自律権そのものの保障ではないことは，例外が明定されていることに明らかである．

わが憲法は上記対立点に関して，どのような限定をもおかず，単に「法律の定める場合を除いては」としているのであるから，いずれを採用するかは立法政策の問題としていると理解すべきである．そして，この憲法の規定を受けて国会法は「院

外における現行犯逮捕」を例示している．この場合，それが許される理由は，現行犯逮捕であれば，犯罪の嫌疑が明らかで，政治的党派的逮捕であるおそれが非常に高いためと理解される．すなわち，国会法のこの文言により，現行立法政策が，第一説を採用したことは明らかである．それ以外の場合において議院が与える許諾に関しても，同様の基準が適用になると考えるべきである．したがって，逮捕が党派的理由によるものと認められない場合には，議院としては常に逮捕を承諾しなければならない．期限つき逮捕許諾はしたがって不可能である．また，会期前に逮捕された議員に対する釈放要求の場合も同様である．

なお，免責特権も不逮捕特権と並んで議院の自律権の一環として理解する説がある（原龍之介「議院の自律性」有斐閣『憲法講座』第3巻，88頁以下参照）．しかし，免責特権は国民主権原理から導かれる理念であって，議院自律権とは関係がないと考える．

③ **国政調査権**　国政調査権とは，議院が他権ないし他院の干渉を受けることなく，国政を調査しうる権限であるから，これが議院の自律権に属することは疑問の余地がない．

しかし，これは非常に大きな論点であって，このような総合的な問題でどの程度に論及するかの判断は非常に難しい．半端に書くよりも，敢えて落とすという選択肢も当然にあり得る．その場合，落とした理由をどう説明するか工夫する必要がある．例えば，これは41条の国権の最高機関性が争点となるのであって，議院自律権そのものとは関係しない，と説明するのも一法である．

書くとしてどこまで書くべきかであるが，基本的には，調査権の性質だけを論ずれば足りるであろう．すなわち，独立権能説，補助権能説及び国民に対する情報提供機能説の三説を比較検討して，支持する説とその根拠を述べれば十分であろう．なお，国政調査権については本書では，**第5講**で論じているので，詳しくはそちらを参照してほしい．

④ **議事運営と司法審査**　上述のように，議院は憲法及び議院規則に定めるところに従い，議事を運営するわけであるが，その議事手続きの適法性（合憲性・合規則性をあわせて，こう呼ぶことにする）を裁判所が審査できるか，という問題である．

権力分立制から，原則として全面的に否定するのが通説であろう．これに対して，違憲立法審査権の存在を根拠に明白な憲法違反が認められる場合には司法判断が可能とする見解がある（佐藤幸治が代表的論者である）．しかし，何が明白かの判断は必ずしも一義的決定できず，無用に司法審査の幅を広げるものと考える．

確かに，違法な議事運営の結果，国民の参政権，精神的自由権に関わりを持つ法律が制定された場合には，司法積極主義に転ずるべきであり，その限度で司法審査の対象足りうると考える．しかし，この場合には，その法律の違憲性が問題となるのであって，議事運営そのものが争点になるのではない，というべきである．純然たる院内の問題にとどまる限り，司法審査は及ばないと解するのが妥当である．

なお，論文で詳論する必要はないが，簡単に項目だけはあげた方がよいかもしれない論点として次のものがある．紙幅や時間の余裕がなければ，もちろん無視してよい．

⑤ **会議の公開の停止**（57条）
秘密会の開始（国会法62条）
記録の保存，公表義務（57条2項→国会法63条）

⑥ **請願の受理権**（16条→請願法）　国会法9章

4　自主司法権

組織体内部で発生した紛争に関して，自ら処分を下す権限を自主司法権と呼ぶことにする．これが司法に該当し，その結果，裁判所による司法権の行使を妨げる機能を有することは，たとえば地方議会のレベルにおいては，いわゆる部分社会論によって判例上，確立しているところである（最大判昭和35年10月19日＝百選〈第5版〉414頁参照）．

国会の場合には，そのような理論に頼るまでもなく，憲法上，そのことが認められている．すなわち，現行法上，各議院は大きく2つの権限を有している．懲罰権と資格争訟の裁判権である．順次検討しよう．

（1）　議院の懲罰権（58条2項後段）

懲罰は，議院がその院内秩序を維持するための手段である．しかし，全体としてあまり大きな論点ではない．参考までに，論じられる点を以下に紹介するが，ここまで論じる必要はないだろう．

第1に，ここにいう院内とは組織体としての議院の内部を意味するのであるから，物理的に議場での活動か否かは問題とならない．物理的には院外で行われた活動であっても，それが議員として

の資格に基づいて行われ，院内秩序と相当因果関係が存在するものを含む．

第2に，議員であるが，同時に国務大臣であるものが，大臣として行った行為も，懲罰の対象となる．実例として，吉田茂のバカヤロー発言がある．院内秩序を乱したものであれば，一般国民も対象とできると考えるべきであり，まして国務大臣は対象となる．

第3に，現行国会法は，懲罰事犯に会期不継続の原則が適用されないことを明言している（国会法12条の2）が，その妥当性も1つの論点である．一般に，これを肯定しないと，会期末における秩序維持が不可能になる，という実務的面だけが強調される．しかし，会期概念自体から考えるべきであろう．ちなみにドイツやフランスでは，選挙から選挙までを議会存続期間と把握する．

最後に，司法審査権はこれに及ばない．これは議院自律の概念そのものから問題なく導けるであろう．但し，地方議会に関して，判例が部分社会の法理を発達させたところから，除名の場合には司法審査の対象となるとする異説もないわけではないので，書き方には注意しよう．

(2) 議員の資格争訟の裁判権（55条）

これに関して，最も問題となるのは，公職選挙法違反に伴う当選訴訟である．当選訴訟は，当選人決定行為の効力を争う訴訟であるのにたいして，資格争訟は，当選人と決定された者の資格の有無についての争訟であって，対象を異にする，と説明されることが多いが，これは詭弁である．当選人の決定に当たっては，必ずその資格も争点となるからである．

もともとこの裁判権は，イギリスで，国王の走狗たる裁判官によって国王に反対する者の議員資格が否定されたという歴史的事件から発達したものである．したがって，これと競合する形で当選訴訟の裁判権を裁判所に認めるのは，本来は明らかに違憲とするべきであろう．

わが国旧憲法では資格争訟の裁判権を明文では保障していなかったが，衆議院がその権限を有することを承認していた．しかし，同時に裁判所による当選訴訟制度を定め，かつ，議院法79条は，

「裁判所に於いて当選訴訟の裁判手続きをなしたる者は衆議院に於いて同一事件につき審査することを得ず」

と定めて，資格争訟における司法権の優越を規定した．

現行憲法下においても，議院法の伝統を無造作に受け継いで国会法が作られたのと同様に，旧憲法時代の制度を継承して，当選訴訟制度が作られたのである．この結果，資格争訟の裁判権に常に先行して当選訴訟が行われる結果，鳴らない太鼓とあざけられる制度と化している．この背景には，現代司法に対する信頼と，それと裏腹の関係に立つ，議会の自浄能力に対する不信とが存在している．

しかし，改憲の際には削除すべき機能の一つであるかもしれないが，解釈論として，その存在を否定することは許されない，というべきである．両者が競合して行われようとした場合，それを禁止する規定はないから，肯定せざるを得ない．しかし，両者の結論が異なる場合には，憲法自らの保障する権限であることを根拠に，議院の判断の優越を肯定すべきであると考える．

5 自主財政権

これは司法試験の論文のレベルでは，特に論及する必要はない．書くとしても，国会中心財政主義（第83条）により，議院の自律は憲法上認められていない，とするだけで十分であろう．

しかし，実をいうと，ここにいう自律は，対衆議院関係における参議院の自律である．対他権における自律は別に考えなければならない．すなわち，内閣は，予算の編成に当たり，議院の自律を尊重して，その要求を拒むことが許されないというべきである．財政法19条は，この理を定めたものということができる．

第5講　国政調査権

■問　題■

　民間鉄道会社Xは,通勤時間帯において極度の過密ダイヤを組み,そのダイヤを遵守する手段として,ダイヤ混乱の原因となった列車運行に責任のある運転手に,過酷な再訓練を施す旨の内規を定めていた.
　某日,通勤時間帯において列車の運転を行っていた某は,運転ミスを繰り返したため,ダイヤから数分遅れて運行していた．そこで,遅れを取り返すべく,急カーブにX社が定めている制限速度を大幅に超える速度で侵入した結果,列車は脱線し,運転手本人を含む多数の死者を出し,さらにおびただしい数の負傷者が発生するという事故が発生した．マスコミは,事故の原因について,過酷な再訓練を恐れるあまり,無理な運転で遅れを取り戻そうとしたためと報道した.
　衆議院国土交通委員会では,この事故を調査するため,X社の社長Yを証人として喚問した．Yに対する質問としては,X社の社内体制や事故の発生原因,事故発生に対するYの責任,事故発生当時におけるYの私生活上の行動等が予定されていた.
　Yは,事故発生に伴い,極めて多忙であることを理由に喚問を拒否した．この結果,議院における証人の宣誓および証言等に関する法律7条1項に違反したとして,告発され,起訴された.
　法廷において,Yは,本件喚問は,次の理由から違憲・無効なので,無罪である旨を主張した.
1　国政調査権は立法権の補助権能として認められるのであるから,そもそも法律改正等を予定していない本件において,国会に調査権限は無い.
2　仮に,行政権一般に国政調査権が及ぶとしても,民間企業であるXの社内体制には,国政調査権は及ばない.
3　仮に民間企業に及ぶとしても,
　(1)　Yの多忙さを無視した喚問は,調査権の濫用である.
　(2)　Y自身の責任について調査するのは,自己に不利益な供述を供用されないことを保障した憲法38条1項に違反する.
　(3)　Y自身の私生活について調査するのは,プライバシー権の侵害であって違憲である.
　Yの主張は認められるか論じよ.

●類　題

　検察官が捜査中の刑事事件について,報道機関が,国会議員Aの絡んだ贈収賄事件に発展するかもしれないと報道し始めた段階において,A所属の議院が,真相を解明する必要があるとして,担当検察官及びAを証人尋問することには,憲法上いかなる問題があるか.また,Aが起訴された段階及びその裁判が確定した段階においてはどうか.

(平成3年度 司法試験問題)

第5講

第1章 立法　　　5 国政調査権

この講での論点細目次と論述のヒント

はじめに
1 総論
　(1) 概念
　(2) 諸外国の状況
　　① イギリスの場合
　　② 米国の場合
　　③ ドイツの場合
　(3) わが国の沿革
2 権限の性質
　(1) 補助権能説
　　① 立法権補助権能説
　　② 全面的補助権能説
　(2) 独立権能説
　(3) 国民の知る権利に奉仕する権能説
3 調査権の主体
4 調査権の行使方法
5 調査権の限界
　(1) 民間企業に対する調査
　(2) 人権
補論 権力分立制に伴う限界
　(1) 行政の中立性による限界
　　① 検察権の自律性
　　② 公務員の守秘義務（国家公務員法100条、議院証言法5条参照）
　(2) 司法権の独立に伴う限界

はじめに

現行憲法の場合，国政調査権が存在することは明らかであるが，それがなぜ，どの範囲で認められるかについては明文の規定がなく，議論の分かれるところである．したがって，本問の論文はそこからスタートすることになる．そして，議論は，国政調査権そのものではなく，憲法41条に言う国権の最高機関という言葉をどのように理解するか，という点を結びつく形で始まる．したがって，本問の最初の論点は，そこにある．それをはずしてしまうと，事実上小問1が答えられないことになってしまうのである．

このレジュメでは，そこより少し前の基本的な概念論から説明を開始するが，これは理解の確実を期するためのもので，論文は，上述のように41条の議論から始まればよい．

1 総論

(1) 概念

国家機関が，その有する権能を有効に行使するため，自らが必要とする事実を収集し，これに基づいて自己の見解を形成する権利を有しているのは，立法，司法，行政のいずれの機関であるとを問わず，当然のことといえる．ただ，行政や司法の場合には調査活動はその本来の機能の一部であると言えるのに対して，立法権の場合，本来の活動には，事実を調査するという機能が含まれているかどうかが概念的にはっきりしない．初期の議会は，人民が特定の要求があるときに開かれるか，国王に特定の要求がある時に，その適否を議論するために開かれていたために，特に国政調査の必要がなかったのである．しかし，議会が常設機関化してくると，自らの権能を適切に行使する手段として，その背景となる権限を行使する必要が生じてくるのは当然のことといえる．

(2) 諸外国の状況

上述のとおり，議会の調査権は，その活動の当然の要請だから，どこの国でもその権限は認められている．しかし，どのような制度の国で，どのような形で認められるかを知ることは，わが国の制度について議論する際にも重要なことであるので，以下紹介する．しかし，当然のことながら，このようなことを国家試験論文のレベルで書く必要はない．むしろ，以下の記述は，国家試験レベルで不用意に外国制度を引用することの危険性を警告する意義の方が大きい．

① イギリスの場合　16世紀に下院が選挙調査を行ったことに始まり，徐々に内閣その他の行政機関の不正行為に対する政治調査，立法準備のための立法調査などに拡大していき，19世紀にほぼ確立した．ただし同国においては，議院内閣制の下，内閣に協力する道具として考えられているといわれ，行政庁を統制する手段としての機能は低い．議院内閣制では，議会の多数派と内閣とが常に一致しているのであるから当然といえる．

この点，わが国の通説は，議院内閣制という前提から，いきなり行政庁統制手段としての国政調査権を導くが，この議論は少しきめが粗いことが判

る．おそらく，後述のドイツ法の理論が混入しているためであろう．

② 米国の場合 憲法には議会調査権に関する規定はなく，黙示の権限（implied power）として考えられた．したがって，憲法上明文で議会の権限とされた権限，特に立法権の補助機能として構成される必要があったのは当然である．同国は厳格な三権分立理念を採用しているので，国政調査の対象は立法府の権限内の事項に限定されることになるから，国政調査権に行政府の監督機能は含まれないものとされている．

ただし，学説的には立法府の権限とは関係のない独立権限として構成しようとする有力説が存在する．その場合，立法府として，選挙民に対する情報提供を行う義務があるという，政治責任を根拠に構成することになる．わが国最近の少数説の根拠はここにある．

後述の補助権能説の論者が，アメリカからの継受法であることを，その説の根拠の1つとして書く例が多いが，その場合，立法権のみの補助権能と考えないと，説が矛盾する点を注意するべきである．

③ ドイツの場合 プロイセン憲法では，議会が国王に対して上奏文を提出するための「事実調査委員会を任命できる」（80条）と定めていた．そしてドイツ流の考え方では，事実の認定とそれに対する評価は峻別されるところから，この調査権によって行政府の活動に対する評価を行うことが許されなかったため，低調に推移した．

この点を反省したマックス・ウェーバーは，議会調査権が①行政府統制手段として機能すべきこと，②院内少数者の請求があれば調査権を発動する必要のあること，③調査は公開で行われるべきこと，という3原則を説いた．

これを受けて，現行ボン基本法は，その44条で，調査の主体は委員会であること，議員の4分の1以上の請求があれば必ず調査委員会を設けなければならないこと，調査は公開で行われることを原則とすること，証拠調べには刑事訴訟法の規定が準用されること，裁判所及び行政官庁は法律上及び職務上の援助を行う義務を有すること，等を定めている．

この影響から，わが国では国政調査権を語るとき，前述の通り，一般に行政監督権の補助権能と述べることが多い．そのこと自体に異論はないが，少数意見の尊重というメカニズムが組み込まれていないわが国で，その点を強調するのには無理がある．この点，「調査権の主体」論の一環として後述する．

(3) わが国の沿革

わが国明治憲法は，プロイセン憲法を継受したが，事実調査委員会については，その設置さえも，議会の行政府に対する侵害になると把握し，意識的に排除した．ただ，議院法（現在の国会法に相当する）においては調査権を承認したが，国務大臣及び政府委員以外との交渉を禁ずるとともに，必要な報告または文書の提出を政府の裁量に委ねていたため，ほとんど実効性を確保することができなかった．

現行憲法の制定に際し，マッカーサー草案54条では，次のような強力な国政調査権が予定されていた．

「国会は調査を行い，証人の出頭及び証言並びに記録の提出を求めることができる．これに応じないものを処罰することができる．」

だが，このように強力な調査権を導入することには日本側に強い躊躇いがあり，ここから処罰規定を削除した形で，62条は制定された．しかし，現行憲法制定直後の第1回国会において，早くもこうした規定の不備が痛感され，昭和22年に議院証言法が制定されるに及んで，ようやくわが国の国政調査権は，出頭や証言に強制力を伴う現在の姿になったのである．

2 権限の性質

国政調査権の性質について，2つの大きな学説の対立がある．これは，しかし，国政調査権そのものに関する対立というよりも，憲法41条にいう「国権の最高機関」という文言をどう理解するか，という点に関する学説の対立が，国政調査権に反映している，と理解するのが正しい．

(1) 補助権能説

憲法改正に際して国民投票が明確に予定されている現行憲法の下では，国民が国家機関として活動するため，国権の最高機関とは国民（すなわち有権者集団）以外に考えられない．また，三権分立制の枠組みの中においては，立法機関たる国会が他の二権に優越することはありえないとする．したがって，国権の最高機関という文言は，単なる「政治的美称」であって，法的意味はないとする．この場合，

国政調査権は，国会ないし議院の個別の権能を補助するものと理解する必要があるため，「補助権能説」と呼ばれる．

なお，政治的美称説とは，国会が政治的には国政の最高機関として活動していることを承認しているのであって，最高機関という言葉がまったく無意味と主張しているのではないことに留意してほしい．

＊注意点：政治的美称説をとる人で，その根拠として単に権力分立制だけをあげる人が目立つが，それでは大幅減点はさけられない．なぜなら，第1に，本来「国権の最高機関」という言葉は，国会の国民主権原理の下における正統性を強調した用語であり，政治的美称という用語自体も，また，民主主義的重要性を肯定していることを意味している．したがって，少なくとも民主主義的意味における法的意味の不存在を述べないと，法的意味を否定したことにはならない．第2に，政治的美称説の根拠は，基本的に消去法，すなわち理論的にあり得るすべての語義を否定した結果，法的意味はない，とする論証方法である．したがって，民主的意味を否定するだけでは不十分で，考え得る様々な法的意味をすべて否定する必要がある．上述の場合には，数多い可能性の中から自由主義に基づく権力分立制的な意味もない，ということだけを述べるという簡略法を採っている．まだ可能性が残っているから，これでも減点されることはやむを得ない．しかし，少なくともこの程度の書き方をしていると，基本的な問題点と消去法の2つをきちんと意識して書いていることを採点者にアッピールしているので減点は最小にとどめることができる．詳しくは第2講参照．

この場合，補助権能を認める国会の権能に関する見解の相違から，権能の内容についての理解は，大きく2つに分かれる．

① **立法権補助権能説**　憲法41条の最高機関性の法的意味を否定する以上，国会の権能の中心は立法機関であるとして，国政調査権は，法律案及び予算案の審議議決に必要な事項に限定して肯定されるとする見解である．米国の通説・実務に近い立場ということができ，また，イギリスの実務とも近い．継受法解釈が大きな根拠となる．かつては通説であったが，国会における実務は，立法権に拘らず，幅広く国政調査権の行使を承認しているため，この説をとると，現実の国会の調査活動をほとんどすべて違憲といわなければならなくなる．そのため，最近支持者を減らしている．今日では小林直樹が代表的存在である．

② **全面的補助権能説**　41条の議論を離れて，憲法が立法の外，国会中心財政主義による広範な財政権を認めること，議院内閣制を基礎に広範な行政監督を承認し得ることなどにもとづいて，立法の他，財政や行政に関する幅広い機能の補助機能性を認める見解である．清宮四郎，芦部信喜などが代表的存在で，今日では補助権能説の中ではこちらが通説となってきているといえるであろう．この説をとる場合，事実上，次に述べる独立権能説との差異はほとんど存在しなくなる．

(2) 独立権能説

国権の最高機関という文言に法的意味を認めるという場合にも，上記政治的美称説の主張を否定しているわけではない．学説は，国民主権原理を基礎に，国民の直接の代表者によって組織される国会が，権力分立によって分裂した国家活動を総合調整機能を有していると理解する．この権力統合的機能を憲法が最高機関と呼んでいる，と考えるのである．この場合，この総合調整機能の行使を補助するために国政調査権があると考えられるので，国政調査権は，立法権その他，個別の国会の権能からは独立して行使し得ることを認めることになる．そこで，「独立権能説」と呼ばれる．

しかし，上記のとおり，国権の最高機関という地位の補助権能として認めているのであるから，その行使によって，他の権力の活動を侵害するようなことは当然許されない．

補助権能説の根拠として，独立の権能などはない，という式の書き方をして，独立権能説を批判しているつもりの人がよくいるが，独立権能という言葉は，単に，補助権能説との対比でそう呼ばれているだけで，調査権が完全に独立の権能として存在すると主張しているわけではないので，誤解に基づく批判である．特定の説を記述している基本書だけを読んでいると，他説の内容や根拠についての正確な知識を得ることは難しい．したがって，いつも強調するとおり，他説の批判は危険なのでやめ，ひたすら自説の積極的根拠付けに力を入れるのが正しい論文の書き方となのである．

この説の論者としては，古くは佐々木惣一，大石義男等があり，今日では佐藤幸治，阪本昌成等がある．

(3) 国民の知る権利に奉仕する権能説

この点に関する付随的な論点として，国政調査権を，議会権能の補助目的ではなく，主として国民

に対する情報提供，世論形成の目的で行使することはできるか，ということが論じられるようになってきている．

この説は，米国の議会調査権について説明したとおり，従来の独立・補助の対立とは異なる根拠から説明する，第3の説であり，既存の国会の権限から説明しないという点からは第2の独立権能説ともいうべきものである．このアメリカ流の把握をそのまま肯定するものとしては，奥平康弘がある（『憲法Ⅲ』有斐閣叢書）．

独立権能説の立場から，こうした拡大した権能の存在を承認とするものとしては，佐藤幸治（第3版197頁）がいる．すなわち，

「国会は国権の最高機関として国政の中心にあって世論の表明・形成の中心であることが期待されるのであるから，国政調査権の持つ国民に対する情報提供機能・争点提起機能は軽視さるべきではなく，むしろ調査権のそのような機能を前提とした上で，他の政府利益や国民の基本的人権との現実的調整がはかられるべきものと解される．」

同様の結論を，わが憲法が国民主権ではなく人民主権であるとする解釈に基づいて，これを肯定するものとして杉原泰雄がいる．

反対に不可とするものとしては小嶋和司，伊藤正己などがいる．

論理的にいって，独立権能説を採れば，こうした論理に拡大することが可能であるが，補助機能説を採りながら，この見解を採ることは，通常は不可能ということができる．

3　調査権の主体

本問では，この点は論点とならないが，参考のため論じておく．

調査権の主体としては，憲法上は，議院が予定されている．実行上は，議院がその決議により常任委員会または特別委員会に対して，その主たる権限内に属する事項について授権するという方法をとられるのが普通である．常任委員会に対する授権に当たっては，本来はそのために個別に授権するべきであろう．が，実際上は，常任委員会の所管事項とされるものをほぼそのまま，列挙して，それに関して授権するという議決を国会の冒頭で行っている．

少数者保護という点も，わが国の場合の1つの問題である．議院内閣制を採用している場合には，与党はこのような特別の規定がなくとも，行政その他の調査を事実上行うことが可能である．したがって，こうした権限を特に憲法で認める場合には，ドイツボン基本法に見られるように，当然少数者保護が考慮されなければならない．わが国では，特にこの点についての法的保護は与えられておらず，政争の対象となっているのは問題であろう．本来は憲法それ自体が定めるべきであった．しかし，法律で定めることも可能であるので，立法的解決の期待されるところである．

国会における現実の慣行としては，全会一致制が採用されており，上述の問題と逆になっている．これは多数派が国政調査権を濫用することを防止するという点では有意義だが，野党による調査手段としては空洞化する点に問題がある．

4　調査権の行使方法

本問では，この点も論点ではないが，参考のため論じておく．

憲法は調査の行使方法として「証人の出頭及び証言並びに記録の提出」を要求できることとしている．これを受けて，国会法は，調査のための議員の派遣（国会法103条），官公署に対する報告又は記録の提出の要求（同条104）及び証人又は参考人の証言（同条106）という3通りの調査方法を予定している．このうち，特に証人の証言については，議院証言法が制定され，刑事罰を伴う強制力が認められている．

これに関連して，調査手段として逮捕，捜索，押収等の権限を立法的に導入することが憲法上許されるか，という問題がある．

一般に不可と解されているが，その理由を明記している論者は見あたらない．その結果，論及する場合には，自分で理由を考えてつけ加えなければ，十分な加点を期待することはできない．

思うに，マッカーサー草案のように，議会に明示的にそれを予定していた場合はともかく，削除されている現行憲法の下においては，我が憲法の採用している令状主義から見て，司法官憲にしか，そのような許可は行うことができない．したがって，議会にそうした権限を直接付与することは立法によってもできないというべきである．

ただ，議会が裁判所に申請して，司法官憲による令状発布を求める，という立法であれば，令状主義に違反しないので，合憲といえるのではないか，と

考えている．

5　調査権の限界

ここからがいよいよ本問の本格的な論点である．小問2がいう民間企業に対する調査が国政調査といえるか否かという問題以下を考えねばならない．

補助権能説に立つにせよ，独立権能説に立つにせよ，国政調査とは，

> 「国会の権能を有効適切に行使するために行う調査を意味する．したがって，国会の権能とはまったく関係のない事柄，たとえば個人の純然たる私的行動などは，ここにいう『国政』に含まれず，国政調査の対象になり得ない．また，国家作用であっても，国会の権能の外にあるものは，ここにいう『国政』に含まれない．」（宮沢俊義『全訂日本国憲法』芦部信喜〈補訂版〉，471頁より引用）

と考えるべきことに異論はないであろう．

したがって，国政調査権は，2つの大きな限界を有していることになる．

第1に，「国会の権能とはまったく関係のない事柄」に関する調査である．これが具体的に何かが，本問の中心論点である．

第2に，「国家作用であっても，国会の権能の外にあるもの」である．これは，三権分立制から発生する限界と理解すればよい．独立権能説であると，補助権能説であるとを問わず，三権機関の一に過ぎない国会の構成機関である議院として，その有する権能の補助として調査権を行使できるに過ぎないから，他の2権，すなわち司法府及び行政府に対して憲法が保障する自律権，独立権を侵害するような調査を行うことはできない．具体的には行政権及び司法権に対する干渉となるような行使は許されない．これは本問と直接関係はないが，せっかくの機会なので後で説明したい．

(1)　民間企業に対する調査

民間企業の活動は，それ自体としては調査対象とならない．かつて日本相撲協会に対して，その経理状況等について国政調査が行われたが，清宮四郎先生は，講義中に，これは明らかに越権行為であると非難されていた．しかし，それは国政との関わりなく，単に相撲が国技であるという理由で行われた点を問題にしたものである．

本問の場合，民間企業といっても公益事業であり，次のような点に国の行政との関わりがある．すなわち，鉄道事業法の定めるところによれば，国土交通大臣より，鉄道事業を行うためには許可を受けねばならず（3条），工事や施設について検査を受けねばならず（10条・11条），車両の確認を受けねばならず（13条），料金を定めあるいは変更するに当たっては認可を受けねばなら（16条），運行計画は届け出ねばならず（17条），事故を起こしたときには報告しなければならない（19条）など，様々な規制の下にある．

換言すれば，国土交通大臣は，こうした規定をきちんと遵守させることで，鉄道事業の安全や適正を確保する義務を負っている．この国土大臣の活動は国政に属すると言うことができる．そして，この国政が適切に行われているかどうかを調査する手段としては，民間鉄道事業者の元において，国土交通大臣の活動を調査するのが最善である．この結果，民間事業そのものが国政調査権の対象になるのではないが，民間事業者の元において行われている国家機関の活動を調査することが許される限度において，民間事業者もまた，国政調査権の対象になるというべきである．

したがって，この限度で，Yの小問2の主張は失当である．

(2)　人　権

国政調査権といえども，個人の人権を侵害することが許されないのは当然のことである．ここから小問3の様々な問題が発生してくる．

1　小問3－(1)の「Yの多忙さを無視した喚問は，調査権の濫用である．」という点はどうだろうか．実はこの点は，憲法以前に，議院証言法が解決している．すなわち，

> 第1条の2　各議院は，疾病その他の理由により証人として議院に出頭することが困難な場合であって，議案その他の審査又は国政に関する調査のため証言を求めることが特に必要なときに限り，証人として議院外の指定する場所に出頭すべき旨の要求をし，又は証人としてその現在場所において証言すべき旨の要求をすることができる．

とされており，事故直後の多忙というのは当然のことであって，「その他の理由」に該当すると考えられる．したがって，国土交通委員会としては，特に必要なのか否か，また，議院外への出頭で問題が回避できないか，等の検討をする義務があり，一方

的に出頭を命じたのは失当と言うべきである．

2　小問3－(2)の「Y自身の責任について調査するのは，自己に不利益な供述を供用されないことを保障した憲法38条1項に違反する．」という点については，これまた議院証言法第4条第1項が，憲法38条をさらに拡大し，自分や近親者等が刑事訴追を受け，あるいは有罪の判決を受けるおそれのある質問についての拒否権を認めている．したがって，これは出頭した上で拒むことが可能であり，出頭そのものを拒否するのは行き過ぎといえる．

3　小問3－(3)の，「Y自身の私生活について調査するのは，プライバシー権の侵害であって違憲である」という主張も，それ自体としては正しいものといわねばならない．国政に関係のない事項といえるからである．ただし，Yの公人としての立場と関連する限りにおいて，プライバシー権は縮減し，証言を強要される場合もあり得ると言わなければならない．また，証言を拒否すれば足りるのであって，出頭そのものを拒む理由とはならない．

以上をまとめれば，出頭拒否罪の成否は，結局，小問3－1の，多忙を無視した喚問という点をどう評価するにかかっていると言うことができる．

〈補論〉権力分立制に伴う限界

以下は，本問とは関係がないが，通常問題となる点なので，この機会にあわせ説明することとする．

(1)　行政の中立性による限界

わが憲法は議院内閣制を採用しているため，国会は広範な行政監督権を有すると考えるのが通説である．この立場では，厳格に三権分立が貫かれている憲法の下にある場合に比べて，国政調査権の限界は比較的緩やかに考えられることになる．この点は，先に述べたとおり，比較法的には明らかに無理のある解釈であって，学説としては猛省を要するところであるが，論文では気にする必要はない．

しかし，それは決して無限定に行政権に対して国勢調査が可能という意味ではない．現行法上認められる限界としては，検察に関する場合と，一般行政に関する場合とで違いがある．

①　検察権の自律性　検察事務は，本来行政作用であるから，犯罪捜査，公訴提起，不起訴処分など検察事務の運営方法についてその妥当性を調査することは，原則として国政調査権の内容となる．しかし，同時に検察活動は準司法活動ともいうべき性質を有するため，直接の上司である法務大臣でさえ，個々の事件の取調又は処分については法務大臣のみを指揮することとされている（検察庁法14条参照）．したがって，国政調査権の行使に当たっても，議院はその行使を自制する必要があると考えられる．

そこで，本問で問題とされている，現に検察が調査中の事件を同時並行的に国政調査することが許されるか否かが論じられることになる．これは会計検査院の報告に端を発したいわゆる「二重煙突事件」において，実際に問題となった．

この点については現に犯罪としての捜査や公訴が進行中の事実については，同時に議院が調査を行うことは許されない，とする見解もある（小嶋和司，伊藤正己等）が，捜査中の事件や継続中の事件と同一の社会的事実の併行調査も，検察行政や司法作用に干渉し，これらに支障を与えるようなやり方をしない限り，差し支えない，とする見解の方が有力である（芦部信喜，清水睦，杉原等）．

日商岩井事件に関して，東京地裁は，次のように述べた．

「行政作用に属する検察権の行使との並行調査は，原則として許容されているものと解するのが一般であり，例外的に国政調査権行使の自制が要請されているのは，それがひいては司法権の独立ないし刑事司法の公正に触れる危険性があると認められる場合（たとえば，所論引用の如く，(イ)起訴，不起訴についての検察権の行使に政治的圧力を加えることが目的と考えられるような調査，(ロ)起訴事件に直接関連する捜査及び公訴追行の内容を対象とする調査，(ハ)捜査の続行に重大な支障を来たすような方法をもって行われる調査等がこれに該当すると説く見解が有力である）に限定される．」（昭和55年7月24日判決＝百選〔第5版〕390頁参照）．

また，調査の唯一の目的が，個人の有罪性の調査にある場合も，検察ないし裁判の機能を国会が行おうとするものであって，違法である．実際に問題となったものとしては，いわゆる「吉村隊長事件（シベリアの捕虜収容施設で，日本側の隊長が『暁に祈る』その他の捕虜虐待を行ったといわれる事件）」を昭和24年に参議院在外同胞引き揚げ特別委員会が調査した例がある．

②　公務員の守秘義務（国家公務員法100条，議院証言法5条参照）　公務員は国家公務員上守秘義務を負っており，その義務は上司によって解除されない限り，国政調査に対しても主張しなければならない．この場合，議院は，その上司に対して守秘義務の解除を要求す

ることができる．最終的には，行政の頂点に立つ内閣総理大臣の決定事項となる．内閣総理大臣が拒むと決定した場合には，実定法解釈としては，議院としてはこれを受け入れるほかはない．ただし，そうした決定に対して，議院が内閣総理大臣に政治的責任を追及するのは，別の問題となる．

これに対して，秘密性があるか否かを議会が認定できるという考え方もある（厳格説）．この場合には，現行の議院証言法は違憲と解することになるであろう．権力分立制との関連において，そもそも，行政上の秘密がなぜ国政調査権の対象から除外されうるのか，という点からの考察が必要な部分である．この点については，そう難しい問題ではないので，改めて自分の力で考えてみよう．

(2) 司法権の独立に伴う限界

司法権に対しては，特にその独立性が憲法上強く保障されているため，その限界に関する議論もまた厳しい形で展開される．

第1に，現に裁判で係争中の問題に関して，議院が独自に並行的に調査することが許されるか，という問題である．本問では，起訴後にはどうか，という形で聞かれている．

第2に，確定判決後に，裁判そのものを対象として調査することは許されるか，という問題がある．本問では，判決後にはどうか，という形で聞かれている．

前者については，現実問題としてかなり行われており，裁判所としても必要とあれば，拘置所から被疑者を国会に送るについてこれを協力するなどの行動に出ている．要するに，捜査中の事件と同じ観点から，その当否を論ずることが可能となる．この視点の調査は，あくまでも裁判とは異なる視点で行っているのだから，判決確定後ももちろん問題なく国政調査ができる．

後者について問題となった事件としては「浦和充子事件」がある．これは，参議院が同院法務委員会に対して「裁判官の刑事事件不当処理等に関する調査」を命じたのを受けて，同委員会が判決確定後において浦和事件を調査し，「裁判官の量刑は当を得ないものである」と決議して，その刑が軽いことを非難したのに対して，最高裁判所が抗議したものである．本問の場合，「真相究明」という言葉が検察の行う活動と同種の調査と考えた場合には，捜査中及び裁判中に許されないのは当然として，判決確定後にはどうか，という形で論じられることになる．

これについては，国政調査は，司法権の独立を侵すか否かにかかわらず，元々裁判批判のための権限ではないのだから，事実認定や判決の当否について調査できないとする立場（芦部信喜『憲法と議会政』162頁）もある．しかし，裁判批判を通じてはじめて現行の訴訟関係法の当否が判断できることを考えると，このような全面的否定が妥当性を有するとは考えられない．ドイツ・ボン基本法が明文で許容していることも考え併せるならば，原則的には司法権も対象となるものであり，ただ，自制が要求されると考えるべきであろう．

すなわち，本問で「真相解明」という曖昧な語を使用して出題したのは，まさに，このように，論点に応じてこの言葉の意味を違えて論ずることを要求したものと理解するべきであろう．

これに関連して問題となるのが，国会が裁判官の弾劾裁判所としての権能を持つことから，その訴追手続きの前段階として，訴追委員会による具体的事件における裁判官の訴訟指揮の当否に対する調査を行うことが許されるか，という問題がある．

具体的には，「吹田黙祷事件」において，委員を派遣しての現地調査を実施したり，裁判長を証人として喚問しようとして問題になった例がある．

弾劾という憲法の与えている権限の性質から考えて，これを原理的に否定することはできないであろう．ただ，その運用が司法権の独立を侵害することの内容に，相当の自制が要請されるとするべきであろう．

第6講　国会議員の法案提出権

問題

　国会法第56条第1項は，「議員が議案を発案するには，衆議院においては議員20人以上，参議院においては議員10人以上の賛成を要する．ただし，予算を伴う法律案においては，衆議院においては議員50人以上，参議院においては議員20人以上の賛成を要する．」と定めているが，この規定には，憲法上どのような意味と問題があるかを論ぜよ．
　また，上記規定の但書を改正し，「ただし，予算を伴う法律案を発議するには，内閣の同意を必要とする．」とした場合の憲法上の問題点について論ぜよ．

（平成10年度司法試験問題）

この講での論点細目次と論述のヒント

はじめに
1　総　論
　(1)　議員特権
　(2)　議員特権と政党
2　法案提出権について
3　内閣の予算権限

はじめに

（1）　往々にして法案提出権を，41条から導かれる国会単独立法の原則と結びつけて論じる傾向がある．それは，間違いとまではいわないが，あまり正しくない．

　重要なのは，むしろ議員特権との関係である．裁判官に関しては，職権の独立という形で，個人レベルにおける裁判を行う権利が保障されている（76条3項）．それとの対比でいえば，立法府の一員として，立法活動を行うことは，議員個々人の権利として保障されていて良い．しかし，法律案の議員提案を行う権利は，議員特権としては保障されていないのである．このことから，個人レベルにおける法案提出権は，侵すことのできない権利ではなく，本問で言えば，国会法により制約しうる権利という結論を導くことが可能となる．

　また，諸君は往々にして，国会法56条の規定は，法案提出権の濫用による弊害を回避するために合理的である，という論法で，同条の存在を肯定している．しかし，我々が展開しているのは，憲法解釈論なのであるから，単に合理的・妥当，というだけでは，そこから合憲という結論を導くことはできない．上述のように，個人レベルでの法案提出権には憲法上の保障が，そもそもない，ということ

が，解釈論としての決め手になる．

（2）　議会内の事項に関しては，そもそも国会法が合憲か，という問題が存在している．これは本問で論点の1つとして扱うには少し大きすぎる問題といえる．詳しくは，**第4講**を参照してほしい．こういう論点については，結論と，それに対する理由付けを，いかに簡潔に述べるかにかかっている．本問の場合，紳士協定説をとれば，参議院が，本規定に抵触する規則を定めていない限り，有効と解釈することになる．

　ちなみに，現行参議院規則中，法律案提出権に関する規定は次の通りである．

　「第24条　議案を発議する議員は，その案を具え，理由を附し，所定の賛成者と共に連署して，これを議長に提出しなければならない．予算を伴う法律案については，なお，その法律施行に要する経費を明らかにした文書を添えなければならない．」

　ここで，所定の賛成者と呼ばれているのが，本問で問題の国会法56条に定められた人数という意味になる．ただし，予算を伴う法律案に関しては，国会法よりも要件が厳しくなっているのが判る．紳士協定説に立つかぎり，この規則が国会法に優越することになる．

ちなみに、衆議院規則の対応する規定は次の通りで、若干文言は違うが、本質的な違いはない。

「第28条　議員が法律案その他の議案を発議するときは、その案を具え理由を附し、成規の賛成者と連署して、これを議長に提出しなければならない。この場合において、予算を伴う法律案については、その法律施行に関し必要とする経費を明らかにした文書を添えなければならない。」

したがって、これらの議院規則に従って実務は処理されているが、本問で聞いている国会法との抵触はなく、したがって、どの説を採る場合にも、この規定は有効なので、ここまで細かいことを論ずる必要はない。

（3）院内会派という言葉を聞いたことがあるだろうか。これは、国会で活動を共にする議員の団体で、2人以上の議員で結成するもののことである。所属議員が1人だけの会派は制度上認められず、無所属扱いとなる。院内団体と呼ばれることもある。会派の所属議員数によって、委員会の議席数や、発言・質問の時間配分、法案提出権などが左右されるため、政党とは違ったメンバーで構成されることもある。院内の構成単位はあくまでも会派であり、政党ではない。無所属で当選した人が政党会派に参加したり、無所属同士で便宜的に会派を結成することもある（例えば「無所属の会」という院内会派がある）。

これらのうちで、10人以上の議員で構成される会派のことを特に院内交渉団体という。院内交渉団体は、このように法案を提出できるだけでなく、代表質問権などを持ち、議院運営委員会に理事を出せる。

こういうことだから、理論的には院内交渉団体は政党ではない。しかし、それは上記のとおり、10人という限界数字に達しない小規模政党についての説明であって、それを超える大規模政党については、実際上院内会派＝院内交渉団体とは政党のことだと言って良い。そう理解した場合には、本問で問題になっている国会法の規定は、法案提出権を個々の議員から取り上げて、政党が独占するという意味を持っている。それをどのように評価するか、ということも、したがって本問の論点となる。

1　総　論

本問は、小問が2つ（あるいは3つ）ある。したがって論文としては、それらに共通する総論からスタートすることになる。

（1）議員特権

本問の根源的な問題としては、法案提出が、憲法レベルで個々の議員の権利なのかどうかである。そして、個々の議員の権利の典型が、議員特権である。そこで、その点から議論を開始するのが穏当であろう。

この場合、司法権における裁判官の権利と比較して考えるのが、理解が容易だと思う（念のため断っておくが、論文に、司法権との比較というようなことを書け、という意味ではない。あくまでも理解を容易にする手段として論じているだけである。）。

何故比較が可能かというと、わが憲法は、国の権力の基本的あり方として三権分立制を採用しているからである。すなわち、国家権力を立法、司法及び行政の三権に分割し、それぞれを国会、裁判所及び内閣の3機関に分属させ、互いの独立性を強化し権力を均衡させるとともに、相互抑制により、国家権力が国民の権利を侵害する事態が発生することを可及的に防止しようとしている。各機関の独立性を確保する手段として、憲法は、単に独立を宣言するだけではなく、更にその独立性を実質的に確保するための様々な措置を講じている。それを大別すれば、組織体それ自体に自らの独立性を保持するための権限を与えるという方法と、組織体を構成する各個人に、その自由な活動を保障するための諸権を保障するという方法に分けることができる。

組織体の独立性確保手段は、すべての権力を通じてほぼ共通で、自主立法権（内部規則制定権）、自主行政権（人事権、内部警察権等）及び自主司法権（懲罰権）の三者に分類することができる。

これに対して、個人に対する保障手段は、俸給の保障、身分保障及び発言の自由の三者である。いずれも、議員にも、裁判官にも保障されていることが判ると思う。しかし、これに加えて、司法権の場合には、裁判官の独立の保障規定が存在する（憲法76条3項）。それに相当する規定は、立法権の場合、明確にはない。しかし、憲法43条「全国民を代表する」、及び15条「全体の奉仕者であって、一部の奉仕者ではない」という言葉の解釈から、同様の結論を導くことができる。すなわち、国会議員もまた、自己の良心に照らして、全国民のために活動するべきなのである。その結果、立法過程に属する全ての活動、例えば法案の審議や採決について、議員が、個人として行うことができることは疑う余地がない。これらについて、一定数の議員の共同行

為を求めたり，あるいは内閣の同意を求めたりすることは考えられない．

では，法案の提出行為についてはどうなのだろうか．それが本問の中心論点と言うことになる．

(2) 議員特権と政党

今1つの大きな問題が，政党という本来憲法の予定していない組織の介在を，この議員特権を考える際に，どこまで考慮に入れられるか，という点である．先に述べたとおり，これは法案提出権を個人から政党に移すという意味を持つ規定だからである．

すなわち，純粋の国民主権原理の下においては，個々の公務員が全体の奉仕者であって一部の奉仕者ではない（憲法15条）とされる結果，国会議員が党派に拘束されて活動することは，少なくとも純粋代表概念の下においては許されないからである．国民主権が政党に敵対的な思想であると言われるのはこのためである．

これをどの限度まで緩和しうるのか，換言すれば政党を憲法の枠内でどこまで肯定しうるかが問題となるのである．よく知られているとおり，トリーペルは政党と憲法の関係で，①敵視，②無視，③承認及び法制化，④憲法的編入の4段階が存在すると論じた．これに当てはめるならば，現在のわが国は，憲法21条の枠内で政治的結社の自由という自由権の範疇として政党を承認し，比例代表制その他の法制化をしているという意味で，第3段階に位置づけられることになる．

このことから，議員特権を議員個人の権利としてではなく，政党の権利として構成することが可能になるかが，現在における最も大きな問題であるということができる．政党論もまた大きな問題であり，先に述べた国会法の合憲性と同様に，このような論文で深く論ずることは期待できない．政党論そのものは別途**第9講**や**第22講**で説明しているので，ここでは述べない．どこまで簡略に自分の考えている政党論を書けるかが，本問の解答を書く上でのポイントとなる．

2　法案提出権について

ここでの議論の出発点として，国会単独立法原則を論じることは正しい．憲法は，単独立法原則に関しては，単に41条だけでなく，59条1項を置くことによりきわめて強くそれを主張している．この単独立法原則をしっかり説明した上で，本問の場合，諸君はその説明の中から，本問で聞かれている2つの事実に対する答えを取り出さなければならない．

第1の問題は，個人レベルにおける発議権が予定されているのか，ということである．

これをもう少し分けて説明すると，次のようになる．

今，立法とは法案の提出から始まって可決に至るすべての仮定を意味すると理解すれば，その法案提出権が，国会の構成員である個々の議員の権能と理解されることになる．このように理解した場合，国会法は，この議員の憲法上の権能に対する侵害になる．本問の題意はここにある．

これに対し，単独立法原則は，審議・成立の過程のみを言い，法案提出権までは含んでいない，という理解がある．これは，内閣の法案提出権を，国会単独立法とは関係がないとする議論の根拠として言われる．この説を採れば，議員の法案提案権というものも，考える余地がなく，したがって全面的に立法裁量の問題だということになる．

どちらを採るかは，基本書と相談して決めて欲しい．

問題は，前説を採った場合にどう論じるかである．その場合，論点としては次の点である．第1に，法案提出権は，憲法上，議員特権として規定されていない．したがって各議院が，内部における事務処理の問題として，議院規則により，制限しうると言うことである．第2に，その場合，議員自らが，自らの権利を縮減する立法を行うのであるから，これを認めてよい，ということである．

3　内閣の予算権限

問題の後段に書かれている内閣の同意権は，大きな問題である．これは，実のところ，現行ドイツ憲法（基本法）113条の規定そのものである．長い条文なので，参考のため，第1項だけ，訳文を紹介する．

「法律が，連邦政府の提案した予算の支出を増額し，または，新たな支出を含み，もしくはそれを将来に向かってもたらすものであるときは，その法律は連邦政府の同意を必要とする．収入の減収を含み，または将来に向かってもたらす法律についても同様とする．連邦政府は連邦議会がこのような法律に関する議決を中止すべきことを要求することができる．この場合には，連邦政府は，6週間以内に連邦議

会に対して第度決定を送付しなければならない．」

わが国の旧憲法やアメリカ連邦憲法，イギリスの憲法慣行等では，法律の成立には，議会の議決だけでは足らず，これに加えて，天皇・国王（実際には内閣）や大統領の同意が必要である．換言すれば，行政側に法律成立の拒否権がある．これに対し，わが国現行憲法やドイツ憲法の場合には，単独立法原則を採用し，行政側に拒否権はない．

しかし，ドイツの場合，この単独立法原則に対する大きな例外として，上記憲法113条がある．

すなわち，わが国でドイツと同様に後半に書かれているような立法を行いうるか否かは，内閣が予算の成立に関し，憲法上，どのような権限を有しているか，という解釈により左右される．具体的には，内閣にドイツと同様に「予算提出権」があるかどうかにより，答えが変わることになる．

明治憲法では，内閣のみが予算提出を行うことは必ずしも明言されていなかった．しかし，その文章上の主語として，その点が疑われたことはなかった．現行憲法86条は，内閣が，予算を作成し，提出する義務を有することを明確に定めた．このことは，国会中心財政主義を定めた83条との関係で疑問が生じうる，との考えからと思われる．

ここで問題となるのが，この内閣の提出行為は，その義務に属するのか，権利に属するのか，という点である．例えば宮沢俊義は，

「予算は毎年の行政計画の財政的な表現である．したがって，行政権の担当者たる内閣が，総合的に行政計画を考えて，予算を作成・提出するのが妥当であるとされる．」（宮沢著・芦部補訂『日本国憲法』718頁）

として，権利とする見解を示す．これは有権解釈となっている．すなわち，内閣では予算提出権を有しているとしている．

予算提出が内閣の権利であると考える場合には，国会は，この権利を侵害することができない．ここから出てくる結論の1つが増額修正権の否定である．すなわち，国会は内閣の提案を否定する（すなわち減額する）ことはできるが，増額することは，予算提出権の侵害になる，と説かれることになる．

実を言うと，明治憲法成立当時においては，議会が増額修正を行いうることは当然と考えられていた．しかし，現実問題として，予算の増額修正は非常に複雑な操作である．なぜなら，単純に増額する場合には，どこかに新たに財源を求めねばならず，それを嫌えば，現行予算のどこか別の所を減額しなければならないからである．そのため，帝国議会は，組み替え動議を行って，内閣にその作業を行わせた．その結果，議会が自ら増額修正を行わない，という憲法慣行ができあがり，これを憲法学者がドイツ流の理論で説明して，議会には増額修正権はないと説明するようになり，今日に至っているのである．

このように，内閣に憲法上の権利としての予算提出権があると考えた場合には，予算を伴う法律案は，内閣の予算提出権に対する侵害になるから，当然に内閣の事前の同意を必要とするという結論が導かれることになる．

しかし，次の理由から，内閣の予算提出は，義務と解するのが妥当である．

形式的には，第1に86条が「……なければならない」として，義務として規定していることである．第2に，83条が国会中心財政主義を定めていることである．第3に，予算の内容が，内閣の権限に属する行政庁ばかりでなく，国会，裁判所及び会計検査院に及んでいることである．本来，内閣の支配に属さない機関の予算作成権が内閣に与えられる理由は見あたらない．

実質的には次の点が指摘できる．すなわち，予算の作成は複雑な作業であり，個々の議員の能力を超えている．したがって，予算を議会自らが提出すると定めるには，その前提として，議会に予算編成作業に当たる十分な人的物的能力を持つ機関を付属させる必要がある．しかし，米国のように大統領制をとっている場合と異なり，わが国の場合には，議院内閣制を採用しているので，議会に内閣とは別にそうした機関を設置するのは無駄が大きい．そこで，予算の大半を占める行政庁を管轄する内閣に，内閣所管以外の予算も含めて，編成する義務を負わせたのが本条の意義と解するのが妥当である．

なお，仮に，内閣が，提出義務ではなく，提出権を有すると解する場合には，いわゆる二重予算制度を定めた財政法19条は，法律によって内閣の権限を制限するものであるから，違憲と解せざるを得ないであろう．

第7講　国会の条約承認権

■問題■

　平成○○年，日本はＡ国との間で，両国の貿易関係に関する協定を締結した．内容の概略を示せば，下記の通りである．

　政府は，当初，これは両国間の行政レベルにおける協定に過ぎないと考え，国会の承認を求めることなく，この協定を発効させた．なぜなら，第2条で関税について定めているが，Ａ国の主要産品に関する限り，協定締結時点における関税定率法で税率ゼロとしているものばかりであり，その他の条項についても，同様に特段の法的措置は不要な内容であったためである．

　しかし，これはＡ国との間の貿易関係の根幹に拘わる重要な問題であるから，国会の承認を得るべき条約であるとの意見が与野党間で高まった．そこで，政府は，事後の国会承認を求めて，衆議院に協定を提出した．

　衆議院では，審議の末，確かにＡ国は米の生産国ではないが，無条件に第2条の関税の撤廃を定めると，第3国からＡ国経由で日本に対する米の輸出が行われる危険があるとして，第2条に関し，米を除外するという修正を行うことを条件に，本協定を承認し，参議院もこれに倣った．

　本問における憲法上の論点を指摘し，論ぜよ．

記

第1条　協定の目的
　(1)　両国間の国境を越えた物品・人・サービス・資本・情報のより自由な移動を促進し，経済活動の連携を強化する．
　(2)　貿易・投資のみならず，金融，情報通信技術，人材養成といった分野を含む包括的な二国間の経済連携を目指す．
第2条　物品の貿易の促進
　(1)　関税
　　　日本からＡ国への輸出にかかるＡ国の関税は全て撤廃する．
　　　Ａ国から日本への輸出にかかる日本の関税は全て撤廃する．
　(2)　税関手続
　　　税関手続の簡素化，国際的調和のための協力する．
　(3)　貿易取引文書の電子化
　　　貿易取引文書の電子的処理を促進する．
第3条　人の移動の促進
　(1)　人の移動
　　　商用目的の人々の入国及び滞在を双方で容易なものにする．
　　　技術者資格等の職業上の技能を相互に認める．
　(2)　人材養成
　　　学生・教授・公務員等の交流を促進する．
　(3)　観光
　　　双方の観光客の増大を促進する．
　(4)　科学技術
　　　研究者等の交流を促進する．

第1章 立　法　　　　　　　　　　　　　　　　　　7　国会の条約承認権

第7講

第4条　サービス貿易の促進
　　両国間において，WTO での約束水準を越えた自由化を行う．

━━━■ この講での論点細目次と論述のヒント ■━━━

　はじめに
1　条約の概念
　(1) 形式的意味の条約と実質的意味の条約
　(2) 条約概念の多義性と憲法における用語の意味
　　① 98条2項の条約（最広義）
　　② 73条3号本文にいう条約（狭義）
　　③ 73条3号但書にいう条約（最狭義）
　　④ 7条8号にいう条約（最々狭義）
2　条約の承認の意義
　(1) 条約に関する国会の権限
　(2) 国会の条約承認権の性格
　　① 協同行為説
　　② 否認権説
　　③ 民主的統制説
　(3) 国会による事前承認権の内容と限界
　　① 二国間条約における議会の条件付き承認決議等の効力
　　② 多国間条約における議会の条件付き承認決議等の効力
　(4) 国会の事後承認権の内容と限界
3　付　説
　(1) 内容が憲法に違反している条約について
　(2) 超憲法的効力を持つ条約
　　① 憲法よりも上位の条約
　　② 憲法と法律の中間に位置する条約
　　③ 法律よりも下位の条約

はじめに

　条約に関して論文を書くのは難しい．なぜかというと，教科書が，それについて，必ずしもきちんと説明してくれていないことが多いからである．主要な問題点を最初に指摘しておこう．
　(1) 憲法41条の立法概念に関して論文を書く際には，同条の例外ないし適用外（どちらになるかは，実質的意味の立法概念をどう捉えるかにより異なる）になるものとして，憲法が定める法規範である予算，規則（議院規則・裁判所規則），条約，条例，憲法改正がある，ということに，誰でも触れるはずである．逆もまた真なりで，これらの法規範に関する論文を書く時には，法律とはどう違うのか，ということは（何処まで書くかはその具体的な出題によって異なるが），必ず論点になると理解してほしい．教科書の筆者にとっては，この論理の流れは必然であり，したがって，わざわざ41条との関係を書いたりしないので，学生諸君にとっては思わぬ躓きの石となってしまうのである．
　ここでの問題意識を簡単に説明する．条約の締結は，憲法73条3号本文により，内閣の権能に属する．しかし，条約の内容が実質的意味の立法に該当する場合，内閣が単独で条約を締結できると考えるのは，権力分立制に反する恐れがある．条約内容のどこまでが，実質的意味の立法に属するかは，その人の採る説により異なる．
　例えば，芦部説の場合，実質的意味の立法を「一般性ある法規範」と捉える．条約はほとんどの場合には当然それに属し，したがって条約制定は憲法41条に照らす限り，国会の権限ということになる．これに対し，実質的意味の立法に関する権利・義務説に立つ場合，自力執行可能な条約であって，その条約中に国民の権利や義務に関する規定が盛られていない限り，条約内容が実質的意味の立法に属することはない．このような大きな相違が，憲法73条3号にいう条約に関し，国会がいかなる権限を有するかに影響を与えるのは当然であろう（そのあたりがきちんと論じられていない限り，合格論文とはならないことになる）．
　(2) 条約に関して論じる場合，一般的には大きく3つのことが問題となる．すなわち，
　　第1　憲法にいう条約とは何か．特に，憲法73条3号本文にいう条約とは何か．
　　第2　その条約の成立に当たって，国会にはどの限度での権限があるか．

第3　その結果,国会が承認権を有する条約は,どの範囲か.

　これらの問題は,本来,条約の問題として一体として理解されるべきものであるにも関わらず,例えば上記法律との関係は41条の下りにあるなど,基本書のあちこちに書かれているため,統一的理解が難しくなっている.さらに,条約は一般の憲法学者には少々難しい話であるために,この問題に自信のない学者の手になる教科書の場合には,理由などが書かれず,全く自説を述べず,単に通説を紹介するだけで終わりにしている例がある.しかし,いつも強調するとおり,論文は理由が命だから,論文を書く以上は,必ずなぜそう考えるのか,という理由を書かねばならない.使用している基本書に理由が書いてなければ,コンメンタールなり,判例集なりを探し回って,自分として納得のいく理由を確立しておく必要がある.そのときに注意する必要があるのは,理論の一貫性である.平気で,自分が前の頁に書いたことと矛盾するつぎはぎであることが歴然とした論文を書く人をよく見かけるが,それではとうてい合格論文と評価されることはない.幅広く勉強することは大切であるが,そうした知見はあくまでも自分の基本説と整合性を持って紹介しなければならない.前述の通り,基本書に通説が何のコメントもつけずに紹介されている場合にも,その著者が通説を支持していると理解してはいけない場合が結構あるので,基本書に書いてある説だから大丈夫というわけにはいかないのである.

　特に,本問の場合,国会の条約承認権の範囲については政府の統一見解があるから,まともな教科書なら,必ずそれが紹介してある.しかし,政府見解だから合憲とは言えない.政府見解が合憲といえるのかどうか.それを判断することこそが憲法学の役割であり,論文における論点ということになる.基本書を通読するに当たっては,意識して,必要に応じて頁を前後にめくりつつ,関係部分を一貫して読み,書かれていない理由を総合的に発見するよう,努力しなければならない.

　(3)　かつて,わが国憲法学界は,条約と憲法の関係という国際的に調整するべき問題を,これをわが国限りで解決可能な問題と錯覚し,一元説や二元説,あるいは憲法優位説,条約優位説といった様々な論議を展開していた.しかし,これは立憲主義をとるすべての国に共通する問題である.したがって,この問題について各国がバラバラに,それぞれの解決策を模索することを認めていては国際社会を破壊しかねない.

　そこで国連では早くから,この問題を解決する統一的な条約の必要性を認識し,その制定に向けて努力してきた.その成果は1969年に国連で採択された条約法に関するウィーン条約(以下「条約法条約」という)という形に結実した.わが国もこれを1981年に採択している.したがって,今日においては,この問題はかなりの程度,この条約法条約の解釈論に過ぎなくなっている.今現在,君たちが使っているどの教科書も,そういう形で議論を展開している.この場合,条約文言の憲法的解釈ということが問題となる.

　(4)　本問に示した条約は,通常,自由貿易協定($\mathrm{^{FT}_A}$)と呼ばれるものである.WTOが各国利害の対立から機能不全を起こしている中で,今後の世界貿易促進の鍵を握る存在といわれている.しかし,問題文中にも書いたとおり,わが国は農産物の保護がネックとなって,わが国のFTA締結状況は,先進各国に比べて,大幅に立ち後れており,先行きが危惧されている.ここに示したものは,わが国のFTA第1号としてシンガポールとの間で締結されたものを,紙幅の関係から,大幅に圧縮・修正したものである.同国の場合,農業保護の問題は起こらないので,国会も何ら異議を唱えず承認し,発効している.そこで,第3国経由の米の輸入という問題を仮定してみたものである.

1　条約の概念

　＊　ここで述べることは,本問の論文中に書かなければならないという点ではない.当然,この節のようなスタイルで記述する必要はない.しかし,きちんと理解しておくことは,論文を記述するための必須の前提となるので説明している.

(1)　形式的意味の条約と実質的意味の条約

　あらゆる法規範と同様に,条約についてもまた,形式的意味の条約と実質的意味の条約の2つを考えることができる.形式的意味の条約とは,条約という文言が使用されている条約の意味である.

しかし，国際法は，国内法と異なり，今日においてもなお，法的整備がきわめて不十分であるため，法律という言葉と法の支配を結びつけるような形で，条約という特定の言葉に特定の法的意味を付することはできない．

現実にも，明らかに条約に属するものの呼称として，非常に多数の用語が使用されている．以下にそのいくつかの例を示す．

① 条約（treaty）　② 協約（convention）
③ 協定（agreement）　④ 取決め（arrangement）
⑤ 決定書（act）　⑥ 議定書（protocol）
⑦ 宣言（declaration）　⑧ 規約（covenant）
⑨ 憲章（charter）　⑩ 公文（note）
⑪ 覚書（memorandum）　⑫ 声明（statement）

協定という名称を使用したものとしては，わが国を第 2 次大戦へ引きずり込む大きな契機となった日独伊防共協定や，不戦条約として有名な 1928 年ケロッグ・ブリアン協定が有名である．宣言では，わが国戦後を決定したポツダム宣言が我々日本人にとっては有名である．憲章という名称では，国際連合憲章や ILO 憲章が，また規約という名称では，戦前の国際連盟規約が，そして現在では国際人権規約がよく知られている．⑩以下の形式は，いわゆる簡略形式の条約に使用さえるものである．例えば，首相等が外国を訪問に際して発表する共同声明（joint sta-tement）も，それが法的拘束力を持つ限りにおいて，条約の一種に属する．

憲法が，こうした雑多な用語のうち，特に条約という名で締結された国際合意だけを重視したと考えることはできない．したがって，現行憲法で使用される条約という用語は，その実質に着目して内容を決定しなければならない．

そこで，本問にいう協定が，憲法上の条約に該当するか否かが問題となる．

(2) 条約概念の多義性と憲法における用語の意味

実質的意味の条約概念を採用するとしても，なお，憲法中の条約の語の意義を一義的に決定することはできない．なぜなら，現行憲法は，数ヶ所かで条約という言葉を使用しているが，そこで意味している条約の概念は異なるものと解されるからである．すなわち，

① 憲法 7 条 1 号では，条約は，法律及び政令と並んで天皇による公布の対象とされる．また，同じく 6 号では，批准書その他の法律で定める外交文書の認証が天皇の国事行為の 1 つとされる．なお，ここにいう外交文書とは，具体的には全権委任状及び大公使の信任状等のことである．
② 憲法 73 条 3 号本文では条約締結権が内閣にあるとされている．
③ 憲法 73 条 3 号但し書きで，事前に，時宜によっては事後に国会の承認が必要とされ，憲法 61 条はこれを受けて条約の承認に衆議院の大幅な優越を認めている．ここにいう条約こそが本問の議論の対象となる条約である．
④ 憲法 98 条は条約の誠実な遵守義務を定めている．

これらは，その前後の関係から，明らかに同一の法規範を定めたものではない．それぞれがどのような条約を意味しているのか，以下に検討してみよう．

① **98 条 2 項の条約**（最広義）　憲法前文第 2 文は平和を維持し，専制と隷従，圧迫と偏狭を地上から永遠に除去しようと努めている国際社会において名誉ある地位を占めたいこと，そして憲法前文第三文は，国際的な政治道徳の普遍性と，その法則に従うことが主権国家としての責務と宣言している．こうした国際協調主義を受けて，98 条 2 項が規定されていることを考えると，同条は国際的な法規範のすべてと理解するのが妥当である．

憲法 98 条 2 項は，この国際的な法規範を，「日本国が締結した条約」と「確立された国際法規」という二つの概念を使用して述べている．この二つの概念の相違点は，前者には「締結した」という形容詞句があることを考えると，新たに制定された国際法規を意味し，後者には「確立された」という形容詞句があることを考えると，国際慣習法のことと考えるのが文言上もっとも妥当である．このことを前提に同条における条約を定義するならば，「**国家間の合意若しくは国際機関と国家間の合意であって，法的拘束力をもつもの**」ということになる．

いつも強調するとおり，定義を下したら，なぜそうした定義を妥当としたのか，その理由を述べな

ければならない．この定義を分説すると次のとおりである．

(1) 法的拘束力：この語を定義に入れることにより，国際的合意であっても，法的拘束力を持たないもの，すなわち政治的義務の宣言とか，一般的，抽象的原則を明らかにしたにすぎないものは，ここにいう条約に属しないことにな（例えば「世界人権宣言」）．これについても，国際協調主義の下においては誠実な遵守を必要とすると考えられるが，98条はあくまでも法規範に関する規定であるので，その対象とは考えられないのである（憲法前文第3文にいう「政治道徳」等の一環として理解すべきことになる）．

(2) 「国際法」という用語を排した点について：国際法の領域においても，一般に条約に対してこうした定義が使用されるが，国際法を専門とする学者が定義をすると，広く「法的拘束力」という言葉を使用する代わりに「国際法上の効力」という言葉を使用するのが一般である．時折憲法学の領域でも，この定義をそのまま直輸入して使用する者がある（たとえば佐藤幸治は「外国との間における国際法上の権利・義務関係の創設・変更に関わる文書による法的合意」と定義する）．しかし，そのように定義をした場合には，条約に関して憲法学上大きなテーマとされる，「条約が司法審査の対象となるか」という問題は，付随的違憲審査制を前提とする限り，意味を持たない．なぜなら，国家ないし国際機関だけを拘束する法規範は，国内司法審査における具体的な紛争を起こすことはないからである．

しかし，わが国では昔から一部の条約は，国際法上の権利・義務ではなく，そのまま国内法上の権利・義務にかかる効力を持つとする取り扱いをしている．そして，今日の条約は，例えば「ILO 87号条約」や「女子に対するあらゆる形態の差別の撤廃に関する条約」にみられるように，国際法上の権利・義務の創設・変更効果よりも，条約締結国の国内法的効果を目的として制定されているものが増えているから，広く法的拘束力と定義するのが妥当である．

なお，本問では司法審査は問題とならないが，司法審査の対象となるか否かの議論の対象となるのは，国内法的効果を持つものだけである．国際法上の効力しか持たない通常の条約の場合には，国内で効力を持たせる手段としては，別途国内法を制定しているので，司法審査の対象となるのはその国内法であり，条約が制定根拠になっている場合にでも，法律が司法審査の対象になることは明らかだからである．その結果，条約の違憲審査に関しては，内在的制約説ではなく，自制説の問題とされる（砂川事件判例＝最大判昭和34年12月16日＝百選〈第5版〉431頁参照）．

(3) 国際機関との合意：近時，国際機関が各国と条約を締結する例が増えてきている．例えば，わが国にある国連大学がわが国政府と取り交わした協定は，国家間の合意ではないが，やはり条約の一種と考えるべきである．したがって，普通の定義に見られるように，単に主語として「国家間の合意」とするのでは誤りであることは明らかである．定義としてはすっきりしないが，国際機関と国家間という言葉を追加せざるを得ない理由である．ただし，これは例外としては小さなものなので，厳密な議論をする場合を除いては，外して論じても構わない．

(4) 私法上の契約について：上記に合致する国際的合意である限り，国家元首間で締結された条約に限らず，国家機関の間，ないしは実務者間で締結された行政上の合意程度のものに至るまで，すべて条約として誠実に遵守すべきことを要求しているのが第98条第2項の趣旨であると考えられる．一般に憲法の教科書で，私法上の契約の性質を持つものは含まれない，と記してあることが多い．国家間の法的合意であって私法上のものという語がどのような意味で使用されているのかははっきりしない．しかし，売買，贈与，消費貸借等の契約であっても，この定義に該当する限りは，排除する必要は特にない．現実問題として，米軍から自衛隊への武器売却，開発途上国への無償援助，有償援助等は，いずれも条約に基づいて行われているのである．

(5) 「文書による」という用語を排した点について：通常，成文の国際法規を条約とする定義がとられることが多い．これは先に触れたとおり，「確立された国際法規」という語を，国際慣習法と理解し，慣習法は不文法なので，それとの対比で成文のものを条約と考えられたためである．それにも拘わらず，ここでの定義からその文言を排除したのは次の理由による．

第1に，通説的解釈によれば，98条2項にいう「確立された国際法規」は憲法に優位する（例えば，国際慣

習法案に基づき成立した外交官特権は,憲法14条に違反するが,わが国でも承認されている）が,条約は憲法に劣後する．しかし,近時「外交関係に関するウィーン条約（外交条約）」や「領事関係に関するウィーン条約（領事条約）」等のように,従来国際慣習法であったものを,成文法化する努力が重ねられてきている．しかし成文法化されたことから,その効力が通常の条約並に憲法に劣後する存在に落ちるとは考えられない．したがって,不文か,成文かで条約と確立された国際法規を区別するのは誤りといえる．

第二に,条約中の重要な部分をあえて文書化せず,交渉当事者や国家の首脳による口頭の約束とする場合がよくある（沖縄返還時の一連の密約等が好例である）が,それについて誠実遵守義務を免れると解するのは,国際協調主義に反する．

なお,条約法条約は条約を「国の間において文書の形式により締結され,国際法によって規律される国際的な合意」（2条1(a)）と定義する．以上に述べた定義とずれるのは,上記定義がわが国現行憲法下における条約を論じているのに対し,同条約は,国際間における条約に関する紛争の防止をめざしているという意味で,問題意識が違うからである．

② **73条3号本文にいう条約**（狭義）　73条3号本文は,内閣の権限に関する規定であるから,そこにいう条約は,上記の条約のうち,内閣が一方当事者になる条約に限られる．外国駐在の日本国大使が駐在する外国政府と間で締結する条約（ODA援助協定は通常,この形式で行われる）は,大使が日本国政府を代表する地位にある（憲法7条8号参照）から,内閣が締結している条約に該当する．

しかし,内閣そのものではなく,その指揮監督下にある国家機関,たとえば日本の財務省と米国財務省の間の協定などは,98条にいう条約であるが,内閣が締結しているのではないから,73条3号本文にいう条約ではない．近時,行政の国際化を受けて,この範疇に属する条約はかなり多い．一時期日米間で大変問題になった日米半導体協定は,日本の通産省（現経済産業省）と米国通商代表部との間の条約であった．その時法的拘束力の有無をめぐって問題となったのは,それに際して行われた不文の合意事項であった．

なお,問題文に使用した行政協定の語は,広くは次に説明する条約に該当しない政府締結条約を意味するが,狭義には内閣ではなく,行政庁その他の国家機関が締結した条約だけを意味する．

③ **73条3号但書にいう条約**（最狭義）　内閣が一方当事者になる条約について,そのすべてが国会の承認が必要かどうか．これが本問の中心論点である．そこで,その理論的な検討は後述するところに譲ることにして,実務及び通説は,すべてではない,と解している．すなわち,同じ条文中の同じ号で使用されていながら,73条3号の場合,本文と但し書きとでは,条約の意味が違うと解されることになる．そのように理解する場合には,これが通常の場合における最狭義の条約となる．

④ **7条8号にいう条約**（最々狭義）　条約は,原則として両国の全権代表の署名により発効する（条約法条約12条参照）．これに対し,例外的に事後に本国政府の承認（これを批准という）により発効する場合がある（同条約14条参照）．批准したことを明らかにした文書が批准書である．したがってその認証は,批准を発効の条件としている条約についてしか考えられないから,これに該当する条約は,一義的に定まる．したがって,これが憲法中,最も狭義の条約概念である．

これに対して,同じ7条でも,公布を必要とする条約が何であるかについては必ずしもはっきりしない．法律の場合には,公布はその発効の前提条件である（最大判昭和32年12月28日＝百選〈第5版〉466頁）から問題ない．が,条約は後に詳述するようにその発効は調印ないし批准であるから,その意味で条約の公布に,国民に知らしめるという以上の特段の意味はないので,その範囲を理論的に決定できないためである（どんな条約でも国民に知らせる価値はある）．ただ,法律のほかに政令も公布対象になっていることからすれば,内閣が当事者となっているすべての条約を意味すると解するのが妥当ではないかと考える（すなわち,73条3号本文と同じ意味）．

実務的には,国会の承認を得た条約は一律天皇による公布を必要とするとしている．この結果,7条1号の条約は,73条3号但書と同じ意味となる．ただし,その他の条約は外務省告示の形で官報に掲載されている．したがって,いずれにしても官報を通じて国民に知らされているわけであるから,これについて,厳格な議論を行っても実益はない．

2 条約の承認の意義

＊諸君の論文のための説明はここからスタートする．

(1) 条約に関する国会の権限

条約の締結は元首の権限であることは，国際的な慣行である（国際慣習法）．明治憲法下では，条約の締結は天皇の専権事項とされ，帝国議会にいかなる権限も認められなかった（同憲法第13条参照）．現行憲法もまた，こうしたわが国慣行及び国際慣行に則って，条約締結権を内閣の権限を定めた第73条において規定した．通説がわが国に「元首」がいるとするならば，それは内閣である，とする根拠は，この条約締結権を内閣が保有している点にある．

したがって，条約の締結そのものに関して，現行憲法下においてもまた，国会は何の権限も有しない．ただ，73条3号但書において，事前，又は事後の承認権を認めているにとどまる．しかも，その承認手続きでは，予算と同一の，極度の優越性を衆議院に与えている（61条）．したがって，現行憲法においても，国会の条約に関して有する権限は非常に限定的なものであることを，明確に認識しておく必要がある．

このことから，3つの問題が発生する．すなわち，

第1に，国会の持つ条約承認権とはどのような性格の権限か，

第2に，国会はいかなる条約について承認権を持つのか，また，国会の承認権には，修正権を含むか，

第3に，事前ないし事後の承認の得られなかった条約は，どのような効力をもつのか，という問題である．順次検討したい．

(2) 国会の条約承認権の性格

大きく分けて，次の3説がある．

① **協同行為説**　国会の有する承認権の性格については，条約締結を立法・執行両権の協同行為としての対外権と把握する説がある（たとえば芦部信喜「条約の締結と国会の承認権」『憲法と議会政』東京大学出版会1971年，205頁以下参照）．芦部信喜は，41条において実質的意味の立法概念を一般性を有する法規範すべてと捉えるから，必然的にほとんどすべての条約が実質的意味の立法に含まれる．その結果，協同行為という解釈とならざるを得ない．

諸君は，論文の答案として，この説を書いて何ら問題はない．というよりも，基本書として芦部説を採用している人は採らざるを得ない．41条で実質的意味の立法＝抽象的規範説を採る場合の必然的な答えだからである．これを本問に適用すれば，そもそも条約は常に国会に提出して承認を求めるべきである，と論じることになる．

ただ，実務的にはこの説はとれないことを記憶しておいて欲しい．すなわち，この説は，現実の条約実務のほとんどを違憲とする．そして，今後においてこれに従うならば，現在のグローバル化した世界の中で，わが国が日々に締結している膨大な量の条約がすべて国会に提出されねばならないから，国会審議を麻痺させる．かつ，その内容の重要性に関係なく，すべての条約について国会の承認が必要になるから，外交が停滞するという問題を引き起こすからである．特に国会閉会中は外交は事実上麻痺状態に陥るという問題を引き起こしてしまうのである．

理論的に見たときには，次のような点に難点がある．

確かに米国憲法では，外国との通商が議会の権限とされる（第1条6節3文）．そのような憲法の下では，このような解釈を導入することができる．しかし，わが国国会は，現行憲法の下において，ただ，73条3号但書において，事前，又は事後の承認権を認めているにとどまる．しかも，その承認手続きでは，予算と同一の，極度の優越性を衆議院に与えている（61条）．すなわち，内閣の存立基盤となっている衆議院の意思を絶対的なものとすることにより，法律の場合に比べて，政府の締結しようとしている条約案がそのまま承認される確率を高くしている．こうした規定は，全ての条約が法律と同一のものとする解釈とは整合性を持たない．

さらに，その後に制定された条約法条約においても，議会が条約締結に関与する権限は認められていない．むしろ，その46条で，議会による承認を得られなかった条約が原則的に有効であることを予定している（この点については後に詳述する）．

以上のような憲法と国際法の文言に照らす限り，対外的に，国会が内閣と協同して意思表示を行う余地はないと考えるべきである．

② **否認権説**　承認権と憲法が呼ぶものは、実は承認権ではなく、それとは逆の単純な否認権ととらえる説がある．すなわち、国会の承認権とは条約の「制定につき『阻止する権限』（立法権又は財政決定権を防衛する権限）を承認権という形で国会に与えたものと解するのが妥当である．その『阻止する権限』は、条約を修正する権限ではなく、一括して承認するか、それとも否認するかの権限である」と説く（阪本昌成『憲法理論Ⅰ〈補正第3版〉』成文堂 286頁以下参照）．

もちろん諸君は、この説によって論文を書いて構わない．従前の国際法の枠内では、この見解は非常に説得力がある．

しかしながら、そうした硬直的な理解が今日において妥当するとは思われないので、あまり勧めたくない．すなわち、憲法の文言が「承認」というものであること、国際法的に見た場合にも、世界的に議会制民主主義を採用する国が普遍化するとともに、議会が条約の締結に当たり国内的に一定の発言権を有することが承認されてきており、それを受けて、後述するとおり、多国間条約の場合でさえも、留保その他の形で一定の限度ではあるが、条件付き批准権が認められるようになってきている．こうしたことを考えると、国会は条件さえ許せば積極的な内容改変の主張も許されると考えるべきである．こうして、次に述べる通説が成立することになる．

③ **民主的統制説**　国会の有する条約承認権は、対外的に元首の有する国際法上の条約締結権に対する国会の民主的統制権、と解する説である．すなわち、内閣の条約締結権に対して、国内的に認められた民主的コントロール手段である．したがって、締結権の範囲内にとどまる限り、承認の内容は自由でよい．条件を付することもまた可能である．

この説の下においては、協同行為説と異なり、すべての条約に対し、国会の承認が必要ではないという結論を導きうる．国会の承認の必要な条約が何かについては、昭和49年2月に政府が統一見解として、次の基準を表明している．

① いわゆる法律事項を含む国際約束（例：租税条約）
② いわゆる財政事項を含む国際約束（例：経済協力に関する条約）
③ わが国と相手国との間、あるいは国家間一般の基本的な関係を法的に規定するという意味において政治的に重要な国際約束であって、それ故に、発効のために批准が要件とされているもの（例：日中友好条約）

すなわち、憲法上、国の唯一の立法機関（41条, 29条, 31条, 84条）として国会が独占している事項、および国会中心財政主義（83条）にしたがい国会が独占している事項について、条約で定めようとする場合には、必ず国会の承認を得る必要がある．なぜなら、条約が成立した結果、その条約を国内法化するために国会に提出された法案または予算案については、わが国が誠実に条約を遵守する義務を負っている以上、国会として否決する自由を有さないからである．したがって、条約締結にあたって、政府が国会の承認を得る必要がないとした場合、政府は国会の憲法上の権限を、条約という形式を採用すれば侵害することが可能となる、という不当な結果が導かれる．

また、国権の最高機関（41条）として、政治的に重要な条約については、同じく国会の承認を得る必要がある．この結論は、41条に関して政治的美称説を採ると、総合調整機能説をとるとに関わりなく、承認できるはずである．

なお、上記政府見解では、批准が留保されていることが要件に含まれている．確かに、国会が事前に承認するためには、批准が条件となっている必要が通常はあるが、署名を一時留保して、国会審議を受ける方法も実際には存在する．例えばベルサイユ条約締結時におけるドイツ議会の承認はこの方法によった．したがって、これは特に定義に含める必要がないと考える．

このように考える場合、次の条件に該当するときには、既に民主的統制は行われているから、条約承認はいらないことになる．

① 既に国会の承認を経た条約の範囲内で実施しうる国際約束
② 既に国会の議決を経た予算の範囲内で実施しうる国際約束
③ 国内法の範囲内で実施しうる国際約束

上記各点は、先に紹介した政府見解が、国会の承認の不必要な条約としてあげたものである．②と③は自明であろうが、①はわかりにくいかもしれないので補足する．

すなわち，41条の唯一の立法機関概念は国会中心立法主義を定めているが，これは法律を基礎として委任命令及び執行命令を内閣が制定しうることを許容していると解される．政令という形の執行命令・委任命令については憲法73条6号の明言するところと解される．同じことは，条約を基礎とした委任命令及び執行命令についても言いうるはずである．この結果，これらは内閣が締結する条約（すなわち73条3号本文の条約）でありながら，国会の承認は不要ということになる．首相等の発展途上国訪問に際して発表される共同声明で，具体的な援助の額や内容にふれている場合，それは条約であるが，それがすでに国会で制定済みの法律や予算の範囲内にある限り，その共同声明に対する承認は不要となる．

この範疇に属するか否かが問題になった有名なものとして，旧日米安全保障条約第3条に基づく行政協定がある．同条約3条は事実上白紙委任規定であり，また，それによって作られた行政協定は，砂川事件の訴因となった刑事特例法の制定を必要とするなど，きわめて人権制約的性格の強いものであった．したがって，このような場合には，国会の承認を経た範囲内に属するとはいうことができない．この先例の問題性に鑑み，新安保条約6条に基づく合衆国軍隊の地位協定については国会の承認が行われている．

このように，国会の承認権が元首の条約締結権の国内的コントロール手段として存在すると考える場合には，その権限の内容，換言すればその限界はどこにあるかは，条約の国際法上の締結権の行使形態によって決定されることになる．その点については項を改めて検討したい．

以上の論理を本問に適用すると，諸君が協同行為説に立った場合には，そもそも対外条約を国会の承認なしに締結することは許されないから，内容を検討するまでもなく，国会の承認が必要と言わねばならない．

それに対し，否認説ないし民主的統制説に立つ場合には，本件条約がFTAと呼ばれるきわめて重要な内容を持つものであること，関税に関する定めがあることの2点から，国会の承認が必要な条約に属することになる．

(3) 国会による事前承認権の内容と限界

先に論じたとおり，国会による条約の事前承認は，正式の手続きによる条約においては，普通は，批准を必要とする場合において可能である．条約の事前承認に当たり，国会としてどのような内容の決議をしうるか，すなわち，承認に当たり，修正を条件とすることができるか，条約の可分の一部についてだけ承認しあるいは否認することができるか，というような問題が，従来憲法学説的に論じられてきた．

前記のとおり，国会の事前の承認とは，原則として批准に先行して行われる承認の意味であること及び国会そのものには対外的な権限はないことを併せ考えると，国会が，条約の承認に当たり有する権限は，当然に，本国政府が条約を批准するに当たって有する権限の範囲内にとどまることになる．

条約の批准に当たり，本国政府が有する権限については，現在の世界においては，二国間条約と多国間条約で分けて理解する必要がある．したがって，議会の条約承認権限も，また，その権限に対応する形で，分けて論じられなければならない．どのような点で分かれてくるかについて，以下に詳細に説明したい．

ただ，諸君の書く論文のレベルであれば，以下の複雑な議論は省いて，単に，いずれにしても，本国政府に修正権がある限度で，議会にも修正権が認められると解する，と単純に述べてもそう大きな減点にはならないはずである（もちろん理由はちゃんと書いて貰わなければならないが）．論文の全体のバランスや字数制限の中で，以下の議論をどこまで書き込むかは，自分で主体的に決めて欲しい．

① 二国間条約における議会の条件付き承認決議等の効力　2つの国の間で締結され，他の国に影響を与えない条約においては，条約署名後に，それぞれの議会で加えた修正等をどの限度で受け入れるかは，基本的に両国間の問題にすぎない．当事国で話し合いさえ付けば，既に署名された条約案に対してどのような修正を行うことも可能である．そもそも本国政府による批准を条件としたのは，そのような修正があり得ると条約交渉担当者が考えたからに他ならない．

その結果，実際問題として言う限り，議会として

も，条約の承認に当たり，どのような修正要求を行うことも基本的に可能ということができる．ただ，法律のような国内法の場合と異なり，相手のあることであるから，そうした修正要求が常に実現するとは限らない．相手方がその修正を拒否すれば，結局，条件付き修正決議は，承認拒否と同じ意味を持つことになる．

また，条約の個々の条項ないしその中の特定の文言は，それ単独で存在しているものではなく，条約全体における両国の互譲から生まれてきたものである．したがって，特定の条項や文言において，相手国のさらなる譲歩を要求する場合，通常は他の条項等における自国の譲歩を必要とすることとなるであろう．そのため，再交渉の結果，当該部分については議会の要求通りの文言の修正が行われた場合にも，それに伴う新規の譲歩について承認するか否かは，再び議会の問題となる．結局，過去の条件付き承認は効力を失うことになるから，それもまた承認拒否と同じことになる．

したがって，一般的にいうならば，修正条件付きの承認決議は，執行府に再交渉を命じた点に若干の相違があるものの，条約の承認拒否と基本的に同視するべきである．ただ，その結果修正された条約文言が，文字通り当初の修正決議の範囲内にとどまっていた場合には，既往の修正条件付き承認決議は文字通り有効なものとなり，再度の国会決議を不要とすることが許されるであろう．

条約の可分の一部だけを承認し，あるいは否認する決議は有効，と一般に説かれる．しかし，一体的に交渉された条約の場合，両国の互譲は，その全体のバランスの中で行われているのが通例である．したがって，通常の国内法と同様の視点から，形式的に可分か否かにより，結果が異なると考えるべきではない．むしろ，交渉に当たって，両国の代表者がどこまでが一体的なものであり，どの部分は可分と理解していたかが，そうした部分的承認決議の効力を決定することとなろう．すなわち，前述の修正付き承認決議と同様に，結果的に相手国がそうした部分承認を受諾すれば，その承認決議は有効であり，拒否すれば，結局不承認決議と同視するべきこととなる．

② 多国間条約における議会の条件付き承認決議等の効力　本問とは関係がないが，多数の国が1つの条約制定手続きに参画し，締結する場合が近時は非常に増加しているので，その場合の国会の承認権についても，この機会に説明しておく．

こうした多国間条約の場合には，条約本文は，既に多国間の協議により成立しているので，その文言の修正要求は，本国政府といえども行うことができない．したがって，国会が修正要求付きの承認決議を行った場合には，単純に否認の効果を発生することになる．ただし，その修正要求が，条約の文言の解釈として実現しうる範囲内であれば，「解釈宣言」という手法により対応する余地がある．これは，条約の特定の文言について，批准に当たって，その意味を特定する解釈を一方的に行うことをいう．このような解釈宣言は，他の条約批准国から異議が出ない限り有効と国際法上，一般に理解されている（なお，条約法条約31条以下参照）．

これに対して，条約の可分の一部については承認を拒絶し，あるいは拘束されることを拒否して，残部についてのみ行う承認決議については，事情が異なる．それについては従来，国際慣習法的に様々な取り扱い方法が生まれてきているが，今日では条約法条約が立法的に解決している点であるので，それにしたがって判断するべきである．すなわち条約法条約には，「留保」という手法が用意されている．

留保とは，「国が，条約の特定の規定の自国への適用上その法的効果を排除し又は変更することを意図して，条約への署名，条約の批准，受諾若しくは承認又は条約への加入の際に単独に行う声明」をいう（条約法条約2条1項d）．留保は，原則として有効である．したがって，議会もまた，留保が可能な条約については，条約の可分の一部についてのみ不承認とする議決をすることが可能である．その場合，政府は，その部分について留保を行いつつ批准しなければならない．ただし，条約が当該留保を付することを禁じている場合及びそのような留保を付する場合が条約の趣旨及び目的と両立しないものである場合には，もちろん留保を行うことができない（同19条）．したがって，そのような条約に関する議会の留保条件付き議決もまた効力を持たない．その場合，条約全体の否決とみなさなければならない．

また，実務上行われる手法として「選択」があ

る．すなわち，多国間条約が，より多くの国から批准されるように，国によっては異論のあり得る問題について，本来ならば一体的に制定されるべき条約の一部を，独立の条約としておく，という手法である．この場合には，当然に可分的な批准が認められる．その結果，議会の承認に当たっても特定条約だけに関する承認が可能である．例えば国際人権B規約には，本体をなす条約の他に，2つの選択議定書がある．わが国は，そのいずれも批准していない．

（4）　国会の事後承認権の内容と限界

　正式の条約でも，批准が留保されておらず，署名即発効となっている場合，若しくは公文や覚書等の簡略形式の条約の場合であっても，先に述べたように，法律事項，財政事項ないし政治的に重要な条約については，国会が承認することが，憲法73条但し書きの要求であると解せられる．これらの場合には，国会は事後承認をせざるを得ない．事後承認の場合には，国会の修正決議は，それを有効とする手段がないため，単純に承認を拒絶した場合と理解されなければならない．これが本問の最終的な答えである．

　そこから，次の問題点が発生する．

　国会の承認が得られない条約は，わが国憲法の下においては，違憲の条約の一種となる．違憲の法律が無効であることについては，疑問の余地がない（憲法98条1項）．

　それに対し，条約が有効に成立した後，事後に国会がそれを否決した場合の，条約の効力については，従来，有効説，無効説，及び折衷説などが対立していた．しかし，この問題は，国家相互の緊密な結びつきにより世界平和が保たれている現代国際社会においては，国際社会が，これを国内問題として，放置することはできない．そこで，国連は早くからこの点について研究を重ね，これまでにも何度か引用した「条約法に関するウィーン条約（条約法条約）」という形で成文法化した．わが国も批准している．そこで，今日では，その解釈論という形で議論が行われることになる．具体的にはその46条で立法的な解決がなされたから，憲法解釈に当たって学説を論ずる余地はもはやなくなった．この条約はこのような意味で非常に重要であり，そこで，条約に関する問題が出題される場合には司法試験六法にすら掲載されている．ところが，驚いたことに，携帯型六法や判例六法では掲載していないものも多いので，以下に条文を紹介する．それによれば，

　「第1項　いずれの国も，条約に拘束されることについての同意が条約を締結する権能に関する国内法の規定に違反して表明されたという事実を，当該同意を無効にする根拠として援用することができない．ただし，違反が明白であり，かつ，基本的な重要性を有する国内法の規則に係るものである場合はこの限りではない．

　第2項　違反は，条約の締結に関し通常の慣行に従いかつ誠実に行動するいずれの国にとっても客観的に明らかであるような場合には，明白であるとされる．」

　国際法と国内法の関係については，従来，一元説と二元説の対立がある，とされる．一元説は，国際法秩序の下位法として国内法を把握する．これに対して，二元説は国際法と国内法とが相互に無関係のものとする．これが問題となるのは，特に，条約が有効に成立した後，事後に国会がそれを否決した場合の効果についてである．一元説に立てば，それは問題なく有効ということになる．他方，二元説に立てば，国内法的には憲法の要求する有効要件を満たしていないのであるから，過去に遡って無効になると考えるのが妥当である．一方，国際的にはそうした条約も，誠実な遵守義務が課せられていることになる．

　したがって，条約法条約の存在する今日においては，国内における憲法解釈として，わが国憲法が条約優位説を採っているか憲法優位説を採っているかとか，一元説と二元説のいずれをとっているか，という議論は全く無意味なものとなった．それに代わって，わが国憲法がいう国会の事後承認が，一般に条約法条約46条が要求している二つの条件を具備しているといえるかどうかという点に問題の焦点が移った．肯定されれば憲法が国際的にも優位する事になり，いずれか一方だけでも否定されれば，国際的には条約が優位する事になり，確定的にどちらかの説が正しいという議論は，もはや不可能なのである．

国会の承認が条約の成立要件であるということは、憲法そのものの規定だから、「基本的重要性を有する国内法の規則に係るもの」であることは確かである．今一つの「違反が明白」かどうかについては、46条2項が更に詳しい解釈基準を与えている．先に述べたとおり、現行憲法の有権解釈としては、狭義の条約に限定してさえも、すべての条約が国会の承認を必要とするわけではない．そして、承認の必要性の有無は国内法の解釈ないし予算の配賦の有無にかかっているので、これらは「条約の締結に関し通常の慣行に従いかつ誠実に行動するいずれの国にとっても客観的に明らかである」事実とはいえないと考える．したがって、条約の制定手続きの憲法違反という瑕疵を根拠に、その対外的無効を主張することは、通常は困難と考えられる．したがって、原則論的にいえば、国際法的側面に関する限り、条約優位説にしたがって理解する必要がある．

以上のことからいうと、解釈法学的には、国会の事後における条約承認の拒否は、意味のない行為といわなければならない．予備費の支出に対する事後の承認拒否決議が、法的に意味がないのと同様に理解することができるであろう．

こうした状態を打破するために、交渉当事者は、憲法上の義務として、条約交渉の過程において、最狭義の条約に属すること、したがって事前に、時宜によっては事後に、国会の承認を得る必要のあることを相手方に告知しなければならない、というべきである．その告知がなされている場合には、国会の事後承認が得られない場合には条約として憲法上認められないことが、相手国にとっても明らかである．その場合には、わが国として、その違憲性に基づく無効を対外的に主張できることになる．

もちろん、芦部説を採る場合には、すべての条約が国会の承認を必要とすると考える以上、そのことは誠実に行動する相手国として客観的に明らかな事項と主張できる．

3 付　説

以下に述べる議論は、本問とはまったく関係がないから、書く必要は全くない．しかし、上述したところを真剣に考えている諸君には、当然に疑問が生ずると思われる点なので、この機会にあわせ、説明しておきたい．

(1) 内容が憲法に違反している条約について

憲法の規定に実質的に違反している条約の無効についても、条約法条約は明確な制限をおいている．すなわち27条に依れば、「当事国は、条約の不履行を正当化する根拠として自国の国内法を援用することができない．」とされる．憲法も国内法の一環であるから、同条約を批准した以上、わが国が締結した条約が、内容的に違憲であることから無効を対外的に主張することもまた、禁止されることを意味する．

したがって、憲法に劣後し、その結果憲法の授権により締結される条約であっても、対外的には無条件で条約が優位すると理解すべきである．その場合、対内的関係においては、しかし、憲法の優位性から、無効と解釈すべきことになる．要するに、基本としては二元説的に理解されることになる．この結果、内閣は早期に条約改定交渉を行う法的義務を負うことになる．しかし、それまでの間は、その条約を「誠実に遵守しなければならない」（憲法98条2項）．

(2) 超憲法的効力を持つ条約

多くの人が気がついたと思うが、条約法条約がどう規定しているか、ということで、条約と憲法の関係が決まるという、ここまでにしてきた説明は、条約法条約が超憲法的な効力を持っているという前提の下でないと成立しない．

ところが、わが国憲法学界には、伝統的に憲法と条約の優劣という議論が存在する．そして、おそらく、この対立に関しては、憲法優位説が通説であろう．この説に従った場合には、そもそもあらゆる条約が憲法に劣後するのであるから、条約法条約が超憲法的な条約であるという説明は、ナンセンスといわねばならないはずである．

しかし、そもそもこの憲法優位説なる学説は、世界における現実の憲法や条約を無視した議論であるから、今日では言及するのは不適切であると考える．

さらに基本的な部分からいえば、条約は、上述のとおり、きわめて幅広い概念であるから、法段階説的に見た場合にも、単純に1つの分類の中で理解

するのは適当ではない．

簡単に言うと，条約は大きく3つに分類できる．
① 憲法よりも上位の条約，
② 憲法よりも下位だが法律よりは上位の条約，
③ 法律よりも下位の条約，である．

① 憲法よりも上位の条約 憲法よりも上位，すなわち，超憲法的条約というのは，一般に，その国の存立の基礎を作り出している条約において見られる．たとえば，欧州における今日の国境線の原型を作り出したウェストファリア条約，同じく今日の国際秩序の原型を作り出したベルサイユ条約などがその典型である．

現在のわが国に関して言えば，ポツダム宣言やサンフランシスコ講和条約は，この範疇で理解すべきだろう．私見によれば，旧日米安保条約も，サンフランシスコ講和条約とシャム双生児的な関係に立つものという意味で，やはり超憲法的効力を持つ．

現在という時点で，超憲法的効力を持つ条約としてもっとも名高いのは，EUの基本条約（マーストリヒト条約等）である．

なお，超憲法的効力を持つ法規の典型は，憲法98条2項の言う「確立された国際法規」である．国際慣習法は，一般に憲法よりも上位にあると解される．たとえばわが国内の外国公館の治外法権や外交官特権などは，いずれも憲法14条違反といえようが，国際慣習法が憲法よりも優越する結果，尊重されているわけである．なお，今日では，この国際慣習法は，成文法化され，領事条約と呼ばれていること，前述のとおりである．

このような超憲法的条約の存在を承認すると，条約改正手続という簡略な方法で憲法改正が認められることになり，不当ではないか，という疑問が生ずると思う．その答は簡単で，そのとおり，したがって，超憲法的な条約を，通常の条約締結手続で行うことは許されない，ということである．

その1つは，わが国ポツダム宣言に代表されるとおり，敗戦という憲法の予想していない異常事態の中で，超憲法的な手続で締結されるものである．あるいは，そういう異常事態の終結を定める条約もその類型といえる．ウェストファリア条約やベルサイユ条約，サンフランシスコ講和条約などがその範疇に属する．

そのような異常事態にはない，平時における超憲法条約は，原則として憲法改正手続きをとることで締結されなければならない．その方法には，2つある．1つは，条約の締結に当たって，憲法改正手続を取るという方法である．例えば，フランスは上記マーストリヒト条約を締結するにあたって，憲法改正の手続きをとった．

今ひとつの方法は，憲法が事前に要件を明記して，超憲法的な条約締結権を政府に与えている場合である．ドイツの場合，マーストリヒト条約締結に先行して，ドイツ憲法（基本法）23条に，その授権規定を予めおいたのである．

わが国が，通常の条約締結手続で，本問で問題となっている条約法条約のような超憲法的効力を有する条約を締結しうるのは，憲法98条2項が，国際協調という目的ある場合においてはそれを認めているからだ，と解釈することができる．

② 憲法と法律の中間に位置する条約 これは，換言すれば，憲法73条3号但書及び61条の定めるところに従い，事前に，時宜によっては事後に国会の承認が必要な条約のことである．内容については前に述べたとおりである．

③ 法律よりも下位の条約 国会の承認が不要な条約が存在する理由は，それが既に民主的統制下にあるからである．換言すれば，法律や予算より下位にあるからである．例えば，既に存在する法律の範囲内である，ということを理由に，国会の承認が不要とされた条約の運用に当たり，既存の法律に抵触する解釈を採用することは許されない．

このような条約の3類型は，事実の問題として存在しているのであるから，それを無視して観念論的に，憲法と条約の優劣を一般論として議論するのは無意味であることが理解できると思う．

第 8 講　国会議員の免責特権とその限界

問題

　国会議員が院内で人の名誉を侵害する発言をした場合，民事上，刑事上の責任を問われるか．また，所属議院において，右発言を理由に除名の決議がなされた場合，当該議員はその決議の効力を訴訟で争うことができるか．地方議員の場合と対比して，憲法上の観点から論ぜよ．

（平成 6 年度 司法試験問題）

この講での論点細目次と論述のヒント

　はじめに
1　免責特権の本質
2　国会議員の民事免責について
　(1) 絶対的免責説
　(2) 相対的免責説
　(3) 国家賠償法との関係
3　国会議員の懲罰について
4　地方自治体の場合

はじめに

　免責特権は，その本来の姿は，国民主権原理の下，全体の奉仕者として活動する義務を負う国会議員に対して，法律あるいは契約により，拘束的委任を行い，あるいはその責任を追及してリコールすることを禁じている点にある．

　現在，国会議員として立候補するものは，普通，特定の政党の公認あるいは推薦を受けていることをうたい，一般有権者は個々の議員の人格や政治信条，あるいは選挙公約もさることながら，そうした政党との所属関係を，投票に当たっての大きなよりどころとしている．すなわち所属政党は，その意味でいわゆる「公約」の重要な内容となっている．したがって，国会議員としての権限が，有権者からの命令的委任にもとづくと考える場合には，国会議員は当選後に所属政党を変更し，あるいは新たな会派を結成したりする場合には，速やかに辞職し，その当否について，改めて選挙民からの委任を求めねばならない．もしくは国民は「公務員を選任し，あるいは罷免する」権利を有するのであるから，そうした行動に出た場合にはリコールすることが可能なはずである．そうした立法すらも禁じる点に，免責特権の第 1 の意義があることは明らかである．特定の党の比例代表制名簿に登載されて当選した者が，当選後に所属政党を変更するということがしばしば行われたが，これが可能なのも，本条が存在しているからに他ならない．この点については，第 9 講において，若干説明している．

　しかし，免責特権は，さらに進んで，一般国民の場合以上に，議員の職務における表現の自由を保障する目的がある，とされる．その結果，免責特権の効果として民事上，刑事上の責任についても免除する効果がある．本問が問題としているのは，この民事免責という性格の法的性質及びその限界である．

　この問題は，こうした免責特権の存在は，議員の行為によって被害を受けた国民が賠償請求することをも禁ずるか，という点をめぐって，札幌病院長自殺事件によりにわかに広い関心を呼ぶに至った（最判平成 9 年 9 月 9 日＝百選〈第 5 版〉388 頁参照，なお，平成 9 年度重要判例解説も参照．事件は昭和 60 年に発生し，札幌地判平成 5 年 7 月 16 日，同高判平成 6 年 3 月 15 日＝平成 6 年度重要判例解説参照）．

　第 2 は，民事，刑事以外の責任についてはどうなるか，である．すなわち

① 議院からの懲罰
② 所属政党・組合・会社等からの懲罰
③ 政治責任の追及

の 3 者についてはどう考えるべきか，という問題である．本問は，この第 1 の場合，及び第 2 の場合のうち，議院からの懲罰を取り上げている．

　学者の論文では，この第 1 と第 2 の問題は必ず

しもまとめた形では論じられていない．しかし，このように1つの問題として聞かれている以上，諸君としては，この2つを切り離してバラバラに論じてはいけない．両者を共通の基盤の上に立って理解し，それを文章に表す努力をしないと合格答案と評価されることはあり得ないのである．

1　免責特権の本質

2つの小問の共通の基盤は，その本質が何か，という点に求めるべきである．すなわち，免責特権とは，個人を保護するために存在しているのか，それとも議院の自律権を保護するために存在しているのか，という問題である．

これは免責特権に限らず，憲法の保障するあらゆる議員個人の特権に共通して意識しなければならない問題点である．

例えば，不逮捕特権でもそのことが問題となる．もし不逮捕特権が個人を守るものであるならば，不当逮捕だけを禁止すれば足りる．したがって，議院としては逮捕を許諾するか否かの議決権はあるが，期限付き許諾をする自由はないということになる．これに対して議院の自律権を守るために存在していると考える場合には，例え有罪であることがはっきりしている場合にも，その議員が議院の運営上欠くことができない人物であれば，逮捕を拒否できるし，特定の時期以降，その人物の必要が生ずる場合には期限付き許諾も可能という理屈になる．現行の国会法が，現行犯逮捕の場合に議院の許諾権を奪っていることから見て，少なくとも立法裁量的には，個人の保護規定と考えるべきであろう．

では，免責特権の場合，どう考えるべきであろうか．

個人の表現の自由の絶対的な保障なのか，それとも自律権の保障なのか，という点を考えるに当たり，重要なのは，議院の懲罰からの自由を認めるか否かであろう．議院によっても懲罰しえないと考える場合には，それは個人の権利の保護規定と見るべきであろうし，逆に，議院の懲罰権は，免責特権の例外として肯定するのであれば，それは議院の自律権の補助権能に過ぎない，と考えられることになる．免責特権が個人を保護するための規定であるとするならば，その保護は当然組織体としての議院からの侵害に対しても向けられるべきだからである．換言すれば，議員が除名され，それが不当と考える場合には，裁判所にその保護を求

めることが可能であって，はじめて保護を完全なものとすることができるのである．この点については，絶対的免責説に論及する際に，改めて取り上げたい．

私自身は，議院の自律権の補助権能と考える立場である．免責特権の最も重要な機能は，はじめに述べたとおり，命令的委任の禁止にあり，これは国民主権概念そのものから導かれる要請であることを考えると，議院の自律権の保障規定と見るのが妥当と考える．このことは，憲法58条により，議員の懲罰が明確に自律権の問題とされていることからも明らかと言える．

2　国会議員の民事免責について

この問題について，学説は大きく2つに分けられる．

(1)　絶対的免責説

この説は，議員の表現の自由を確保するために，国民のプライバシーや名誉権を侵害するような言論であり，しかも悪意が立証されたような場合にも，それが議員の職務と関連性を持つ限り，絶対的に免責されると説く．

札幌病院長自殺事件の第1審及び第2審判決のとった立場である．すなわち，51条について次のように説く．

「議員が議院で行った言論を絶対的に保障する趣旨に出たもの，すなわち，絶対的免責特権を規定したものと解されるから，議院が虚偽であることを認識しながら，もしくは虚偽であるかどうかを不遜にも顧慮せずに，または違法もしくは不当な目的で他人の名誉を毀損する発言をした場合であっても，それが議院で行った演説等に当たる限り，当該議員は，名誉を毀損された者に対して民事上の責任を負わないというべきである．」

この場合，理由としてあげられるのは，次の諸点である．

① 立法不作為国家賠償事件で示された国会議員に対しては政治責任を追及できるのみである，という見解．
② 政府が反対党員の言論をとらえて法的責任を追及する恐れ

(2)　相対的免責説

これに対して，相対的免責説は，上記仮定条件に

該当するような場合には，議員の発言は免責されないとする．例えば佐藤幸治は次のように説く．

> 「議院における発言者たる議員については，政策的見地から法的責任を問えないとすることには合理的理由があるとしても，該議員による明らかな名誉毀損・プライバシー侵害行為を一律に適法としてしまうことは，人権は原則として内在的制約にのみ服するという学説上広く承認された憲法法理と抵触することになるのではないか．憲法自体が明文上そうした政策的制約を容認しているのであればそれに従うほかないが，そうでない限り，人権規制に関する一般法理が妥当すると解すべきではないか．」（ジュリスト1052号85頁）

私自身は，この相対的免責説を支持している．なぜなら，先に述べたとおり，免責特権の本質が議院の自律権の保護を保護法益としていると考える場合，議院として必要な限度の保護にとどめれば十分だからである．

(3) 国家賠償法との関係

どちらの説をとる場合にも，国会議員は公務員であり，その職務を行うに当たり，他人に損害を与えたのであるから，国家賠償法の適用の問題となる．

憲法17条国家賠償請求権の性質については，かつては代位責任，すなわち，公務員個人が不法行為を犯した場合に，その雇用者としての地位から，国が代わって損害賠償の責任を負うという考え方も存在していた．現行国家賠償法の制定者は明らかにそのような思想に立っていたと考えられる．

しかし，判例は同法施行の当初から国家の自己責任，すなわち，公務員の不法行為ではなく，国そのものの不法行為について，国が賠償を行う義務があるという思想に立って，条文の文言とは大きくかけ離れた解釈論を展開して被害者たる国民を救済し，学説も多くはこれを支持してきた．

そうした説の展開の重要な結果として，職務の執行に当たり，国民に損害を与えた公務員個人が，国民に対して直接民事責任を負うことはない，という理論が確立している．今日，学説的には故意・重過失の場合には直接責任を負うとする説もないではないが，判例通説は一致して，公務員個人は免責されるとしている．

国会議員は，公務員である．したがって，国会議員の民事個人責任が追求されることがない権利は，51条ではなく，17条という，より一般的な形で保障されているのである．

上記札幌高裁判決は，免責特権に関して絶対説を採りながら，他方で国賠法における国の責任を認める．が，繰り返して強調するが，個人責任を追及されない権利は，17条で保障されているのであって，51条で保障されているのではない．絶対免責として保護を17条よりも拡張していると主張するならば，それは，それが適法行為であるが故に，国もまた賠償責任を負わない，と解釈しない限り無意味な主張である．

無理に合理的にこの判決を理解しようとすれば，故意・重過失がある場合における国賠法1条2項の求償権が否定されるという意味に理解する他はない．しかし，では，免責特権でいう免責とは，違法ではあるが，責任だけが問われない，という意味なのであろうか．だが，それでは，議員本人として萎縮効果が生じるのを避けることができず，表現の自由の絶対的保護のための制度という理論の前提と矛盾する結果となる．

絶対的免責特権を認めるならば，選挙民による道義的追求等政治的な責任に期待し，究極的には選挙における国民の審判にゆだねる，という考え方をとるべきではないだろうか（同旨野中他『憲法Ⅱ〈第4版〉』101頁以下（高見勝利執筆部分））．少なくとも，求償権の行使を認めないとしつつ，国賠法の成立を認めるのは理論の飛躍というべきであろう．

それに対して，上記相対的免責説の場合には，当然国賠法がそのまま適用になると考えることができる．

なお，最高裁判例は，免責特権の憲法上の性格に関する言及を避け，国家賠償法上，公務員は被害者に対して個人責任を負わないことを根拠に，議員個人に対する請求を退け，また，在宅投票制度廃止事件最高裁判例に示された職務行為基準説を適用して国に対する請求を退ける，という形で，国家賠償法の解釈論のレベルで処理した．

3 国会議員の懲罰について

先に述べたとおり，免責特権の保護法益を議院の自律権と考える場合には，議院がその自律権の内容として，議員に対して懲罰権を有するのは当然であり，これは司法権の内在的制約に該当するので，司法審査権は及ばない，と解するべきことになる．

それに対して，議員個人に対する絶対的な保護

制度と理解するときは，議員の自由を，その属する組織体が侵害する場合には，当然司法的保護が与えられるべきである．なぜなら先に紹介したとおり，絶対的保障の根拠が先に挙げた「政府が反対党員の言論をとらえて法的責任を追及する恐れ」というものにあるならば，議院内閣制をとる現行憲法の下では，政府与党による反対党に対する弾圧のおそれは，議院による懲罰の場合にも存在しているからである．したがって議院による懲罰からも免責を認めないと，理論としての整合性を欠くといわざるをえないことになる．

ただし，現行憲法は，議員の懲罰について特に規定をおいているから，その規定の効力で，司法審査権が排除されている，と解する余地はある．しかし，その場合にも，この規定の正当性に関しては大きな疑問を呈すべきことになるだろう．

4　地方自治体の場合

議員の議員としての活動に，民事，刑事の免責を与える必要は，地方自治体議会の場合にも同様に存在するというべきである．すなわち，議会における演説，討論または評決にあたって，個人の名誉を毀損するような発言等は当然に予想され，それに免責を与えない限り，議会制民主主義の健全な活動は期待できないという点では，国会であると，地方議会であるとを問わないからである．もちろん，憲法93条の特殊性から，地方議会には，憲法51条の持つ主要な効果，すなわちリコールの禁止を読むことはできない．しかし，地方自治の本旨を尊重する立場から，92条及び93条を根拠として，議会の自治を尊重する以上，免責は当然認められるべきであろう．すなわち，地方自治の本旨に該当する活動である限り，それに対して国家機関が干渉する行為は自治権の侵害というべきであり，司法権あるいは検察権も国家機関である以上，その活動という形式を通じた干渉もまた禁じられると説明すれば良いであろう．

このように免責特権の根拠が自治権にあるとする場合には，上記絶対的免責説を地方レベルで肯定するのはきわめて困難である．相対的免責説に立つ場合には，自治体議会の自律に必要な限度で免責を認めるのであるから，その成立は当然認められる．すなわち，この点について明言する論者はいないが，絶対的免責説をとる場合には，国会と地方議会とで説を使い分ける他はないのではないか，と考える．

判例は，議院の自律権という表現に代わって，いわゆる部分社会の法理によっている．しかし，議院の自律権という概念の正体も，憲法上尊重するべき自治権を有する組織の内部自律の尊重なのであるから，部分社会論とその実質において差違はないというべきである．すなわち，諸君が部分社会論を否定する場合にも，肯定する場合にも，その実質的根拠として，上記のような92条からの展開を論ずる必要があると考える．

問題は本問のメインテーマである除名の場合である．国会の場合には，憲法58条が明言しているので，これについての司法審査権は，憲法訴訟論にいうところの内在的制約に抵触し，許されない，と考える点，特に問題はない．

これに対して，地方議会の場合，判例は，純然たる内部自律にとどまる場合には司法審査権は及ばないが（村議会議員出席停止処分事件＝最大判昭和35年10月19日＝百選〈第5版〉414頁参照），除名の場合には及ぶとしている（米内山事件＝最大決昭和28年1月16日＝行政判例百選第5版416頁参照）．すなわち，身分そのものの得喪にかかわる場合は，自治権尊重の限界を超えている，とするのである．例えば，地方自治体職員の免職などに司法審査権が及ぶことに関して争いはなく，したがって，これを支持して何ら問題はない．

ただ，私はこの判例に反対の意見を持っている．議員の地位は，究極的には選挙民の支持に立脚していることを考えると，除名の場合にも，選挙民の判断にゆだねるのが妥当であり，一律に議会の懲罰については，司法審査は及ばないと考えるのが，議会制民主主義の理念に照らし妥当と考える．

実際問題として，議員が除名された場合には直ちに補欠選挙が行われる（公職選挙法113条参照）．したがって，除名処分が司法審査の対象となると考えた場合，除名が無効と判決されると，同一の議席に対して除名された議員と補欠選挙で当選した議員の二人が存在することとなり，いずれが優越するかという解決困難な問題が生じてしまう．理論的に考えるならば，除名が無効であれば，補欠選挙そのものが無効なのだから，除名された議員が優先する，と考えることもできる．しかし，民主主義の理念に照らして考えるならば，最近時の選挙で当選したものと考えるべきであろう．その場合，結局，除名無効判決はその意義を失ってしまうはずである．

第9講　政党の内部自律と司法審査

■問 題

　政党Aは平成〇〇年の参議院議員選挙において，比例代表選出（拘束名簿式）のための候補者名簿を選挙長に提出した．Xはその名簿に第5位の候補者として記載された．選挙の結果，上位4人が当選し，名簿順位5位であるXは，次点となった．

　翌年6月に衆議院が解散されたことにともない，同年7月に衆議院議員の総選挙が行なわれることになった．A党では，同総選挙に，名簿第1位に記載されて当選していたA党首Bが，参議院議員を辞職して立候補することになった．その場合には，公職選挙法112条2項に基づき，本件届出名簿における第5順位のXが繰り上げ当選することになる．

　ところが，Bは，6月22日，Xを同党本部に呼び出し，信頼関係がなくなったからとのみ述べて，名簿登載者たる地位の辞退を求めたが，Xはこれを拒絶した．しかし，A党は，翌23日，本件選挙の選挙長に対し，XをA党から除名した旨の届出をし，本件除名届出は同月24日受理された．

　Bは7月4日公示の衆議院議員の総選挙に立候補したことに伴い，参議院議長は，7月5日，内閣総理大臣に対して，Bが同日公示の衆議院議員の総選挙に立候補する旨の届出をし，これにより同日参議院議員たることを辞したものとみなされ，欠員が生じたとの通知をした（国会法110条）．そこで，同日，内閣は中央選挙管理委員会（以下「Y」という．）に対してこの旨を通知し（公選法111条1項2号），Yは，本件選挙の選挙長に対し，右通知がなされた旨を通知した（同条2項）．

　これを受けて，選挙長は，公選法112条2項に従い選挙会を開き，選挙会は，A党届出名簿の登載者のうちから，第6順位のCを当選人と定め，Yは同月16日，Cの住所及び氏名を告示した．

　そこで，Xは，次のように主張して，除名は無効であり，その有効であることを前提として行われた本件当選人の決定もまた無効であるとして，Yを相手取って，選挙無効の訴えを提起した．

　すなわち，除名は，政党の党員に対する極刑処分にあたるものであるのに，本件党則にはいわゆる告知・聴聞及び不服申立ての適正手続を定めた規定が存在しない．党則に除名手続についての告知・聴聞等の適正手続の規定が明文の規定として存在しなくとも，除名手続については条理上適正手続（告知・聴聞等）は当然に要求されるべきものであるが，Xに対し，除名に関し事前に何ら告知がなく，弁明の機会も全く与えられなかったばかりでなく，不服申立ての機会も与えられなかった．また，そもそもXの除名問題を協議したとされる党紀委員会決議には重大な瑕疵があり，さらに，臨時常任幹事会も有効に成立していないうえ，右常任幹事会における決議は投票によることが必要なところ，本件除名の決議は投票による表決が行われていないのであるから，本件除名決議は不存在であるか無効というべきである．

　憲法の要請する民主制の原則から，「拘束名簿式比例代表制」のもとにおいていったん届出名簿に基づいて投票がされた後に名簿登載者の順位を変更することは認められず，除名を濫用することによって国民の政治意思が排除されることは許されない．本件除名はまさに選挙によって国民が選出した公職者を変更するためになされたものであり，公党たる政党の一部権力者による恣意的で違法な除名により，国民の審判を経た拘束式名簿の順位変更がなされるということは許されない．そのため，除名届出の受理及び当選人決定にあたっては，「当該除名の手続を記載した文書及び当該除名が適正に行われたことを代表者

が誓う旨の宣誓書」を審査することが法律上義務づけられており，その審査にあたっては，選挙に際し届け出られた名簿，党則等との照合は不可欠であり，選挙長及び選挙会は，これらを照合して審査する義務を負うところ，本件選挙長及び選挙会は，本件除名届出の受理及び当選人の決定にあたって，右の審査をしておらず，本件選挙会の本件当選人決定には，右審査義務を尽くさなかった違法がある．したがって，本件除名及び本件除名届出が有効であることを前提としてされた本件当選人決定も瑕疵を帯びるものというべきである．

したがってA党首Bが参議院議員を辞したことにともなう繰上補充としては，第5順位たるXが当選人として定められなければならないので，第6順位のCを当選人とする本件選挙会の決定は，当選人となるべき順位にない者を当選人としたものであり，無効というべきである．

これに対し，Yは次のように主張した．

議会制民主主義のもとにおける現代の国政において重要な役割をもつ政党の内部秩序への国家権力としての法の介入は十分慎重でなければならない．したがって，拘束名簿式比例代表制において，特にその根幹をなす名簿の作成については，各政党が全責任を持って行うべきものであり，国家権力がそれに介入することは，厳に慎むべきものである．同様に，政党が行う除名の届出についても，どの名簿登載者を除名するかは，国民に対して責任を有する政党が自己の責任においてのみ判断しうることであることは当然であり，また，除名の手続についても，具体的にどのような手続を定め，それを実践するかについては，当該手続があくまで政党の内部事項であるという点からも，その政党の内部秩序の基本としてその政党自身がその責任において決定すべきであることは明らかである．したがって，選挙長は形式的審査権のみを有し，実質的審査権を有しないのである．除名については，たとえそれが政党内部すなわち政党と当該被除名者との間においてその有効性について争いがあるとしても，また仮に，結果としてそれが無効であったとしても，国民に対して責任を有する公党である政党が自己の責任においていったん行った除名の届出が，選挙長の形式的審査の結果有効に受理されれば，その届出行為は対選挙長との関係においては適法有効なものとなるのは当然である．したがって，その後の比例代表の繰上補充のための選挙会の当選人の決定も当然適法なものとなる．

上記XYの主張に含まれる憲法上の論点について指摘し，論ぜよ．

この講での論点細目次と論述のヒント

はじめに
1　政党の定義
2　政党の概念
　(1)　社会的団体説
　(2)　公的性質説
①　国家機関説
②　媒介機関説
3　わが国現状における政党に対する規制

はじめに

長文の問題文となったが,日本新党繰り上げ当選事件（最判平成7年5月25日＝百選〈第5版〉348頁参照）を,事実関係を簡易化した（実際は2名の繰り上げ当選）上で,その裁判における争点における原告及び被告の主張を,判決からそのまま転記したものである.

この原告及び被告の主張は,要するに,政党の内部自律を尊重し,司法権を含む国家権力の介入を控えるのが正しいのか,それとも政党の公的性格を重視し,司法権を含む国民の監視の目を光らせるのが正しいのか,という問題である.これを換言すると,日本国憲法における政党の法的性格は何かと言うことが争点となる.

政党を憲法学上で論ずる際のポイントは,政治資金規正法等における用語を使うならば,「政党」と「政治団体」の異質性をきちんと押さえているかどうかである.正確には政治団体の一種が政党なのだが,本講では,政党を除外した狭義の政治団体に限定して「政治団体」と呼ぶことにする.この政治団体と政党とはかなり憲法上の位置づけや機能が異なる.したがって,同一の団体が,「政党」としての性格と「政治団体」としての性格を同時に持っているように書いてしまうと,論文としては破綻してしまうのである.

この問題の難しいところは,名簿搭載者が議員となった後に政党から除名された場合については,除名により議席を失わないことである.

この点については,国家公務員I種法律職で,平成15年度に次のような問題が出ている.

「最近の改正で付加された公職選挙法第99条の2は,衆議院及び参議院の比例代表選出議員が当選後に当該選挙で争った他の政党等に所属を変更したときは当選を失うものとした.また,国会法第109条の2も,同様に所属を変更した比例代表選出議員について退職者となることとした.

これらの改正規定の趣旨を説明し,これに含まれる憲法上の論点について論述せよ.
（参考）憲法第43条
　①　両議院は,全国民を代表する選挙された議員でこれを組織する.
　②　両議院の議員の定数は,法律でこれを定める.」

この問題と本講の問題は見た目はずいぶん違う.しかし,基本的な答案構成は同じものとなるということが判れば,本問はもう合格答案は書けたようなものである.要するに,政党論をしっかりと書ければよいのである.

国I問題について,若干補足する.

比例代表議員が,当選後に党籍を変更するという問題がわが国で最初に議論されたのは,1982年に公職選挙法が改正され,参議院でそれまでの全国区から比例代表制が導入されたときである.当初は,それは理論的な問題であるにすぎなかったが,やがて現実の問題となって現れた.

それは,八代英太（本名：前島英三郎）というコメディアン出身の車椅子の政治家の行動を通じてであった.彼はかつて人気のあるコメディアンであったが,1973年愛知県刈谷市で公演中に舞台から転落して脊髄損傷で車いすの生活となった.彼は,自らが障害者となったことからわが国福祉行政に存する問題を痛感し,それを正すべく,1977年に参院選全国区に立候補し,見事当選した.

その後,上述の通り,1982年に参議院の全国区が廃止されたことから,彼は,福祉党という政党を組織し,その党首として名簿第一位に登載され,自民党の福祉行政に対する批判を叫んで比例代表区で当選し,以後参院比例区で三選を果たした.しかし,国民の声を国会へ反映させるためには所属議員が一人しかいないミニ政党では駄目だとして,党首自らが福祉党から自民党に鞍替えした.このため,このような政党間移動が許されるかが当時国会で問題となった.しかし,委任命令の禁止（憲法43条,51条）との関連で,少なくとも当時の立法下では禁ずることはできないという内閣法制局見解が示されて,移籍は認められた.

同じ時期に,本講に取り上げた日本新党繰り上げ当選事件が起きた.こちらは最高裁まで争われたことは諸君も知るとおりである.この最高裁判決の結果,当選後なら党籍を離れ,あるいは失っても議員たる地位を失うことはないが,当選前なら名簿からの抹消となり,繰り上げ当選が阻まれるという矛盾が強く意識されることになった.

こうした問題を当選後の議員に関して解決するため,平成12年に議員立法の形で制定されたのが,国I問題でテーマとなっている国会法109条の2及び公職選挙法99条の2である.これは,かなり複雑な規定であるが,内容を要約すると,衆議院比例代表選出議員又は参議院比例代表選出議員が,自らが選出された選挙における他の名簿届出政党等に所属する者となったときは,退職者とな

ることとされた．また，公職選挙法99条の2により，当選人についても，同様の場合には当選を失うものとされた．これに対して，元の所属政党を離れて無所属になった場合や，選挙時になかった新たな政党等に所属した場合は，退職者とならない．また，元の所属政党等が他の名簿届出政党等と合併した場合なども退職者とならない．要するに，国会議員が当選後に政党間異動をした場合において，選挙区選出議員と比例代表選出議員とを区別し，比例代表選出議員については，議席を失うとしたのである．

この改正後においても，除名された場合には，議員になる前と後とで運命が逆転するという事態が依然として残っている．これを矛盾と考えるか，当然の結果と考えるか，という価値観が本問の答えを決めるということもできる．

1 政党の定義

本問で，政党の定義について書かねばならないということではないが，少なくとも政党概念を明確に把握する必要がある．そこで，まず政党をどう定義するか，という問題の意義について考えてみよう．何時も強調するとおり，定義は，常にその目的と結びついて下されなければならない．

憲法学としては，わが国の場合，憲法21条の結社の自由が政党の唯一の根拠なのであるから，凡そ政治的に影響を与える意図のあるすべての結社（政治結社）を念頭に置いて，その中で不当な差別とならないか否かを基準に論ずるべきである，と言われる．その立場から，例えば戸波江二は，政党について次のように定義する．

「政党とは共通の政治的意見を持つ人々が，その意見を実現するために組織する政治団体である」（『憲法〈新版〉』（ぎょうせい）355頁）

これは21条の政治結社を意味すると解され，その意味で穏当であろう．しかし，実は憲法学上，この21条の意味における政党は，わざわざ「政党」として取り上げ，論ずる実益をほとんど持たない．なぜなら，憲法学で，他の結社と区別して政党を論ずるべき必要性は，政党が議会制民主主義を前提として，議会を基盤として活動する点にあるからである．したがって，21条の政治結社一般と，この議会制民主主義を支える政治結社とは，どこが共通してどこが違うのかを考える必要がある．以下では，両者の区別を明確にするために，政治資金規正法等の一連の立法に用語を使用して，議会制民主主義を支える点に意義を有する政治結社を狭義の「政党」と呼び，21条に該当する政治結社から政党を除外したものを狭義の「政治団体」，と呼んで区別する．本講が取り上げる政党は，この狭義の政党についてである．

政治資金規正法3条は，政治団体を定義して次のようにいう．

① 政治上の主義もしくは施策を推進し，支持し，またはこれに反対することを本来の目的とする団体

② 特定の公職の候補者を推薦し，支持し，またはこれに反対することを本来の目的とする団体

③ 前2号に掲げるものの他，次に掲げる活動をその主たる目的として組織的かつ継続的に行う団体

　イ　政治上の主義もしくは施策を推進し，支持し，またはこれに反対すること．

　ロ　特定の公職の候補者を推薦し，支持し，またはこれに反対すること．

この定義が，ほぼ戸波江二の政党の定義と整合していることは判ると思う．ただ，この法律は外形から規制することを目的としているから，「共通の政治的意見を持つ人々」というような主観的要件が欠落し，「その意見を実現するため」というような漠然とした表現の代わりに個別具体的な表現に置き換えているに過ぎない．

政党は，この政治団体の一種であるには違いないのだが，議会制民主主義を基盤とするために，諸君がいうところの公的性格を有している点で，まったく異質の団体である，としているところが，この法律の大事なところである．

すなわち，政治資金規正法4条は政党を定義して，上記政治団体のうち，次に該当するものをいうとして，絞り込みをかける．

① 当該政治団体に属する衆議院議員または参議院議員を5人以上有するもの

② 直近において行われた衆議院議員の総選挙における小選挙区選出議員の選挙若しくは比例代表選出議員の選挙または直近において行われた参議院議員の通常選挙若しくは当該参議院議員の通常選挙の直近において行われた参議院議員の通常選挙における比例代表選出議員の選挙若しくは選挙区選出議員の選挙における当該団体

の得票総数が当該選挙における有効投票の総数の100分の2以上であるもの

政党助成法2条は，政党の定義として，若干表現は変わるが，この規定を基本的に承継している．あるいは，公職選挙法も同様である．要するに，現に国会である程度の勢力を持っているか，少なくとも国政選挙で，選挙区や投票の方法で恵まれれば国会に勢力を持ちうる可能性を持っているものだけを，これらの立法では政党と呼んでいるということが判る．

政党という概念を，21条の政治結社と広く解さずに，このように絞り込んでいるのはなぜであろうか．この点に関する代表的な判例の見解として，八幡製鉄政治献金事件における東京高裁昭和41年1月31日判決（昭和38年(ネ)第791号）を見てみよう（この事件の最高裁判決については百選〈第5版〉348頁350頁）．

「憲法の定める代議制民主制の下における議会主義政党（以下政党という．）は，代議制民主制の担い手として不可避的かつ不可欠の存在であって，国民主権の理念の下に㈠公共的利益を目的とする政策，綱領を策定して，国民与論を指導，形成する㈡政治教育によって国民の政治意識を高揚し，国民個人を政治社会たる国家の自覚ある構成員たらしめる㈢全体の奉仕者たる公職の候補者を推薦する㈣選挙により表明された民意に基いて政府を組織し，公約を実行する等の諸機能を営むことを本来の任務とし，まさに公共の利益に奉仕するものである．代議制民主政治の成否は，政党の右の任務達成如何にかかるといっても過言ではない．」

引用部分冒頭の政党の定義は，本講で強調している狭義の政党に関するもので政治団体を含まないということが判るであろう．すなわち，議会制民主主義の下で，議会を基盤として活動する政党には，そこにあげた4つの重要な公的機能を果たしている．それに対して，政党を除外した政治団体は，基本的には，個々人が有している政治的表現の自由を，集団的に行使する自由を意味する．すなわち，政党が，その活動において公的性格を有しているのに対して，狭義の政治団体は私的性格を有しているという点で，根本的な性格の差違が存在するのである．

狭義の政党は，その公的性格の故に，政治団体に比べて遙かに広範な規制を受ける反面，政治団体には認められない公的な様々な特権を与えられることになる．これこそが，本講が問題にしようとしている政党の憲法上の機能である．ここから発生する問題は，大きく2つに分けることができる．第1に，どの範囲でそうした規制や特権が許容されるか，という問題である．第2に，上述した政党と政治団体の差違は，あくまでも典型的な存在を念頭に置いているが，両者の限界をどのようにして設定するのが妥当か，という問題である．以下，検討しよう．

2　政党の概念

古典的な国民主権原理に基づく議会観によれば，議会とは国民の一般意思を表す組織体であった．しかし，制限選挙が廃止され，普通選挙が実施されるようになることにより，議員は「全体の奉仕者であって，一部党派の代表者ではない（ワイマール憲法130条1項）という理念に反して，その選挙区の特殊利益の代表者としての地位を占めるようになる．その結果，議会には，その選挙の時点における国民の間の利害対立の図式がそのまま持ち込まれるようになってくる．それに伴い，議会は，国民全体の利益を図る場というよりも，社会における利害対立を，国民全体の利益の実現という観点から調整する場であると観念されるようになる．

議会が利害調整の場ということになると，それに先行して，国民個々の持つ利害を明確，かつ集中的に議会に反映させることが必然となる．それには様々な方法があるが，その機能をもっともよく果たしうるのが政党であった．

トリーペル（H. Triepel）は，議会と政党の関係を整理して，政党に対して国法は，①敵視（Bekämpfung），②無視（Ignorierung），③承認及び合法化（Anerkennung und Legalisierung），という諸段階を経て，最終的には④憲法編入（verfassungsmässige Inkorporation）という段階にいたるという説を唱えた．ここで言われていることは1つの理念型であり，すべての国家がこのような段階を通るということではないが，それが憲法と政党の関係のすぐれた分類であることは確かである．このトリーペルの4段階説の詳細な内容については，諸君自身の基本書を参照してほしい．この説を，諸君がこの論文の中に詳細に書く必要はない．しかし，そこで4段階に分けて問題にされている基本的な認識こそが，現代日本で政党規制をめぐって論じられる中心論点を端的に示したものである，と言う意味で，何らかの形で4段階説の内容への言及

を避けるわけには行かないのである．そして，トリーペルが問題にした政党とは，まさに本講で政党と呼んでいるもののことであって，狭義の政治団体は含まれていない，という点も理解しておいて欲しい．政治団体は，議会との関係を考える余地はないから当然のことである．

ドイツ憲法などでは，明確に政党を憲法編入しているが，その場合，憲法的規制の対象になるのは，したがって本講で言う政党であって，政治団体ではない．この政党が，政治団体と異なるどのような性格を有するかについて，ドイツにおける学説の対立を利用して，以下，考え方を整理してみよう．

(1) 社会的団体説

この学説は，政党を，本講でいうところの政党と政治団体とを一体的に理解しようとし，その意味で政党の公的性格を否定する見解である．

すなわち，政党の持つ本来的な地位は，結社の自由に基づく団体としての政党であって，ここでは個人の自由権の延長線上で理解されることになる．この立場では，政党がその根を社会においていること，利益集約的機能や提起機能を果たすこと等が重視され，1つの任意的非営利集団であるとされる（社会団体説）．この面を強調する場合には，政党に対する国家からの干渉は可及的に制限されねばならないから，政党に保障されるべき設立の自由，活動の自由，内部統制の自由，解散の自由等が強調されることになる．

社会団体説による限り，国家として政党に干渉することは許されないから，例えばその政治資金を規正することはもちろん許されないが，それと同時に「公の支配に属しない団体」に公金を支出する事は許されない（憲法89条）から，政党に対する国家補助もまた論外ということになる．

(2) 公的性質説

これに対して，政党と政治団体との異質性を強調し，政党について，憲法上の特権的地位とそれに伴う特殊な制約を肯定しようと考える場合には，その政治団体との異質性の表れとして政党の公的性格が強調されることになる．公的性格の強度をどのように理解するかにより，次の2つの学説に分類することができる．

① 国家機関説　ドイツで憲法編入を要請するに至った政党の新しい地位は，政権担当能力という面に端的に現れてくるところの国家機関としての側面と考える説である．この側面を重視する場合には，憲法典上の公的機関としての政党は，その根拠たる憲法秩序に適合されることが要請される．現行のドイツ基本法が，自由と民主主義の名の下で，自由＝民主主義を否定する政党は存在してはならない，として，共産党や国家社会主義党（ネオナチ）を違憲＝非合法化したのは，この国家機関としての性質に鑑みてのことである．あるいは，イギリスでは，野党の組織する影の内閣（Shadow Cabinet）の閣僚に対しても，国庫から報酬が支払われるが，これも政党の持つ国家機関としての機能を肯定すればこそ認められることといえよう．

しかし，わが国のように，政党が憲法編入されておらず，また2大政党制が確立しているわけでもない段階で，憲法上の政党の地位として，このような説を唱えうるか否かは疑問のあるところといえよう．

② 媒介機関説　政党を媒介機関とする説は，上述の政党＝国家機関説の持つ硬直性を排除しようとして工夫されたもので，この範疇に属するいくつかの学説があるが，いずれも，公と私のいずれかという画一的分類を排除し，その中間の独特の法領域にある団体として理解する．程度の差こそあれ，わが国での理解はこの範疇に属する理解といって良いであろう．先に紹介した八幡製鉄政治献金事件における東京高裁判決は，その典型例ということができる．

3　わが国現状における政党に対する規制

わが国現行憲法は21条で明確に結社の自由を保障しているが，同条において積極的に政党に論及することは，していない．これは，わが国が戦前において真の意味で政党国家であった経験がないため自らの意思で政党規定を欲しなかったことに加え，現行憲法の制定に大きな影響を与えた米国も，政党に対する憲法規制を持たなかったことが反映しているものと考えられる．

このことだけから考えれば，わが国は，トリーペルの段階説でいうところの第2段階である無視段階と理解することができる．そのことは，議員に関して，全体の奉仕者性（15条，43条1項）及び討論及び表決における無答責が強調される（51条）点に端的に現れる．この理解を徹底すれば，政党が議員の表決を党議で拘束し，党の決定と異なる投票をした場合に，党内で責任を追及することは，憲法の趣旨に反するということができる．

他方，憲法が明確に採用している議院内閣制は，黙示的に政党制度を前提としているということが

できる．その意味では，現行憲法は，トリーペルの 4 段階説でいうところの第 3 段階である承認及び合法化という段階にあると評価することもできる．この側面を重視する場合には，党議に拘束力を認めるのも当然ということになる．さもなければ，多数党の信任の下に存在する内閣は，安定的な施策を展開することは不可能だからである．すなわち，党議拘束性の肯定論は，議院内閣制から導くことができる．この点，結社の自由保障規定を明文で持たず，議院内閣制の代わりに独特の大統領制を採るアメリカ憲法の下で，連邦裁判所が政党の民主主義的媒介機能を明確に認めているにもかかわらず，党議拘束性が肯定されていないことは，非常に示唆的である．

このように同時に相矛盾する規定を有するため，そもそもわが国憲法が，政党を予定していたといえるか否かが，本問では 1 つの問題とならざるを得ない．

従来，学説・判例は政党を 21 条の政治結社の一類型として把握する傾向を示してきた．

例えば，議員の全国民代表性に関する 15 条，43 条 1 項，及び議員における討論・表決における議員の無答責を定めた 51 条に関して，佐藤幸治は次のように述べる．

「(これらの規定が) 政党に対して防御的含みをもっていることは否定できない．議員は，選挙に際し所属政党の公約を支持することによって全国民を代表することを表明するのであるから，当選後その党の政策・方針と相容れない行動に出たときには，当該政党による除名という形で政治責任を追及される可能性は否定されない．が，所属政党の除名即議員としての資格喪失という法的帰結は，43 条 1 項や 51 条からいって，憲法上許されないと解される(比例代表選出議員についても同様である)．これが近代議会制と政党国家現象との調和に関する日本国憲法の処方箋であるとみられる．」
(佐藤幸治『憲法』〈第三版〉128 頁)

このように，内部自律を認めることと，それを公的関係において，尊重することはイコールではない．先に紹介した国 I 問題が言及していた法改正が，除名と議員資格をつなげていなかった理由もここにある．

つまり，政党の純然たる内部規律に属する問題である限り，その政党の自律権は尊重されなければならない．最高裁判所は共産党 vs 袴田事件において，政党の内部自律を尊重した判決を下したが，その中で政党について次のように述べた．

「政党は，政治上の信条，意見等を共通にする者が任意に結成する政治結社であって，内部的には，通常，自律的規範を有し，その成員である党員に対して政治的忠誠を要求したり，一定の統制を施すなどの自治権能を有するものであり，国民がその政治的意思を国政に反映させ実現させるための最も有効な媒体であって，議会制民主主義を支える上においてきわめて重要な存在であるということができる．」
(最高裁判所第 3 小法廷昭和 63 年 12 月 20 日判決＝百選〈第 5 版〉418 頁参照)．

この判決が採用している論理は，先に紹介した社会的団体説と，媒介機関説の奇妙な混合である．すなわち，前半はあきらかに社会的団体説に立ってその自律性を強調し，後半は一転して明確に媒介機関説を採用している．先に述べたとおり，この 2 つの学説は，政党の本質の把握において対立しているのであるから，このように一つの文章の中で無造作につなげて書くことは不当なものといわなければならない．判決そのものは，結論として共産党の内部自律を尊重し，司法権の行使を自制するとの結論を導いているから，結局，媒介機関説に対する言及はリップサービスにとどまり，全体としては社会的団体説を採用している，と結論を下すことができる．

これに対し，本講では，X が既に名簿の第 5 順位に登載され，有権者は，そのことを前提に A 党に投票した，という事実が存在している点を重視すると，結論は変わる．日本新党繰り上げ当選事件の東京高裁平成 6 年 11 月 29 日判決は，次のとおり，名簿登載順は，単なる内部事項ではないと述べた．

「この名簿登載者の選定は，公的ないしは国家的性質の強いものというべきであるのみでなく，当選人は，実質的には，政党の名簿登載者の選定と当該選挙において当該名簿届出政党の得票数によって定まるものであるから(95 条の 2)，政党の名簿登載者の選定は，拘束名簿式比例代表制による参議院議員の選挙においては，その選挙機構の必要不可欠かつ最も重要な一部を構成しているものであって，当選人決定の実質的な要件をなしているものというべきである．〈中略〉政党の名簿登載者についてする除名は，名簿登載者を変更することにほかならないものであり，名簿登載者の選定が公正に行われたとしても，名簿

登載者の除名が存在しないか又はそれが当該政党の規則,綱領等の自治規範に従ったものでない等のため無効と認めるべきときにおいても,当該選挙の選挙長に対し,法定の事項が記載されている除名届出書並びに除名手続書及び宣誓書が提出されたことのゆえのみをもって,被除名者を当選人と定めることができないとすることは,実質的な公正を損なう結果を招来することは明らかである.のみならず,拘束名簿式比例代表制のもとにおいては,選挙人は政党に対して投票するものであるが($\frac{46条}{2項}$),憲法43条1項の規定上議員個人を選ぶ選挙であるとの基本的枠組みを維持するため,選挙人の右政党の選択は名簿登載者及びその順位をも考慮してされるものであり,法的にもこれが保障されているものであるところ($\frac{167条2項,}{175条1項等}$),いったん届け出られた名簿に基づいて投票が行われた後においてされる政党の除名は,各簿登載者及びその順位をも考慮してされた選挙人の右投票についての意思(ちなみに,本件選挙における日本新党の得票数は前示のとおり361万余にも及ぶ.)をも無視することとなるものであるから,名簿登載者の選定についての法的性質及び拘束名簿式比例代表制のもとにおける参議院議員の選挙機構において占めるその重要性,右選定が当選人決定のための実質的要件をなしていると解すべきである.〈中略〉したがって,政党の名簿登載者についてした除名が存在しないか又は無効である場合には,選挙会が,除名手続書及び宣誓書に基づいて,右除名が存在し,かつ,有効であることを前提としてされた繰上補充による当選人の決定は,その存立の基礎を失い,無効に帰するものと解すべきである.」

このような公的性格に基づき,告知聴聞があるべきであるとする.

「政党が民主的かつ公正な適正手続を実質的に保障しない手続のもとにおいてしたその所属員に対する除名を無効と解すべきかどうか,換言すれば,政党に対し,その自治規範が定めていない民主的かつ公正な適正手続を遵守すべきものとし,これに従わないでされた除名を無効と解すべきかどうかは,前記のように政党には憲法21条1項により最大限の自治ないしは自律が保障されていることとの関係上,慎重に検討することを要するものというべきであるが,拘束名簿式比例代表制による参議院議員の選挙において,いったん届け出られた名簿に基づいて投票が行われた後における名簿登載者に対してする当該政党の除名については,民主的かつ公正な適正手続を遵守すべきものとし,これに従わないでされた除名は,これを無効と解するのが相当というべきである.」

これに対し,最高裁判所は,名簿に登載されていようとも,依然として内部自律を尊重すべきであるとし,上記**袴田事件判決**を引用して次のように述べた.

「法が名簿届出政党等による名簿登載者の除名について選挙長ないし選挙会の審査の対象を形式的な事項にとどめているのは,政党等の政治結社の内部的自律権をできるだけ尊重すべきものとしたことによるものであると解される.

すなわち,参議院($\frac{比例代}{表選出}$)議員の選挙について政党本位の選挙制度である拘束名簿式比例代表制を採用したのは,議会制民主主義の下における政党の役割を重視したことによるものである.そして,政党等の政治結社は,政治上の信条,意見等を共通にする者が任意に結成するものであって,その成員である党員等に対して政治的忠誠を要求したり,一定の統制を施すなどの自治機能を有するものであるから,各人に対して,政党等を結成し,又は政党等に加入し,若しくはそれから脱退する自由を保障するとともに,政党等に対しては,高度の自主性と自律性を与えて自主的に組織運営をすることのできる自由を保障しなければならないのであって,このような政党等の結社としての自主性にかんがみると,政党等が組織内の自律的運営として党員等に対してした除名その他の処分の当否については,原則として政党等による自律的な解決にゆだねられているものと解される.」

どちらで書いても,論理さえきちんと貫かれていれば,合格答案になる.

私自身の個人的な意見としては,袴田事件と異なり,名簿に登載されている以上,それはもはや単なる内部自律の問題ではなく,公的問題である.いまだ議員になっていない時点において,除名することで,議員になる可能性を抹消することは許されるが,そのためには,憲法31条にしたがった告知・弔問を必要とするというべきではないだろうか.議会制民主主義を標榜する団体内部において,非民主的な手続で議員候補者が決定され,あるいは変更されることは,許されないと考えるべきである.

第2章 行　政

第10講　内閣総理大臣の地位と権限

■問　題■

　内閣法は,「内閣は,国民主権の理念にのっとり,日本国憲法第73条その他日本国憲法に定める職権を行う.」（第1条第1項）,「内閣は,国会の指名に基づいて任命された首長たる内閣総理大臣及び内閣総理大臣により任命された国務大臣をもって,これを組織する.」（第2条第1項）,「閣議は,内閣総理大臣がこれを主宰する.この場合において,内閣総理大臣は,内閣の重要政策に関する基本的方針その他の案件を発議することができる.」（第4条第2項）,「内閣総理大臣は,閣議にかけて決定した方針に基づいて,行政各部を指揮監督する.」（第6条）等々と定めている.

　内閣法のこれらの規定は,日本国憲法についてのどのような理解に基づくものと解すべきかについて,論述せよ.
（平成13年度国家公務員I種法律職問題）

●類　題

　甲内閣総理大臣が,A航空機製造会社の委託を受けて,国土交通大臣に,同社の製造する航空機をB民間航空会社に購入するよう働きかけることを命じ,A社よりその報酬として金銭を受理した.

　この事件における憲法上の問題点を指摘し,論ぜよ.

■この講での論点細目次と論述のヒント■

問題の所在
1　行政権の帰属
2　首長の意義
　(1)　国務大臣の数の変更
　(2)　内閣総理大臣の指導性の明確化
　(3)　内閣及び内閣総理大臣の補佐・支援体制の強化
　　①　内閣官房の企画立案機能の明確化
　　②　内閣総理大臣の補佐体制の整備
　　③　内閣官房の組織の整備
3　内閣＝行政の意思決定機関＝の一員としての地位
　(1)　同等者中の第一人者
　(2)　内閣存立の要としての内閣総理大臣
　(3)　内閣の権限
4　行政の執行機関としての主任の国務大臣
　(1)　内閣の対外的代表者としての地位
　まとめ

問題の所在

　類題の方を見れば,これがロッキード事件（最大平成7年2月22日＝百選〈第5版〉398頁参照）を事例化したものだ,ということは,まじめに勉強している諸君なら,だれでも気がつくであろう.それに対し,メインの問題にはとまどった人も多いと思う.これが,答案構成的に見れば,全く同一のものを要求しているということに気がつける実力を育てることが大事である.

　現行憲法上,内閣の地位と権限に関してはある

程度はっきりした規定がある．これに対して，内閣総理大臣に関しては，72条に「内閣を代表して……行政各部を指揮監督する」という規定があるくらいで，その地位及び権限の内容がはっきりしない．さらに主任の国務大臣に関しては，連署に関してその名称が出てくるくらいで，規定はないに等しい．このため，特に内閣の決定がない場合や，不明確な場合における内閣総理大臣と主任の国務大臣相互の関係，特に職務権限の範囲が問題となるのである．ここで特に問題となるのが，内閣総理大臣は主任の国務大臣に対して優越的な地位を有しているか否か，そしてその優越的な地位の効果として，指揮命令権を有しているか否かである．そして，ロッキード事件ではまさにそれが争点となった．メインの問題の論点もまたそこにある．

1 行政権の帰属

憲法65条は，行政権は内閣に属する，とのみ述べて，立法権（41条）や司法権（76条）と違って，「唯一の」とか「すべて」という文言をともなっていない．これは，わが国憲法上，内閣が有するのは，憲法72条の明言するとおり，行政各部を指揮監督する権限に止まり，実際に行政権を行使するのは，72条の表現で言えば行政各部だからである．

行政組織は一般に独任制をとる．すなわち，ある行政機関の全権限は，その長に集中し，その機関に所属する職員による行政権は，すべてその長の命令，委任，もしくは代理という形式を通して行使されることになる．この行政権を行使する行政機関の長のことを，憲法74条は，「主任の国務大臣」と呼んでいる．すなわち，72条にいう「行政各部」と74条にいう「主任の国務大臣」は，同じことの別の表現であるに過ぎない．

66条1項は，内閣を内閣総理大臣及び国務大臣で組織されるとしている．この国務大臣が，主任の国務大臣と単なる国務大臣とに分かれることになる．現行内閣法2条によると，国務大臣の数は原則として14名以内とされている．ただし，必要があれば17名以内という緩和規定があり，現実問題としては常に17名である．

また，現行国家行政組織法によると総務省以下11省とされている．したがって，実定法上，主任の国務大臣は11名で，その他の国務大臣は原則として3名以下（実際には6名）とされていることになる．なお，これとは別に，内閣府設置法により内閣府が置かれ，その主任の国務大臣は，内閣総理大臣とされている．したがって，総理を数に含めるならば，主任の国務大臣は計12名といってもよい．

主任の国務大臣ではない国務大臣のことを，一般に「無任所大臣」と呼ぶ．かつては，無任所大臣は，総理府の外局としての地位を有する庁の長官に任命されるのが通例であった．しかし，2001年1月6日以降は1府12省庁体制となり，準省というべき規模を持つ防衛庁と国家公安委員会（警察を主管する）の長だけに国務大臣が任命された．このうち，防衛庁が2007年に防衛省に昇格したので，現在では，国家公安委員会委員長だけが，無任所大臣が宛てられている．しかし，一般には庁の長官ですらない国務大臣だけを無任所大臣と呼ぶことが多い．小泉内閣における柳澤伯夫金融担当大臣や，安倍内閣における高市早苗内閣府特命担当大臣（沖縄及び北方対策，科学技術政策，イノベーション，少子化・男女共同参画，食品安全担当）はその一例である．

2 首長の意義

憲法66条1項は，内閣総理大臣を内閣の「首長」と呼ぶ．この言葉の意味ははっきりしない．現行憲法は，内閣総理大臣を，一方で合議体である内閣の一員に過ぎないとしながら，他方で他の国務大臣の任免権（特に罷免権）を与えている．このような相互に矛盾する性格の権限をもつ地位のことを，この特殊な用語で呼んだと理解される．

芦部信喜は，『演習憲法［新版］』272頁で，憲法調査会における次のような発言を紹介することで，端的に問題意識を示されている．

> 「内閣制度で最も重要なことは内閣の国会（国民）に対する責任である．総理大臣が意見の違う大臣をやめさせることができる，という制度のもとでは，内閣の統一性は保たれるが，連帯性は保たれず，連帯責任の原則が守られない．その点では，明治憲法時代の内閣官制のもとの内閣の責任の方が強かったといえる．現行憲法の下で責任政治が行われない理由は，内閣制度がちぐはぐになっている点にある．」

これを受けて，宮沢俊義は，内閣が合議体である以上，総理大臣は明治憲法下の総理大臣と同じく「同輩者中の主席」であるのがむしろ自然であり，

「その矛盾は，実際の運営において，関係者の実践的英知によって，解決されていくほかしかたがない」と述べていた（と芦部が，上記箇所に続けて紹介している．ただし，その出典とされている箇所にその様な文はなく，どこから引用したのかは不明である）．

結論的に，首長という用語を，明治憲法下の総理大臣と同様に単に「内閣の首班」というだけの意味と理解するか（宮沢俊義著＝芦部信喜補訂『全訂日本国憲法』505頁），それとも他の国務大臣の上位に位置すると解する（例えば伊藤正己『憲法〈第3版〉』538頁）かは，個人の好みの問題であって，どちらを採ろうと構わない．結論を導くに至る論理が，論文では大事だからである．すなわち，結論に至るまでに，上述の問題意識がどこまできちんと論文中に示されているか，そして，その論理展開の結果，使用する用語理解の射程距離がどこまでかを，きちんと論じているかどうかが大事な点である．なぜなら，どちらの理解をしたところで，現行憲法には相矛盾する規定があるのだから，特定の理解ですべての場合を押し切ることはできないからである．たいていの教科書が「日本国憲法は，内閣総理大臣に首長としての地位を与え，国務大臣の任免権，行政各部の指揮監督権を与えている（戸波江二『憲法〈新版〉』403頁）」という調子で，首長という言葉そのものについては明確な定義せずに逃げているのは，こうした複雑さの反映である．

すなわち，本問の中心論点は，内閣と内閣総理大臣の関係である．現行憲法上，内閣総理大臣には，大別して，内閣という合議体の一員としての地位と，内閣を対外的に代表する地位という二重の地位が存在していることをきちんと押さえていることが，ここでの議論の中心となる．

なお，内閣総理大臣は，法律のレベルにおいて第3の地位を有している．それは前にちょっと触れた主任の国務大臣としての地位である．現行法上は，内閣府の長としての地位となる．しかし，これについては，本問では問題が明確に論点から除外しているので，述べる必要はない．

2001年1月6日から，行政機構が大幅に改正されたが，その内閣に関する変更点を参考までに以下に紹介する．

(1) 国務大臣の数の変更

国務大臣の数は14人以内とし，特別に必要がある場合においては，3人を限度にその数を増加し，17人以内とすることができることとする．

(2) 内閣総理大臣の指導性の明確化

内閣総理大臣が，閣議の主宰者として，「内閣の重要政策に関する基本的な方針」を発議することができることを明らかにする．

(3) 内閣及び内閣総理大臣の補佐・支援体制の強化

① 内閣官房の企画立案機能の明確化 内閣官房が「内閣の重要政策に関する基本的な方針」に関する企画立案及び総合調整を行うことを明らかにする．

② 内閣総理大臣の補佐体制の整備 内閣総理大臣補佐官の定数の上限を5人に引き上げ，及び内閣総理大臣秘書官の定数を政令で定めることとする．

③ 内閣官房の組織の整備 内閣官房に内閣官房副長官補，内閣広報官及び内閣情報官を置く等，内閣官房の組織を整備する．

この法改正の意義は，一般に内閣総理大臣の指導性の強化といわれる．しかし，上記のとおり，その意義は，少なくとも法制面に関する限り，あまりはっきり現れていないといわざるをえない．

3 内閣＝行政の意思決定機関＝の一員としての地位

憲法65条によれば，行政権は内閣に属する．すなわち，内閣という合議体が，行政における最高の意思決定権を保有している．内閣が意思を決定するための会議を「閣議」と呼ぶ（内閣法4条1項）．

(1) 同等者中の第一人者

閣議において，内閣を構成している国務大臣は，すべて対等の権限を有している．すなわち，各大臣は，案件の如何を問わず，閣議を求めることができ（同3項），発言し，表決することができる．

こうした閣議において，内閣総理大臣が有する権限は，従来は「閣議を主宰すること（同2項）」に尽きていた．要するに，閣議を召集し，議長として活動するだけであって，それ以上，何ら特別の権限を有しなかった．内閣法の2001年の改正で，これに加えて上述のとおり，「内閣の重要政策に関する基本的な方針」の発議権が認められた．しかし，これも発議権であるにとどまり，それ以上の積極的権限を予定していない．さらに，閣議においては，全会一致制が，明治憲法時代以来，憲法慣行として

採用されてきている．この全会一致制は，責任本質説に立つならば，内閣の本質的要素である連帯責任制度（66条3項）の反映と考えられる．この結果，全閣僚が拒否権を持つ．すなわち，1人でも閣僚が反対すれば，どれほど首相として推進したい案件であっても，葬られることになる．

したがって，この閣議における関係を見るならば，内閣総理大臣は，明治憲法時代と同様に，同等者中の第一人者に過ぎない．このことを重視するならば，首長という言葉は，宮沢俊義のように「内閣の首班」を意味すると理解するのが妥当ということになる．

これに対して，例えば米国の大統領制の場合には，大統領は，文字どおり首長であり，閣議においても他の国務大臣の上位者として優越的地位に立つ．というより，そもそも閣議という概念そのものが厳密にいうと存在しない．あるのは，大統領が，自らの意思を決定するために関係閣僚ないし大統領特別補佐官を集めて行うミーティングである．そこでは，閣僚達の意見はあくまでも参考意見であって，決定は大統領個人の権限である．その場にいる全員が反対しようとも，大統領はその好むところにしたがって意思決定をすることができる（リンカーンの有名な挿話がある）．これに対して，閣僚は黙ってその決定に従うか，辞職するかという選択の自由はあるが，決定を拒否する権利はないのである．

閣議においてリーダーシップをとるべきだから，と論ずる者があるが，合議制機関においてどこまでリーダーシップがとれるかは基本的に個人の資質に依存するものであって，米国大統領のように憲法制度的に保障されたものではない．したがって，憲法論としてそのことを言うのは誤りである．

(2) 内閣存立の要としての内閣総理大臣

内閣総理大臣は，内閣を存在させるという1点に関しては，しかし，疑う余地無く，他の大臣に優越する地位を有している．すなわち，国会は内閣総理大臣だけを選出し，他の閣僚として誰を選ぶかは，その裁量に委ねている．憲法は，裁量権の行使に対しては，わずかに文民であること（66条2項）及び大臣の過半数が国会議員であること（68条1項但書）というたった2つの制約を課しているにすぎない．

そしていったん成立した内閣において，国務大臣の誰かが欠けても内閣は総辞職する必要がないのに対して，内閣総理大臣が欠けた場合には，内閣は必ず総辞職しなければならないと定めて（70条），その存続の要としての重要性を明らかにしている．

しかし，上記の点は，憲法が確認的に定めたのであって，戦前の政党内閣においても当然のこととして認められていた．これに対して，現行憲法の最大の特徴というべきものは，内閣総理大臣に，意見の合わない閣僚を任意に罷免する権利が認められたことである（68条2項）．

これは，議院内閣制の根幹と言うべき責任内閣制の観点からする限り，かなり奇妙な規定といわざるを得ない．行政は一体的に執行されるべきであるから，内閣のような均質の小集団の中にあって，行政に関する意思決定に克服しがたい意見の対立が発生したような場合には，閣内不統一の責任をとり，内閣は総辞職をして，いずれの判断が正しいかの裁定を任命権者である国会に求めるのが本来の姿というべきである．しかるに，この規定があるがために，深刻な意見対立が生じた場合にも，内閣を改造して延命を図ることが可能となっている．換言すれば，連帯責任の原則を破っていることになるからである．

先に述べたとおり，わが国の内閣制では，戦前から一貫して閣議の全会一致制を採用しているために，一部閣僚の拒否権の発動により，閣内不統一ということで，明治憲法下において内閣が崩壊する原因になった．このため，政府が弱体で変わり易く，政治状況の不安定性から，軍部のファッショに道を開く結果となった．このような脆弱性をカバーするために，閣僚の拒否権に対して罷免権で応戦し得る力を内閣総理大臣に与え，閣僚が拒否権を濫用する事態を抑止する方策を導入した，と理解することができる．

内閣の本質論として，均衡本質説が存在する．すなわち，議会の内閣不信任権の濫用に応戦する武器として，現行憲法は衆議院解散権を内閣に与えている（69条）が，これにより権力分立制の要請する立法府と行政府の均衡を確保することに，議院内閣制の本質があるという考え方である．内閣総理大臣の閣僚罷免権もまた，それと同様の配慮から，政権の安定性確保のために導入されたものと理解するのが妥当である．

このような点に関して言うならば，内閣総理大臣は明らかに，他の国務大臣に比べて上位の地位にあるということができる．

しかし，罷免権が存在している，ということと，それを実際に行使することの間には，相当の隔たりがある．内閣総理大臣が罷免権を行使しなければならないほどに閣内不統一をさらけ出した内閣は，政治的求心力を失い，そのまま存続を続けることは政治的に困難だからである．実際，戦後においても，深刻な閣内不統一に見舞われた内閣は，いずれも総辞職に追い込まれている．例えば，ワンマンといわれた吉田茂も，第5次吉田内閣の際，1954年12月の第20臨時国会で内閣不信任案を突きつけられたとき，解散しようとしたが，副総理緒方竹虎の署名拒否にあい，彼を罷免しようとして果たせず，総辞職に追い込まれている．ちなみに，この内閣を最後に，吉田茂は事実上政界から引退することになる．その後，海部俊樹が，第2次海部内閣の際，1991年11月に衆議院を解散しようとして閣僚多数の反対にあい，やはり総辞職に追い込まれている．

確かに，問題発言をしたなど不祥事を引き起こしたにも関わらず，辞職しようとしない閣僚を罷免した例は存在するが，閣内における政策上の意見の対立で罷免に成功した例は皆無に近い（小泉内閣において，郵政民営化法案が参議院で否決されたことを理由に衆議院を解散したが，その際，反対する閣僚を罷免した上で，解散の閣議決定をした例がある．）．その意味で，69条の定める内閣の衆議院解散権と同じく，これは伝家の宝刀であって，抜くことは本質的に予定されていないといえる．

* * *

要するに，単なる同等者中の第一人者と見る説も，他に優越する地位を有するとする説も，その一面の真実を捉えたものであって，あらゆる場合に通用する説ではない，ということを，論文を書く場合には，しっかりと押さえていなければならないのである．

（3）　内閣の権限

参考までに，憲法上，内閣の権限とされるものを以下に示す．しかし，これらを個別に悉皆的に挙げる必要は，この論文ではない．力点は地位という方にあるから，地位を確定するために必要な限度で論及すれば十分である．

① 憲法73条列挙事項
② 天皇に対する助言と承認
③ 国会に関する権限
　国会の召集並びに参議院の緊急集会の請求
　衆議院の解散の決定
④ 裁判所に関する権限
　最高裁長官任命権
　最高裁判事任命権
　下級裁判所判事任命権
⑤ 法律上の権限
　権限疑義裁定権（内閣法7条）

4　行政の執行機関としての主任の国務大臣

現行憲法は，意思決定機関としての内閣についてもっぱら規定し，その決定された意思をどのような形で実施しうるかについてはほとんど規定していない．わずかに74条に「主任の国務大臣」という言葉が登場することが，その執行に関する唯一の規定となっている．

ここに主任の国務大臣とは，「別に法律の定めるところにより，行政事務を分担管理」する国務大臣のことである（内閣法3条1項）．別の法律とは，内閣府設置法及び国家行政組織法のことである．この行政事務を分担管理するためにおかれている行政機関を，府又は省という（内閣府設置法及び国家行政組織法3条3項）．すなわち府又は省というのは，独任制の国家機関である．

国務大臣は，一方において内閣という合議体の一員として意思決定に参画するとともに，その決定された意思について，内閣を代表して特定行政領域に関して執行する者としての地位を有するのである．この点，内閣総理大臣も同様である．ただ，内閣総理大臣は，これに加えて，行政各部の指揮監督権というものも予定されているところに特殊性がある．

（1）　内閣の対外的代表者としての地位

憲法72条は，内閣総理大臣の権限として，内閣を代表して行政各部を指揮監督する権限を有することを予定している．この言葉はそれ自体では意味を確定できない．が，上述のように，74条に主任の国務大臣という言葉が登場することにより，この行政各部とは，具体的には，行政各部の主任の国務大臣の意味であることがはっきりする．また，執行機関としては，主任の国務大臣と考える場合には，法律の執行責任を明らかにするには主任

の国務大臣の署名だけで十分なはずである。しかし、74条は、それに重ねて内閣総理大臣の連署も要求していることから、行政各部に関する指揮監督権とは、執行にあたっての指揮監督権を意味していることが明らかである。

なお、以下の点に注意する必要がある。

1　この対外的代表権を、首長としての地位からでてくる、と通説は述べている。

しかし、この通説は実は誤っている、と考える。なぜなら、第1に、66条1項は明らかに意思決定機関としての内閣に関する規定だからである。仮に、66条が執行機関としての個々の国務大臣に関する規定と読めるならば、個々の省庁の執行に関して問題が発生した場合にも、66条3項により連帯責任とならなければおかしい。要するに、個々の閣僚の辞任という形での内閣の延命策は、それ自体、憲法違反と評価すべきであろう。また、74条も連帯責任という考えからは説明できない。連帯責任ならば、主任の国務大臣ばかりでなく、全閣僚が署名しなければならないはずだからである。第2に、対外的代表権は、すべての主任の国務大臣がその担当領域に関して有しているからである。我々国民に対する国の行政活動が、主任の国務大臣名で行われるのはそのことを示している。また、条約の締結に当たり、内閣総理大臣ばかりでなく、外務大臣の場合にも、全権委任状が不要とされる（条約法条約7条2項）が、これも、外交のいう領域に関して、主任の国務大臣が当然に内閣を対外的に代表する権限を有しているところから生じている。

2　この執行機関としての活動は、閣議による意思決定を受けて行われなければならない。このことから、閣議による決定がない場合には、どうしたらよいか、ということが問題となる。

ここからが本問の中心論点となる。

ロッキード事件最高裁判決は、この点について、肯定的に理解している。すなわち次のように述べる。

「内閣総理大臣は、少なくとも内閣の明示の意志に反しない限り、行政各部に対し、随時その所掌事務について一定の方向で処理するよう指導、助言等の指示を与える権限を有するものと解するのが相当である。」

問題は、何を根拠にこのように述べることが可能か、という点にある。それについては、判決に参加した判事の意見は大きくずれている。すなわち、この部分については、実に4つの補足意見ないし意見が付されているのである。これは同時にわが国で現在一般に存在している学説対立の縮図と見ることができるであろう。順に見ていくことにしよう。

(1)　園部逸夫、大野正男、千種秀夫、河合伸一各判事の補足意見（以下「園部等意見」という）

これはかなり長いので、適宜ダイジェストする。それによれば、

「内閣総理大臣は、憲法72条に基づき、行政各部を指揮監督する権限を有するところこの権限の行使方法は、内閣法6条の定めるところに限定されるものではない」

換言すれば、指揮監督権は、閣議による意思決定がなくとも行使可能と主張する。その根拠は、指揮監督権が

「行政権の主体たる内閣を代表して、内閣の統一を保持するため、行使されるものであり、その権限の範囲は行政の全般に及ぶのである。そして、行政の対象が、極めて多様、複雑、大量であり、かつ常に流動するものであることからすると、右指揮監督権限は、内閣総理大臣の自由な裁量により臨機に行使することができるものとされなければならない。したがって、その一般的な行使の態様は、主任の国務大臣に対する助言、依頼、指導、説得等、事案に即応した各種の働き掛けによって、臨機に行われるのが通常と考えられ、多数意見が『指示を与える権限』というのは、右指揮監督権限がこのような態様によって行使される場合を総称するものと理解することができる。」

この場合、内閣法6条が定める場合とそうでない場合とでどのような違いが生ずるかが問題となる。その点については次のように述べる。

「内閣総理大臣の指揮監督権限が右のような通常の態様で行使される場合、それは、強制的な法的効果を伴わず、国務大臣の任意の同意、協力を期待するものである。これに対し、内閣総理大臣が、内閣法6条の定めるところにより、閣議にかけて決定した方針に基づいて行政各部の長たる主任大臣を指揮監督する場合には、主任大臣はその指揮監督に従う法的義

務を負い，もしこれに従わない場合には，閣議決定に違反するものとして，行政上の責任を生ずることとなる．このように，内閣法6条は，内閣総理大臣が憲法72条に基づく指揮監督権限の行使について右のような法的効果を伴わせる場合の方法を定めるものであって，本来前項で述べたような性質を有する憲法上の指揮監督権限を制限するものではなく，もとより制限できるものでもない．」

(2) 尾崎行信判事の補足意見（以下「尾崎意見」という）

これも長いものなので，適宜ダイジェストする．これが，内閣の意思とは別に，内閣総理大臣の意思の自由が認められ，それに基づいて主任の国務大臣を指揮監督する自由がある，と主張している点においては，園部等意見と変わらない．異なるのは，指揮監督権は，内閣総理大臣の本来的権限であり，内閣法6条は，その憲法の付与した権限に対する制約と理解している点である．

「この指揮監督権限は憲法72条によって付与されたものであって，内閣総理大臣からこの権限自体を奪うことは憲法に違反して許されない．しかし，その権限行使の方法について合理的条件を付することは許される．この権限は内閣を代表して行使されるものであるから，内閣法6条のように内閣の統一された意思に沿って行使されるよう内閣総理大臣が自己の賛成を含む合意である閣議決定に従って行使することとするのは合理的であり，しかも，罷免権によって最終的には内閣総理大臣の意見を優先させる方途があるのであるから，かかる条件は憲法72条に反するものではない．内閣法六条は，指揮監督権限の行使方法を定めたにすぎず，権限そのものの範囲を消長させるものではない．この権限は，憲法に由来するのであって，閣議決定がある場合に初めて発生するものではない．」

この見解によれば，わが国行政権は内閣ではなく，内閣総理大臣に帰属していることになる．したがって通常の場合には，行政の進め方を閣議にかける必要はなく，随時，内閣総理大臣が主任の国務大臣に指揮監督すればよいことになる．すなわち，

「当初から内閣法6条に定める手続に従ってこれを行使し，権力的に強制するのではなく，それに先立つ代替的先行措置あるいは前置手続として，指導，要望，勧告等，これを『指示権（能）』というかどうかはともかく，これらによって内閣総理大臣の所期する方針を主任大臣に伝達し，任意の履行を求めるのが通例と認められる．そして，この指導等は，内閣総理大臣の指揮監督権限の行使の一態様であるが，内閣法六条に基づく場合とは異なり強制力を有しない．したがって，内閣総理大臣は，その指導等に主任大臣が従わない場合には，内閣法6条に従って閣議決定を求めることになる．その結果，閣議において，内閣総理大臣の所期する方針が合意されれば，これによって強制的な指揮監督権限を行使するし，期待する閣議決定が得られない場合（閣議決定は全員一致によるのが慣行とされている．）に内閣総理大臣があくまで自らの方針を貫こうとすれば，罷免権（憲法68条2項）を行使してでも強行することとなる．このように，指導等は，右権限の強制的行使に至る道程として採られる先行的措置であり，この権限の内容の一部をなすものとみるべきで，憲法72条に定める指揮監督権限に包摂され，内閣総理大臣の職務権限に属するのである．」

(3) 草場良八，中島敏次郎，三好達，高橋久子各判事の少数意見（以下「草場等意見」という）

これにおける72条関連部分は比較的短いため，以下に全文を紹介する．

「内閣総理大臣は，憲法72条に基づいて，主任大臣を指揮監督する権限（内閣法6条）を有するとともに，これと並んで，主任大臣に対し指示を与えるという権能を有している．すなわち，内閣総理大臣は，行政権を行使する内閣の首長として，内閣を統率し，内閣を代表して行政各部を統轄調整する地位にあるものであり，閣議にかけて決定した方針に基づいて行政各部を指揮監督する職務権限を有するほか，国務大臣の任免権（憲法68条）や行政各部の処分の中止権（憲法72条，内閣法8条）を有している．憲法上このような地位にある内閣総理大臣は，内閣の方針を決定し，閣内の意思の統一を図り，流動的で多様な行政需要に対応して，具体的な施策を遅滞なく実施に移すため，内閣の明示の意思に反しない限り，主任大臣に対し，その所掌事務につき指導，勧告，助言等の働き掛けをする，すなわち指示を与える権能を有するというべきである．」

(4) 可部恒雄，大西勝也，小野幹雄各判事の補足意見（以下，「可部等意見」という．）

これの72条関連部分も比較的短いので，全文を紹介する．

「内閣総理大臣の行政各部に対する指揮監督権限の行使は、『閣議にかけて決定した方針に基づいて』しなければならないが、その場合に必要とされる閣議決定は、指揮監督権限の行使の対象となる事項につき、逐一、個別的、具体的に決定されていることを要せず一般的、基本的な大枠が決定されていれば足り、内閣総理大臣は、その大枠の方針を逸脱しない限り、右権限を行使することができるものと解するのが相当である。けだし、内閣総理大臣の指揮監督権限は、行政の統轄調整を図る手段として、内閣の首長である内閣総理大臣にのみ付与された憲法上の権限であって、それが機能するためには、内閣の意思として閣議決定された方針を逸脱しない限り、いかなる場合に、どのような事項について右権限を行使するかは、内閣総理大臣の自由裁量に委ねられていると解すべきであるからである。そして、このことは、『閣議決定に基づいて』と規定することなく、『閣議にかけて決定した方針に基づいて』と規定する内閣法6条の文理にも合致する。

したがって、内閣総理大臣は、閣議決定が一般的、基本的大枠を定めるものであるときは、それを具体的施策として策定し、実現する過程で生じる様々な方策、方途の選択等に関しても、閣議決定の方針を逸脱しない限り、適宜、所管の大臣に対し、指揮監督権限を行使することができるというべきであり、行使の対象となる具体的事項が閣議決定の内容として明示されているか否かは問うところではない。」

可部等意見は、判決文の掲載順序では、2番目であったが、最後に紹介した。理由は簡単で、私はこれが、少なくとも書かれている限りでは正しい意見だと考えているからである。

意思決定がない場合には、好きなように指揮監督できる、という解釈をロッキード事件最高裁判所判決はとっている。しかし、この見解は、立法論としては成り立ち得るかもしれないが、現行内閣法の解釈論としては明らかに誤っていると考える。なぜなら、内閣法8条は、内閣総理大臣の権限として中止権を定めているからである。

すなわち、内閣総理大臣は、第1に、明示・黙示を問わず、内閣の意思に反する行動はできないというべきである。第2に、ロッキード事件で問題になったのは、内閣が決定すべき事項というよりも、運輸大臣に内閣から包括的に委任されている事項に関する内閣総理大臣の指揮監督権の有無である。したがって、この指揮権行使が内閣の意思に反していないことは明らかといえる。

＊　＊　＊

このように、職務権限としての指揮監督権を承認する場合にも、大きな説の対立があるのであるから、このあたりをどの程度しっかり書くかが本問の論文としてのよしあしを決めることになる。この各意見は判例集にも紹介されているので、問題はないと思う。

まとめ

少し長い説明になったので、理解の便宜のため、逆方向からの整理をしておきたい。ロッキード事件において、内閣総理大臣の責任を認めるという立場をとろうと考えた場合、内閣法6条がネックとなる。それを文字通り文言解釈すると、閣議決定がない限り、内閣総理大臣に行政各部への指揮監督権はない、と読めるからである。

そこで、内閣総理大臣の責任を認めるための第一の方法は、内閣法6条をバイパスして、他のルートから内閣総理大臣の責任を認める論理を導くことである。上記最高裁判所意見のうち、園部等意見、尾崎意見及び草場等意見はいずれもその方法を採用している。その場合、論理の違いはあるが、66条1項の首長という性格を重視するとともに、72条の解釈に工夫するということになる。

第2の方法は、6条がいう閣議決定という概念を緩やかなものとする方法で、最後の可部等意見の採用している方法である。この場合には、その背景として66条3項の連帯責任を重視することになる。

こうして、内閣法6条をどう処理して内閣総理大臣の責任を認めるにせよ、66条及び72条の解釈論が中心論点ということになるのである。学生諸君の中には、内閣法6条の解釈に、いきなりロッキード事件多数意見をつなげて論文ができたつもりになっている人がいるが、憲法解釈が入らない限り、憲法の論文足りえないことを心に銘記しておこう。

第11講　内閣の全会一致制

■問題

　内閣総理大臣Aは自らの政策にとって重要な法案を，閣議決定を経たうえで，内閣を代表して国会に提出した．
　その閣議においては，国務大臣Bが法案に対して反対の意を表していた．しかし，Aは自らの内閣における閣議は多数決で決定するとし，本法案についても，Bが反対したにも拘わらず，多数決で閣議決定を行い，法案を国会に提出したものであった．不満を感じたBは，法案が提出された国会における答弁の際，自らが閣議において反対したことを明言した．同法案は与党の賛成多数で成立した．
　民間人Xは，同法違反で起訴されたので，閣議決定の不存在を理由に同法は無効であり，したがって自分は無罪である旨主張した．
　Xの主張における憲法上の論点について論ぜよ．

■この講での論点細目次と論述のヒント

　はじめに
1　内閣制度の本質
　(1) 責任本質説からのアプローチ
　(2) 均衡本質説からのアプローチ
2　内在的制約説

はじめに

　諸君の中には，本問を統治行為の問題と理解する人も多いと思う．しかし，今日の憲法論では，一般論として統治行為論というものを必要としないと考えよう．単にそういわれても判りにくいと思うので，簡単に統治行為論というものについて説明する．
　統治行為論は古い学説である．現行憲法制定当時は，憲法訴訟という概念そのものが知られていなかった．そして，裁判所法3条に言うところの法律上の争訟という概念に適合していながら，司法判断をしない理論としては，フランス行政裁判所コンセイユ・デタの判例理論である統治行為論しか知らなかった．すなわち，コンセイユ・デタの判例では，行政庁の行為について行政作用を持つものと統治作用を持つものの2種類があると考え，行政作用を持つ行政庁の行為，すなわち行政行為$\binom{\text{acte de admi-}}{\text{nistration}}$のみについて裁判を行い，統治作用を持つ行政庁の行為，すなわち統治行為$\binom{\text{acte de gou-}}{\text{vernement}}$については裁判を拒絶したことに由来する．

　そこで，最高裁判所が司法判断を回避した場合に，それを当時の学者は，反射的に統治行為と呼んだのである．学者は，この統治行為論の枠内で，今日憲法訴訟で論じられるあらゆる論点を処理しようとした．その結果，概念そのものが曖昧なものとなるのはやむを得なかったといえる．当時から，統治行為を認めない学説は存在していたし，肯定する学説の中でも，いったい何が統治行為なのか，については定説はない．それというのも「統治行為の概念及び根拠に関する定説がないからである．」（小林節「政治問題の法理」『講座憲法訴訟』（第1巻）322頁より引用）
　この点については，コンセイユ・デタの判例は頼りにならない．なぜなら，コンセイユ・デタは，あくまでも行政裁判所であって，憲法裁判所ではない．だから，どのような問題について憲法裁判所は判断を回避できるか，という点に関する基準は，いくらコンセイユ・デタの判例を調べても出てくるわけがないからである．
　だから，仮に統治行為論で論文を書こうと考えた場合，まず，何が統治行為なのか，それを支える概念は何なのか，そしてその限界はどこにあるの

か，そして，それはどのような理由から導かれるのか，といった一連の要件を自分なりに整理して書かねばならないのである．頼りになる学説が存在しない状況下で，これは学生諸君としてはほとんど不可能に近い作業になる．

今日の時点で，かつて統治行為論で言われていた問題を取り上げる場合には，憲法訴訟の理論とどのように整合させていくかが中心問題となる．例えば，砂川事件最高裁判例は，「一見きわめて明白」という基準を示す．この基準は，今日の目で見れば，合憲性推定法理にすぎないことは明らかである．すなわち，二重の基準論の下，精神的自由権以外の人権については国家の行為に合憲性の推定が働き，国民の側が国家行為の違憲性の立証に成功しない限り，自動的に合憲とされるという場合における基準にすぎない．

苫米地事件では，最高裁判所は，「一見きわめて明白」という基準を使うことなく，無条件に司法判断の対象外だという見解を示す．この場合には今日の憲法訴訟論は，内在的制約論でこれを説明する．

いずれの場合にも，別に統治行為に特有の議論ではないし，逆に統治行為とされる問題の場合にでも，必ずこのような処理が認められるかは，議論が分かれることになるのである．したがって，今日においては，統治行為論というような曖昧な用語は避け，司法判断の限界論として論じていくべきことになる．

1　内閣制度の本質

憲法65条によれば，行政権は内閣に属する．すなわち，内閣という合議体が，行政における最高の意思決定権を保有している．内閣が意思を決定するための会議を「閣議」と呼ぶ（内閣法4条1項）．

内閣制度の本質に関しては，責任本質説と均等本質説の対立がある．これは，一元型議院内閣制を，類似の他制度，特に国民公会制と区別する際に，どういう点に着目するべきかという議論である．その点についての説明は，ここでは省略し，全会一致制との関係で，このいずれを採用するかでどのような差異が生ずるかについて，以下検討しよう．

もちろん，論文を書く際には，このような横着な書き方をしてはいけない．まず議院内閣制について説き，責任，均衡いずれを本質とするかを論じた上で，全会一致制の議論に進むべきである．

(1) 責任本質説からのアプローチ

現行内閣法によれば，閣議において，内閣を構成している国務大臣は，すべて対等の権限を有している．すなわち，各大臣は，案件の如何を問わず，閣議を求めることができ（同3項），発言し，表決することができる．

こうした閣議において，内閣総理大臣が有する権限は，従来は「閣議を主宰すること（同2項）」に尽きていた．要するに，閣議を召集し，議長として活動するだけであって，それ以上，何ら特別の権限を有しなかった．内閣法の2001年改正で，これに加えて「内閣の重要政策に関する基本的な方針」の発議権が認められた．しかし，これも発議権であるにとどまり，それ以上の積極的権限を予定していない．

したがって，この閣議の中の関係を見るならば，内閣総理大臣は，明治憲法時代と同様に，同等者中の第一人者に過ぎない．このことを重視するならば，憲法66条1項に言う首長という言葉は，宮沢俊義のように「内閣の首班」を意味すると理解するのが妥当ということになる．その場合には，内閣制度の本質は，66条3項にいう連帯責任という点に求められることになる．これが責任本質説と呼ばれる学説である．

そして，こうした特徴の必然の結果として，閣議においては，全会一致制が，明治憲法時代以来，憲法慣行として採用されてきている．この結果，全閣僚が拒否権を持つ．すなわち，一人でも閣僚が反対すれば，どれほど首相として推進したい案件であっても，葬られることになる．

この全会一致制は，責任本質説に立つならば，内閣の本質的要素である連帯責任制度（66条3項）の反映と考えられる．少なくとも，そのような憲法理解が2001年に，大規模な中央省庁機構改革が断行され，同時に，重要政策基本方針発議権などの内閣法の大きな改革が行われたにもかかわらず，内閣法レベルで多数決制が導入されなかった理由である（増島俊之中央大学法科大学院教授（改革時の総務庁次官）ホームページ：中央省庁改革問答集＝http://www.fps.chuo-u.ac.jp/~masujima/gyokaku98/mokuji.html参照）．

学説的には，必然的に全会一致性が要求されるとするよりは，その合理性に求める傾向がある．例えば，佐藤幸治は次のように述べる．

「意思形成に当たって閣僚の自由な発言を許容しつつ，迅速に事に対処する必要があり，かつ，意思形成後，国会に対して連帯して責任を負うものとされる以上，かかるルールには合理性があるというべきであろう」（憲法〈第3版〉，227頁）．

さらに徹底した主張例が、長谷部恭男に見られる.

「内閣が国会に対して連帯責任を負い（憲法66条3項）、したがって外部に対しては一体として行動する義務を負う以上、内閣での不一致は、たとえ存在したとしても外部に表面化してはならないはずのものであり、閣議における内部的意思決定手続きの如何は、その限りでは大きな意義を有しない．たとえ、閣議における意思決定が多数決により、あるいは総理大臣の専断によったとしても、閣僚は、閣僚の地位にとどまる限り、あたかも全員一致で意思決定がなされたかのように行動し、発言する義務を負うことになる．」
（『憲法〈第4版〉』390頁）

おそらく、これが実態に最も近い意見ではないかと思われる．内閣法の中に、内閣の権限として、主任の大臣間における権限の疑義に関する決定（内閣法7条）のように、本質的に全会一致で決まるわけのない事項が定められているからである．

この理解によれば、そもそもこの問題は、内閣の自主性に委ねられ、法律によって規制することに馴染まない問題というのが正しいことになる．
（結論において同旨：浦部法穂『全訂憲法学教室』561頁）．

その結果、実際には多数決に依ったのであり、自分は反対であるというような閣僚は、辞職することが求められるであろう．しかし、内閣法を改正することには否定的に考えるべき事になる．

(2) 均衡本質説からのアプローチ

内閣の本質論として、均衡本質説が存在する．すなわち、議会の内閣不信任権の濫用に応戦する武器として、現行憲法は衆議院解散権を内閣に与えている（69条）が、これにより権力分立制の要請する立法府と行政府の均衡を確保することに、議院内閣制の本質があるという考え方である．この立場に立つ場合には、内閣総理大臣の閣僚罷免権もまた、それと同様の配慮から、政権の安定性確保のために導入されたものと理解するのが妥当である．

均衡本質説に立つ場合には、首長という言葉をより重視し、内閣存立の要としての内閣総理大臣をベースに据えて論ずることになる．

内閣総理大臣は、内閣を存在させるという一点に関しては、疑う余地無く、他の大臣に優越する地位を有している．すなわち、国会は内閣総理大臣だけを選出し、他の閣僚としてどのようなものを選ぶかは、その裁量に委ねている．憲法は、裁量権の行使に対しては、わずかに文民であること（66条2項）及び大臣の過半数が国会議員であること（68条1項但書）というたった二つの制約を課しているにすぎない．

そしていったん成立した内閣において、国務大臣の誰かが欠けても内閣は総辞職する必要がないのに対して、内閣総理大臣が欠けた場合には、内閣は必ず総辞職しなければならない（70条）と定めて、その存続の要としての重要性を明らかにしている．

この罷免権の存在は、責任内閣制の観点からする限り、かなり奇妙な規定といわざるを得ない．行政は一体的に執行されるべきであるから、内閣のような均質の小集団の中にあって、行政に関する意思決定に克服しがたい意見の対立が発生したような場合には、閣内不統一の責任をとり、内閣は総辞職をして、いずれの判断が正しいかの裁定を任命権者である国会に求めるのが本来の姿というべきである．しかるに、この規定があるがために、深刻な意見対立が生じた場合にも、内閣を改造して延命を図ることが可能となっている．換言すれば、連帯責任の原則を破っていることになるからである．ここから、わが憲法は、責任本質ではなく均衡本質である、と説くことが可能となる．

2 内在的制約説

三権分立における他権力に対する不干渉原則から、司法権の憲法上の本質に内在する限界を導くことができる．すなわち、司法権の独立に基づいて、立法府や行政府から、司法府への干渉を禁じる理論は、その反対の行動、すなわち司法府が判決を通じて、行政府や立法府の自律に干渉することも同じように禁じることになるのである．

立法府との関係では、議院の自律に属する様々の活動がこれにより、司法審査の対象外と考えられる．有名な事件としては法案議決手続における瑕疵認定権（警察法改正無効事件＝最大判昭和37年3月7日＝百選〈第5版〉412頁）、国会乱闘事件（東京地判昭和37年1月22日＝百選〈第5版〉386頁）等がこれに属する．

行政府との関係では、抜き打ち解散に際し、持ち回り閣議による内閣の助言と承認の有無を司法審査するのが妥当か否かが論じられた（苫米地事件＝東京高判昭和29年9月22日＝百選〈第5版〉392頁）．これについては、最高裁判所が、前述の通り、抜き打ち解散自体の司法審査を否定したことで決着した（最大判昭和35年6月8日＝百選〈第5版〉436頁）．

本問も、この議論の延長線上に存在する．全会一致制を重視する責任本質説を採った場合にも、権力分立上対等な地位に立つ内閣の内部自律に属する問題について、司法審査が可能とは考えられないのである．

第12講　議院内閣制の本質と衆議院の解散

■問 題■

　平成○○年，連立与党であるA党及びB党は，衆議院では安定多数を有していたが，最近行われた通常選挙の結果，参議院では，野党側が多数を制しているため，内閣の重要法案が参議院で葬り去られる危険が高い事態となっていた．そこで，内閣総理大臣Xは，内閣改造により政権に対する支持率が上向いたチャンスに，衆議院の解散に打って出ることを決意し，連立与党であるB党に打診した．これに対し，B党党首のYは，つぎの疑問を呈して反対した．

(1) 憲法上69条のみが解散権行使の根拠であり，衆議院の不信任決議が存在しない状態下での解散は違憲ではないのか．

(2) 憲法7条のみに基づく解散権の行使が認められるとして，この時点でそれを行使する根拠は何か．総選挙で勝てたとしても，それにより参議院で野党が多数を占めるという状況に変化がないのに，解散権を行使する意味はないのではないか．

　Xとして，Yを説得したい．憲法学上の論点に限定して，その根拠を論じなさい．

●類　題

　わが国における三権分立制の特徴について述べよ．あわせて，衆議院の解散権は，「立法権」(41条)にも，「司法権」(76条)にも含まれないので，「行政権」(65条)に含まれるという主張があるが，この主張について論評せよ．

(平成6年度　国家公務員法律職試験問題)

■この講での論点細目次と論述のヒント■

問題の所在
1　議院内閣制の諸類型と議会解散権
　(1) 二元型議院内閣制
　(2) 一元型議院内閣制
　　① 責任本質説
　　② 均衡本質説
　(3) 議会統治制（国民公会制）
2　日本国憲法の特殊性
　(1) 解散権の実質的根拠について
　　① 解散の民主主義的意義
　　② 解散の自由主義的意義
　(2) 解散権の限界

問題の所在

　統治機構論における学説の対立の多くは，ある制度を自由主義＝権力分立論的に捉えるか，民主主義的に捉えるか，という基本的な認識の差異に由来している．内閣制度の本質に関し，責任本質説と均衡本質説の対立があるが，これもまた基本的には，民主主義的理解＝責任本質説，自由主義的な理解＝権力分立制＝均衡本質説という対応として理解することができる．ただ，米国大統領制のような徹底した権力分立制を採用している場合と異なり，わが国では基本的に民主主義理念に基づく議院内閣制を採用している為，この整理は必ずしも，ここに述べたような単純な対応関係にならないところに，問題の難しさがある．

　本講では，まず，1で学説史的な紹介を行い，そ

れを受けて，2以降で今日におけるとらえ方を踏まえつつ，論ずるという方法をとってみる．

1 議院内閣制の諸類型と議会解散権

議院内閣制は，大別して，二元型と一元型に分かれる．本問では，別に二元型に触れる必要はないのだが，一元型の意味を正確に理解してもらうための方法として，二元型の説明から入ってみたい．

(1) 二元型議院内閣制 二元型とは，典型的には王制の下において，王権と議会の二つの権力の，両者の信任を得ていることを内閣の存続要件としている議院内閣制のことである．もっとも，西欧では王が消滅した後においては，それと同様の地位・権力を持つ大統領を選任するようになった国がほとんどである．その場合には，王を大統領と読み替えれば，全く同じことである．

二元型議院内閣制の下では，内閣は，王（大統領）か議会のいずれか一方の信任を失えば，崩壊することになる．かつてのイギリスにはこの型の議院内閣制が存在した．現在の代表的存在としてはフランスやロシアをあげることができる．

この型においては，王（大統領）は議会の解散権を有するのが通例であり，その解散権の行使には制限がない．内閣の補弼の下に，王は解散権を行使するのが通例であるから，実質的に内閣が議会解散権を有しているといえる．イギリスにおいては，一元型に移行した今日においても，理念的には王権が残存している結果，内閣が実質的に有している議会解散権は極めて強力である．

同様に，フランス第5共和制憲法の下では，共和国大統領は，首相及び両院議長への諮問が要件になっているとはいえ，やはり自由に解散権を行使できる（同憲法12条参照）．

(2) 一元型議院内閣制 王権が完全に，もしくは事実上消滅し，象徴的機能を果たすだけになった結果，内閣の存続が議会の信任のみにかかる状態になったのが，一元型議院内閣制である．

この制度の下において，議院内閣制の本質をめぐり，大きく二つの説の対立がある．制度の本質を，内閣が議会に対して連帯して責任を負う点に求めるのを責任本質説という．これに対して，権力分立制の下において，議会と内閣が相互に均衡を保って牽制しあい，抑制する点に本質があるとするのが均衡本質説である．すなわち，均衡本質説では，議会側の持つ内閣不信任権の対抗手段として議会の解散権を内閣に認めるとする．

わが国憲法の場合には，条文が不明確である上に，その後の憲法運用の影響があって，そのいずれに属するかが必ずしも自明ではない点に，争点となる理由がある．

① 責任本質説 責任本質説とは，民主主義を制度の中心と考える説である．憲法が，狭義の国民主権制度を採用すると考える場合，そこにいう国民とは，正当性の契機としての国民であって，それ自体は機関性を持たない．国民の意思を具現しているのは，全国民の直接の代表者たる議会である．したがって，内閣は，その議会の信任のもとにあることが，内閣としての正当性の根拠である．換言すれば，内閣は，議会に対して連帯して責任を負っている（憲法66条3項）ことこそが，議院内閣制の本質と考えることになる．

国民主権原理を前提にして，責任本質説を厳格に理解すると，内閣の議会解散権は否定される．なぜなら，内閣による議会の解散は，第一に自分の存在基盤の否定である．議会が信任を与えたからこそ，内閣が存在しているのに，その議会を解散するのは，植木屋が自分の跨っている枝を切るような馬鹿げた行為というほかはない．第二に，それは，議会と内閣の間に発生した問題の解決を，上位の国家機関である国民に求めることに他ならない．それは実質的に国民投票と同じ効果を持つこととなり，それは人民主権原理の導入，すなわち議会主権の否定に他ならないからである．この結果，この，解散権を伴わない議院内閣制は，議会が何時でも何らの制限なく内閣の責任を追及しうる，という点にその特徴がある．したがって，厳格な責任本質説に立つ場合には，解散権は議院内閣制の要素とは考えないことになる．

これに対し，人民主権説を前提にする場合には，内閣と議会の間に紛争が生じ，あるいは国民からの委任を受けていない新たな重大問題が発生した場合に，衆議院を解散して，主権者たる国民の意思を問うことは当然のこととといえる．

② 均衡本質説 フランス第3共和制期に確立した国民主権説を前提とする厳格な責任本質説に基づく，責任無限追求型の議院内閣制は，第3共和制末期にかなりの病理的現象をしめすようになった．なぜなら，議会が内閣不信任案を可決すれば内閣は崩壊するが，議会側がいかに内閣不信任権を濫用しても，議会そのものには何ら被害が生じない．そこで，例えば自らが大臣になりたいという欲求があるだけで，内閣不信任案が可決されるなど，不信任権の濫用が目立つようになったのである．しかし，現内閣を総辞職させることは容易でも，それに換わる新内閣を組閣することは

困難である．そのため，後任の内閣総理大臣がなかなか決まらない結果，政治の空白が発生し，国政が国の内外に渡って長期に停滞し，国民等に現実の被害が生ずるようになった．

そこで，議会によるこのような内閣不信任権の濫用を抑止するために，内閣側に議会解散権という対抗手段が承認されるべきである，ということが主張されるようになった．仮に，不信任権を行使するに当たり，それを濫用すれば，議会も解散されて，議員自らもその議席を失うという危険を冒すことになれば，自分の地位を賭する覚悟がある場合にしか，不信任権を行使できないことになる．したがって，解散権の存在が，不信任権の濫用を抑止する機能を有するわけである．

この場合，同じように議会解散権といっても，二元型の下で国王が行使したそれとは本質に差があることに注意しよう．すなわち，二元型の下においては，文字通りの解散権で，解散理由は問われない．したがって，比較的頻繁に行使され，解散権の濫用が問題になった．これに対して，均衡本質説においては，解散権は不信任案の濫用に対する抑止目的としてのみ承認される．それはいわば伝家の宝刀であって，実際に行使されることは予定されていない．行使されると，有権者集団が最高機関として登場してしまうからである．

今現在，もっともこの説の典型に近い議院内閣制は，ドイツで見ることができる．ドイツでは，国家元首としての大統領がおり，これが議会解散権を有しているという意味において，形式的には二元型であるが，実際には名目的な存在で，実質は一元型となっている（フランス第3共和政憲法と同じである．）．そして，ドイツ憲法67条は，議会に対して「建設的不信任案」のみを許容する．すなわち，連邦議会は，後任の総理大臣を選出しない限り，不信任案を可決できない．したがって，内閣総理大臣の存在しない，政治の空白を生じさせるような不信任案の可決は無効なのである．また同68条は，内閣側から信任を求める権利を認めている．その場合，信任決議が否決された場合には内閣側は21日以内に議会を解散できる（正確には，大統領に解散させることができる）．ただし，議会は，後任の内閣総理大臣を選出することで，その解散を阻止できる．

すなわち，内閣に議会解散権を承認するが，その行使にはきわめて厳しい法的規制を課しているのである．国民主権原理の下において，議会主権を承認しつつ，内閣と議会の抑制と均衡を要請するなら，この程度で十分といえる．

(3) 議会統治制（国民公会制）

民主主義制度の下で，議会と政府に強い関係を認めつつ，それと一線を画した制度が議会統治制（国民公会制）である．これは，議会が政府を介して実質的に行政活動を行う型であり，今日では，スイスが代表的存在である．7人の閣僚全員が，連邦議会によって選出される．連邦大統領及び副大統領は，この閣僚中から任期1年で選出される．

このように，この制度の下では，中心となる内閣総理大臣のような存在を持たない．当然，内閣に議会解散権はない．

2　日本国憲法の特殊性

わが国の場合，戦前において二元型の議院内閣制が採用され，その時代においては，天皇の名の下に，実質的に内閣に，自由な議会解散権が存在していた．現行憲法下においても，この憲法慣行はそのまま存続し，いわゆる7条解散の名の下に，内閣が法的な制約なく，自由に解散権を行使しうる状態が発生している．

それを一元型の議院内閣制の下で，どのように理論化するかは難しい問題である．その点について，以下，検討してみよう．

1に述べた典型的な議院内閣制における説の対立は，議会主権を採用している憲法制度，すなわち法的に見ても「国会は国権の最高機関」（憲法41条）といえる法制度の下ではそのまま妥当する．

しかし，諸君も知るとおり，わが憲法の下においては，国会は国権の最高機関と，文字通りの意味において理解することはできない．憲法96条の憲法改正に現れる「権力性の契機としての国民」が，国権の最高機関だからである．

そこで，衆議院の解散により，この権力性の契機としての国民に対して，国政の重要問題について問うという方法が考えられることになる．

それと，上述の二つの内閣本質論をどう整合させることができるかが問題となる．

(1) 解散権の実質的根拠について

先に説明したとおり，人民主権説にたつ場合には，国政上の重要問題が発生した場合に，民意を問う手段として議会の解散が認められることは，理論上明確である．

これに対し，国民主権説にたつ場合には，話が複雑になる．冒頭に述べたとおり，議会解散権については，自由主義的な観点からの意義と，民主主義的な観点からの意義の二重の意義を考えることができる．

① **解散の民主主義的意義**　国会が国権の最高機関と規定されている理由は，それが選挙を通じて国民の意思を反映している点にある．したがって何らかの理由で国会の意思が国民の意思と一致していないと考えられる事態が発生した場合，若しくは国政上の重要な問題であって新たに国民の意思を確認する必要が発生した場合には，速やかに直接国民の意思を問うことが妥当である．

現行憲法においては，そのための手段としては，憲法改正の際の国民投票が存在している．いま仮に，憲法改正の必要はないが，それと同等の重要な政治的問題が発生したとしよう．これに対しては，憲法改正の際と同様に，国民投票を行うという方法が考えられる．しかし，安倍内閣の下で成立した憲法改正手続・国民投票法においても，それについては定めていない．そこで，通常発生する同種の必要に対応する制度として考えられるのが，ここにいう民意を問う手段としての解散である．小泉内閣の下で行われた郵政解散，すなわち郵政事業の民営化の是非というただ1点を論点として行われた解散は，この民意を問う手段としての解散の典型例ということができる．

ここで第1に問題となるのが，Yのいうとおり，条文上，69条解散に限定されると解する必要はないか，という点である．

これに対する理論的な答えとしては，均衡本質説を採用した場合においてのみ，それが問題になりうるのであって，責任本質説の場合には，理論的には69条に限定する必要はない，ということである．

その上で，実質的な根拠をあげれば，第1に，一般的な国民投票制度の存在していないわが国憲法の下において，解散の民主的機能を否定するときは，衆議院の場合，4年という比較的長期の任期と相まって，国会意思が有権者のそれと大幅に乖離するおそれがあること．第2に，超然内閣制ないし大統領制において認められる解散権のように，行政府側が解散権を乱用して立法府を麻痺状態に陥れ，内閣が合法的にその地位に居座ることを許さないから，この観点から考えても，解散権の行使を69条の場合に限る必要は存在していないと認められることがあげられる．すなわち，現行憲法は，国会の解散権が行使された場合には，総選挙を40日以内に行うこと，及びその後40日以内に国会を召集する事，そして，その新国会の冒頭で，内閣が総辞職をすることを要求しているから，居座りは不可能なのである．

そこで，民主主義的要求に基づく解散権が認められるとして，第2の問題として，論理的には，衆議院自身による自律的解散の方法が考えられる．何といっても，国会は，直接民意を反映する存在だからである．しかし，自律的解散は適切とは認められない．

(1)　自律解散権が否定される実質的理由は，現時点での議会の構成が国民の意思を反映していないと予想されることが，民主主義に基づく解散権を承認する理由である点にある．ところが自律的解散は，議会の多数派が議会の決定権を握ることを意味する点で，制度趣旨に背馳し，適切とは認められない．

(2)　形式的理由としては，わが国旧憲法にも，そして現行憲法の母法と認められる欧米のいずれの憲法においても，自律解散の制度はないことである．したがって，現行憲法がそうした新しい制度の導入を目指していた場合には，当然その旨が明定されているべきである．しかし，憲法は，第7条，第45条，第54条及び第69条で解散について言及しているが，そのいずれにおいても自律的解散を予定していない．そればかりか，衆議院はむしろ受け身の形で使用されていることから，他律的解散のみを予定していると解することが適切である．

わが憲法は，国家権力を，3つに区分する制度を採用していると認められる．衆議院の自律解散権が否定された以上，政治的に中立であるべき司法府が解散権の主体となると考えることは不可能であるから，議会解散権は，残る権力である内閣が保有していると解するほかはない．このことは，同時に内閣が広く解散権を有していた，という歴史的沿革とも合致し，妥当と認められる．

注1：自律解散権説をとる学者は今日においてはいない．それにも関わらず，論及する必要があるのは，このように，内閣の解散権は消去法から導かれるためである．単に論及するだけでは点にならないことに注意する必要がある．

注2：7条が実質的文言を定めている，と解する説に立つ場合にも，それは単に条文上の根拠にすぎないから，実質的根拠としては，ここに述べたような点をやはり論ずる必要があることを忘れてはならない．

以上のように，解散権を説明した場合，これが責任本質説と整合させやすいことはあきらかだろう．なぜなら，責任本質説は，その根拠を，間接民主制の下における民主主義の実現に求めているからである．内閣が，単に国会に対してのみならず，権力性の契機としての国民にもまた連帯して責任

を負っていると考えれば，国民の意思を問う必要がある，と内閣が認めた場合には，法的な制限なく，解散権を承認することができるのである．

② **解散の自由主義的意義**　これに対し，均衡本質説を採用する場合には，話が異なる．この説は，権力分立制に依拠しており，権力分立制は，国民の自由を国家が侵害することを可及的に抑制する事を要求することから生まれた制度なので，自由主義に基づいているということができる．

権力分立制は，その本質から，立法部と行政部の権力の均衡を保つことを要求している．したがって，立法部が余りに強大になり，専断又は行き過ぎに陥る等により，その権力が濫用された場合に，行政部の権力により，国民の自由を実質的に保障するための制度が必要であり，それが解散であると理解することができる．すなわち，わが国では，内閣の存立の基礎を国会の信任に置く議院内閣制を採用しているため，解散制度がない場合には，内閣は一方的に国会の不信任決議により揺さぶられることになるからである．それに対応する手段として，内閣側に，議会解散権の存在が必要なのである．すなわち69条の解散権の理論的根拠はこれである．

このような制度意義に照らして考えれば，自由主義的要求に基づく解散権については，これが内閣に所属することは明らかである．しかし，同時に，議会と内閣の均衡の要求から出てくる以上，その解散権が法的抑制を免れると考えるのは困難である．すなわち，69条の解釈上許容される範囲内においてのみ，行使しうると考えるべきである．

(2)　解散権の限界

1　自由主義的意義の解散は，不信任権限の濫用の抑止手段として認められる．衆議院が内閣不信任案を可決し，あるいは内閣信任案を否決した場合以外であっても，予算ないし内閣の政策の根幹となる重要法案を否決したような場合には，やはり，衆議院による内閣不信任権限の行使と認めることができ，69条の要件に合致すると考えられる．しかし，それらの場合でも，解散権は議会権限の濫用防止のために例外的に認められたのであるから，内閣は原則として総辞職をすべきであって，安易に解散の手段に訴えるべきではない．69条も，明白に総辞職を原則と定めている．さらに，解散に訴えた場合であっても，総選挙後の特別国会での総辞職を義務づけているから，内閣は，時期の前後はあっても，不信任案が可決された場合には，必ず総辞職しなければならないのである．

2　民主主義的意義における解散は，民意を問う客観的必要性が生じた場合には，実施するべきこととなる．そこで，問題は，「民意を問う客観的必要性」は，どのような場合に認定できるかである．その答は国民主権原理をどの程度に強く理解するかにより，換言すれば，人民主権原理をどの程度に抑制する方向で考えるのかにより，異なる．

基本として国民主権原理があることを強調すれば，解散権の行使は，有権者の投票行動に影響のあるような重大な変更が国会ないし内閣に生じた場合に限られると解すべきであろう．例えば，① 政界再編成により国会の勢力分野が大幅に変わった場合，② 前の総選挙の争点にならなかった新しい重大な政治的課題が生じた場合，③ 政府・与党が基本政策を根本的に変更する場合，等である．なお，責任本質説を採る場合には，この民主的意義の枠内で，69条該当の諸場合までも含めて説明すべきことになる．

しかも，これらに該当する場合ですら，有権者は決して国民そのものではないから，政府は，「解散できる」というに止まり，解散して民意を問う義務があるわけではない．

これに対して，人民主権的見解を強調し，衆議院の解散制度は国民投票の代用品である，と考える場合には，政府が必要と判断した場合には，随時ことの大小を問わず，解散に訴えることが許される．仮に，その解散権が濫用された場合には，主権者たる国民が，審判の内容としてそのことを表明するはずであるから，問題は起こらない，と考えるのである．また，上記のような重大な局面の場合には，政府は衆議院を放置することは許されず，解散する義務を負う，と考えるべきであろう

いずれをとるかは，基本的には価値観の分かれるところであるが，通説は圧倒的に前者である．これを採る場合，その前の段階で，あまり民主的契機を強調しないよう，書き方を工夫しないと，論理的に破綻することに注意しよう．

第 13 講　独立行政委員会の合憲性

■問　題■

　わが国では，第 2 次大戦後，米国の占領政策に基づいて，個別法令に基づき，中央政府においても，地方公共団体においても数多くの委員会という共通の名称を持つ合議制機関が設立された．これらは，明治憲法下において設けられていた同様の名称を持つ組織と異なり，行政官庁の諮問に応じるのではなく，それ自体が国家意思の決定そのものを行うものとして登場したのである．典型的なものに，憲法 90 条を根拠規定とする会計検査院がある．それは 3 名の検査官によって組織される合議体が，その意思決定を行う．同様に国家公務員法を根拠規定とする人事院は，3 名の人事官により構成される合議体が，その意思決定を行う．警察法を根拠法規とする国家公安委員会は，委員長と 5 人の委員を持って組織される合議体が，意思決定を行う．労働組合法を根拠規定とする中央労働委員会は，使用者委員，労働者委員及び公益委員各 15 人を持って組織される合議体が，意思決定を行う．

　これらは，このように，行政機関として活動するため，これを学説上，行政委員会という．これら行政委員会は，会計検査院のように，憲法上内閣からの独立が予定されているものはもちろん，人事院のように条文上は内閣の所轄の下に置く（国家公務員法 3 条 1 項）と明記されている場合にも，内閣からの強力な独立性が保障されている．そこで，これを独立行政委員会と呼ぶことが多い．

　地方公共団体の場合には，憲法レベルには行政権を一元的に特定機関に集中させねばならないという規定はないので，行政の多元性を法律レベルで定めることに特に問題はない．これに対し，国政レベルにおいては，憲法 65 条が行政権を一元的に内閣に集中させることを宣言しているので，会計検査院を例外として，他の独立行政委員会の合憲性について，問題がある．

　これを合憲と理解するには，どう把握すればよいか，論ぜよ

●類　題
　独立行政委員会の制度上の根拠と，憲法上の問題点について述べよ．

（平成元年度　国 I 法律職試験問題）

■この講での論点細目次と論述のヒント■

はじめに
1　独立行政委員会の概念
2　基本的問題点
　(1) 会計検査院の独立性
　(2) 人事院及び3条委員会の違憲説
3　独立合憲説の根拠
　(1) 非独立説
　(2) 独立性肯定説
　　① 65条の文言に求める説
　　② 国会による統制説
　　③ 行政・執行二元論
　　④ 立法裁量論
　　⑤ 抑制設定説
　(3) 行政委員会設置の合理的理由
　　① 特殊性説
　　② 準司法作用説
　　③ 機械的業務説
　　④ 抑制必要説
　　⑤ 誠実執行義務破綻説
4　私見

はじめに

本問は学説が極めて多岐に分かれており，いわゆる正解というもののない問題である．こうした正解のない問題について無難に書くというというのはかなり難しいことである．自分で体系を持っている必要がこういうときに強く現れる．

現在この問題について存在している学説の中には，はっきり誤っているものが幾つかある．諸君は基本書が何といっているかに関わりなく，一法曹としてそうした誤っている学説に対する批判精神を持っていなければならない．

例えば，独立行政委員会に対して準立法機関という説明がよく行われる．しかし，この説は実質的な意味を持たない．確かに，行政委員会がその所管する領域に関する準立法権を有していることは事実である．しかし，その意味でいうなら，すべての国家機関が，その所管する領域に関する準立法権を有している．すなわち，議院は議院規則を，裁判所は裁判諸規則を，そして，内閣の下に存するすべての行政機関も行政規則を制定する権限を有しているのである．委員会規則制定権の存在を根拠に，委員会が根拠づけられるというのであれば，裁判所や一般の行政庁もすべて準立法機関となる．したがって行政委員会の根拠を準立法機関性に求める説というのは噴飯ものという外はない．確かに，委員会規則の形で法規命令を制定している場合もある．しかし，国家公務員法102条にみられるように，法律の委任を必要としており，何ら特別のものではないのである．

同様に，行政委員会の根拠を，その政治的中立性に求める意見も，それ自体としては意味を持たない．およそ行政は政治的に中立的であらねばならないからである．それだからこそ，一般職公務員は政治的基本権が制限されるのである．したがって，政治的中立性それ自体が行政委員会の独立性の理由であるならば，政治的に中立な一般職公務員の上に立つ内閣制度は意味のないものとならざるを得ない．

1　独立行政委員会の概念

国の行政機関は大きく3種類に分類することが可能である．

第1の種類は，多数合議体であって，内閣がそれである．その特徴は，多数の意見を採り入れて慎重な審議を行うことが可能な点にある．その反面，迅速な判断・活動を求めにくいという欠陥がある．

第2の種類は，独任制機関であって，主任の国務大臣がそれである．例えば財務省という省には多数の職員がいるが，すべての権限は財務大臣1人に集中している．すなわち，財務省としての活動は，財務大臣の名で行われているか，その代理，代行もしくは委任等の資格で行われている．したがって，最終的には財務大臣1人の決断ですべての活動を行うことが可能である．この結果，極めて迅速に活動しうる反面，多面的な見解をその活動に反映させることは困難となる．

第3の種類が，行政委員会といわれるものである．すなわち，長及び少数の複数の委員から構成される合議制機関である．その結果，独任制にない慎重さと，内閣のような多数合議制にない迅速さを兼ね備えた機能を有することになる．すなわち，ある程度の慎重さと迅速さが同時に要求され

る場合に，この型の行政機関が設置されることになる．

現行国家行政組織法では2種類の行政委員会が予定されている．第1の種類は同法3条を根拠とするもので，各省の外局という法的地位を有する（3条委員会と呼ばれる）．なお，平成11年以降は国家行政組織法は内閣府以外の行政庁を対象としている（同法1条）から，内閣府に属する行政委員会（例えば国家公安委員会）は内閣府設置法49条を根拠とすることになるが，本講ではこれらも含めて3条委員会と呼ぶ．第2の種類は同法8条を根拠とするもので，各省各庁及び3条委員会の付属機関という法的地位を有する（8条委員会と呼ばれる）．8条委員会として有名なものをあげれば原子力委員会，独立行政法人評価委員会，地方分権推進委員会などがある．

3条委員会であれ，8条委員会であれ，通常省庁に比べて慎重かつ多元的な検討を実現するという委員会型を採用した制度目的から必然的に，その母胎となる省庁からある程度の独立性を有している．全く独立性を否定するのであれば，委員会型を採用せず，下部行政機構としておけば十分だからである．しかし，8条委員会の場合には，その決定を上級行政庁は尊重する必要はあるが，法的拘束力を持つものではないのが通例である．

これに対して，3条委員会は，内閣の指揮監督権から職権行使の上で独立し，独自に国家意思を表明できる権限を有することが，その設置法等で明らかにされており，さらにその独立した意思表明権を保護するため，委員会の構成員には裁判官の身分保障に類似した強力な身分保障が与えられている．このような特徴は，各省の外局ではなく，独立した官庁としての地位を認められる人事院，さらに憲法上，内閣から独立した地位を認められる会計検査院にも共通に認められるので，これらを含めて，その強力な独立性を強調する意味で，独立行政委員会と呼ばれる．

2 基本的問題点

(1) 会計検査院の独立性

独立行政委員会のうち，会計検査院は，内閣から独立している点は，憲法90条それ自体が設けた例外と見られるので，形式的には問題がない．しかし，論文ではいつも強調しているとおり，根拠は常に形式と実質の2つが必要である．すなわち会計検査院の独立性が認められねばならない実質的根拠が何かを解答しない限り，この問題を解決したことにはならない．この点は，従来わが国では完全に無視されてきたが，ようやく最近，私の主張が実ってある程度の問題意識が見られるに至ってきた．最後に私見という形で説明したい．

(2) 人事院及び3条委員会の違憲説

憲法の基本原則の1つである権力分立制を重視すれば，これら独立行政委員会を違憲とすることは必然的な結論である．かつて米軍占領下において数十も設置された独立行政委員会が，占領終決とともに大幅に整理された背景にも，その合憲性に対する疑問が存在していた．

現時点におけるその主張を簡単に整理すると，①内閣の指揮監督権を排除することは，憲法65条及び72条に違反すること，及び②設置の根拠とされる所掌事務の特殊性（専門性，公正性，政治的中立性）は基準として不明確であることである．

このうち，第2の点は非常に厳しい指摘で，的確な反論ができない．例えば，公正取引委員会や公害等調整委員会の特殊性として審判権を持つことが指摘される．しかし，同様の権能は一般行政庁に過ぎない海難審判庁，特許庁，総務省（電波行政）にも存在しているのであるから，それらの中で，公正取引委員会等だけ特に強力な独立性が保障されねばならないのかを説明することは困難なのである．これは，独立委員会の設置に当たっての定見の無さを反映したもので，理論的には説明できないといわざるを得ない．

しかし，統一的な説明はできないまでも，ある行政委員会に，なぜ独立性が与えられねばならないのかに付いての説明は必要である．したがって，本問の論点は，独立行政委員会を肯定する説を採る場合にも，この2つの点ということになる．

以下，この2つの点を巡る学説の概況を検討することとする．

3 独立合憲説の根拠

(1) 非 独 立 説

独立性批判に対するもっとも素朴な反論は，国会及び内閣に委員の任命権及び予算権が留保されていることを根拠に，これら委員会が独立性を有していない，と主張するものである．しかし，国会や内閣は，裁判所に対しても任命権や予算権を有しているから，この主張は，そもそもわが国に権力

分立制は存在していないと主張するがごとき,強弁といわざるを得ず,とうてい採用できない.

(2) 独立性肯定説
① 65条の文言に求める説　65条が,41条や76条と違って行政権について唯一ともすべてともいっていない点に目を付けて,憲法は内閣に行政権の独占を求めてはいないとする説である.

しかし,もともと内閣は,憲法上,行政権を行使する機関とはされていない.行政権は「行政各部」が実施するのであり,内閣は内閣総理大臣を通じてそれを指揮監督するに過ぎない($\frac{72}{条}$).すなわち,議院内閣制の下で,内閣の指揮監督に服さない行政機関をなぜ肯定できるのか,という問いには依然としてまったく答えていないのである.したがって,少なくとも,この説は単独では成立し得ず,他の何らかの説の補強を受ける必要があることは明らかである.

② 国会による統制説　行政について内閣の指揮監督が必要な理由は,議院内閣制を通じて国民の代表者たる国会のコントロール下に行政をおくことにあることは異論がない.そこで,内閣の指揮監督下にない場合でも,国会の直接的指揮監督下にあれば,違憲ではない,という議論が出る.

この説は,現に国会の下にある行政機関,具体的には国会図書館の合憲性を説明する論理としては有効である.しかし,独立行政委員会の場合,いずれも,内閣の指揮監督下にないのと同様に,国会の指揮監督下にもないのであるから,全く説明力を持たない.

③ 行政・執行二元論　この問題は,日本ばかりでなく,日本に独立行政委員会制度を導入した米国でも,同様に問題になる.その米国では,行政活動を二元的に理解すべきであるとする説が強力に主張されており,わが国でも近時支持するものが増えてきている.

それに依れば,内閣が保持すべき行政権とは政治的作用としての執行($\substack{\text{exective}\\\text{Power}}$)であるから,非政治作用としての行政($\substack{\text{administra-}\\\text{tive Power}}$)は必ずしも内閣の統制下にある必要はない,という.アメリカ憲法では,大統領に執行権が属すると述べて($\substack{2条1\\節2文}$),行政権という言葉を使用していないところからでた説である.フランス行政裁判所における行政行為と統治行為の2分論に類似したところのある説で,これまでに紹介した説と違い,確かにかなりの説得力がある.

この説の問題は,執行と行政を何を基準に区分するかが,必ずしも明確ではない点にある.

④ 立法裁量論　この説は,③で指摘した説の,区分基準の不明確という点に答えたもので,行政権の存在は,必ずしも憲法上必然的に導かれるものではなく,行政法の制定によって初めて考えることができるとする.したがって,その行政権をどこに帰属させるかは基本的に立法裁量にかかって来るという.

しかし,問題は内閣の専管的行政と,そうでないものを憲法論的に振り分ける点にあり,それをすべて国会の専断にゆだねるというのは,かつての純粋代表時代の憲法論としてはともかく,今日の半直接代表制下の憲法論としては説得力に乏しい.

⑤ 抑制設定説　行政委員会の設置は,当該行政を行政部の恣意から分離しようとするものであるから,権力分立制の趣旨である政府に対する抑制を設定することになるので合憲とする.

これは権力分立制の意義そのものを直視しているという意味で,非常に説得力がある.しかし,なぜある場合に,そのような抑制を行政委員会という形で設置する必要があるのか,という第二の論点と直結するので,そちらで効果的な論理を展開できない限り,説としての説得力を失うこととなる.

(3) 行政委員会設置の合理的理由
憲法論上,何らかの論理で行政委員会の設置が肯定されるとして,ではどのような場合に,内閣の指揮監督を排除することが許容されるのか,ということを第二の論点として論ずる必要がある.

① 特殊性説　通常の行政部では達成困難な特殊性がある場合に,行政委員会の設置が許容されると説く.その特殊性とは,政治的中立性,高度の専門性,高度の公正性等である.

「はじめに」でも触れたように,政治的中立性は一般職公務員の通有性として今日では論じられており,したがって単純にこれだけを主張するならば,そもそも行政はすべて行政委員会によって行われねばならないことになる.また,それ以外の二つの基準は,いずれも「高度の」という形容詞が付いていることに明らかなように,相対概念であり,具体的にどの程度の条件が生じたときに肯定

② 準司法作用説　行政委員会の職務が裁判類似作用を伴う場合，司法の独立に倣い，政治部門からの独立が要請されるとする説である．これについては，先に違憲論で触れたとおり，同じ条件にありながら，独立性が肯定されていない場合がかなりあり，本当に分離の根拠足りうるのか，という疑問が呈されている．

また，そうした準司法作用を有しているのは，独立行政委員会のうち，公正取引委員会，公害等調整委員会，公安審査会，船員労働委員会及び中央労働委員会の5つの委員会だけである．それ以外の委員会の独立性の根拠については説明されていない．

③ 機械的業務説　機械的業務はビジネスライクに行われればよいから，内閣の指揮監督がなくとも構わない，とする説である．しかし，同じように，指揮監督があっても構わないといえるはずで，独立性を付与する必要性という問いには全く答えていない．また，この基準が適用できるのは，司法試験管理委員会だけだったが，廃止され，現在の司法試験委員会は8条委員会である．

④ 抑制必要説　ある行政作用を分離し，政府に対する抑制を設定する必要があるほどの恣意が行政部に見られること．すなわち前述した抑制設定説の実質的根拠である．しかし，これはほとんど循環論法であって，何を持ってそうした必要性を判断する基準とするのか，という問いに答えたものとはいえない．

⑤ 誠実執行義務破綻説　憲法73条1号により内閣は法律を誠実に執行する義務を負っている．しかし，業務の内容によっては誠実に執行することが不可能なものがある．そのような誠実執行が不可能なもの（政府の失敗）に対しては，内閣の指揮監督から排除し，独立機関が実施することが妥当だとする説である．この説は米国で展開されているものを継受したものであるが，現時点では理論分析が不十分で，現行の行政委員会をどこまでこの論理で説明できるかがはっきりしない．しかし非常に魅力的なものであることは事実である．

4　私　　見

以上見てきたように，この問題に関しては様々な説が入り乱れており，およそ通説というものが存在していない．したがって，諸君は，自分の基本書と相談しつつ，どんな説をとっても構わない．

以下，私自身はどのように考えているのかを説明したい．

独立行政委員会の合憲性は，憲法65条との関係で発生する．したがって，本問における第1の論点は，憲法65条が内閣の独占と定めている行政概念をどのように把握するか，という点にある．

憲法65条の定める行政概念については，消極的定義が通説となっている．しかし，その定義には，大きく2つの類型が存在している．第一の定義は，国の活動から，立法と司法を除外したものが，行政であるとする．第2の定義は，対国民的な国の活動から，実質的意味の立法と司法を除外したものが，行政であるとする．これについては，第2の定義が明らかに正しいといわなければならない．なぜなら，第1の定義による場合には，司法行政及び院内行政という，間違っても内閣の下に存在することのない行政活動が，自動的に行政概念に含まれるという問題が発生してしまうからである．したがって，以下では第2の定義により論ずることとする．

この場合，直ちに気づかれるのが，この物差しにより，現実に内閣の下において行われる行政活動が二つに分類できるという点である．すなわち，対国民的な行政活動と，内部行政活動である．65条でいう行政は前者のみであり，後者には及ばない．したがって，後者の領域で，内閣から独立した行政機関が存在していても，直ちに憲法違反という問題は生じないことになる．

この範疇で説明できる行政委員会としては，会計検査院，人事院，国家公安委員会の3者である．これらの場合，政府から独立して意思を表明する自由は肯定されるが，その意思は政府を拘束しない．例えば，会計検査院により問題と指摘されても，政府はこれを改善する義務はない．人事院から勧告が出ても，政府はこれを完全実施する必要はない．

これに対して，対国民的行政の場合には，原則的に独立行政委員会は禁じられる．しかし，準司法的作用を有する場合には，権力分立制の原理から，政府の干渉が排除されるべきであるから，肯定できる．つまり，先に述べた準司法作用説を承認する．

第3章　司　法

第14講　裁判の公開

■問題■

次の各事例における裁判所の措置について、「裁判公開の原則」との関係で生ずる憲法上の問題点を挙げて論ぜよ。

(1) 映画の上映がわいせつ図画陳列罪に当たるとして、映画製作者が起訴され、当該映画の芸術性・わいせつ性を巡って争われた刑事訴訟において、裁判所が、わいせつ物の疑いのあるものを一般傍聴人の目にさらすのは適当ではない、という理由で、公判手続きの傍聴を禁止した場合

(2) ある企業が、その保有する営業秘密を不正に取得し、使用しようとする者に対し、右不正行為の差し止めを求めた民事訴訟において、裁判所が、審理を公開すると営業秘密が公に知られる恐れがあるという理由で、口頭弁論の傍聴を禁止した場合

(3) 右の(2)の訴訟において、裁判所が、口頭弁論の傍聴は禁止しなかったものの、傍聴人がメモを取ることを禁止した場合

(平成5年 司法試験問題)

■この講での論点細目次と論述のヒント■

問題の所在
1　裁判の公開の限界構築の方法
　(1) 例示説
　(2) 国際人権B規約14条説
　(3) 公序良俗概念拡張説
　(4) 非公開審理を求める権利
(5) イン・カメラ審理と公開原則
(6) まとめ
2　各小問の検討
　(1) 小問(1)について
　(2) 小問(2)について
　(3) 小問(3)について

問題の所在

　裁判の公開は、司法権の中心概念をどこに求めるにせよ、その本質的要求として重要視されてきた。そのことから、わが国憲法は、ほとんど例外を認めない形で裁判の公開を保障している。しかし、そのためにかえって様々な場合に、国民として裁判を受ける権利を実質的に侵害されている、という事態が生じている。本問で問題となっているわいせつ罪、婦女暴行罪、公私の領域における秘密漏洩行為などは従来から問題とされてきた。また、情報公開法において、委員会段階ではイン・カメラ審理 (in camera review) が許容されているのに、裁判段階になると認められないというのは、近時におけるその端的な例である。

　そこで、今日的要求としては、裁判の本質に反しない限度で、可能な限り、公開原則に対する例外を許容しなければならない、とされる。他方、無造作に例外を許容しすぎることも問題で、その限界をどこに求めるか、ということが問題となる。

全く同様の事件を取り上げていながら，少年事件や家事審判事件となると公開原則が排除されるのが正しいのか，という問題意識も存在している．少年審判で，被害者等の傍聴が論じられるのは，このためである．本問に対するレジュメという枠からはみ出すので，この非訟事件関連の問題は，ここでは取り上げないが，諸君自身として研究して，ある程度は書けるようにしておいてほしいところである．

このように近時，強い問題意識が持たれている領域であるにもかかわらず，あまり教科書レベルには記述がなく，難問である．『憲法の争点』等，幅広く演習書を読んで勉強しておく他はない．

なお，諸君はこうした小問形式の設問を見ると，すぐに各小問ごとに解答しようとするが，それは不合格答案を書くための早道と心得てほしい．各小問に共通する要素が何かをまずとらえ，その共通要素に関する1行問題が出題された，と考えて答案構成を行い，最後に，その理論的帰結として導かれる，各小問に対する答えを簡潔に述べれば十分である．

1 裁判の公開の限界構築の方法

裁判の公開はなぜ必要とされるのだろうか．

大きく2つの把握方法があると考えられる．人権と考えるか，制度的保障と考えるか，である．換言すれば，民主主義的な理念の表れと考えるか，自由主義的な理念の表れと考えるかである．

前者は，国民の知る権利の，裁判における保障であると考えることになると思われる．主権者たる国民として，国政を監視する権能があるのは当然であり，その重要な手段が国会における会議の公開と並んで，この裁判の公開が存在していると考えることができるはずである．その場合には，人権の一種とされるから，その制限は厳しい例外に服するのは当然である．そのためもあってか，理論的には当然予想できる，この説を唱える学者は，管見の限りでは存在しない．

それに対し，通説・判例は，自由主義的な制度的保障ととらえる．例えば佐藤幸治は次のようにいう．

「フランス革命前のアンシャン・レジームの下での秘密裁判を克服することを課題とした近代の公開・対審・判決という訴訟原理（公開即公正という発想）は，その当時に比べれば，裁判，特に民事の裁判に期待される役割は大きく拡がってきている現代において，多少修正し，実質的に公正を確保するような裁判原理を模索考究すればよいのだという認識がある」（佐藤幸治『現代国家と司法権』（有斐閣・昭和63年）434頁より）

すなわち，封建時代における暗黒裁判の否定として，公開という制度が保障されたと考えるのである．この文章の後半は，その論理的な結論として，憲法82条の列挙は単なる例示だ，という考え方を導いている．

判例も，同様に制度的保障と考えている．レペタ事件最高裁判決は次のように述べた．

「裁判を一般に公開して裁判が公正に行われることを制度として保障し，ひいては裁判に対する国民の信頼を確保しようとすることにある」（最大判平成元年3月8日＝百選〈第5版〉160頁）．

この理解に従う限り，国民の裁判に対する信頼という制度の中核を侵害しない限り，公開原則を制限することは一般論として可能である．そこで問題は，「国民の裁判に対する信頼」は，より具体的にいえば，どのような概念かということが問題となる．この点についてきちんと論じているものはないが，レペタ事件最高裁判決が述べていることから，ある程度判断できる．すなわち，

「傍聴人のメモを取る行為についていえば，法廷は，事件を審理，裁判する場，すなわち，事実を審究し，法律を適用して，適正かつ迅速な裁判を実現すべく，裁判官及び訴訟関係人が全神経を集中すべき場であって，そこにおいて最も尊重されなければならないのは，適正かつ迅速な裁判を実現することである．傍聴人は，裁判官及び訴訟関係人と異なり，その活動を見聞する者であって，裁判に関与して何らかの積極的な活動をすることを予定されている者ではない．したがって，公正かつ円滑な訴訟の運営は，傍聴人がメモを取ることに比べれば，はるかに優越する法益であることは多言を要しないところである．してみれば，そのメモを取る行為がいささかでも法廷における公正かつ円滑な訴訟の運営を妨げる場合には，それが制限又は禁止されるべきことは当然であるというべきである．適正な裁判の実現のために

は, 傍聴それ自体をも制限することができるとされているところでもある」

　要するに, 公開原則が要求しているのは, 文字通り, 一般公衆に対して傍聴を許すことに尽きるのであって, それ以上のものではない, という訳である. 公正かつ円滑な審理がまず要求されるのであって, それと抵触しない限りで傍聴を許す必要があるのに留まるということである. 先に, 佐藤孝治の「公開即公正」という見解を紹介した. それと同旨の考えを最高裁判所も示したと評価することができよう.

　このように考える限り, 公正が害される恐れがあれば, 公開を制限することは広く認められて良い. しかし, 問題は, 82条2項がその例外を非常に厳しく制限する姿勢をとっていることである. すなわち, 非公開が許されるのは, 文言に依存する限り, 「公の秩序又は善良な風俗を害する虞」がある場合に限定される.

　そこで, 問題は, ここにいう「公序良俗」という言葉が何を意味しているか, ということになる. かつての通説は次のように説いていた.

「公序良俗違反という観念は, 違法性の実質的, 社会学的側面を表現するために用いられることもあるが, ここではそのような一般的意味ではなく, より具体的に, 人心を刺激して公共の治安を破り, あるいは猥褻等人心に不良の影響を及ぼして風教を傷つけるようなことをいうものと解される. 旧憲法の『安寧秩序又は風俗を害する』というのと同義である.」
（『註解日本国憲法』（有斐閣）1241頁より引用）

　このように公序良俗概念を狭く解する場合には, 小問(1)は何とかなるとしても, 小問(2)あるいは本問では論点とされていないが, 今後は最大の問題となると考えられる情報公開におけるインカメラ審理の導入などを公序良俗で説明することは不可能という答えが導かれることになる. このような解釈の背景には, 公開原則を非常に大事なものとする考えが存在していることはいうまでもない.

　これに対して, 近時は次のように述べて, 例外を幅広く認めるべきである, という見解が一般的になりつつある.

「憲法82条の定める公開の保障の重要性を承認するとしても, それだけが問題なのではなく, それを包み込むところの, 公正な手続き的配慮の要請というものがその基底にあり, 今やむしろそこにこそ着眼して裁判の運営を考えるべき時期に来ているのだ, ということも, はっきり自覚すべきところなのであろう.」（三ケ月章『民事訴訟法研究(7)』（有斐閣・昭和53年）11頁）

　この議論の場合にも, 公開は, 公正な裁判の実現手段に過ぎない, という前提が取られていることが判る. こうして, 制度的保障説の下では, 基本的な方向として, 裁判の非公開を, 憲法82条2項の極めて限定的な文言にも関わらず, より拡大する方向に向けて, 様々な手法が検討されることになる. 以下, 簡単に紹介しよう.

(1)　例示説

　先に紹介した佐藤孝治の見解が代表的なものである. 憲法82条2項の公序良俗以外にも, 同条の基礎となっている裁判の公正という要求に合致する場合には, 公開の制限が可能である, と説く.

(2)　国際人権B規約14条説

　同条1項は原則として公開裁判を保障しつつ, 例外として82条2項に比べると幅広い規定をおいている. すなわち, 「報道機関及び公衆に対しては, 民主的社会における道徳, 公の秩序もしくは国の安全を理由として, 当事者の私生活の利益のため必要な場合において又はその公開が司法の利益を害することとなる特別な状況において, 裁判所が真に必要と認める限度で, 裁判の全部又は一部を公開しないことができる」とする.

　わが国は昭和54年に国際人権規約を批准しており, この条約は自力執行可能な条約に属するから, これもまた国内法としての効力を有する.

　これを根拠とすれば, 先に問題となるとして挙げた領域のほぼすべてについて裁判の非公開を根拠づけることが可能となる.

　問題は, どのようにして憲法82条と国際人権規約の整合性をとるかである. 考え方としては次のようなものがあり得る.

　第1は単純に国際人権規約が憲法に優位する, と説明することである. 国際人権規約は, 条約という形でわが国が批准したものであるが, それを

制定した国連の意図は，それを確立された国際法規にすることにあり，我が憲法98条2項の解釈として確立された国際法規は憲法に優位するから，これは十分に説得力ある説明方法である．

第2は，憲法優位としつつ，憲法が82条2項以外の場合にも，非公開の場合を認めていると解する立場である．この場合，学説的には上記例示説と一致し，その根拠を国際人権規約に求めることになる．

第3は，憲法優位としつつ，憲法21条の表現の自由に，国際人権B規約19条2項の要求する知る権利を読み込むように，公序良俗という言葉の理解としてこの14条を読み込んでいく，という方法である．この場合，結局，学説的には次の公序良俗概念拡張説と一致することになる（浦部法穂『憲法学教室〈全訂第2版〉』314頁はこの立場をとることを明言する）．

今日のわが国で，国際人権規約を無視した議論は不可能だから，これら三説のいずれが良いか，基本書と相談して決定しておいてほしい．

(3) 公序良俗概念拡張説

憲法の文言解釈という観点から見れば，公序良俗という言葉の意味を戦前の安寧秩序よりも拡大することができれば，それがもっとも簡明な説明であることは疑う余地がない．

> 「従来の憲法学説が『公の秩序』の内容を公共の安全と狭く解釈してきたこととの関係では問題が残るもののそれを社会的に認められた権利と解し，かつ，非公開にすることに十分な理由が認められる場合に限定したうえで，『公の秩序』を広げることがもっとも異論の少ない解釈であるように思われる．」（戸波江二「裁判を受ける権利」ジュリスト1089号281頁より引用）

しかし，公序良俗という言葉は様々な場面で使われるだけに，ここでの意味をなぜ社会的に認められた権利と決定できるのかははっきりしない．また，社会的権利というのは具体的に何かもはっきりしない．

そこで，この立場にある他の説を見てみよう．

> 公開原則を排除するための「公序概念の内容は，他の場合よりも厳格に考えられなくてはならないことは，疑いを入れない．単なる産業界の秩序や，営業秘密保有者の個別的利益では，この場合の公序を満たさないのはもちろん，営業秘密保護が社会的妥当性を持つというだけでも，公序を基礎づけるには不十分であろう．〈中略〉それにも関わらず，本論文においては，公序が害されることを理由として営業秘密についての審理を非公開とすることができる，という結論を採る．確かに，営業秘密の保護，具体的には，営業秘密に基づく差し止め請求権を認めること自体は，法律上の秩序である．しかし，営業秘密について，一定範囲の第三者に対しする関係で差し止め請求が認められるに至った背後には，損害賠償による事後的救済のみでは秘密の保護に十分ではなく，非公知性，秘密性を失うと保有者に回復しがたい損害が生ずることなどに鑑みて，その保護を強化したという判断が存在する．このことは，営業秘密が，物権のような絶対権ではないが，一定範囲の第三者に対してその権利自体の承認を求めうる財産権として承認されたことを意味する．いいかえれば，営業秘密は，差し止め請求権をも内包する権利として憲法29条2項にいう公序の内容となる．」（伊藤真「営業の秘密と審理の公開原則」ジュリスト1031号83頁より引用）

この文章は，長い論文の一部であるため，これだけでは憲法学的な厳密さには問題のある記述がある．また，論文のタイトルにあるとおり，本問の小問2で取り上げられている営業秘密だけをテーマとしているので，財産権だけにしか論及していない．そういう意味で，あくまでも参考としての文章と理解して欲しい．ここで述べられていることを一般的に述べるならば，公序良俗とは人権侵害のことだ，と述べていると考えて良いであろう．戸波江二説でいう社会的権利というのも人権と読み替えてよいと思う．

この引用部分で「回復しがたい損害」という表現を，非公開のメルクマールとしているのも，注目するべきであろう．すなわち，裁判の非公開は，その審理内容が一般に公表されることを事前に抑制する行為であるという点において，表現の自由の事前抑制と同質の行為である．事前抑制禁止の法理に対する例外としては，その表現行為によって害悪の発生することが異例なほど明白であるか，あるいは回復不可能な損害が発生することが明白であることが要求される．戸波江二のいう「非公開にすることに十分な理由が認められる場合」というのも，この程度の十分さで足りると考えな

と,国際人権規約の要求する「裁判所が真に必要と認める限度」という要件にかみ合わないと考えている.

(4) 非公開審理を求める権利

上記伊藤説は,結局,財産権によって公序概念を拡張しようという試みということができる.そうであれば,別に議論は財産権に限定される必要はない.およそ一般的に人権が審理の公開によって侵害されるような事態が発生すれば,32条の裁判を受ける権利から一般的に,非公開審理を求める権利というものを構成するのはそう突飛な発想とは言えない.すなわち

「本稿は,憲法32条を,裁判所へのアクセスを保障しただけでなく,非公開裁判手続きにおけるデュー・プロセスを保障したものと理解し,その一要素として実効的な救済を求める権利を内包するものと理解する立場に立ち,裁判を公開にすることが実効的な救済を不可能にする場合,原告は非公開審理を求める権利を主張しうるものと考える.従って,政府が国民の秘密を侵害し,その秘密に対して有する基本的人権を侵害している場合には,国民は憲法32条の下でその秘密について有する基本的人権の侵害に対して実効的な救済を求める権利を有しており,そこから非公開審理を求める権利が導かれると考えるべきである.」(松井茂記「裁判の公開と『秘密』の保護」民商法雑誌106巻581頁より)

ここだけを見ると,この説は極めて魅力的であるが,諸君としてこの説に依拠しようとするときには注意するべき点が一つある.それは,非公開要求が国民の権利である,ということは,裁判所の裁量権を否定してしまう,という点である.したがって,当事者の非公開要求にも関わらず,裁判所が公開とした場合に,違憲問題が発生する.このことは,制度的保障という理解そのものの限界などと絡んで,論文における理論体系全体に影響を及ぼす,ということである.

(5) イン・カメラ審理と公開原則

本問で問題になっている傍聴人の排除に絡む主要学説は以上の通りであるが,冒頭にも述べたとおり,今後,こうした問題が出題されるとすれば,むしろ情報公開法との関連で出題される可能性が高い.そこで,本問とは関係ないが,その場合における重要な学説を紹介しておきたい.

この説では,公開審理とは,まさに本問で問題になっているような,傍聴人を排除して訴訟当事者と裁判官だけで行う審理のことをいう,ととらえる.その結果,次のように述べる.

「これまで構築されてきた憲法秩序の下では,企業秘密,財産権よりも,知る権利を具体化するための権利である情報公開請求権の方が高い価値を持っているとされているのであるから,いくつかの裁判例で説かれているように,この権利の制限に対しては,裁判所は厳格な司法審査を行わなければならない.すなわち,情報公開請求権の保護のために厳格な司法審査を行う過程で,裁判所は,当該情報・文書を非公開で審理することができるのである.
ところで,この非公開審理は,傍聴人を法廷から排除して証拠調べを訴訟当事者と裁判官の間で行うという方式ではないことに注意しなければならない.非開示処分の対象となった,あるいは,開示の執行停止の対象となった情報・文書を裁判官のみが直接閲覧するという形の証拠調べである.この方式は,裁判官に与えられた裁量権の範囲内のものであり,その権限行使が公正な裁判を維持し,裁判への信頼を得るためであることは前述したとおりであり,憲法82条が認めるところと解される.」(戸松秀典「裁判の公開と非公開文書の裁判」ジュリスト増刊『情報公開と著作権法』49頁より)

すなわち,イン・カメラ審理は,裁判官の証拠調べの方法にすぎず,公開原則と直接的には抵触することはない,と把握するわけである.確かに現場検証その他の証拠調べは一般に対審とされていないから,これは非常に説得力がある.

(6) まとめ

いつも強調するとおり,自分のとらない学説を非難する必要はない.自分のとる学説を,なぜそれを採るのか,という根拠とともに説明すれば十分である.だから,ここに紹介した学説の中のどれかを,その論拠とともに理解すれば十分である.

上記の学説について,それが相互排斥的なものと理解する必要はない.例えば,非公開審理を求める権利説は,当然82条の条文解釈としては,例示説を前提にしていると考える必要がある.それ自体は公序良俗ではないからである.

また,国際人権規約について国内法上の効力を

否定する,というような極端な学説を採らない限り,国際人権規約は,どの説を採る場合にも,その根拠として把握するべきであろう.

2 各小問の検討

(1) 小問(1)について

「映画の上映がわいせつ図画陳列罪に当たるとして,映画製作者が起訴され,当該映画の芸術性・わいせつ性を巡って争われた刑事訴訟において,裁判所が,わいせつ物の疑いのあるものを一般傍聴人の目にさらすのは適当ではない,という理由で,公判手続きの傍聴を禁止した場合」

わいせつ物陳列罪が公序良俗に抵触するおそれのある行為であることは,かつての通説も疑わないところであり,したがって,公序良俗原則との関連で,この場合に,非公開決定ができる点,特に問題はない.

問題は,刑事事件については憲法37条が明確に公開裁判を要求していることである.したがって,仮に37条が刑事事件において絶対的公開原則を要求していると読む場合には,それ以上論ずるまでもなく,本小問については非公開は許されない,と結論されることになる.

しかし,一般的には同条は82条の原則を確認しているに過ぎないと解する.なぜなら,82条が絶対的公開事由としてあげているのは,「出版に関する犯罪」「政治犯罪」と明らかに刑事事件を限定的にあげているからである.すなわち,82条は刑事事件についてさえ,公開しなければならないものと非公開にできるものの区別があることを予定している,と読めるのである.そこで,問題は本小問で取り上げているケースが絶対的公開事由に該当するか否かである.

私自身は,出版に関する犯罪にいう出版とは文字通りの出版,すなわち印刷という形態による表現行為に限定する理由はなく,本問で問題となっている映画なども含めて一般公衆に向けられた表現形態のすべてを意味するものと理解するのが妥当と考えている.なぜなら,出版に関する犯罪にせよ,政治犯罪にせよ,それは3章で定める権利が問題となっている事件の一類型に過ぎず,それをわざわざ特記したのは,それが国家による侵害の危険性が高いからである.その観点から見れば,映画は印刷と並んで,国家による検閲等の対象となってきたメディアであり,公開裁判の要求は同様に強いものといわねばならないからである.ただし,この点をめぐって議論するのは実益のあることではない.上述のとおり,映画による表現の自由を,出版で読もうと,第3章の権利で読もうと,結論に変わりはないからである.

第3章の権利という言葉をどう読むかは,もう少し実益のある話である.仮に第3章の権利の中で,31条の適正手続条項を読めば,刑事事件は自動的にすべて含まれることになる.また,13条で一般的行為自由を読んでも,刑事法というのは行為自由の制限法であるから,すべて含まれることになる.前に述べたように,刑事裁判でも非公開が許容されるという前提からいう限り,このような解釈は間違いというべきであろう.結局,第3章で人権カタログに具体的に掲記されている権利,具体的には15条から29条までをいうと見るのが妥当と考えている.

ここで最後の問題となるのが,そのような権利を規制する法律に抵触して刑事裁判になった場合には,常に絶対的公開事由に該当することになるのか,という点である.

おそらく肯定するのが通説であろう.しかし,私は訴訟法の基本原理たる当事者主義の原則に照らし,そのように拡大するのは不当と考える.法規の違憲性を当事者が主張した場合にのみ,絶対的公開事由に該当すると考える.

本件事件は芸術性,猥褻性をめぐって争われているとあり,要するに構成要件該当性があるかどうかが問題になっているのであって,猥褻性ある表現の自由が認められるべきである,というような憲法上の概念が争点になっている事件ではない.したがって,第3章で保障する国民の権利が問題となっている事件ではない.要するに,訴訟で問題になっている法令が人権制限の内容を持っているからといって直ちに第3章に関する事件になるのではなく,当事者間で憲法上の概念が争点とされている場合にのみ,それに該当する.

この小問解説はかなりくどいものとなったが,諸君はもちろん,この箇所でこのように力点を置いて論じてはならない.本問の力点はあくまでも

総論部分にあるのだから，小問(1)について詳細に論ずるといっても，せいぜい4～5行程度に押さえるべきである．

(2) 小問(2)について

「ある企業が，その保有する営業秘密を不正に取得し，使用しようとする者に対し，右不正行為の差し止めを求めた民事訴訟において，裁判所が，審理を公開すると営業秘密が公に知られる恐れがあるという理由で，口頭弁論の傍聴を禁止した場合」

情報公開法が問題になるまで間は，これこそが公序良俗概念の内容となるかならないかをめぐって，もっとも議論が戦わされた問題である．総論部分でしっかりと論じていれば，ここでは「先に論じたところに従い，非公開とすることは許される」と一行書いておけば十分な答えとなる．

(3) 小問(3)について

「右の(2)の訴訟において，裁判所が，口頭弁論の傍聴は禁止しなかったものの，傍聴人がメモを取ることを禁止した場合」

レペタ事件について表面的な理解をしていると，傍聴人のメモの禁止は当然に許されない，という結論を導いてしまいそうである．しかし，問題はそれほど単純ではない．要するに，裁判の公開が，先に述べたように，中世封建時代における密室の裁判のような不明朗さを排除することを目的とするものという理解に立つ限り，裁判の信仰が国民の監視下にある，ということだけが公開原則の要求である．したがって，傍聴人のメモを取る権利それ自体は公開原則そのものの内容ではない．その結果，最高裁判所は先に制度的保障の中核に関連して紹介したように，傍聴メモは裁判所の完全な裁量に服すると述べているからである．

その上で，最高裁判所は次のように述べてメモを取る権利を承認したにすぎない．

「しかしながら，それにもかかわらず，傍聴人のメモを取る行為が公正かつ円滑な訴訟の運営を妨げるに至ることは，通常はあり得ないのであって，特段の事情のない限り，これを傍聴人の自由に任せるべきであり，それが憲法21条1項の規定の精神に合致するものということができる．」

そこで，問題となるのは，メモを取る行為が，小問(2)で問題になっているような営業秘密に絡む事件の場合に，構成かつ円滑な訴訟の運営を妨げる可能性が全くない，と断言できるかどうかである．その点の判断が小問(3)に対する答えを決めることになる．

一般論としていえば，そう断言することは不可能であろう．なぜなら，審理の非公開はあくまでも例外で，「裁判所が真に必要と認める限度で，裁判の全部又は一部を公開しないことができる」にとどまる．したがって，例えば営業秘密の情報内容がきわめて複雑で，通常の傍聴人ではとうてい記憶にとどめることはできないと思われるような場合には，むしろ公開法廷で審理を行うのが正しい態度というべきだからである．しかし，そうしたときに傍聴人にメモを取る行為を認めては，情報の漏洩に対する訴訟当事者からの不安から，非公開が要求されることになって，審理が円滑に進まないおそれというものは当然に考えられるからである．

すなわち，公開原則を，レペタ事件の前提となっている制度的保障という把握をする限り，そこに裁判所の広範な裁量権の存在を肯定せざるを得ない．

反対に，傍聴権及びメモを取る権利を国民の知る権利というような角度から構成していく場合には，先に述べた非公開審理そのものがこの知る権利の侵害と構成される結果，非公開の例外を許容できる範囲は極端に狭くなると解さざるを得ない．すなわち，前の方で制度的保障であると述べておいて，ここで知る権利というようなことを言い出すと，論文としての体系が一瞬にして破綻してしまうことになる．小問(3)はその点を狙った引っかけと思われる．

第15講　司法権の独立

●問題

　明治憲法の下においては，司法権は天皇の名の下に行われ，裁判官も，検察官と同様に司法大臣の監督の下にあった．

　これに対し，日本国憲法は，司法権をすべて裁判所に属すると宣言する（憲法76条1項）とともに，司法権の独立を強力に保障することとした．しかし，そのような強力な保障は，同時に司法権が暴走して主権者たる国民を害する危険を含むものである．

　そこで，日本国憲法の保障する司法権の独立を保障する諸制度について論ずるとともに，司法権の暴走を防止するために，現行憲法に組み込まれている諸制度についても論ぜよ．さらに，司法権の暴走防止制度が乱用される結果，司法権の独立が侵害される危険をいかに防止するべきかについても論ぜよ．

●類題
司法権の独立の原則について論ぜよ

（平成13年度 国家公務員行政職試験問題）

■この講での論点細目次と論述のヒント■

問題の所在
1. 司法権の独立
2. 司法権の独立を確保する制度
3. 裁判官の独立
   (1) 裁判官の良心
   (2) 裁判官に対する身分保障
4. 司法府の独立
   (1) 自主立法権＝裁判所規則制定権（憲法77条）
   (2) 自主行政権
   (3) 自主懲戒権
   (4) 自主財政権
5. 司法権の独立の濫用とその防止制度
   (1) 最高裁判所に関する民主的統制
      ① 判事の任命権
      ② 国民審査
      ③ 定年制
   (2) 下級裁判所に関する民主的統制
      ① 判事の任命権
      ② 任期の制限
      ③ 定年制
   (3) 裁判官一般に対する民主的統制
6. 司法権独立の侵害可能性
   (1) 行政府
   (2) 立法府
   (3) 司法行政機関
   (4) 社会勢力

問題の所在

　本問は，普通は類題のような形で聞かれる．そこで，本問に回答するにあたり第1に考えるべき点は，そのように聞かれた場合と，本問のように聞かれた場合とで，論ずるべき点にどのような差異が生ずるか，という点である．全く違いがないという答えがナンセンスであることはいうまでもない．しかし，多くの諸君は，こうした小さな差違は全く無視して論文を書く傾向を示す．そのような問題文に対する感受性の鈍さを示し続ける限り，諸君にとって合格の日はまだ遠い．普通とは違う聴き方をされたら，どこで違いを設けたらよいのかを集中的に考える，という習慣をこれを機会に是非身に見つけてほしい．

　本問のように，制度について聞かれた場合，一番

簡単な答案構成の方法は、**意義**、**要件**、**効果**という順序に論ずることである。本問でもそれは有効な答案構成方法である。しかし、多くの諸君は、限界を論ずることに関心が集中してしまう傾向がある。それもまた決して悪い構成方法ではない。その場合には、**意義**、**内容**、**限界**という形に論ずることになる。しかし、問題が中心的論点として明確に要求している「独立確保制度」についてはほとんど説明することなく、いきなり限界論に突入するような、答案の明示の要求を無視した答案構成では、合格答案になることは絶対にあり得ないので、注意してほしい。

なお、本問の後半である司法権の暴走防止制度については、次講で詳述しているので、本講では若干簡略なものとしている。

1 司法権の独立

本問に答える場合、司法権の独立の意義から踏み込むのが普通であろう。問題は、司法権の独立の概念をどう把握するかである。

権力分立制との関係でいえば、立法、行政、司法がそれぞれ他の権力から独立して権力を行使しなければならない、というのは、共通して言える問題である。決して司法権についてだけ独立が認められているわけではないのである。では、なぜ司法権についてだけ、独立ということが問題になるのであろうか。これについては2つの視点からとらえていく必要がある。

第1に、司法権の最大の特徴は、司法権の行使にあたる裁判所とは、実は組織体としての裁判所ではなく、個々の裁判官であるという点にある。これに対して、立法権は組織体としての国会、ないしそれを構成する各議院である。個々の議員は、あくまでもその組織の一員として活動するのであって、個々人が立法権を行使するわけではない。行政府についても同じことで、組織体として行政権の行使を行う。検察庁の場合、裁判所との峻別の必要から、特に「検察一体の原則」ということが言われるが、これは別に検察だけの特徴ではなく、行政府一般の特徴と理解すべきである。これに対して、司法権だけは、その行使者が個々の裁判官ということになる。このことから、司法権の独立を別名、「裁判官の独立」とか「裁判官職権行使の独立」ということもある。

この意味における独立性は、個々の裁判官がその職務の執行に当たり、他のいかなる権力・勢力からも干渉を受けることなく、独立してその職務の執行に当たると定義することができる。このような意味における司法権の独立は、権力分立制を採用する場合に必然的に随伴する現象であって、決して司法権に特有の問題ではない。たとえば、立法府の場合には、「議院の自律権」という形で議論されることは承知のとおりである。

では、なぜことさらに司法権についてだけ独立性を論ずる必要があるのであろうか。それは、司法権の持つ第2の特徴である裁判の非政治性という特徴から現れる。すなわち、司法府が今日権力分立制の中で特殊な立場に置かれている。第1に、日本国憲法の下に置ける裁判所は、主権者たる国民の基本的人権を擁護するための最後の砦として、違憲審査も含めた権限を持つものとして位置づけられている。第2に、その重要性にも関わらず、民主的基盤を有していない為、相対的に他の2権に比べて弱い立場にある。第3に、政治的判断を排除した純粋の法原理の追求を使命としているため、その判断に政治的立場からの批判が生じ易い。これらの要素があるため、立法や行政と区分して、特に論ずる必要が発生するのである。

2 司法権の独立を確保する制度

司法権の独立を確保・保障する制度は、2重の構造を持っている。すなわち、

第1に、個々の裁判官に向けられた保障が存在する。

第2に、そうした個々人を守るため、組織体としての裁判所に向けられた保障が存在する。

このような2重保障構造そのものは、立法府においても同じように存在している。しかし、立法府における保障は、立法権の中心が組織体としての議員であることから、組織体そのものから個々の議員に対する侵害ということは考える必要がない。

これに対して、司法権の場合には、上述の通り、個々の裁判官こそが司法権の担い手であり、司法府全体に与えられた保障は、あくまでも個々の裁判官を外部の権力から守るために存在している、という特徴を持つ。その結果、司法府から個々の裁判官に対する侵害という問題が考えられ、それに対しても個人補償が与えられる点に大きな特徴を示すことになる。

3 裁判官の独立

裁判官の独立は、職権の独立と身分保障という2つの要素から成立している。職権の独立こそが

保障の中核であり、身分保障はそれを制度的に保障するための派生原理と考えられる．

（1） 裁判官の良心

本問では，この点は中心論点ではない．したがって，切り捨ててもかまわないと思われる．しかし，書けば当然評価の対象となる．もちろん，間違った記述が減点対象になることはいうまでもない．これについては，本書では次講で説明しているので，そちらを参照してほしい．

（2） 裁判官に対する身分保障

以上のような「裁判官の良心」の不可侵性を守るため，憲法はさまざまな身分保障を定めている．すなわち，以下の規定は何れも裁判官の職権の独立性を守るためのものと理解しなければならない．

1　裁判官の罷免は，心身の故障により職務不能と裁判で決定された場合，公の弾劾による場合（憲法78条），及び最高裁判所判事の国民審査による場合（同79条2項以下）の３つの場合の他は許されない．

2　裁判官の経済的側面からの保障として，憲法は報酬受領権と，この報酬が減額される事のない事を保障している（同80条2項）．

3　憲法には規定がないが，裁判所法48条は裁判官が意に反して転官，転所，または職務の執行の停止を受ける事のない事を保障している．

4　司法府の独立

冒頭にも述べたとおり，各権力の行使の独立性を確保するためには，単にその権力を行使する個人を保障するのみでは十分ではないため，個人に対する保障と同時に，その個人の属する組織体に対する独立性の保障という２重の構造を有している．これは個人に対するだけの保障では，最終的にその個人を保護する事が困難であると言う歴史的な経験に鑑み，その属する組織に対する保障を通じて，個人に対する保障を確保しようとする目的によるものである．独立性ある組織といえるためには，自主立法権，自主行政権，自主懲戒権及び自主財政権が保障されなければならない（参照：第4講「議院の自律権」）．

（1） 自主立法権＝裁判所規則制定権（憲法77条）

司法府における自主立法権は裁判所規則制定権と呼ばれる．司法権の独立の要請から，内部規則の分野に関する限り，憲法が特に法律の権限として除外した分野をのぞき，裁判所規則が法律に優越するものと解される．すなわち国会はその分野について法律を定める事はできるが，それには，裁判所規則を排除する効力はない．規則に抵触する法律を制定しても無効であり，また，裁判所が後に法律に抵触する規則を制定した場合には，その抵触する限度で法律が規則により修正されたものと解する．これについても，議院規則に関する議論（第4講）を参照して欲しい．

これに対して，直接国家と国民の関係を規律する法規範については，裁判所規則は，法律による授権がある（委任命令）か，あるいは法律を執行する目的の場合（執行命令）をのぞいて制定する事は許されない．刑事訴訟法を受けての刑事訴訟規則や，民事訴訟法を受けての民事訴訟規則などに，その授権や執行の例を見る事ができる（詳しくは，第2講「唯一の立法機関」参照）．

（2） 自主行政権

現在の憲法は裁判所の自主行政権を正面からは承認していない．しかし，下級裁判所判事の任命は最高裁の指名したものの名簿に基づかなければならないこと（80条1項），裁判官の懲戒は行政機関が行う事はできないとしていること（78条）などから，その権限を推認することができる．裁判所法はこの趣旨を徹底させて，裁判官以外の裁判所職員についても，その任免も含めて（同法64条），人事はすべて裁判所が行うこととし，人事院の管理に属させない（国家公務員法2条3項13号）．

人事権は，戦前の官僚制度においては官と職に分けて論じられた．すなわち，すべての官僚は勅任官，奏任官等の官に任命され，これを特定の職に付けるという二重の任用方法が取られた．この職に付ける行為を任官と区別して「補職」と言った．しかし，これには何かと弊害があったため，現在の国家公務員においては職階制が導入され（国家公務員法3章，特に2節参照），官職制は否定された．

裁判官はこの珍しい例外で，現在も官と職の区別がある（裁判所法47条）．これは，前節で述べたとおり，裁判官個人に対して身分保障がある結果，その保障の及ぶ範囲を官とし，裁判所による人事権の及ぶ範囲を職として区別する必要があったためである．この結果，司法行政に属する職（たとえば地方裁判所長，高裁事務局長等）は，裁判所は自由に任免する事ができる．しかし，その場合でも裁判官としての身分を奪うことはできない．

(3) 自主懲戒権

裁判官の懲戒は行政機関が行うことはできない（78条）．ここにいう行政機関というのは，権力分立における行政府を意味するものと解されるが，司法行政機関も含まれると解する余地があることから，問題になる可能性を避けたのであろう，現行裁判所法49条は懲戒も裁判による事を要求している．しかし，裁判形式を取ろうとも，それが実質的に司法行政に属する活動である事に代わりはない．また，先に述べたとおり，裁判官の罷免自由がわずか3つに憲法上限定され，そこには懲戒免職という処分が含まれていないことから，法律によってそのような制度を新設することもまた許されないものと考えられる．

(4) 自主財政権

憲法83条の定める国会中心財政主義により，個々の権力機構に対して完全な自主財政権は与えられない．しかし，83条は国会に対して財政権の一元的行使を保障したにとどまり，内閣に予算編成権力を与えたものではないので，国会がその法律により憲法上の機関に関して内閣の予算編成機能を制限することは可能である．財政法は19条以下において，裁判所に関するいわゆる二重予算制度を認めている．すなわち，内閣と裁判所と出，裁判所予算に関して意見が対立した場合には，内閣は，自らが適当と考える額と，裁判所が適当と考える額の双方を，2重に予算に掲記して，国会の判断を仰がねばならない．

5 司法権の独立の濫用とその防止制度

裁判所は，上記のとおり，強力な独立性が保障されているが，その結果，裁判所が暴走し，国民の利益に反する行動をとるようになる危険を無視することはできない．例えば，米国において，大恐慌により危機的状況にある一般国民を救済するためにルーズベルトが採用したニューディール政策に対して，当時の米国連邦最高裁判所が次々と違憲判決を下して，それを崩壊に追い込んだことはその端的な例である．

議院の場合には，そうした危険性は，それが比較的短い任期を持ち，特に衆議院の場合には解散制度が存在することにより，常に強力な民主的コントロールに服することで解消されているので，制度そのものの中に権限濫用の防止制度を組み込んでおく必要はない．これに対して，裁判所の場合は，それに対する民主的コントロールを明確に制度の中に組み込んでおかない限り，職業としての裁判官が定年まで在職することになり，一切の歯止めがないことにある．

そこで，現行制度は次のような民主的コントロール制度を用意している．

(1) 最高裁判所に関する民主的統制

① **判事の任命権**　最高裁判所の判事については，長官は内閣の指名により天皇が，その他の判事は内閣がそれぞれ任命する．その場合，少なくとも憲法的制度のレベルにおいては，裁判所はその名簿その他により，候補者を特定することが出来ない．すなわち，誰を最高裁判事にし，誰を長官にするかについては，完全に内閣の裁量に属する．これにより，個々の裁判活動については，内閣は干渉することを許されないが，長期的にみれば，内閣と思想傾向を同じくする判事を最高裁に送り込むことにより，その判決傾向を民主的なコントロールの下におくことが可能になるのである．

② **国民審査**　最高裁判事に関する今1つの強力な民主的統制手段は，最高裁判事に関する国民審査である．公務員を選定し罷免することは日本国民の基本的な権利であり，裁判官もその例外となるものではない．しかし，個々の判事のレベルにおける罷免権の行使は身分の保障が存在しているため，法律のレベルで導入することは出来ない．国民審査は，まさにこの身分保障の例外として憲法自身が定めた一種のリコール制度である．これにより，国民はそれと思想傾向を異にする判事を排除することが可能となり，長期的にみれば判決傾向を民主的コントロールにおくことが出来るのである．

③ **定年制**　憲法は最高裁判所判事に対しても定年を予定している．これはわが国通念としては異とするに足らないが，わが国最高裁制度の母法というべきアメリカの連邦裁判所判事が終身官である点と比べると明らかに身分保障性が低いものとなっている．すなわち定年の存することにより，最高裁判事の新陳代謝が強制的に確保され，内閣の指名権行使の機会が増加する効果をもたらすこととなる．

(2) 下級裁判所に関する民主的統制

憲法は下級裁判所についても2つの民主的統制手段を用意している．すなわち，

① **判事の任命権**　下級裁判所判事の任命もまた，最高裁判事の場合と同様に内閣が行うこととされている．ただし，この場合には最高裁に名簿作成権が憲法上保障されていることにより，司

法府としての一体性を確保する権限が認められている．制度の趣旨に照らし，内閣には実体的な任命権が存在するものと考えられる．すなわち，内閣は何等特段の理由をあげることなく，名簿掲載の判事の任命を拒否し，新たな名簿の提出を要求することが出来る．ただし，憲法自身が最高裁に名簿作成権を保障した趣旨に鑑み，内閣には，最高裁の名簿を可能な限り尊重する責務が存在している．過去においては，最高裁側は内閣の任命権を尊重して，名簿に任命を予定している者に加えて1名の補欠を登載することとし，他方，内閣は最高裁の名簿作成権を尊重して，本来の候補者をそのまま任命する慣行となっているという．

② 任期の制限　下級裁判所判事の任期は10年とし，再任されることが出来る．先に述べたとおり，議院の場合には，4年ないし6年という比較的短い任期の存在が強力な議院の独立性の根拠であった．裁判所の場合も，それに準じて10年という，裁判官の任期としては比較的短い期間を定めて，その都度上記内閣の新たな任命行為を経ることを必要とすることにより，民主的統制の徹底を計ったのである．

しかし，制度設立の際に予定されていたところと異なり，裁判所法は法曹一元的な運営を行う代わりに職業裁判官制度を導入した．こうした現実の法制及び運営を前提とする限り，制度の当初に想定されていた名簿登載ないし任命行為の自由裁量を承認することは，裁判官の身分保障を空洞化し，独立性の侵害につながることとなる．したがって，今日の制度の下においては，再任は所定の排除事由に該当しない限り，内閣として行う義務があるとする覊束裁量説を採用せざるを得ないであろう．その場合，免官，罷免，欠格事由が存在する場合に再任拒否できるのは当然であり，それ以外に，著しく成績が悪いものや弾劾事由に該当すると考えられる場合も含まれるであろう．なお，身分継続説は，定期に民主的統制に含ませるという制度の趣旨に余りにも反し，妥当なものとはいえないと考える．

③ 定年制　下級審判事についても，定年制が憲法上明確に設けられており，これも最高裁同様に，民主的コントロール手段と考えられる．

(3) 裁判官一般に対する民主的統制

最高裁であると下級裁判所であるとを問わず用意されている民主的統制手段としては，公の弾劾制度がある．我が憲法はそれを国民の代表者により組織される国会の権限とすることにより，民主的統制の意義を明らかにしている．

6 司法権独立の侵害可能性

上記のように，様々な民主的統制の必要を肯定する場合，それら民主的統制手段が即，司法権の独立の侵害につながる可能性を無視することはできない．それは最終的には個々の場合における世論の認識に係ってくることになる．

(1) 行政府

行政府からの独立という観点から見た場合，現行制度にある一番大きな手段は，行政裁判権の存在である．このために，裁判所は法律問題である限り自由な判断を下すことが可能となっている．

(2) 立法府

立法府との関係でもっとも重大なのは，浦和充子事件にみられる国政調査権の行使と，吹田黙祷事件に見られるような裁判官訴追委員会の活動である．いずれも国会の本来の活動の限界ないしは裁判に対する民主的コントロールの限界と密接にかかわる問題である（第5講「国政調査権の限界」参照）．

(3) 司法行政機関

司法府外部勢力からの独立を確保するために，古くは大津事件に見られるように，司法行政そのものが裁判官の独立を侵害する危険を往々にして秘めていることは大きな問題である．現行裁判所法は，司法行政の主体を個々の裁判所内部における裁判官会議とすることにより，最高裁主導の一元行政による危険を可及的に減少させていることは，注目されるべきである．

(4) 社会勢力

社会的関心を呼んだすべての裁判において，それに関わりを持つ各種社会勢力が，裁判に一定の影響を与えることを目指して，言論，出版，集会等の諸方法により，自らの主張を表明することが行われる．これらは，自由主義の健全な表明と人民裁判，新聞裁判などによる人権の侵害の境界線上にある現象であり，司法権の民主的統制とも関連して，もっとも解決の困難な問題である．

第16講　司法権に対する民主的統制

問題

わが国権力機構を構成する3つの機関のうち，国会及び内閣は，直接・間接に民主的基盤を有しており，さらにその任期が限定されているために，仮に何かの問題が発生しても，時間が解決するという要素がある．これに対し，司法権は直接的な民主的基盤を持たず，その任期も極めて長期にわたる可能性があるので，その運用次第では，主権者たる国民を害する可能性が存在する．そこで，司法権に対して，現行憲法上設けられている民主的統制制度について，その意義と限界を論ぜよ．

この講での論点細目次と論述のヒント

論文構成のポイント
1. 問題の所在
   (1) 司法における民主主義的基盤の欠乏
   (2) 司法に対する民主的統制の必要性
2. 最高裁判所に対する民主的統制
   (1) 最高裁判所判事の任命と定年
      ① 最高裁判事の内閣による任命（79条1項）
      ② 最高裁判事の定年制（79条5項）
      ③ 最高裁長官の任命制（6条2項）
   (2) 最高裁判所判事の国民審査
      ① 制度の意義
      ② 最高裁長官に就任時に国民審査するべきか
3. 下級裁判所に関する民主的統制
   (1) 下級裁判所判事任命権
   (2) 下級裁判所判事の任期制
4. 一般的民主的統制
   (1) 公の弾劾
   (2) 国政調査権
5. 類似の制度
   (1) 裁判の公開
   (2) 陪審制度

論文構成のポイント

　司法権といって，諸君が第一に頭に浮かべるのは，前講でとりあげた司法権の独立という概念であろう．司法権は，非政治的な権力であって，原則として，民主主義的基盤を持たない点が大きな特徴であり，司法権自体の限界も，その非民主性から導かれることは十分に承知していると思う．その非民主的な権力が，政治権力による侵害に合えば，裁判の公正を害し，国民の司法に対する信頼を失うことになる．

　その意味で言えば，司法権の独立を尊重する限り，司法権に対する民主的統制は認められない．このことが基本的問題意識として現れてこないと，本問での意義部分が書かれたとは言えない．

　その問題意識の下で，では，司法権に対する民主的統制は，どのような意義を有するのであろうか．結論的にいえば，司法権の独立に対する限界としての意義を有しているのである．したがって，司法権に対する民主的統制は，常に司法権の独立との緊張関係の中でとらえていかなければならない．単に司法の民主統制と目される制度を紹介するばかりで，独立との緊張関係を問題点としない限り，どのように詳しく制度紹介をしようとも合格答案とはなり得ない．

　また，思いつき的に制度紹介をしている，という印象の強い答案ではいけない．何らかの形で民主統制制度に体系を与え，それに沿って悉皆的に紹介するという姿勢が必要である．以下では，総論，最高裁判所，下級裁判所，一般，という順序で説明しているが，別にこれにこだわる必要はない．例えば，総論，任命，罷免という順序で論ずる，という

やり方もあるだろう．

1　問題の所在

(1)　司法における民主主義的基盤の欠乏

自由主義の下，国民の権利を国家権力が侵害する事態を可及的に防止するために権力分立制度が採用される．ここから立法，行政及び司法という三権の概念が誕生する．権力分立制は，権力相互の抑制と均衡がその制度目的であるから，三権は相互に独立が要請される．特に司法権の場合，第三者機関として紛争を公正に解決するという権力の性質上，他の権力からの独立性が強く要請されることになる．したがって，この観点からは，他の二権に，司法権の独立性に影響を与える可能性のある権限を与えることは厳に慎まねばならない．

一方，民主主義の下，すべての国家権力は民主的基盤を有することが要請される．わが国の場合，立法権は，国民の代表者である国会に帰属するという形で民主的基盤を有する．また，行政権の場合には，その担い手である内閣は，国民の直接的選挙によるのではないが，議院内閣制の下，国会の信任を存続の絶対要件とするという形で民主的基盤を有している．民意を失った内閣は，崩壊せざるを得ないからである．

問題は，司法権に対してどのような形で民主的基盤を与えるか，である．単純な解決策としては，米国の州レベルで今も見られるように，司法権にも立法権等と同様の方法で民主的基盤を与えればよい．すなわち，選挙により判事や検事を選出するという方法である．この方法の欠陥は，第1に，選挙で選出されるために持たねばならない適性，すなわち政治的能力と，司法の担当者としての適性は必ずしも関連性がない，という点である．このため，単純に実施した場合には司法権の担い手としては十分な能力を持たない者が選出される危険が著しく高い．第2に，仮に能力的に十分な者だけに被選挙資格を限定したとしても，選出された者は，必ず政治的に偏向していることが前提となっているため，党派的な色彩のある紛争に関しては，公正な第三者機関として機能することはできない．特に，次の選挙が近づいてくれば，法的には正しくとも選挙民には受けの悪い判決を出すのは至難のこととなってしまう．その上，たとえ選挙をおそれず，公正な判決を下したとしても，偏見を持ってみている国民から公正という信頼を勝ち取ることは，非常に困難である．こうしたことから，米国でも連邦レベルにおいては，司法権に民主的基盤を与えることを断念している．

(2)　司法に対する民主的統制の必要性

わが国でもまた，司法権に直接的な民主的基盤を与えることを断念し，公正な試験制度の下に選抜された職業的司法官に，その権限を与えることとした．ただし，検察だけは，内閣の統制下に置き，法務大臣に，一般的な事項に関しては個々の検察官を指揮監督する権限を，また，具体的事件に関しても検事総長を指揮監督する権限を与えることとした（検察庁法14条）．

裁判所に対しては，冒頭に述べた結果，自由主義から強力な独立性が保障されているが，その結果，裁判所が暴走し，国民の利益に反する行動をとるようになる危険が存在する．

議会や内閣の場合にも，民意から離れて暴走する危険性は存在する．しかし，それらは比較的短い任期制がとられ，特に衆議院の場合には解散制度が存在しているので，制度そのものの中に限界を組み込んでおく必要はない．これに対して，裁判所の場合の問題は，それに対する民主的コントロールを明確に制度の中に組み込んでおかない限り，職業としての裁判官が無限に在職することになり，一切の歯止めがないことにある．

そうした危険は決して仮定のものではない．米国において，大恐慌により危機的状況にある一般国民を救済するためにルーズベルトが採用したニューディール政策に対して，当時の米国連邦最高裁判所が次々と違憲判決を下して，それを崩壊の危機に追い込んだことがある．米国の場合，司法権の独立を強化するあまり，その民主的統制手段が十分組み込まれていなかったため，ルーズベルトは，違憲すれすれの手段を採用して最高裁判所と戦わなければならない羽目に陥った．

要するに，ここで民主的統制と呼んでいるものは，司法権の独立を尊重しつつ，その行きすぎを防ぐために，民主的基盤を有する国家機関によって行われる統制のための制度をいう．したがって，その制度には正確には2つの種類があり得る．民

主的基盤を有する機関による統制活動を許容するもの（直接的制度）と，そうした統制活動を発動するための契機となる制度（間接的制度）である．すなわち，直接に国民によるものの他，立法府や行政府による活動であっても，その本来の権限の延長として把握できず，自由主義ではなく，民主主義に立脚している制度は，民主的統制のための制度として把握するべきことになる．

他方，民主的統制の必要性を強調することは，司法の独立性をその限度で侵害することを意味するので，その運用によっては司法権の独立を大幅に侵害し，公正な第三者機関としての機能を破壊するおそれもある．そこで，両者の境界をどこに求めるかが大きな問題とならざるを得ない．

2　最高裁判所に対する民主的統制

司法権の独立は，個々の裁判官に対する保障と，組織体としての司法府に対する保障の二重構造をとっている．最高裁判所は，最高の地位に立つ司法機関であって，個々の最高裁判事に対する身分保障は，単に裁判の公正に対する信頼を確保する点だけでなく，司法府としての独立を確保する上でもきわめて重要である．

しかし，憲法は，最高裁判事に対し，特にその身分保障を厚くしていない．それどころか，最高裁判事の方が，下級審判事よりも身分保障がむしろ低いものとなっている．すなわちわが国憲法は，最高裁判所において，次のような民主的統制手段を用意している．

(1)　最高裁判所判事の任命と定年
①　最高裁判事の内閣による任命（79条1項）

最高裁判所の判事については，内閣が任命する．その場合，少なくとも憲法的制度のレベルにおいては，下級審判事の場合と違い，裁判所は自律的に候補者を特定する権限は全く与えられていない．すなわち，誰を最高裁判事にするかについては，完全に内閣の裁量に属する．

これは，権力の独立性，自律性を重視する限り，きわめて問題ある制度といえるであろう．これにより，個々の裁判活動については，内閣は干渉することを許されないが，長期的にみれば，内閣と思想傾向を同じくする判事を最高裁に送り込むことにより，その判決傾向を民主的な，すなわち政治的なコントロールの下におくことが可能になるのである．

米国制度との対比の上で興味があるのは，米国の場合，最高裁判事の任命には議会の同意を要求されている点である．わが国の制度にはそれがない．理由は憶測の域を出ないが，最高裁人事が政治取引の材料とされることにより，人事が空転して最高裁判所の機能が麻痺したり，より政治色の強い人材が送り込まれることになる事態を避けようとするところに狙いがあるのではないかと思われる．米国の場合，選挙向けのパーフォーマンスから，マイノリティに属する者が選出される傾向が強いといわれる．理由はともかく，このように，内閣の自由裁量とされている結果，判事の任命に当たって，少数党の意見が反映する余地がわが国の場合には，まったくない．その分だけ，より多数派の意見が強く裁判所に反映することになるわけである．

内閣は政治性が強く，最高裁判事の選定者としては不適当な機関だから，中立的な選考委員会に託するなどの方策を検討するべきだ，との意見がありうるだろう．しかし，このように議会の同意権も否定して内閣に権限を集中させた現行憲法の規定から見る限り，そうした第三者機関の導入を法的に義務づけたりすることは違憲と考えるべきであろう．

ただし現実には，最高裁判事のポストは，裁判所，検察庁，弁護士会，学者，官僚などの諸分野にほぼ固定的な数が分配されており，それらの分野からの推薦を待って，できるだけそれを尊重する形で内閣は最高裁判事を選定しているから，事実上選定委員会が存在している，ということはできるのである．この各分野からの推薦とその尊重という憲法慣行が，実質的に司法権の独立を支える機能を果たしている．

②　最高裁判事の定年制（79条5項）

上記任命権を非常に意味のあるものとしているのが，最高裁判事の定年制である．米国の場合，最高裁判所に限らず，連邦判事には定年制度がない．このため，一度就任すればきわめて長い期間在職することが可能である．このため，ルーズベルトも最高裁判所の改革手段として「10年以上在職し

た連邦裁判所の裁判官が70歳の誕生日を迎えた日から6カ月以内に退職しない場合，大統領は，当該裁判官の在職する裁判所に新たに裁判官1名追加任命できる」というような姑息な提案しかする事ができなかった．こうした事実から見ても，裁判官の定年制が，任命権の実効性を高める上で非常に意味のあることが判る．そこで，定年制はマッカーサー草案75条において既に明確に定められていたのである．

わが国の場合，その端的な例を，公務員の労働基本権に関する一連の判例の流れの中に見ることができる．すなわち，昭和44年4月2日の**都教職員組合事件**（百選〈第5版〉318頁及び442頁参照）及び同じ日の**全司法仙台事件最高裁判決**までは横田正俊　入江俊郎　奥野健一　草鹿浅之介　城戸芳彦　石田和外　田中二郎　松田二郎　岩田誠　下村三郎　色川幸太郎　大隅健一郎　松本正雄　飯村義美という判事の下に，公務員の労働基本権の大幅な制限を否定し，刑事制裁を否定する路線が定着しているかに見えた（下線が，次の判決までに退官した裁判官）．ところが，昭和48年4月25日の**全農林警職法事件判決**（百選〈第5版〉320頁参照）から判例の流れは変わる．この判決に関与した判事は，石田和外　大隅健一郎　村上朝一　関根小郷　藤林益三　岡原昌男　小川信雄　下田武三　岸盛一　天野武一　坂本吉勝　田中二郎　岩田誠　下村三郎　色川幸太郎である（下線が新たに就任した裁判官）．4年という短い期間に，過半数の判事が交代していることが判る．このような判事の交代による判例変更の加速に対する不満から，田中二郎判事は辞表をたたきつけることになる．

これは，わが国最高裁判事が比較的高齢で就任するため，定年までに在職する期間が短いことから特に顕著に現れるのであるが，定年制なくして，任命権の威力も低いものとなることをよく示している．

こうした問題の解決策としては，判事候補者を送り出す諸分野が，より若年者を推薦すればよいのである．しかし，一方においてわが国特有の年功序列的傾向を打破することは難しいこと，他方において，現状の最高裁判事はきわめて激務であるから，10年を越す長期間在任しては，判事が発狂しかねない？（96年の公法学会における伊藤正己元最高裁判事の発言）こともあって，困難である．

③ **最高裁長官の任命制**（6条2項）

最高裁長官は，内閣の指名に基づき天皇が任命する．すなわち長官は内閣が決定するのであって，最高裁判所自身に決定する権限はない．これは，自律の強調される議院においては，議長その他の役員の選任権が憲法上明確に保障されている（58条1項）ことと，大きな対象をなしている．その結果，長官は，判事としての在職年数や年齢に関係なく，一般に前任長官の推薦により決定されることとなり，最高裁判所生え抜きの職業裁判官が就任し，任期も相当長期に及ぶという結果となっている．

米国の場合には，最高裁判所の判決に長官の個性が非常に強く反映する．そのため，最高裁判例の分類には「バーガー・コート」というように，長官名を付した時代区分が採用されるほどである．

これに対して，わが国の場合には，長官は，司法行政の最高責任者としてきわめて多忙であるため，通常，小法廷の審理には関与しない．したがって，長官が配属されている小法廷では，判決は4名の裁判官の合議により下されるから，判決に長官の意見は全く反映しないことになる．また，大法廷判決の場合にも，議長として働く以外は何らの特別の権限を持たず，他の者と同一の1票の権限を持つに過ぎない．しかも，近時，最高裁判所係属事件が激増するため可能な限り小法廷で対応しようとする傾向が強まっているために，大法廷事件そのものがきわめて限られている．こうしたことから，判決という最高裁判所の本来の活動に関する限り，長官が誰であるかはそれほどの重要性を持たないと考えてよい．

長官の職務の重要性は，司法行政の最高責任者という点にある．わが憲法は，司法権の独立保障の手段として，個々の裁判官に身分保障や報酬の保障を与えるのに加え，司法府に対し，規則制定権や下級裁判所裁判官の指名権などの自律権を与えることで，この組織体そのものが裁判官を守るという形の保障手段を採用している．したがって，立法府や行政府は，これに対する干渉をすることができない．こうした司法府内部の自律に関する最高責任者が長官なのである．

したがって，長官の選出に当たって自律が否定されることの意味は，内閣として，長官人事を通じ

て,間接的に司法行政に対する影響力を確保できるという点にある.ここでも,民主的統制が,司法権の独立と強い緊張関係を持っていることが認められる.

(2) 最高裁判所判事の国民審査
① 制度の意義
わが国憲法が定める国民審査制度の存在する理由は,二面に分けて理解することが妥当である.すなわち,一面では裁判官を公選制やリコールによる罷免の危険に絶えずさらすことにより生ずる弊害を避けつつ,不適格な裁判官を国民の意思に基づいて排除することを可能にする点にある.他面,適任と認められた裁判官については,その地位を,公選に依る者同様に,国民の意思を背景に持つという根拠から,強化するという作用を持つ.独立性を強調するあまり,民主的基盤の弱い司法府が,なぜ国民の代表者たる国会が審議の末決定した法律の違憲性を判断できるのか,という点に対する根拠の一部となるのである.

その本質に関しては,<u>一種</u>のリコールと解するのが妥当である.つまり,リコールそのものと解してはいけない.

リコールとは,人民主権原理の下において,国民が,直接民主制の理念の下に直接国政に関与する形態の1つである.すなわち,国民は,政府ないし議会が適切な法案を発案しない場合に国民発案の権利を,議会が適切な法案を制定しない場合に国民投票の権利を,また議会が不適切な法律を制定した場合に国民拒否の権利を,そして政府や議会の公選による公務員を不適切とみなした場合に,それを解職する権利を持つとされる.

典型的な国民解職=リコールは,公選制の公務員を,その在任中に,一定数の国民の発議に基づき,一般国民投票に付し,その結果によっては罷免するという制度である.現行制度は,公選制の公務員ではなく,発議を要せず,定期的に行われるという点において異なる.その上,米国における制度の沿革そのものが,もともと存在していたリコール制度を廃止して作り出したものであるから,単にリコールと呼ぶのが妥当しないことは明らかと言える.ただ,これを直接民主制の一形態と理解する場合には,その実質が罷免権と理解するのが穏当である.その意味で,一種のリコールなのである.

厳密には,その制度意義は2つに分けて考えるべきであろう.すなわち,選任直後における国民審査と,10年を経過した後に行われる国民審査では性格が異なる.

選任直後においては,ほとんどあるいは全く最高裁判事として実績がない者が対象となるのであって,この場合には内閣の選任行為の妥当性だけが問題となる.このことが端的に示されるのは,国民審査が衆議院総選挙の際に行われるとされている点である.国政レベルの選挙の際,同時に行う,という方法,すなわち衆議院議員総選挙に加えて,参議院議員通常選挙の際にも行う方が,より頻繁な審査が可能となり,好ましいはずである.それにも関わらず,衆議院議院総選挙に限定したのには理由があると考えなければならない.それは,衆議院議員総選挙後には必ず内閣が総辞職するという点に求められよう.すなわち,衆議院議員総選挙では,内閣の信任及びその内閣の任命した最高裁判事の信任の両者を同時に行おうとしていると考えられる.実際,かつて外務事務次官をつとめ,超鷹派として知られる下田武三が最高裁判事に任命された際には,その任命の妥当性が大きな問題となり,審査で罷免しようという運動が起きたことがある.

これに対して,10年を経過した後に行われる国民審査では,その10年間の判事自身の実績が問題となるのであって,内閣との関連はない.その意味で,当該判事に対する罷免の要否を決定するという性格が強い.すなわち,司法権そのものに対する民主的統制としては,10年を経過した後行われる国民審査だけが該当することになる.

いずれに理解する場合にも,内閣の最高裁判事の任命は確定している,という点を看過するべきではない.内閣が候補を出し,国民が信任するという形式であれば,信任投票の常として,信任するものは〇,不信任の者は×,不明な者は棄権という形式をとる.しかし,一種のリコールであれば,特に不信任者が×を付するだけで十分である.したがって,リコール制度と見る限り,現行制度で問題はないことになる(最判昭和27年2月20日=百選〈第5版〉408頁参照).

② **最高裁長官に就任時に国民審査するべきか**

これは論点とは考えないが、一言する．

私は否定上に考えている．理由は、形式的には、文言上、予定されていないことである．わが憲法は、最高裁長官の任命と最高裁判事の任命は明確に分けて規定しているのであるから、最高裁判事の任命という言葉に、最高裁長官の任命も含めて読むのは文言上無理があることは明らかである．実質的には、国民審査は、司法権の対国民的な権力面を審査する制度と解せられるのであり、わが国の長官は、任命権で述べたとおり、長官になったことで特に最高裁判所判決そのものに対する影響力に変化が生ずるわけではない．むしろ端的に低下すると見る方が妥当で、その意味では特に改めて審査を行う必要性がない．第2に、司法行政というような国家内部の活動の責任者の選任を、国民としてコントロールするのは妥当とは思われない．わが国が高級官僚の選任に関して、米国のようなスポイルズ・システム（猟官制度）を採用していないこととあわせ考えるべきである．

3　下級裁判所に関する民主的統制

憲法は、下級裁判所についても2つの民主的統制手段を用意している．

（1）下級裁判所判事任命権

下級裁判所判事の任命もまた、最高裁判事の場合と同様に内閣が行うこととされている．ただし、この場合には最高裁に名簿作成権が憲法上保障されることにより、司法府としての一体性を確保する権限が認められている．

制度の趣旨に照らし、内閣には実体的な任命権が存在するものと考えられる．すなわち、内閣は何等特段の理由をあげることなく、名簿掲載の判事の任命を拒否し、新たな名簿の提出を要求することが出来る．ただし、憲法自身が最高裁に名簿作成権を保障した趣旨に鑑み、内閣には、最高裁の名簿を可能な限り尊重する責務が存在している．過去においては、最高裁側は内閣の任命権を尊重して、名簿に任命を予定している者に加えて1名の補欠を登載することとし、他方、内閣は最高裁の名簿作成権を尊重して、本来の候補者をそのまま任命する慣行となっているという．

（2）下級裁判所判事の任期制

下級裁判所判事の任期は10年とし、再任されることが出来る．先に述べたとおり、議員の場合には、4年ないし6年という短い任期制の存在が強力な議院の独立性の根拠であった．裁判所の場合も、10年という、裁判官の任期としては比較的短い期間を定めて、その都度、上記内閣の新たな任命行為を経ることを必要とすることにより、民主的統制の徹底を計ったのである．

このような統制手段を有する、ということは、その濫用により、司法権の独立に対する強力な侵害手段となりうることは当然である．

特に10年を経過した後に行われる再任時の内閣の裁量権がいわゆる青法協事件をきっかけに、大きな問題となった．この点には、大きく3つの学説がある．内閣が自由に決定できるとする自由裁量説、裁判官の弾劾に準じた理由の存在が必要とする羈束裁量説及び裁量の余地を否定する任務継続説である．制度設立時には、完全な自由裁量と考えられていたことは疑いがない．しかし、制度設立の際に予定されていたところと異なり、裁判所法は法曹一元的な運営を行う代わりに職業裁判官制度を導入した．こうした現実の法制及び運営を前提とする限り、制度の当初に想定されていた名簿登載ないし任命行為の自由裁量権を承認することは、裁判官の身分保障を空洞化し、独立性の侵害につながることとなる．したがって、今日の制度の下においては、再任は所定の排除事由に該当しない限り、内閣として行う義務があるとする羈束裁量説を採用せざるを得ないであろう．

その場合、免官や罷免事由が存在する場合に再任拒否できるのは当然であり、それ以外に、著しく勤務成績が悪いものや弾劾事由に該当すると考えられる場合も含まれるであろう．なお、身分継続説は、定期に民主的統制に含ませるという制度の趣旨に余りにも反し、妥当なものとはいえないと考える．

4　一般的民主的統制

最高裁判所と下級裁判所との別なく機能する民主的統制手段として憲法上用意されている手段は、弾劾制度と国政調査権である．内閣がもっぱらその選任という部分に関して司法統制の権限が

与えられていたのに対して,国会には,その解任および活動内容の統制という権限が与えられていることは興味深いものがある. 特定の機関に集中的な権限を与えることを避け,司法の独立に対する侵害の可能性を減少させようとしたものと理解される.

(1) 公の弾劾

最高裁であると下級裁判所であるとを問わず用意されている民主的統制手段としては,公の弾劾制度がある. 我が憲法はそれを国民の代表者により組織される国会の権限とすることにより,民主的統制の意義を明らかにしている. 同じ公の弾劾制度でも,人事院人事官の場合には,最高裁判所が弾劾裁判所とされていることに明らかなとおり,弾劾裁判所が国会に置かれねばならない論理的必然性は,民主的統制という点を度外視すれば存在しないのである.

こうした制度意義から必然的に,裁判官が弾劾により罷免される場合とは,理論上,裁判官が国民の信託に反した場合をいうと解される. そして,信義に反した行動を明確に類型化することは困難なことから,憲法はその具体的内容は,特定せず,法律に委ねている. 弾劾を安易に承認するときは司法権の独立及びそれを受けての裁判官の身分保障に関する重大な侵害となることから,法律は,①職務上の義務に著しく違反し,又は職務を甚だしく怠ったとき,②その他職務の内外を問わず,裁判官としての威信を著しく失うべき非行があったとき,という2つの場合を定めている（裁判官弾劾法2条）. ここで弾劾裁判所に与えられた「甚だしく」とか「著しく」という制約は,罷免の事由の有無の判断に当たり,特に慎重な配慮を必要とする趣旨を示したものである.

(2) 国政調査権

今日,国政調査権については,補助権能説による場合にも,41条の立法の補助権能としてばかりでなく,議院内閣制,国会中心立法など幅広く様々な権能に関しての補助権能として行使することを承認している結果,いわゆる独立権能説と結果的に差異が無くなっている. したがって,司法権についても原則的に国政調査権が及ぶことについては特に異論はない.

しかし,司法権に対しては,再三強調しているとおり,その独立性が憲法上強く保障されているため,その限界に関する議論もまた厳しい形で展開される.

第1に,現に裁判で係争中の問題に関して,議院が独自に並行的に調査することが許されるか,という問題である.

第2に,判決確定後に,その裁判を対象として調査することは許されるか,という問題がある.

前者については,かつてはかなり問題となったが,現実問題として一般的に行われており,裁判所としても必要とあれば,拘置所から被疑者を国会に送るについてこれを協力するなどの行動に出ている. 司法権の活動内容そのものに踏み込まない限り,これが肯定されることについてはおそらくもはや異論はないであろう.

後者について問題となった事件としては浦和充子事件がある. これは,参議院が同院法務委員会に対して「裁判官の刑事事件不当処理等に関する調査」を命じたのを受けて,同委員会が判決確定後において浦和事件を調査し,「裁判官の量刑は当を得ないものである」と決議して,その刑が軽いことを非難したのに対して,最高裁判所が抗議したものである.

これについては,国政調査は,司法権の独立を侵すか否かにかかわらず,元々裁判批判のための権限ではないのだから,事実認定や判決の当否について調査できないとする立場（芦部信喜『憲法と議会政』162頁）もある. しかし,裁判批判を通じてはじめて現行の訴訟関係法の当否が判断できることを考えると,このような全面的否定が妥当性を有するとは考えられない. ドイツボン基本法44条3項が「裁判所及び行政官庁は,法律上及び職務上の援助をする義務を負う」と明文で許容していることも考え併せるならば,原則的には司法権も対象となるものであり,ただ,国政調査権行使に当たって相当の自制が要求されると考えるべきであろう.

これに関連して問題となるのが,国会が裁判官の弾劾裁判所としての権能を持つことから,その訴追手続きの前段階として,訴追委員会による具体的事件における裁判官の訴訟指揮の当否に調査という問題がある. 具体的には,吹田黙祷事件において,委員を派遣しての現地調査を実施したり,

裁判長を証人として喚問しようとして問題になった例がある．司法権に対する圧力手段として，こうした行動に出ることは感心しないが，弾劾裁判の前提としてである以上，具体的な裁判内容にまで踏み込んだ調査が可能であること自体は否定し得ないものと考えられる．

5 類似の制度

民主的統制のための制度と非常に紛らわしい制度が2つある．裁判の公開と陪審制度である．これら制度が，なぜ民主的統制と考えられないかについて，簡単に説明したい．

(1) 裁判の公開

裁判の公開はなぜ必要とされるのだろうか．それについて，レペタ事件最高裁判決は「裁判を一般に公開して裁判が公正に行われることを制度として保障し，ひいては裁判に対する国民の信頼を確保しようとすることにある」と述べる（最大判平成元年3月8日＝百選〈第5版〉160頁）．

そして，裁判の公正を保障し，裁判に対する国民の信頼を確保するための最大の制度が，司法権の独立である．つまり，裁判の公開は，司法権の独立と同じ目的に奉仕するための制度である．それに対して，ここで問題としている司法に対する民主的統制は，司法権の独立の限界を形成する制度である．したがって，裁判の公開を民主的統制の一環として把握することは出来ない．

実際，最高裁がレペタ事件で明言するところによれば，公開原則が要求しているのは，文字通り，一般公衆に対して傍聴を許すことに尽きる．公正かつ円滑な審理が第一次的に要求されるのであり，それと抵触しない限りで傍聴を許す必要があるのに留まるのである．すなわち，ここから具体的な民主的統制制度を引き出すことは出来ないのである（詳しくは第14講参照）．

もちろん，この対極に，裁判の公開を傍聴権を要求するもの，換言すれば，国民の知る権利を保障するものとする見解も存在する．しかし，知る権利は，個々人の権利であって，民主的統制という一般的な制度と理解することは出来ない．

こうして，どのような見解をとっても，民主的統制と理解することはできないという結論が導かれることになる．

(2) 陪審制度

陪審制度の根拠としては，自由主義と見る見解（イギリスの制度）と，民主主義と見る見解（アメリカの制度）の2つの考え方がある．自由主義と見る場合に民主的統制にならないのは当然として，民主主義的制度と見る場合にも，それは民主的統制ではない．

例えば，有名な政治学者であるトクヴィルは，陪審制度の民主主義的意義について，次のように述べる．

> 「陪審は人々に社会への義務感を養い，利己主義がはびこるのを防ぎ，しかも無料常時開設の学校として人々の判断力を形成し，知能を拡充する」（『アメリカにおけるデモクラシーについて』）．

この場合，民主主義的意義は，国民に対する教育効果にあるのであって，国民の意思で司法権を統制することにはない．

あるいはわが国司法制度改革審議会は，その答申中で次のように述べている．

> 「一般の国民が，裁判の過程に参加し，裁判内容に国民の健全な社会常識がより反映されるようになることによって，国民の司法に対する理解・支持が深まり，司法はより強固な国民的基盤を得ることができるようになる．」

こちらの場合にも，司法に対する国民の理解が深まることを民主主義的意義と呼んでいるのであって，陪審制度が司法に対する統制手段になると主張しているわけではない．

したがって，陪審制度を司法権の独立を抑制する制度として理解することは出来ないのである．現在，わが国に導入された裁判員制度も，同様に，それ自体としては民主主義的な統制制度ということは出来ない．

第17講　裁判官の良心

■問題■

憲法76条3項は，裁判官の良心という言葉を用い，憲法及び法律と並ぶ司法判断の拘束要因としている．ここにいう，裁判官の良心について論ぜよ

■この講での論点細目次と論述のヒント■

はじめに
1　裁判官の独立
2　裁判官の良心
　(1)　問題の所在
(2)　法源と裁判官の良心
(3)　司法判断の2段階性と裁判官の良心

はじめに

これは比較的小さな問題である．このような問題の場合，本来の論点については，徹底的に考え抜いた上で，そのすべてを確実にまとめていく必要がある．それに当たっては，偉い学者の意見を鵜呑みにし，尊大な文章を丸写しにするようなことはせず，あくまでも自分の考えをまとめ，かつ，自分の言葉を使うということが大切である．また，中心論点だけではスペース的に余裕があるので，関連する問題に，時間とスペースの許す限り論及することにより，加点を狙うことが有効な戦術となる．

なお，とってつけたように判例を挿入している人がよくいる．しかし，論文は知識量を見せるのが目的ではないから，判例は，自分の論旨に結びついているような場合を除き，一々紹介する必要はない．

なお，この問題は，陪審制度と密接な関係がある．しかし，その点については次講で論じているので，本講では取り上げないが，諸君は適宜書きこんでくれねばならない．

1　裁判官の独立

憲法76条3項は，単に個々の裁判官の独立の保障という以前に，司法権の独立保障の根拠規定そのものといえる．およそ権力の行使の適正さはその担い手である個人の適正な判断に帰着するものであるから，3権のいずれにおいても同質の問題が発生する．立法府の場合には，担い手個人に対する保障は，国会議員の特権という形で議論されることは承知のとおりである．

このような意味においては，司法権の独立は，権力分立制を採用する場合に必然的に随伴する現象であって，決して司法権に特有の問題ではない．それにも拘わらず，これが他の権力の場合よりも重要な問題となるのは，司法権の行使は，独任制ないし合議制の違いはあっても個々の裁判官が直接担当するのであって，組織としての司法府が担当するのではないという点にある．

国会の権威が国民の代表機関としての地位の上に築かれており，内閣の権威がその国会の信任の上に築かれているのに対して，裁判所は民主的基盤をもたず，その権威は，その審理の公正性という信頼の上に築かれている（例えば憲法37条参照）．そして，その公正という信頼は，紛争の両当事者から独立し，政治的判断を排除した純粋の法原理の追求を使命としている，という国民の信頼の上に成立していることは明らかである．ここに，個々の裁判官の独立性の確保を特に強調する必要が存在するのである．

2　裁判官の良心

(1)　問題の所在

憲法76条3項は，その裁判官の独立を保障するに当たり，「その良心に従ひ」と規定しているの

で，この「良心」という言葉の意味が問題となる．すなわち，現行憲法には第19条に「思想及び良心の自由はこれを侵してはならない」という規定があるので，これとの関連が問題となる．この19条の良心が，各人の主観的良心を意味することには争いがない．

通説は，76条に言う良心は，19条のそれとは異なり，「裁判官が適用する法のうちに客観的に存在する心意・精神，いわゆる『裁判官としての良心』を意味する」ものと解する（清宮『憲法Ⅰ〔第3版〕』357頁より引用．以下，「客観的良心説」という）．これに対して，憲法というものを統一的に理解する立場から，裁判官に，そのような個々人ごとに異なる主観的良心の自由を，裁判の場で保障したと解する有力な異説がある（平野龍一「裁判官の客観的良心」ジュリスト480号等．田中耕太郎・元最高裁長官も同旨のことを述べている．以下「主観的良心説」という）．

この説に対して通説は，それを認めるときは，「裁判がまちまちになり，しかも，法を離れて行われる恐れがあるので妥当ではない」（清宮・上掲参照）と非難するのが一般的である．しかし，これは異説をきちんと理解しないままにをあえて曲解するものである．すなわち，主観的良心説は，本条に従い，憲法及び法律に拘束されることを前提として主観的良心を説いているので，この説の場合にも，憲法や法律と自己の良心が衝突した場合に，自己の良心に盲目的にしたがうことは当然許されないからである．

では，両説は具体的にはどのような点に相違を示すことになるのであろうか．

(2) 法源と裁判官の良心

76条3項は，裁判官が「憲法及び法律にのみ従う」ことを規定しているが，問題は，何が憲法であり，何が法律なのかが必ずしも一義的に明らかにはならないという点にある．すなわち，例えばここで論じている「良心の意義」をめぐる解釈論争に明らかなとおり，根本規範たる憲法についてさえも，単純に文言解釈をすれば，それによってその意味するところが自ずから明らかになるものではない．また，法律以下の法規範については，国会や行政庁の行った憲法解釈と裁判官の憲法解釈との間に相違があるために違憲と判断されることがある（憲法81条）．そればかりでなく，成文法の文言そのものが社会の実情と食い違うために，ある場合には拡張解釈を，ある場合には縮小解釈を，さらにある場合には成文法を排除して慣習法を適用する場合があるなどの点に明らかなとおり，個々の裁判官の判断に依存する割合というのは，解釈の分野では非常に大きいのである．さらに，法律や慣習法が存在しない場合にも裁判所は裁判を拒むことができないが，その場合には，裁判官の，何が法であるべきか，という判断だけが裁判規範として機能することになる．

このことを上記論争に適用すれば，両説の相違は，成文法の解釈の基準として主観的良心による事ができるか客観的良心でなければならないかという問題と，成文法の存在しない領域の問題を解決するに当たって，主観的良心というものを法源とできるか否かという問題の2つの領域で具体的に現れる．この2つは基本的には同質の問題であり，法学の分野ではふつう「条理の法源性」という形で議論されている．

後者に関する成文法としては，わが国では，裁判事務心得（明治8年太政官布告）第103条において「民事の裁判に成文の法律なきものは習慣により，習慣なきものは条理を推考して裁判すべし」と定めているものが存在する．また，有名なスイス債務法第1条は「法律に規定がないときは，裁判官は慣習法に従い，慣習法もないときには，自分が立法者ならば法規として規定したであろうと考えるところに従って裁判するべきである．」と述べている．すなわち，法規範がない場合に，裁判官は自己の主観的良心に従って裁判してはならないのであって，あるべき客観的法規範と推考されるものに従って裁判しなければならないものと，これら法規では定められているのである．また，そうした判断が行われなければ，客観的・公平な裁判という国民の信頼を確保することは不可能であろう．

この点について，佐藤幸治は次のように述べる．

「法規定を参酌するだけでは唯一の結論が明示されないようないわゆるハードケースにおいても同様であって，その場合，裁判官は自己の主観的良心にしたがって裁量的に決定してよいということはなく，裁判官はあくまで法規定を含む全法体系の客観的原理を探求し，そこから帰結されるところにしたがって裁判すべきものである．裁判官の法解釈は裁判官の主体的立場を離れてはあり得ないが，そのことは裁判官が唯一の正しい解釈を目指さなくてよいということを意味しない．」（佐藤幸治『憲法〈第3版〉』327頁参照）

このように，近代司法にあっては裁判官の主観

的良心は法源とはならず，法律がない場合には，いくつかの判断可能性の中から，可及的に法の客観的意味ないし社会が法として支えているであろうところのものを探究し，それに従って裁判すべき職責を担っていると言うべきである．成文法の解釈に当たっていくつかの解釈可能性がある場合にも，また同様に解するべきである．

このようなことから，通説をもって妥当とするべきであろう．このように良心という言葉を解釈する場合，これは単に「有形無形の圧迫乃至誘惑に屈しないで自己内心の良心と道徳観に従う（最大判昭和23年11月17日＝百選〈第5版〉404頁）」という司法として当然の要求以上の法的意味は持たないことになる．せいぜい強調しても「裁判官に対してとくに明確な職業的自覚を持つことを求めた（佐藤・328頁）」に過ぎない．その結果，裁判官は「憲法及び法律にのみ拘束され」るとだけ言っている場合と解釈において差異はないことになるので，「『良心に従い』と言う文言に特別の意味はなくなる（清宮上掲参照）」と解する者も出てくる．この場合，裁判官の良心とは，裁判官の独立と事実上同義である．

ちなみに，平成5年9月21日の最高裁第3小法廷判決（園部逸夫裁判長・判例集未登載）で，大野正男裁判官は，「死刑を合憲とした昭和23年の最高裁大法廷判決からの45年間に，死刑廃止国の増加や再審無罪など重大な変化が生じ，死刑が違憲と評価される余地は著しく増大した．」として，死刑廃止に向かう国際動向と，世論調査では存続論が多数を占める国民意識が大きく隔たっている事を「好ましくない」として漸進的な死刑廃止方法を提案しつつ，そうした世論の存在に加え，死刑判決に慎重な裁判所の姿勢を上げ，「今日の時点において死刑を違憲と断ずるにはいたらない．制度の存廃や改善は立法府にゆだね，裁判所としては厳格な基準の下に，限定的に死刑を適用するのが適当」とする補足意見を付した．これは憲法解釈における，裁判官の主観的良心と客観的良心の差異を端的に示しつつ，後者を優越させた意見という事ができる．

(3) 司法判断の2段階性と裁判官の良心

一般に司法権の行使は，①事実の認定と，②認定された事実への法の適用という2つの段階を経てなされるものと理解されている．このことを前提とした場合，前項で述べた法源の問題は第2の段階に属する．ここで問題は，第1の段階での裁判官の良心の自由は保障されていないのか，という点である．事実認定に当たっては，裁判官の自由心証主義が，訴訟法の基本として承認されている（刑事訴訟法318条，民事訴訟法185条参照）が，憲法解釈的には，この「良心のみに拘束される」という文言にその根拠が求められる．

このように理解する場合には，裁判所法第4条は，上級審判決の下級審に対する拘束力を認めていること，実質的証拠ルールといって，独占禁止法第80条は公正取引委員会の認定した事実が裁判所を拘束することを，電波法99条は電波監理審議会の認定についてやはり同様の拘束力を，それぞれ定めていること，などが問題となってくる．

このうち，前者については憲法76条1項が審級制を予定していることから，憲法自身の定めた例外と解釈することができよう．

後者については，行政機関を実質的に第1審＝事実審とし，裁判所をそれを受けての法律審とする制度と把握すると，理解しやすい．すなわち，行政機関の判断が無条件で裁判所を拘束すると定めているのではなく，「これを立証する実質的な証拠があるとき」に限り拘束力を認めているに過ぎず，しかも「実質的な証拠の有無は，裁判所が判断する」とされているから，基本的に自由心証権を否定しているのではない．「二重の基準論」において，経済的自由権に関しては立法府や行政府の判断を基本的に尊重すべきであるとされる根拠として，政治問題や行政問題については裁判所はそれを的確に判断するだけの人的物的資源に恵まれていないので，専門家の意見をできる限り尊重する必要があるからだと説かれる．そして，ここで問題となっている実質的証拠ルールは，こうした考え方を立法化した以上のなにものでもないので，違憲と考える必要はないことになる（詳しくは，第70講参照）．

なお，これに対し，事実認定段階は，司法の本質的要素ではない，とする有力な考えのあることを記憶にとどめておくべきであろう（佐藤幸治・307頁参照）．この説を採る場合には，事実認定の段階で裁判所を拘束する立法を行うのは何ら問題はないことになる．

第18講　裁判員制度の合憲性

■問題■

X及びYは「裁判員の参加する刑事裁判に関する法律」に基づいて裁判員に選任された.

①　Xが信ずる宗教では,人を裁くのは神のみであるとして裁判員につくことを禁じていた.そこで,Xは,Xに裁判員になることを強制することは,憲法20条に違反し,違憲・無効である旨主張した.

②　Yは,同法が予定する重大犯罪について,被告人の有罪・無罪および死刑を含む決定を行うには,自分はあまりに意思力が弱いため,その責務の重大性に耐えられず,心的外傷後ストレス障害（PTSD）を罹患する恐れがあると考えた.そこで,Yに裁判員になることを強制することは,憲法18条後段にいう「意に反する苦役」に該当し,違憲・無効である旨主張した.

X,Yそれぞれの主張の憲法上の問題点について論ぜよ.

●類題

Xは自らの子を虐待して死亡させた結果,新聞や雑誌でその非道性をセンセーショナルに非難された.殺人罪で起訴されたXは,裁判員の参加する裁判を受けた場合には,職業裁判官のみの裁判に比べて,裁判員が新聞報道等に影響されて厳罰に処せられる恐れがあると考え,拒否権を認めていない現行裁判員法は,被告人の権利を侵害して違憲であると主張し,裁判員の参加を拒否した.

Xの主張の憲法上の問題点について論ぜよ.

■この講での論点細目次と論述のヒント■

はじめに
1　裁判員制度そのものの合憲性
2　被告人の拒否権否定について
3　裁判員候補者の拒否権
4　宗教的理由に基づく拒否権
　〈補論〉政教分離原則について
5　意に反する苦役

はじめに

平成13年6月12日に内閣に提出された「司法制度改革審議会意見―21世紀の日本を支える司法制度」（以下「審議会意見」という）によって予定されていた裁判員制度は,「裁判員の参加する刑事裁判に関する法律」（以下「裁判員法」と略称する）によって,その具体的姿を見せてきた.そこで本問のような議論も可能になったのである.

本問は,2つの小問から成り立っている.このような問題の場合,一般論としていえば,両者を全体として一体的に論ずることが大切な姿勢である.すなわち,2つの小問に共通する事項を総論という形で抜き出してまず論ずることで,無用の重複を避け,それを受けて個別の問題に答えるという形の答案構成にすることが,大切である.

本問の場合,何がその共通要素だろうか.

結論から言うと,厳格な審査基準である.本問で主張されている2つの人権は,いずれも精神的自由権ないしそれに準ずるものに属する.したがって,裁判員法は原則として違憲と推定され,国がそれに対する反証に成功してはじめて合憲となる.反証は,厳格な審査においては,立法目的及び目的と手段の関わり合いの2点で必要になる.こ

の反証は，2つの人権を通じて共通だから，これが総論として論じられる必要がある．

1　裁判員制度そのものの合憲性

英米流の陪審員制度をわが国に導入することは，陪審団の決定に裁判官が拘束されて判決を下すことを意味するから，わが国憲法76条にいう「裁判官の良心」に照らし，疑問が強かった．そこで，審議会意見は，それに代わって大陸流の参審員制度に類する裁判員制度を導入することとした．

裁判員は，裁判官と対等の権限で評決に参加する．その場合，裁判員と裁判官はそれぞれ独自に見解を持つことが予定されているわけである．したがって，裁判官の見解を市民参加者の意見が拘束するわけではないから，これ自体は直接には76条3項に抵触するわけではない．

ここで問題となるのは，裁判所というものは，裁判官だけで構成されなくとも違憲ではないのか，という問題である．

当然，この点に関する司法制度改革審議会の公式見解が知りたいところだが，驚いたことに，審議会では終始一貫この点についての議論を避けている．唯一ある程度踏み込んだ発言が次に紹介する竹下守夫教授による発言である．一応これを審議会見解と考えることにしよう．

「問題は日本国憲法では，一方で裁判所の構成員としては身分保障のある裁判官に関する規定だけを置いておいて，他方，国民に裁判所の裁判を受ける権利を保障しているわけです．そのことから出てくることは，刑事訴訟について言えば，被告人は，身分保障のある裁判官の裁判によらずに有罪とされることはないということを保障しているのではないか．このことの重みは十分受け止める必要があると私は考えています．つまり，身分保障のある裁判官の裁判によらずに有罪にされることはないということですから，そこは誤解のないようにお願いしたいと思います．

他方，憲法は下級審の裁判所について言えば，最高裁の場合のように，その構成を直接に決めているわけではありません．したがって，身分保障のある裁判官以外の者が裁判所構成員になるということをすべて排除しているということは言えないのではないかと思います．

したがって，その制度が憲法の基本原則に反することなく，かつ，先ほど言ったように身分保障のある裁判官の裁判によらずに有罪とされることはないという保障の趣旨を損うものでなければ，合憲と考える余地があると思われるわけです．

例えば，仮に裁判員に評決権を認めても裁判体の構成とか，評決の方法とか，上訴審の在り方等いかんによっては，裁判を受ける権利の保障と抵触しない制度を構築することも可能であろうと思われるわけです．」（平成13年1月30日第45回審議会議事録より）

この発言は，まったく条文を引用せずに行われているので補充すると，次のようになる．最高裁については，79条1項で「その長たる裁判官及び法律に定めるその他の裁判官でこれを構成し」とあるから，裁判官，すなわち憲法78条で身分保障が与えられている者以外はその構成員となることはできない．それに対して，下級審には裁判官のみで構成するという規定がどこにもない．したがって，裁判官以外の者が裁判所の構成員になっても違憲ではない，ということである．説得力のある見解ということができよう．

しかし，そのことと，具体的に作られた制度の合憲性はまた別の問題である．順次検討しよう．

2　被告人の拒否権否定について

その問題性の第1は，裁判員の参画を被告人として拒否できる制度になっていないことである．この点は，本問では論点ではないが，類題の中心論点である．

かつて，学説は，陪審制度を例え認めるとしても，それを被告人に強制することは許されないとしていた（例えば，宮沢俊義著・芦部補訂『日本国憲法』601頁）．

これは，陪審制度を導入する論理的基盤をどこに求めるか，という議論と直結する．

それが自由主義に基づく制度であると理解する場合には，それを選ぶか否かは被告人の自由にまかされるべきである．現実にも，イギリスにおいては，自由主義に基づく制度と理解されているため，そのような選択権が認められており，その結果，現実問題として陪審は滅多に使用されることはなくなっている（ショーン・エンライト他著『陪審裁判の将来—90年代のイギリスの刑事裁判』（成文堂1991年）参照）．

先に，裁判員法全体の合憲性で論じたように，現行憲法は，確かに旧憲法と異なり，裁判官による裁判を保障しているわけではない．しかし，同時に裁判官による裁判を原則としていることは明らかである．したがって，その原則を覆せるだけの立法理由があって，はじめて拒否権の剥奪が可能となる．

審議会意見は，拒否権を認めない根拠として，次のように述べる．

「新たな参加制度は，個々の被告人のためというよりは，国民一般にとって，あるいは裁判制度として重要な意義を有するが故に導入するものである以上，訴訟の一方当事者である被告人が，裁判員の参加した裁判体による裁判を受けることを辞退して裁判官のみによる裁判を選択することは，認めないこととすべきである．」

民主主義的契機を重視する場合には，審議会意見の指摘するように拒否権を認めるべきではないのかも知れない．しかし，報告のいう民主主義的契機とは，報告自身が述べるところに依れば，次のような概念であるに過ぎない．

「一般の国民が，裁判の過程に参加し，裁判内容に国民の健全な社会常識がより反映されるようになることによって，国民の司法に対する理解・支持が深まり，司法はより強固な国民的基盤を得ることができるようになる．」

これを受けて，裁判員法第1条は「国民の中から選任された裁判員が裁判官と共に刑事訴訟手続に関与することが司法に対する国民の理解の増進とその信頼の向上に資する」ことが立法目的だと述べる．

この理由付けから見る限り，裁判員制度そのものが民主主義的な性格を持っているのではなく，単に国民の司法に対する理解・支持を深める契機になるというだけの意味に過ぎない．この程度の理由が，被告人の拒否権を覆すだけの理由となるかは疑問のあるところである．裁判員による刑事裁判が，死刑判決があり得る重大事件に限定されていることを考えると，被告人に，自らの裁判の形態を選ぶ権利を全く否定できるとは思えないのである．この問題については類題に掲げておいた．各人で考えてみてほしい．

3　裁判員候補者の拒否権

今1つの大きな問題が，本問の中心論点である，裁判員候補者の定め方である．大陸諸国の参審員制度の場合には，一般に本人の希望に基づいて選任する方式を採用する．しかし，審議会意見は，先に述べた民主主義的契機を重視するためであろうが，無作為抽出方式をとることとした．すなわち，

「新たな参加制度においては，原則として国民すべてが等しく，司法に参加する機会を与えられ，かつその責任を負うべきであるから，裁判員の選任については，広く国民一般の間から公平に選任が行われるよう，選挙人名簿から無作為抽出した者を母体とすべきである．」

このような方式をとる場合にも，希望しない者に対しては，当然に拒否権が考えられるべきである．これについても，審議会意見は，次のようにきわめて限定的な姿勢をとった．

「裁判員選任の実効性を確保するためには，裁判所から召喚を受けた裁判員候補者は出頭義務を負うこととすべきである．ただし，健康上の理由などやむを得ないと認められる事情により出頭できない場合や，過去の一定期間内に裁判員に選任された場合など一定の場合には，その義務を免除されるものとすべきである．」

こうした意見に基づいて制定された裁判員法は，大略次のように定めている．

裁判員候補者とされた者は，裁判所の呼び出しに対して出頭する義務を有する(29条)．裁判員になることを辞退する権利は，同法16条に限定的に列挙された事由に該当する場合に限られている．そして，出頭義務に違反した場合には，10万円以下の過料に処せられる(同83条)．

そこで，問題は，辞退理由が憲法上想定されるものを網羅したものとなっているか否かである．16条は次のものをあげている．その前半は，形式的なものである．すなわち，

一　年齢70年以上の者
二　地方公共団体の議会の議員であって，会期中の者
三　大学，専修学校，各種学校の学生又は生徒で，常時通学を要する課程に在学する者
四　過去5年以内に裁判員又は補充裁判員，検察審査員又は補充員だったもの
五　過去1年以内に裁判員候補者として期日に出頭した者

問題は，実際上の理由による辞退である．法律で定められているのは，次の4つである．

イ　重い疾病又は傷害により裁判所に出頭することが困難であること．
ロ　介護又は養育が行われなければ日常生活を営むのに支障がある同居の親族の介護又は養育を行う必要があること．
ハ　その従事する事業における重要な用務で

あって自らがこれを処理しなければ当該事業に著しい損害が生じるおそれがあるものがあること．
　ニ　父母の葬式への出席その他の社会生活上の重要な用務であって他の期日に行うことができないものがあること．

　これ以外に，政令で定める除外理由が予定されている．その政令には，① 妊娠中や出産直後，② 妻や子の出産に立ち会う必要があること，③ 配偶者や親戚の入院等に付き添う必要があること，④ 遠くに転居したため通うのが困難であること，等の項目が盛り込まれている（裁判員の参加する刑事裁判に関する法律第16条第8号に規定するやむを得ない事由を定める政令）．そして，政令の最後には，裁判員になることが「自己又は第三者に身体上，精神上又は経済上の重大な不利益が生ずると認めるに足りる相当の理由があること」（3条6号）という漠然とした除外理由が定められている．したがって，実際に制度が動き出したときには，本問の事例は，この規定を，具体的事件において，個々の裁判官がどの程度弾力的に運用するかによって，現実の紛争となるかどうかが決まることになると思われる．ここで問題とすべきは，本問で取り上げている問題が，そのような，個々の裁判官の裁量に委ねることが妥当な問題か，ということである．

　米国の場合であれば，憲法そのものに「弾劾の場合を除き，すべての犯罪の審理は陪審によって行われなければならない」（3条2節3項）とされているから，いわばこの反面として，市民に陪審員になる義務を課すことが憲法上認められていると考えることが可能である．

　それに対して，わが憲法の場合には，陪審を明確に予定した規定は存在しない．憲法上，国民に対して義務を課すことができるのは，12条の憲法が保障した自由の保持義務，26条2項の教育義務，27条の勤労の義務，30条の納税義務程度しか存在していない．陪審制度を，イギリス法のように自由主義に基づいて説明する場合には，12条から義務を引き出す可能性は存在するであろう．しかし，民主主義的意義から説明する場合には，それも無理といえる．

　大陸法系の参審制の場合，参審員になるにあたっては本人の同意が要件となっていることを考え合わせると，この法案における義務性を説明することの困難性はより明確であろう．以下，具体的に検討しよう．

4　宗教的理由に基づく拒否権

　「はじめに」で述べたとおり，信教の自由は精神的自由権の代表的存在であり，2重の基準論に照らせば，その司法審査には厳格な審査基準が妥当する．厳格な審査基準は，司法積極主義の下，立法を違憲と推定し，国に反証を求める．反証は次の2点に要求される．
　①　立法目的が正当であること，
　②　立法目的を達成するために採用された手段が，立法目的の持っている「やむにやまれぬ利益（compelling interest）」を促進するのに必要不可欠であること，

　あるいは，厳格な合理性基準によって判断するという考え方もあり得る．その場合には次の二点である．
　ア　立法目的が重要な国家利益（important government interest）に仕えるものであり，
　イ　目的と手段の間に「事実上の実質的関連性（substantial relationship in facts）」が存在することを要求

　立法目的の正当性については，先に論じたとおりであって，一応肯定できるであろう．当然重要な国家利益に仕えているということは問題なく肯定できる．問題は目的と手段の関係である．

　信教の自由を憲法が保障するとは，公権力が信教の自由を制限することはなく，また，特定の信仰を持ち，あるいは持たないことを理由として，どのような不利益も与えられることがないことを意味している．日曜参観日欠席処分取り消し請求事件において，東京地方裁判所は，次のように述べている（昭和61年3月20日判決）．

　「信仰に基づいて，国法上義務づけられた行為その他の行為を行うことを拒否した場合にも（その法義務が実質的にみて是非遵守されなければならないほど重大な公共的利益に仕えるものでなかったり，あるいは，それによって他人の人権を侵害する結果を招来するものでないかぎり），これに対し何らかの不利益を課すことは信教の自由の侵害そのものであり，そのような法義務を課すこと自体が違憲となるというべきである．そして，人が一方でその信仰に従うならば一定の不利益を受けざるをえなくなり，他方で法義務を容認するならば自己の信教の自由の行使を放棄せざるをえなくなるような選択を余儀なくされることは，それ自体憲法上の信教の自由を危殆に陥れるものである．」

非常に正しい指摘というべきである．特に括弧書きに注目しよう．この判例は，厳格な合理性基準を使用していることが判る．これに従えば，裁判員制度というものが，「実質的にみて是非遵守されなければならないほど重大な公共的利益に仕えるもの」かどうかが，ここでの判断のポイントになるのである．

その場合，先に述べたとおり，裁判員制度は，自由主義や民主主義の直接の要請ではなく，裁判員という経験を多くの国民が積むことにより，一般国民の裁判に対する理解が深まるであろうことを期待し，それを通じて司法の国民的基盤を強化したいという，極めて間接的な狙いによって導入されたものである．そうであれば，これは到底是非遵守されなければならないほどの重大な公共的利益に仕えるものということはできない．

事実，裁判員法16条は，「父母の葬式への出席その他の社会生活上の重要な用務」に基づく拒絶を認めている．この場合の葬儀というのは，通常は宗教上の儀式であり，それが拒絶理由になるということは，法律そのものが，宗教的理由による拒絶を，部分的にではあれ，予定しているということを示している．そのことを勘案しても，宗教的理由に基づく拒絶を予定していないことは，立法の不作為であって，違憲というべきである．

＊　　＊　　＊

ところで，ここにあげた教義を持つ宗教が現実に存在するか否かは，判らないといわざるを得ない．しかし，少なくとも，エホバの証人の信者は，そのような反応を示す可能性が高い．なぜなら，地上の政治体制に協力してはならないという教義を持っているからである．その為，選挙に立候補することはもちろん，投票に行くことも禁じられる．したがって当然，選挙で選ばれる職には就くことができない．学校生活においても例外ではなく，信者を親に持つ子供は学級委員の選挙等に参加することができないのである．ただ，陪審員がこれに該当するかどうかは，はっきりしない．聖書には，陪審員への言及がないからだという．そのため，各人が自らの信仰を支配する教義をどのように理解しているかに応じて，米国におけるエホバの証人の信者の間でも，答は分かれているという．その上に，日本の裁判員制度は新しい制度だから，日本のエホバの証人信者の間でも，かなり答が分かれる可能性がある．

しかし，このような信仰を持つものが本当にいた場合，刑罰の威嚇を持って，信仰に反することを強要するのは，明らかに憲法違反といわなければならない．

〈補論〉政教分離原則について

小問①に対し，政教分離原則を論ずる諸君が良くいる．確かに，例えば，**神戸高専事件**において，学校側はそれを主張した．それに対し，最高裁判所は次のように述べた．

「公立学校において，学生の信仰を調査せん索し，宗教を序列化して別段の取扱いをすることは許されないものであるが，学生が信仰を理由に剣道実技の履修を拒否する場合に，学校が，その理由の当否を判断するため，単なる怠学のための口実であるか，当事者の説明する宗教上の信条と履修拒否との合理的関連性が認められるかどうかを確認する程度の調査をすることが公教育の宗教的中立性に反するとはいえない．」

本問においても同様に言うことができる．要するに，信教の自由を公権力が侵害している場合に，その侵害をやめることは，常に政教分離とは関係がない．したがって，書けば点になるが，無理に言及する必要はない．なぜなら，これは小問②とは関係のない議論であり，問題解答のバランスという観点から考えた場合に，政教分離まで論じるのは，かえって点を減らす恐れがあるという意味で，書かない方がよいといえる．

なお，本講では省略したが，論ずるなら，むしろ2重の基準論の根拠の方がよほどベターである．

5　意に反する苦役

信教の自由と異なり，意に反する苦役という言葉については，わが国憲法学ではほとんど議論されておらず，わかりにくい．判例にも見るべきものはない．

条文は，その代表的なものとして刑罰によるものをあげている．現実問題として，懲役刑で課されている労役は，家具の生産その他，一般の社会人が，その職業として行っているものと同一であって，特に苦痛と感じるものではない．また，政府の公式見解は，徴兵制の導入をこれに該当するものとしている．この場合も，自衛隊員が職業として行っている活動であって，ことさらに苦痛を与えることを目的としたものではない．

このように見てくると，本人が欲しない行為を公権力が強制する場合が基本的にそれに当たると考えることができる．すなわち，これは「意に反す

る」に力点があるのである．この点を重視すれば，これは精神的自由権に属することになる．通説は身体的自由権と考えているが，その場合においても，二重の基準において，精神的自由に近いか，経済的自由に近いかを考えれば，それが精神的自由に近い存在であるといえる．したがって，厳格な審査を行うべき点で，信教の自由と違いはない．その場合，先に信教の自由で論じたのと同様に，裁判員法において採用している方法が，それをクリアできるとは考えられない．したがって，やはり違憲と考えるべきである．

今，「意に反する苦役」という言葉自体は，必ずしも苦痛をもたらすものである必要はない，と述べた．しかし，苦痛をもたらすものであれば，なお，確実に意に反する苦役ということができる．そこで，ここで裁判という活動の，人々の心に与える負担について簡単に紹介しよう．結論的にいうと，それはかなりの精神的苦痛を伴う作業なのである．

諸君は法曹一元という言葉を知っていると思う．現状としては，その入口である司法試験及び司法修習の段階だけがそれであって，特に裁判官と弁護士の間の人的交流は極めて低調である．その結果，裁判官は官僚化する傾向を示し，裁判が市民の日常感覚から遊離することの問題性は，審議会意見でも次のように指摘されているところである．

「裁判所法は，判事補のみではなく，弁護士や検察官など判事の給源の多元性を予定しているが，運用の実際においては，判事補のほとんどがそのまま判事になって判事補が判事の主要な給源となり，しかも，従来，弁護士からの任官が進まないなど，これを是正する有効な方策を見いだすことも困難であった．こうした制度運用の経緯，現状を踏まえ，国民が求める裁判官を安定的に確保していくことを目指し，判事となる者一人ひとりが，それぞれ法律家として多様で豊かな知識，経験等を備えることを制度的に担保する仕組みを整備するほか，弁護士任官の推進，裁判所調査官制度の拡充等の施策を講じるべきである．」

ここで，問題は，なぜ弁護士からの任官が進まないか，である．そこに裁判というものの負担がある．現実に弁護士から判事に任官された経験を持つ獨協大学教授高木新二郎は，これまでに弁護士から任官した人々が，判決を書くということに困難を感じることが多いからだと指摘している．

「ベテラン弁護士と思われていたのに，裁判官になってから心身の健康を損ねて長期病欠中の人もいる．通常単独事件を担当しているものの，事件を溜めてしまうために，配転を半分またはそれ以下に軽減せざるを得ない人，あるいは調停等を含む判決を書かなくとも済む仕事，つまり，英米では地裁以上の裁判官（Judge）ではなく，簡裁判事に相当する者または補助職（Magistrate等）が担当する仕事についている人も少なくない．やむを得ず簡裁に移ってもらった人もいる．」（『弁護士任官裁判官』（商事法務研究会）17頁より）

すなわち，一般市民ではなく，司法試験に合格して長年弁護士活動をし，日弁連から特に委嘱されて裁判官に任官したという，いわばエリートでさえも，そして，単なる民事紛争の判決を下すというだけのことで，それほどのストレスを感じるのである．

裁判員が直面する問題は，その比ではない．裁判員の関与する事件数をできるだけ減少させるという狙いから，裁判員法2条は次の場合に限定しているからである．

一　死刑又は無期の懲役若しくは禁錮に当たる罪に係る事件
二　裁判所法第26条第2項第2号に掲げる事件であって，故意の犯罪行為により被害者を死亡させた罪に係るもの（前号に該当するものを除く．）

ここに，裁判所法26条2項2号とは，要するに強盗，事後強盗等である．

したがって，裁判員は，死刑にするか否かという深刻な決断に迫られる可能性は極めて高い．これは極めて残酷な義務といわなければならない．評決の時，心の平静を保てる市民がどれほどいるか，疑問である．

このような残酷な義務を，良心に照らして拒む国民に強制することが妥当するほどの重大な法益に，裁判員制度が奉仕していると言えるかは，先に述べた立法理由に照らす限り，大いに疑問といわなければならない．

第19講　裁判官の政治的基本権の制限

■問題■

裁判所法第52条1号は，裁判官が「積極的に政治運動をすること」を禁止している．この規定の憲法上の問題点について論ぜよ．

■この講での論点細目次と論述のヒント■

はじめに
1　問題の所在
2　事実関係
3　法定の論理
　(1) 52条の憲法上の根拠
　(2) 国家公務員法102条との異同
　(3) 不確定法概念について
　(4) 裁判官の市民的自由の限界と審査基準
4　少数意見の論理
　(1) 遠藤光男判事の少数意見
　(2) 元原利文判事の少数意見
　(3) 河合伸一判事の少数意見
5　学説の状況と私見
　(1) 制限規定の合憲性
　(2) 不確定法概念と明確性の法理
　(3) 審査基準論

はじめに

裁判所法52条の政治的基本権の制限規定は，一般職公務員の場合の政治的基本権の制限を定めた国家公務員法102条や地方公務員法36条と異なり，長らく実際の適用例が存在しなかった．平成10年2月1日最高裁判所大法廷決定の寺西判事補事件は，その最初の例として問題となった．だから，本問をもう少し寺西事件にあわせた形で具体的設例とすることも可能である．それにも関わらず，なぜそうしていないかというと，それでは国家試験の受験生にとって少々難しい問題になりすぎるからである．すなわち，裁判官の懲戒処分に関する裁判所規則7条は，分限事件の性質に反しない限り非訟事件手続法第一編の規定を準用すると規定しており，審問の非公開を定める同法22条の規定もこの結果準用されて，この事件の審理は非公開で行われたのである．そして，そのことが公開の裁判を保障した憲法82条，あるいは適正手続きを保障した憲法31条に違反しないか，として争われ，本決定の多数意見と少数意見の対立点ともなっている．具体的設例にしてしまうと，どうしてもこうした論点が入ってくることを防ぐことが難しく，そのため，裁判所法52条1号後段に関する1行問題の形式にせざるを得なかったわけである．

1　問題の所在

本問において第1に考えられるべきは，裁判所法52条1号のような政治的基本権の制限規定の合憲性である．換言すれば，その制限を根拠づける憲法上の根拠が問題となる．

第2に，「積極的な政治運動」という不確定法概念を使用していることが，明確性の法理（曖昧性故に無効の法理）との関係で問題となる．しかし，明確性の法理は，刑事事件に関して認められるものであるから，本問のような懲戒事件で適用になるかどうかが問題とされざるを得ない．

第3に，このような個人の人権が問題となった場合は常に諸君として念頭に置かねばならないのが，審査基準論である．

以下，最高裁がどのようにこれらの問題について把握したかについて，簡単に見ていくことにしたい．それがこの問題に対する学界の問題意識の，したがって，諸君が論文で取り上げるべき論点の縮図となっているからである．

2 事実関係

1行問題であるから，本問の回答にあたっては寺西事件の事実関係は余り重要性は持たないが，学説というものは，事実関係から完全に切断されて抽象的に思惟をめぐらすよりも，まず事実関係に密着して，自らの価値観に従って結論を引き出し，それを理論付けする方が楽である．というより，事実関係を知らないで展開する諸君の議論は，往々にして，最高裁の保守派の意見よりもなお保守的な見解となってしまうことが多いのである．そこで，最高裁が確定したところにしたがって，その事実関係を見てみよう．

(1) 寺西和史（以下，Tと略称する）は，平成5年4月に判事補に任命され，10年4月以降，仙台地方裁判所判事補兼仙台家庭裁判所判事補，仙台簡易裁判所判事の職にある．

(2) 法制審議会が平成9年9月に組織的犯罪対策法要綱骨子を法務大臣に答申したことに関連して，Tは，朝日新聞に，裁判官であることを明らかにして，次のような趣旨の投書をした．

> 「法制審議会が組織的犯罪対策法要綱骨子を法務大臣に答申した．団体概念のあいまいさ，資金洗浄規制など問題が多いのだが，ここでは，盗聴捜査についてのみ触れる．裁判官の発付する令状に基づいて通信傍受が行われるのだから，盗聴の乱用の心配はないという人もいる．しかし，裁判官の令状審査の実態に多少なりとも触れる機会のある身としては，裁判官による令状審査が人権擁護のとりでになるとは，とても思えない．令状に関しては，ほとんど，検察官，警察官の言いなりに発付されているというのが現実だ．それを，検察官，警察官の令状請求自体が適切に行われている結果だと言う人もいる．しかし，現行法上は盗聴捜査を認める令状は存在せず，盗聴捜査は違法であるというのが，刑事訴訟法学者の圧倒的多数説であるにもかかわらず，電話盗聴を認める検証許可状が発付され，それが複数の地裁，高裁の判決で合憲・合法だと言い放たれている現実をみると，とてもそうだとは思えないのである．通信の秘密，プライバシー権，表現の自由という重要な人権にかかわる盗聴令状の審査を，このような裁判官にゆだねて本当に大丈夫だと思いますか？」

これが「信頼できない盗聴令状審査」という標題の下に，9年10月2日付けの同新聞朝刊に掲載された．ここで強調しておきたいのは，この政治問題に対してはっきりと裁判官としての身分を示して行われた投書そのものは，終始一貫，懲戒の対象としては問題にされていない，ということである．後に詳しくは述べるが，このような政治的見解の発表は，52条にいう積極的政治運動には該当しないということは，最高裁自身も認めている確立された法解釈なのである．

(3) 内閣は，上記法制審議会答申に基づいて組織的な犯罪の処罰及び犯罪収益の規制等に関する法律案，犯罪捜査のための通信傍受に関する法律案及び刑事訴訟法の一部を改正する法律案（以下，これらを一括して「本件法案」という．）を作成し，平成10年3月22日，これらを衆議院に提出し，参議院に送付した．本件法案への対応については，政党間で意見が分かれており，その取扱いが政治的問題となっていた．

(4) 本件法案提出前から前記答申に係る組織的犯罪対策法の制定に反対するための諸活動を行っていた「組織的犯罪対策法に反対する全国弁護士ネットワーク」等三団体は，右反対運動の一環として集会を開き，集会の内容として，アピール，弁護士ネットワークの劇「盗聴法の施行された日パート4」の上演，「盗聴法と令状主義」に関するシンポジウム等を行うことを決め，右シンポジウムのパネリストになることをTに依頼し，Tはこれを承諾した．そこで，集会実行委員会は，右集会の名称を「つぶせ！盗聴法・組織的犯罪対策法，許すな！警察管理社会4／18大集会」とした上で，集会のプログラムの一環としてTがパネリストとなる旨を記載したビラを作成し，一般に配布した．これとは別に，インターネット通信において，右集会への賛同を呼び掛け，その中で，裁判官であるTがシンポジウムに参加すること，右集会には，同法の成立を阻止しようと様々な分野で運動を担った人たちが参加しており，「盗聴法は令状主義を危機におとしいれると新聞に投書した裁判官」らが同法を阻止しようというその一点で集まると説明した．

(5) 仙台地方裁判所長は，平成10年4月9日，Tに対し，共同行動のビラを示して事実を確認したところ，Tは，右集会が本件法案を葬り去るという，法案に反対するための集会であることを承知の上で，その趣旨に共鳴してパネルディスカッションに参加するつもりであることを認め，そのことは裁判所法52条1号の禁止する「積極的に

政治運動をすること」には当たらないと考えるが,同所長が同号に当たると考え,懲戒もあり得るというのなら,再考してみるなどと述べた.

(6) 右集会は,平成10年4月18日,東京都千代田区所在の社会文化会館において,約500人が参加して開かれた.が,Tの申出により,シンポジウムにおいてTがパネリストとして発言することは中止された.その際,Tはパネルディスカッションの始まる直前,数分間にわたり,会場の一般参加者席から,仙台地方裁判所判事補であることを明らかにした上で,「当初,この集会において,盗聴法と令状主義というテーマのシンポジウムにパネリストとして参加する予定であったが,事前に所長から集会に参加すれば懲戒処分もあり得るとの警告を受けたことから,パネリストとしての参加は取りやめた.自分としては,仮に法案に反対の立場で発言しても,裁判所法に定める積極的な政治運動に当たるとは考えないが,パネリストとしての発言は辞退する.」という趣旨の発言をした.

(7) この発言が,本件集会の参加者に対し,本件法案が裁判官の立場からみて令状主義に照らして問題のあるものであり,その廃案を求めることは正当であるというTの意見を伝えることによって,本件集会の目的である本件法案を廃案に追い込む運動を支援し,これを推進する役割を果たし,もって積極的に政治運動をするという行為に該当するとして,懲戒処分として,戒告を受けることになったのである.

なお,普通,公務員に対する懲戒処分としては,免職,停職,減給及び戒告の4つである(国家公務員法 82条参照).しかし,裁判官には身分保障があるから,免職,停職,減給は憲法違反となって不可能である.その結果,裁判官に対する懲戒処分としては,戒告と1万円以下の過料の2種類しかない(裁判官分限法2条).しかし,過料は減給の代わりに設けられている制度であるが,わずかな額ではあっても減給と同じ機能を果たすことから違憲の疑いが存在している.したがって,問題なく課することのできる懲戒処分としては戒告しかないのである.

3 決定の論理

最高裁決定を批判するか肯定するかは各自の判断次第であるが,そこで大事なのは,前に述べた論点について,最高裁決定はどのような理由から判断を下しているかをしっかり正確に理解しておくことである.

(1) 52条の憲法上の根拠

これについては次のように述べている.

「憲法は,近代民主主義国家の採る三権分立主義を採用している.その中で,司法は,法律上の紛争について,紛争当事者から独立した第三者である裁判所が,中立・公正な立場から法を適用し,具体的な法が何であるかを宣言して紛争を解決することによって,国民の自由と権利を守り,法秩序を維持することをその任務としている.このような司法権の担い手である裁判官は,中立・公正な立場に立つ者でなければならず,その良心に従い独立してその職権を行い,憲法と法律にのみ拘束されるものとされ(憲法76条3項),また,その独立を保障するため,裁判官には手厚い身分保障がされている(憲法78条ないし80条)のである.裁判官は,独立して中立・公正な立場に立ってその職務を行わなければならないのであるが,外見上も中立・公正を害さないように自律,自制すべきことが要請される.司法に対する国民の信頼は,具体的な裁判の内容の公正,裁判運営の適正はもとより当然のこととして,外見的にも中立・公正な裁判官の態度によって支えられるからである.

したがって,裁判官は,いかなる勢力からも影響を受けることがあってはならず,とりわけ政治的な勢力との間には一線を画さなければならない.そのような要請は,司法の使命,本質から当然導かれるところであり,現行憲法下における我が国の裁判官は,違憲立法審査権を有し,法令や処分の憲法適合性を審査することができ,また,行政事件や国家賠償請求事件などを取り扱い,立法府や行政府の行為の適否を判断する権限を有しているのであるから,特にその要請が強いというべきである.職務を離れた私人としての行為であっても,裁判官が政治的な勢力にくみする行動に及ぶときは,当該裁判官に中立・公正な裁判を期待することはできないと国民から見られるのは,避けられないところである.身分を保障され政治的責任を負わない裁判官が政治の方向に影響を与えるような行動に及ぶことは,右のような意味において裁判の存立する基礎を崩し,裁判官の中立・公正に対する国民の信頼を揺るがすばかりでなく,立法権や行政権に対する不当な干渉,侵害にもつながることになるということができる.」

諸君の書く論文では,ややもすると,裁判に公正・中立性が要求されることから直ちに裁判官個人の外見上の中立・公正を導いてしまう例が多い.しかし,これはおかしい.例えば,行政は国会の制定した法律に基づいて中立・公正に執行されなければならないが,行政庁,すなわち主任の国務大臣は政党人であって,非政治性は要求されないのである.

最高裁は,上述のとおり,そのような粗雑な論理はとらない.その述べる所に依れば,裁判官個人が,私人としても非政治性を要求される第一の根拠は,裁判に対する国民の信頼確保である.そして,それを補足する論理として,違憲審査権を有することから立法権に対する不当な干渉につながるおそれ,戦前と違って行政裁判権も有することから行政権に対する不当な干渉につながるおそれ,をそれぞれ挙げている.ここから,職務を離れた私人の場合における非政治性の要求を導いているのである.すなわち,憲法の与えた個人に対する強力な身分保障の陰に隠れて,絶対に自分は傷つかない立場からの立法・行政に対する干渉は不当なものとなっても,それを制限する手段がないという点がここでの根拠である.

(2) 国家公務員法102条との異同

本問で,諸君の論文のレベルでは国家公務員法102条との異同を論ずる必要はない.というより,必要はあるのだが,国家試験で与えられる乏しい時間と紙幅の中でそこにまで論及する余裕はないであろう,という方が正しい表現である.したがって,書かなくともよい,ということと,その点についての問題意識を持たなくともよい,ということは一緒ではない.この決定における最高裁の見解を見ておこう.

「これは,行政の分野における公務が,憲法の定める統治組織の構造に照らし,議会制民主主義に基づく政治過程を経て決定された政策の忠実な遂行を期し,専ら国民全体に対する奉仕を旨とし,政治的偏向を排して運営されなければならず,そのためには,個々の公務員が政治的に,一党一派に偏することなく,厳に中立の立場を堅持して,その職務の遂行に当たることが必要となることを考慮したことによるものと解される.これに対し,裁判所法52条1号が裁判官の積極的な政治運動を禁止しているのは,右に述べたとおり,裁判官の独立及び中立・公正を確保し,裁判に対する国民の信頼を維持するとともに,三権分立主義の下におけう司法と立法,行政とのあるべき関係を規律することにその目的があると解されるのであり,右目的の重要性及び裁判官は単独で又は合議体の一員として司法権を行使する主体であることにかんがみれば,裁判官に対する政治運動禁止の要請は,一般職の国家公務員に対する政治的行為禁止の要請より強いものというべきである.」

この前半に述べられている理由は,猿払事件の論理をそのまま引いたものである.したがって,それに対する評価がそのまま妥当することになる.

後半は,少々奇妙な論理といわなければならない.現実問題として,行政に従事する公務員に対して課せられている政治的行為の制限に比べ,裁判所法52条の制限は,先にも触れたとおり,遙かに緩やかなものだから,「一般職の国家公務員に対する政治的行為禁止の要請より強い」といわれても理解に窮してしまうのである.もちろん,この文章が述べているのは,政治的行為全般ではなく,政治運動禁止であるから,その点だけをとらえての論理ということがあるが,それを加味しても,論理の破綻を来している議論といわざるを得ない.何かの弾みに,この点についての文章を書く必要が生じたとしても,この下りは引用しない方がよいと思われる.

(3) 不確定法概念について

国家公務員法102条がほとんど白紙委任に近いとはいえ,限定列挙方式をとっているのに対して,裁判所法52条が不確定法概念を使用している根拠については,本決定は次のように説明する.

「これは,右禁止規定の違反行為が懲戒事由となるほか刑罰の対象ともなり得るものである（同法110条1項19号）ことから,懲戒権者等のし意的な解釈運用を排するために,あえて限定列挙方式が採られているものと解される.これに対し,裁判官の禁止される『積極的に政治運動をすること』については,このような限定列挙をする規定はなく,その意味はあくまで右文言自体の解釈に懸かっている.裁判官の場合には,強い身分保障の下,懲戒は裁判によってのみ行われることとされているから,懲戒権者のし意的な解釈により表現の自由が事実上制約されるという事態は予想し難いし,違反行為に対し刑罰を科する規定も

設けられていないことから，右のような限定列挙方式が採られていないものと解される．」

この，国家公務員法102条は刑事罰であるのに対し，裁判所法52条1号後段は行政罰に過ぎないという相違点は，諸君の論文においてもきわめて重要である．明確性の法理（曖昧性故に無効の法理）は，刑事罰にしか適用にならないからである．

以上の判断を前提に，次のように定義を下している．

「『積極的に政治運動をすること』とは，組織的，計画的又は継続的な政治上の活動を能動的に行う行為であって，裁判官の独立及び中立・公正を害するおそれがあるものが，これに該当すると解され，具体的行為の該当性を判断するに当たっては，その行為の内容，その行為の行われるに至った経緯，行われた場所等の客観的な事情のほか，その行為をした裁判官の意図等の主観的な事情をも総合的に考慮して決するのが相当である．」

この最高裁の定義を引用するにあたり，冒頭の「組織的，計画的又は継続的な政治上の活動を能動的に行う行為」だけを引用して終わりにしてしまう人がいるが，それは間違いである．引用するならば，この全文を引用しなければならない．このすべてが，寺西判事補に対する懲戒処分を決定するにあたり，重要性を持っているからである．

(4) 裁判官の市民的自由の限界と審査基準

裁判官が，私人としての立場にある限り，市民的自由を享受できるのは当然のことである．それなのに，その私人としての裁判官の政治的基本権を制約しているのであるから，二重の基準理論に従えば，原則として裁判所法52条1号には違憲の推定が働き，その合憲性を主張する国の側で合憲性を立証しなければならない．そして，その審査にあたって，裁判所は厳格な審査を行う必要がある．その点について最高裁は次のように述べる．

「憲法21条1項の表現の自由は基本的人権のうちでもとりわけ重要なものであり，その保障は裁判官にも及び，裁判官も一市民として右自由を有することは当然である．しかし，右自由も，もとより絶対的なものではなく，憲法上の他の要請により制約を受けることがあるのであって，前記のような憲法上の特別な地位である裁判官の職にある者の言動については，おのずから一定の制約を免れないというべきである．裁判官に対し『積極的に政治運動をすること』を禁止することは，必然的に裁判官の表現の自由を一定範囲で制約することにはなるが，右制約が合理的で必要やむを得ない限度にとどまるものである限り，憲法の許容するところであるといわなければならず，右の禁止の目的が正当であって，その目的と禁止との間に合理的関連性があり，禁止により得られる利益と失われる利益との均衡を失するものでないなら，憲法21条1項に違反しないというべきである．」

すなわち，厳格な合理性基準で審査を行っている，ということになる．

4 少数意見の論理

本決定に対しては，5人の裁判官の少数意見がある．このうち，52条の憲法解釈に関連すると思われるものを紹介しておく．

(1) 遠藤光男判事の少数意見

この問題を正面から論じているのは，遠藤光男判事の少数意見である．まず解釈の基準について次のように述べる．

「『積極的に政治運動をすること』の意義については，それ自体，かなり幅広い概念であって，これを一義的に定義付けることは困難である．しかしながら，右の概念は，憲法21条1項が保障した表現の自由に対する重大な制約としての意味を持つものである以上，でき得る限り厳格に解釈されなげればならないことはいうまでもない．そして，その解釈の手掛かりとしては，裁判官の政治的行為につき定めていた旧裁判所構成法の制約条項と現行法である裁判所法の制約条項との比較，一般公務員の政治的行為につき定める国家公務員法の制約条項と裁判所法の制約条項との比較，各立法の背景的事実，それぞれの立法の趣旨，目的の違い等からみて，おおよその判断基準を設定することが可能であると考える．」

すなわち，不確定法概念であっても，旧法との対比及び立法の経緯から，概念内容をかなり特定することが可能な場合に該当するとしている．そして旧憲法下の裁判所構成法との比較に関して次のように述べる．

「旧裁判所構成法72条1，2号は，判事は在職中

『公然政事ニ関係スル事』及び『政党ノ党員又ハ政社ノ社員トナリ又ハ府県市町村ノ議員トナル事』を禁止していた．これに対し，裁判所法52条1号は，禁止事項として『国会若しくは地方議会の議員となること』及び『積極的に政治運動をすること』を掲げている．このように，右各規定の間には，明らかに文意上の違いがみられる．すなわち，旧裁判所構成法が『政事ニ関係スル事』として，その禁止行為の範囲を幅広く，かつ，漠然と規定していたのに対し，裁判所法は，『積極的に政治運動をすること』とし，その行為を限定している．また，旧裁判所構成法が『政党ノ党員又ハ政社ノ社員』となることまでをも禁止していたのに対し，裁判所法においては，その旨の規定が意識的に排除されているのである．この違いは，単なる表現上の違いにとどまるものではなく，憲法の精神に由来した実質的相違点として理解されなければならない．

けだし，旧憲法においても，臣民に対する表現の自由が一応保障されていたとはいえ（旧憲法29条），その内容は，『侵すことのできない永久の権利として付与された基本的人権』に基づくものとはほど遠いものであったのに対し，新憲法が保障した表現の自由は，これとは全く異質のものであったため，裁判所法52条は，憲法21条1項との抵触を回避するため，前記のように，極めて限定した条件の下に，その制約を認めることとしたものと解されるからである．

したがって，裁判所法は，新憲法の精神にかんがみ，裁判官が政党の党員又は政治結社の社員となることを容認しているばかりでなく，裁判官が社会通念的にみて相当と認められる範囲内の通常の政治運動をすることを認めているものと理解することができるのである．」

すなわち，政党の党員などになることは，当然に許されていると解される．しかし，政党の党員になるということは，政治運動を行うと言うことと常識的には同義語といえる．そこに，本条が「積極的な」という言葉を付していることの意味がある．すなわち，通常の政治運動は許容されていると解されることになる．そこで，「積極的な政治運動」と「通常の政治運動」とをどのように画すべきかが問題となるが，これについては次のように説明する．

「多数意見が指摘するとおり，この両者は，裁判官が置かれている憲法上の地位の特殊性（三権分立の原則に基づく独立性）とその職務の特殊性（中立性・公正性）を念頭において分別されるべきものと思われる．すなわち，裁判官は，名実ともに中立・公正に，かつ，すべての権力から独立してその職務を行わなければならないことはいうまでもないが，具体的な職務の遂行を離れてもまた，常に外見上，中立・公正らしさを保持していることが求められているのである．

したがって，客観的にみて，そのような中立・公正らしさを保持していることが著しく疑われるような程度に達するような政治運動を行うことは厳に慎まなければならない．裁判所法が『積極的に政治運動をすること』を禁止したゆえんも，正にこの点にあると考えられる．しかし，裁判官といえども，裁判官である前に一市民である．一市民である以上，政治に無縁であり，無関心であり得るはずがない．政治的意識を持つことは当然であり，もともと何らかの政治的立場を保有していたとしても，何ら不思議ではない．現に，前述したとおり，裁判官が政党の党員となり，政治結社の社員となることが容認されている以上，これに準じる程度の政治運動を行うことが禁じられるいわれはない．また，その程度の行為をしたことだけで，裁判官に対し求められる外見上の中立性・公正性が直ちに損なわれることとなったとみるべきではない．……〈中略〉……したがって，裁判所法は，裁判官が行った政治運動の態様が社会通念に照らしかなり突出したものであるがゆえに，将来，前記憲法上の要請を逸脱してその職権が行使されるおそれがあり，ひいては，そのことによって，裁判官に求められるその地位の独立性や前記外見上の中立性・公正性までもが著しく損なわれるに至ったと認められる場合に限り，これを禁止行為の対象としたものと解するのが相当である．」

このように理解した場合，一般職国家公務員に対する規制に比べ，裁判官に対する規制が明らかに緩やかな点をどう考えるか，という問題が生じる．この点については次のように論ずる．

「行政府に属する一般職の国家公務員は，一たび決定された政策を団体的組織の中で一体となって忠実に執行しなければならない立場に置かれているのに対し，裁判官は，憲法と法律のみに制約されることを前提として独立してその職権を行うことが求められていることに加え，違憲立法審査権が付与されていることなど，その職務の執行面において大きな違いがみられる．このため，一般職の国家公務員に対し

ては，ある程度幅広くその行為を法的に制約することとしたものの，裁判官の政治的行動に対する制約については，法的強制力を伴った制約をできるだけ最小限度のものにとどめた上，裁判官一人一人の自制的判断と自律的行動にその多くを期待したとみることもできると思われるのである．したがって，裁判所法 52 条 1 号所定の政治運動につき，その行為の修飾語として『積極的に』という言葉が付与されていることの意味は，極めて重く受け止められなければならないと考える．」

(2) 元原利文判事の少数意見

元原利文判事が述べる少数意見の中から，「**曖昧性故に無効の法理**」に関連した問題点を次に紹介する．

「懲戒の対象となる行為を定める規定は，できる限り具体的かつ個別的であることが望ましい．具体的，個別的であることにより，名あて人はいかなる行為が禁じられているかを容易に知ることができ，懲戒権者も，名あて人が行為準則に反する行為をしたか否かを的確に判断できるからである．もしその定めが包括的ないし多義的であるときは，その解釈をめぐって意見の相違を来すおそれのあることは明らかである．懲戒権者は，規定をできる限り広義に解しようとするに対し，名あて人はこれを限定的に解しようとすることは避けられないからである．かくては，行為準則の内容をめぐる懲戒権者と名あて人間の共通の認識が失われ，行為準則を定めたことによる一般予防的な効果が期待できないこととなる一方，懲戒権者が懲戒権を行使するに当たり，行為準則の解釈がし意的であり，懲戒権の行使は不意打ちであるとの非難を被る余地を残すこととなるのである．」

すなわち，本規定は曖昧であると考えているのである．

(3) 河合伸一判事の少数意見

同じ問題について河合伸一判事は次のように述べる．

「本件はいわゆる限界事例であり，だれが見ても右事由に該当することが明らかで，懲戒権の発動は当然であると見えるということはできない．このような限界例にまで懲戒権を発動することが，特に若年の裁判官が前述のような自主，独立，積極的な気概を

特つ裁判官に育つのを阻害することを，私は危惧する．殊に，右懲戒事由の要件は，『積極的に』といい，『政治運動』といっても，いずれも多義的な，相当に幅のある定めである．そのような幅のある要件について限界まで懲戒権が発動される例を見ることにより，裁判官の中に必要以上に言動を自制する者が現れはしないかと案ずるのである．」

あまり法律解釈論では見られない主観的表現なので真意を探りにくいが，次のような意味と理解できるであろう．すなわち，本規定は確かに懲戒問題であって刑罰問題ではないから，曖昧性故に無効の法理は直接には適用にならない．しかし，これにより萎縮効果の発生がやはり予想されるので，そうした萎縮効果が発生しない典型的な非違行為のみを対象とすべきである．

5　学説の状況と私見

(1) 制限規定の合憲性

棟居快行は次のように判決を批判する．

「司法権の独立・裁判官の独立・裁判官の中立性は，いずれも司法が法解釈機関であってその他の何者でもない，という命題の言い換えに過ぎないはずである．そうであれば，裁判官の中立性の要請もまた，裁判官が当事者主義的構造の適正な手続きの中で，憲法・法律の純粋な解釈作業を行っていれば，それで自動的に満足され，裁判官にそれ以上の何らかの作為・不作為を命じるものではあり得ない．ところが多数意見は，裁判官の中立性は具体的な裁判におけるそれでは足りず，外見的にも（すなわち具体的事件を離れて，さらには勤務時間外であっても）中立性すなわち非党派性を貫かなければならない，という．」（「裁判官の自由と市民的自由」ジュリスト 1150 号 13 頁）

そして，裁判官が敬虔なクリスチャンであるかどうかが津市地鎮祭事件判決に関わるにあたって問題にならなかったことを引いて，政治性もまた同様であるとする．明言していないが，このような前提に立った場合，52 条はそもそも違憲と考えることになるのであろう．

しかし，一般的にはそこまでは言わないと思われる．というのは，本規定は，その沿革から，きわめて緩やかな制限規定と解されているからである．すなわち，裁判所法が制定されたのは昭和 22 年 4 月で，悪名高い国家公務員法 102 条が出現する以前のことであり，当時は GHQ は非常にリベ

ラルな姿勢を貫いていた．裁判所法の制定にあたり，日本側では当初，遠藤光男判事の少数意見でも言及されていた旧裁判所構成法に準拠した制限規定をおこうとしていたが，これに対して，GHQ は次のように発言したと言われる．

「判事が政党員になることを禁止することはいけない．政党員になることは市民的自由の問題である．判事が新聞に政見を発表することなども禁止する必要はない．判事が帝大の講師をしていてその講義中に特定政党の批判をすることなども差し支えない．」(喜多村洋一「制定過程から見た『裁判官の政治運動』」ジュリスト1150号31頁)

T の朝日新聞への投書そのものは問題とされなかった原因は，まさにそのことが許される政治活動としてここに明確に現れている点にある．この結果，「公然政事に関係すること」では禁止の範囲が広すぎる，として「国会又は地方公共団体の議員となり，その他公然かつ積極的に政治活動をすること」と改め，さらに現行の「国会若しくは地方公共団体の議会の議員となり，又は積極的政治運動をすること」に変更されたのである．すなわち，国家公務員法 102 条に使用されている「政治的行為」という言葉はもとより，「政治活動」という言葉よりも遙かに狭い意味の用語として「政治運動」という言葉が選ばれたのであった．その結果，最高裁自身が編集した「裁判所法逐条解説」でも，「単に特定政党に加入して政党員となったり，一般国民としての立場において政府や政党の政策を批判することも，これに含まれないと解すべきである．」と述べられている．

このことは，国連が制定した「司法の独立に関する基本原則」(Basic Principles on the Independence of the Judiciary) においても，次のように述べられて確認されているところである．

「世界人権宣言に従い，司法府の構成員は，他の市民と同じく，表現，思想，結社及び集会の自由の権利を有する．ただし，この権利を行使するにあたっては，裁判官は，常に，その地位の尊厳ならびに司法の公正及び独立を保持するよう行動するものとする．」

要するに，裁判官には，他の市民と同等の政治的自由が保障されているのであり，これと裁判所法 52 条の立法経緯並びに同条の文言とをあわせ考えるならば，「積極的な政治運動」とは，国会若しくは地方公共団体の議会の議員になるのと同視しうる程度の積極性を持つ政治性のある運動と理解すべきであろう．そして，このような運動が禁止されるのは，司法府の非政治機関性から容易に導きうると考えている．

(2) 不確定法概念と明確性の法理

最高裁決定そのものが明言しているとおり，懲戒処分は本質的には内部における行政処分であって，国家公務員法 102 条の場合のような，刑事事件となる性質のものではない．したがって，これに対して直接に曖昧性故に無効の法理の適用を考えることは難しいと言わざるを得ない．さらに，不確定法概念といっても，上記のとおり，非常に狭く解されていることから見れば，その不確定性は非常に小さなものといわざるを得ないからである．そこから少数意見のような妥協的な見解が導かれることになる．

ただ，ここで忘れてならないことは，裁判官は任期を 10 年とし，再任されることができるだけで，再任が保障されているわけではない，という点である．その点もあわせ考えるときには，単なる懲戒処分にも大きな萎縮効果の発生が期待できるので，その点をてこに，過度の広汎性故に無効の法理の適用を考える余地はあると思う．

(3) 審査基準論

二重の基準論からする限り，厳格な合理性基準では不十分であって，厳格な審査基準が要請されると論ずる必要があることは言うまでもない．これについては他で説明しているから，ここではこれ以上詳述しないが，諸君の論文では，もちろんその基礎部分からしっかりと厳格な審査基準が求められる理由を論ずる必要がある．

第4章 財　政

第20講　予算と法律

> **■問　題■**
>
> 　法律と予算の不一致がどのような場合に生ずるか．その原因を説明し，不一致が生じた場合の国会と内閣の責務について論ぜよ．
>
> （平成2年　司法試験問題）
>
> **●類　題**
> 　財政議会主義を定めた憲法83条の趣旨を述べた上で，次の見解について論ぜよ．
> 「予算は法律それ自体であるから，予算と法律との矛盾の発生が排除され，また，国会は予算を自由に修正することができる．」
>
> （平成11年度　国家公務員I種法律職試験問題）

■この講での論点細目次と論述のヒント■

論文作成のポイント
1. 法律議決権について
2. 予算の概念
   (1) 予算概念の厳密な決定の必要性について
   (2) 従来の学説とその問題点
      ① 明治憲法下の学説
      ② 現行憲法下の学説
   (3) 予算の定義―私見
      ① 財政準則という表現を排した点について
      ② 一会計年度
      ③ 二重立法概念と具体性
         ⓐ プロイセンの憲法争議
         ⓑ 明治憲法の制定とその下での解釈
         ⓒ 予算の具体性
   ④ 法規範
      ⓐ ミクロの法規範性
      ⓑ マクロの法規範性
      ⓒ 予算の強制力について
   ⑤ 悉皆性
   (4) 予算提出と修正権
      ① 内閣による予算提出の意義
      ② 予算の修正権
   (5) その他
3. 予算と法律の不一致
   (1) 国会中心財政主義と国会中心立法主義
   (2) 予算と法律の不一致の積極的意義
   (3) 予算と法律の不一致が発生した場合の内閣の責務

論文作成のポイント

　本問は，「法律と予算の異同を論ぜよ」という1行問題と基本的に同一である．

　一般にAとBの異同を論ぜよ，といわれたら，いきなり異同を論じる人はいないはずである．まずAとはどういうものかを説明し，ついでBとはどういうものかを説明する．したがって，AとBはここが一緒で，ここが違う，というのが，自然の論文の流れである．ところが，本問を見ると，学生諸君はほとんどの人が違う反応を示す．法律はそっちのけにしておいて，予算についてだけ，これこれこういう概念だ，と説明し，だから法律とはここが違うと書く．何故そういう書き方をするかと

いうと, 諸君の使っている基本書がそういう書き方をしているからである. 何故, 基本書が, 予算の箇所で, そういう書き方をするかというと, 法律がどういうものかということは, そのはるか以前,「国の唯一の立法機関」に関する説明で詳しく説明してあるからである. しかし, 諸君は, 法律概念については, 私の基本書○○頁参照と書くわけにはいかない. だから, 法律とはどのような概念か, という点についても, 予算と同様にしっかりと理由を書かない限り, 本問は合格答案たり得ない. いつも強調するように, あらゆる**論文は, 基本書のダイジェストでなければいけない**のである.

すなわち, 本問では明確に法律も論点になっているのである. したがって, 第1に, 法律をまず論じ, 第2に, 予算を論じ, それを受けた形で, 第3に両者の相違点を指摘する. ここまで説明して, はじめて両者の不一致が生ずるメカニズムの説明が可能になる. それを受けて, 改めて, 国会及び内閣の憲法上の権限からスタートして, 国会と内閣にいかなる責務が生じるかを論じなければならない.

ここまでを論じるに当たり, 今1点, 書き落としてはならない点を指摘しておく. それは, 予算と法律が異なる法規範といっただけでは, 予算法規範説としては不十分で, さらに進んで両者が消極的同位関係に立つというところまで言って, はじめて矛盾が生じる可能性が生じる. 両者が異なる形式の法規範であるとしても, 積極的同位関係に立つ場合には, 矛盾が生じることはあり得ないのである. ここに出てきた積極的同位関係とか, 消極的同位関係という用語は, 教科書的には, 普通, 天皇制中の皇室典範の法的性質を論じる際, その歴史的背景として書かれていることが多い. そのため, これまた, 予算の下りでは書かれないことになる. しかし, 諸君としては書かねばならないということは, 上記法律概念と同様である.

なお, 以下において, 特に, 芦部信喜を基本書として論じている諸君に警告する. そもそも立法概念における芦部説は, 非常な少数説であり, したがって, 理由を付けずに, 無条件の真理であるかの如き書き方をすることは, 常に不可能である, ということを承知しておいてほしい. さらに, その説の内容に気をつけてほしい. 芦部信喜は, 立法の要件は, 一般性だけだと論じる. すなわち, 通説の最大の特徴である対国民性という要件を不要とするのである. 換言すれば, 例えば議院規則や裁判所規則など, 国家機関の内部規則であって, 対国民的効力を持たない規範であっても, 一般性を有する限り, 41条により, 国会が独占する立法に含まれると考えるのである.

したがって, 予算が対国民的効力を持たない規範である, ということは, 芦部にとっては相違点とは言えない. なるほど, 芦部第4版345頁では, 予算と法律の相違点として列挙されている中に,「一般国民を直接拘束しないこと」という項が上げられている. しかし, この文章は,「多数説は」で引き出されている文章中にあるものであって, 間違っても自説の帰結であるとは述べていないのである.

同様に, 芦部の場合, 一般性が41条の立法か否かを決する唯一無二の基準なのであるから, 具体性を要件とする予算が, 41条の立法に含まれることは絶対にありえない. すなわち, 予算を法律の一形式と考えることは, 芦部説の下では本質的に不可能である. したがって, ひとたび芦部説で法律概念を固めたら, 予算法律説に対して, リップサービス的であれ, 肯定的な表現をとってはいけない.

このように, 自らの論文と異なる結論を, 何の理由も挙げずに無神経に書くのは, 決定的な自殺行為である.

1 法律議決権について

この点は, 1行問題的にいえば,「41条にいう唯一の立法機関の意義」の一部に相当する. これについては, 第1講で詳述してあるところなので, ここでは内容説明はしない. ただし, この場合には, 対比すべきなのは予算なのだから, 唯一の立法機関で論じられる様々な論点を虱潰しに紹介する必要はない. 予算との相違点となるところを集中的に簡略に取り上げて論じよう. 同時に, この場合の特殊性から, 通常では問題にならないような細かな点を取り上げる必要が生ずる. 以下に示すような, 数多い論点をどのようにダイジェストするかが, ここでの勝負の分かれ目となる.

第1に, 二重立法概念を論じる. 予算法規範説

を採る場合には,実質的意味の立法の側に力点を置く.これに対して,予算法律説を採る予定の場合には,形式的意味の立法に力点を置き,国家内部を規律する法律も存在することを強調することになる.

第2に,立法概念内容としての一般性が論点となる.これについても,予算法規範説の場合には,実質的意味の立法を中心に据えて,一般性を強調する形で論ずる.これに対して,予算法律説の場合には,形式的意味の立法においては,一般性は要件にはならない点に力点を置いて論ずる（この点,私は異説を立てているが,通説はこの通りである）.

第3に,提案権者を論ずる.予算法規範説の場合には,国会単独立法主義を基礎に,議員が提案者になるのが原則である点を強調する.予算法律説の場合には,憲法72条を基礎に,法案について,一般に内閣に提案権が認められることを強調する.あるいはさらに進んで,議員提案は今日においては例外であることにまで論及しても良い.

第4に,両院対等の原則から,法案はどちらに提出しても良いこと,ただし衆議院に一定の優越が認められていることを論ずる.この点についてはどの説でも別に違いはない.

以上が最低限の論点といえるであろう.

2 予算の概念

一般に,予算法律説に立って論じる人は諸君の中にはいないと思われる.そこで,以下においては,その立場からの論述方法についての説明は省略し,予算法規範説についてのみ説明する.せっかくの機会であるので,例によって,少し基本的なところから説明している.

(1) 予算概念の厳密な決定の必要性について

現行憲法において,予算という名称の付される法規範には,様々な特殊な取扱いが認められている.特に重要なのは,予算が通常の法律と異なり,憲法60条の定めるところにより,衆議院に圧倒的な優越が認められている点である.一方の院に圧倒的な優越を認めるということは,二院制の必然的な要請である両院対等の原則に対する大きな例外である.このような例外的な取扱いの許容は,そうすることが必要な内容だけに限定されなければならないのは当然であろう.すなわち,実質的意味の予算に本来属さない事項であって,国会の議決を必要とする事項については,例え,財政に関する問題であろうとも,原則に戻って,両院対等の議決権を認めなければならない.また,それが法律としての性格を有するものであるならば,衆議院に憲法59条2項の認める優越を認めるにとどめるべきである.

かつて,フランスにおいては,予算における特別の取扱いを利用する意図から,非常に広い範囲の法規範を,予算の一部として盛り込み,成立させるという,いわゆる「抱き合わせ」という手法が横行した.その防止のため,「厳密に財務に関係する事項に限る」とするような限定が憲法の文言に加えられたにもかかわらず,この抱き合わせを根絶することができなかった.このために,現行の第五共和制憲法の下においては,予算組織法により,予算に計上しうるものを限定列挙することで対応するるに至っている.

わが国の場合にも,何が実質的意味の予算かを論ずる目的は,まさにこの点にあるといわなければならない.実質的意味の予算に属さない事項を,予算としての法形式を利用して,衆議院の優越の下に議決する行為は,両院対等の原則を潜脱している,という意味において,まさに違憲の行為と評価しなければならないはずである.その意味で,今日の学者の予算の定義が一般に非常に漠然としたものであることは,問題である.

一方,明確な定義を下している場合もないではない.その妥当性については,詳しくは項を改めて検討したい.しかし,それらの定義の問題点を予め指摘すれば,一般に狭きに失し,現行の予算の相当部分を,実質的意味の予算に該当しないものとしている点にある.その場合には,先に述べた予算概念の意義からすれば,現行予算は両院対等原則違反として違憲と非難しなければならないはずなのに,自らの定義からはみ出した予算内容についての,そうした問題意識は示されていない状況にある.

(2) 従来の学説とその問題点

① **明治憲法下の学説** 明治憲法時代において,美濃部達吉は,予算について「国家の歳入及歳

出の見積表」と述べて,歳入歳出予算のみを予算とし,かつ,その内容は見積表であるとした.宮沢俊義に至っては「すべて国庫金の支出は必ず予め定められた正文の準則によって為されるを要する.そうした準則を実質的意味の予算または予算法という」と述べて,その他の予算は実質的には予算ではないという姿勢を端的に示した.

こうした発想は,自由国家,夜警国家の理念を前提として,財政を静的モデルで捉えるところから来たものと考えられる.すなわち,夜警国家理念の下においては,国の財政は国家経済に対して極力中立的であるをもって最善とした.したがって,国の予算を考えるに当たって,予算の全体規模というものを考える必要はなかった.こうした夜警国家観に基づく理念を忠実に受け継げば,歳出予算だけが予算だという発想に至るのは当然である.佐藤丑次郎は「国の歳入はその歳出によって定まり,その歳出は政府のなすべき施策によって定まる」とのべているが,これは夜警国家的財政論理を端的に示したものと言うことができる.

② **現行憲法下の学説**　現行憲法では,憲法83条により国会中心財政主義が定められ,また明治憲法62条3項に相当する条文がなくなり,代わって85条により,国家機関に支出する権限の授与（以下,「支出授権」という）と債務を負担する権限の授与（以下,「契約授権」という）の2つを明確に国会の権限と定めたことにより,予算の内容は大きく変化した.

しかし,それにも関わらず,こうした予算に関する学界の見方は基本的に変わることはなかった.すなわち先に言及した曖昧な定義を除くと,依然として戦前に,美濃部,宮沢等のたてた定義の延長,すなわち「予算とは一会計年度の歳入歳出の見積もりを内容とする財政行為の準則」とする定義が一般的に行われている,といえるであろう.正確には,「予算とは」の後に,「主として」という言葉を入れてある場合が多い.しかし,そのような言葉を入れると,前述のとおり,予算の限界が不明確になる,という問題が生ずる.そこで,「主として」を除外してしまう論者が出るわけである.

こうした定義は,今日の福祉国家における動的な財政活動の準則としての機能を正確に把握したものではない,と考える.

この定義が問題なのは,特に次の二点である.

第1に,「主として」という言葉をはずした結果,実質的意味の予算とは,歳入歳出予算に限るとし,予算総則,継続費,繰越明許費,国庫債務負担行為という,現在,予算の重要な内容となっているものは,単に形式的予算にすぎないとしている点である.この定義が正しければ,これらを予算に計上して簡易迅速な手続で成立させるのは誤りであって,戦前のように,法律で可決すべきことになるのである.が,そこまでの問題意識を持って主張されているのではないようである.

第2に,歳入歳出予算についても,それを単に一年間の収入支出の見積もりにすぎないとしている点である.見積もりという言葉は,通常の法律用語ではなく,また,法律上に定義の存在している言葉でもないので,これで何を含意しているのかは判然としない.広辞苑によれば,見積もりとは「あらかじめ大体の計算をすること」となっており,要するに概算を意味する.これは戦前において佐藤丑次郎の示した見解と同一のものではないかと思われるが,そうした単なる概算という発想による限り,福祉国家における予算の法規範性を正確に把握できないのは当然であって,やはり正しいものと言うことはできない.

(3) 予算の定義――私見

以下に現行憲法下における予算概念について,私見を示し,その根拠を論じたい.

「予算とは,一会計年度にかかる,国の支出及び債務負担に関する権限を行政庁に授与することを目的とする具体性ある法規範を,悉皆的にとりまとめたもの」をいう,と考える.

これを分説すると,次のとおりである.

> なお,念のため,付言する.以下の記述は,私見に賛成してほしくて書いているのではない.新聞やテレビで見聞きする現実の予算から見て噴飯ものの議論をしないよう,諸君が記述する際の,現実の社会における問題点がどの辺にあるかを理解してほしいのである.それぞれの問題に対して,どのように記述するかは,諸君の責任で決定してくれればよい.

① **財政準則という表現を排した点について**
憲法83条は,国会中心財政主義を明記し,単に国会自身のみならず,行政や司法も含む国の財政処

理のすべてを国会の議決にかからしめることを定めた．予算は，この国会の有する財政権の基本的な表現形態である．その意味で，従来の定義が指摘しているとおり，予算が財政に関する準則（準拠すべき法規範）であることは間違いない．

しかし，財政に関する準則は，予算以外にも様々なものが存在している．狭く解して毎年度作成するものに限っても，予算編成作業の際には，狭義の予算のほかに，俗に第2及び第3の予算と言われる，財政投融資計画および租税特別措置法案の編成作業も同時並行で行われている．近年は，財政赤字をカバーするための特例法も毎年のように制定されている．こうした財政に関する様々な法規範の存在を考えるとき，単に財政準則という表現で，予算を，他の法規範から識別することはできない．予算の内容に，より密着した識別のメルクマールが必要となると考えるべきである．

② **一会計年度**　予算の特徴の第1は，一会計年度単位で作成される点にある．これは，財政権に関しては，権力分立制の採用が不可能という点に起因している．

権力分立制は，主権者たる国民が，それに代わって権力を行使する者から害される事態を防ぐために，人類が重ねた多年の努力の結果，認識された手法であり，軽々に排除することは許されない．そして，国家機関は，基本的に財政的基盤なくして活動できない．その観点から見た場合には，財政権は，各権力府の有する自律権の基本的要素と考えられなければならない．事実，個人レベルにおける財政権，すなわち俸給受領権に関しては，憲法は，議員及び裁判官に関して明文でこれを保障している．これに対して，組織体に対しては，三権のいずれの財政自律権をも排除し，すべての権限を国会に統合した点に，憲法83条の，そして財政の，最大の特徴がある．

これは，現代福祉国家における財政は，国として，国民経済に影響を与える手段として総合的に運用されなければならないため，一元的に管理される必要が存在するからである．このため，各権力府に，自らの財政的基盤に関して自律決定を行う権限を認めることは許されない．そこで，それに代って権力を制限する方法として，人類の知るいま1つの方法，すなわち時間的に，その限界を設

ける手法がここに導入される．その結果，年度単位に制定されるということになる．その意味で，予算について定義を与える際，この年度性は欠くことのできない要素となる．

ただし，これは時系列において権力を区分するという財政一般の特徴であって，予算特有の特徴ではないことにも留意する必要がある．すなわち，国の特定年度の財政活動を規制する目的で制定される法律，例えば租税特別措置法や特例公債の根拠法は，通常，予算と同様に，年度単位の時限立法となる．また，事後的規制というべき決算もまた，年度を単位として制定される．決算にどの範囲で法規範性を認めるか，という問題は，決算を通じての財政統制をどの限度で行うか，という点の判断を巡って流動的な要素が強く，一律には言い難い．しかし，どのような説を採用する場合にも，そこに何らかの法規範性は存在していること自体は疑う余地のない事実である．したがって，この年度単位の制定という点だけを，予算を他の法規範と識別する絶対的な特徴として把握する見解，例えば「一会計年度における国の財政準則」というような単純な定義は，そうした意味から，誤りと見るべきである．

なお，現実問題として，財政に関する収入や支出の見積もりは，会計年度を単位とせず，より長期的展望をもって行われるようになってきている．しかし，それらは依然として単なる収入，支出の予測表にすぎず，いまだ法規範性をもつとはいえない．

③ **二重立法概念と具体性**

ⓐ **プロイセンの憲法争議**　予算について論ずる場合，二重立法概念は避けては通れない点である．というのも，この概念は，プロイセンの有名な憲法争議から発生した法律問題を説明するために案出されたものだからである．

すなわち，プロイセン憲法では，予算は「毎年，法律によって確定される（1850年プロイセン憲法99条2項）」となっていて，国の収入支出を掲げた予算表は，法律として確定される必要があった．しかし，ビスマルク内閣の軍備計画に反対した議会は，1863年から66年までの間，毎年予算の議決を拒否し，内閣を総辞職に追い込もうとした．これに対して政府は，予算の不承認という事態は憲法の予定しなかったことであり，そのような場合には，憲法制定

以前の方式により予算を執行することが可能であるとの理論の下に，予算を勅令で確定して執行するという事態が発生したのである．この紛争は，対オーストリア戦争においてプロイセンが圧倒的な勝利をおさめたため，国民の間で政府の人気が高まったことに伴い，議会が予算法不存在の間の予算執行を事後承認する法律を議決する，という形で政府側の勝利に終わった．

　ラバント（Paul Labant）は，なぜ予算について，このように通常の法律と異なる取り扱いをすることが可能なのかを説明するために，二重立法概念を案出したのである．すなわち，法規命令（対国民的な効力を持つ法規範）だけが，議会が立法権を独占している法規範であり，これについては，議会が法規範を鼎立しない限り効力を持たない．これに対して，その他の法規範は形式的意味の立法であって，議会が制定すれば，他に優越する効力を有するが，議会が制定しない場合には，他の国家機関が制定することもできる，としたのである．そして，予算が，この形式的意味の立法の典型であることはいうまでもない．

　ⓑ　**明治憲法の制定とその下での解釈**　わが国では，明治憲法を制定する際，予算を法律の一種と定めると，このような憲法争議を誘発するおそれがあるとの勧告を，伊藤博文が欧州各国から受けて，意識的に，予算を法律とは異なる法規範とした．

　すなわち，上述のとおりプロイセン憲法では明確に予算「法律」であったものを，それに相当する規定を意識的に排除し，単に「国家の歳出歳入は毎年予算をもって帝国議会の協賛を経べし（旧憲法64条1項）」と定めるにとどめた．憲法争議の主要論点を回避し，政府側に有利になるように意図して，明確に法律ではないものとして導入したのである．

　このような経緯があったから，旧憲法時にはわが国予算の法的性質としては，それを法律の一種とするものは全くなく，天皇を訓令権者とする予算訓令説が当初通説であった．しかし，後に，宮沢俊義が，予算法形式説を唱えるに至る．すなわち，欧州各国において予算は形式的意味の法律によって制定されていることを指摘した後，

　「我が憲法も予算法は議会の協賛を経て定立せらるべきものとするが，それをもって法律事項とせず，法律のほかにやはり議会の協賛を経て成立する予算という特殊な法形式をみとめ，予算法の定立をもってその専属的所管に属せしめている．けだし，予算法の定立は，その性質が通常の法規の定立と異なるところが多いから，それを所管とする法形式としては法律のほかに予算という特殊なものをもうけることが便宜と考えられたのである．

　法形式としての予算を形式的意味の予算という．この意味の予算は議会の協賛を経て大権によって制定せられる点において形式意味の法律と同じであるが，多少の点においてこれと異なっている．」（宮沢『憲法略説』（岩波書店，昭和17年）256頁）

として，発案権が政府にのみ属すること，衆議院に先議権があること，予算を審議，議決する権限に，増額修正の禁止その他，法律とは異なる制限があることを指摘する．

　この考え方が，後の解釈に受け継がれ，通説となったのである．

　要するに，旧憲法において，その母法とあえて異なって「予算を法律ではない」としたのは，財政に対する議会のコントロール能力を低下させるという目的からであったことは厳然たる事実である．ただ，それが客観的真実と合致しているか否かは別問題といわなければならない．その，法律と予算とを識別する決定的要素こそが具体性と考える．

　ⓒ　**予算の具体性**　ここに具体性とは「一般性」の反対概念である．第1講で説明したとおり，憲法41条によれば，国会は国の唯一の立法機関とされる．これに基づき国会が独占する立法は二重立法概念により説明される．すなわち，対国民的な法規範（実質的な意味の立法）を国会が独占する．実質的意味の立法には，一般性が要件とされる．これは，権力分立の要請に基づく．具体性ある法規範を国会に制定することを許容する場合には，国会は立法の形式で，実質的に行政行為や司法行為を行うことが可能となるからである．

　形式的意味の立法は，国の制定する法規範であって，実質的意味の立法以外のものをいうから，それは国の内部法を意味する．財政の領域では，法律の形式以外に，憲法上明確に，予算と呼ばれる法形式が予定されている．

　予算は行政庁に対する具体的な授権行為であっ

て，同一会計年度中にそこに規定されている要件に該当する事態が繰り返し発生したとしても，その都度繰り返し適用される（一般性）ことはなく，その特定の要件に該当する事項の総額についてを規制するという性格を有する．例えば，ある省の予算に国際会議費という科目がある場合，その年度中に国際会議を開催する都度，そこに掲記されている金額を使用することが許されるのではなく，その年度に開催されるすべての国際会議に要する経費を，そこに掲記されている金額で賄うことが要求されている．より正確には，各々の会議で具体的に必要と認められた額の合計額が予算に計上されているのである．

このように，個別の行政活動に関する具体性ある規範であるという点に，予算の最大の特徴が存在している．この点も後に詳述するが，これに対して，法律という形式を採用している限り，例え年度単位の時限立法であっても，それは一般性ある規範に限定される．具体性ある財政規範は予算が独占している．

通説は，予算と法律の相違点として，計数によって示される，という点を指摘する．ここで論じた具体性を述べているものと理解することが許されよう．

④ 法 規 範

通説のいう法規範性は，その内容がはっきりしない．私見によれば，予算の法規範性は，ミクロ，マクロの２つの面で認めることができる．

ⓐ **ミクロの法規範性**　ミクロにおけるそれは，憲法85条の規定する２つの権限の授与から構成される．すなわち第１に，国費を支出することに関する権限の授与（支出授権）であり，第２に，国が債務を負担することに関する権限の授与（契約授権）である．予算による具体的授権がない限り，行政庁は支出を行い，あるいは契約等を締結することが許されない，という意味で，これが通常認識される予算の法規範性となる．

支出授権は歳出予算の独占するところである．換言すれば，支出は，毎年度，歳出予算による具体的授権を受けなければ行うことはできない．これに対して，国家と国民の関係を規律する法規範は，実質的意味の立法に属する（憲法41条）．したがって，財政に関する法規範であっても，内容的に実質意味の立法に属する場合には，その支出授権は法律によってなされなければならない（法律の留保）．ただし，実質的意味の立法は，一般性をその要件とすると解されるから，法律による支出授権は，抽象的授権にとどまらなければならない．これに対する具体的授権を行うのが歳出予算である．

なお，予算には具体的支出授権の外に，抽象的支出授権を行う機能も存在していることに留意する必要がある．すなわち，給付行政の領域においては，法律の留保が原則的に働かない結果，特別の授権法がない場合でも，予算に計上されていれば，それに基づいて国は予算の執行を行うことが可能である．国が私人としての立場で行う契約の実施に関しては，一般に抽象的支出授権規定は存在せず，予算のみを根拠として実施される．それ以外でも，予算に依って抽象的授権が行われる場合もないわけではない．いわゆる予算補助がその代表的なものである．

契約授権は，予算のきわめて一般的な機能である．すなわち，予算総則のほとんどの規定に加え，歳入歳出予算，継続費，繰越明許費，国庫債務負担行為のすべては，いずれも契約授権を定めたものである．これを大別すると，わが国予算の場合，契約授権には３種類の方法が存在している．第１のそれは，支出授権と同様，１年度を限りとして行われるもので，歳入歳出予算がそれである．第２のそれは，２年あるいはそれ以上の長期にわたって国を拘束する契約等を締結する権限を授与するもので，その授権の内容の相違により，継続費，繰越明許費，国庫債務負担行為の３通りの方法が認められている．第３のそれは，債務保証，損失補償など，何の事故も発生しなければ，将来も国が支出義務を負担することのない契約の実施に関するものである．その場合には，一般的な契約授権は法律で行い，ただ，当該年度限りの具体性ある規範的命令部分，すなわち限度額についてだけ，予算で定めるもので，予算総則の規定の多くはこれに向けられている．

ⓑ **マクロの法規範性**　マクロにおけるそれは，フィスカルポリシーと呼ばれ，国会として，国民経済に対する財政の影響力を利用するという目的で設定される．財政の国民経済に対する影響は，第１に財政規模そのものの大小により発生す

るので，その規模の決定という形で行われる．第2に，歳入を狭義の租税によるか，それとも公債その他の手段によるかという選択により，行われる．一般に，同一の歳入規模であっても，それを租税で賄うときは国民経済を沈静化させ，公債等の手段で行うときは活性化させる機能を持つ．第3に，歳出の規模及びその投入分野の決定という形で行われる．一般に，歳出の規模が拡大すれば国民経済を活性化させ，規模を縮小すれば沈静化させる機能を持つ．財政活動は波及的効果を持ち，投入金額の数倍に達する規模の影響をもつことが知られている．波及効果がどの程度発生するかは，どのような経済分野に投入するかによって異なり，また，それはその時々の経済情勢によって異なるので，国会は投入資金が最大の効率性をもつように予算を決定する．

かって，夜警国家時代においては，予算は特定年度の歳入・歳出の見積もりであった．その見積もりは，個々の事業に対する歳出額の見積もりを積み上げて行われた．しかし，今日では，このマクロの規範性から，予算はまずその全体規模が決定される．個々の事業に関する歳入や歳出は，むしろそれに併せて調整されるというのが正しい．

予算は，このような政策の実施手段としての規範的命令である．したがって，命令の名宛人たる各行政庁（立法府，司法府を含む．以下同じ．）は，その予算の執行に当たり，予算で命じられた収入，支出の総額とそれぞれの行政庁における財政活動が一致するように努力しなければならない．このことは，現実の毎年度の予算総則の上で，歳入歳出予算は確定的な金額で規定されていることに端的に現れている．これに対して，公債の発行等は，その上限額で規定されているのである．

歳入歳出予算までも，その収入や支出の上限を定めたものにすぎず，下回る分にはいくら下回ってもよいと解するのが通説であるが，これは，したがって，明白に文言に反した解釈である．そのような解釈による場合には，行政庁が，独自に国会の制定した予算を審査し，不要と認める場合には，まったく執行しない（執行留保）という自由を認めることが可能となる．しかし，そうした解釈は，国会中心財政主義に違反するといわなければならない．執行留保は，かって米国で，ニクソン大統領の下で大々的に実施されて，議会との間で大きな問題となった例があることに明らかなとおり，わが国においても，国会の予算修正権の限界と絡んで，十分に可能性のある問題なのである．

ⓒ 予算の強制力　今日においても，歳入予算の法規範性を否定し，あるいは非常に弱く解釈する見解が存在する．これは，予算にマクロの法規範性のあることに気づいていないことが第一の原因であり，ミクロの法規範性としての契約授権機能に気がついていないことが第2の原因である．しかし，より根本的には，法規範性があるという以上，それに違反する行為には無効その他の強制力が伴っているはずだという錯覚が原因になっていると思われる．

しかし，財政領域の法規範の場合，予算であると，法律であるとを問わず，一般に強制力を伴わない．例えば，歳出予算の配賦を受けなかったにもかかわらず，ある行政庁が勝手に契約を締結した場合，相手方に過失があればともかく，通常は，その契約は有効である．国としてそのことに気がついた場合には支払いをするか，将来に向かって契約の解除を行い，相手方に与えた損害の賠償を行うかのいずれかが必要となる．

⑤ 悉皆性（しっかいせい）　予算の形式面における最大の特徴は「悉皆性」という要素にある．すなわち，すべての具体性ある財政に関する法規範を，予算という単一の法典に集約することにより，国家の当該年度の財政活動の全貌を単純明瞭に示すことを目的としている．

この性格は，前述の法規範の第2の要素である「マクロの法規範性」から導かれる．すなわち，通常の法規範は，その個々の要素の積み上げであって，個々の条項ないしその一部だけを制定することでも十分に意味がある．予算の場合にも，その法的性格がミクロの法規範性にとどまるのであれば，予算は単一のものである必要はない．たとえば米国のように，省庁別に予算案を編成し，それぞれを別個の委員会で審議し，個別の予算として成立させる方が，個々の内容の詳細に至るまで国会の目が十分に届くという意味で，遙かに合理的な方法といえるかもしれない．しかし予算は，前述の通り，国会が，国の財政管理を行うための主たる道具である．予算は，その全体額及び個々の要素

の全体に対する割合が1つの法的機能を果たすのである．すなわち，多数の単一予算が単に集められたものではない点に，予算の予算たる意義があるのである．したがって，この悉皆性という要素が欠落した場合には，予算はその本来の機能を果たすことが不可能になる，という意味で，きわめて重要である．

(4) 予算提出と修正権
① 内閣による予算提出の意義

明治憲法では，内閣のみが予算提出を行うことは必ずしも明言されていなかった．しかし，その文章上の主語として，その点が疑われたことはなかった．現行憲法86条は，内閣が，予算を作成し，提出する義務を有することを明確に定めた．このことは，国会中心財政主義を定めた83条との関係で疑問が生じうる，との考えからと思われる．

ここで問題となるのが，この内閣の提出行為は，その義務に属するのか，権利に属するのか，という点である．例えば宮沢俊義は，「予算は毎年の行政計画の財政的な表現である．したがって，行政権の担当者たる内閣が，総合的に行政計画を考えて，予算を作成・提出するのが妥当であるとされる」として，権利とする見解を示す．しかし，次の理由から，義務と解するのが妥当である．

形式的には，第1に86条が「…なければならない」として，義務として規定していることである．第2に，83条が国会中心財政主義を定めていることである．第3に，予算の内容が，内閣の権限に属する行政庁ばかりでなく，国会，裁判所及び会計検査院に及んでいることである．本来，内閣の支配に属さない機関の予算作成「権」が内閣に与えられる理由は見あたらない．

実質的には次の点が指摘できる．すなわち，予算の作成は複雑な作業であり，個々の議員の能力を超えている．したがって，予算を議会自らが提出すると定めるには，その前提として，議会に予算編成作業に当たる十分な人的物的能力を持つ機関を付属させる必要がある．米国の場合は，議会に議会予算局という数千人の職員を有する機関が設置されている．しかし，米国と異なり，わが国の場合には，議院内閣制を採用しているので，議会に内閣とは別にそうした機関を設置するのは無駄が大きい．そこで，予算の大半を占める行政庁を管轄する内閣に，内閣所管以外の予算も含めて，編成する義務を負わせたのが本条の意義と解するのが妥当である．

なお，仮に，内閣が，提出義務ではなく，提出権を有すると解する場合には，いわゆる二重予算制度を定めた財政法19条は，法律によって内閣の権限を制限するものであるから，違憲と解せざるを得ないであろう．

このように義務と考えた場合，内閣に提出が限定されることは，予算と法律の基本的な差異を示すものでは，決してない，ということになる．

（注）内閣が予算を作成し，国会に提出する，ということに関しては，上記に引用した86条の他に，73条5号がある．両方ともを根拠として引用するのが一番無難であるが，いずれか一方しか引用しない場合には86条を引用するのが正しい．理由は次の2点である．第1に，内容的には完全に重複しているが，86条の方がより詳しいことである．例えば，予算概念を決定する重要な要素として，年度という概念が存在していることは，ほとんどすべての学説の肯定するところであるが，73条5号には年度概念が現れていない．第2に，ここで論じられるべきは，財政の章の特殊性であり，したがって同じ財政の章の条文を取り上げるのが正しい．

② 予算の修正権
先に宮沢の見解を紹介した際に触れたとおり，わが国では伝統的に国会に増額修正権がない，という解釈が採られていた．そして，この点も，予算と法律の差異を示す1つの点といわれることが多い．

しかし，これは，欧米流の夜警国家的財政観に起因する錯覚であるということをここに強調しておきたい．すなわち，わが国戦前における憲法学説は，いわゆる「出ずるを量って入るを為す」という考え方をもとに，「国の歳入はその歳出によって定まり，その歳出は政府のなすべき施設によりて定まる」という非常に単純な発想で予算を考えていた．しかし，実際には，わが国は明治維新以来，一貫して，租税収入は大幅に歳出額よりも不足し，公債発行その他の手段で厳しくやりくりする，という状況が続いていた．したがって，欧米とは異なり，議会としては，責任ある国家機関として単純

な増額修正の実施は，不可能であった．つまり，増税等は実施不可能であれば，総額を現状どおりに押さえ込まなければならない．その状態下で特定の予算科目で増額修正をしたければ，あちこちの科目の中から削減可能な費用を探してやりくりするという非常に複雑な予算操作を行わなければならない．専任の予算編成機関を持たない議会に，それはできないので，内閣にその作業を依頼せざるを得ない．そこで，議会は増額修正をせず，内閣に提出予算の組み替えを命ずる，という慣行が生まれたのである．ところが，戦前の憲法学者は，夜警国家観からこれを見るので，議会に増額修正権がないのでこのように対応する，と理解したのである．

国会中心財政主義を採る現行憲法の下においても，実際問題として，単純な増額修正は不可能であり，したがって，内閣に組み替えを命ずる，という形がとられている．このため，一部憲法学者はいまだに増額修正が不可というような解釈を採るが，もちろん誤りといえる．

なお，仮に増額修正が不可，という解釈をとっても，これが法律との本質的な差異を示すことにはならない．現実に，憲法上，予算を明確に法律の一種と位置づけている英，仏，独の各国で，議会の増額修正は禁じられていることを見れば，そのことは明らかである．

また，内閣に予算提出「権」があるという考え方の下では，予算提出権を侵害するような修正は不可能という形で，減額修正に対しても限界が生ずる．ちなみに，地方自治法97条2項は「議会は予算について，増額してこれを議決することを妨げない．但し，普通地方公共団体の長の予算の提出の権限を侵すことはできない」として，このことを明定している．しかし，上述のように，内閣の予算提出は権利ではなく，義務と考える立場においては，このような限界は存在しないと解することになる．

（5） その他

予算と法律とで，署名及び公布という点の違いを指摘している人がいる．予算法律説に立つ場合には，これは1つの論点となるが，予算特殊法規範説に立つ限り，別に気にする必要のないところで

ある．予算は国家内部規範であるので，それを国民に知らせる理論的な必要はない．それに代わって行政庁に知らせる行為を「予算の配賦」という．

3 予算と法律の不一致

延々と議論としてきたが，ここまでは諸君に正確に理解してもらうためにくどい議論をしたためで，論文としてはこれから以降が本論であることは言うまでもない．ここまでの議論は，せいぜい2頁も書けば十分である．

（1） 国会中心財政主義と国会中心立法主義

往々にして諸君の意識から，完全に抜け落ちているポイントがある．それは，立法も財政も，ともに国会の専権事項だという点である．そのことを端的に述べているのが表題にした二つの主義である．その結果，両者を一致させるのは基本的に国会の責務である．法治主義の下において，国会をさしおいて，内閣がこの2種類の法規範を一致させる責務を負う訳がない．内閣は，国会の定めた法規範に従って粛々と行政を行うのが，権力分立制上の責務であるに過ぎない．

この点に議論が生ずるのは，比較法的検討のためである．すなわち，欧州各国においては，一般に国会中心財政主義は採用されておらず，内閣が基本的な財政権を握っている．その結果，それら各国においては，予算と法律の不一致は，一般に内閣の責任と考えられ，その限度で国会の責務は免除されることになる．

それに対し，繰り返すが，日本では立法・財政の双方について，国会が最終的権限を握っている結果，両者を一致させるのは国会の責務であって，内閣の責務ではない．極端に言えば，本問後半はそのことだけを指摘すれば十分である．

以下，場合に分けて検討しよう．

（2） 予算と法律の不一致の積極的意義

予算と法律が，消極的同位関係に立つ異なる法規範である以上，両者の不一致が発生することは当然にあり得る．

予算法律説は，不一致の発生することを単純に悪だと考え，その悪を解消するには，両者が同一の法形式であると主張することにより，それを積極的同位関係に立てようとする説であると理解する

ことができる.

しかし,それを一般に悪と考える必要はない.むしろそれは,憲法が導入している,財政における慎重審議のための,貴重な第二のチャンスと考えるべきである.

そもそも,予算と法律は,その審議に当たって,国会としての発想が異なる.法律の審議に当たっては,その法律によって実現しようとしている個別の政策の妥当性が,その成否を決するであろう.そこから発生する財政負担は,特定の年度における妥当性というよりは,法律の存続するであろう期間に対応した長期的視野に立って,当否が決定されるはずである.一方,予算は先に述べたとおり,特定年度における国民経済全体のあり方を考え,それに対して国家財政としてどのような影響を与えるのが妥当かを考えて全体規模を決定し,また,その中で,どのような分野に重点配分するのが妥当かを考えて個々の項目が決定されるのである.決して,単純に,個々の必要経費の積み上げたものが予算総額となるのではない（戦前の憲法においては,個々の積み上げと考えるのが通説であったし,今日でも依然としてそのような古典的な発想を採っている学者もいないではないが,完全な誤りである）.

その結果,特定の政策実現のための費用も,全体のバランスの中で,優先順位に応じて,金額が調整されることになる.この結果,法律で予定している歳出額よりも歳出予算額が少なくなる場合もあるであろうが,そのような場合に,予算が優越し,法律の執行がその限りでできなくなるのは当然である.

逆に,歳出予算額が法律の予定する歳出額を上回ることもある.その場合,従来の学説は,単純に,その限りで予算の執行はできないと考えていた.しかし,前述のとおり,法律による抽象的な契約授権がない場合にも,予算限りで抽象的契約授権を行うことが可能な場合が存在する.したがって,ここで必要なことは,その過大な予算配分がどのような行政領域で行われたかによって判断することである.それが実質的意味の立法に属する場合には,法律による抽象的な契約授権規定が存在しない限り,予算を執行することは許されない.

これに対して,予算に抽象的契約授権機能があることを利用して予算計上されたものである場合がある.その場合には,その分については,予算の配賦を受けた行政庁において,適切な執務指針を作成して使用することが可能となる.通常,私経済活動は,これに属する.微妙なのは,私経済活動の形式でありながら,内容的には国の権力作用としての要素も有している場合である.補助事業においてこの種のものがよく見られ,予算補助と呼ばれる.これに対して,法律の抽象的授権の下に執行されるものを,法律補助という.

法治主義の思想から,できる限り法律補助が好ましいといえるであろう.しかし,特に資金助成行政の分野においては,どのような形の資金助成が最も有効かつ効率的であるかは,机上の計画によってはなかなか判然としない.そこで試験的に事業を実施し,その結果分析に基づいて毎年のように制度を改善する,ということがよく行われる.そのような場合,当初から法律補助にしておくことは,その改廃の困難性から問題があるため,予算補助の手法が最善ということになる.こうしたことから,例年,補助総額の2割弱が予算補助である.近時,ドイツでは,そのような場合に実験的法律（experimentelle Gesetzgebung）という手法が論じられ,日本の行政法学者の間でも関心を集めている（大橋洋一『対話型行政法学の創造』弘文堂28 0頁以下参照）.予算補助という不明朗な状態を解消するには,日本でもそのような方の法律が必要となろう.

(3) 予算と法律の不一致が発生した場合の内閣の責務

これまでに述べてきたとおり,予算決定権は国会の専権事項である.また,憲法41条の定めるところにより,法律の制定も同様に国会の専権事項である.したがって,両者の不一致が発生した場合には,国会がその不一致を解消する責務を負うのであり,内閣は必要な限度での協力義務を負うに止まる.その内容を分説すると次のようになる.

1 予算が成立しない場合,すなわち国会が混乱し,予算全体がそもそも不成立の場合には,内閣としては,暫定予算を編成する義務を負う.暫定期間は国会の空転期間に応じて適宜予想することになる.暫定予算は,最低必要限度の国の機能を維持するための規模にとどめ,新規施策などを盛り込むことは許されない.

2 内閣は,法律の誠実な執行義務を負ってい

るから，内閣の作成した予算には，必ず法律に対応した費用等が計上されていると考えて良い．仮に内閣の提出した予算が不完全なものであった，という容易に想定しがたい事態が発生した場合に，国会もまた，それを看過してそのまま成立させる，という事態が起きたとしよう．その場合には，内閣は速やかに補正予算を提出しなければならない．それは予見しがたい予算の不足には該当しないから，予備費の支出で対応することは許されないと考えるべきである．ただし，予算は項のレベルまでしか国会の議決を経ていないから，目以下のレベルでそうした過誤があった場合には経費の流用で対応することは可能であろう．

3　法律に対応する予算の不存在という事態は，上記異常事態を除外すれば，国会が意識的に減額修正ないし項の削除を行った場合以外には考えられない．その場合，そのような形で明白な形で示された国会の意思に反して，法律の執行に必要な経費を，他の予算から流用したり，予備費から支出したり，補正予算に組んだりすることは，議院内閣制の理念に反し，許されないものと言うべきである．国会の意思が，その法律そのものを不当としているのだからである．それが政府提案の法律であった場合には，内閣は速やかに当該法律を改廃する法案を作成，提出するべきである．議員提案の法案であれば，最高裁が違憲判決を下した法律と同様に，その執行を自制すれば足り，それ以上の行動に出る必要はない．

4　最もしばしば生ずるのが，予算が，予算と同時並行で審議されている歳入の増減をもたらす法案（租税法案，赤字公債法案等）の成立を予定した形で編成されているにもかかわらず，当該法案が不成立になった場合である．この場合にも，国会の意思はきわめて明確であるので，内閣としては，速やかに不成立になった状況に整合した補正予算を提出して対応する外はなく，予備費その他の方法で対応することは許されないというべきである．

第21講　幼児教育助成制度と憲法89条

■問題■

　Xは，Z県Y市の市民である．
　Y市は大都市のベットタウンとしての性格を持つ地域に所在し，新興住宅地を中心に幼い子を持つ夫婦が大量に流入してきているため，幼稚園設置に対する需要が強く存在している．そこで，Y市では子育て支援の充実のため，公立幼稚園を増設しているが，それでは不十分であることが明らかになったため．次のような施策を講じている．

　(1)　私立幼稚園を市内に積極的に誘致するため，Z県が実施する私立学校振興助成法にもとづく私立幼稚園経常費補助事業に加えて，市独自の助成措置を講ずることとした．市内に住所を有する幼児，すなわち，Y市に住民登録をしているか，あるいは外国人登録をしている幼児を1人受け入れるごとに5000円を私立幼稚園に交付することとした．市の私立幼稚園助成要項には，私立幼稚園は，補助金の交付を受けようとするときは，所定の交付申請書に行事関係資料を添付してY市教育委員会に提出すること，幼児教育終了後は，所定の実績報告書に関係資料を添付して同委員会に提出すること，同委員会は，虚偽の申請その他不正な手段により補助金の交付を受けたと認めたときは，既に交付した補助金の全部又は一部を返還させるものとすることなどが定められている．

　(2)　Y市内のA新興住宅地では，幼稚園に対する需要が極めて高い需要があるにも拘わらず，公私を問わず幼稚園が存在していないため，一部の児童が幼稚園に通うことが不可能な状況が発生していた．そして，諸般の事情から，近い将来に公立幼稚園を新設することも困難であるところから，団地自治会が，幼稚園の代替施設として無認可で開設する幼児教室に対して，この前年から，私立幼稚園と同様の助成金を交付している．
　本件教室は，その規約の定めるところによれば，保護者全員をもってする，権利能力なき社団であって，総会は，全保護者で構成され，多数決の原則が行なわれ，毎年度初めと年度末に開かれ，その各クラスの幼児の保護者2名ずつと代表委員1名と職員代表3名をもって構成する運営委員会が平常業務を遂行し，その定例会が月1回開かれ，代表委員は1名1年交替で監査委員2名が運営委員会の業務遂行と財産状況の監査をし，各委員は年度途中で幼児が在園しなくなれば直ちに交替することになっている．

　Xは，平成XX年5月1日に，私立幼稚園及び幼児教室への助成金の交付は憲法89条に違反するとして，地方自治法242条に従い，市監査委員に対し，前年までに支払い済みの私立幼稚園に対する助成金計400万円及び幼児教室に対する助成金計50万円の返還を求めると共に，同年予算計上額幼稚園に対する助成金計100万円及び幼児教室に対する助成金計50万円の支払防止のため，しかるべき勧告を求めて監査請求を行った．
　しかし，監査委員は，私立幼稚園及び幼児教室には公益性があるから，これら支出に不当性はなく，本件監査請求は理由がないと判断し，6月20日にその旨をXにあて通知し，かつ，公表した．そこで，Xは同年7月1日に，地方自治法242条の2に従い，予算執行の差し止め並びにY市長に対し交付済み助成金のY市に対する返還を求めて訴えを提起した．
　本件助成金が憲法89条に違反するものか否かについて論ぜよ．

●類 題

国が，私立学校法にいう私立学校に対して補助金を支出することは憲法上許されるかどうかについて論ぜよ．

また，地方公共団体が，学校教育法にいう幼稚園には該当しないがこれに類似した事業を行う幼児教室に対して補助金を支出する場合はどうか．

(平成7年度 司法試験問題)

■この講での論点細目次と論述のヒント■

はじめに
1　解答のポイント
2　判例の見解
3　89条に関する問題点
4　学説及び実務の現状と問題点
　(1) 私学補助違憲説
　　① 全面違憲説
　　② 二分説
　(2) 実務の見解
(3) 私学補助合憲説
　① 財政統制説
　② 公的性質説
　③ 学習者交付説
5　事後的財政管理の代替手段としての公的監督―私見
　(1)「公の支配」の公的監督としての把握
　(2) 公的監督の具体的内容
　(3) 慈善・博愛事業との総合的理解の必要性

はじめに

小問1と小問2の違いは，幼児教育施設に対する補助に，法的根拠があるかないかの1点に尽きる．すなわち，幼稚園は，学校教育法上の教育施設である．

私立学校振興助成法9条は「都道府県が，その区域内にある小学校，中学校，高等学校，中等教育学校，盲学校，聾学校，養護学校又は幼稚園を設置する学校法人に対し，当該学校における教育に係る経常的経費について補助する場合には，国は，都道府県に対し，政令で定めるところにより，その一部を補助することができる．」と定める．これが問題文中にある経常費補助である．また，同10条は「国又は地方公共団体は，学校法人に対し，第4条，第8条及び前条に規定するもののほか，補助金を支出し，又は通常の条件よりも有利な条件で，貸付金をし，その他の財産を譲渡し，若しくは貸し付けることができる．」とする．これが同じく，問題文中にある追加的な助成措置の法的根拠となる．

これに対して，幼児教室に対する補助には，このような法律に基づく根拠はない．しかし，同時に，幼児教室に対する補助を禁ずる法律もないから，地方公共団体の条例に基づいて補助を交付することは，法律と条令の関係において禁じられるわけではない．

そして，そもそも公の支配に属しない教育事業という問題があるという点から見ると，両者には全く違いがない．したがって，同一の問題として考えてよい．

1　解答のポイント

仮に諸君に対して，89条前段の宗教団体に対する公金の支出の制限を論じるように求めたならば，諸君は当然のこととして20条3項の政教分離から議論を始めるであろう．ところが，後段について論ずる場合にはなぜか人権論の議論が出てこない傾向がある．しかし，それは誤りである．後段の場合にも，まさに人権と財政の関係が問題なのである．そして，前段であれば，信教の自由という自由権との関連だけを論ずれば足りるのに対して，後段の場合には自由権に加えて社会権も問題になるところに，その難しさがある．

すなわち，この問題の難しさは，福祉主義に立脚

する教育・慈善等の事業に対する援助の必要性，民主主義に立脚するところの国会中心財政主義，そして思想・信条の自由という自由主義という，現行憲法を支配する三大原理が，この狭い領域で互いに衝突している点にある．そのことを抽象的に表現したのが89条後段である．単純に無駄遣いの禁止というような卑近なレベルで本問をとらえるのは間違いである．

教育について簡単に説明すれば，次のような対立関係が問題になる．

第1に，憲法26条は教育権を保障している．国は我々国民の要求に応えて，教育活動を支援しなければならない．その場合，教育の私事性と公教育という概念の対立の中から，援助の形態，限度が決定されることになる．

第2に，憲法83条の定める国会中心財政主義は，公金が支出された場合には，それに対する監督を要求している．俗な言い方をすれば，国は，金を出す場合には，必ず口も出さねばならないのである．

この結果，26条を重視すれば私学に対する公金の支出が要求され，公金を支出すれば83条からその使途に対する国の監督活動が要求される．

そして，大学教育にせよ，幼稚園教育にせよ，私人による教育活動は，その運営主体の持つ人生観・世界観の具体化と理解することができる．したがって，そうした活動に対する干渉は19条（運営主体の教育理念が，特定の宗教にある場合には20条）違反となる．

要するに，こうした教育活動を支援しなければ違憲であり，その教育活動に干渉しなければ違憲であり，そして干渉すれば違憲になるという3すくみ状態が発生する点に，この問題の難しさがある．それを解決しようとしているのが，憲法89条なのである．

それをどう整理するかが，論文のポイントとなる．

問題文の中に，幼稚園及び幼児教室の管理形態がある程度詳しく書き込んであるが，これは，上記各原理衝突の調整が，それぞれの教育活動における管理形態に掛かって判断されるためである．

2 判例の見解

小問(2)の設問のベースとなった，埼玉県吉川町における幼児教室補助事件において，東京高等裁判所は平成2年1月29日判決（百選〈第5版〉456頁参照）において，次のように述べている．

「同条後段の教育の事業に対する支出，利用の規制については，もともと教育は，国家の任務の中でも最も重要なものの1つであり，国ないし地方公共団体も自ら営みうるものであって，私的な教育事業に対して公的な援助をすることも，一般的には公の利益に沿うものであるから，同条前段のような厳格な規制を要するものではない．同条後段の教育の事業に対する支出，利用の規制の趣旨は，公の支配に属しない教育事業に公の財産が支出又は利用された場合には，教育の事業はそれを営む者の教育についての信念，主義，思想の実現であるから，教育の名の下に，公教育の趣旨，目的に合致しない教育活動に公の財産が支出されたり，利用されたりする虞れがあり，ひいては公の財産が濫費される可能性があることに基づくものである．このような法の趣旨を考慮すると，教育の事業に対して公の財産を支出し，又は利用させるためには，その教育事業が公の支配に服することを要するが，その程度は，国又は地方公共団体等の公の権力が当該教育事業の運営，存立に影響を及ぼすことにより，右事業が公の利益に沿わない場合にはこれを是正しうる途が確保され，公の財産が濫費されることを防止しうることをもって足りるものというべきである．右の支配の具体的な方法は，当該事業の目的，事業内容，運営形態等諸般の事情によって異なり，必ずしも，当該事業の人事，予算等に公権力が直接的に関与することを要するものではないと解される．」

この引用文中，「もともと教育は，国家の任務の中でも最も重要なものの1つであり，国ないし地方公共団体も自ら営みうるものであって，私的な教育事業に対して公的な援助をすることも，一般的には公の利益に沿うものである」とあるところは，前節で説明したことのうち，26条に基づく支援義務を述べたものと見ることができる．もっとも，その観点から見た場合に，あまり良い説明とは言えない．すなわち，この文章だと，「国ないし地方公共団体が自ら営みうる」ということが，私学補助の根拠の1つになると述べているように見える．そう読むのが正しいとすると，これは正しい説明とは言えない．仮に国民の教育を受ける権利が，国または地方公共団体の設立した学校で十分

に充足されている場合には，それに上乗せする形で作られている私立学校に対して支援する義務は国家にはない．小中学校の場合には，圧倒的に高い割合が公立学校で占められており，私立学校は1％未満である．それに対して，幼稚園の場合には学校数の6割，園児数の8割は私立で占められている．また，大学の場合にも，学校数の8割弱，学生数の7割強は私立で占められている（平成16年度学校統計による）．すなわち，上記文章は，より正確には「国ないし地方公共団体が自ら営みうるにもかかわらず，その責務をきちんと果たさず，国民の教育を受ける権利の充足を私立学校に依存している場合には，私的な教育事業に対して公的援助を行うことは，国等の義務というべきである」という方が妥当である．

同様に，「教育の事業はそれを営む者の教育についての信念，主義，思想の実現である」と述べている点に注目してほしい．私が前節で指摘した19条ないし20条の問題が端的に述べられていることが判る．

三すくみ状況のうちの2つがここに現れている．この判決の場合，この状況から最後の問題点である憲法83条の要求については，あっさりと，「教育事業が公の支配に服することを要するが，その程度は，国又は地方公共団体等の公の権力が当該教育事業の運営，存立に影響を及ぼすことにより，右事業が公の利益に沿わない場合にはこれを是正しうる途が確保され，公の財産が濫費されることを防止しうることをもって足りるものというべきである．」という結論を導いている．その場合に，それが89条の趣旨に合致するということはよいが，何故このような文言解釈が可能であるのか，という点については，全く論究していない点に問題がある．

小問(1)のベースとなった大阪府池田市における私立幼稚園補助金支出差止等請求事件において，大阪地方裁判所は，平成6年3月30日判決において，上記判決を引用した．その上で，事実の認定として次のように述べている．

「補助金の支出に当たり，補助金に係る事業が前記1（一）記載の助成の趣旨に沿って行われるべきことは，池田市教育委員会が定める本件要綱によって，補助金の使途が限定され，補助金の交付を認めるか否かについての事前の審査及び事後的な報告と審査が制度化されていること並びに同委員会による個別的な指導と実施状況の視察を通じて確保されていると解すべきであって，地方自治法に定める一般的な監査制度の存在をも考慮すると，補助金に係る事業が公の利益に沿わない場合には，池田市において，これを是正しうる途が確保され，公の財産の濫費をさけることができるものというべきであるから，右の関与をもって，憲法89条にいう『公の支配』に属するものということができる．」

この場合にも，その団体の内政に19条等に違反しない程度に干渉する道が確保されていれば，89条の要求は満たされるという見解を示している．

しかし，89条で使われているのは「公の支配」という極めて強い言葉であり，それが何故このように弱く解釈して良いのか，という疑問に対しては，全く回答を与えていない．そこで，以下においては，89条の解釈論に限定して説明する．

3　89条に関する問題点

公金その他の公の財産の支出，使用（以下「公金の支出等」という．）は，憲法83条の定めるところに従い，国会の財政権に服することとなる．したがって，公金の支出等の対象になる場合には，たとえ内閣や裁判所の所掌に属する活動であっても，ないしは地方公共団体や私企業の活動であっても，全面的に国会の財政管理に服することを原則とする．すなわち，支出に先行して国会の審議が必要であると共に，事後に会計検査院の財政監督に服したうえで，国会の管理が行われねばならない．憲法89条は，その国会の持つ強力な財政権に対する数少ない制限として，重要な意味を有している．

本条は，公金の支出等に関して，2つの制限を定めている．第1に，宗教上の組織もしくは団体に対して，支出等を行うことを禁じている．第2に，公の支配に属しない慈善，教育もしくは博愛の事業（以下「慈善等の事業」という．）に対しては，同じく支出等を行うことを禁じている．

このうち，前半については比較的問題が少ない．政教分離の原則は，信教の自由を実質的に保障するものとして憲法20条3項の定めるところであり，本条はこの原則を財政において再確認し，国会

の権限をもってしても宗教団体に公金の支出等を行うことはできないことを明定したものと理解することができる．

これに対して，後半は常識的にはまことに理解に苦しむ規定となっている．ここに列挙されている慈善等の事業というものは，憲法の重要な基本原則である福祉主義の具体的な中身というべきものである．福祉主義は，私人間の関係に対する国の積極的な関与を要請するものであるから，国や地方公共団体のイニシアティブで行われる福祉事業を公金で賄うだけでなく，私人のイニシアティブで行われる福祉事業についても，国等として可能な限りの援助を行うのが当然のことと考えられる．ところが本条は，邦文の文言に即して理解する限り，そうした私人のイニシアティブで行われるそれらの事業に対しては，一切の公金の支出等を禁じているものと読めてしまうのである．この結果，憲法の基本原則の1つである福祉主義と正面から衝突するため，その意味を憲法秩序の中で理解するのが非常に困難な規定となっている．

4　学説及び実務の現状と問題点

学説は，激しい対立を示しており，通説と目すべきものはない．したがって，論理的にきちんとしていさえすれば，どのような説を採用しようとも問題はない．学説の状況を以下，簡単に見てみることにしよう．

(1)　私学補助違憲説

本条後半に関しては，初期においては「公の支配」を厳格に解し，その結果，私学等に対する補助は違憲とする立場が圧倒的に支配しており，今日においても相当有力な見解ということができる．

① **全面違憲説**　その主張の典型例を清宮四郎に見ることができる．すなわち，公の支配に属しない事業とは「国または地方公共団体の監督・指導によって，組織・運営の自主性が失われていない私の事業と解すべきであろう．」とした上で，現に私立学校法で定められている程度の監督では，「事業はなお自主性をもち，公の支配に属するものとはみられないから，助成との関係からみて，憲法上の疑義が残される．」としている（清宮『憲法Ⅰ』215頁より引用）．その一方で，そうした事業の自主性にこだわって援助をしぶるのは，憲法自身の矛盾と鋭く非難している．

このように，憲法自身の記述に明白な問題があるという結論を下した場合には憲法改正という手続きを踏んだ上で，その新しい憲法規定に準拠した法律により，私学補助を解決するのが正道というべきである．そして事実，この説に立つ学者はすべて，本条に関しては憲法改正の必要性を主張している（宮沢『憲法』747頁，法協・註解1335頁，槇『財政法』84頁，青山・憲法352頁等）．

② **2分説**　違憲説の中で，注目すべきものに，伊藤正己の見解がある．それによれば，補助を，経常費補助と非経常的な補助とに区分し，経常費補助については本説に従いつつ，非経常的な補助については公の支配に服しない団体にも支出可能としている（伊藤・479頁参照）．ただし，そう解する根拠は示していない．

私としてこれを補足説明すれば，次のように言える．

経常費というのは，使途が限定されていない補助のことである．したがって，経常費の使途を国が監督しようとすれば，それは結局その私学の全財政活動を監督することを意味するから，大学の自治に対する国の干渉を意味し，23条違憲である．これに対して，非経常的な補助とは，「はじめに」で述べた特定費補助に相当する．私学が特定の施設・設備を調達したりするのにあたり，その費用の一部を補助するという制度である．この場合，その特定の施設・設備の調達関係の活動だけが国の監督対象となり，監督が厳密にそれに限られる限り，私立大学の自治に対する干渉になることはない．したがって，89条後段の文言をどう解するか，という解釈論を度外視すれば，これは正しい説と言える．

問題文中に，経常費補助の文言を明記したのは，こうした問題があることを考慮してのことである．

(2)　実務の見解

有権解釈の「公の支配」に対する把握は，基本的には上記違憲説と同一である．すなわち，昭和24年の法務庁見解によれば，公の支配に属しない事業とは，

「国または地方公共団体の機関がこれに対して決定的な支配力を持たない事業を意味するのであると

解する, 換言すれば, 『公の支配』に属しない事業とは, その構成, 人事, 内容及び財政等について公の機関から具体的に発言, 指導または干渉されることなく事業者が自らこれを行うものをいうのである.」(昭和24年2月11日法務庁調査2発第8号).

ただ, 私立大学などはその「公の支配」に属すると解釈する点において, 違憲説と決定的な差異を示すために, 従来から私学に対する補助が行われてきているわけである（学説として, これと同様の公の支配概念を採り, かつ, 私学が公の支配を受けていると解するものとしては, 佐藤功『憲法』498頁, 大沢『公会計』24頁等）.

この解釈は, 実質的には相当の修正を被りつつも, 基調としては現在も存在し, むしろこの考えをてこにすることによって徐々に私学経営に対する国の発言権を強化する方向に, 法改正その他の制度運営が行われる傾向が認められる. 例えば私立学校振興助成法12条は, 所管庁に対して, 次の権限を認めている.

　　所轄庁は, この法律の規定により助成を受ける学校法人に対して, 次の各号に掲げる権限を有する.
　一　助成に関し必要があると認める場合において, 当該学校法人からその業務若しくは会計の状況に関し報告を徴し, 又は当該職員に当該学校法人の関係者に対し質問させ, 若しくはその帳簿, 書類その他の物件を検査させること.
　二　当該学校法人が, 学則に定めた収容定員を著しく超えて入学又は入園させた場合において, その是正を命ずること.
　三　当該学校法人の予算が助成の目的に照らして不適当であると認める場合において, その予算について必要な変更をすべき旨を勧告すること.
　四　当該学校法人の役員が法令の規定, 法令の規定に基づく所轄庁の処分又は寄附行為に違反した場合において, 当該役員の解職をすべき旨を勧告すること.

要するに, 当該学校法人の予算が助成の目的に照らして不適当であると認める場合にその変更勧告権や, 役員の解職勧告権を認めている. 勧告という表現に押さえているが, これは明らかに大学の自治に対する干渉であって23条に違反するものである. そのため, 伝家の宝刀的にちらつかせることはあっても, 実際に行使されたことはない. 実際に行使して, 憲法訴訟になった場合には, か

えって問題が拡大してしまうからである.

(3) 私学補助合憲説

現在のわが国では, 憲法改正というパンドラの箱の底には必ず9条の問題が隠れている. このために, いかに89条後段の不当性が認識されても, そのためにパンドラの箱を開けることは不可能という現実を踏まえて, 基本的には違憲説と同一の認識に立ちつつ, 現行89条後半を実質的に空文化することにより, 私学等に対する補助を合憲にしようとする試みが行われている.

① 財政統制説　その1つの典型例を, 小嶋和司に見ることができる. すなわち,

　　「国家機関による財政上の処分については, 個別的処分に対してまで詳細な執行統制がなさるべきものである. けれども, 私的自主性を尊重すべき私的事業に対しては, それほど具体的な執行統制をなしがたい. しかも, 慈善・教育・博愛の事業の場合には, その目的の公共性のゆえに, 『包括供与』がなされやすい. アメリカにおいては, それがなされて私的団体や議員の利権行為となったが, そのような統制離脱行為を防止するところに本規定の目的が存し, したがって, 本規定の言う『公の支配』とは, 一般の財政処分が服するような執行統制にまで服することを条件とすると考えるべきものである.」（小嶋『憲法概説』514頁）

この説においては, 「公の支配」の語を, 支出された公金に対する個別具体的な財政統制と読み換えるので, 以下においては, この説を「財政統制説」と呼ぶこととしたい（これに賛同するものとしては, 佐藤幸治『憲法』184頁, 中村睦男『憲法II』288頁. 同様の見解を示すものとして, 佐藤立夫『憲法下巻』360頁, 阪本『憲法I』352頁等）.

財政統制説による場合には, 本条後半は当然の財政原則を単に確認した規定であるにとどまり, 特に存在する意味は全くないものであることは明らかである. 冒頭にも述べたとおり, 公金に対しては国会中心財政主義が全面的に適用になるから, その使途に対して国会自身による財政管理, そしてその前段階としての内閣及びそれに属する各行政庁ないしは会計検査院による財政監督が, 公金が支出された限度で存在するのは当然すぎるほど当然のことだからである.

この説のいま1つの欠点は, このように注意規定と読む場合には当然必要となるはずの, なぜ, 慈善等の事業に限定してこうした注意規定が置かれ

なければならないか，と言う理由の説明に，十分には成功していない点である．確かに，アメリカにおいて慈善等の事業に関連して問題が発生したことがある，というのは1つの説明ではある．しかし，慈善等の事業以外にも，公共性があって，しかもなお私的自主性が尊重されるべき私的事業は多数存在するはずである．それらに対して包括供与が行われれば，やはり同種の問題が生ずるのは明らかである．現に近時，日本でもアメリカでも，私企業に対して実際に包括供与ないしそれに近い財政援助が行われている．これらの団体に包括供与をした場合にも，財政統制説による限り，やはり一般の財政処分が服するような執行統制を行う必要は存在していると言わなければならないはずであろう．我が憲法立法当時のアメリカにおいては，小嶋の言われるとおり，慈善等の事業に限ってそうした問題が発生していたかもしれない．しかし，そのことが直ちにこの当然の注意義務をうたう対象として，慈善等の事業だけを限定的に列挙する理由とはならないはずである．

　しかもこの説は，こうした無理な立論をしているにも拘わらず，現実に行われている私学補助を合憲とすることはできないという点で，説そのものの本来の目的を達成できていない，という致命的な欠陥をも有しているのである．すなわち，この説に立つ場合の最大の問題は，私立大学に対する補助は，当該大学の有する「大学の自治」に対する尊重の必要から，補助金交付の形態に重大な制約が課されるという点にある．私立大学に対する補助が，特定の物品の購入に当てられる等，特定性のあるものであれば，その補助金使用状況の確認までに財政統制を限定し，一般的な運営に立ち入らないことは容易である．これに対して，経常費補助の場合には，私学の活動の全面に関係する形での補助金が交付されるのであるから，私学活動の全面が国の財政統制に服さない限り，財政統制の一般原則を充足したことにはならない．要するに，財政統制説を遵守したことにはならない．しかし，他方そのような財政統制を国が実施した場合には，それは大学の自治に対する侵害と評価せざるを得ないから，当然に禁止される．

　だから，この説の下で，公金の支出等の制限と大学の自治とを両立し得る補助は，公金の使途を特定目的に限定したものである，ということにならざるを得ない．

　したがって，この説による場合には，本問の場合には，小問(1)についても，小問(2)についても，違憲という答えになる．

　② **公的性質説**　このように財政統制を問題にすることなく，正面から私学という存在は公の支配に服しているものだ，と立論する立場がある．例えば兼子仁は次のように述べる．

> 「『公の支配』の概念も，教育条項との調整に基づく体系的解釈によって決する余地がある．そこで，現行教育制における私立学校の性質が問題となる．教育基本法によれば，国立私立を問わずすべて『法律に定める学校は，公の性質を持つもの』である（6条1項）．すなわち現行教育法は，国公立学校教育は公共的なものであるが，私立学校は私事である，という態度をとらず，両者をひとしく公共的なものとしているのである．〈中略〉補助条件は，私立学校が教育の自由を土台とする公教育制度として十分な規制を受けていれば足りることとなる．」（兼子『教育法』96頁）（なお，引用量を減らす目的で初版から引用しているが，新版では遙かに詳しい紹介が行われているので，この説に興味のある人はそちらも参照すること）

　このように論じた上で，現行の私学は，第1に，私立学校法によりその設立主体は特別法人たる「学校法人」に限られ，その設立，管理組織，解散，合併，収益事業について法令の規律と所轄庁による監督がなされていること，第2に，学校法人として教育基本法等が国公立学校と同様に適用になること，および第3に公費補助を受けた場合には，それに伴う所轄庁の監督に服することを根拠に，公の支配に属していると結論するのである．

　これは非常に鋭い見解であり，傾聴に値する．しかし，なお「公の支配」という言葉の呪縛から抜け切れていないところがある，との批判を受けている．それは，結論の部分において三重の監督の存在を認めて，初めて公の支配と見ている点である．しかし，前提としているのは，教育基本法が学校教育はすべて公のものであるとしている点なのであるから，それを受け入れる限り，その教育内容が，国公立学校と同様の拘束の下に許される点に，公の支配を認めれば十分と考えられる，というのである．こうして学校教育そのものの公の性質そのものに，公の支配の存在を認める見解を採るも

のが，近時は増加しつつある（吉田『基本構造』272頁，和田「公金支出の制限」争点241頁等）．これらの説は，兼子説も含め，いずれも公の支配を公的性質と読み換えようとするものであるので，以下においては，まとめて「公的性質説」と呼ぶこととしたい．

これら，教育基本法に依存する説は，第1に，憲法の邦文にも，そして次節に詳しくは述べるが，英文にも適合しない主張であって，解釈論としては非常な無理がある．第2に，この説の理解にしたがえば，教育基本法の下におけるすべての教育は公的性質を有していることになるから，本条に国会中心財政主義を制約する機能は全くないことになるので，財政統制説以上に無意味な規定となってしまう．第3に，この説の前提の当然の結果ながら，教育を除く2つの事業については，どのように考えるのかが全く示されていない．したがって，慈善等の事業がなぜ限定列挙の対象になったのかという点については，全く説明の努力も行われていない．

さらにこの説には，財政統制説と全く同一の欠陥が存在している．それは，現に行われている私大に対する経常費補助を合憲とすることはできないという点である．確かに公的性質説は，教育における国からの支出を合憲にする努力はしている．しかし，財政統制説が指摘しているとおり，いかなる公金の支出等に対しても83条により，財政統制ないし管理を受ける必要がある．本説の主張に従って教育事業に対する公金の支出が合憲にできたとしても，それは，決して事後において，公金が支出された限度で，その使途に関して国会の財政管理に服する必要があるという事実を消滅させるものではない．したがって，1970年度以降に実施されている経常費補助については，財政統制説において述べたところと同様に，大学の自治の尊重と国会中心財政主義を両立させることができないので違憲となる，という同じ結論が導かれなければならない．

仮に何らかの理由から，この説の下で経常費補助を合憲とできた場合には，本問の2つの小問は大きな差違を示すことになる．すなわち，小問(2)の幼児教室は公教育ではないから，補助の対象とならないのである．

③ **学習者交付説**　杉原泰雄は，上記いずれの説にも賛同しがたいとして次のように論ずる．

「現に行われている私立学校や保育所等に対する補助金は，そこで学習し保育されている者等に対する公金の支出——25条・26条の具体化——として説明することにより辛うじて正当化される．」（杉原『憲法Ⅱ』440頁）

とする．そこで，以下，これを「学習者交付説」と呼ぶこととしたい．しかし，この説は，現実に公金の支給を受けている団体の存在を無視し，国民に対する直接交付と擬制するもので，実体を直視した説とは言い難く，上記2合憲説以上に問題が大きい．また，上記すべての説と同じく，事後の財政管理の問題を無視している．

なお，本問のベースとなった埼玉県吉川町の幼児教室補助事件において，町側が「右支出にかかる補助金は，本件教室に対する補助ではなく，保護者に対して支給する就園奨励補助金である．」として，この説を援用している．

5　事後的財政管理の代替手段としての公的監督—私見

＊ 上記判例の見解は，先に紹介した学説のどれとも合致せず，私の説に近いものである．そこで，以下に，少し詳しく私自身の考え方を以下に紹介しておきたい．

(1)　「公の支配」の公的監督としての把握

私は基本的には緩和説を採るべきである，と考えている．しかし，従来の緩和説は，なぜ公の支配という言葉を常識的な意味とは別の意味に理解できるのか，という点に関する解釈論的な根拠を全く示していない．これは解釈法学としては正しい態度とは思えない．そこでこの点についてまず論じたい．

憲法89条後半については，「公の支配」という語をどのように理解するかが問題である．この語に関する最大の問題は，日本語の響きが非常に強い点にある．日本語の「支配」という語をそのまま理解すれば，「その事業の予算を定め，その執行を監督し，更にその人事に関与するなど，その事業の根本的な方向に重大な影響を及ぼすことのできる権力を有することを言う（宮沢『憲法』741頁より引用）」と解するのが妥当であろう．しかし，このような支配状態は，私立学校の場合であれば，常識的に言って国

公立校以外には，自治医科大学のように，地方公共団体の出資で設立された私立大学くらいしか考えることはできないであろう．この結果，前述のとおり，この見解の下では，私立大学に対する補助は全面禁止という解釈を引き出すほかはない訳である．

しかし，ここで今1つの解釈の道が存在している．現行憲法は，邦文のものとは別に英文のものがあり，これも邦文のものと等しく正文とされている．したがって，邦文の憲法が適切に文言解釈できないときは，英文のそれを文言解釈することによって，邦文の解釈を補完するという方法が残されているのである．そして英文の89条を見ると，「公の支配」に該当する部分は"under the control of public authority"という表現になっている．直訳すれば，「公的機関の監督に服する」という程度の意味であり，邦文のそれとは明らかにニュアンスが異なる．確かに"control"という語のもっとも強い語義を採れば，邦文の憲法にある「支配」という意味になる．しかし，むしろ通常は監督とか取り締まりという程度の意味に使用される語ということができよう．したがって，「公の支配」の語を，「公の監督」と読み換えることは，文言解釈の枠内でも許容可能ということができるであろう．「財政統制」と読み換えることや「公的性質」と読み換えることよりもはるかに小さな変更にすぎないからである．

(2) 公的監督の具体的内容

監督という語は，日本語としても英語同様に非常に意味の広範な言葉であるから，この読み換えだけで問題が解決するわけではない．広義に理解すれば，法令等の根拠に基づき，行政官庁や裁判所の監督を受けていれば，一応その要求を充足できるということになり，妥当する民間活動の範囲は非常に広くなる．どのような監督であれ，監督と名がつくものが存在していれば本条の要求が充足されていると解するのは，冒頭にも述べたとおり，本条が国会中心財政主義の重大な例外して存在しているという意義を事実上失わせるものであるから，到底妥当とは言えない．

まさにこの点に，本条で要求される「監督」の実体的内容を探索する手掛かりが存在している．そして，それを決定する要素としては，冒頭にも述べた本条の意義，すなわち私的団体の独立性の尊重と，これに対する公金支出の要求，そして財政監督の必要性という3つの要求の調和として考えられなければならない．

従来，本条の根拠として「公金の乱費の防止」ということがいわれてきた．そして私自身も従来，これに賛同してきた．しかし，ここにはっきりと改説したい．なぜなら，乱費の防止を制度目的の1つとして読む限り，交付された公金の使途に対する国家の監督は必然的な要求となり，19条，20条，23条と衝突することにならざるを得ないからである．

(3) 慈善・博愛事業との総合的理解の必要性

前半との関連とは別の，後半だけの独立の問題として，慈善等の事業がどのような性格の事業なのかについても検討する必要がある．この事業の内在的な制約としては，3つの点を認識する必要がある．

まず，これらの事業は，福祉主義の中心的活動として保護育成することが，憲法上の要請として存在するものであるので，国としては，単に個別具体的な活動について助成するばかりでなく，その活動の全般にわたっての援助の必要もあるということである．すなわち，ここに限定列挙されている事業においては，包括供与は，財政統制説の主張するところとは反対に，原則的に実施される必要があるということが，通常の私的事業に対する場合と異なる第1の点である．

次に，教育事業については，学問の自由の制度的保障としての大学の自治の存在から，その主体性を奪うような補助の在り方は当然に禁じられることについては，一般に承認されているところである．同様の問題は慈善や博愛の事業についても等しく認められるべきであろう．すなわち，これらの事業のついては，学問の自由に対する場合のような，その自由に対する激しい侵害の歴史がないために，独立の自由権の主体として認識されていない．しかし，およそ福祉主義の対象となる諸活動は，自由権の実質的確保を内容としているものであるから，福祉主義にしたがって国の介入を要求する前段階として，国の介入を許さない自由権

の存在を想定することができる．そして，特に慈善や博愛の事業は，その団体が，活動の基調としている世界観，すなわち社会のあるべき姿に対する価値観の反映として実施されるものなのであるから，これに対応した自由権は，思想ないし信教の自由と密接な関係をもっていると考えることができる．すなわち，二重の基準の原則において，営業の自由など，経済権的自由権に類する，政策的制約の可能な権利と理解するべきではなく，内在的制約以外には国の干渉を禁ずる性格の自由と解すべきである．その意味において，大学の自治の場合と同じく，その具体的活動形態について国が全面的な干渉をすることは禁じられなければならない．すなわち，本条後半に掲げられた事業は，いずれも国がその活動内容に過度の支配を及ぼすことを禁じられている事業であるという意味で，共通の性格を有していると見ることができる．

この結果，これらの事業は，上記第1の特徴に対応して，経常費補助に代表される公金の包括供与が要請されるが，それを行った場合には，その使途に対して通常の公金の使用の場合には当然に要請される個別具体的な財政管理が禁じられているという点において，通常の私的事業とは異なる第2の特徴を有しているのである．

最後に，これらの事業は，橋や港湾を建設したりするなど，現状を積極的に変更しようという事業ではなく，健康で文化的な生活という，いわばあるべき状態にもっていくことが事業目的であるから，事業目的が実現された状態を調べても，そこに新たな経済価値の発生を認めることはできない．したがって事業の効果，すなわち公金の使用というものに当然期待される有効性を客観的に測定することは非常に困難であるという点に，第3の特徴を有している．

上記のところから，これらの事業に対しては，経常費補助を行うべきであるが，行った場合には支給された公金の使途に関して具体的な財政管理が許されない．それにも拘わらず，事業そのものの有効性を客観的に測定することが非常に困難ということになる．このような場合に，いったい何を指標とすれば，これら事業に対する公金による援助が実施可能になるだろうか．事業目的が妥当であるというだけでは，明らかに不足である．

この問題に対する回答の1つとして，再び公的監督の存在を考えることができる．すなわち，個々の事業の主体性を奪わない範囲で実施される公的な一般的監督の存在をもって，個別具体的な事後の財政管理に代えることが許されれば，こうした財政管理の不可能な事業に対する公的援助の道が開かれるのである．しかし，このような代替手段は極めて不十分なものであるから，83条に対する余りにも大きな例外の設定である．したがって，法律のレベルで導入するには問題が大きすぎる．本条後半は，まさにそうした点を配慮して，83条に対して憲法自身の定めた特則と解する．

このように考えてくると，ここで要求される公的監督とは，当該団体の運営体制の健全性と，事業内容の健全性の，この2つを確認できる程度の監督であることを要すると同時に，それをもって足りるというべきである．そして，私立大学の場合には，運営体制の健全性確認の要求は私立学校法によって，事業内容の健全性確認の要求は教育基本法等の法律によって，それぞれ一定の公的監督権が確保されていることによって充足されていると見ることが可能である．

第22講　政党概念と財政憲法

■問題■

政党が民主政治において重要な役割を果たしていることにかんがみ，政党助成金の交付を受けるためには「党首を党員の選挙によって選出しなければならない」との条件を法律で定めたと仮定する．この法律の合憲性について論ぜよ．

（司法試験平成15年度問題）

■この講での論点細目次と論述のヒント■

はじめに
1　問題の所在
2　政党に対する規制と憲法
　(1)　アメリカにおける政党規制
　(2)　わが国実定法における政党
3　国会中心財政主義と政党内民主主義
　(1)　政党と財政民主主義
　(2)　政党の媒介機関性と政党内民主主義
　(3)　政党と政治団体の限界

はじめに

政党に関する立法は多い．その中でも中核的地位を占めるのが，政治資金規正法と政党助成法である．政党に関する立法に関して聞かれた場合，したがって，解答のポイントは，現行のそうした立法とどの程度に違う立法例なのか，という点を把握することである．本文に詳しく述べるが，この2つの法律では，同一の政党概念を採用している．簡単に言えば，憲法21条にいう政治結社と明確に区分して，国会に一定の勢力を有し，あるいは有しうるものだけを政党と定めている．そして，政治資金規正法では，そうした政党に関する財政的自主性に厳しい制約を課し，他方，政党助成法は助成金を公布しているのである．本問は，当然そうした現行の法制を前提に，政党助成法に基づく規制を強化しようとする主張である，と理解できる．

もちろん，学説として，このように政党と政治結社概念を峻別することを批判して，一元的な理解をするべきだ，と主張することは十分に可能である．しかし，少なくとも，そうした主張をする場合には，現行の政治資金規正法及び政党助成法はいずれも違憲となるという明確な意識の下に，鋭く根拠を積み上げなければ，ちゃんとした論文にはならない．政党助成法が，そもそも国会に相当以上の勢力を有する大政党に特に有利な助成を行っていることすらも意識していないような論文を書いている限り，合格答案と評価されることはあり得ない．

1　問題の所在

政党概念をどう構成するかについては，**第9講**で詳述してあるので，詳しくはそちらを参照して貰い，ここでは簡単に財政憲法の議論につなぐための要点のみを指摘する．

憲法学で，他の結社と区別して政党を論ずるべき必要性は，一般の結社に関する法理では説明できない特殊性を持つ場合にはじめて生じてくる．政治結社一般に対して，財政活動を法的に規制することは憲法21条に違反し，また，国費を支出することは憲法89条に違反するので，いずれも許されないと解するべきことは，自明であろう．

それに対し，政治資金規正法や政党助成法等一連の政党関連の立法では，ほぼ共通の政党概念を使用している．そして，その具体的な表現を抽象的に表現すれば，議会制民主主義を前提に議会を基盤とする政治結社に限定して政党と呼んでいると解することができる．したがって今日の憲法学に要請されるのは，第1に，このような実定法上の政党と，21条に基づく政治結社との間における憲

法学的相違点を明確にすることである．そして，第2に，そのような理論的な相違が，現行の実定法における区別的取扱い，すなわち政治資金の規制と国庫補助を，合理性を持つものとして肯定できるか否かを明らかにするものでなければならない．

そこで，このような議会主義政党がどのような法的性格を有するかが問題となる．ドイツにおける学説を参考にしつつ，わが国において考えられる説を，理念型に分けて整理すると，まず，社会的団体説が考えられる．この説の下では，国家として政党に干渉を加えることはできないから，政治資金規正法は憲法21条違反と評価されるべきであろうし，「公の支配に属しない団体」に公金を支出することは，憲法89条に違反するから，政党に対する国家補助もまた論外と理解するべきであろう．

これに対して，政党と政治団体との異質性を強調し，政党について，憲法上の特権的地位とそれに伴う特殊な制約を肯定しようと考える場合には，その政治団体との異質性の表れとして政党の公的性格が強調されることになる．公的性格の強度をどのように理解するかにより，国家機関説と媒介機関説がある．しかし，わが国のように，政党が憲法編入されておらず，また2大政党制が確立しているわけでもない段階で，憲法上の政党の地位として，国家機関説を唱えうるか否かは疑問が強い．そこで通説・判例は媒介機関説をとることになる（例えば，八幡製鉄政治献金事件における東京高裁昭和41年1月31日判決）．

以上のことから結論的にいえば，憲法編入されていないわが国においては，政党の本質としては社会団体説か媒介機関説のいずれかが許容できるものと考える．

以上，第9講を簡単に復習しつつ，本問を概観した．以下では，このような理解の下に，本問の規制をどう考えるべきかを検討しよう．

2　政党に対する規制と憲法

(1)　アメリカにおける政党規制

わが国現行憲法は，アメリカ法の強い影響下に制定されたものであることが知られているが，そのアメリカ憲法には，政党に対する規定は現在も全くない．そして，結社の自由に関しても明確な文言的保障は存在していなかった．

しかし，19世紀末期以来，政党に対して強い法的規制が行われるようになっている．当時，政党幹部の政治腐敗や不当なボス支配が進行したことを受けて，旧弊な体制打破のため，全国的に革新主義と呼ばれる運動が起こり，政党内部の意思決定に直接民主制的手法を導入すること，すなわち，各種公職の候補者の指名方法として党大会による指名に代わって，公職候補者を直接党員が選挙で決めるという直接予備選挙（direct primary）制度を普及させていった．そして，それに対するボスの抵抗を排除するため，法律によって予備選挙を導入するというやり方が採られるようになった．当時それが可能であったのは，結社の自由が憲法上の権利として確立していなかったということが決定的であった，といわれている．

こうした政党レベルにおける予備選挙の公的統制の結果，黒人が州における予備選挙から排除された事件において，連邦最高裁は修正15条（黒人の選挙権制限の禁止）違反とした．すなわち，予備選挙における勝者が党の候補者として一般選挙の投票用紙に印刷されるというシステムにより，予備選挙が候補者間の選択手続き（選挙）の「不可欠の部分」になっているという点が根拠となった．この判決において，政党は単なる自発的結社＝私的団体ではもはやなく，予備選挙は公的選挙の一部であるという見解が打ち出されたのであった．

このアメリカの場合を見る限り，政党に対する政党内民主主義の要請は，憲法編入の有無を問わず，政党政治が一定の発達を見せると，そこに肯定されるようになってくることが判る．

(2)　わが国実定法における政党

わが国の国会が展開している立法では，明確に媒介機関性を重視している．衆参両院選挙において比例代表制という政党を抜きにして考えることのできない選挙制度を導入し，あるいは政党財政に対して政治資金規正法等による拘束を導入し，他方，国庫補助等の制度を導入している．当然，上記のような学説を採る場合には，こうした立法は違憲と評価するべきことになるはずである．

それに対して，世論はこうした一連の規制立法を手ぬるいと批判することはあり，また，政党助成法の規定を少数政党に対して不利すぎると批判することはあっても，真っ正面から否定することはあまりない．このような世論に，政党の性格に関する国民の法的確信が反映していると考えるならば，わが国の現実は，媒介機関説的に理解するべき段階に至っている，というべきであろう．憲法学

説としては，この現実をどのように理論づけるかが問われていると言わなければならない．

政党を分類して，公的性格，すなわち媒介機関性ないし国家機関的性格を有するものは，その公的性格の故に補助の対象になると考える．厳密にいうと，媒介機関的性格を理由とする場合には，補助を与えても良い，ということになり，国家機関的性格を理由にする場合には，その国家機関として負担している費用については，その実費を国家は補償する義務がある，という差違が生ずる．反面，媒介機関性を理由とする補助の使途に関しては，憲法忠誠の範囲内における財政監督権にとどまるのに対して，国家機関性を理由とする損失補償の場合には全面的な財政監督権が現れると考えるべきであろう．憲法忠誠の問題を中心に，次節で改めて論じたい．

3　国会中心財政主義と政党内民主主義

(1)　政党と財政民主主義

憲法は，公の支配に服しない慈善・博愛・教育の事業を行っている団体に対する公的資金の支出を禁じている（憲法89条）．ここにいう慈善，博愛がそれぞれどのような意味かについてははっきりしない．しかし，民法34条は，「祭祀，宗教，慈善，学術，技芸」というものを例示して公益法人という概念を考えており，この例示と憲法89条が示す，宗教，教育，博愛，慈善は相当程度に重複しているところから見て，ここで規定されている組織，団体は，民法で言う公益法人と同様に，特定の者ではなく，社会全体の利益を目的として活動するものを言うと考えてよいであろう（以下「公益団体」という）．

89条にもかかわらず，学校法人等の公益団体に対して，公金を支出することに関しては，かつては違憲説が有力に主張され，今でも主張する者がある．しかし，今日では，何らかの論理を使用して，それを合憲とするのが一般的である．

代表的な説としては，まず財政統制説がある．すなわち，憲法83条は国会中心財政主義を定めているが，89条は，それを公益団体について確認したにすぎないと解する説である．この説は，83条に基づく国の財政監督を要求していることを公の支配という言葉の意味と考える．この説の最大の欠陥は，経常費補助に関して発生する．たとえば私学補助は，その大半が経常費補助として実施されている．そして，経常費補助に関して財政監督を実施する場合には，補助対象団体の全経費に関

して監督が可能となる．そのような監督が大学に対して行われた場合には当然23条の保障する大学の自治に対する侵害となるのであり，許されない．

現在，もっとも有力に唱えられているのは，公的性質説である．すなわち，教育基本法6条は，学校教育法に基づく教育は公の性質を持つと規定しているが，89条の公の支配を，この公の性質と読み替え，公教育については，積極的に公的補助を必要とする，と解する．この説は，教育以外の公益団体に関する補助に関して沈黙している点に大きな欠陥を有している．従来，わが国においては，私学補助の合憲性だけに問題意識を持ち，コンメンタール等においても，89条における教育概念が詳細に論じられることはあっても，慈善及び博愛についてはほとんど論じられてこなかった．しかし，本講で取り上げている政党以外にも，近時，例えば国内，国外におけるNPOないしNGOと呼ばれる団体の活動はきわめて活発になりつつあり，これら組織を通じて多額の国費が使われるようになっている状況である．

さらに，89条に関して，教育団体に対する国費の支出を同条のみが禁じており，したがって同条に抵触しなければ，教育団体に対する国費の支出は自由に行うことができるという錯覚の下に，説が存在していることである．先に，財政統制説で説明したとおり，わが国財政憲法の下で，公益団体に補助金等を支出するにあたっての最大の問題は，83条にある．憲法83条は，国会財政主義を定めており，その結果，国のあらゆる支出は最終的には国会の財政管理下になければならない．この結果，国費から経常支出を受けた団体は，すべてその財政のすべてについて国の財政監督を受けなければならない．その結果，公の性質と読み替えただけでは，私立大学に関して，そのような強力な国の財政監督を行うことは，明らかに憲法23条の保障する大学の自治に対する侵害である．

以上のようなことから，私は第3の説を採る．すなわち，89条は，むしろこの83条の例外規定として把握されねばならないと考える．憲法89条は，83条の例外として，その団体が公の監督（と同条の「公の支配」という言葉を読み替える）に服している場合には，その使途に関する83条の求める財政監督を行うことを免除している規定と理解するべきである．実際，私学補助の実施に当たり，会計検査院による使途に対する検査は実施されていない．

現行の政党助成法もまた，私立大学に対する補助と同様に，その財政に対する国の財政監督を排除している（同法37条参照）．このような定めは，仮に政党が89条所定の団体に該当しないと考える場合には，憲法83条違反と解さなければならない．

こうした，公益団体による活動について，89条との関連で，かつて私は次のように論じたことがある．

「およそ福祉主義ないし生存権的基本権の対象となる諸活動は，自由権の実質的確保を内容としているものであるから，福祉主義にしたがって国の介入を要求する前段階として，国の介入を許さない自由権の存在を想定することができる．そして，特に慈善や博愛の事業は，その団体が，活動の基調としている世界観，すなわち社会のあるべき姿に対する価値観の反映として実施されるものなのであるから，これに対応した自由権は，思想ないし信教の自由と密接な関係をもっていると考えることができる．すなわち，2重の基準の原則において，営業の自由など，経済権的自由権に類する，政策的制約の可能な権利と理解するべきではなく，内在的制約以外には国の干渉を禁ずる性格の自由と解すべきである．その意味において，大学の自治の場合と同じく，その具体的活動形態について国が全面的な干渉をすることは禁じられなければならない．すなわち，本条後半に掲げられた事業は，いずれも国がその活動内容に過度の支配を及ぼすことを禁じられている事業であるという意味で，共通の性格を有していると見ることができる．」

このように89条を理解した場合，媒介機関性を有する政党は，このうち，博愛の事業を行う団体に該当すると考えられる．なぜなら，政治団体と異なり，媒介機関性を有する政党は，特定の世界観の下にすべての国民のために活動する団体であるから，憲法19条に準拠して理解することができるからである．したがって，89条に列挙されている団体に該当し，適切な国民の監督下にあれば，政党助成金の個別の使途に関する財政監督に服する要はない，と解する．

そこで問題となるのが，政党に対して，憲法89条の要求する適切な監督とは何か，という点である．現行の政党助成法が提供している統制が，その一部であることは間違いない．しかし，それは，それが政党としての実質的要件を満たしていることを前提に，財政統制に関する形式的要件しか定めていない．しかし，それ以前に，政党法が存在すれば当然に定められるはずの，組織や運営に関する要件が存在し，それもここにいう監督手段として理解することができるはずである．それは，現行の民主主義憲法の下で，組織，運営にあたって，憲法秩序の下にあることの要請といえるはずである．

それは結局，憲法忠誠と言い換えることができると考える．すなわち，憲法99条は，天皇その他の公務員に憲法忠誠を要求しているが，媒介機関としての性格は，政党にもまた公務員に準ずるものとして憲法忠誠を要求していると考えることができるからである．憲法を誠実に遵守する団体に対してしか，公金を支出することは許されない，と表現してもよい．そして，憲法忠誠の具体的内容として，もっとも今日重要なのが，民主主義理念を政党内においても遵守すること，すなわち政党内民主主義である，と考える．このことは，ドイツや韓国の憲法では明文で要求しているところであり，また，アメリカにおける憲法慣行の要求しているところでもある．それを日本でも要求することができないか，ということがここでの問題の中心である．

(2) 政党の媒介機関性と政党内民主主義

政治団体，すなわち単なる私的団体であって，国民多数から見た場合，何らの公的役割，あるいは国家基幹的役割を果たしていないもの（21条の保障する結社の自由を享有する純然たる私的団体）にあっては，私人の思想信条の自由の延長線上にある結社の自由と理解して，それに対する公的規制は極力排除されるべきである．したがって，その内部自律に国家が介入することは，自由権に対する侵害として許されない，という結論が導かれることになる．

この場合，そのような国家による干渉を禁ずることから来る当然の結論として，そのような団体に対して公的資金を支出してはならない．

これに対して，媒介機関として政党を考える場合には，その公的性格から，公的資金の支出は許される．しかし，その場合，主権者たる国民として，政党に憲法忠誠を要求しうる結果，具体的には，政党がその内部的にも民主主義の理念に照らし，健全に運営されていることを要求する権利がある．そうした団体に関して，結社の自由規制につながるという理由から，規制を否定することは，政党政

治に本質的につきまとう不正・腐敗から民主主義を防ぐ重要な手段を自ら放棄するに他ならないというべきである.

すなわち, 今日の政党国家において, 一般国民の有する選挙権は, 実際にはどの政党を選ぶかの選択権に過ぎない. したがって, 政党の内部における候補者選出過程が民主主義的に行われる保障が存在しなければ, 選挙だけがいかに民主主義の理念に性格に則って行われようとも, 為政者の選出にあたって民主主義的に行われていることにはならないからである.

したがって政党のその媒介機関性を重視するならば, 政党の内部意思形成にあたっも, 当然に民主主義的要素が重視されることになる. 少なくとも, そのような民主主義的な適正手続きが政党内で保障されていない限り, 公的資金による助成を行うことは許されない, と解する.

日本新党繰上げ当選事件において東京高裁は次のように述べた（平成6年11月29日判決＝判例時報1513号60頁）.

「政党によるその所属員の除名について, その政党の規則, 綱領等の自治規範において, 除名要件に該当する事実の事前告知, 除名対象者からの意見聴取, 反論又は反対証拠を提出する機会の付与等の民主的かつ公正な適正手続が定められておらず, かつ, 除名がこのような手続に従わないでされた場合には, 当該除名は公序良俗に反し無効であると解すべきである. 前記の日本新党による被上告人の除名は, 日本新党の自治規範である党則の規定に除名について民主的かつ公正な適正手続が定められておらず, かつ, 民主的かつ公正な適正手続に従ってされたものではないと認められるから, 無効である. したがって, これが有効であることを前提としてされた本件当選人決定は, その存立の基礎を失い, 無効に帰するものというべきである.」

ここでは, アメリカで, 政党に対する公的規制の一環として, 政党内民主主義を要請した姿勢と同一のものが顕著に認められる. すなわち, 単なる社会団体ではなく, 媒介機関と見ることを背景とした判決ということができる.

これに対して, 最高裁平成7年5月25日判決は次のように述べて政党内自律権を重視した.

「法が名簿届出政党等による名簿登載者の除名について選挙長ないし選挙会の審査の対象を形式的な事項にとどめているのは, 政党等の政治結社の内部的自律権をできるだけ尊重すべきものとしたことによるものであると解される.」

これは, 先に挙げた理念型でいえば, 社会団体説のレベルの理解ということができるであろう. つまり, 媒介機関と見るか, 社会団体と見るかが結論の差を導いている.

(3) 政党と政治団体の限界

ここで問題となるのが, 典型的な政治団体と政党との間には明確な差違があるが, それは極限的場合においては, 両者は一致する, という点である. すなわち, 現行の政治資金助成法や政党助成法が, 政治団体との区別に使用しているメルクマールは, 基本的に相対的なものに過ぎない. 例えば, 国政選挙における得票率を何％に設定しようとも, それにわずかに届かないために, 政党と扱われない政治結社は必ず現れるのである. 逆から言えば, その基準を超していようとも, その団体が必ず媒介機関性を有するという保障は存在しないことになる.

さらに言えば, 政党が憲法編入されていないわが憲法の下において, すべての政党に, 憲法忠誠を要求することはできない. 現行憲法下で言いうる最大のことは, 公的資金の支出を受けたいならば, 憲法に忠誠を誓う義務がある, というところまでであると考える. すなわち, 政党内で民主主義的・適正手続の保障を行いたくないのであれば, 政党助成を受けるべきではない. 受けるのであれば, 内部的にすべての面で, 民主主義の理念に則った適正な手続を採るべきである.

例えば日本新党事件であれば, 問題となった比例代表議員として名簿に登載されていた党員の除名は, 国民の日本新党に対する投票行動の基礎に対する強い影響を有する以上, 民主主義的手続により行われることが当然要求されるのであって, 党首の個人的意思を優越させることは許されない, というべきである. 同様に, 党首の選出は, 政権の獲得を党の目標としているような政党にあっては, 同様に民主主義的手続が要請されるというべきである.

第 5 章　地方自治

第 23 講　地方自治の本旨

■問　題■

　××年，地方自治法が改正され，東京都特別区の区長は，内閣総理大臣と同様に，特別区の区議会の多数により選出されることとなった．

　これを受けて，東京都 A 区の区議会で区長選出のための選挙が実施された．この機会に是非区長になりたいと考えた区議会議員 X は，同僚議員である Y に多額の金員を贈り，票のとりまとめを依頼した．

　このことが発覚し，XY 両名は，区長を選任する職務権限に関わり賄賂を収受したとして起訴された．これに対し，XY は，次のように主張した．

　東京都特別区は，憲法 93 条にいう地方自治体に該当するので，その長は住民の直接選挙により選出されなければならない．よって，区議会に区長の選出権を認めた地方自治法は憲法違反で無効であり，したがって無罪である．

　XY 両名の主張の，憲法上の当否について論ぜよ．ただし，ブランダイス・ルールの適用については論じなくてよい．

■この講での論点細目次と論述のヒント■

はじめに
1　国民主権と地方自治の関係
　(1) 地方自治の今日的重要性
　　① 地方自治の敵視段階
　　② 地方自治の黙認段階
　　③ 地方自治の法制化段階
　　④ 地方自治の憲法編入段階
　(2) 地方自治権の根拠理論
　　① 狭義の伝来説
　　② 制度的保障説
　　③ 新固有権説
　　　ⓐ 人民主権説（例えば，杉原泰雄）／
　　　ⓑ 納税者基本権説（例えば，北野弘久）／
　　　ⓒ 基本的人権説（例えば，手島孝）

2　制度的保障の概念
　(1) 制度的保障の基本概念
　(2) 制度的保障論の地方自治への適用
3　「地方自治の本旨」の概念内容
　(1) 団体自治―地方分権の現れ
　(2) 住民自治―民主主義の現れ
　(3) 補完性原理―自治体権限の限界
4　地方自治の主体（地方自治の保障される地方公共団体）
　(1) 地方公共団体の種類と問題の所在
　(2) 学説の概況
　(3) 判　例
　(4) 私　見

はじめに

(1)　本問そのものは，何時の時点でも起こりうる仮定的な立法という体裁を採っている．しかし，実際にこの地方自治法改正は昭和 27 年に行われ，本問中に書かれた事件は，昭和 32 年に東京都渋谷区議会で起きた事件に基本的に依拠しつつ作問したものである（最大判昭和 38 年 3 月 27 日＝百選〈第 5 版〉458 頁参照）．

(2) 問題文中には，憲法93条という文言があるので，その解釈が論点と錯覚する人もいるかもしれない．しかし，本問の中心論点は，表題に掲げたとおり，憲法92条にいう地方自治の本旨とは何か，ということである．

ごく簡単に論理の流れを説明すると，次のようになる．地方自治の憲法学上の理解に関しては，大きく狭義の伝来説と制度的保障説の対立がある．今日では，狭義の伝来説を採る学者がいるとは思えないので，"あった"というべきかもしれない．なお，後述するように，第3の説として新固有権説と総称される一群の説がある．しかし，これは，ここで説明しようとする対立では，制度的保障説と同視できるので，以下では説明を割愛している．

この対立は，基本的な憲法構造に関する対立と理解してよい．

ごく簡単に図式化すると，狭義の伝来説は，中央政府と地方政府の関係を図1のように理解していると言える．

図1 狭義の伝来説における国と地方の関係

国家主権 ┌中央政府立法権 → 地方自治体立法権
     ├中央政府行政権 → 地方自治体行政権
     └中央政府財政権 → 地方自治体財政権

すなわち，自治権は，法律によって成立するものであり，地方自治体の持つ権限は，いずれも中央政府のもつ権限の延長線上に理解される．例えば，自治体の立法権は憲法41条の枠内で理解される．だから，それは基本的に委任立法であり，その意味で内閣の命令制定権と同視される．ただ，自治体には，それ独自の民主的基盤があるところから，命令では委任の範囲の逸脱とされるような場合にでも，許容される場合があると論じられる（どの範囲まで許容されるかについては，説の対立がある）．

しかし，平成11年の地方自治法大改正により，委任の根拠として活用されていた地方自治法2条3項が全面改正され，多数の権限例示がすべて削除された結果，今日では，狭義の伝来説を採ることは不可能になった（正確にいえば，採るためには地方自治法が違憲という必要が生じた）．

それに代わって，今日の通説・実務となった制度的保障説は，同様に簡単に図式化すると，国と地方の関係を図2のように理解していると言える．

図2 制度的保障説における国と地方の関係

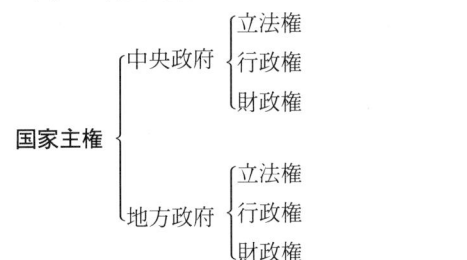

国家主権 ┌中央政府 ┌立法権
         │   ├行政権
         │   └財政権
         └地方政府 ┌立法権
              ├行政権
              └財政権

すなわち，現行憲法は，国と地方を分け，国による地方自治体に対する干渉を禁止していると考える（団体自治）．そして，団体の自主権限として，その固有の権限として自主的な立法，行政，財政の各権限が，憲法92条によって地方団体に与えられると考える．換言すれば，憲法92条にいう中央政府の立法権は，こうした自治権を侵害しないように制定されなければならないと考える．

以上に述べたのは，結論的な構造である．なぜこのように言えるのか，ということを，以下，順次検討し，最終的に憲法92条が予定している地方自治体とはいかなるものかに至りたい．

(3) 問題の最後にブランダイス・ルールについて言及している．これはまじめに勉強している諸君が，混乱を起こすことを恐れたものである．しかし，ブランダイス・ルールについては，第4ルールと第7ルールについてしか知らない，という諸君も結構多いと思う．そういう諸君のために，簡単に説明すると，ここで問題になっているのは第5ルールである．それは，「最高裁は，法律の施行によって侵害を被っていない者の訴えに基づいて当該法律の有効性についての判断を下さないであろう．」というものである．本問の場合，区議会議員は，本件地方自治法の改正により，区長選出権という利益を与えられたのであって，権利が侵害された訳ではない．したがって，この第5ルールに照らす限り，本問XYには，そもそも，憲法違反という主張をすることを認めない（主張しても裁判所は判断を示さない）という話になる．こちらの議論の余地を残すと，ここで諸君に論じて貰おうとした地方自治の問題がそっくり不要になってしまうことから，どうしてもこの記述が必要だったわけである．

1 国民主権と地方自治の関係

地方自治に関するもっとも根本的な問題点は，近代市民社会憲法がその基本原理とする国民主権

と地方分権という発想とは,基本的に敵対関係にある,という点である.したがって,憲法において地方自治を論ずる場合,国民主権と矛盾しない形で,いかにして地方自治を導くかが,第1の論点となる.

(1) 地方自治の今日的重要性

封建国家というものは,どこの国においても徹底した地方分権制度を採用していた.それを否定して誕生したのが,近代市民国家であるから,近代国家は,基本的に地方自治を否定しようとする傾向が強い.その段階から,今日の地方自治理念に至る道は,同じように国民主権原理から初期において敵視されていた政党に関するトリーペルの主張と同じく,次の4つの段階に分けて理解するのが妥当と考える.

① 地方自治の敵視段階　近代国家の理論的支柱である国家主権概念は,主権をもって単一,不可分であることを強調する.換言すれば国民主権は,分有主権を否定するから,中央集権を基本的に要請する.例えば,日本の場合,廃藩置県が,明治における近代化の1つの里程標とされるのはそのためである.政治学的にいうならば,法学における主権論は,地方自治を否定するために構築されたということができる.

この結果,近代国家の初期においては,地方自治は国民主権と両立しないものと考えられていた.例えば近代市民国家の祖であるフランスでは,ミッテラン大統領時代に積極的に地方分権化構想が推進されたにも拘わらず,相当徹底した中央集権制度が今日においても採用されている.

② 地方自治の黙認段階　通信手段の未発達な近代において,しかし,徹底した中央集権は不可能であったため,事実上,地方に権限を授与し,地域団体における統治を承認せざるを得ない状態が生まれてきた.

③ 地方自治の法制化段階　当初は,単なる慣習法的に認められるに至った地方自治は,さらに議会の立法上も明確に承認されるようになってくる.しかしたとえ法制化されたところで,この段階までの地方自治は,中央集権の例外現象であるにすぎなかった.例えばイギリスの場合,地方自治体の設立や廃止も含めて,個々の地方自治体の自治権の内容は,すべて中央政府の議会が法律により自由に決定できる.法律によって与えられていない権限を地方公共団体は行使できない.これを英国では権限逸脱（Ultravires）の法理と呼ぶ.

④ 地方自治の憲法編入段階　決定的な変革は,第2次大戦を通じて現れる.人類に戦争の惨禍をもたらした全体主義の経験は,中央集権体制が全体主義に対して本質的に脆弱であることを人々に認識させた.そして,地方自治が,権力の均衡と抑制のシステムの中で,それを補完する機能を有することが認識されるようになった.例えばドイツの場合,バイエルン州やプロイセン州で,早くから優れた地元自治制度が発達していた.しかし,ナチスは中央政府で権力を握ると,1935年にドイツ市町村法（Deutsche Gemeindeordnung）を制定することによって,全州の地方自治体を,中央政府の統制下に置いたのである.このドイツにおける不幸な経験は,法律レベルで地方自治を保障している限り,中央政府が,自治権を侵害する法律を制定することで,容易に蹂躙し得ること,その結果,全体主義への抑止力とはなり得ないことを教えた.すなわち,全体主義を効果的に抑止するためには,単に地方自治が保障されているだけでは足りないのであって,これを憲法レベルで保障する必要があることが明らかになったのである.

こうして,第2次大戦後の各国憲法は,地方自治を憲法レベルで保障するのが普通となってくる.特に重要なのが,EC（現EU）が欧州地方自治憲章を1985年に制定して加盟国に地方自治尊重を義務づけ,また,地方自治体の世界的組織である国際地方自治体連合（IULA）がトロントで1993年に開催された世界大会で世界地方自治宣言を採択したことである.これらの結果,近時において制定される憲法では,いずれも憲法レベルで地方自治が保障されるにいたっている.わが国現行憲法は,こうした地方自治の憲法編入という大きな流れの,もっとも初期における立法例として,世界に誇るにたる存在である.

(2) 地方自治権の根拠理論

ここからが論文に書かねばならないポイントである.

自治権については,それが地方自治体が本来保有しているところの固有の権利である,という考え方（固有権説）と,国から与えられたものである,という考え方（伝来説．受託説ともいう．）の2つの基本的な考え方がありうる.封建体制における地方自治では,

個々の大名がその領国を自由に支配する権限を有しており，それがその固有の権利であることは明らかである（固有権）．それに対して，その封建体制を打破して生まれた近代市民国家が誕生した以降においては，国家が単一にして不可分な権力の源泉であるという基本的な考え方自体は疑う者はないから，今日の地方自治は伝来説によって理解するほかはない．固有権説は連邦国家における各州の権限を説明する理論としてのみ該当する．

しかし，伝来説を基本として採用する場合にも，中央政府の地方自治に対する影響力の行使をどの程度に考えるかについては，説の対立が存在する．分説すれば次の通りである．

① **狭義の伝来説**　憲法92条は，地方自治について「法律で定める」ことを予定している．この結果，戦前までの，基本的に地方自治を敵視する思想を有する憲法学であれば，当然に地方自治の範囲は，法律で自由に決定しうると結論づけられることとなる．戦後において，最初期の通説はそうであり，判例及び実務もこれにしたがっていた．学説においては，例えば柳瀬良幹のようにかなり後までこの説を唱える学者がいた．

しかし，今日において，この説の採用が実務上不可能になったことは，前述のとおりである．

② **制度的保障説**　狭義の伝来説を採る場合には，地方自治を単に法律で保障するに止めず，わざわざ憲法に編入した意義は大幅に削減される．そこで，その点を直視して，制度的保障説が登場した（成田頼明「地方自治の保障」『日本国憲法体系』〈第5巻〉〈有斐閣・昭和39年〉）．つまり，昭和39年より前の判例は，本質的に制度的保障説を知らないのである．したがって，これより前の判例（判例百選に掲載されているものとしては，大阪売春取締条例判決＝最判昭和33年10月15日＝百選〈第5版〉72頁，奈良県ため池条例判決＝最判昭和38年6月26日＝百選第5版216頁，それに本問のベースとなった東京都特別区の地方自治体性に関する判決等）をこの説から理解することは，本質的に不可能である．それらの判例は，いわばその歴史的意義等から掲記されているものであるから，諸君が，判例に盲従しさえすれば無難という事なかれ主義的発想から，不用意にこれら古い判例の論理を記述すると，総論部分で書いている制度的保障論と，論理矛盾を起こし，大幅減点の原因になる危険が高いので注意しよう．

これは現在の通説であり，実務なので，その内容については後で詳しく説明する．

③ **新固有権説**　制度的保障説よりも，さらに地方自治の強化を図り，国からの干渉を理論的に排除するための説が工夫された．これらの説は，本来の固有権説とは異なり，自治権が国から伝来してくること自体は承認するのであるが，全く別個の理論により，地方自治権を固有権的に説明しようと努力するという共通点を有する．そこで「新固有権説」と総称されることになる．ただし，これは，互いに相矛盾する要素を持った様々な学説の総称であって，統一的な理論ではない点に注意する必要がある．学生諸君の場合には，これらの説のどれかを採っている人はあまりいないと思われるので，本講では，個々の説の詳細についての説明は割愛する．代表的な見解を次に示すので，その中のどれかに特に関心を持った人は，紹介した学者の著述を読んでほしい．

ⓐ　**人民主権説**（例えば，杉原泰雄）　我が憲法は，国民主権説に換えて，社会契約説を根拠とする人民主権説を採用していると説き，そこから地方自治を説明する．すなわち，人民主権説を採る場合には，地方自治体は，その地域住民の社会契約によって成立しているという意味で，国家と同一の構造を持ちうるから，国からの伝来ではなく，自治体固有の権限として自治権を是認しうる．

ⓑ　**納税者基本権説**（例えば，北野弘久）　憲法は地方公共団体を一種の統治団体として承認していると理解し，それを根拠として地方公共団体に一定の固有の財政権を付与しているものとする．すなわち，伝来説に従って地方自治を理解する場合にも，地方自治制の具体的・実体的なあり方について，国は，憲法的拘束を受ける．

ⓒ　**基本的人権説**（例えば，手島孝）　国民は，基本的人権の内容として，適切な統治を国家に請求する権利を有する．それが適切かつ効率的なものであるためには，身近な行政ニーズに応える活動は身近な統治団体，すなわち地方自治体が行う必要がある．すなわちその固有の権限となる．

なお，この第3説の主張は，要するに後述する補完性原理であって，今日では制度的保障説を採る場合にも，第3の中核概念の根拠として述べられることが多い．

2　制度的保障の概念

諸君が使用している基本書は，おそらくほとんどが制度的保障説と思われるので，以下では制度的保障説に限定して詳しい説明を行う．論文を書く場合，今日という時点におけるわが国憲法学と

いう枠内で地方自治の本旨を論ずる場合には,固有権説には論及する必要はもはやない.しかし,制度的保障説の説明は,狭義の伝来説及び新固有権説からの批判点を十分に念頭において行う必要がある.

以下では,制度的保障の概念をよく理解していない人を対象に,(1)では基礎概念から説明しているが,論文を書く場合に,このような段階の説明が不要なのは当然である.

(1) 制度的保障の基本概念

旧憲法の人権規定を見ると,そのほとんどに「法律の定めるところに従い」とか「法律の範囲内において」という限定文句がついていた.そこでこれを文字どおりに理解すると,人権の内容は,法律によっていかようにも制限できると考えられるし,事実そうした解釈が行われていた.

しかしそれでは,その人権は,事実上法律によって保障されているのと変わらないことになってしまい,憲法によってそれが原則的に保障された意味が失われてしまう.こうしたことから考え出されたのが「制度的保障」の概念である.この理論によれば,議会は憲法の定める制度を創設,維持すべき義務を課され,その制度の本質的な内容については法律によって侵害することも許されない,とされる.

したがって,制度的保障の対象になっているのは制度自体であって,個人の人権そのものではない.現行憲法の下においては,そのほとんどは法律の留保が付されていないから,もはやこの概念を維持する必要は失われているが,それでも憲法上,個々人の人権そのものではなく,特定の制度が保障の対象となっていると考えられる場合,例えば学問の自由の制度的側面としての「大学の自治」とか,経済権的自由権の制度的側面としての「私有財産制度」等に関しては,今日においてもなお制度的保障の概念を維持して考える必要がある.

(2) 制度的保障論の地方自治への適用

人権の場合と同様に,地方自治においても「法律の範囲内」という限定が付されているので,その法律内容を,国会が完全に自由に定められるとした場合には,やはり地方自治を憲法で保障した意味が失われてしまうという問題が発生する.

そこで,人権の場合について考えられた「制度的保障」の概念をこれにも妥当させることにより,伝来説からは当然の結論となる,地方自治の形式や実質を法律で自由に制定しうるという考えを排除し,より強力な憲法上の保障を与えることが可能となる.この考え方は,**はじめに**述べたとおり,憲法構造の根本的な転換を意味することになることを理解しておいてほしい.

この考えを採用する場合には,憲法第8章におかれている4つの条文はいずれも,法律を以てしても変改することのできない制度の中核を表明したものと理解されることになる.ただしこれは憲法施行当時の地方行政制度をそのまま保障したのではなく,あくまでもその中核となる部分のみである.この,法律を以てしても侵害することのできない制度的保障の中核部分を,第92条の文言を借りて「地方自治の本旨」と呼ぶ.換言すれば,昭和39年に制度的保障論が登場するまでは,この言葉に,以下に説明するような特定の意味はなかったのである.学生諸君の論文では,ややもすると,何の根拠もあげないままに,地方自治の本旨という言葉に,以下の概念が当然に読める,といわんばかりの記述がなされる.しかし,これはあくまでも制度的保障論の下において,学説として展開されるものであり,したがって当然に根拠が必要だ,ということを理解しておいてほしい.

3 「地方自治の本旨」の概念内容

狭義の伝来説の持つ最大の欠陥は,条文には素直かも知れないが,地方自治を法律レベルの保障にとどめず,憲法編入した理由が説明できない点である.特に憲法編入した以上,実質的に憲法編入した意義を失わせるような内容の法律の改正は,禁ずる効果が憲法にあると考えるべきである.すなわち,地方自治を実効性あらしめるような制度を作る義務を立法府に課した上で,法律でそれを制定する権限を国会に授与したと考えないと,憲法編入した意義が失われてしまうことになる.ここから,制度的保障論が導かれる.

このように理解する場合,法律によっても不可侵な制度の中核=地方自治の本旨は,憲法編入した意義から導けるはずである.

以下,各概念について,少し詳しく説明したい.

(1) 団体自治——地方分権の現れ

憲法編入した中心的な理由は,前述のとおり,中

央集権体制が本質的に有している全体主義に対する脆弱性である．したがって，地方分権に対する中央政府からの干渉の禁止あるいは制限が，この中核概念を構成するはずである．今述べたことを，地方の側から表現すると，地域団体は，中央政府の干渉を受けることなく，自らの意思を決定し，活動できることを意味する．これを「団体自治」という．

およそ国権に基づいて処理されるべき事務のうちには，その内容が一国の全部の地域にわたって営まれ，その処理の結果の影響するところが全国民の社会経済上の利害に直接及ぶものと，その内容が一部の地域のみにおいて営まれ，その処理の結果の影響するところも，その地域の住民の社会経済上の利害にのみ及ぶものとがある．前者のような全国的な事務は，その性質上，国に，その処理権能を集中させ，統一的に処理するのが好ましい（中央集権）．これに対して，後者の地方的な事務については，その性質上，そのような処理を任せるに相応しい地域的な団体が存在するならば，国はその権能をその団体に分与し，その団体の処理に任せる（地方分権）ことも一向差し支えないし，むしろそのような事務処理方法を採用することの方が，迅速かつ効率的な処理を期待できるという点で，より好ましいということができる．

地方分権は積極的に押し進められる傾向が見られる．わが国戦前にあっても，こうした地方分権の発想に基づき，相当強力な地方自治制度が存在していた．現行憲法にあっては，この地方分権思想は，当然のことながら，地方自治と結びついて，その侵すことのできない中核を構成すると考えられる．

古来，一定の地域の住民は，その区域を中心に地縁的な社会生活を営むものであり，そうした社会生活の結果として共同体意識を有するようになり，その共同体意識に基づいて地域的な社会共同体を形作るのが常である．地方的な事務を任せるに相応しい団体としては，このような社会的実体の存在する地域を基礎たる区域とし，その区域に在住する人を構成員としているような団体であることは言うまでもない．

ドイツなどにおいては，伝統的に生じてきたそうした地域団体は，それぞれの地域の慣習により，意思決定権者は様々であった．その指導者の独裁制のものもあったであろうし，貴族制的な共同運営もあったであろうし，地域住民全員の寄り合いによって決するという民主主義的な運営もあったであろう．しかし，基本的共通性として，その地域の問題は，そうした団体が担い手になるべきであると考えられてきたのである．

地方分権が，こうした地域団体を担い手とするとき，地方の事務処理は，法律上国家から一応独立したものと認められる団体を通じて，その団体自身の機関により，その団体の名と責任の下に行われることを意味する．これを「団体自治」という．

(2) 住民自治——民主主義の現れ

団体内部の意思決定にあたっては，わが国憲法の採用する民主主義原理に従い，団体構成員（これを憲法は「住民」と呼んでいる）の意思によって決せられるべきである．この点について平成7年2月28日最高裁判所第3小法廷判決は次のように述べた（百選〈第5版〉12頁参照）．

> 「国民主権の原理及びこれに基づく憲法15条1項の規定の趣旨に鑑み，地方公共団体が我が国の統治機構の不可欠の要素を成すものであることをも併せ考えると，憲法93条2項にいう『住民』とは，地方公共団体の区域内に住所を有する日本国民を意味するものと解するのが相当であ」る

ここではきちんとした表現がされていないが，地方自治の淵源として伝来説をとるからこそ，このような表現が出てくる．仮に固有権説をとれば，住民概念について，15条の国民概念と違う把握が可能になるのである．

現代民主主義国家にあっては，国民主権，すなわち自己統治をその基本原理とするので，地方自治における意思決定の場合にも，そのことは貫かれなければならない．憲法93条2項が地方公共団体の長及び議員に対する住民の直接選挙権を保障しているのは，このことを確認したものに他ならない．このように民主主義と結びついた形での地方自治は，上記地方団体が，その分担する地域の住民の自治により統治されることを意味する．これを「住民自治」という．

(3) 補完性原理——自治体権限の限界

従来の憲法学では，地方自治制度の中核は，上記団体自治と住民自治という2つの要素を結合させたものと理解されてきた．すなわち，地方住民が，その属する団体を通じて，その地方の事務を処理させることを要請しているものと解していた．し

かし,近時,第3の中核概念が必要なのではないか,と考えられるようになっている.それは補完性原理(Subsidiaritätsprinzip=補充性と訳すこともある)という概念である.

なぜなら,団体自治と住民自治の2つでは,実は,各地方自治体が,どのような権限を有しているべきかが,憲法論のレベルでははっきりしないのである.団体自治は,地方分権の理念から,国が地方自治体の内部自律に干渉してはいけないことだけを要請しているだけだし,住民自治はその内部決定は最終的には住民によってなされるべき事を要請しているだけである.だから,国と地方自治他がそれぞれどのような事務を行うべきか,ということまでは,団体自治と住民自治だけからでは決まらないのである.さらに大事なことは,多層制地方自治をこの2つの自治原理だけでは説明できないのである.この2つだけが基本原理と考える限り,現行の都道府県=市町村という二層制地方自治は,単に明治憲法下でその様な制度が地方にとられていたことから来る偶発的な結果であるに過ぎないと考える外はないことになる.これを,憲法編入の求めている地方自治の本旨として,理論として説明するための武器が,この補完性原理なのである.

先に,平成11年の地方自治法大改正について論及したが,同改正では,明確に補完性原理が取り入れられたことから,憲法レベルにおいても,改めて注目されるに至ったのである.

話の順序は逆転するが,まず地方自治法の規定から説明してみよう.

現行地方自治法を見ると,現行地方自治法では,普通地方公共団体を,市町村と都道府県の二層構造を持つものとしている.両者の関係については次のように定めている.

市町村は,「基礎的な地方公共団体」なので,自ら処理するのが適当なものは,原則として,何でも行うことができる(地方自治法2条3項).これに対して,都道府県は「市町村を包括する広域的な地方公共団体」なので,その権限は,「広域にわたるもの」とか,「市町村の連絡調整にあたるもの」に代表される,規模や性質から市町村が処理するのに適当ではないものだけが権限内容となる.このように,都道府県の活動は,市町村を補う性格を持っている.このようなやり方で重層的な地方制度を作る考え方を,補完性原理という.補完性原理を採用している限り,都道府県が条例で定めた事項は,同じ都道府県の中で,統一的に取り扱う方が妥当な事項,換言すれば各市町村がバラバラに条例で定めるのには適さない事項に限られる.したがって,都道府県の条例と,市町村の条例が抵触すれば,都道府県の条例の方が優越し,その限度で市町村の条例は無効になる(地方自治法2条16項なお書き参照).

国と地方公共団体の関係について補完性原理の存在を認める場合には,同じことが言えるはずである.国が法律で定める事項は,都道府県以上に広域的な事項や都道府県や市町村の連絡調整など,規模や性質が全国統一的に定めるのに適している事項に限られている.したがって,国の法律と地方自治他の条例が抵触するような場合には,法律を優越させる方が,国民の利益になるのである.

こうして補完性原理を地方自治の本旨に含めることにより,徳島市公安条例事件判決(最判昭和50年9月10日=百選〈第5版〉484頁)の確立した法律と条例の関係についての基準に対して,憲法学的な根拠を示すことが,はじめて可能になったのである.

《メモ》 みなさんが使っている基本書では,まだ以上に説明した補完性原理を第3の中核概念として取り上げているものは少ないであろう.これは,元々,EUにおいて,EU,国,州,県,郡,市町村の相互間において,どのように権限配分を行うべきか,ということを決定するための原理としていわれるものである.わが国のたいていの憲法学者は,同時に各国憲法の比較法的研究を行っているから,EUで補完性原理がいわれるということは,ほとんどの人が承知していたと言える.しかし,制度的保障説の完成度が高かったために,EUに倣ってここに第3の中核概念を導入するべきだ,ということを考えついた人は(私の知る限り)いなかった.上述の地方自治法への補完性原理の導入は,行政法学者の主導で行われたのである.地方自治法改正後においてもなお,上述した諸規定が憲法レベルにおける補完性原理の導入だ,ということに気づいた憲法学者は少なかった.正直に白状すれば,私自身,ある学会において,行政法学者から,この改正は憲法レベルにおける第3の中核概念の導入を目指したものだ,と明言されて,はじめて制度的保障論見直しの必要性に気付いた次第である.しかし,すでに地方自治法が補完性原理を取り入れる形で規定されていること,上述したとおり,団体自治と住民自治だけでは地方自治

保障として明らかに不十分であること等を考慮すれば，今後は，この第3の中核概念を承認するのが一般化するものと予想される．そこで，ここで諸君にこの重要な概念の存在を紹介した次第である．

4 地方自治の主体（地方自治の保障される地方公共団体）

(1) 地方公共団体の種類と問題の所在

マッカーサー草案は，地方自治の保障を定めるに当たり，その享有主体として，86条では府県（Prefecture）及び市町とし，87条では都（Metropolitan Areas），市（City）及び町（Town）と，それぞれ異ならせつつ，限定的に述べていた（同草案87条参照）．この特に87条の規定の仕方からすると，憲法上地方自治体として保障されるのは，その名称を有する基礎的な地方公共団体だけということになる．このように，単層型の地方自治しか，憲法は保障していないと考える場合には，都道府県は，法律が便宜的に導入している地方自治制度であり，憲法的な保障は存在しないから，例えば，次講に論じる道州制の導入なども，国会の制定する法律により自由にできることになる．

しかし，日本側では，憲法でそこまで固定的に定めたのでは，将来における制度改革などを拘束し窮屈であろうという考えから，すべて地方公共団体という包括的名称に統一した．早い話，マッカーサー草案のままでは，村はどうなるか，ということさえ，問題になってしまうからである．

現行地方自治法は，地方公共団体を，普通地方公共団体と特別地方公共団体の2種類に分類する．そして，普通地方公共団体については，都道府県及び市町村という2段階構造を認め，また，特別地方公共団体に関しては，東京都特別区，地方公共団体の組合，財産区及び地方開発事業団としている（1条の3第3項）．

その結果，現行制度におけるどの地方公共団体が地方自治権の享有主体なのかという問題が発生することとなった．すなわち，憲法が地方自治権を保障している地方公共団体とは，このすべてをいうのか，それとも，その一部に限るのか，という点である．実際問題として，特別地方公共団体のうち，東京都特別区だけが住民をその構成員とする地方公共団体であるので，それに関してのみ，その廃止や長の直接選挙権を法律で奪うことが憲法違反とならないか，という点が問題になる．

また，次講の問題も含めていえば，これが現行の2段階自治制度，特に上部構造であるところの都道府県を保障しているのか，換言すれば，市町村という単層地方自治制度に法律で変更することは可能か，あるいは，同じ2層制でも，上部構造の都道府県を廃止して，代わりに道州制を導入できるか，ということが問題となる．

(2) 学説の概況

これらはいずれも基本的には憲法にいう地方公共団体をどのような意味で把握するかによって決する問題である．しかし，明言しない学者も多い（芦部, 吉田善明, 奥平等）．自説を述べている学者を見ると，制度的保障説出現以降に限定しても，次のようにきわめて区々たるものがあり，通説といえるほど広い支持者を持つ説は存在していない．

1 立法者意思説＝憲法制定当時地方公共団体として予定されていた都道府県及び市町村を指すものとする説（橋本公亘旧説）
2 住民意思説＝地域の住民がその住民としての共同体意識を有しているかどうかに力点があるとする説（佐藤幸治, 高辻正巳, 阪本昌成）
3 以上2つの折衷説（清水睦）
4 沿革説＝沿革的に行政や人事の面において完全な自治体としての実体を備えてきている地域団体をいうとする説，
5 権能説＝ある程度自主的な立法，行財政権を付与されている地域団体を指すとする説（伊藤正己, 柳瀬良幹），
6 2分説＝92条と93条及び94条の場合とを分けて，前者ではすべての地方公共団体を，後者は地方自治の本旨を生かすに不可欠な地方公共団体を意味するとする説（宮沢俊義）
7 基礎団体説＝基礎的普遍的な地方公共団体を指すとする説（清宮四郎, 佐藤功）
8 社会情勢説＝社会情勢の要求するところにより決まるとする説（小島和司, 橋本公亘新説）

本講では，こうした説の相違にあまり重要性はないので，説明は割愛する．なお，次講において，これらの概念の一部については，詳しい説明を行っているので，参照してほしい．

(3) 判 例

最高裁判所は，本問のベースとなった事件で次のように述べた．

「地方公共団体と言い得るためには,単に法律で地方公共団体として取り扱われているということだけでは足らず,事実上住民が経済的文化的に密接な共同生活を営み,共同体意識を持っているという社会的基盤が存在し,沿革的に見ても,また現実の行政の上においても,相当程度の自主立法権,自主行政権,自主財政権等地方自治の基本的な権能を付与された地域団体であることを必要とする.」

要するに,ほとんどすべての説の折衷説を採用しているのである.

(4) 私　　見

前述の通り,この判決は,基本的に狭義の伝来説を採用しているため,法律で地方公共団体として取り扱われていることを要求している.しかし,制度的保障説にたつ場合には,地方自治の享有主体性は,憲法レベルで存在するものであるから,法律で与えられていることを要件とするのは,議論の逆転というべきである.したがって,この点を排除し,地方自治の本旨を現に満たしている団体であるか否かにより決定されるべきである.

今日の憲法において,地方自治が認められるようになった根拠が,中央と地方の分離による全体主義の防止という自由主義的要請にあることを考えると,中核概念のうち,主体性を考える上で重要なのは団体自治概念である.

このことから,この判例の余計な部分を削り落とすと,次のようになる.

「憲法上,地方公共団体とは,事実上住民が経済的文化的に密接な共同生活を営み,共同体意識を持っているという社会的基盤が存在する事を必要とする.」

このように説明すると,ここに挙げた住民の共同体意識というメルクマールは,住民自治のメルクマールなのではないか,と首を捻る人もいると思う.しかし,住民自治は地方公共団体内部における民主主義的意思決定を要求する理念であって,地域団体の成立そのものに住民の意思を要求するものではない.団体の成立を決定する住民の意思は,団体自治のメルクマールと把握するべきなのである.

この観点から,東京都特別区を見ると,いずれとも決しがたいところがある.すなわち,一方において,住民に特定の区の区民という意識があることは間違いない.しかし,同時に,東京都内においては,市街地が区の境界とは全く関係なく完全に連続し,住民の経済的文化的な生活は区の領域に限定されることなく,より広い範囲に及んでいる.少なくとも,かつての東京市に対応するところの,東京23区全体が一体性を持った生活圏であり,共同体意識の存在する社会的基盤のある地域と認識する方が妥当ではないかと思われる.最高裁判所は,このような観点から,次のように認定した.

「特別区は昭和21年9月都制の一部改正によって自治権の拡充強化が図られたが,翌22年4月制定の地方自治法をはじめその他の法律によってその自治権に重大な制約が加えられているのは,東京都の戦後における急速な経済の発展,文化の興隆と,住民の日常生活が,特別区の範囲を超えて他の地域に及ぶもの多く,都心と郊外の昼夜の人口差は次第に甚だしく,区の財源の偏在化も益々著しくなり,23区の存する地域全体にわたり統一と均衡と計画性のある大都市行政を実現せんとする要請に基づくものであつて,所詮,特別区が,東京都という市の性格をも併有した独立地方公共団体の一部を形成していることに基因するものというべきである.

しかして,特別区の実体が右のごときものである以上,特別区は,その長の公選制が法律によって認められていたとはいえ,憲法制定当時においてもまた昭和27年8月地方自治法改正当時においても,憲法93条2項の地方公共団体と認めることはできない.」

このように考えれば,特別区は憲法にいう地方自治体には該当しないということになる.

第24講　道州制の導入と地方自治の本旨

■問　題■

「現行府県制度は区域が狭いに過ぎ，また，非能率的で経費のかかる行政となっている．これらの欠陥を是正し，根本的な改革を行うことが必要である．

基礎的地方公共団体である市町村の充実強化を図ることにより，日本国憲法の基本理念たる地方自治の本旨の実現に資するとともに，都道府県を廃止し，国と市町村の間には，全国を7～9ブロック単位に，いわゆる道州制を導入する．道および州の長及び議会の議員は，その住民の直接選挙で選出するなど，現行の都道府県と同等の制度を設け，同等以上の自治権能を与えるものとする．

これにより，国及び地方に通ずる総合的な行政運営の体制を確立することができ，これが行政の効率化の要請とわが国情に則した国政と地方自治の調整の見地より，最も妥当な方法であると考える．」

上記見解の憲法上の問題点を論ぜよ．

■この講での論点細目次と論述のヒント■

はじめに
1 「地方自治の本旨」の概念内容
2 地方自治の主体（地方自治の保障される地方公共団体）
　(1) 地方公共団体の種類と問題の所在
　(2) 判　例
(3) 学説の概況
　① 立法者意思説
　② 社会情勢説
　③ 住民意思説
(4) 私　見
おわりに

はじめに

わが国で，道州制というアイデアは，1957（昭和32）年に提出された第4次地方制度調査会の答申中であった．ここでいう道州制は，公選制の議会と，その議会の同意を得て内閣総理大臣が任命する長というものを予定していた．すなわち，憲法93条に該当しないので，その段階ですでに違憲の疑いがあるものであった．本講で取り上げた議論は，それとは違って，少なくとも93条との整合性ある，現在の北海道をそのまま全国展開したような形の道州制を想定している．しかし，それだけで直ちに合憲という結論が導けるものではない．

諸君が論点を見い出し易くするため，本問の場合，地方自治の本旨という言葉そのものを問題文中に入れてあるから，92条が論点になることは気が付いてくれるものと期待している．要するに，この議論は，「憲法92条にいう『地方自治の本旨』について論ぜよ」という問題と，答案構成は事実上違わない．その辺が判らずに，いきなり道州制そのものについて論じようとすると，議論が空転してしまうのである．特に，中心論点となるのは，地方自治の本旨の享有主体となる地方自治体とはどのようなものか，という点である．

道州制の議論は，最近脚光を浴びつつあるにも拘わらず，上述のとおり，比較的古い時代の答申に現れた議論であるせいか，現行の代表的な憲法教科書には，あまり掘り下げた議論が存在していない．そこで，本講では，比較的古い時点の議論を発掘する形で紹介した．建前的にいえば，そこに紹介したいずれかの説を諸君の論文に採用することで，十分に合格答案となりうるはずである．

さらに内容に踏み込んで説明すると，従来，地方自治の本旨で論じられていた，団体自治・住民自治の両概念だけで議論しようとすると，本問の中核をなすところの，多層制地方自治の説明が十分に行えない点に注意が必要である．そこで重要なのが，前講で紹介した，EUを中心に論じられ，平成11年の地方自治法の大改正を受けてわが国に導入された補完性原理の問題である．

本問は，憲法で保障されている地方自治体とは何か，ということが論点になる，という意味において，前講と基本的に同一の問題である．ただ，近時における重要性を考慮して，独立の講義を行うこととしたものである．

1　「地方自治の本旨」の概念内容

本問の場合にも，まず制度的保障説を展開し，その，法律によっても不可侵な制度の中核を地方自治の本旨と呼ぶこととし，それは，憲法編入した意義から導けることを述べた上で，団体自治，住民自治及び補完性原理を展開する，という点においては，前講と同一である．その細部は前講を参照して貰うこととし，ここでは説明を割愛する．

2　地方自治の主体（地方自治の保障される地方公共団体）

（1）　地方公共団体の種類と問題の所在

本問の最大の論点は，憲法が現行の2段階自治制度，特に上部構造であるところの都道府県までを保障しているのか，ということである．それが否定的に解されれば，市町村という単層地方自治制度に法律で改めることが可能となるし，現に存在している都道府県は，特別地方公共団体と同様に，単に法律のレベルで導入されているに過ぎないから，それを道州制に変更するのも，何の問題もない，ということになる．それに対し，地方自治における重層構造が保障されていると考える場合には，道州制の導入は，不可能ではないにしても，どこまで憲法の求める要件をみたしているかが，重大な問題となってくる．

これらはいずれも基本的には憲法にいう地方公共団体をどのような意味で把握するかによって決する問題である．そこで，それに関する判例と学説を眺めてみることにしたい．

（2）　判　例

最高裁判所は，前講でも紹介したとおり，東京都特別区が，憲法上の地方公共団体といいうるか否かが問題となった事件において，次のような定義を与えた．

「地方公共団体と言い得るためには，単に法律で地方公共団体として取り扱われているということだけでは足らず，事実上住民が経済的文化的に密接な共同生活を営み，共同体意識を持っているという社会的基盤が存在し，沿革的に見ても，また現実の行政の上においても，相当程度の自主立法権，自主行政権，自主財政権等地方自治の基本的な権能を付与された地域団体であることを必要とする．」（百選〈第5版〉458頁）

これを簡単に整理すると，次のような一連の要件のすべてが存在することを要求していると考えることができる．

① 　法律で地方公共団体として取り扱われている
② 　事実上住民が経済的文化的に密接な共同生活を営み，共同体意識を持っているという社会的基盤が存在している．
③ 　沿革的に見ても，また現実の行政の上においても，相当程度の自主立法権，自主行政権，自主財政権等地方自治の基本的な権能を付与された地域団体である．

このうち，①と③は，明らかに狭義の伝来説に基づく要件であることが判るであろう．①は現に法律で地方公共団体と扱われていることを要件にしており，③は沿革，すなわち過去の立法において自治権を享有していたことを要求しているからである．しかし，過去や現在の法律によって，憲法上の自治権の享有主体か否かを決定することは，明らかに伝来説に基づく要求であって，制度的保障説に馴染まない．

したがって，実務も制度的保障説に立つようになった今日においては，②の要件だけが判例として意味をもっていると考えるべきであろう．

（3）　学説の概況

学説は，きわめて区々に分かれている．学説を大きく分類整理すると，重層性を憲法上の要請と考える説（憲法説）と，国会の自由と考える説（立法

第5章 地方自治　　24 道州制の導入と地方自治の本旨

裁量説）に大別できる．

　戦後すぐの頃は，圧倒的に立法裁量説が強かったと言える．前講に紹介したとおり，マッカーサー草案は，明確に市町村レベルだけについて地方自治を保障していたのは，その端的な表れである．また，当時有力であった狭義の伝来説と結びついていたためである．

　しかし，制度的保障説が強くなるとともに，憲法説が強くなっていった．今では，次の説が存在しているということができる．

　① 立法者意思説　　制度的保障説を採る場合にも，かつては，重層性については，立法裁量説が強かった．代表例として，宮沢俊義を見てみよう．

> 「なにが『地方自治の本旨』であるかといえば，〈中略〉全国の区域が原則として地方公共団体の区域に区分され，その各地域における公共事務が，多かれ少なかれ国から独立に，その地方公共団体の事務として，その住民の参与によって，処理される体制の存することをいうと解される．したがって，たとえば，府県から地方公共団体たる性格を奪い，市町村だけを地方公共団体とすることにしても——もちろん，そうすることの立法政策上の当否は別問題として——，ただちに『地方自治の本旨』に反するとして，憲法違反になるとはいえない．また，市町村の制度が将来変わることも，当然に容認されるといわなくてはなるまい．さらに，現在以上に地方公共団体が増えることも，むろん可能である．たとえば，郡が地方公共団体として復活するとか，地方公共団体としての道州が新たに設けられるという改正も，もちろん可能である．」（『日本国憲法〈芦部信喜補訂版〉』762頁以下より引用）

　このような考え方をとれば，本問の様な考え方は当然に許容されることになる．

　これに対して，憲法が地方自治の重層構造を保障しているという考え方も古くからあった．代表例として，『註解日本国憲法』を見てみよう．

> 「新憲法は，民主政治の一環として，否，その基礎として，地方自治の重要な意義を認め，殊に，過去のわが国の府県行政の中央集権的官僚制が持った欠陥を排除し，より徹底した地方分権と地方行政の民主化を意図したものであると解せられるからである．尤も，府県や市町村の単位又は規模をどうするかは，時代の趨勢に伴って変遷もしようし，そこで処理すべき事務又は権能の範囲も，時と共に推移するであろうが，府県と市町村とを，共に普遍的な地方公共団体として，原則的に承認することを建前とし，これらの地方公共団体については，常に，憲法92条ないし95条の規定の適用を認める趣旨と解すべきであろう．〈中略〉現在，認められている地方公共団体の外に，道州のような広域地方公共団体を認めるとか，すべての郡を地方公共団体として復活するとか，新しく学区という地方公共団体を設けるとかすることができるか．これらは，法律の定めるところに委ねられていると解すべきであろう．」（1376頁）

　要するに，2段階より増やすのは構わないが，憲法制定の時点に存在していた2段階構造を廃止することは許されないという考え方である．この場合には，本問の考え方は違憲ということになる．

　これに対して，同じように2段階構造が憲法上の保障と考えつつ，上層構造の都道府県については，道州制に変更する余地があるとする考え方もある．代表例として，伊藤正己の主張を見てみよう．伊藤は，「都道府県は，かつては知事が官吏として政府より任命され，中央政府の指揮監督を受けていたという沿革があり，その意味では不完全な自治体であったし，現在も第二次的な自治体と考えられている．」という点を指摘した上で，次のように論ずる．

> 「憲法が地方自治を尊重し，強化しようとする趣旨からいって，市町村や都道府県から地方公共団体としての地位を濫りに奪うことは許されないと解される．しかし，実際上問題とされるような，都道府県を統併合して現行より地域の広いいわゆる『道州制』を設けることとしても，そこに地方公共団体としての諸権能が維持されているならば，直ちに違法ということはできないであろう．これに対し，都道府県から自治権を奪って国の行政区画としたり，それらを完全に廃止し市町村のみを地方自治の対象とすることについては違憲の疑いが強くなる．憲法は，その制定時に長年存続していた府県制・市町村制を前提として地方自治の保障を定めたものと解されるからである．そう考えると，憲法は，地方公共団体の二重の構造を保障しているというべきであり，その構造を変更することには違憲の疑いが掛けられる．」（『憲法〈第3版〉』603頁以下より引用）

173

この見解は，本問の考え方そのものであることが判るであろう．

ところで，このように眺めてきて，これらの見解に共通する主張に気がついたであろうか．伊藤正己の引用文の最後に端的に述べられているとおり，ここでは，92条の保障対象になっている地方公共団体とは，「憲法制定当時地方公共団体として予定されていた都道府県及び市町村を指す」という考え方を何れも採用しているのである．これを「立法者意思説」という．

② **社会情勢説** この立法者意思説は，基本的に憲法制定当時の地方自治制度に固執するという姿勢を示すことになる．これは社会情勢が変化してくると，明らかに不合理という印象を与えることになる．そこで，橋本公亘は次のように主張する．

「憲法の要請するところは，このような基本精神に適合するように地方公共団体の組織および運営に関する事項を法律で定めることである．したがって，社会的，経済的条件の変化により何が『地方公共団体』であるかということも変わることがあると見るべきであろう．

明治憲法から日本国憲法への移行過程において，地方自治法により，市町村が基礎的地方公共団体としてその存立を尊重されただけでなく，不完全自治体であった府県が完全自治体とされたことは，右に述べた憲法の趣旨に適合するものであった．そして，現在の時点においても，なおこの点について基本的変化は生じていないように思われる．しかし，産業・交通・通信の発達，人口の移動，大都市生活圏の拡大，社会生活の多元化その他諸条件の変化を見ると，都道府県，市町村の重層構造に改革を加えることも将来あり得るであろう．」（『憲法』現代法律学全集2（青林書院新社）586頁より引用）

この考えに従った場合には，産業・交通・通信の発達以下の一連の社会情勢の変化によっては，道州制の導入も許されることになる．問題は，どの程度，どのような変化が生じた場合に，道州制の導入が許されるのか，この節では全く見えないことである．

③ **住民意思説** 通常，成文法の解釈において，立法者の意思は，特に成文化されていない限り（たとえば近時の法律の冒頭に掲げられている法律の目的に関する記述がその典型），解釈を拘束することはない．その意味からすれば，立法者の意思ではなく，地方自治の本旨に関する解釈論から，重層構造の憲法的意義を考えるべきだとする考えが出てくるのは当然である．

その典型例を佐藤幸治に見てみよう．佐藤幸治は，憲法上の地方公共団体を次のように定義する．

「地方自治は，地域的に共通の行政需要を媒介に，少なくとも潜在的に地域的共同体意識を持ちうる住民が，自己のため自らの手によって統治を行うことであるから，憲法にいう『地方公共団体』もその様な実質を備えた存在であると見なければならない」
（『憲法〈第3版〉』270頁より引用）

原文が，傍点を振ってある2つの言葉が，それぞれ団体自治と住民自治を表現したものであることが判ると思う．これを受けて，佐藤は道州制の問題について次のように述べる．

「立憲民主主義の観点から中央と地方との関係を改革すべく，都道府県よりもより大きな政治単位を設け，それに憲法が地方自治に関して定める組織や権能を与え，それとの関連で府県制を廃止するというような場合ならばともかく，濫りに都道府県から憲法上の地方公共団体としての地位を奪うことは許されないと解される．」（同上）

要するに，「地域の住民がその住民としての共同体意識を有しているかどうかに力点があるとする説」なので，これを「住民意思説」という．

(4) **私　見**

学説がこのように区々に分かれている状態であるので，ここに紹介したどの説をとって論文を書いてくれても構わない．ただ，前講に紹介した最高裁判例との整合性からいっても，住民意思説が穏当であることは明らかであろう．

私自身は，基本的には住民意思説に依りつつ，先に紹介した第3の中核概念としての補完性原理を重視する立場から，基本的に，多重構造は憲法の要求するところと考える点が，他説と若干相違することになる．

そして，重層構造を前提とした上で，地方公団

体の概念を考える場合には，憲法の解釈法学として，地方自治の本旨を構成するところの住民自治と団体自治の2つの理念を現に満たしている団体であるか否かにより決定されるべきである．

今日の憲法において，地方自治が認められるようになった根拠が，中央と地方の分離による全体主義の防止という自由主義的要請にあることを考えると，このうち，主体性を考える上で重要なのは団体自治概念である．そして，団体自治の主体となる団体か否かは，最高裁判所の指摘するとおり，「事実上住民が経済的文化的に密接な共同生活を営み，共同体意識を持っているという社会的基盤が存在する事」を必要とするとともに，それをもって足りるというべきである．

現行地方自治制度は都道府県と市町村の重層的地方自治制度については，わが国では封建時代より，長きにわたってそうした重層的自治制度になじんできており，通常の住民は2重の帰属意思を有していると認められ，また，地方に分権するべき業務にもそうした広狭2段階の存在が標準的に存在していると認められるから，現状においては，こうした2段階地方自治制度そのものが，現行地方自治制度の本旨を形成し，法律によって市町村のみの1段階地方制度を導入することは原則として許されないものと言うべきである．

問題は，道州制を導入しうるだけの広域的な共同体意識が成長しているかどうかである．社会情勢変化説が，正しく指摘しているように，広域的な共同体意識が存在しているか否かの決め手になるのは，「産業・交通・通信の発達，人口の移動，大都市生活圏の拡大，社会生活の多元化」などのファクターの変化により，道や州制度を導入できるだけの状態が全国的に誕生しているか否かであろう．

東京都について言えば，その社会経済活動は，もはや東京都の地域的限界にとどまっているとは言えず，首都圏と称される広域圏が緊密な一体的な社会経済圏を形成していると言える．このような状況の下においては，例えば関東州のような広域地方公共団体を形成する方がむしろ適切と考える．

ただし，これは首都圏や近畿圏等における特殊性であって，例えば東北道とか，北陸道というものに，経済活動が一般に広域化し，地域的一体性が生まれているかと問われれば，まだ疑問が強い．たとえば，北陸道3県の場合，その一体性を強く主張するのは中央に位置する石川県のみであって，富山県は新潟など甲信越地域との一体性を重視し，逆に福井県は近畿圏との一体性を重視している．仮に，こうした事実認識が正しいとすれば，それにも関わらず，都道府県制を一方的に廃止して，一律に道州制を導入することは，地方自治の本旨に反して違憲と考える．

おわりに

以上に述べた道州制は，もちろん憲法92条にいう地方公共団体としての性格を与えられた道や州の場合である．同じ道州制という言葉を使っても，国の行政区画として導入しようという議論であれば，憲法問題は生じない．すなわち，現在も，各省庁では，東北とか，東海というようにブロック単位で地方局を設けている．それに対し，沖縄の場合には，沖縄地方事務所という統一的な機関の中の部局という形で，各省庁の地方行政が行われている．国の地方局を統合し，このような統一機関を全国的に設置する場合には，行政の効率性，経済性という観点から見た場合，かなり意味があるはずである．

第25講　法律と条例の罰則

■問題■

　Y県は，県下のA森林が県庁所在地から至近の距離にあり，市民の行楽地として絶好の条件を備えているとして，同地を「いこいの森」と名付け，Y県いこいの森保護条例（以下「本件条例」という）を制定した．本件条例では，「ゴミは発生者処理が原則で，ゴミ箱の設置はかえってゴミの投棄増大を引き起こす」という観点から，いこいの森内にはあえてゴミ箱を設置しないこととしており，その実効性確保のため，「いこいの森内でみだりにゴミを捨てた者は二十万円以下の罰金に処す」という罰則が規定されている．

　Xは，友人らとA森林にハイキングに行った際，同森林の管理に当たる県職員に，明確にゴミ投棄の禁止を言い渡されていたにも拘わらず，隙を見て森林内に，10数人に上る同行者の弁当の空箱及び空き缶を捨てたため，当該条例に違反したとして起訴され，悪質であるとして，上限額である罰金20万円を求刑された．

　これに対しXは，当該条例は憲法に違反し無効であると主張した．主張の内容は次の通りである．

① 本件条例及び軽犯罪法は，いずれもゴミをみだりに投棄することを禁止することを目的として制定されたものであるので，目的が重複するが，憲法94条に依れば，条例は法令に違反しない限りにおいて，すなわち国の法令と競合しない限度で制定しうるものであつて，もし条例が法令に違反するときは，その形式的効力がないのであるから，本件条例は無効である．

② 他県における同種条例にはそのような規定はなく，地域による不平等な取り扱いを定めたものであるので，憲法14条に違反し，無効である．

③ 刑罰は，憲法31条及び73条6号但書に依れば，法律または法律の委任に基づかない限り制定することはできないが，ゴミ投棄を罰則によって取り締まる権限を条例に委任した法律はないので，無効である．

　Xの主張は認められるか．

●類題1
「地方自治の本旨」の意義を説明し，法律と条例の関係について論ぜよ．
（平成11年 国家I種行政職試験問題）

●類題2
　憲法31条は「何人も，法律の定める手続きによらなければ，その生命若しくは自由を奪われ，又はその他の刑罰を科せられない」と規定している．

　一方地方自治法は14条3項において「普通地方公共団体は，法令に特別の定めがあるものを除くほか，その条例中に，条例に違反したものに対し，2年以下の懲役若しくは禁固，100万円以下の罰金，拘留，科料又は没収の刑を科する旨の規定を設けることができる」としている．**この規定は憲法31条と関連してどのような憲法上の問題を含んでいるかを論ぜよ．**

　また，地方自治法は15条2項において「普通地方公共団体の長は，法令に特別の定めがあるものを除くほか，普通地方公共団体の規則中に，規則に違反したものに対し，5万円以下の過料を科する旨の規定を設けることができる」としているが，この場合はどうか．

（平成8年度 国I法律職試験問題）

第5章 地方自治　　　　　　　　　　　　25 法律と条例の罰則　　　　　　　　　　第25講

●類題 3
　平成14年10月から，東京都千代田区では「千代田区生活環境条例（安全で快適な千代田区の生活環境の整備に関する条例）」が施行され，同年11月から，本条例に違反した者には，過料等の罰則が科されている．
　この条例の憲法上に含まれる問題について論ぜよ．
　〈資料〉
　第21条　区長は，特に必要があると認める地区を，路上禁煙地区として指定することができる．
　　2　前項の指定は，終日又は時間帯を限って行うことができる．
　　3　路上禁煙地区においては，道路上で喫煙する行為及び道路上（沿道植栽を含む．）に吸い殻を捨てる行為を禁止する．（以下略）
　第24条　次の各号のいずれかに該当する者は，2万円以下の過料に処する．
　　(2)　第21条第3項の規定に違反して路上禁煙地区内で喫煙し，又は吸い殻を捨てた者

■この講での論点細目次と論述のヒント■

問題の所在
1　地方自治の本旨の意義
　(1)　条例制定権の憲法上の根拠規定
　(2)　狭義の伝来説における条例制定権とその限界
　　①　個別委任必要説
　　②　94条委任規定説
2　制度的保障説と条例制定権の限界
　(1)　問題の所在
3　法律と条例の関係
　(1)　条例の外延

(2)　基本的人権と条例
　①　平等原則と条例制定権
　②　罪刑法定主義
(3)　法律と条例の個別の抵触
　①　当該事項を規律する国の法令がない場合
　②　国の法令が規制している目的と同一の目的の下に、国の法令が規制の範囲外においている事故・対象を規制する場合
　③　国の法令が規制している事項・対象と同一の事項・対象について、当該法令と異なる目的で規制する場合

問題の所在

　本問は，出題者がかなりいじってしまっているので，判りにくいが，徳島市公安条例事件をベースにしたものである．
　いつも強調するとおり，文章題に対して，そのまま，目に見える論点に対して論文を書いてはいけない．まず1行問題に転換することが大切である．そうすれば，文章題では気がつかない論点まで，自動的に発見することができるからである．本問の場合，類題1こそが，そのような1行問題と考えることができる．この1行問題は，かなり論点の多い問題であることがわかると思う．文章題のありがたさで，そのうち，上記問題と論理的に関

連する論点だけを取り上げれば答としては十分である．その意味で，本問の方がこの平成11年度問題よりも易しい問題になっている．
　類題2の場合，問題文は虚仮威し的に長いが，問題文の分析技術を活用して，ごく普通の1行問題に還元すれば，次のようなものになろうか．

　条例制定権の限界を説明し，条例で罰則を設けることが，憲法31条に違反しないどうかを論ぜよ．また，長の制定する規則は，憲法94条でいう条例に該当するか．

　本問だと，この後半の長の制定する規則に関する論点は現れてこないが，それ以外は基本的に本問とダブっている．
　このように，表面的には全然違う形式を採って

いる問題でも，書くべき論文は同じものである，ということが結構ある．だからこそ，普段，一行問題に対する答案構成をしっかりと行うことが大切になるわけである．

本問においても，論文の導入部が制度的保障説であり，それを受けて，制度の中核概念として，団体自治，住民自治，補完性原理の3概念を論じる，というところまでは，前講，及び前々講と全く同一である．そこを書かない場合には，基本的に合格答案たり得ない．その点については，しかし，すでに前々講で詳述したところであるので，本問特有の議論から次に説明する．

1 地方自治の本旨の意義

(1) 条例制定権の憲法上の根拠規定

本問における最大の論点は，条例制定権を，憲法92条で読むか，あるいは94条で読むか，である．換言すれば，地方自治制度を狭義の伝来説で読むか，制度的保障説で読むか，である．すなわち，狭義の伝来説をとる場合には，地方公共団体の条例制定権は94条に基づいて生ずると考える．これに対して，制度的保障説をとる場合には，92条の「地方自治の本旨」という言葉の解釈で，既に生じており，94条は単にそれを確認し制限しているだけだと考えることになる．つまり，制度的保障説をとると書きながら，条例制定権の根拠を94条と書くと，その瞬間に，落第答案であることが確定する．

どちらをとるかで，法律と条例の関係がまったく別のものと理解されることになる．本問の第一の論点が必ず地方自治の本旨だ，というのはそれが理由である．本問に限らず，地方自治に関するあらゆる問題は，同じように，92条の解釈ですべての結論が劇的に変化する．だからこそ，上記類題1（平成11年度国I行政職問題）が，実に親切に指摘しているとおり，地方自治を論ずる場合には，議論は常に「地方自治の本旨の意義を説明」することから始まる，ということになるのである．どんな問題であれ，地方自治の問題で，憲法92条から議論を始めなかったら，自動的に落第答案になると記憶しておこう．もちろん92条に論及すればそれで十分ということではなく，そこでの議論が，結論に論理的につながっている構成にならなければいけないのである．

このことが諸君にわかりにくい理由は，94条説（条例制定権の根拠は94条にあると解する説）をとったときには，どのような結論になるのかを諸君がよく知らないためであろう．そこで，地方自治の本旨の概念内容については，前講を参照してもらうこととし，本講では，教科書に書かれている92条説に先行して，94条説の展開を見た上で，それとの対比において92条説を説明する．もちろん，諸君の実際の論文は，これから行うような総花式の書き方は間違ってもしてはならない．あくまでも，自分自身（の基本書）の考える地方自治の本旨に対応して書かれなければならない．

(2) 狭義の伝来説における条例制定権とその限界

狭義の伝来説を前提として考えると，地方自治体は，その性質上当然に条例制定権を有するわけではない．憲法41条は実質的意味の立法を国会が独占すると宣言し，同じく憲法94条は，条例制定権は法律の範囲内でしか認められないと宣言しているから，地方公共団体がどの限度の条例制定権を有するかは，国会の採用する立法政策によって決まるからである．その典型的な主張を次に見てみよう．

「法律が一定の団体に対して自治権を付与すれば，当該団体は，その自治権の範囲内で存立を維持し活動をするために必要な組織・運営に関する内部的な規律を一般的な規範の形式で定めることは出来るであろうが，その構成員である一般人民に新たな義務を課し，その権利・自由を制限する実質的な意味での法規を定立するには，そのための特別の授権を必要とするものと解すべきであろう」．（成田頼明「法律と条例」（有斐閣）『憲法講座4』199頁）

これは，住民自治理念の母国イギリスでは学説・実務を支配する考え方であって，the principle of ultra vires と呼ばれている．

この考え方をとれば，条例制定権は，憲法が94条という形で特に地方自治体に付与された権能であって，92条で地方自治が認められたということ自体から，直接引き出せるものではないことになる．すなわち，

「憲法94条中の条例制定権に関する規定は，地方公共団体が『地方自治の本旨』に基づいて当然に有する権能を確認する趣旨の規定ではなく，むしろ，創設的に条例制定権を付与する趣旨とみるのが妥当であろう．」(成田上記引用箇所)

このように考えた場合，問題となるのが，憲法41条の国会中心立法主義との関係である．狭義の伝来説を採る場合，説は大きく2つに分かれる．

① **個別委任必要説** これは，94条は単に条例制定権を認めているのであって，それ以上の意味を持つものではない，という考え方である．例えば，憲法73条6号は，内閣に政令制定権を認めているが，それは決して内閣の政令制定権が41条の国会中心立法主義の例外となるという意味を持つものではない．したがって，政令制定権は，法律の委任又は執行目的に限定されている．それとまったく同じように，憲法が地方自治体に条例制定権を認めているといっても，それは決して41条の例外を定めたものではないと理解する場合には，地方自治体は，条例を制定するにあたり，根拠となる法律に個別に委任規定があるか，ないしは法律執行の目的を有する必要がある，という結論が導かれる．94条の「法律」とはそのことをはっきりさせた意味を持つと理解する．

この立場による典型的な主張を最高裁判所大阪売春取締条例判決にみることができる．

「（上告）論旨は，右地方自治法14条1項，5項が法令に特別の定があるものを除く外，その条例中に条例違反者に対し前示の如き刑を科する旨の規定を設けることができるとしたのはその授権の範囲が不特定かつ抽象的で具体的に特定されていない結果一般に条例でいかなる事項についても罰則を付することが可能となり罪刑法定主義を定めた憲法31条に違反する，と主張する．

しかし，憲法31条はかならずしも刑罰がすべて法律そのもので定められなければならないとするものでなく，法律の授権によってそれ以下の法令によって定めることもできると解すべきで，このことは憲法73条6号但書によっても明らかである．ただ，法律の授権が不特定な一般的な白紙委任的なものであってはならないことは，いうまでもない．ところで，地方自治法2条に規定された事項のうちで，本件に関係のあるのは3項7号及び1号に挙げられた事項であるが，これらの事項は相当に具体的な内容のものであるし，同法14条5項による罰則の範囲も限定されている．しかも，条例は，法律以下の法令といっても，上述のように，公選の議員をもって組織する地方公共団体の議会の議決を経て制定される自治立法であって，行政府の制定する命令等とは性質を異にし，むしろ国民の公選した議員をもって組織する国会の議決を経て制定される法律に類するものであるから，条例によって刑罰を定める場合には，法律の授権が相当な程度に具体的であり，限定されておればたりると解するのが正当である．そうしてみれば，地方自治法2条3項7号及び1号のように相当に具体的な内容の事項につき，同法14条5項のように限定された刑罰の範囲内において，条例をもって罰則を定めることができるとしたのは，憲法31条の意味において法律の定める手続によって刑罰を科するものということができるのであって，所論のように同条に違反するとはいえない．従って地方自治法14条5項に基づく本件条例の右条項も憲法同条に違反するものということができない．」(最大判昭和37年5月30日＝百選〈第5版〉72頁)

補足して説明すると，ここで言っている地方自治法2条3項というのは，現行のものではなく，平成11年の大改正より前のものである．当時は，2条2項に地方公共団体の事務の概念的な規定があり，それを受けてこの3項では「前項の事務を例示すると概ね次の通りである．」とあって，22号まで，かなり詳細に自治体事務が列挙されていたのである．しかし，この各号が個別委任規定である，といいきるのには，それらの規定が少々漠然としていることは認めざるを得ないので，そこを補うために条例の自主法であることを述べているのである．いわば合わせ技とでもいおうか．

なお，現行地方自治法では，地域事務と法定受託事務という包括的かつ抽象的な表現が採られ，かつての詳細な列挙は全文削除された．したがって，この説は，今日では実定法上の基礎を失ってしまった，ということができる．

諸君の論文を読むと，基本的に制度的保障説を採用していながら，条例制定権の説明になると，この判決の文章の一部を無造作に引用し，あるいは「判例同旨」としている人がよくいる．しかし，この判決は，このように狭義の伝来説，さらにその中

でも個別委任必要説を前提にしているものなので，うっかり引用すると，論旨が逆転しかねないことに注意する必要がある．

② 94条委任規定説　この判例のように条例を政令とほとんど同一視する見解だけが，狭義の伝来説ではない．狭義の伝来説による場合でも条例制定権をもう少し強力な権利として把握する見解を示す学者も多かった．例えば先に紹介した成田説は，次のようにいう．

　「条例制定権の根拠が憲法自体に存する以上，法律の特別の授権や媒介を必要としないというのが，多数の学者のほぼ一致した見解である．このような見地からすれば，地方自治法の諸規定は，第一次的な授権規定ではなく，憲法94条を受けて，規定事項の範囲を明瞭にした趣旨に過ぎないと考えられる．」（同上）

すなわち，94条は41条に対する憲法自身の制定する例外規定であるから，それに重ねて法律による委任規定等は不要と考えるわけである．

この場合，31条のように，憲法が法律に留保している内容を条例で定めることについては，地方自治体の条例は，行政官庁の命令と異なり，住民の代表機関である議会の議決によって成立する民主的立法であるから，実質的には法律に準じて考えて良いとしつつ，

　「刑罰権及び刑罰規定の設定は，本来国家事務であって，地方自治権の範囲に属しないと考えられるから，憲法94条によって条例制定権が与えられているというだけでは，その実効性を担保するための刑罰規定を設ける権能までも当然に地方公共団体に与えられたとはいえない．したがって，条例中に刑罰規定を設けるには，地方自治法14条5項のような特別の授権規定を必要とするものと解すべきであろう．条例中に設けられた罰則規定が，このように地方自治法14条5項の委任に基づく限り，条例中に罰則を設けることが直接憲法31条に違反するとはいえない．また，右の委任が罰則の包括委任として憲法73条6号に違反するか否かについては，条例への罰則の委任は，行政府の命令への罰則の委任とは本質を異にし，かつ，条例は民主的手続きを経て制定される自治立法であるから，憲法73条6号の関知するところではない，と解したい．」

と論ずるのである．ここで14条5項と呼ばれているのは，現行の14条3項のことである．要するに，憲法が法律に留保している問題だけは，個別委任必要説と同様に，個別委任がいると考えることになる．但し73条6号の規定の適用は無いと考える点で，上述の個別委任説とは違ってくることになる．どちらの見解をとった場合にも，94条説が条例制定権の限界を狭くとり，その分だけ法律の権限を強めていることがわかると思う．

2　制度的保障説と条例制定権の限界

(1)　問題の所在

今日の通説は，先に述べたとおり，92条の地方自治を制度的保障として把握する．新固有権説と総称される有力学説は，さらに強力に地方自治権を肯定する．しかし，諸君の中に新固有権説をとる者はいないと思われるので，以下では，制度的保障説を採ることを前提に，条例制定権をどのように把握するべきかを論じたい．

制度的保障説の詳しい内容については，前講で説明したので，ここでは割愛する．しかし，団体自治や住民自治が，まるで憲法の明文にあるかのように，あるいは天からのお告げであるかのように書き飛ばし，理由を述べない，ということだけは絶対にしないようにお願いしたい．

地方自治の本旨には，近時，第3の概念要素として，補完性（補充性）を加えるべきかどうかが論じられていることも，前講に紹介したとおりである．本問では，これは，小問②の憲法14条との関係で問題となる．抽象的に論じても判りにくいと思うので，この概念については，14条について説明する際に，改めて説明する．

3　法律と条例の関係

92条の団体自治という概念から直ちに，地方公共団体に自主立法権を肯定しうると考えるときは，94条が「法律の範囲内」でしか条例制定権を認めない，と宣言している点は，条例制定権に92条からは引き出せない新たな制限を課していると読むべき事になる．

(1)　条例の外延

憲法92条は，地方自治制度を法律で制定するこ

とを予定している．これを受けて，地方自治体の権限の外延を決定しているのが地方自治法である．地方自治体は，地方自治法という「枠立法 (Rahmengesetz)」の範囲内で，自主的にその権限を行使しうる．

条例制定権については，地方自治法14条1項において「普通地方公共団体は，法令に違反しない限りにおいて第2条第2項の事務に関し，条例を制定することができる」と定めている．これが枠立法として有効であるからこそ，2条2項という法律の規定が条例制定権の限界となるわけである．

すなわち，条例制定権の対象事項足り得るためには，まず第1に，それが地方自治法上，地方自治体の事務に属するもの，とされていなければならない．現行地方自治法2条2項は，自治事務と法定受託事務という2大分類を導入した．この2つの事務は，ともに地方公共団体の事務であることにかわりはないが，その事務の性格の違いにより，処理の仕方や国の関与等のあり方における法的取り扱いに差違がある．法定受託事務とは，地方公共団体の事務のうち，国が本来果たすべき役割に係るものであって，国においてその適正な処理を特に確保すべき必要があるものとして，法律又はこれに基づく法令により特に定めるものである．これ以外の地方公共団体の事務を自治事務という（2条8項）．自治事務について，条例を制定できることについては，問題はない．

かつての機関委任事務の場合，それは国の事務であって，地方公共団体の事務ではなかったから，地方公共団体の機関がその処理を行っていても，当該地方公共団体において条例を制定できなかった．これに対して，法的受託事務は，「国が本来果たすべき役割に関する事務」ではあるが，2項で地方公共団体の事務と明確に定められているから，条例を制定できる．ただ，現実にその事務については，法律や命令が存在しているから，それと抵触するような条例を制定しても無効になるだけ，ということになる．

(2) 基本的人権と条例

法制度としては，上述のとおりであるが，そこで問題は，第1に，なぜ憲法94条は，他の地方自治体の権限と差を付けて，条例制定権についてだけは，「法律の範囲内」であることを要求したのであろうか，という点である．

① 平等原則と条例制定権　憲法14条1項は，法の下の平等を定める．ここでの「法」について，法律と解する古い説があるが，これは今日では気にする必要はない．しかし，地方自治体の条例により人権の制約を認めるときは，各地方ごとに人権の享有範囲が区々となる結果，平等原則が破綻してしまった場合には，当然平等原則違反といわさるを得ない．すなわち，どのような場合には法律で定めるべきであり，どのような場合には条例で定めることも許容されるのかが論点になるのである．これについて，最高裁判所は先に紹介した大阪売春取締条例事件において，次のように述べた．

「社会生活の法的規律は通常，全国にわたり画一的な効力をもつ法律によってなされているけれども，中には各地方の特殊性に応じその実情に即して規律するために，これを各地方の自治に委ねる方がいっそう合目的的なものもあり，またときにはいずれの方法によって規律しても差し支えないものもある．これすなわち憲法第94条が地方公共団体は『法律の範囲内で条例を制定できる』と定めている所以である．」

すなわち「各地方の特殊性に応じその実情に即して規律するために，これを各地方の自治に委ねる方がいっそう合目的的なものもあり，またときにはいずれの方法によって規律しても差し支えないもの」は，条例で定められるが，これに該当しない場合には法律による他はなく，それが条例制定権の限界となると考えて良い．この判決は，古い時代のものなので，国の側を中心に見ているが，今日の地方からの視点からすれば，これは補完性原理の端的な表現と見ることができよう．

すなわち，現行地方自治法を見ると，現行地方自治法では，普通地方公共団体を，市町村と都道府県の2層構造を持つものとしている．両者の関係については次のように定めている．

市町村は，「基礎的な地方公共団体」なので，自ら処理するのが適当なものは，原則として，何でも行うことができる（地方自治法2条3項）．これに対して，都道

府県は「市町村を包括する広域的な地方公共団体」なので,その権限は,「広域にわたるもの」とか,「市町村の連絡調整にあたるもの」に代表される,規模や性質から市町村が処理するのに適当ではないものだけが権限内容となる.このように,都道府県の活動は,市町村を補う性格を持っている.このようなやり方で重層的な地方制度を作る考え方を,補完性原理という.補完性原理を採用している限り,都道府県が条例で定めた事項は,同じ都道府県の中で,統一的に取り扱う方が妥当な事項,換言すれば各市町村がバラバラに条例で定めるのには適さない事項に限られる.したがって,都道府県の条例と,市町村の条例が抵触すれば,都道府県の条例の方が優越し,その限度で市町村の条例は無効になる(地方自治法2条16項なお書き参照).

国と地方公共団体の関係について補完性原理の存在を認める場合には,同じことが言えるはずである.国が法律で定める事項は,都道府県以上に広域的な事項や都道府県や市町村の連絡調整など,規模や性質が全国統一的に定めるのに適している事項に限られている.したがって,国の法律と地方自治他の条例が抵触するような場合には,法律を優越させる方が,国民の利益になるのである.それが,この最高裁判所判決の引用部分の述べていることと理解できる.

こうして,憲法94条は,92条の団体自治の理念に従う限り広く制定権が承認されるべき条例について,「法律の範囲内」という枠を課したと理解することができる.小問②についていえば,ゴミゼロ運動を展開している結果,ゴミ箱を置かないという,地域政策の特殊性が,他のそうした政策を採用していない地方との合理的な違いとして指摘することができよう.

② **罪刑法定主義**　現行憲法上,憲法が特に法律で定めることを要求しているものがある.そのうち,地方公共団体条例との関係で問題になるのは,財産権の保障(第29条),罪刑法定主義(第31条),租税法律主義(第84条)がある.

これら3つの場合をどの程度論ずるかは,何が論文のテーマになっているかにより,答え方が変わる.

平成11年行政職のように大きく聞かれている場合には,3つをひっくるめて,民主的基盤のある条例においては,地方住民から見た場合,国会における代表者に依る法律と同様に理解すればよい,という感じに簡単に答えるのが無難な作業ということとなる(これは不十分な,あるいは不正確な答えであり,したがって減点されるが,その減点分よりも他の数多くの論点に言及することで得られる点の方が多いので採用するのである).

それに対して,本問の小問③や平成8年法律職問題のように,これらのうちの1つに限定して,個別に聞かれた場合には,どれについて聞かれたかに応じて,答え方が変わらなければならない.なぜなら,この3つの条文で,法律で制定することを要求している根拠はそれぞれ別の理由だからである.ここでは本問及び類題3(平成8年国家公務員法律職試験問題)で問題になっている31条についてのみ,法律と条例の関係のポイントを説明したい.

31条は,罪刑法定主義を定めているといわれる.無造作に罪刑法定主義,という言い方をするが,かつての理解とこれほど大きく解釈が変動した法領域も少ない.美濃部達吉が現行憲法の通説であった時代には,文字通り,刑と罰を法律で定めることを要求すると解釈されていた.これに対して,今日においては,この規定は英米法で言うところの適正手続保障(due process of law)の理念のわが憲法における現れと解する点で,ほとんど異論を見ない.すなわち,ここでいう法律とは,形式的な意味の法律ではなく,実質的正義の意味である.手続及び実体要件の双方について法定されなければならないのみならず,内容も共に憲法秩序に合致した適正なものでなければならない.

逆から言えば,手続き及び内容が正義にかなっていることを要求しているだけで,それが形式的な意味の法律であることを要求しているわけではない,ということである.適正手続保障における正義は,いわゆる明確性の法理を要求する.対象者に対して,事前に公正な警告が行われていることを求めるからである.逆に言えば,客観的に明確性を有するものであれば,慣習法であれ,条例であれ,問題ではないのである.

確かに罪刑法定主義は一般に慣習刑法の排除を要求するが,わが国現行刑法にも,慣習法を基礎とする規定が明確に存在する.例えば刑法123条は水利妨害罪を定めるが,ここにいう水利権は慣習法上の権利である(水に関する入会権と考えてくれればよい)ので,結局,その地方の慣習により,水利妨害罪の成否が決まる

182

ことになる（大審院判決昭和7年4月11日参照）.

第2の根拠は，代表者の同意である．マグナカルタの昔から，国家が個人の権利や自由を侵害する場合には，その侵害される個人を代表する者の同意が要求された．例えば，アメリカ独立戦争のスローガンである「代表無ければ課税なし」は，この理念を端的に示している．国家が国民の権利を侵害する方式として発達したのが，国民の代表者が可決する法律である．罪刑法的主義が法律を要求している根拠がここにあるとすれば，地方自治体の自主立法のうちで，住民の代表者が制定する法規範が31条の要求を満たすことになる．

現行の地方自治法では，地方公共団体の自主立法として3種類の法規範が予定されている．議会が制定し，長が拒否権を行使しないことによって成立する条例，長が制定する規則及び各種委員会が制定する規則である．このうち，住民自治の理念に従い，民主主義的な背景を有するのは，議会と長である．したがって，条例と長の制定する規則には，罰則を受けるものの代表者の同意が得られているといえるので，罰則を設けても，31条に違反することはない，といえる．現行地方自治法が前者について14条3項，後者について15条2項を定めているが，委員会規則についての罰則を予定していないのは，その意味で妥当であると理解することになる．この長の規則制定権に関する議論が，平成8年の問題の後半となる．ここでは，簡単に結論だけを紹介した．

（3） 法律と条例の個別の抵触
① 当該事項を規律する国の法令がない場合

それが地方公共団体の権限内に属する事項である場合には，条例は自由に制定できる．具体的な例としては寄付金等取締条例，自転車の盗難防止条例，青少年保護育成条例等がある．

これに対して，現実に，同一対象の法律が存在している場合，あるいは新たに制定された場合には問題となる．形式的に考えれば，同一の対象を規律する法律が存在すれば，それに抵触する条例は，無効になると考えるべきであろう．これを法律先占領域説といい，かつては通説・判例であった．

しかし，そのような硬直的な考え方では条例の制定は非常に困難となり，事実上自主立法権を憲法的に保障した意義を失う，と従来の学説は説明してきた．

実は，この説明そのものが誤っていたというべきである．法律先占領域説とは，要するに地方自治体の管轄するどんな問題に対しても，国は好きなように法律を定めることができ，法律がひとたび定められれば，それに対応する形で地方団体の自主立法権は自動的に縮減すると考えていることを意味するからである．これは，明確な狭義の伝来説的な発想であって，そもそも制度的保障説の下においては妥当しない．

それにも拘らず，何故その本質的な不当性が指摘されなかったかといえば，従来の通説は，制度的保障説における中核概念としては，団体自治と住民自治の2概念しか知らなかったからである．第3の中核概念として，補完性原理を考える場合には，そもそも地方自治立法の本質的な専管領域内においては，法律はその効力を失うと考えるのが正しい．

この観点から，最高裁判所徳島市公安条例昭和50年9月10日判決が述べる，次のような見解を検討してみよう．

> 「条例が国の法令に違反するかどうかは，両者の対象事項と規定文言を対比するのみでなく，それぞれの趣旨，目的，内容及び効果を比較し，両者の間に矛盾抵触があるかどうかによってこれを決しなければならない．」

なぜこのように言えるのかは，先に憲法14条と関連づけつつ，補完性原理について説明したことから明らかであろう．これをこの判決はさらに2つの場合に分けて，それぞれについて要件を明らかにしている．すなわち，

> 「例えば，ある事項について国の法令中にこれを規律する明文の規定がない場合でも，当該法令全体全体からみて，右規定の欠如が特に当該事項についていかなる規制をも施すことなく放置すべきものとする趣旨であると解されるときは，これについて規律を設ける条例の規定は国の法令に違反することとなりうるし，逆に，特定事項についてこれを規律する国の法令と条例とが併存する場合でも，後者が前者とは別の目的に基づく規律を意図するものであり，その適用によって前者の規定の意図する目的と効果を

なんら阻害することがないときや，両者が同一の目的にでたものであっても，国の法令が必ずしもその規定によって全国的に一律に同一内容の規制を施す趣旨ではなく，それぞれの普通地方公共団体において，その地方の実情に応じて，別段の規制を施すことを容認する趣旨であると解されるときは，国の法令と条例の間にはなんらの矛盾抵触はなく，条例が国の法令に違反する問題は生じ得ないのである.」

少々長文であるが，非常に要領よく，上乗せ条例や横出し条例の論理を説明しているので，この論理をよく覚えて，自分の考えとして論文に書けるようにしよう．

理解を助けるため，以下では，これをもう少し場合分けして説明しよう．

② 国の法令が規制している目的と同一の目的の下に，国の法令が規制の範囲外においている事項・対象を規制する場合　説明の都合上，上記判決の述べている順序と逆転させて，こちらを先に述べると，近時上乗せ条例とか横だし条例という形で問題となる公害防止条例の場合は，ほとんどがこの範疇に属することになる．これは抽象的には先に紹介した判例が述べたとおりであるが，具体的事例の判断では非常に難しい問題になる．諸君の論文では，いきなり上乗せ条例や横出し条例が認められるか，という形で議論されている場合が多いが，それは議論として逆転している．ここまで論じた上で，許容される条例の類型として登場してくるのがこれらの条例なのである．

③ 国の法令が規制している事項・対象と同一の事項・対象について，当該法令と異なる目的で規制する場合　有名な例としては飼い犬取締条例がある．これは家庭に飼われている犬を対象にしている点では狂犬病予防法と同一の対象の条例だが，狂犬病予防法がその特定の疾病の流行を防止するだけの目的であるのに対して，それ以外の，例えば犬による咬傷事故の防止などを目的として

いるため，結局重複がないと判断されるというものである．

本問が問題としている条例が，ゴミ捨ての取り締まりという点では軽犯罪法と同一の対象を取り扱っているのも，この例といえる．本問は，これだけを問題にしているのだから，本問に回答するにあたり，上記最高裁判決の全文を説明してしまうのは間違いである．

「特定事項についてこれを規律する国の法令と条例とが併存する場合でも，後者が前者とは別の目的に基づく規律を意図するものであり，その適用によって前者の規定の意図する目的と効果をなんら阻害することがないとき」

というところだけが論点となる．

そこで本問の場合には，本件条例が，ここにいう条例が無効にならないための要件を充たしているか，という問題が検討の対象となる．すなわち，軽犯罪法は，このような条例を是認する趣旨を含んでいるのか，という問題である．

軽犯罪法は，その構成要件が極めて曖昧であり，そもそも罪刑法定主義を充足しているか，疑問がある（罪刑法定主義に違反していないという判例がある＝最判昭和29年6月17日）．それは，社会常識的には可罰的違法性があると思料されるにも拘わらず，事前に予見困難であり，したがって刑事処罰を行うのが困難な事案に対し，刑法一歩手前の軽い処罰を行うことにより，罪刑法定主義を厳しく適用しなくとも良い，という特殊な類型と考えることができる．

したがって，罪刑法定主義に適合した明確な構成要件を定める事が可能な場合に，それを条例で定める趣旨を排除したものということはできない．したがって，特定の地域に関して，独自の可罰的違法性が存在する場合に，明確な構成要件を伴って，軽犯罪法よりも重い刑罰を条例が定めることを排除するものではない，といえるであろう．

第 26 講　条例による財産権の制限

■問 題■

　Y県では,昭和〇年に「ため池の保全に関する条例」を制定した.同県は,他県と異なり,これという河川がないため,農業用水はもっぱらため池に頼っている.このため県下には合計13,000に上るため池があるが,これらため池は,田畑に灌漑用水を流下させる目的から,一般に高所に設けられているため,その提塘が破損,決壊した場合には,その災害が単に所有者にとどまらず,一般住民および滞在者の生命,財産にまで多大の損傷を及ぼすものであることにかんがみ,その破損・決壊を防止する目的で制定されたものである.

　Y県A村のため池B池は,A村在住の農民の総有に属しており,その提塘も代々耕作の対象となっていたが,同条例の施行により,B池提塘での耕作が禁じられることになった.しかし,A村の農民であるX等は,条例施行後も引き続き農作物をB池の提塘に植えていたため,同条例4条二号違反で起訴された.

　これに対し,X等は,憲法29条2項により,財産権の制限は法律で行う必要があるところ,本件条例は財産権の使用を制限するものであるから違憲・無効である.また,憲法29条2項が財産権の法定を規定したのは地方によって財産権の内容が異なってしまうような事態を防ぐものであって,その趣旨からも条例によって財産権が制限されるのは違憲である.したがって無罪であると主張した.

　X等の主張の憲法上の当否について論ぜよ.

〈資料〉

ため池の保全に関する条例

昭和〇年〇月〇日
Y県条例第38号

第1条（目的）　この条例は,ため池の破損,決壊等による災害を未然に防止するため,ため池の管理に関し必要な事項を定めることを目的とする.

第2条（用語の意義）　この条例において,次の各号に掲げる用語の意義は,当該各号に定めるところによる.
　一　ため池　灌漑の用に供する貯水池であって,堰堤の高さが3m以上のもの又は受益農地面積が1ヘクタール以上のものをいう.
　二　管理者　ため池の管理について権原を有する者をいう.ただし,ため池の管理について権原を有する者が2人以上あるときは,その代表者をいう.

第3条（適用除外）　この条例中第5条から第8条までの規定は,国又は地方公共団体が管理するため池については,適用しない.

第4条（禁止行為等）　何人も,次の各号に掲げる行為をしてはならない.ただし,第2号に掲げる行為のうち,知事がため池の保全上支障を及ぼすおそれがなく,かつ,環境の保全その他公共の福祉の増進に資すると認めて許可したものは,この限りでない.
　一　ため池の余水吐の溢流水の流去に障害となる行為
　二　ため池の提塘に竹木若しくは農作物を植え,又は建物その他の工作物（ため池の保全上必要な工作物を除く.）を設置する行為
　三　前二号に掲げるもののほか,ため池の破損又は決壊の原因となる行為

第 5 条〜第 8 条　略
第 9 条（罰則）　第四条の規定に違反した者は，20 万円以下の罰金に処する．

■この講での論点細目次と論述のヒント■

問題の所在
1　地方自治の本旨
2　条例による財産権の制限
　(1) 問題の所在
(2) 財産権と法律
(3) 財産権制限の条例による制限の限界とその根拠
(4) 平等原則と条例制定権

問題の所在

　問題の性質から，論点は大きく 2 つに分かれる．1 つは，憲法 92 条と 94 条の関係に関する解釈論である．今 1 つは 29 条の制度的保障の意義である．

　地方自治に関し，かつての通説・判例は，今日「狭義の伝来説」と呼ばれる説を採用していたが，今日では制度的保障説が通説となっていることは，諸君の知るとおりである．面白いことに，29 条でも通説的には制度的保障という概念が問題となる．だから，この 2 つの制度的保障について，それぞれ，その侵すべからざる中核は何か，という議論に関する論点を要領よくまとめていけば，本問の論文ができあがることになる．

　憲法 29 条は，財産権に関する制度的保障の原則を定め，2 項はその限界を法律により定めることを予定している．ここに言う法律に条令が含まれるか，という問題が本問の前半の論点である．かつて奈良県ため池条例判決（最大判昭和 38 年 6 月 26 日＝百選第 5 版 216 頁）によって有名になった論点である．本問は，その事件に基づいて作問したものである．資料にあげた条例は，奈良県のため池条例そのものである．

　本問後半に関しては，2 つの論点をあげるべきであろう．第 1 は，法定事項に対する条例の制定権というものであり，第 2 は 14 条との関係における論点である．

1　地方自治の本旨

　本問の場合にも，まず地方自治に関して制度的保障説を展開し，その，法律によっても不可侵な制度の中核を地方自治の本旨と呼ぶこととし，それは，憲法編入した意義から導けることを述べた上で，団体自治，住民自治及び補完性原理を展開する，という点においては，前講と同一である．その細部は前講を参照してもらうこととし，ここでは説明を割愛する．

2　条例による財産権の制限

(1) 問題の所在

　憲法が法律で定めることを要求している事項について条例で定めうるか，という問題について，諸君に論文を書かせると，制度的保障説が出現する以前の判例である大阪売春取締条例判決が条例による罰則を合憲とした根拠としてあげた理由のうち，その半分だけを使って，「民主的基盤があるから許される」と書く人が極めて多い．しかし，法律事項に関する条例に関する議論一般という問題ならばともかく，本問のように，財産権に限定されている問題で，そのようなアバウトな議論をすることに対しては，とうてい高い評価を与える訳にはいかない．

　そもそも，地方自治体が，条例制定権を有するのは，制度的保障説の下では，団体自治から導かれる自主立法権が，その根拠である．民主的基盤云々という上述の表現は，住民自治の概念を意味しているに過ぎないから，上記の論法では，そもそも肝心の団体自治が欠落してしまうのである．

　確かに，大阪売春取締条例事件のように，条例による罰則を論じる際には，団体自治にクロスオーバーして，住民自治を使う説が有力に主張される．すなわち，現行地方自治法は，広義の条例，すなわ

ち地方自治の自主立法として，①狭義の条例（地方議会が制定し，長が拒否権を行使しなかったもの）に加え，②長の制定する規則，及び③各種委員会の制定する規則，の３者が存在している．そして，現行地方自治法は，①及び②についてだけ，罰則を設けることを予定している（14条3項及び15条2項）．条例を団体自治に基づく自主立法と考える場合，罰則を科する権限は，当然にそれに含まれる．このように考えた場合には，現行地方自治法における①②への罰則規定は，憲法94条にいう「法律の範囲内」として，それら自主立法における罰則制定権の上限を定めた枠立法と理解されることになる．しかし，このように考えた場合，そうした上限規定のない委員会の規則では，地方自治体は自由に，限度で狭義の条例などには認められないような厳罰を設けることも可能になる．この逆転を嫌う場合には，③についてはそもそも罰則を設けることは許されないと論じる．その根拠としては，現在の地方公共団体の委員会は，民主的基盤を有しないのに対し，長と議会は民主的基盤を有している点に着眼して，住民自治的基盤を有していない委員会の規則の異質性をいうことになる．つまり，罰則は，あくまでも民主的基盤がある場合に許されるのであって，団体自治からは導かれないと論じなければならない．

しかし，上述したところは，基本的に罰則に関する議論である．その場合に民主的基盤が云々される根拠は，罰則の有効性が代表者の同意に依存するという点にある．

だから，民主的基盤を根拠として，財産権について，法律ではなく，条例で制限できるということを肯定するためには，それと同様に，財産権の特質が，代表者の同意に基づく必要がある，という論証を行う必要があることになる．それをせずに，いきなり民主的基盤があれば十分だと論じるのは，団体自治に関する議論の欠落を度外視して住民自治だけに限定しても，理由不足と評価されることになる．

しかも，財産権と罰則とは明らかに異質な概念である．例えば，委任立法に関する憲法73条6号は，罰則については法律の委任がない限り化せられないと定めている．これを反対解釈すれば，財産権の制限は，法律の委任無くしてやれることになる．そういう解釈が成り立つのか，それともやはり財産権の場合にも，委任なくしてはやれないのか，という疑問点が存在していることが判ると思う．

単に否定するだけのために，少々くどい議論を展開した．要するに，民主的基盤というような何が言いたいのか判らない議論で誤魔化すのではなく，財産権の本質そのものから議論を展開する必要を認識してもらえただろうか．

（2） 財産権と法律

憲法29条2項が，財産権を法律によって制限することを要求していることの意義が，したがってここでは問題となる．

ここで考えなければならないのは，実は，さらに1つ手前の問題，すなわち，なぜわが国現行憲法は「財産権」を保障しているのか，ということである．これについては，第46講で詳しい説明をしているので，ここでは簡略に説明する．

近代自由主義社会は，個人の尊厳と所有権の絶対，という2つの概念の上に築かれた．これはそれに先行する封建制のアンチテーゼと理解できる．すなわち，封建所有権は，領主のもつ抽象的な支配権から始まって，現実に土地を耕作する人間の持つ具体的支配権に至るまで，幾重にも重層構造を形成していたために，どのような個人もその財産の自由な使用，収益，処分が許されなかった．このために，そうした制約を否定することが，近代社会の確立に欠くべからざる要求であったのである．

しかし，資本主義経済の発達とともに2つの変化が発生してくる．

第1は，まさに所有権から財産権へと，用語が変化したのはなぜかという問題と直結している．これは，所有権の，経済全体に占める重要性が相対的に低下し，代わって債権がその主要な担い手になってきたことによって発生した．物権は強力な権利であるだけに，第三者の権利を害しないように物権法定主義が要求される．その硬直性のために，社会の変化に対応して，新しい内容の権利を保障する必要性が現れてきても，そのニーズに柔軟に対応するのは困難である．それに対して，債権は当事者が納得すればどのような内容の権利でも，保障することが可能である．こうした柔軟性

から,現代社会では,債権が物権よりも重要な権利となってくる.これを「債権の優越」と呼ぶ.これに伴い,物権でも,所有権以外の権利,特に債権の確保に奉仕することを目的とする担保物権の重要性が増加してくる.

こうした新しい内容の債権が社会的基盤を確立してくると,法が追随し,そうした新種の権利に物権と同様の強力な保障を与えることが行われる.そうした新しい権利は,従来の物権と異なり,物に関係しない権利なので,一般に「無体財産権」と総称される.特許権や著作権が,その代表的なものである.このように,所有権が財産権中の1つに過ぎなくなる,という現象を「財産権の(普遍化的)近代化」と呼ぶことがある.

第2は,資本主義の矛盾が拡大し始めたために,財産権に対する公権的な規制が増加し,常態化したという点である.特に,従来,特権的な地位を有していた所有権の中でも,近代国家の基盤ともいうべき土地所有権は,近代資本主義の原理に反して,どれほど需要が増大しても,それに対応して供給の増大が不可能という特質を有している.その他,様々な場合に,現代国家は,所有権そのものを神聖不可侵であるどころか,大きな制約を認める必要に迫られるようになる.このことを「財産権の現代化」ということがある.このように,所有権においてすら,その権利内容を自明のこととすることができなくなると,財産権の内容は,法律で定める必要が生じてくることになる.

このような二つの方向への大きな変化の結果,明治憲法のように所有権だけの保障では,今日,ほとんど無意味になったので,現行憲法29条は,広く「財産権」一般を保障するようになってきたのである.

以上に述べたことから,条例で定めることの可否を念頭に置きながら,なぜ法律で定めているかを検討すると,次のようにいえる.

「日本国憲法においては,財産権の普遍化的近代化が行われる($\frac{29条}{1項}$)とともに,財産権の現代化が29条2項においてなされたのである.したがってここでは,いわゆる財産権法定主義については,次の2つの場合を分けて考えなければならないといえよう.

まず第1は,普遍化的近代原理に関するものであって,財産権法定主義は,財産権の規制が法治主義に基づいて,法律によってなされねばならないことを意味する.したがってこれは,財産権に特有の問題ではなく,基本権一般の問題である.とすれば,ここにおける財産権法定主義は,国の命令及び個別行為との関係の場におけるものであって,条例との関係におけるものではない.前述の,日本国憲法下の法治主義行政原理における条例の地位からすれば,条例による基本権規制,したがって財産権規制は認められるのである.

第2は,現代化に関するものであって,憲法29条2項がその趣旨の規定であるという点である(右の第1の法治主義であれば,財産権についての見定められるべきではない.財産権についての法治主義の定めはむしろ29条1項であると解される.).すなわち,29条1項において定められた財産権の不可侵は,同上2項において,近代(狭義)的な不可侵性を意味するものではなく,現代的に変質すべきものとされたのである.したがって,29条2項で『法律でこれを定める』という場合,それは,財産権の現代的性質の表現であって,決して条例による定めを排する趣旨ではない.」(高田敏「条例論」『現代行政法大系』8 地方自治(有斐閣,昭和59年)189頁)

大変簡略な説明なので,ぜひ記憶しておいてほしい.ただ,これでは一方において若干冗長であり,他方において説明不足の点もあるので,基本書と相談しながら,自分流の記述方法を確立しておいてほしい.

(3) 財産権制限の条例による制限の限界とその根拠

財産権の,条例による規制を認めるとして,どの限度で承認できるかが問題となる.これについては,財産権の内容規制と行使の規制とに区分し,前者は条例では制限できないが,後者は可能とする説が,古くから存在し,有名である(高辻正巳「財産権についての一考察」自治研究38巻4号).この説は,今日においても主張している者があり,まったく無視することはできないが,以下に述べるような問題点があるので,学生諸君が採用することはあまり勧めない.

すなわち,第1に,内容規制と行使規制を厳密に区別しうるかは疑問である.また,上述のとおり,29条2項は法治主義的法律の留保を定めたものでもあることを考えると,条例を一般的に排除することはできないはずである.そもそも一般に精

神的自由権について条例の制限が認められるのであるとすれば、それよりも社会権的性格が強く、したがって制約が広く認めうる財産権について条例が除外される理由はない。

これらの理由から、内容規制と行使規制の区別をすることなく、条例による財産権の規制を認めるのが、通説である。

(4) 平等原則と条例制定権

憲法14条1項は、法の下の平等を定める。ここでの「法」について、法律と解する古い説があるが、これは今日では気にする必要はない。しかし、地方自治体の条例により人権の制約を認めるときは、各地方ごとに人権の享有範囲が区々となる結果、平等原則が破綻してしまった場合には、当然平等原則違反といわさるを得ない。すなわち、どのような場合には法律で定めるべきであり、どのような場合には条例で定めることも許容されるのかが論点になるのである。これについて、最高裁判所は先に紹介した大阪売春取締条例事件において、次のように述べた。

「社会生活の法的規律は通常、全国にわたり画一的な効力をもつ法律によってなされているけれども、中には各地方の特殊性に応じその実情に即して規律するために、これを各地方の自治に委ねる方がいっそう合目的的なものもあり、またときにはいずれの方法によって規律しても差し支えないものもある。これすなわち憲法第94条が地方公共団体は『法律の範囲内で条例を制定できる』と定めている所以である。」

この判決は、理論的根拠を特にあげることなく、このような結論だけを示している。しかし、今日の目から見れば、この引用箇所は、第3の中核概念である補完性原理の端的な表現である。すなわち「全国にわたり画一的な効力を持つ法律」という表現は、補完性原理にいう「広域的なもの」に該当し、「各地方の特殊性に応じその実情に即して規律するために、これを各地方の自治に委ねる方がいっそう合目的的なもの」とは、まさに地方公共団体の専管する領域をいっていると読むことができるからである。要するに、補完性原理に合致するか否かにより、憲法14条との整合性も決まると考えることができる。

整理して、本問の結論を下せば、次のように言える。

国と地方公共団体の関係について補完性原理の存在を認める場合には、国が法律で定める事項は、都道府県以上に広域的な事項や都道府県や市町村の連絡調整など、規模や性質が全国統一的に定めるのに適している事項に限られている。したがって、そうした事項に関して、国の法律と地方自治他の条例が抵触するような場合には、法律を優越させる方が、国民の利益になるのである。

これに対し、本問の場合には、問題文中に詳述されているとおり、これという大河がなく、農業用水がもっぱらため池に依存しなければならないという、この県の特殊性が、こうした条例の制定理由である。その場合、当然地方公共団体の自主立法権が国の立法権に愉悦すると考えることができよう。

第 27 講　住民投票の拘束力

問題

　C県A市に流れる2級河川のB川には，江戸時代からの堰が存在していた．A市長Yは，河川管理者であるC県と協議の上，それを取り壊し，洪水防止及び農業用水のための取水用に1km下流に新たに堰を設けるという形の河川改修を，河川法16条の3に定める市町村工事として実施することとした．しかし，古くから親しんできた堰が取り壊されることに対し，この堰の所在するD地区住民を中心として，反対運動が起こった．他方，Y市長の出身地区であり，新しい堰が作られる予定地区でもあるE地区では，豊かな農業用水が得られるということで，新堰設置に賛成であった．

　かねてから，市長派と反市長派に分かれて対立していた市議会もこの案件を巡って紛糾し，結局政治的妥協案として，住民投票により，これを決することとなった．成立した住民投票条例によると，B川の堰工事を行うか否かについては，市長は住民投票の結果を尊重しなければならないとされていた．

　住民投票では，有権者の40％が投票し，投票総数の60％が本件工事に反対であった．

　市長Yは，住民投票には法的拘束力はなく，また，反対したのは全有権者の4分の1に満たない数であり，県との協議に従わないのは，市政運営上好ましくない等の理由を挙げ，当初計画通り，河川改修工事を行うこととした．市内に拠点を有する建設会社を指名して，指名競争入札を実施の上，落札したF社と河川改修工事請負契約を締結した．

　A市D地区の住民Xは，市長Yの行為は住民投票に違反し，違法若しくは不当な債務の負担であるとして，地方自治法242条に基づき，監査委員に監査請求を行った．しかし，監査委員がこれを棄却したので，地方自治法242条の2第1項に基づき，当該工事の差し止めを請求する訴訟を提起した．

　住民Xの主張に含まれる憲法上の問題を論じなさい．

この講での論点細目次と論述のヒント

はじめに
1　狭義の国民主権説からのアプローチ
　(1) 住宅投票条例の制定権
　(2) 適正手続
2　人民主権からのアプローチ
3　行政法学の立場から
おわりに

はじめに

(1) 本問中には書かれていないが，現行地方自治法に住民投票を予定する一般的な規定は存在していないから，住民投票を実施するには，議会と長が住民投票条例を制定する以外に方法はない．したがって，本問は，そのような条例を制定できるか，そしてそのような条例に首長の行動を拘束する機能を与えることが出来るか，という問題だと理解できる．すなわち，これもまた，条例制定権の限界に関する問題ということになる．

(2) いつも強調するとおり，地方自治の問題の場合には，常に92条の地方自治の本旨から書き始める．本問もその例外ではない．なぜ地方自治が憲法編入されているか，という立法趣旨から説き起こし，そこからこれが制度的保障概念であり，その中核概念が団体自治と住民自治，補完性原理の3つである，ということをきちんと理由とともに

第5章　地方自治　　　　　　　　　　　　　　　　　27　住民投票の拘束力

書くことが, 本問の第1の論点となる. このことは, 十分判っていると信ずるので, ここでは説明を省略する.

(3)　上述のとおり, これは条例制定権の限界をめぐる問題であるから, これを受けて団体自治の理念から, 条例制定権は92条で読めること, 94条の条例制定権はこれに対する枠を制定しているものと理解すべきことまでは, 通常の条例制定権の限界をめぐる問題と同じことであるから, きちんと書いてほしい. ただ, 例えば「法律と条例」というような問題では, これがメインの論点なのでここまでの記述で論文が埋まることになるが, 本問では, ここまでは第1の論点に過ぎないから, いかに簡略に説明するかが合否のポイントとなる.

(4)　本問の難しさは, 地方自治における三つの中核概念のうち, 従来あまり議論がされていない住民自治の概念を巡る議論である点にある. 住民自治がどのような概念かという点に関しては, 憲法総論にさかのぼる対立がある. すなわち, 現在存在する学説は, 基本的に伝来説であるから, 憲法93条等にいう「住民」とは, 「地方公共団体の区域内に住所を有する日本国民を意味するものと解するのが相当であ」る（平成7年2月28日最高裁判所第三小法廷判決＝外国人地方参政権請求事件より引用）. この結果, 住民投票が許容されるか否かは, 国民投票が承認されるか否かという議論と基本的には同一の論理構造にしたがうことになる. したがって, 本問の第2の論点は, 国民主権概念における対立（狭義の国民主権 vs 人民主権）ということになる. これは諸君の論文においては当然にしっかり書き込まれねばならないが, 「国会の国権の最高機関性」あるいは「参政権」を巡る議論で十分に説明してあり, 諸君も理解しているはずだから, この点の説明もここでは省略する.

(5)　本問での1つのポイントは, 「結果を尊重する」という漠然とした表現にある. これが尊重することを義務づけていると読めば, 住民投票は首長を拘束すると読む余地が出てくるし, 尊重するとは結果を遵守することを義務づけるものではないと読めば, 単なる諮問であるから, 本問後半にあるようにそれを無視した行動に出ても条例違反ではない, ということになる. この解釈のいずれが妥当かは, 結局現行憲法下において, 首長の行動を義務づける住民投票条例の制定が許されるか否

かにかかっている. これが本問の第3の論点である.

論点(1)及び(2)の解説は上述のとおり省略するから, ここでの説明は, 論点(3)から入っていくこととする.

基本的に伝来説に立ち, かつ制度的保障説を採るならば, 国の制度と地方の制度は基本的に同一でなければならない. この場合, 主権論としてどのような考え方を採用するかに応じて, 結論が分かれることになる.

1　狭義の国民主権説からのアプローチ

(1)　住民投票条例の制定権

狭義の国民主権説にたつ場合には, 基本的に間接民主制を中央政府においても地方政府においても採用することになる. この場合, 直接民主制に属する住民投票は, 憲法的には否定されるか, あるいは間接民主制を補完するものと位置づけられることになる.

すなわち, 純粋代表制を考えれば, 直接民主制的な制度は一切禁じられるから, 国政レベルにおける国民投票や, 地方政レベルにおける住民投票は, 例え諮問的な性格しか持たせず, 拘束力を認めないものでも許されない, という結論が必然的に導かれるはずである. 解釈論的には, 憲法41条及び59条1項は明確に国会単独立法の原則を定めているから, 国民投票が国会の立法権を法的にであれ, 事実上であれ, 拘束する, ということは憲法に違反するという結論が導かれる.

しかし, 現行憲法は, 普通選挙制度を明確に採用し, さらに国民審査（79条）や憲法改正（96条）において国民投票の制度を予定している. このように, 国家機関としての国民の存在を認めている以上, 国政レベルにおいても事実上の拘束力を持つに過ぎない諮問的な国民投票制を法律で導入することは許されると解する余地が存在することになる.

実際, 内閣法制局長官もかつて次のように述べたことがある.

「憲法は間接民主制を国の統治の機構の基本原理としており, 第96条, 第79条, 第95条はその例外を限定的に容認しているものであるから, 法的効力を持つ国民投票制度には否定的に解さざるを得

ないが、第41条の原則に触れない形において、個別的な事案について国民全体の意思をご審議の参考にされるために国民投票に付するという制度を立てることは憲法違反になるとは考えない。」（1978年2月3日の衆議院予算委員会における真田内閣法制局長官の答弁）

すなわち、これが有権解釈であり、おそらくは通説である、と考えられる。

地方政レベルにおいても、最低限同様の解釈を採ることは可能なはずである。すなわち、憲法93条は議事機関としての議会を設置することを予定している。したがって、この規定に憲法41条、59条1項と同様の意味を読み込めば、同一の結論を導くことが許される。憲法94条は条例制定権の内容として枠立法、すなわち法律に抵触しない範囲での自由な条例制定権を認めているが、現行地方自治法に住民投票条例の制定を禁止する規定はないから、上記と同様の、個別的、かつ諮問的な住民投票条例の制定は、許容されているという結論が導かれる。

さらに踏み込むと、憲法93条には憲法59条1項に相当する文言がないから、地方議会単独立法の原則を読む必要はない。そして、議会と同様に長もまた民主的基盤を有している。このため、現行法は、条例の制定権を議会と長の共同活動に与えている（地方自治法176条、179条等参照）。すなわち、議会や長と同じく民主的基盤を有する機関を条例制定に関与させることは可能である。

こうしたことからいえば、国政の場合と違って、地方政レベルでは、拘束力ある住民投票制度を定めることもまた、憲法的には禁止されていない、と解することが出来る。そして、実際、現行の地方自治法には、地方自治体の機関としての地位を有する住民による、様々な直接民主制的な制度が存在している。

条例の制定に関しては、直接請求の制度が存在し（地方自治法74条参照）、条例の制定には長ばかりか住民も関与できることがはっきりしている。また、住民投票という手法に関しても、例えば長のリコール後の住民投票（地方自治法81条参照）という拘束力ある住民投票制度を定めている。このように地方自治法で個別の場合に、住民投票制度を制定できるということは、法律で定めさえすれば、住民投票制度を導入す

ることは可能だということを意味する。例えば「市町村の合併の特例に関する法律（昭和40年法律6号）」は、市町村の合併に関する住民投票の制度を定め、これは拘束力がある（同法4条参照）。

ただ、現行地方自治法は、一般的に拘束力ある住民投票制度を定めていない。直接民主制的な制度は、原則である間接民主制を補完する制度であり、憲法94条の定めるところにより、条例は法律の授権の範囲内でしか制定できないとの理解に従う限り、法律の明文で承認した場合に限って、住民投票制度を条例で定めることが可能になる。この結果、現行地方自治法の下においては、法的拘束力ある住民投票条例の制定は禁止されていると解さざるを得ない。

仮に本問が、町を舞台とした問題であった場合には、どうなるだろうか。すなわち、地方自治法94条は町村の場合には議会の代わりに住民全体で組織する町村総会の制度を導入することを許容している。このような直接民主制に基づく制度を現行法が許容している以上、町村総会と同じ機能を果たす制度である住民投票を例外的に導入することが禁じられるわけがない。あるいは、住民投票という形式で町村総会の議決を行う、と解してもよい。そして、町村総会が議会の全権を有する機関である以上、住民投票制度を一般的に定めても、そしてその結果に長や議会を拘束する効力を定めても、それは許容される、という結論が導かれる可能性があるはずである。

しかし、ここでも団体自治から来る「法律の範囲内」が大きな壁となる。すなわち、町村総会と議会を併存するという制度は現行地方自治法上予定されていないからである。結局、諮問的性格を持つ住民投票条例以外には、認める余地はない、という結論が導かれる。

（2）適正手続

本問では、冒頭に述べたとおり、「尊重する」という曖昧な表現が使用されているので、この言葉をどう理解するかが1つの論点とならざるを得ない。一般的には、これは事実上の拘束力を定めたにすぎず、法的拘束力を有するものではない、と述べれば十分であろう。

しかし、ここに1つの注目すべき説がある。巻

町原発住民投票条例が採用した「尊重する」というきわめて玉虫色の表現に対して，横浜国大の三辺夏雄がしめした極めてユニークな見解なので，諸君の将来のために紹介する．

行政庁に『尊重』義務を課す諮問型審議会の答申尊重の異議について最高裁は**群馬バス事件**（昭和50年5月29日判決）において，一般に法的意味があると判決したことに論及した上で，三辺は次のように述べる．

「むろん審議会答申の尊重義務と住民投票結果のそれとを単純に同視できるものはない．だが，本判決は行政庁の意思決定における公正手続きを問題としているのだから，手続き的観点から町長の住民投票結果の尊重義務を捉えれば，やはり町長には町有地の売却等につき住民投票結果を尊重し得ない場合には，そこに『特段の合理的な理由』を必要とし，条例上，町長にはその旨の説明義務が課されていると解するべきである．」（三辺「巻町原発住民投票の法的問題点」ジュリスト1100号43頁より引用）

要するに，行政手続きに憲法31条の適正手続条項が適用になると考えれば，尊重義務を単なる事実上の拘束力ではなく，法的効果を持つものと把握する余地が生ずる，という考え方である．このような見解をとった場合には，本問で，市長が特段の理由を示さずに住民投票の結果を無視したことは，条例違反と評価されることになるであろう．

なお，この説に対しては，阿部泰隆による厳しい批判がある（阿部「住民投票制度の一考察」ジュリスト1103号41頁以下参照）．

このように，行政行為に憲法31条の適正手続き条項を適用する，という手法は，以下のどの説を採用する場合にも共通して現れてくるが，ここに代表して紹介する．

2 人民主権からのアプローチ

人民主権説では，基本的に直接民主制を採用すべきであると考える．ただ，現代国家のように規模が大きく，かつ複雑な活動の主体である団体では，直接民主制が実行困難であるところから，次善の策として間接民主制が採られているに過ぎない．この場合には，住民投票は原則として肯定されることになる．

しかし，この説に立った場合でも無条件で肯定するわけではない．例えば辻村みよ子は次のように述べる．

「『人民主権』の立場を基底におきつつ地方自治の本旨としての住民自治原則を直接民主制の契機として重視し，法律や条令による住民投票を原理的に認めてゆくことが望ましいと思われる．ただし，その場合でも，具体的な方法や対象についての限定を付さずに住民投票を幅広く容認する趣旨ではない．仮にこの立場に立っても，レファレンダムの実施については，それがフランスでいうプレビシット（plebischite）として機能する危険性等から慎重な判断が要請されることは繰り返し指摘してきた．」（辻村「『住民投票』の憲法的意義と課題」ジュリスト1103号37頁）

ここに出てきたプレビシットというのは，レファレンダムの悪用形態のことで，ナポレオンやヒトラーに，独裁者への道を開いた国民投票のことをいう．狭義の国民主権説の場合には，プレビシットへの恐怖が，直接民主制そのものを否定する，という形で展開される．これに対して人民主権説に立つ場合には，プレビシットをいかに抑制するかが大事な論点となって現れることになる．その結果，住民投票制度は常に無条件で承認されるのでなく，法律で許容された場合にのみ許されると解されることになる．そして，制度的保障説に立つ限り，現行地方自治法は原則禁止というスタンスを採っていると解さざるを得ないから，結論としては国民主権説からのアプローチとあまり違いがないことになる．

なお，プレビシットを防ぐと抽象的にいわれても判りにくいので，杉原泰雄の説くところを紹介しておく．

「住民投票の悪用を避けるためには，特に以下の諸点を充足することが求められる．
① 公平な設問
② 住民の知る権利を保障するために，a議会による投票対象についての事前の公開の審議の保障，b学識経験者や政党などによる投票対象に対する認識・評価等の情報の保障，c自由で公平な宣伝・批判の保障など
③ 投票の発案権を一定数の住民にまで認め，権力担当者による投票実施の有無と時期の恣意的な決定を排除すること
④ 投票の秘密と自由の保障

⑤　一定数の住民の投票参加の要件
⑥　公正な集計手続の保障

(杉原「国民主権と住民自治」
法学教室199号23頁)

このうち②の要件からすると、一般的な住民投票条例の制定については否定的な考えであることが判る．本問の場合、個別的な住民投票条例の制定によるものであれば、設問そのものは①の要件を充たしていると思われるから、③以下の要件を満たしている、という条件付きでプレビシットには該当しないと主張可能であろう．

3　行政法学の立場から

これまで説明してきたのは、憲法学からのアプローチであった．そこでは、伝来説が基本的前提となっているために、国と地方の制度の同質性が要請されていた．

行政法学者の場合、こうした伝来説に対する批判を抜きにして、単に地方は直接民主制を原則とする、とするスタンスが目立つ．例えば兼子仁は、住民自治を次のように定義する．

「『住民自治』原理はいずれ、自治体（地方公共団体）の地方自治が住民の自治でなければならないということであるが、その住民主体性とは、直接民主制を必須不可欠とすることを意味すると説明されるべきであろう．すなわち、『住民自治』とは、自治体の政治・行政がなるべく直接に住民の意思に基づいて行われるべきこと、であると定義されてしかるべきであろう．」（兼子「自治体住民の直接民主主義的権利」東京都立大学法律雑誌32巻18頁）

住民自治という言葉が使われていることで、この説が制度的保障説に立っていることは明らかである．そして、そのことの憲法的な説明としては次のように述べる．

「国政が国会中心主義で議会制民主主義を明確な制度的原理とし、直接民主主義はそれと並ぶ制度的原理となっていない（補充原理にとどまる）のに対して、自治体の地方自治に関しては、憲法92条に含まれる『住民自治』原理として『直接民主主義』もまた、議会制民主主義と並列的に並ぶ制度的基本原理をなしている、と解されるのである．」

ここでは、制度的保障説が前提にしているはずの伝来説を、どのように評価するかの議論はまったく考慮されていない．したがって、仮に諸君がこの説に依拠する場合、憲法の論文とするには、その欠落は自分で補う他はない．私としては、このような冒険を憲法の論文で書くのはあまりおすすめしたくない．しかも、この並列的基本原理という言葉はあまり強い意味は持たないらしい．住民投票に関しては次のように述べるからである．

「住民直接請求または議会委任により自治体の重要施策・事務執行につき一般的に住民投票に付しうる旨を定めるような、一般的住民投票制度条例については、現行法律の代表民主制に反し直接民主主義の補完原理性を逸脱するものとして、違法論が出されている．なるほど、そうした一般的住民投票は、法廷権限機関に対する参考的・助言的・諮問的効果のものでも、現行法律上の間接民主制とまったく矛盾しないと考えることは、前述のように直接民主主義を代表制・議会制民主主義と並列的基本原理と解した程度では、なお困難であろう（自治体の公的アンケート調査を住民投票形式にすることは別論である）．」（同32頁）

この程度の結論しか導けないのであれば、地方自治について国政レベルとは違う別の原理が支配している、と言うほどの必要がなぜあるのか、私には理解できない．とにかく、結論として、個別的諮問的住民投票以外は、現行の地方自治法の下では許されない、という点では、これまでに紹介した説と違いはない、ということのようである．

おわりに

以上のように、憲法学に立つ限り、どの説を採っても、この問題では個別諮問型の住民投票のみが現行の地方自治法の下においては許される、という結論になる．それだけに、その理由付けをどのようにきちんと説明するかが合否を分けることになる．制度的保障説や主権論に言及していない論文が合格答案と評価されることはあり得ない、といって良い．

第28講　知事の多選制限の合憲性

問題

　都道府県知事の長期在職は，地方自治の固定化ないし沈滞を招き，地方自治の発展を阻害するとして，知事の連続4選再選の禁止とする趣旨の規定を，公職選挙法に設けたとする．
　この規定に含まれる憲法上の問題点を論ぜよ．
　また，公職選挙法が改正されない状況下で，条例でそのような規定を設けた場合にはどうか．

この講での論点細目次と論述のヒント

はじめに　　　　　　　　3　被選挙権について
1　主　権　論　　　　　　4　条例による制限について
2　地方自治の本旨　　　　おわりに

はじめに

　近時，都道府県知事の多選が問題となりつつある．総務省では，2006年に「首長の多選問題に関する調査研究会」を発足させたが，それに提出された2006年12月1日時点の資料を見ると，都道府県に関しては，島根県や高知県の5選というのが筆頭で，4選6人，3選7人で，後は2選以下である．かつて石川県知事が8選（1991年）したことがあったが，そのような極端な多選は減ってきている．なお，同じ資料によれば，市町村長レベルでは，10選とか9選という極端な例もあり，問題は大きい．

　この知事多選禁止問題は，かなり以前から国会等の場で議論されてきた．官選知事制から公選知事制に移行してから3度目の統一地方選挙の実施された昭和30年に，早くも知事三選の是非が問題となった．当時の吉田茂首相が，公選知事も3期目を越すとますます独自性を強め，中央からのコントロールが効かなくなるとして，知事3選に疑問を呈したのである．しかし，当時の自治庁は消極的で，結局法制化に至らなかった．その後昭和38年の第5回統一地方選挙，42年の第6回統一地方選挙，46年の第七回統一地方選挙と，かつては統一地方選挙のたびごとにこの問題が提起された．最近では昭和57年に自民党の選挙制度調査会が，知事四選禁止の方向を打ち出し法案まで準備したが，全国知事会等の強い反対があり，今日まで公職選挙法の改正はなされていない．

　これらの場合，注目するべきは，吉田茂の見解に代表されるように，多選阻止は，中央集権の確立という方向で論じられていたことである．したがって，これに自治省等が消極的な態度を示すのは当然といえた．

　それに対して，近時の多選阻止論は，本問見解にしめされるように，地方自治の発展の阻害という点が叫ばれるようになった点に大きな特徴がある．しかし，安易な多選阻止論は，上述のように地方自治の理念と背馳する可能性があるので，注意しなければならない．

　そこで，最近では，公職選挙法の改正ではなく，都道府県条例等でそれを定めるという方向に議論が変化しつつある．首長に多選の自粛を求める条例は，杉並区，川崎市，中津市など，すでにいくつかの自治体で施行されているが，これらの条例に強制力はない．強制力を定めた最初の事例は，2007

年10月に可決された「神奈川県知事の在任の期数に関する条例」である．これは，知事の任期を3期12年までに制限するもので，その場合には，法律と条例の抵触ということが中心論点になるのは，わかりやすいと思う．

以上を踏まえて，本問の論点を指摘すると次のとおりである．

本問の前半の論点は，基本的には参政権の本質論として説明する問題である（詳しくは第57講参照）．すなわち，知事多選禁止は，要するに立候補権が人権といえるのか，という一点に尽きる．それを具体的な条文のレベルにブレークダウンすれば，中心になるのは，当然93条である．これを受けて，14条の平等原則，15条の普通選挙の保障などが論じられることになる．

後半は，94条の法律の範囲という点が中心論点になる．過去の多選禁止論では，地方自治法140条の首長の任期に制限を加えるか，それとも公職選挙法87条2項の重複立候補の禁止に加えるかという形で，法律での制限が考えられてきた．その文言が修正されていない状況下で，条例で多選の制限を行うことが，公職選挙法違反とならないか，というのがここでの問題である．

いつも強調するとおり，地方自治に関する問題は，常に92条の地方自治の本旨に関する議論からスタートする．本問もその例外ではない．これについてはこれまでもたびたび述べてきた．しかし，機械的に書いたのでは意味がない．本問の場合だと，前半では，地方公共団体における被選挙権が中心論点であることはきわめて明白である．それは，地方自治の2つの中心概念のうち，住民自治とつながる．また，後半では，法律と条例の関係が論点となり，その場合には団体自治が問題となる．どのように答案構成するかにも依るが，それぞれの概念内容についてしっかりと書き込むことが要求されている問題であることを認識しなければいけない．

1　主権論

参政権の本質論なのであるから，その冒頭に主権論を展開しなければならないのは当然である．

すなわち，人民主権論を採った場合には，立候補権は，選挙権と表裏をなすものとして，単純に人権として肯定できる．それに対して，国民主権論を採った場合には，そもそも選挙権自体が，基本的には権利性がない．公務である．選挙権の権利性は，普通選挙の導入によって生まれ，その結果，2元説として説明される．この場合，どのような論理で立候補権が人権性を有するか，は難しい議論となる．逆に，それを否定し，法律による制限を肯定しようとする場合には，議論としては簡単になる．

そうした展開の，前提として，いかに簡略に主権論を展開するかが，ここでのポイントである．その詳細については，第57講で紹介するので，ここでは省略する．

2　地方自治の本旨

地方自治の本旨は，当然地方自治を憲法に編入した理由そのものである．その第1が地方分権である．これを憲法学では，団体自治と呼ぶ．第2に，わが憲法の根本原理の1つたる民主主義の要求から，その団体における意思決定は，団体を構成する者（これを憲法は住民と呼んでいる）が決定するべきである．これを憲法学では住民自治と呼ぶ．

地方自治を巡る問題の多くは，この二つの中核概念のうち，団体自治の概念を巡る議論が論点となる．普通，法律と条例の関係を巡る議論は，この形で論じられる．それなりに難しいが，団体自治という基本的な概念内容に説の対立があるわけではないし，地方自治レベルで解決のつく問題だから，ポイントさえ押さえていれば，書くのは大変なものではないはずである．

それに対して，本問は，従来あまり議論をしてこなかった住民自治の概念を巡る議論である．ここにいう住民を，憲法10条，15条などにいう国民とは違う概念として把握して，そこから外国人に参政権を肯定しようとする見解のあることは諸君の知るとおりである．それとの対比で，前段に書いた主権論との繋がりが重要なものとなる．この点について平成7年2月28日最高裁判所第三小法廷判決（百選〈第5版〉12頁）は次のように述べた．

「国民主権の原理及びこれに基づく憲法15条1項の規定の趣旨に鑑み，地方公共団体が我が国の統治機構の不可欠の要素を成すものであることをも併せ考えると，憲法93条2項にいう『住民』とは，

地方公共団体の区域内に住所を有する日本国民を意味するものと解するのが相当である.」

ここではきちんとした表現がされていないが, 地方自治の淵源として伝来説をとるからこそ, このような表現が出てくる. 仮に固有権説をとれば, 住民概念について, 15条の国民概念と違う把握が可能になるのである.

最高裁判所は, 15条1項の趣旨から, 93条を読むという表現をとっているが, 論理的にはこれはおかしいといえる. 93条にいう住民とは, その「地方公共団体の区域内に住所を有する日本国民」と考えて, はじめて15条の適用が肯定されるというべきである.

3 被選挙権について

選挙権とは, 投票する権利であって, 被選挙権, すなわち公職に立候補し, 当選した場合にその職に就任する権利ではない. 二元説に立てば, 選挙権に人権性を認めることができるが, そのことから直ちに, 被選挙権にも人権としての性格があるということはできない. 本問では, ここが中心論点である.

国民主権説にたつ従来の通説は, 選挙権には権利性を認めるのに対して, 被選挙権については「選挙人団によって選定されたとき, これを承諾し, 公務員となりうる資格〈中略〉であって, 選挙されることを主張しうる権利ではない」(清宮四郎『憲法I〈新版〉』有斐閣139頁)と解して, 権利性を否定していた. このように解する場合には, 被選挙権についてどのように規定するかは完全に国会の立法裁量権に属し, したがって, 本問で問われている被選挙権の要件としての多選の禁止もまた, 立法裁量の問題である. したがって, 裁量に相当の根拠があり, 裁量権の濫用と認められるような事由がなければ一律に, 一定回数以上の多選を禁止しようとも憲法上の問題が生じることはあり得ない.

最高裁判所は, かつて選挙違反に関する公民権停止の合憲性が争われた事件で, 被選挙権の権利性を否定する姿勢を示した(最大判昭和30年2月9日＝百選〈第5版〉330頁).
しかし, その後, 三井美唄事件において, 被選挙権は憲法15条1項「の保障する重要な基本的人権の1つと解すべきである」とした(最大判昭和43年12月4日＝百選〈第5版〉326頁).

但し, これは確立したものではなく, 例えば, 村長選挙において現職村長が対立候補に戸籍抄本の交付を拒否することにより無投票当選した事件(最高裁平成14年7月30日第一小法廷判決＝判例時報1818号185頁以下の私の評釈参照)などでは, 被選挙権の権利性そのものではなく, 村民の選挙権の側から選挙無効の結論を導いている. そこからすれば, 立候補権そのものは人権ではないという見解に立っていると解するべきであろう.

権利性を承認する見解には, 上記15条説の他, 憲法13条の幸福追求権をあげるもの, 14条1項にいう政治的関係における平等原則をあげるものなどがある(阪本昌成『憲法理論I〈第二版〉』成文堂155頁参照).

私自身は, 三井美唄判決の論理に基本的に賛成しつつ, 現行制度の下においては, 直接的には国際人権B規約25条cが, 「一般的な平等条件の下で, 自国の公務に携わること」をすべての市民の権利及び自由として保障していることを, 国会の立法義務の根拠と考える. 換言すれば, 抽象的権利なのであって, 法律による具体化がない限り, 具体的権利性は持たないと考えている.

なお, 人民主権説を採った場合にも議論は必ずしも単純ではない. ただ, 主権的権利として捉える以上, 主権者にとり, 立候補権は, 議員の選出と同様の重要な主権行使の一形態と考えるべきであろうから, 人権としての性格を有すると見るべきである. その場合, 多選禁止規定を法律レベルで設けることは, 違憲の疑いが濃厚になるということができるであろう.

なお, マスメディアの報道するところによれば, かつての自治省や現在の総務省は, 一部地方公共団体が条例で多選制限をしようとしたのに対して, 憲法22条の職業選択の自由の侵害になる, という見解を示したようである. どのような根拠でそのような見解を導いているのかはっきりしないが, 意味のある見解とは思えない. こうした選挙によって就任する公職が, 憲法22条にいう職業に該当するとすれば, その遂行を阻む行為は, すべて22条に抵触することになる. したがって一度当選した者を, 落選させること自体が職業遂行の自由に対する侵害となるはずなので, 任期制自体を違憲としなければ, 論理が通らないことになる.

しかし, 必ずしも深く論じられている訳ではなく, はたして今日において, 通説が何かもはっきり

しないので，諸君は，基本書と相談してきちんと論ずれば，それで十分である．

4　条例による制限について

法律（公職選挙法の改正）で多選を制限しようとする場合は，上述のとおり，住民自治の概念をどのように把握するかが中心論点であった．それに対して，条例による多選禁止の場合には，団体自治が中心論点となる．

すなわち，条例制定権は，団体自治の概念から導かれる．すなわち，地方自治の本旨として団体自治があると理解する場合，国から独立して，地方公共団体がその領域において自主立法権，自主行政権，自主財政権を有する，と結論を下すことができる．これらの権限は，独立の地域団体として存在するためには，必須のものだからである．

このように理解する場合には，自治立法権は，地方自治の当然の内容と考えられるから，条例制定権は，地方自治の本旨から当然に導かれることになる．すなわち，92条で既に条例制定権は読めるのであって，特別の創設規定を必要とするものではないことになる．94条が「法律の範囲内」でしか条例制定権を認めない，と宣言している点は，むしろ条例制定権に92条からは引き出せない新たな制限を課していると読むべき事になる．

この場合，公職選挙法に，多選制限規定がないことをどう読むかが問題となる．公職選挙法が，各地方公共団体に共通する最低限のことを定めているのであり，それにより厳しい規制を上乗せすることは，地方公共団体の裁量権と考えた場合には，条例による多選禁止が可能になる（いわゆる「上乗せ条例」）．それに対して，公職選挙法は，選挙権等に関する最大限の規制を定めたものと読むときには，条例による多選規制は無効である．

何れが正しい答えかは，結局，被選挙権が，わが国を通じて平等に扱われるべきか否かの判断とつながってくる．

地方公共団体の条例により人権の制約を認めるときは，各地方ごとに人権の享有範囲が区々となる結果，平等原則が破綻してしまった場合には，当然平等原則違反といわさるを得ない．すなわち，どのような場合には法律で定めるべきであり，どのような場合には条例で定めることも許容されるのかが論点になるのである．これについて，最高裁判所は大阪売春取締条例事件において，次のように述べた．

「社会生活の法的規律は通常，全国にわたり画一的な効力をもつ法律によってなされているけれども，中には各地方の特殊性に応じその実情に即して規律するために，これを各地方の自治に委ねる方がいっそう合目的的なものもあり，またときにはいずれの方法によって規律しても差し支えないものもある．これすなわち憲法第94条が地方公共団体は『法律の範囲内で条例を制定できる』と定めている所以である．」（最大判昭和37年5月30日 ＝百選〈第5版〉488頁）．

すなわち「各地方の特殊性に応じその実情に即して規律するために，これを各地方の自治に委ねる方がいっそう合目的的なものもあり，またときにはいずれの方法によって規律しても差し支えないもの」は，条例で定められるが，これに該当しない場合には法律による他はなく，が条例制定権の限界となると考えて良い．

知事や市町村長の多選問題をどのように捉えるかは，確かに今日，地方公共団体によりかなりの差があり，それが，条例で多選制限を制定しようとする地方公共団体とそうでないものの違いとなって現れていることを考えると，これは地域問題と考える余地もあるであろう．

おわりに

冒頭に述べたとおり，多選制限は，中央集権の強化にもつながりかねない諸刃の刃的な要素を持つ問題である．単純にしたがって肯定しにくい．さらに，本問では，都道府県知事に限って問題としているが，市町村長では問題はどう変わるのか，あるいは，本問では4選以上に限って問題としているが，3選とはどこが違うのか，というような困難な問題が含まれている．そうしたことから考えると，法律の答案としては，確定的に合憲・違憲を答えるのではなく，国会や地方議会の裁量の限界を論ずる，というレベルに押さえるのが穏当であろう．

第 6 章　最 高 法 規

第 29 講　憲法改正権の限界

● 問 題

　Y 等合計 100 名の衆議院議員は，国会法 68 条の 2 に従い，憲法改正案を国会に提出した．改正案は，下記の通りである．
　その提案理由として，Y 等は次のように述べた．
　「日本国憲法は憲法制定から 60 年以上の長きにわたり，まったく改正されることなく今日まできた．そのため，昨今の技術革新，ライフスタイルの変化に伴い，既存の明文規定以外の新たな人権救済や，国際情勢の変化による国としての基本方針の転換の必要性が現在，生じている．
　このように，異常な長期にわたって，憲法改正の必要が認識されながら改正が行われなかったのは，日本国憲法の硬性憲法である事を示す 96 条が，他国と比べ，著しく厳しいことが原因と考えられる．
　将来さらに憲法の規定と現実社会の乖離が予想される事を踏まえれば，現行憲法の硬性度を低下させることが好ましい．」
　これに対し，同じく衆議院議員である X としては，この改正案は違憲であるとの観点から，反対討論を行いたい．X の提起するべき憲法学上の論点を指摘し，それに対する自らの見解を理由を挙げて論じなさい．

記

憲法第 96 条
「この憲法の改正は，各議院の総議員の 3 分の 2 以上の賛成で，国会が，これを発議し，国民に提案してその承認を経なければならない．この承認には，特別の国民投票又は国会の定める選挙の際行はれる投票において，その過半数の賛成を必要とする．
　2　憲法改正について前項の承認を経たときは，天皇は，国民の名で，この憲法と一体を成すものとして，直ちにこれを公布する．」
　を，次の通り改正する．
「この憲法の改正は，各議院の総議員の 3 分の 2 以上の賛成をもって成立する．
　2　憲法改正について前項の賛成が得られたときは，天皇は，国民の名で，この憲法と一体を成すものとして，直ちにこれを公布する．」

● 類 題
　日本国憲法第 9 条を，下記のように改正する案が国会に提出された．同条のこのような内容の改正が，憲法第 96 条に基づいて実施することが可能か否かについて論じなさい．なお，本問の解答に当たっては，改正権には限界があり，その限界の一つとして平和主義という理念が存在しているという前提の下で，答えなさい．

記

「第 1 項は，現行通りとする．
　第 2 項の文言を次のとおり修正する．

『第2項　我が国領土を武力による侵略及び災害から守り，また，平和を維持し，専制と隷従，圧迫と偏狭を地上から永遠に除去しようと努めてゐる国際社会において，我が国が名誉ある地位を確保する目的を達成するに必要な限度において，陸海空軍その他の戦力を，自衛軍として保持する．』

本条の後に，第9条の2を次のとおり，追加する．

『第1項　我が国領土が武力によって侵略され，またはその様な侵略が迫っていること（以下，「侵略事態」という）の確定は，内閣の申し立てに基づき，国会がこれを行う．その確定は，それぞれの議院において，出席議員の3分の2以上の多数による賛成を必要とする．衆議院が存在しない場合においては，参議院の緊急集会による確定を以て国会の確定に換えることができる．

第2項　内閣は，状況からして即時に行動することが要請され，克服し得ない障害があって国会が適時に集会することができない場合，もしくは国会議員が定足数以上の出席ができないため，前項の確定をする事ができない場合においては，その障害が消滅するまでの間，侵略事態の存在を暫定的に確定することができる．この内閣による暫定的確定は，障害が消滅した後，可及的速やかに開催された国会において，侵略事態の確定に必要な賛成が得られず，もしくは否定された場合には，その時から将来に向かってその効力を失う．

第3項　第1項若しくは前項による侵略事態の確定があった場合には，内閣総理大臣は，侵略事態の存在について国際法上の宣言をするとともに，宣言文を官報で公布する．』

■この講での論点細目次と論述のヒント■

はじめに
1　総論
(1) 憲法改正の意義
　① 実質的憲法と形式的憲法
　② 軟性憲法と硬性憲法
　③ 憲法の変遷
(2) 憲法改正の性質と限界
　① 無限界説
　　ⓐ 法実証主義的無限界説
　　ⓑ 主権全能論的無限界説
　　ⓒ 事実行為としての無限界説
　② 限界説
　　ⓐ 制憲権否定の禁止としての限界説
　　ⓑ 現行憲法の基本原理限界説
　　ⓒ 憲法改正規定限界説
　　　ⅰ 形式的根拠
　　　ⅱ 実質的根拠
　　ⓓ 明示的禁止規定限界説
　③ 限界を超えた改正の意義
2　類題について
(1) 平和主義について
(2) 9条の解釈について
　① 戦争全面放棄説
　② 1項侵略戦争放棄説
(3) 9条の2について

はじめに

憲法改正手続・国民投票法が成立し，憲法改正も現実の問題として浮上してきた．実を言えば，この問題は同法成立以前から，すでに幾つかの国家試験で出題されている．例えば，平成12年度国税専門官試験で，次の問題が出題された．

憲法改正について，その意義及び改正の手続，憲法改正行為の性質と限界の点から論ぜよ．

見た目にはずいぶん違うが，本問や類題と，この問題は，答案構成のレベルで言えば，同じだという事が判らねば，問題に正解することは難しい．

国税専門官試験は，基本的に国Ⅱ格の試験なので，かなりやさしい．どうやさしいかというと，問

題文の中に、論点が個別に明確に指定されている、という点である。すなわち、問題文を、最初と最後をつなげれば、「憲法改正について論ぜよ」という出題だということが誰にでも判る。その中間の挿入句の最後が「の点から」となっているのだから、その挿入句に書かれているのがそこで論ずるべき点だ、ということも、普通に日本語の読める人なら誰にでも判る。

すなわち専門官試験の場合、問題が指定しているとおりの順に、①意義、②改正手続、③性質、④限界と書いていけば、自動的に合格答案になる、という実に親切な問題なのである。逆にいうと、この指定からはずれて書けば、当然、自動的に不合格答案になる。

本問は具体的事例に即した問題なので、必ずしもこのようなステップを踏んでいく必要はないが、基本的にはやはり同じ構成が妥当する。そこで、以下、諸君の知識を整理するという狙いから、本問に対しては不要な論点も含めて、総論部分については、この国税専門官試験の問題に沿って説明したい。

ついでにいうと、本問を、直ちに憲法96条に関する出題、と考えるのは間違いである。一般に、憲法改正とは、結局のところ、憲法制定権力と憲法改正権力の関係が問題になるのだから、憲法総論に属する問題であり、本問もまた、そう考えるのが正しい。仮に、問題がもっと簡略で、単に「96条について論ぜよ」というものであったとしても、その総論部分は、憲法総論に関する議論であって、各論部分に至って、96条の解釈論になると考えるべきである。

1　総　　論

(1)　憲法改正の意義

佐藤幸治は、憲法改正に次のような定義を与えている。

> 「憲法改正とは、憲法所定の手続きに従い、憲法典中の個別条項につき、削除・修正・追加を行うことにより、または新たな条項を加えて憲法典を増補することにより、意識的・形式的に憲法の変改を加えることをいう。」(佐藤『憲法〈第三版〉』34頁)

このような定義をとるかとらないかはそれぞれ

の基本書と相談してもらうとして、憲法改正の概念に関する1つの学説としてみれば、立派に成り立つ定義である。問題は、これを無造作に書きとばして、これで、論文の第一段の意義に関する議論が終わった、と考えてはいけないということである。

諸君の肝に銘じておいて欲しい。定義というものは、絶対に真空から勝手に湧いて来たり、天からの神の声として聞こえてくるものではない。定義は、それを構成している一言、一言が、すべて他の類似概念との区別、あるいはその概念の本質として、その主張者の把握しているところを表現しているのである。だから、定義を書いたら、どんな場合でも、絶対に、なぜその定義を下したかを書かなければ、論文とはならない。理屈抜きの丸暗記は、短答式までである。論文式では、何を書いても、それに対する理由がいる、と考えなければならない(論文がゼロサムゲームであるが故に、減点覚悟で理由を書く手間を省く、という場合はあるが……)。

この定義の場合、それを整理すると、第1に、ここで憲法改正と呼んでいる行為は、成文法としての憲法典の修正行為をいい、実質的憲法の意味ではない、ということである。第2に、その成文法としての憲法典が硬性憲法という性格を有している、ということである。第3に、憲法の変遷は憲法改正とはいわない、ということである。

ここで取り上げた諸点が、憲法改正の意義として論ずるべき点であることはたしかである。以下、順次検討してみよう。

① **実質的憲法と形式的憲法**　憲法とは、実質的には一国の最高法規を意味する。この意味の憲法は近代国家ばかりでなく、邪馬台国のような古代国家でも、あるいは徳川幕府のような中世国家でも、何らかの意味で国家が存在していれば常に存在する。徳川幕府であれば、鎖国や士農工商の身分制度などがそれであった。この最高法規を放棄せざるを得ない状況に追い込まれた段階で徳川幕府は滅びることになった。

それに対して、近代にいたって、近代国家が成立するとともに、新しいタイプの憲法が出現した。すなわち、権力保持者の権力濫用を意識的に阻止する目的で定められた憲法である。そうした目的がある場合には、不文法よりも成文法の方が便利なので、それが憲法典と呼ばれるか否かは別として、成文法化されていくことになる。イギリス名

誉革命の際の権利章典は，その1つの典型である．

やがて，そのような最高法規が，1つのまとまった成文法にまとめられるようになる．それが形式的意味の憲法である．形式的意味の憲法が成立して始めて，憲法改正という概念が意味を持つ．統一的な法典の形式を持っていない場合には，従来の成文法と抵触する内容の新法を制定しさえすれば，新法は旧法を改廃する，という法学の一般原理に従い，自動的に憲法改正が起きるから，特に憲法改正という行為を必要としない．例えば，イギリスは長いこと議会主権を実質的意味の憲法とし，基本的人権という概念を認めてこなかった．しかし，1999年にいたって，EUの圧力で，人権法（Human Rights Act）を制定するに至った．その瞬間に，同法に抵触する限度で，議会主権という憲法原理は修正されたことになる．

② **軟性憲法と硬性憲法**　形式的意味の憲法，すなわち憲法典が制定された場合に，その改正に通常の法規範よりも厳重な手続を要求するのを硬性憲法という．それに対して，憲法典が存在していても，特に他の法規範と異なる改正手続を定めていないものを軟性憲法という．わざわざ形式的憲法を制定しておいて，通常の法律で容易に改廃しうるのでは意味がないので，普通は，硬性憲法である．

③ **憲法の変遷**　形式的憲法が存在する場合に，憲法改正手続きがとられていない場合にもかかわらず，実質的憲法の内容が，時間の経過とともに変化し，それが一般に承認されるに至った状態を，憲法の変遷という．例えば憲法13条の幸福追求権が，憲法制定初期には単なる倫理規範などと考えられていたのに，今日では無名基本権条項と考えられるに至っているのは，その典型である．上記定義は，この点を明確にさせようとしている．安部内閣で，平成19年5月に「安全保障の法的基盤の再構築に関する懇談会」を設置し，これまで内閣法制局が堅持してきた「集団的自衛権を9条で読むことは不可能」とする見解を覆そうとしたが，これは，いわば意図的に憲法の変遷を起こそうとする行動と評することができる．

(2) 憲法改正の性質と限界

ここで，改めて，憲法改正の限界という概念があり得るかという，今1つの中心論点に入る．限界があるとかないとかいうためには，その理論的前提として憲法改正権の性質が問題とならざるを得ない．

その意味で，性質と限界は，まとめて論ずることとしたい．

① **無限界説**　改正権は無限界であるという結論を導く学説は，大きく分けると2つある．

　ⓐ **法実証主義的無限界説**

法学の時間に法実証法思想というものを習ったはずである．簡単にいってしまえば，今日の通説的理解である（「法規範」という用語は，法実証主義の下でしか意味を持たない）．この思想は，それに対立する自然法思想，すなわち自然科学で探求する真実の法則のような形での自然法というものの存在を否定し，少なくとも法学の対象としては，実際に存在することが証明された法のみを取り上げる．この立場から見た場合，憲法が国家の最高法規である以上，これより高次の法の存在を認めない．したがって，憲法改正権は確かに法として存在する権利であるが，国家または憲法以前に存在し，改正権と区別される制憲権は，単なる社会的実力に過ぎないと考える他はない．通常，改正権の限界は，制憲権の授権による限界として説明されるが，制憲権が法的存在でない以上，法的な意味で改正権の限界を生ずるはずがない，と説く．

わが国で，この見解をとる代表は，佐々木惣一である．すなわち，

　「法規はその規律する社会の社会的事情を基礎として存在するものであるのに，社会的事情は変更するものであるから，その社会的事情を基礎として存在する法規が，社会的事情の変更によって変更することのあり得るのは当然である．このことにはその法規がいかなる種類のものであっても変わりはない．即ち根本法たる憲法の法規についても同様である．〈中略〉そこで，国家が，或る法規について，永久に改正しない，ということを定めてみても，それは実際上無意味である．法制上一見そう定めたと思わせるような文句を用いるものがあっても，その意義は，ただ，容易に改正することをしないことを定めたものに過ぎぬ，と解するべきである．」（佐々木『憲法学論文選』(有斐閣，平成2年復刊)，第1巻「憲法を改正する国家作用の法理」187頁）

また、佐々木は、憲法の価値と意味内容の探求は、自然法的なものとして排除する（同〈第1巻〉199頁）.

ⓑ 主権全能論的無限界説

主権は、唯一、絶対、不可分の存在と定義される。そして、憲法改正もまた主権者によってなされる。主権が絶対的なものである以上、主権に基づく改正権は、実質上は制憲権と同質の権力であると考えることができる。しかし、形式上は憲法によって作られた権力である。したがって、改正手続きを改正することはできないが、それを遵守する限り対象については無限界であると考える。

先に紹介した佐々木惣一は、この考え方も合わせ説く。

「憲法改正作用の限界があるであろうか。それがあるとすれば、それは、憲法をつくる者、即ち国権の源泉者たる国民の力に内在する限界であるの外はない〈中略〉もしそうでないならば、国民が主権者であり、国権の源泉者であるのではない、いわざるを得なくなる。〈中略〉故に、わが国の憲法一般についていうと、国民が国家の作用を通じて、現在の憲法を改正し、或る事項を規定する場合に、恒久的に憲法の内容とし得ない、というようなものは存在しない。一時的に憲法の内容としない、というものはあり得る。しかも、そう定めた憲法の規定そのものも、憲法所定の手続きによるときは改正できる。」（同第3巻「憲法改正のこと」269頁）

このほか、結城光太郎（当時山形大学助教授．その後夭折）が説いているのが目立つ。

「憲法改正の究極的主体は、憲法制定権力の主体つまり主権者に他ならない。主権は憲法をつくる力であるから、憲法の外において、その上に存在し、法的には説明のつかぬもので、現にあるということの中にその妥当根源を持つ。憲法改正権は部分的にせよ全面的にせよ憲法を作りかえる力であるから、本質的には憲法制定権力でなければならぬ。したがって、憲法改正権も憲法の外において、その上にあるものであって、単なる『権限』ではあり得ない。憲法制定権力と本質において一体である憲法改正権が、憲法の中に条定され『権限』の形をとっているのは、法的安定性、予測可能性の要請に応じ、憲法制定権力がその発動形式を一定の形に自制したことによる。」（山形大学紀要3巻3号281頁）

ⓒ 事実行為としての無限界説

わが国では説く者がいないが、ドイツでは、例えばW・ブルクハルト等が説く。

「そもそも憲法改正は国の最高法規に変更を加える作用であるから、もはやそれは法の下の作用ではなく事実の作用にすぎない。事実の作用であってみれば、そこに法的限界があるという考え方はナンセンスである。」

② 限界説

これに対して、限界がある、という考え方をとる場合には、議論が少々難しくなる。議論の前提として、自然法思想を採用する場合には、自然法というものは、いかなる社会や文化の下においても共通のものであるはずであるから、憲法典中、自然法的内容の箇所は改正できない、という結論が容易に導くことができる。

しかし、わが国のたいていの学者は、法実証法思想を採用し、あるいは主権概念については、少なくとも現行憲法下においては否定することはできないと考えている。そこで、その前提に抵触することなく、限界があるという議論を展開する必要があるからである。

ⓐ 制憲権否定の禁止としての限界説

憲法改正権は、制憲権によって与えられた権限であるから、自己の存立の基盤というべき制憲権を破壊するような改正は自殺行為である、とする。すなわち、上述の主権全能論を承認した上で、しかし、天皇主権から国民主権への変換のような、制憲権そのものを破壊するような場合を改正として説明することはできない、と考えるわけである。例えば、法学協会の次の見解は、その代表である。

「憲法の同一性を失わせるような改正をすることは、その憲法の自殺であり、それは法論理的に不可能である。」（『註解日本国憲法』1425頁）

近時においては、芦部信喜の次のような表現がそれに当たる。

「憲法改正権とは、憲法以前の始源的な憲法制定権力（『制憲権』）が、近代法治国家の合法性の原理に基づいて、『最初の制憲行為自体に自らを憲法の中に組織化し、自然状態から法的形式に準拠する権力へと転化し』たものであり、いわゆる『制度化された制憲権』として特徴づけうる

ものである」（芦部『憲法制定権力』（東京大学出版会・1983年）45頁）

確かにこの論理は，先に紹介した佐々木の議論の中にも部分的に顕れている．

なお，近時，長谷部恭男は憲法の外に憲法制定権力という概念を考えること自体を否定して，注目されている（長谷部「憲法制定権力の消去可能性について」岩波講座憲法第6巻『憲法と時間』2007年）．そのような論理を採る場合には，憲法制定権力を根拠として展開する限界論は不可能になる．

ⓑ 現行憲法の基本原理限界説

類題で，「平和主義」をもって，改正権の限界と考えよ，という要求がなされている．確かに現行憲法の基本原理といわれる，国民主権，基本的人権，平和主義の3つが憲法改正権の限界になるとするのは通説だと，多くの書に書かれている．しかし，それを自説として述べている書は案外少ない．芦部信喜や戸波江二がその代表といえよう．

「憲法改正には法的限界があると解すべきであり，憲法制定権力の所在を示す主権原理や，憲法制定権力の下した基本的政治決定は，憲法改正手続によっても改正することができないと解される．日本国憲法の場合には，先ず，国民の憲法制定権力に基づく以上，憲法制定権力の所在を示す国民主権原理は変更できない．また，国民主権原理のよって立つ人権尊重原理もまた，近代立憲主義に基礎を置く日本国憲法の基本的政治決定に含まれ，憲法改正の範囲外にある．さらに，平和主義原理もまた，国民主権および基本的人権尊重原理を支える前提であり，憲法改正の対象とならないと考えるべきである．」（戸波『憲法〈新版〉』，502頁）

しかし，憲法制定権力の所在を示す国民主権原理はともかく，それが下した政治決定までもが直ちに限界を形成するという説は，管見の限りでは余り支持者がいない．樋口陽一は次のように批判している．

「憲法の基本原理，すなわち，ひとつの憲法のアイデンティティをかたちづくる基本決定とひとくちにいっても，決定をする主体を指定する原理（日本国憲法でいえば国民主権）と，決定された内容（基本的人権と平和主義）とでは，その法論理的身分が違うからである．」（樋口『憲法Ⅰ』（青林書院・1998年）380頁）

しかし，このように述べたからといって，平和主義を改正の限界と考えないというわけではない．

ただ，それら否定説の場合には，以下に述べるような論理展開を通していくことになる．

ⓒ 憲法改正規定限界説

本問で取り上げている中心問題がこれである．根拠を，形式面と，実質面に分けてみていこう．

ⅰ 形式的根拠　次のような論拠から，原則的に不可能とするのが通説といえよう．清宮四郎の見解が代表的なものである．

「原則として不可能であると答えなければならない．なぜなら，第一に，改正規定は，憲法制定権にもとづくものであって，憲法改正権にもとづくものではなく，改正権者が自身の行為の根拠となる改正規定を同じ改正規定にもとづいて改正することは，法論理的に不可能であるばかりでなく，改正権者による改正規定の自由な改正を認めることは，憲法制定権と憲法改正権の混同となり，憲法制定権の意義を失わしめる結果となるからである．硬性憲法の軟性憲法への変更を，憲法改正規定によって根拠づけることは，法的に不可能といわねばなるまい．」（清宮『憲法Ⅰ』（法律学全集3）昭和32年刊325頁）

ⅱ 実質的根拠　清宮は，硬性憲法の軟性憲法への変更を云々しているが，本問に出てきた改正案は，決して軟性憲法に変えようとしているのではなく，単に硬性度を下げようとしているだけである．だから，上記の論理だけだと，憲法制定権を侵害しない限度の憲法改正規定の修正は可能という答えが導けそうである．そこで，国民投票という部分を完全に切り捨てる形の改正が，制定権力への侵害になるかどうかを検討してみなければならない．

今日では，形式的憲法が硬性憲法であることは当然とされており，むしろどの程度の硬性度を持たせるのが妥当かが問題となる．硬性度が高ければ，その分だけ法制度の静的安定性の確保が容易になる．他方，その分だけ社会状況の変化に追随した柔軟な対応が難しくなるからである．どの程度の硬性度を持たせるか，という議論こそが，本問の中心論点である．

わが国現行憲法は，極めて硬性度の高い憲法典であり，かつ，問題文のYの提案趣意にあるように，戦後60年以上にわたって一度の改正もなされていない．1949年とわが国よりわずかに遅れて戦

第6章 最高法規
29 憲法改正権の限界

後憲法を制定したドイツが，ほとんど毎年のように憲法改正を繰り返してきたこと，あるいはアメリカ憲法が戦後6回の憲法改正を行っていること等を考えると，確かにわが国の憲法改正が異常に少ないことは否定できない．

その原因を現行わが国憲法典の硬性度の高さに求め，96条自体を96条で改正して，より改正しやすい硬度に下げるべきだ，という議論が読売新聞社の憲法改正案をはじめとする各種改正案で積極的に論じられている．ここから，改正条項の改正が可能か，という議論が登場することになる．

しかし，憲法改正がなされない原因を硬性度に求めるのは，次の理由から誤りである．すなわち，例えば，旧憲法は，現行憲法に比べるとはるかに硬性度の低い憲法であった．それにも拘わらず，1889年の制定から1946年の全面改正（廃止？）まで，57年間に渡って一度の改正も行われていない．それに対して，わが国憲法と同様の硬性度を持つ憲法は，欧州を始めとして，各国に例が多いが，いずれも何度かの改正を経験している．わが国では，民法や刑法は普通の法律であるのに，憲法同様，きわめて長期にわたり改正しないままに運用してきたことを考えると，憲法に限らず，基本的な国法を改正したがらないのはわが国の国民性と考えるべきであって，硬性度と直接には関係しないというべきであろう．

では，憲法改正における硬性度はどのように決定されるべきであろうか．本問における実質面の議論である．

その答えを一言にしていえば，憲法改正における硬性度は，その憲法の存在する国家体制に応じて決定するのが，正しいと考えるべきである．

例えば，戦前のわが国は，主権者は天皇であったから，憲法改正の発議権は天皇が独占していた．臣民の側から憲法改正の発議は不可能だったのである．天皇による発議を帝国議会が特別多数で議決することで，改正は行われた（旧憲法73条参照）．

これに対し，連邦国家の場合には，アメリカやドイツに典型的に見られるように，憲法改正は，いずれも連邦議会が発議し，各州がこれに同意することにより行われる（アメリカ憲法5条，ドイツ憲法79条参照）．

これらとの比較でいえば，わが国のように，中央集権制を採用し，半直接代表制を採用する国家の

場合には，原則として両議院の議決と国民投票による承認という2つの手続を必要とするというべきであろう．ただ，その場合に，わが国現行制度が唯一の答えではない．

同様の体制の国家の中にも，硬性度という点からすれば，わが国現行憲法よりも高い国がある．例えば，議会が憲法改正案を可決した場合，議会は一旦解散され，総選挙後の新たな議会において同改正案が可決されたとき，6ヶ月以内に国民投票に付されるとするデンマーク憲法は，その例である．

あるいは韓国の場合には，議会の総議員の3分の2以上の多数の賛成を得たうえで，国民投票に付すという点ではわが国と一緒だが，その際，議会選挙有権者の過半数の投票と，投票者の過半数の賛成を得なければならないとする（大韓民国憲法130条）．

逆に，ある程度は緩和することも可能である．要は，民意を把握する方法を導入していればよいのである．例えば，元首・政府もしくは一定数の議員から要求があった場合にのみ国民投票に付するという方法で，要求がなければ，議会の議決のみで改正案が成立するという制度である．スウェーデンやスペインに見られる．一定数の国民が要求した場合にも国民投票を認めるという制度を組み込むことで，議会の議決だけで憲法改正を認めるという方法もある．「50万の有権者から要求があるとき，国民投票に付される」とするイタリア憲法138条2項がその例である．これらの場合には，要求がなかったことにより，いわば国民の黙示の承認があったと構成することが可能になる．

このように考える限り，わが国のように国家の基本原理として国民主権を採用する中央集権国家であって，半直接代表制を採用する場合には，国会の議決と，何らかの形による国民の同意という2段の承認手続きは必須の要求と考えるべきある．したがって本問に示されたような，議会の議決のみで行う憲法改正は，憲法改正権の限界に触れるというべきである．

なお，ここでは「半直接代表制」ということを論理の前提として議論している．これがどのような論理から導かれるのか，ということは，既に第2講で取り上げているので，ここでは説明しない．しかし，諸君はもちろん，本番の試験会場でそう書くわけにはいかないのだから，簡潔な論述の仕方を

工夫しておかなければならない．
　　　ⓓ　**明示的禁止規定限界説**
　ここからは，類題に関する議論となる．
　憲法が明示的に改正を禁じている規定については，制憲権を侵害することになるから，改正規定に基づく改正もできないというべきである．この代表的な見解を，同じく清宮四郎にみることができる．

　「わが日本国憲法は，その前文で，民主制の原理は，『人類普遍の原理であり，この憲法は，かかる原理に基づくものである．われらは，これに反する一切の憲法，法令及び詔勅を排除する』といっている．民主制の原理を，根本規範，憲法の憲法とみて，明治憲法を排除して日本国憲法をつくったのもこの立場からであり，将来の行為についても，民主制の原理に矛盾する内容のものは，いっさいその成立を排除し，憲法改正の方法によるものであってもこれを許さないというのである．〈中略〉改正の限界について，憲法に特別の規定のない場合はどう考えたらよいか．この場合，憲法の基礎をなし，その究極にある原理を定める根本規範に触れることは許されないと解すべきである．」(前掲書324頁)

　この立場の場合，憲法第9条も，次の文言から限界とされる規定に属する．
　　第9条　日本国民は，正義と秩序を基調とする国際平和を誠実に希求し，国権の発動たる戦争と，武力による威嚇又は武力の行使は，国際紛争を解決する手段としては，<u>永久に</u>これを放棄する．

　これ以外の代表的なものを紹介していくと，次の規定がある．
　まず，前文が人権と国民主権を「人類普遍の一般原理」と言い，「これに反する一切の憲法を…排除する」と定めているのは，改正権の限界を明示的に規定したものである，と考える．また，以下の条文の次の文言も，同様に，改正権の限界を明示したものと考えることになる．

　　　第11条　国民は，すべての基本的人権の享有を妨げられない．この憲法が国民に保障する基本的人権は，侵すことのできない<u>永久の権利として，現在及び将来の国民に与へられる</u>．
　　　第97条　この憲法が日本国民に保障する基本的人権は，人類の多年にわたる自由獲得の努力の成果であって，これらの権利は，過去幾多の試錬に堪へ，現在及び将来の国民に対し，<u>侵すことのできない永久の権利として信託されたものである</u>．

　③　**限界を超えた改正の意義**　本問の場合にも，類題の場合にも，この点について論ずる必要はない．しかし，このように限界説を採用した場合には，限界を超えた改正の意義については当然に考える必要があり，場合によっては論ずることを求められることが予想されるので，簡単に説明する．
　我々の目の前には，天皇主権から国民主権へと，まさに憲法論の限界を超えた憲法改正の実例が存在しているからである．これに対しては，革命として説明する他はない．宮沢俊義の「8月15日革命説」がその代表的な存在である．これに対しては，ポツダム宣言の受諾だけで革命と呼ぶのは間違いだ，とする実証的な研究がある．しかし，フランス革命が1789年7月14日のバスチーユ監獄襲撃ですべてが完結したわけではなく，その後，長い時間を掛けて進捗していったのにも拘らず，革命の時点を1789年と呼ぶのと同様な意味で，1945年8月15日を革命の時点と考えるのが妥当であろう．
　以上のどの説を採用するかは自由である．基本書と相談して決めてほしい．

2　類題について

(1)　平和主義について

　類題では，平和主義が限界を形成していることを前提とせよ，とある．これを導く論理は，上述のとおり，憲法制定権力の下した基本的政治決定というアプローチと，明示的な憲法改正禁止規定の存在というアプローチの2とおりのアプローチがある．もし，総論段階で無限界説を採った場合には，このどちらのアプローチをとるかを先ず決定する必要がある．
　なお，先に述べた憲法9条1項の他に，憲法前文の次の文言も，平和主義に関する改正権の限界を明示的に定めているという解釈の根拠となる．

　「日本国民は，恒久の平和を念願し，人間相互の関係を支配する崇高な理想を深く自覚するのであって，平和を愛する諸国民の公正と信義に信頼して，われらの安全と生存を保持しようと決意した．われ

らは，平和を維持し，専制と隷従，圧迫と偏狭を地上から永遠に除去しようと努めてゐる国際社会において，名誉ある地位を占めたいと思ふ．われらは，全世界の国民が，ひとしく恐怖と欠乏から免かれ，平和のうちに生存する権利を有することを確認する．」

すなわち，ここで「恒久の平和」あるいは「永遠に除去」という箇所に，平和主義を憲法典から削除することが禁止されていることを読むことができるのである．

(2) 9条の解釈について

ここで，憲法9条の解釈を検討する．

① 戦争全面放棄説　第1項で，すでに戦争を全面的に放棄したと考えれば，1項を修正せず，2項以下の修正にとどめようとする本問改正は，基本的に無意味なものといえる．この見解は，古くは宮沢俊義（宮沢著・芦部補訂『全訂日本国憲法』161頁以下），清宮四郎（『憲法Ⅰ』112頁）があり，現在においては浦部法穂（『憲法学教室〈全訂第2版〉』408頁以下）がいる．代表例として，宮沢の見解を紹介する．

「(a)『国際紛争を解決する手段として』の戦争とそれ以外の戦争との区別は，きわめて不明確である．満州事変も，太平洋戦争（大東亜戦争）も，自衛権の発動だと主張されたことは，人の知るところである．そういう経験の後に作られた日本国憲法が，従来からの国際法上の原則どおり，それ以上一歩も出ずに，ただ侵略戦争を放棄しただけだと解するのでは，わざわざ全文で徹底した平和主義をうたい，ことに『平和を愛する諸国民の公正と信義に信頼して，われらの安全と生存を保持しようと決意した』とまでいっていることが無意味になってしまいはしないか．

(b) 日本国憲法の他のどの規定をみても，戦争というものが全然予想されていない．もし自衛戦争や制裁戦争が許されるとするならば，すくなくとも，戦争宣言の手続——法律で行うか，国会の承認によって内閣が行うか，それとも国民投票で決めるか，など——くらいは，規定されていてしかるべきである．また，戦争が是認されれば，当然に軍隊も是認されようから，義勇兵制とか，徴兵制とかに関する規定もあってしかるべきである．そういった戦争に関する規定がいっさい欠けていることは，たまたま憲法が——単に侵略のための戦争だけでなく——どのような戦争をも予想していないことを推測させるといえよう．」

議論はまだまだ続いているが，ここまでみれば，説の大要は判ると思う．このような見解を採用し，かつ，平和主義が憲法改正の限界になるという説をとる場合には，本問改正案は，改正権の限界を超しており，許されない，と論ずるべき事になる．

② 1項侵略戦争放棄説　通説は，しかし，1項は侵略戦争のみを放棄したものと考える．古くから支持者のいる説であるが，今日における代表例を戸波江二にみてみよう．

「従来，不戦条約や国際連合規約などの国際法規によれば，『国際紛争を解決する手段としての戦争』とは侵略戦争を意味し，自衛戦争や国連による制裁措置を含まないと解されていた．憲法9条の戦争の放棄の規定が，本来，国際関係に関するものであることを考えると，9条1項が侵略戦争のみを放棄したと解するのが基本的に妥当であろう．」（戸波・前掲書94頁）

この戸波江二の見解は，少し簡略に過ぎるので，立法経過を簡単に説明する．憲法9条が，GHQ民政局がいわゆるマッカーサー草案の作成作業に着手するにあたって，指針としてマッカーサーから交付されたマッカーサー・ノート第2項に由来している．マッカーサーは，そこで次のように述べた．

「国権の発動たる戦争は，廃止する．日本は，紛争解決のための手段としての戦争，さらに自己の安全を保持するための手段としての戦争をも放棄する．日本は，その防衛と保護を，いまや世界を動かしつつある崇高な理想に委ねる．

日本が陸海空軍を持つ権能は，将来も与えられることはなく，交戦権が日本軍に与えられることもない．」

ここでは，自衛戦争までも放棄していることはきわめて明白である．しかし，マッカーサーの指令を受けて，実際にマッカーサー草案のとりまとめを行ったケーディス大佐は若干異なる行動をとった．『自己の安全を保持するための手段としての戦争をも』という部分と『日本は，その防衛と安全を，いまや世界を動かしつつある崇高な理想に委ねる』という部分をカットし，代わりに国連憲章を受けて，『武力による威嚇，又は武力の行使は』という文言を前段に挿入したである．その理由について，ケーディスはインタビューで次のように説明している．

「自衛権の放棄を謳った部分をカットした理由は，それが現実離れしていると思ったからです．どんな国でも，自分を守る権利があるからです．だって個人にも人権があるでしょ？　それと同じです．自分の国が攻撃されているのに防衛できないというのは，非現実的だと考えたからですよ．

そして，少なくとも，これで一つ抜け道を造っておくことができる，可能性を残すことができる，と思ったわけです．」(鈴木昭典『日本国憲法を作った密室の九日間』創元社，125頁)

マッカーサーはこれを認めて，マッカーサー憲法草案の該当部分は最終的には次のような文章となって日本国政府に手交された．

「第8条　国権の発動たる戦争は，廃止する．いかなる国であれ他の国との間の紛争解決の手段としては，武力による威嚇又は武力の行使は，永久に放棄する．

陸軍，海軍，空軍その他の戦力を持つ権能は，将来も与えられることはなく，交戦権が国に与えられることもない．」

このような制定経過を見ると，少なくとも立法過程において，自衛戦争を許容すること，および文言を国際法規に一致させるという操作が行われたことがはっきりする．そういう点からも，この文言を侵略戦争に限定するという解釈が通説化する理由がある．

戸波江二は，こうした議論を受けて，9条に関する改正権の限界については，次のように述べている．

「憲法9条についても，戦争の法規を定める1項は改正できないが，自衛軍を保持できるように2項を改正することは，異論はあるが，論理的には可能であると思われる．」(戸波・前掲書502頁)

すなわち，本問で示された1項をそのまま存置し，2項以下を修正するという見解は，通説的には妥当ということになる．

なお，参考までに，従来の政府の公式見解を紹介する．

「国際法上，国家は，集団的自衛権，すなわち，自国と密接な関係にある外国に対する武力攻撃を，自国が直接攻撃されていないにもかかわらず，実力をもって阻止する権利を有しているものとされている．

我が国が，国際法上，このような集団的自衛権を有していることは，主権国家である以上，当然であるが，憲法第9条の下において許容されている自衛権の行使は，我が国を防衛するため必要最小限度の範囲にとどまるべきものであると解しており，集団的自衛権を行使することは，その範囲を超えるものであって，憲法上許されないと考えている．

なお，我が国は，自衛権の行使に当たっては我が国を防衛するため必要最小限度の実力を行使することを旨としているのであるから，集団的自衛権の行使が憲法上許されないことによって不利益が生じるというようなものではない．」(衆議院議員稲葉誠一君提出「憲法，国際法と集団的自衛権」に関する質問に対する答弁書(昭和56年5月29日提出) = 2009年度防衛白書・資料8参照)

(3)　9条の2について

なぜ9条の2が必要なのかについて簡単に説明する．先に紹介した宮沢俊義見解の(b)に指摘されているように，現行憲法には，自衛戦争に限定しようとも，わが国が戦争を行うことを予定した規定はない．しかし軍隊を持つということは，どのような形であれ，戦争を行うことを予定しているからであり，戦争を行うということは，国家として最高度に重要な事項であるから，それに関する規定を憲法に設けなければならないのは，当然である．

例えば，我が国旧憲法は，この点について，次のように定めていた．

第13條　天皇ハ戰ヲ宣シ和ヲ講シ及諸般ノ條約ヲ締結ス

誠に簡単な規定であるが，天皇主権国家である以上，これで必要にして十分といえる．

これに対して，民主主義国家の場合には，問題が複雑になる．権力分立制の下において，基本的には国民の直接の代表者で構成される議会が，その決定権者と考えざるを得ないからである．

アメリカ憲法の場合には，次のように議会の権限としてそれが定められている．

第1条第8節　連邦議会は，次の権限を有する．
(11) 戦争を宣言し，拿捕及び報復の特許状を発し，陸上及び海上の捕獲に関する規則を定めること．
(12) 陸軍を募り維持すること．ただし，そのための歳出は，2年を超える期間であってはならない．
(13) 海軍を設け維持すること．
(14) 陸海軍の統制及び規律のための規則を定め

(15) 連邦の法律を執行し，反乱を鎮圧し，侵入を鎮圧するため民兵の招請について定めること．
(16) 民兵の編制，装備及び規律について定め，その一部が合衆国の兵として用いられた場合にその部分の統制について定めること．ただし，将校の任命と連邦議会によって規定された規律に従って民兵を訓練する権限は，各州に留保される．
(17) 特定の州の割譲と連邦議会の受領により合衆国政府の所在地となる（10平方マイルを超えない）地区について，すべての事項について排他的に立法権を行使すること．及び要塞，弾薬庫，兵器庫，造船所その他の必要な建造物のために，その州の議会の同意によって購入されたすべての場所に対して，同様の権限を行使すること．

しかし，ここで問題は，議会というものは，常設の機関ではないために，機動的な対応が不可能という点である．そこで，米国合衆国憲法2条2節1文は次のように定める．

「大統領は，合衆国の陸軍及び海軍及び合衆国の兵役のため現に招請された各州の民兵の最高司令官である．《後略》」

このように，民主主義国において戦争を予定する場合には，憲法レベルにおいて軍隊を置く規定を設け，また，戦争を誰の権限でどのようにして開始し，その後の運用はどうするかについての規定が必要なのである．
しかも，わが国の場合には，米国にない特殊な問題がある．それは基本的に平和主義を採用し，専守防衛という点である．したがって，わが国で戦争が始まる時には，不意に敵国が侵略してくるという事態がもっとも考えられる．その場合には，そうした事態をそもそも想定していない米国憲法はあまり参考にはならない．
基本的にわが国と同様に平和主義を採用し，専守防衛を念頭に置き，一方的侵略の事態を想定しているドイツがもっとも参考になる．そこで，類題に紹介した規定は，ドイツ憲法115a条の規定をわが国の用語に置き換えて作成した．但し，実際のドイツ憲法の規定は，これよりはるかに詳細なものである．不意の侵略という問題から発生するあらゆる場合について，民主的・合憲的な方法で軍隊を動員しうる方法を残さなければならないからである．

これまで，わが国で展開された議論は，9条2項を削除すれば再軍備が可能であるかのごとき論調が多い．例えば，読売新聞が2004年に公表した憲法改正草案における戦争法規関連の規定は次のようになっている．

◆第3章 安全保障◆
第11条（戦争の否認，大量破壊兵器の禁止）〈1〉日本国民は，正義と秩序を基調とする国際平和を誠実に希求し，国権の発動たる戦争と，武力による威嚇又は武力の行使は，国際紛争を解決する手段としては，永久にこれを認めない．
〈2〉日本国民は，非人道的な無差別大量破壊兵器が世界から廃絶されることを希求し，自らはこのような兵器を製造及び保有せず，また，使用しない．
第12条（自衛のための軍隊，文民統制，参加強制の否定）〈1〉日本国は，自らの平和と独立を守り，その安全を保つため，自衛のための軍隊を持つことができる．
〈2〉前項の軍隊の最高の指揮監督権は，内閣総理大臣に属する．
〈3〉国民は，第1項の軍隊に，参加を強制されない．
◆第4章 国際協力◆
第13条（理念）日本国は，地球上から，軍事的紛争，国際テロリズム，自然災害，環境破壊，特定地域での経済的欠乏及び地域的な無秩序によって生じる人類の災禍が除去されることを希求する．
第14条（国際活動への参加）前条の理念に基づき，日本国は，確立された国際的機構の活動，その他の国際の平和と安全の維持及び回復並びに人道的支援のための国際的な共同活動に，積極的に協力する．必要な場合には，公務員を派遣し，軍隊の一部を国会の承認を得て協力させることができる．
第15条（国際法規の遵守）日本国が締結した条約及び確立された国際法規は，これを誠実に遵守する．

ここでは，ここに例示した9条の2のような規定の必要性は完全に忘れられている．しかし，戦争の開始を，憲法で明記せず，法律以下の規定に任せるというのは，きわめて危険な発想で，立憲主義に立つ限り，絶対に許されないといわなければならない．

第Ⅱ部 人権論

目次

第1章 人権総論
- 第30講 人権の制約原理
- 第31講 定住外国人の参政権
- 第32講 外国人の再入国の自由
- 第33講 プライバシーの限界
- 第34講 プライバシーと芸術
- 第35講 プライバシーの具体的権利性
- 第36講 自己決定権とその限界
- 第37講 人権の私人間効力
- 第38講 団体自律権と構成員の人権

第2章 精神的自由権論
- 第39講 内心の静穏の権利
- 第40講 政教分離
- 第41講 取材源秘匿の自由
- 第42講 マスメディアへの反論文掲載請求権
- 第43講 マスメディアの編集権と政見放送
- 第44講 通信の秘密

[以下(下)]

第3章 経済的自由権論
- 第45講 弁護士会の強制加入制度と憲法22条
- 第46講 財産権制限と損失補償

第4章 社会権論
- 第47講 憲法25条と教育の自由
- 第48講 教育を受ける権利と教科書検定
- 第49講 障害者の教育を受ける権利
- 第50講 山猫ストと労働基本権
- 第51講 公務員の労働基本権
- 第52講 救済処分としての陳謝命令

第5章 平等権論
- 第53講 国籍法3条1項と憲法14条
- 第54講 女性の坑内労働
- 第55講 待婚期間の意義
- 第56講 非嫡出子の相続分

第6章 参政権論
- 第57講 参政権の本質
- 第58講 在外邦人の参政権
- 第59講 拡大連座制の合憲性
- 第60講 平成13年度参院選の議員定数

第7章 人身の自由権論
- 第61講 税務調査権と憲法31条
- 第62講 自己に不利益な供述を拒否する権利（黙秘権）

第1章 人権総論

第30講　人権の制約原理

■問題■

　現行憲法が，その重要な基本原理としている人権は，しかし，無制約な権利ではなく，様々な制約に服し，その枠内でのみ効力を有する．その制約を無原則に認めるときは，旧憲法下における法律の留保と同様に，国会が恣意的にその内容を制約しうるものとなる．他方，制約をあまりに緩やかに認めるときは，個人主義ならぬ利己主義の尊重となってしまう．ここに，人権の制約原理を理論的に明確にする必要が存在する．

　人権の制約原理について，特にその本質的制約やパターナリズムとの関係を通じて論ぜよ．

■この講での論点細目次と論述のヒント■

　はじめに
1　古典的公共の福祉概念の誕生から死まで
　(1) 外在的一元論
　(2) 内在・外在二元論
　(3) 内在的一元論
　(4) 内在的制約説と憲法訴訟論
2　人権の本質とそこから導かれる限界
3　自己加害の禁止と限定的なパターナリズム

はじめに

　現行憲法の文言において，人権を制約するのは公共の福祉のみである．したがって，本問は，以前であれば「公共の福祉について論ぜよ」という出題であってもほとんど論点は変わらなかった．しかし，近時は，一方において人権の具体的権利性が重視され，他方において人権そのものの本質的な制約原理について「限定されたパターナリズム」という議論が必要になる．それらをどの程度に要領よく論じるかで論文の優劣が決まることになる．

　問題意識としては，次のことを念頭に置いてほしい．本問は人権論の非常に基礎的な部分に関連する問題である．昔は人権尊重の根拠そのものが，やれ天賦人権とか，人間の尊厳といったきわめて直感的な議論で構成されていた．その時代には，人権の制約原理もまたきわめて素朴な形で展開されていた．それが本講で最初に紹介する古典的な公共の福祉概念である．しかし，それを紹介するのは，それを論文に書いてほしいからではない．そのどこに問題があったのかを判ってほしいからである．

　今日では，そのような古典的な理論を紹介しても合格答案にはならない．我々は人権を，より本質的なところから説明しようとするからである．それが人格的利益説と一般的行為自由説の対立となって現れていることは知ってのとおりである．当然，この本質に対する理解から，その制約原理は説明される必要がある．したがって，昔の答案とはかなり違う構成が今日では要求されることになるのである．

1　古典的公共の福祉概念の誕生から死まで

(1) 外在的一元論

　現行憲法の初期における人権理論は，明治期の

「法律の留保」概念の下に，人権に議会の立法裁量に基づく制約があるのは当然とする思考に親しんできた憲法学者達によって構築された．彼らは，近代資本主義を築いてきた所有権の絶対などの概念と，その限界に関する議論を知っていたから，すべての人権が留保なしに保障されるという状況に非常な恐怖感を覚えたのである．そこで，人権も法律により制約することが当然に可能であるべきだ，という前提から出発して，憲法典中で手頃な文言を探した．そこで目を付けられたのが，本節の主題である「公共の福祉」という文言だったのである．

すなわち，美濃部達吉に代表される初期の通説は，旧憲法における法律の留保に代わるものとして公共の福祉概念をとらえた．

「自由であるからといって自分の欲するままにいかなることでもなしうるというのではなく，他人の同様の権利及び自由を尊重しなければならぬことはもちろん，公共の安寧秩序を紊乱してはならぬ．国民の基本的権利はただこれらの制限の下においてのみ認められるのである．」(美濃部『新憲法逐条解説〈増補版〉』日本評論新社・昭和31年60頁＝初版昭和22年)

すなわち，公共の福祉の意味を公益ないし公共の安寧秩序と理解し，その判断権者として国会を擬した．ここでの公共の福祉は，人権の内容とは関係なく，公的必要性として外から来るものとして把握されている．

昭和23年3月12日の死刑違憲訴訟最高裁判決が，「生命は尊貴である．一人の生命は，全地球よりも重い．」と大上段に構えながら，その直後に無造作に「公共の福祉という基本原則に反する場合には，生命に対する国民の権利といえども立法上制約乃至剥奪されることを当然に予想しているものと言わねばならぬ」と切って捨てているのは，この立場の典型的な現れである(百選〈第5版〉266頁)．

(2) 内在・外在二元論

このような戦前の残滓ともいうべき説に対して，現代人権思想に則った解釈を示そうという努力が直ちに現れてきた．代表的には，伊藤正己，鵜飼信成，高柳信一，田中二郎等によって組織された法学協会の総意として主張されることになる．

「本条は，強力な保障を持つ権利と自由とを与えられた国民の側に，一定の倫理的な指針を示したものであり，『自由または権利に伴う，いわば個人の心構えとしての，内在的限界』を明らかにしているにすぎないのである．」(法学協会『註解日本国憲法』有斐閣・昭和28年335頁)

この説は，公共の福祉という文言が，12条，13条という総論規定のほかに，22条及び29条という個別規定にも現れている点に目を付けて，公共の福祉を二種類に分類するという立場を打ち出した．基本的に上記外在的制約説を旧憲法の亡霊として排斥する一方で，公共の福祉概念を，自由国家的な公共の福祉と社会国家的な公共の福祉とに分類した．22条や29条の公共の福祉は社会国家的な制約に服するもので，美濃部説と同様に外在的制約に服するが，12条や13条は，単なる倫理的な制約を説くものに過ぎず，実質的に人権を制約する場合の根拠とすることは出来ない，と説いたのである．これは美濃部説等に対する鋭い批判で，まさに戦後の人権学説の第一歩と言えるものである．

だが，いくつかの根本的な欠陥をはらんでいた．第1に，社会国家的な公共の福祉ならば，なぜ外在的制約が許されるのか，という理由がはっきりしないことである．よりはっきり言うならば，現行憲法のよって立つ個人主義原理の下で，すなわち全体の利益に反してでも，必要とあらば個人の権利を守るという原理の下で，なぜ公益ということが人権の制約原理になるのかが判らないのである．第2に，自由権についても実は無限に人権の享有が許されるのではなく，権利に内在する制約はある，と説くのだが，その内在的制約という概念の内容もまたはっきりしなかったことである．そして，第三に，その後のわが国社会の変化に応じていわゆる登場してきた新しい人権のために，13条が，その積極的な根拠として活用される必要が増大してきたが，そのことと，この説の前提としている単なる訓示規定だという考えとが融和しにくいことである．

(3) 内在的一元論

こうした膠着状況を打解したのが，宮沢俊義の説かれた内在的一元説である．まず，内在的制約とは実質的公平の原理，すなわち人権と人権の衝突の場面における調整原理である，と内在的制約の概念を確立する．その上で，上記自由権的制約と社会権的制約との差を，内在的制約の，個々の権利における差異として説明する．

「これを交通信号にたとえていえば，自由国家的

公共の福祉は，すべての人を平等に進行させるために，あるいは青，あるいは赤の信号で整理する原理であるに対して，社会国家的公共の福祉は，特に婦人・子供・老人または病人を優先的に進ませるために，他の人間や車をストップさせる原理であるとも言えようか．」（宮沢『憲法Ⅱ〔新版〕』有斐閣法律学全集4，昭和46年236頁＝初版昭和34年）

伊藤正己は，この人権相互の調整に加えて，自由国家にとっての最小限の任務とされる社会秩序の維持と危険の防止があるということも，内在的制約として捉え得ると説く（伊藤『憲法〈第3版〉』220頁）．一見もっともな気がするが，何をもって最小限の社会秩序の維持と捉えるか，という点を通じて最初の公益説が復活しそうな気がして，あまり賛成できない．仮にその最小限基準が他の人権ということになれば，結局人権相互の調整説に帰着するわけだから，この第2の基準は不要なものだと考える．

このように，個別の人権ごとに，それぞれの内在的制約の内容を検討して初めて，人権についての制約原理が明らかになるということは，公共の福祉論概念というものが，総論レベルでの統一概念としては，この説によりとどめを刺され，終止符を打ったということを意味する．すなわち，この宮沢説を受け入れる限り，公共の福祉というのは，単なる内在的制約という言葉と同義のテクニカルタームであるに過ぎない．諸君の多くが，具体的人権を論ずるに際し，公共の福祉による制約に服すると書く．しかし，それは，美濃部的な古い発想で，今日では妥当を記述ではないことを認識して欲しい．

(4) 内在的制約説と憲法訴訟論

今日の通説・判例は明らかに内在的一元論であり，したがって諸君の基本書もそうであろう．そこで，この説の今日における機能をもう少し掘り下げておこう．

この説は，個別の権利ごとにその内在的限界を，特に他者の人権との関連で論ずる．すなわち，人権の実体的な意味における制約を，個々の権利の行使場面で，他者の人権との相対的比較の中で決定していくことになるから，本質的に個別的な比較衡量を要求していることになる．ここで比較衡量と呼んでいるのは，しかし，実体法のレベルにおける人権の限界である．

これに対して，現在，我々は憲法訴訟論の枠内で比較衡量論をもっぱら使用する．これは，あくまでも司法審査，すなわち，三権の一に過ぎず，しかも民主的基盤を持たない裁判所が，その権力を行使するにあたって発生する基準として説かれる手続法的なものだから，両者は異なる概念である．しかし，人権が司法の場で論じられる場合には，結局後者が専ら論じられ，そこで議論は終わって，実体法的に人権がどの限度で承認されるか，という議論は行われないことになる．すなわち，現実の訴訟の場においては，内在的制約説は論じる余地がなくなってしまったのである．

さらに，我々は，個別の人権ごとに比較衡量を行うことを嫌い，定型的な審査基準を開発してきた．それが二重の基準論であり，合理性基準である．その要件に該当する事件の場合には，我々はもはや比較衡量という作業すら行わず，そこに適用される審査基準に基づいて，一律の合憲・違憲の判定をすることになった．

2 人権の本質とそこから導かれる限界

今日，人権の本質については，人格的利益説と一般的行為自由説が対立している．しかし，諸君の多くは人格的利益説を人権の本質に関する説として採用していると思われるので，以下，その説に沿って，今日的な問題意識を展開してみたい．

人格的利益説においては，人権の本質を道徳に求める．例えば，佐藤幸治は次のように説明する．

「人権は，『すべての人間が，無条件にかつ不可変的に，等しく保持する，基本的な重要性を持つ種類の道徳的権利』と解したい．〈中略〉権利やルールが上から，例えば全能の主権者によって与えられる法体系のごときものを想定するのでなければ，法的・実定的権利の基礎として『道徳的権利』を想定しなければならないのではないか．」（佐藤幸治『現代国家と司法権』〔有斐閣〕，496頁）

そして，その道徳的権利の中核を人格的自律に求める．

「前段の『個人の尊厳』原理と結びついて，人格的自律の存在として自己を主張し，そのような存在であり続ける上で必要不可欠な権利・自由を包摂する包括的な主観的権利である」（佐藤『憲法〈第3版〉』445頁）そして，人格的自律と「は，人間の一人ひとりが"自らの生の作者である" ことに本質的価値を認めて，それに必要不可欠な権利・自由の保障を一般的に宣言したもの」（同448頁）

換言すれば，自己決定権の尊重こそが人権概念

の中核となる.

宮沢俊義の内在的制約説では,人権を制約するものは人権のみであると考えていた.例えば人は他の人を殺す自由も,その自由権の内容として有しているのであるが,ただそのような自由の行使は,その殺される人の人権を侵害することになるので許されない,と考えるのである.

これに対して,人権の本質を人格的自律に求めるという考え方にたつ場合,道徳的要求を重視することになる.その場合,人格の内容として,悪をなす自由を考えることができる,という点に,批判が生まれてきた.つまり,他人に悪を加えないという限りで人権は絶対性が肯定されるという考え方である.今日では,これは一般的に承認されていると考えて良い.したがって,宮沢俊義の内在的制約論は人権相互の衝突の調整・解決手段として人権制約を肯定していると考えると,内在的制約説は,他者加害の禁止という言葉と置き換えが可能となる.

3　自己加害の禁止と限定的なパターナリズム

法学上人格権として知られる一連の権利が存在する.例えば生命権,身体権,貞操権等は,権利者自らが自由に使用・収益・処分することができない.しかし,上述のように他者加害の禁止が公共の福祉概念の内容であるとすると,これら自己決定を否定する権利の説明が非常に困難になる.

この場合の説明原理としては,パターナリズムを登場させる他はないのである.しかし,パターナリズムという考え方は,自己決定の尊重と本質的に相容れないものであるところから,外在的制約原理としてパターナリズムを尊重する場合にも,その肯定範囲を可能な限り限定する必要があるところから,「限定的なパターナリズム」という表現が生まれてくるのである.

ここに出てくるパターナリズムという考え方は,法学の講義等では必ずしもきちんとした説明を受けていないと思われるので,以下に簡単に説明する.

パターナリズム（Paternalism）という言葉はPater（父親を意味する英語）からでたもので,一般に父親的温情主義と訳される.もっとも,現代の法学で語られるパターナリズムは,辞書的な意味とは若干ニュアンスを異にしている.法的意味を正確に理解するために,少しその歴史を振り返ってみよう.

法学の世界でパターナリズムが語られるようになったのは,1957年にイギリス政府が,同性愛処罰の必要性を問題にした時以降である.すなわち同国では,同性愛は,伝統的に厳罰に処せられてきたわけであるが,成人間の合意により密かになされる行為であるという点で,社会的行為といえないので処罰の必要はないのではないか,むしろ従来許されていた男女間の売春行為の方こそ,公然となされるので処罰の対象とすべきではないかという問題提起を政府が行ったのである.これに対して,裁判所は真っ向から挑戦し,判決中で裁判所は道徳の番人であるからこそ同性愛を処罰するのだ,と反論した.すなわち法とは道徳だ,というわけである.こうした考え方をリーガル・モラリズム（Legal Moralism）と呼ぶ.

リーガル・モラリズムに立つ論者達は,仮に法に道徳的観点を否定した場合,なぜ自傷行為を処罰することはできるのか,という問を,その否定論者達に投げかけたわけである.それに対する否定派の答えがパターナリズムであった.すなわち,あたかも父親が,その保護下にある子供の意思に反しても,その子供の利益のために行動することが許されるのと同様に,国は,福祉,幸福,利益,価値などを確保するために国の保護を必要とする人間に,その意思に反する行動を強制できる,と答えたわけである.

ところが,研究が進むにつれて,この言い方は不正確であることが判ってきた.

まず第1に強制という要素は不要である.例えば困窮している浪費者を保護するために,生活費を現金で給付すると,浪費して食料の購入を行わない.そこで現金ではなく,現物の食料を給付するとすれば,これも立派なパターナリズムである.しかし,現金を渡して,それで食料を買うことを強制する場合と違って,強制という要素は存在していない（現実に採られている制度としては,米国における食料小切手(Food stamp)がある.食料の購入以外には使用できないという制限付きの小切手を生活困窮者に給付するという方法である）.

第2に,行動の自由に対する干渉という要素も不要である.思想やプライバシーに対する干渉でもパターナリズムが考えられるからである.従ってパターナリズムは,優越的立場にある者による他者の幸福や利益等のため正当化されるその他者への干渉行為と理解されるわけである.

ここまで説明すれば,パターナリズムが,公共の福祉とは全く異質の法的概念であることが明らかになったと思う.公共の福祉の場合には,内在的であると政策的であるとを問わず,制約,換言すれば,消極的に権利行使を制限するにとどまる.パターナリズムでも,消極的パターナリズムは,現状

より悪化することを防止することを目指すから, 形態としては権利行使の制限, 禁止のレベルにとどまるが, 積極的パターナリズムは, 現状より良くすることを目指すため, より能動的な干渉を行う.

ついでに言えば, パターナリズム概念の母国であるイギリスは, 1998年に人権法が制定されるまでは人権の概念を知らず, 今日においても社会権の概念を知らない. そこで, 国による初等教育の実施（日本でいう義務教育）や受刑者に対する職業教育も, 積極的パターナリズムとして説明されることになる. 積極的パターナリズムは, その意味で, 結果だけをみれば, 社会権とよく似た概念である. ただし, 社会権の場合, 国の干渉行為は国の国民に対する義務の履行と構成されるのに対し, パターナリズムでは, 国の温情と説明される点で, 根本的に対立した考え方である.

わが国の発達した人権意識を通して見ると, このような概念構成には危険性を感じる. すなわち, パターナリズムは, 干渉される者の利益という正義の御旗の下における人権侵害の肯定であるから, どこまでの干渉が妥当かを決定する法的メルクマールが存在しない. このため, ややもすると, 国家が私人の自由に対して過度の干渉を行う危険性があるからである. たとえば, 生徒の利益のためと称して, 教師が体罰を行ったり, さらに, 学校が校則で, バイクの免許取得, 購入, 使用の禁止を行ったり, 髪型の規制を行ったりする行為は, いずれも積極的パターナリズムと構成されることになる. これらは間違っても権利の衝突の場面ではないので, 公共の福祉からは説明できないからである.

しかし, パターナリズムを否定しきれないのも事実である. かつて, アメリカ連邦最高裁判所は, 1969年のティンカー事件で, 公立学校の生徒は「一歩校門を入ったら, 言論又は表現の自由等の憲法上の権利を失うものではない」という格調高い表現で知られる生徒の人権容認判決により, キディリブ（Kiddylib=少年の自由）を生み出した. しかし, それによりいわゆる学校の荒廃が激化し, 単に児童生徒の学習能力が低下するばかりでなく, 性風俗の早熟化, 麻薬や銃器の濫用等に象徴される心身両面に渡る問題の発生から, 連邦最高裁判所自身も, 1986年には学校当局による持ち物検査を, 1987年には生徒総会における発言の中止を, そして1988年には高校新聞の検閲を, それぞれ是認する判決を下すという調子で, 完全に自由主義抑制傾向を見せ, 現時点においては完全に1969年以前の段階に戻ったと言われている. 米国では, その主導で制定された児童の権利に関する条約を今も批准していない. つまり全面的なパターナリズムの台頭がここには認められる.

そこで, パターナリズムを承認しつつ, パターナリズム概念の濫用を押さえようという考え方が出てくる. それが,「限定されたパターナリズム」といわれるものである. これは要するに, 常識的にみてどうしても干渉が必要と思え, それに対する法的論理としてはパターナリズムしかないという場合だけに, その使用を限定しよう, という考え方である. 佐藤幸治の場合, その限定の物差しとして, 自己加害の禁止という場合にのみパターナリズムを承認すべきである, と考えている訳である.

確かに, 自己加害の禁止を, 宮沢俊義流の公共の福祉で説明することはできない. しかし, パターナリズムは, これまでに説明してきたとおり, 道徳とは一線を画する原理として開発されてきた概念であるから, それを人格的利益説がその前提としている道徳を背景にして説明することは, 不可能であるといわざるを得ない. では, 何を根拠として, パターナリズムは正当化されるのであろうか. 私見によれば, それは福祉主義である. 例えば児童生徒に対して憲法は教育を強制することを予定している. この強制は自己加害の禁止として限定されたパターナリズムと説明することも可能であろうが, その実態は福祉主義であることに異論はない.

すなわち, 我が憲法の依って立つ基本原理として, 自由主義とならんで福祉主義が存在し, この2大原理の衝突と調整という形でパターナリズムは登場するわけである. 先に, 社会権と近い概念だといったのはそういう意味である. このような意味でいう福祉主義的干渉までも, 13条の「公共の福祉」という言葉の中で読み込むことも可能であろう. しかし, 宮沢俊義以来ほぼ確立した感のある公共の福祉概念をここでいじくるのはあまり感心しない. 私はその意味で, 13条と25条の相克として把握するのが妥当と考えている.

自己加害の禁止以外に, 自己の能力を現状より伸ばす積極的パターナリズムも肯定される必要がある（例えば, 刑務所による職業指導）が, これも福祉主義により説明が可能となる.

第31講　定住外国人の参政権

> **問題**
>
> 英国ロンドン市に生まれ，英国籍を有する X は，わが国に 10 年以上在住し，日本人と婚姻している．
> (1) 平成○○年の参議院議員選挙の選挙人名簿縦覧期間中に，X が，選挙管理委員会に出頭し，参議院議員選挙の投票権を求めた場合，認められるか．
> (2) 仮に，県議会議員選挙の際に，同様の行動に出た場合にはどうか．
> (3) X が求めたのが，参議院議員選挙の立候補資格である場合にはどうか．また，県会議員選挙の立候補資格である場合にはどうか．
> (4) 日本で生まれ，日本での永住資格を有する韓国人 Y が，X の各要求と同じ要求を行った場合には，結論が異なるか．

この講での論点細目次と論述のヒント

はじめに
1　問題の所在
2　学説の状況
3　憲法上の国民の意義
　(1) 参政権の主体
　(2) 主権者としての日本人の概念
　(3) 国籍概念と参政権
　(4) 国籍保有者概念の区分的運用について
　(5) 現行法制における永住権者を基準とする説及び法案について

はじめに

　国際人権規約が批准され，内外人無差別という原則が確立された今日，外国人の人権の排除という議論は完全に意味を失っている．その唯一の例外として，今も外国人の人権排除が国際人権規約においても承認されている領域が，外国人の参政権である．すなわち市民的及び政治的権利に関する国際規約 25 条は，他の条文が「人」を主語にしているのに対して「市民」を主語としており，少なくとも，これがすべての人に共通に認められる人権ではなく，自らが市民と認められる国との関係においてのみ，認めうる権利であることを明らかにしている．したがって，外国人に参政権を否定することは，少なくとも国際法上何ら非難される問題ではない．
　しかし，そこで問題となるのが，本問のテーマである，定住外国人，すなわち国籍法上の日本国籍を有していないが，それにも関わらず，わが国国籍保有者と同視しうる程度に，わが国を生活の本拠地として長期にわたって在住し，わが国政治と深い利害関係を有する者に，参政権を承認する余地があるかどうかである．したがって，この定住性という点に関する評価が論文の中に明確に含まれていなければ，その論文は落第答案となる．

1　問題の所在

　国際人権規約上，外国人の人権を否定しても何ら問題がないにも関わらず，なぜ今日，外国人の参政権が問題になるかというと，それは欧米における議論の動向を反映しているからである．
　欧米などでは，定住外国人は人口の数％から数十％という高い率に達するため，これら定住外国人をどのように処遇するかは，国家にとり深刻な問題であり，したがってそれを解決するため，様々な政策的取り組みが行われてきた．定住外国人に

対する参政権の付与という施策も，そうした取り組みの一環として現れてきた，ということができる．

これに対してわが国では，在日外国人が急速な増加を見せた現時点においてすら，外国人登録をしている人数は全国総人口の1％程度に過ぎず，さらに定住者と認めうるのはその7割程度という低さから，本質的には大きな社会問題となり得なかった．定住外国人の参政権問題が顕在化してきたきっかけとしては，定住外国人が現実に大きな社会問題となっている欧米諸国で，問題解決のため，積極的な法的手段が執られるようになったこと，及びそれに刺激されてわが国に定住する外国人自身による参政権訴訟が相次いだことがことが大きい．

その中でも，次の2件については，最高裁が判決を下した．

㈠ 在日英国人が参議院選挙権を求めるヒッグス・アラン訴訟（最高裁第2小法廷平成5年2月26日判決）

㈡ 在日韓国人の地方選挙における選挙権，被選挙権を求める金正圭訴訟（最高裁第3小法廷平成7年2月28日判決＝百選〈第5版〉12頁）

このうち，前者では，裁判所は，マクリーン事件最高裁判決を引用しつつ，参政権については日本人に限られるとして単純に退けているにすぎず，内容に乏しく，表現にも新味がなかったため，社会にあまり大きなインパクトは与えなかった．

これに対して，後者に対しては，最高裁第3小法廷は，その判決中で，立法論的には外国人の地方参政権を肯定する余地がある，と述べた（以下，「平成7年判決」という）．外国人参政権問題に関しては，この判決から，にわかに議論が活発化した感がある．

平成7年判決の中には，大別して二つの判断が存在している．

第一の判断は次の箇所に現れている．

「憲法第3章の諸規定による基本的人権の保障は，権利の性質上日本国民のみをその対象としていると解されるものを除き，我が国に在留する外国人に対しても等しく及ぶものである．そこで，憲法15条1項にいう公務員を選定罷免する権利の保障が我が国に在留する外国人に対しても及ぶものと解すべきか否かについて考えると，憲法の右規定は，国民主権の原理に基づき，公務員の終局的任免権が国民に存することを表明したものにほかならないところ，主権が『日本国民』に存するものとする憲法前文及び1条の規定に照らせば，憲法の国民主権の原理における国民とは，日本国民すなわち我が国の国籍を有する者を意味することは明らかである．そうとすれば，公務員を選定罷免する権利を保障した憲法15条1項の規定は，権利の性質上日本国民のみをその対象とし，右規定による権利の保障は，我が国に在留する外国人には及ばないものと解するのが相当である．そして，地方自治について定める憲法第8章は，93条2項において，地方公共団体の長，その議会の議員及び法律の定めるその他の吏員は，その地方公共団体の住民が直接これを選挙するものと規定しているのであるが，前記の国民主権の原理及びこれに基づく憲法15条1項の規定の趣旨に鑑み，地方公共団体が我が国の統治機構の不可欠の要素を成すものであることをも併せ考えると，憲法93条2項にいう『住民』とは，地方公共団体の区域内に住所を有する日本国民を意味するものと解するのが相当であり，右規定は，我が国に在留する外国人に対して，地方公共団体の長，その議会の議員等の選挙の権利を保障したものということはできない．」

すなわち，ここでは3つのことが断言されている．

第1に，参政権者とは国民主権原理の下においては，国民のことのみをいう，という点である．

第2に，国民とは，国籍保有者のことをいう，という点である．

第3に，地方自治に関する伝来説にしたがって，住民とはその地方公共団体に住む国民をいう，という点である．

これらの点について，平成7年判決が違う判断を下した，という錯覚を持っている人が時々いるので注意してほしい．

この点については，上記のヒッグス・アラン訴訟をはじめとする多数の定住外国人参政権問題に関する判決によって従来から示されてきたところから，ほとんど一歩も出ておらず，判例としての新味はない，ということができるであろう．

それに対して，平成7年判決が広く社会の関心を呼び，一般新聞の第一面トップにさえも掲げられたゆえんは，次の論述にある．

「憲法93条2項は、我が国に在留する外国人に対して地方公共団体における選挙の権利を保障したものとはいえないが、憲法第8章の地方自治に関する規定は、民主主義社会における地方自治の重要性に鑑み、住民の日常生活に密接な関連を有する公共的事務は、その地方の住民の意思に基づきその区域の地方公共団体が処理するという政治形態を憲法上の制度として保障しようとする趣旨に出たものと解されるから、我が国に在留する外国人のうちでも永住者等であってその居住する区域の地方公共団体と特段に緊密な関係を持つに至ったと認められるものについて、その意思を日常生活に密接な関連を有する地方公共団体の公共的事務の処理に反映させるべく、法律をもって、地方公共団体の長、その議会の議員等に対する選挙権を付与する措置を講ずることは、憲法上禁止されているものではないと解するのが相当である。しかしながら、右のような措置を講ずるか否かは、専ら国の立法政策にかかわる事柄であって、このような措置を講じないからといって違憲の問題を生ずるものではない。」

ここでいっている議論は、文章がきわめて短く、内容が不明確なため、はっきりしない。しかし、前半の記述と対比してみれば、少なくとも地方自治体の場合には、住民以外のものであっても、選挙権を付与することが可能である、と主張していることは明らかである。また、本訴訟が参政権、すなわち、選挙権と被選挙権の双方を求めて提起された訴えであることから考えると、そのうちの選挙権だけを付与する余地がある、と述べたものと読むのが妥当であろう。

こうして、この問題が立法課題として浮上したことが、社会に大きな反響を呼ぶことになったのである。

2　学説の状況

「禁止」「要請」「許容」は、規範的命題の基本的カテゴリーであるが、本問題に関しても、この三類型の学説が存在している。すなわち、禁止説は、外国人に参政権を与えることは、憲法の禁止するところであると解する。要請説は、逆に外国人に人権を与えることが憲法の要請であり、したがって与えないことは違憲であると解する。許容説は、その中間にある説で、外国人に参政権を与えるか否かは立法裁量の問題であって、いずれも許容されていると解する。

近時、平成7年判決の影響を受けて、国政と地方政とで分けて論ずる立場が増加しているから、その要素を加えてこれをさらに細分化すると、①全面（国政，地方の両者）禁止説、②全面許容説、③全面要請説という従来から存在していた説の外に、最近では、その中間説として、④国政禁止・地方許容説、⑤国政禁止・地方要請説、⑥国政許容・地方要請説など、組み合わせ的に考えられるかぎりのバラエティが出現してきている。

そうした学説のほとんどはXでもYでも同じ答えになるが、XとYとで回答に違いがあり得る説が2つある。

その第1は、定住外国人を旧植民地人とその他の定住外国人の2種に区分して、別々に論ずるという説である。すなわち朝鮮人や台湾人は、旧憲法下においては、わが国の国策の一環として日本国籍をいったんは付与されていた。しかし、第二次大戦後の混乱状態の中で、国民の間ではもちろんのこと、国会においてさえも本質的な議論を全く行うことなく、一片の法務省民事局長通達に基づいて、日本国籍を剥奪された。植民地支配を行っていた国が、旧植民地に独立を認めるに際しては、旧植民地人に対して宗主国の国籍を保持するか放棄するかの選択権を認めるのが国際的な慣例であるのに、そうした選択の機会は全く与えられることなく、一方的に剥奪された点に、この時の大きな特徴がある。このことから、日本国籍を剥奪された旧植民地出身者と、その他の定住外国人とを区分して、前者について要請、後者について許容という立論を行う説が存在する（江橋崇「外国人の参政権」樋口・高橋編『現代立憲主義の展開（上）』有斐閣，1993年，199頁参照）。

その第2は、定住外国人を永住権者とその他の定住外国人に区分して別々に論ずるという説である。例えば国会で審議されている、いわゆる外国人地方参政権法は、正式名称を「永住外国人に対する地方公共団体の議会の議員及び長の選挙権等の付与に関する法律案」といい、この立場をとっている。どのような根拠から、永住権者とその他の定住外国人を区分しているのかは、この法案からははっきりしないが、例えば次のような説が存在している。

「日本では，ドイツの議論等に依拠して定住外国人という概念が多用されているが，この概念の用法は一定せず，法制上の用法とも異なる．そこで，この紛らわしい用法を棄て，現行法上の区分によって『永住者』（ないし永住外国人）の概念を重視すべきと考える．そのような前提に立つと永住者（一般永住者及び特別永住者）を『永住市民』として，国民に準じて国政参政権も地方参政権も持つことを理論的な帰結とする見解が成立しうる．」（辻村みよ子『憲法〈第3版〉』日本評論社2008年，149頁）

いつも説明するとおり，国家試験の論文のレベルでは，他説への批判は書く必要はない．しかし，上述の通り，この第二の説は，国会の審議の行方にも依るが，わが国の実定法となりうるものなので，この説に論及する必要は全くないが，その存在を念頭に置いた議論を諸君は展開する必要がある．なお，この説の問題点は，本稿の最後に整理しておいたので参考にしてほしい．

以上に述べたところから，本問の問題の所在及び論点は判ったと思う．すなわち，第1に国民主権の意義であり，第2に参政権の意義であり，第3に国民概念と住民概念の異同であり，第四に選挙権と被選挙権の異同ということになる．

3 憲法上の国民の意義

(1) 参政権の主体

平成7年判決で，一番問題となる部分は，憲法15条1項の規定は「国民主権の原理に基づき，公務員の終局的任免権が国民に存することを表明したものに他ならないところ，主権が『日本国民』に存するものとする憲法前文及び1条の規定に照らせば，憲法の国民主権の原理における国民とは，日本国民すなわち我が国の国籍を有するものを意味することは明らかである．」とある箇所である．

確かに，外国人には，一般に参政権を認める必要はないと考える．参政権の主体は，国民主権の直接の結論として，国民を構成する者に限られると解するのが妥当だからである．すなわち，国民主権原理は，憲法の基本原理であるところの個人主義から導かれる政治における自己決定権の一形態であるから，選挙人の範囲を少なくとも主権者たる国民の一員に属するものに限ることを要求していると解するのが妥当である．憲法15条が，公務員の選定権を「国民固有の権利である」としているのは，この趣旨を示すものと解せられる．

(2) 主権者としての日本人の概念

ここで問題となるのは，日本人という概念の定義そのものである．平成7年判決の表現に従うならば，この平成7年時点における国籍法により国籍を与えられている者だけが，国民主権にいうところの国民概念を充足する，ということになる．

しかし，これは論理の逆転というべきであろう．すなわち，国民主権にいう国民とは憲法を制定する権力の保有者である．その権力に基づいて制定された憲法10条が国民を法律で定めると言い，その授推に基づいて制定されたのが国籍法である．したがって，この最高裁の説は，憲法制定権力の保有者たる国民を，憲法よりも下位の法律の定めるところにより決定されると主張しているに他ならないからである．

国籍法は，決して憲法の一部ではなく，いわんや不磨の法典ではない．他の通常の法律と全く同じように，社会の必要や問題意識のあり方に応じて，常に修正を受ける存在であるに過ぎない．

現に，現行国籍法は，エステル・華子・シャピロ事件（東京高等裁判所昭和57年6月23日 判決＝百選〈第5版〉74頁参照）によって，国籍法が従来疑うことなく採用してきた父系主義の憲法秩序的妥当性に疑問が表明され，また，女性差別撤廃条約の批准を受けて，昭和59年に父母両系主義に全面改正したものである．この改正の結果，その時点における多くの無国籍者が日本国籍を取得している．

平成20年6月4日には，外国人を母とし，出生後に日本人の父により認知された非嫡出子は，準正によらなければ日本国籍を取得できないとした国籍法3条1項を違憲とする最高裁判決が下った（詳しくは第5講参照）．これにより新たに国籍を取得する者は，数万人に達するといわれる．

また，国籍を保有する者の外延を決定するのは，法解釈に関する通達である場合も多い．アンデレ・リース事件（最高裁平成7年1月27日第2小法廷判決）で，血統主義そのものに疑問が表明され，限定的にではあるが属地主義が拡大された．この結果，この判決を受けて発せられた通達に従い，従来，日本人と認められていなかった多くの無国籍者に対して，その時点

でやはり日本国籍が与えられたのである．

このように見てくると，明らかに，特定時点で日本国籍を有する者の総体を，憲法でいう主権者たる国民と同視したのは誤りというべきである．

そもそも近代国家においては，いかなる個人に自国の国籍を与えるかは，原則として国家の自由にまかされているといわれる．しかし，それは，日本国民の要件の決定を完全に国会の自由裁量にゆだねたという意味ではない．

憲法10条は，日本国民たるの要件は法律で定めるべきことを規定する．これは国籍決定権の根拠は，主権そのものにあること，本条は，それを前提にして，この権力の行使権が国会にあることを明らかにしたものであるに過ぎない．

国籍決定権の根拠が主権にある，ということは，国籍保有者の外延が，憲法でいう主権者たる日本人に限られねばならない，ということを意味する．その上で，その主権者たる者のうち，どの者に国籍を与えるかに関し，一定の裁量権が国会に認められるという意味であるに過ぎない．当然のことながら，主権者とは，特定の時点における法律のレベルで日本国籍を有すると定められている者の総体ではなく，憲法解釈上，それに先行して，日本国民と観念されるもののことでなければならない．すなわち，国籍法改正権の外延として，広い国民概念が要請されることになる．

そのような広い国民概念の基準を何に求めるかについては説の分かれるところである．私は以下のように考える．

そもそも国家という理念は，近代民主主義革命の嫡出子である．近代国家が出現する以前は，ルイ14世の「朕は国家なり」という言葉に象徴されるように，国家とは同一人に忠誠を誓う人の集団であった．したがって，その忠誠の対象である人が死亡，退位その他の理由で存在をやめたり，あるいは人々が忠誠の誓いを放棄した場合には，その瞬間に崩壊するような脆弱で一時的な存在でしかなかった．しかし，フランス革命に代表される市民革命の過程で，主権者としての君主に変わる概念として国民概念が必要となったのである．しかも，市民革命は，法理論的には自然法思想に立脚したものであったために，市民の概念は，国家以前に先験的存在するものと構成するほかはなかった．

今日のわが国法学の基本である法実証主義の下においては，国民概念は，現実の社会を支配している理念にのっとって決定されなければならない．

このような観点から，主権者である総合人としての日本国民の構成要素たる個々の国民概念について検討する必要がある．この場合，国民主権に関して，学説的には，狭義の国民主権と考える立場と，いわゆる人民主権と考える立場の対立がある．この点について深入りすると，本講の論点がぼける恐れがあるので，ここでは，結論として，私は狭義の国民主権説を支持している，と述べるにとどめる．

狭義の国民主権説に立つ場合，主権の主体としての日本国民は，例えば，憲法前文に「われらとわれらの子孫」という表現があり，また，11条や97条に，「現在及び将来の国民」という表現があることからも明らかなとおり，単に「現在」という一瞬に存在する日本人ではなく，将来の日本人をも含み，さらに現在という瞬間は絶えず未来に向けて移動していくことを考えると，過去の日本人をも含む概念と理解される．すなわち，過去，現在及び未来に存在するすべての日本人の総和が，憲法が考える主権の主体たる日本国民であると解されることになる．

このように狭義の国民主権概念を採用する場合，その基本理念は「治者と被治者の自同性」にあることは異論がないと思われる．したがって，治者としての日本人の外延は，被治者である点に求めることができる．すなわち，恒常的に日本国の支配に服している者は，同時に治者のとしての日本人の構成要素に他ならない，ということが，国民主権原理そのものから導くことができる．そして，現行国籍法により日本国籍保有者とされている者以外に，特定の時点において，この被治者としての地位にあるものは，わが国に定住する外国人である．こうして，定住外国人に国籍を付与することの可能性を導くことができる．

また，国民主権理念においては，現在という一瞬に存在する国民は，全国民概念のごく一部を構成するにすぎない．過去及び将来の国民もまた主権者たる国民である．将来の国民が主権者たる国民に含まれるということは，将来において，わが国国民たらんとして来日する人は，すべて，主権者たる

国民に含まれるということである．ここから，国会が広く，海外にわが国対する移民を求める意図で国籍法を改正する権限を有することを，主権論的に認証することができる．

ただ，このように観念的に主権者たる国民とされるもののすべてを，あらゆる時点で日本国籍保有者とする必要はない．特に将来の国民の場合，未だ誕生していない外国人を含む概念である．ここから，国会が，特定の時点で日本国籍保有者として保護の手を伸ばす対象となる人の範囲を決定する権限を導くことができる．この裁量権を承認した規定が，憲法10条であると理解することができる．

同時に，このような裁量権は，特定人に日本国籍を強制する力を持ち得ないことも認識しておく必要がある．優秀な人材を世界から招致するには，帰化を日本側の恩恵とするのではなく，法定の条件を満たせば，帰化をするか否かは個人の側が選択できるという状態にすることが必要であることは，政策面からも明らかといえよう．が，それ以上に憲法的要請であるということができる．現行憲法を貫いている個人主義の思想は，権利といえどもそれを強制されることがないことを保障している．国籍に関して，そのことは，憲法22条2項が国籍離脱の自由という側面において明記しているところであるが，同じ保障は，国籍獲得の側面においても働くものと考えるべきである．したがって国籍は，国家の恩恵として付与されるものではない．国会の立法的に裁量したところにより決定される一定の要件を具備している個人に対しては，その者が希望した場合には，自動的に付与されるものでなければならない．

(3) 国籍概念と参政権

普通に我々が，国籍と呼んでいるものは，実際には一連の権利の束であって，単一のものではない．現在のわが国では，この権利の束は，通常は，一括して行使できるかできないかの二者択一となっているが，これは決して論理の必然ではない．合理的な根拠があれば，国籍と呼ぶ権利の束を分割して，国籍概念を構成している権利の一部をある国民に保障し，他の国民には保障しない，とする立法を採用することが可能である．

参政権は，この国籍を構成する権利の1つであるが，これもまた単一の権利ではない．そして，参政権に関しては，わが国もまた，後述するとおり明確に分割して一部の者に保障するという立法を採用している．このような分割が可能なのは，先に述べた国民主権論の一つの帰結である．すなわち，主権という概念について重要なことは，分有主権ということは考えられないということである．かつて，ボーダンは，王権神授説を前提として，主権について，国家の絶対かつ恒久的権力であって，最高，唯一，不可分のものであり，すべての国家にとって不可欠の要素である，と説いた．その後，人民主権，国民主権など幾多の主権概念が出現したが，主権の基本的属性についての理解としては，今日においても基本的にこのボーダンの考えが妥当するとされている．

したがって国民主権原理の下においては，総体としての国民が主権者なのであって，個々の国民そのものは決して主権者ではなく，単にその構成要素であるに過ぎない．その結果，総体としての国民を構成する者のうちの誰に参政権を与えるかは，全体としての国民を代表する議員で組織された国会自身が決定しうる，とする原理を導くことができる．フランス1791年憲法は，財産を基礎とする制限選挙を認めていた．同様に，イギリス，アメリカその他いずれの近代民主主義国家においても制限選挙が一般的形態であったのは，このような理論的必然性による．この段階においては，参政権は，国民固有の権利ではなく，むしろ公民としての義務であった．

その後，各国で積極的に普通選挙運動が展開されて憲法的保障の対象となった結果，今日では，一般に，人種，信条，性別，社会的身分，教育，財産によって選挙権を制限することは認められなくなった．このため，参政権は一定の限度で，国民固有の権利としての性格を帯びることになり，今日では権利と義務の二重性格と捉えるのが通説となってきている．しかし，その義務的側面に基づいて，依然として参政権者の制限が可能となる．

例えばアメリカ合衆国現行憲法は，帰化者について，連邦レベルにおける被選挙権を制限している（連邦議会下院議員について1条2節2文，同上院議員について1条3節3文，大統領について2条1節5文参照）．このように憲法自身で制限している場合は当然である

が，国民主権原理をとる限り，有権者の範囲は基本として国会の立法裁量に属するという原則が今日においても貫かれている．このことは，わが国現行憲法44条本文で「両議院の議員及びその選挙人の資格は，法律でこれを定める」と宣言していることに明らかである．すなわち，それは日本でも国会の立法裁量に属するのである．

現実に，公職選挙法は，現行国籍法上，れっきとした日本国籍保有者である者に対して，20歳未満の者，転居後3カ月以内の者，一定の犯罪を犯した者等の要件の下に，参政権を否定し，あるいは制限している．また，選挙の種類に応じて，被選挙権を，ある場合には25歳以下の者に，ある場合には30歳以下の者に，それぞれ否定している．

わが国では，これまで帰化者の参政権について，その一部を制限する，という立法政策を採用したことはなかった．しかし，アメリカ合衆国現行憲法と同様に，わが国でも帰化者の参政権の一部を制限するという立法政策は，憲法レベルでは当然に許容されることとなろう．

(4) 国籍保有者概念の区分的運用について

上述のように，国籍保有者概念なるものが，一定の権利の束であって，それを区分して個々の権利ごとに保障し，あるいは剥奪することが可能であることを前提とすると，観念上，国籍保有者という概念を，統一的に理解しなければならないという必要性は失われる．すなわち，ある法律関係では，国籍保有者としての権利が保障されるが，他の法律関係では否定されるという，区分的取扱いは，それを必要とする合理的根拠さえ存在すれば，憲法14条に違反することなく，実施することが当然に許容されるべきである．

また，国籍法と公職選挙法は，同格の法律である．しかも，国籍法が，日本国の庇護の対象となる国民の範囲を定めているのに対して，公職選挙法は，選挙人等の資格を定めている．すなわち，相互に適用範囲が異なる法であって，決して一般法と特別法の関係に立つものではない．したがって，わが国国籍保有者として旅券の交付を受け，海外において日本国民としてわが国政府の保護を期待する地位を有する者と，わが国国内において国籍保有者として参政権の主体となる地位を有する者とを，同一の基準で統一的に決定しなければならない，という理論的理由はない．主権者たる日本国民に属すると憲法上観念される者の範囲に属してさえいれば，公職選挙法が，国籍法とは異なる独自の基準で国籍保有者の資格を定めることは許容されるものと言わなければならない．

ここに段階的市民権（denizenship）という概念を導入することが可能となる．これは現実に多数の外国籍定住者が存在する欧州で，彼らが政治的決定過程から排除されるという国民国家における民主主義の矛盾を解決すべく，永住者に参政権を与えたり，または二重国籍（dual citizenship）を認めて永住者の帰化を奨励するなど様々な方策を追求する一環として，北欧諸国で誕生したものである．ここでは，従来の国民と外国人の二分法から三分法へ移行し，国民と外国人の中間概念を明確に設定しているところに特徴がある．つまり，純然たる外国人と，参政権の全面的保有者である市民（citizen）の中間段階としてのデニズン（denizen）という存在を考えることにより，外国人の内国民化を容易にしようとしているのである．現行国籍法上，国籍保有者とされない者，すなわち定住外国人であっても，公職選挙法としては，その独自の基準に基づいて，そのうち一定の範囲の者に対して日本国民として，参政権を授与することが許される．逆に，国籍法上日本国民とされる者に対しても，公職選挙法としては，その独自の基準に基づいて，一定範囲の参政権を制限することが，可能なのである．そして，後者については前述のとおり，既に採用されているところである．

また，その過程において，地方参政権は許容するが，国政参政権は否定するとか，いずれについても，一定期間被選挙権を否定する，等の中間的な立法裁量の余地を認めることができるであろう．現に国政レベルと地方政レベルとで，定住外国人の参政権を区分して考える説が指摘するとおり，両者の間には様々な法的異質性があるのであるから，それらを踏まえて異なる法制をとることが当然に可能と言わなければならない．

同様に，選挙権と被選挙権を分けて，前者については肯定するが，後者について否定する，という方法も，政策衡量の問題として，この立場では理解されることになる．

〈いつも強調するとおり，他説に対する批判は国家試験レベルでの論文では書く必要がない．したがって，以下の記述は単なる参考にとどめてほしい．〉

(5) 現行法制における永住権者を基準とする説及び法案について

定住外国人のうち，どのような要件を備えた者に対して，段階的にどのような市民権を与えていくかは，基本的には立法政策の問題であるが，ここで特に注意を要するのは，現行法制で永住権を与えられている者を対象として，一定の参政権を与えるという説が存在することである．冒頭に紹介した144国会に提出された「永住外国人に対する地方公共団体の議会の議員及び長の選挙権等の付与に関する法律案」も，その名称に示されるとおり，現行法制において永住権を有する者に限定して地方参政権を与えると規定している．しかし，そのような法制は，現行憲法44条違反となって許されない，と解する．

すなわち，憲法44条但書は，選挙権を認めるに当たって，「人種，信条，性別，社会的身分，門地，教育，財産または収入」による区別を導入することを禁止している．これは，それらを理由に不利な取扱をすることを禁じているだけでなく，有利な取扱も禁じていると解するべきことは，普通選挙の歴史に鑑み，明らかである．

現行法制では，永住権者には2種類がある．第1は出入国管理法に基づき永住権を与えられている者(以下「一般永住権者」という)であり，第2は「日本国との平和条約に基づき日本の国籍を離脱した者等の出入国管理に関する特例法」(平成3年11月1日施行)により，永住権を与えられた者(以下「特別永住権者」という)である．

一般永住権者の場合，永住権を獲得するための条件は，独立の生計を営むにたりる資産または技能を有することである(出入国管理法22条2項)．この結果，資産を有することを理由とする場合は「財産」による差別に該当し，技能を有することを理由とする場合は「教育」による差別に該当することになり，いずれも44条但し書きに該当することになる．
する永住権であるから，同じく但書にいう「人種」による差別に該当する．

したがって，現行法制における永住権者は，一般永住権者の場合も，特別永住権者の場合も，いずれも憲法44条但書に抵触することになるので，そのような身分を持つことを理由に参政権を付与することは，違憲といわざるを得ない．永住権者という現行法上の明確な概念に変えて，定住外国人という，講学上の，したがってその限界が不明確な概念を使用しなければならない理由はここに存在する．国会としては，この定住外国人に該当する者の中から，憲法44条に抵触しない範囲で裁量権を行使して，適当と認める基準をたてて，それを満たす者を対象として参政権を付与するべきである．

＊本問のように，小問の数が多い場合に，小問に個別対応して答えを書いていたのでは，それだけで大変な行数を費消してしまい，本論に対する議論の行数を圧迫することになる．こういう問題こそ，一行問題に転換し，まず抽象論だけで答えていく，という書き方を守ってほしい．小問に対する答えは，理論的に詰め切った後に，最後にまとめて書けばそれで十分なのである．

第32講　外国人の再入国の自由

■問題■

　米国ペンシルベニア州に生まれ，合衆国国籍を有するXは，英語教師として就業するために日本に入国し，それ以降10年間にわたり，沖縄で生活してきた．その間に，沖縄女性と婚姻した結果，沖縄住民の基地問題に対する感情に深く共感するようになったXは，妻とともに普天間飛行場移設反対などのデモや集会に参加した．ただし，デモ行進は，警察の許可の範囲にとどまるものであり，X個人としても，法規に違反する過激な行動は一切行っていない．

　その後，Xは，教鞭を執っている学校の夏休みを利用して，妻とともにハワイに観光旅行に行くことを計画し，入国管理法26条1項の再入国許可を申請した．ところが，法務大臣Yは，上記のXの政治活動を理由に申請を不許可とした．

本件に含まれる憲法上の問題点を論ぜよ．

〈参考条文　出入国管理及び難民認定法〉
26条1項　法務大臣は，本邦に在留する外国人がその在留期間の満了の日以前に本邦に再び入国する意図をもって出入国しようとするときは，法務省令で定める手続きにより，その者の申請に基づき，再入国の許可を与えることができる．
　　　　　この場合において，法務大臣は，その申請に基づき，相当と認めるときは，当該許可を数次再入国の許可とすることができる．

■この講での論点細目次と論述のヒント■

答案構成のポイント
(1) 問題の分析
(2) 背景となる事実

1　総　論
(1) 外国人の権利の法源
(2) 権利の性質とその分類
(3) 外国人の意義
(4) 本問における「在留」の解釈

2　表現の自由と外国人
(1) 総　論
(2) 表現の自由と外国人

3　居住移転の自由と外国人
(1) 入国の自由
(2) 出国の自由
(3) 再入国の自由
(4) 在留の自由

答案構成のポイント

(1) 問題の分析

　昔の国家試験では，単に「外国人の人権」というタイトルで出題が行われた．例えば，

　　外国人の基本的人権保障の範囲と限界について説明せよ．
　　　　　　　　　　（昭和63年度国Ⅰ行政職試験問題）

　わが国に在留する外国人の表現の自由及び勤労の権利について述べよ．
　　　　　　　　　　（昭和63年度国Ⅰ法律職試験問題）

といった調子であった．しかし，近年では外国人の人権に対する憲法学的な研究が進んだ結果，そのように大きなタイトルで出題されたのでは，国家試験で受験生に与えられる限られた時間と紙幅の範囲内で論文をまとめることは到底不可能になってきた結果，何らかの形で問題の絞り込みが行われるようになってきた．そこで，本問のよう

な具体化された設問が普通になってきた．このような問題の解答に当たっては，その絞り込みがどのような点に向けられているかを把握して，その絞り込みに正確に対応して解答するようにしなければならない．

本問の場合，2つの点で絞り込みが行われている．第1に外国人一般ではなく，わが国に現に在留している外国人に限定している，という点である．第2に，論ずるべき人権は表現の自由と再入国の自由に限定されている，という点である．

(2) 背景となる事実

国という理念は，近代市民革命の嫡出子である．近代以前においては，ルイ14世の「朕は国家なり」という言葉に象徴されるように，国家とは同一人に忠誠を誓う人の集団であり，その人が存在をやめ，あるいは忠誠の誓いを放棄した瞬間に崩壊するような脆弱で一時的な存在でしかなかった．したがって，逆に，どこの土地に生まれ，また住もうとも，王に忠誠を誓えば，国家の一員と考えられた．アーサー王物語で，その騎士の1人にフランス人のランスロットがいて活躍するのがよい例である．

しかし，市民革命によって国民理念が成立すると共に，この国民という集団に属さないものを，外国人として差別的に扱うことが始まったのである．権利も，近代国家出現以前においては，神の法として，すべての人に平等に適用されることを当然としていたが，近代国家は権利の主体を国民とし，それ以外の者の権利を原則的に否定するにいたった．万民の自由を叫ぶ市民革命が，外国人差別の生みの親というのは，ある意味で歴史の皮肉ということができる．

主権国家概念が確立すると，国内において，誰をどのような基準で国民と扱い，また，国民の中での差別ないし外国人に対する差別をどのような形で行うかは，各国の主権に属する問題と考えられるようになった．したがって，他国の価値観から見た場合には著しい差別ないしは弾圧が行われたとしても，それに対して国際社会がクレームを付けることは内政干渉であって許されないとされていたのである．

しかし，ナチスによるユダヤ人の弾圧や虐殺に代表される全体主義の暴虐を各国の内政問題として黙視したことが第2次世界大戦に発展した苦い経験から，国際社会は，平和と人権は不可分の関係にあること，したがって人権を各国が国内的に保障するだけでは不十分であることを認識した．このことは，国連憲章1条3項が平和維持と並んで，人権と基本的自由の尊重の達成を国際連合の目的として掲げている点に端的に現れている．この憲章の理念を具体化するため，国連では早い時点から国際的人権章典の制定を目指して活動を開始している．それがまず政治的宣言としての世界人権宣言に，ついで法的効力を持つ国際人権規約という形で結実したということができる．わが国は，国際人権規約を1979年（昭和54年）に批准し，それは同年9月に発効している．

国際人権規約は，少数民族又は難民のような特定の集団ないし個人ではなく，すべての個人の人権を包括的に保障することを目的とする．すなわち，内外人平等を含む人間平等を基本理念としている．社会権を対象とするA規約と自由権を保障とするB規約とに分かれている（ちなみに，社会権概念が国際的に確立するのは，このA規約が端緒となる）．

両者はその実施義務に差異が存する．すなわち，実施義務についてはB規約が即時の実施を義務づけているのに対してA規約は漸進的な実現が国家の義務となっている．もっとも，それは途上国に対する配慮であって，日本にとっては両者間に差異はない（日本はA規約の保障する一部の人権に関して，かなりの留保を行っており，問題とされる）．

したがって，条約について法律に対する優位を承認する限り，同規約の国内発効の瞬間に，それに抵触する法律等はすべてその効力を失い，判例は先例としての価値を失っている．例えば，外国人の人権に関するもっとも有名な判例であるマクリーン事件は最高裁昭和53年の判決であるので，今日においては国際人権規約に抵触する限りで，その先例としての意義は失われている，と考えられる．学説に関しても，外国人に関して人権を全面的に否定する説や，否定した上で準用を主張する説などは，規約と矛盾するので，やはりその存在の根拠を意味を失ったものと評価することができる．しかし，その後においても森川キャスリーン判決（最判平成4年11月16日＝百選〈第5版〉8頁）など，問題のある判決が続いており，わが国判例における保守色は必ずしも

第1章　人権総論　　　　　　　　　　　　　　　　32　外国人の再入国の自由

完全に払拭されたとは言えない．

　以下においては，少し迂遠であるが，オーソドックスな63年の国家試験出題当時の問題意識から出発して説明することにより，現代的な問題意識の浮き彫りを図りたい．

1　総　　論

(1)　外国人の権利の法源

　今日，国際化時代を迎えて，外国人の権利には様々な法源が存在している．大きく分けるならば，国内法と国際法とに分類することができる．

　国内法は，憲法を最高法規として，それの下に出入国管理法や外国人登録法等の諸法制が存在している．わが憲法の解釈に当たっては，その基本原理たる個人主義，すなわち個人の尊厳の尊重という原理に照らし，すべての人が人権の享有主体であると考えられる．したがって外国人にも日本国憲法の人権保障は及ぶと解される．判例も，非常に早い時点から「いやしくも人足ることにより当然享有する人権は不法入国者といえどもこれを有する」（最判昭和25年12月28日）としてこの理を確認している．形式的根拠としては，日本国憲法の英文をあげることができる．日本国憲法では，その英文は日本語の翻訳ではなく，正文とされているが，第3章の人権に関するすべての規定は広く people を主語としており，主体を日本人に限定したものとはなっていないのである．

　しかし，フランスやドイツの憲法と異なり，わが国現行憲法は外国人の人権については直接論及していない．このため，外国人に関わりのある法律の解釈に当たって，今日においては，そのよりどころとなるのは，憲法よりは，むしろ，次に述べる国際法の方が重要なものとなっている．

　国際法は，「確立された国際法規」，すなわち国際慣習法と，「わが国が締結した条約」とに分類することができる（憲法98条2項参照）．しかし，国際慣習法は，主権国家の絶対性が強く意識されていた時代に成立したものが多く，その後，国際連合の成立を経て，大なり小なりその修正は避けられない．こうしたことから，今日，法源として特に重要なのは，国連が中心となって制定した一連の国際法規たる条約，すなわち国際人権規約，児童の権利に関する条約，難民条約などである．これらの条約は，形式的には「わが国が締結した条約」に属するが，その法的性格は「確立された国際法規」に属すると考えるべきである（この二つの概念区別については第7講参照）．これらの条約においては，いずれも基本的に，外国人を含むすべての個人に対して平等に人権を保障すべき義務を締約国に課している．

(2)　権利の性質とその分類

　上述のとおり，憲法が基本的に内外人無差別の原則を取り，さらに国際条約がその原則の徹底をはかり，例外をきわめて限定していることは，今日疑問の余地はない．

　受験予備校の模範答案などでは「憲法の人権規定は可能な限り外国人にも及ぶべきである」とか「どの限度で外国人に人権主体性が認められるかが問題となる」という式の立論をする例があるが，これは誤りである．これは上記内外人無差別原則とは原則と例外を逆転させた，差別することを前提として，例外的に人権を許容できる場合がある，との発想に基づいており，今日の憲法学においては致命的な誤りと評価される．

　したがって，ここで問題となるのは，個々の人権について，例外的に外国人にその保障が及ばない場合があるか，あるとすれば，その範囲及び根拠は何か，という点である．すなわち外国人に人権保障が及ばないと結論する場合に，個別に根拠を要求するのである．今日，それは，個々の人権ごとの権利の性質そのものに基づいて考える必要があるとされている（いわゆる権利性質説）．

　人権の性質は，外国人との関係では次のような分類をすることが可能であろう．

　第1は，人権そのものの本質が，日本国民であることを，その享受の要件としている場合である．いわゆる参政権がこれに該当するとされる．

　第2は，公共の福祉の要求から制限することが許される場合である．これについては権利の性質に応じて，内在的性質にとどまる場合と，政策的制約も可能な場合が存在するであろう．なお，国際人権規約4条は「民主社会における一般的福祉を増進することを目的として」権利を制限することは認めるが，それは「法律で定める」場合にのみ可能とされている．

　第3は，わが憲法の適用範囲の問題である．す

なわち，日本国民には属人主義に従い，その居所が国の内外であるを問わず人権保障が及ぶのは当然であるが，外国人については，属地主義に従い，原則として国内にある者にしか保障が及ばない．この点は，出入国管理との関係で問題となる．

第4に，主権国家としてのわが国が，国内にある外国人を管理するという観点から許される最低限度の規制が考えられることになる．

(3) 外国人の意義

かつては，単純に外国人という統一的な概念を使用して，これに人権が保障されるか，という非常にラフな形での議論が，冒頭に掲げた昔の国家試験問題にみられるとおり，一般的であった．しかし，上述のように原則的には内外人無差別であって，ただ，例外的に権利の性質によっては外国人に保障されない人権があると考える場合，すべての外国人が，それらの権利において等しく問題になることはあり得ない．したがって，ある程度外国人を類型に分け，それに応じて，保障され，あるいは保障されない権利を考える必要がある．

通常，外国人とは，日本国籍を有しないものの総称であって，大きく外国籍保有者と無国籍者に分けることができる．しかし，権利の性質から見る場合には，このような分類は意味を持たない．

代わって考えられているのが，①定住外国人，②難民，③一般外国人と大きく三者に分けるというものである．

①の定住外国人は，さらに出入国管理法上の一般永住権者と，日韓条約等に基づく特別永住権者などに分類することができる．一般論として述べるならば，定住外国人については，その生活実態を重視し，可及的に日本国民と同様の人権保障がなされるべきである．主として，参政権など，狭義の国民にしか認められない人権の享有主体性を論じる際に，この概念が使用される．

②の難民とは，国際難民条約において難民と認められるもののことで，いわゆる政治難民のみを意味し，経済難民は含まないとされる．難民については，条約はかなり徹底した内外人無差別＝世界主義を要求している．これを受けて，同条約の批准に当たり，わが国では，社会権関連の様々な立法において，すべて外国人を差別する条文を削除した．難民に該当すれば，本問で問題になっている出入国の自由なども，当然に肯定されることになる．

③の一般外国人は，さらに正規の滞在者と不法入国者ないし不法残留者に分けることができる．社会権のうちでも，例えば労災保険などは，不法就労者にも認められる一方，生活保護は正規の滞在者にも認められないなど，実務上，複雑な差異がこの領域で発生する．

(4) 本問における「在留」の解釈

本問では，「わが国に在留する外国人」だけを問題としている．したがって，人権の性質のうち，第3の国外にいる外国人は考慮する必要がない．

外国人の分類としては，在留という言葉を定住と同視して考えることもできる．しかし，本問の論点が自由権と社会権とを対比して論ずる，という点にあることを考えると，両者の相違点が端的に現れるように，ここでは単に内国にあるすべての外国人という程度に広く解した方が，論文が書きやすくなる．

2 表現の自由と外国人

(1) 総論

自由権とは，国家からの自由を意味するから，それを保障するには，単に国家が干渉を控えれば足り，それ以上の費用を要しない．その結果，先の分類に属するあらゆる外国人に等しく保障されると考えてよい．もちろん，わが国憲法は，外国人に対しては属地主義的にしか及ばないが，本問では，わが国に在留する外国人だけに論点を限っているから，内外人無差別原則は，非常に強い形で現れると解することができる．

(2) 表現の自由と外国人

表現の自由に代表される精神的自由権は，より高次の権利として保障される．このことは，国際人権B規約19条2項が「国境とのかかわりなく，あらゆる種類の情報及び考えを求め，受け及び伝える自由」と定める点に端的に現れている．したがって不法残留者も含めて，国内にいるあらゆる外国人は，自国にいるときと全く同様の表現の自由を有すると解するのが妥当である．

この点につき，外国人は「①わが国の政治体制

の変更を主張する活動，②国民の参政権の行使に直接影響を与える活動，③わが国の特定の政治政策に影響を与え，その実施の妨害を目的とする活動，④わが国と友好関係にある外国を誹謗するなど外交関係に悪影響を及ぼす活動」などを行う自由はない，とする見解がある（マクリーン事件における法務省の主張より）．意外に多くの諸君が，この見解を支持した論文を書くことを知っている．

しかし，マクリーン事件最高裁判所判決も，この様な見解は認めていない．すなわち，

「憲法第3章の諸規定による基本的人権の保障は，権利の性質上日本国民のみをその対象としていると解されるものを除き，わが国に在留する外国人に対しても等しく及ぶものと解すべきであり，政治活動の自由についても，わが国の政治的意思決定又はその実施に影響を及ぼす活動等外国人の地位にかんがみこれを認めることが相当でないと解されるものを除き，その保障が及ぶものと解するのが，相当である．」

この判決中，中間の「わが国の政治的意思決定又はその実施に影響を及ぼす活動等外国人の地位にかんがみこれを認めることが相当でないと解されるものを除き，」という部分が問題になるが，これと法務省の主張がイコールであると考える必要はない．マクリーン事件で問題になったデモ行進は，米国人が，米国政府の行っている政策（ベトナム戦争）に反対して，米国大使館に対して行ったものであって，わが国の政治的意志決定とは何の関連もない事項だからである．仮に米国政府が，日本が在日米国人の行動をきちんと取り締まらないと不快感を示したとすれば，法務省の④には該当可能性があるというレベルの行為であった（常識的に言って，他国在留の自国民を，その他国が取り締まることの方に普通は不快感を示すのであって，その逆はあり得ないと思われるが……）．

問題は，最高裁判所がこの問題に使用した審査基準にある．精神的自由権として認められる以上，その審査基準は外国人についても，厳格な審査基準であるべきである．ところが，マクリーン事件判決は，

「事実の評価が明白に合理性を欠き，その判断が社会通念上著しく妥当性を欠くことが明らか」

として，狭義の合理性基準で処理しているのである．だから，諸君の知るどんな学説でも，これを支持するのは難しいはずである．

これはわが国が国際人権規約を批准する以前（昭和53年判決）の議論であって，今日，そのまま妥当すると解するのは妥当ではない．他国の国内問題に対する発言が，自動的に内政干渉として主権国家に対する非礼を意味した時代とは異なり，今日の国際社会においては，例えば湾岸戦争，開発途上国援助や，北朝鮮やミャンマー国内における人権弾圧に対する国際的非難などの動きに端的に示されるとおり，自国が他国に対して国家意思としてそのような活動にでる場合においてさえも，むしろ国際社会における当然の責務を果たしていると評価されるように変化している．まして，個人のレベルにおけるそうした表現活動が，通常の手段を執っている場合に，外国人に限って内在的制約に抵触し，制限されると考えることには無理がある．

なお，マクリーン事件について付言すると，問題となったデモ行進に対しては，何ら国内法違反の行為がない（この点にキャスリーン事件との異質性がある）として問題とされていなかったのに，在留期間の更新が問題になったときに，にわかにデモ行進が問題となって更新拒否＝実質的な国外追放が行われたのである．このように，表現行為それ自体に国内法上問題がない場合に，単に外国人の管理目的で存在する法制（警察規制）を利用して，その法制が本来の目的としないわが国の政策的利益の実現のため，在留許可の更新拒否という挙に出ることは，警察消極の原則に照らし，国際人権規約を批准していなかった53年当時においてすら，明らかに憲法違反であったと考えている．

注：警察消極の原則：警察権は自由主義の下，法の定める目的に限って行使可能であるとする原則である．例えば，食品衛生法上の警察権はあくまでも食品衛生確保目的でのみ行使が認められ，食品店相互間の過当競争防止等には使用できない．

3　居住移転の自由と外国人

居住移転の自由は，伝統的に政策的制約の認められる自由である．外国人について特に問題になるものとしては，入国，再入国及び在留の自由がある．この権利を考える場合には，再び，外国人の分類が大きな問題となる．

(1) 入国の自由

　入国の自由が問題となる外国人は、一般外国人のみである。定住外国人は、国内にある者のことであるから、入国の自由は考える必要がない。難民には、難民条約上、入国の自由が認められているから、これを入管当局が制限することは考えられない。

　外国人が初めてわが国に入国する自由については、基本的に人権保障が及ばないと考えられる。すなわち、冒頭にも述べたとおり、外国人に対する憲法保障の効力は基本的に属地主義によるとみられる（難民のように、わが国の批准した条約により例外的に国際主義を採用しているものを除く）。したがって、未だ入国していない外国人に対しては、この入国の自由を憲法上全面的に認める必要はない。

　ただし、国際協調主義を採用するわが国としては、かつての国際慣習法のように、入国許可の判断は完全に入管当局の裁量に属するというがごとき、鎖国ないしそれに準ずるような入国管理政策を採ることは違憲である。原則的に外国人の入国の自由を認めた上で、国家の独立と安全を侵すとか、公序良俗に違反するとかの行為にでる恐れがある場合に、例外的に入国を拒否できるに止まると解するのが一般である。

　なお、この分野で今日、権利性が承認される特殊な場合として、「離散家族の結集権」の問題がある。すなわち、「家族は、社会の自然かつ基礎的な単位であり、社会及び国による保護を受ける権利を有する」（国際人権B規約23条1項）から、それが国境によって隔てられている場合には、結集する国際法上の権利を有するということができる（世界主義）。特に、児童については、児童の権利に関する条約9条3項において「締約国は、児童の最善の利益に反する場合を除くほか、父母の一方又は双方から分離されている児童が定期的に父母のいずれとも人的な関係及び直接の接触を維持する権利を尊重」されることとなっている。したがって、そうした者は基本的に入国の権利を有することとなる。ただし、わが国は、この条約の批准に当たり、これが国の裁量権を否定するものではないとの解釈宣言を行っている。しかし、それにしたがう場合でも、これが自由裁量ではなく、覊束裁量に属し、裁量権が大幅な制約を受けることとなることまでは否定できない。

(2) 出国の自由

　国際人権B規約12条2項は、「すべての者は、いずれの国（自国を含む）からも自由に離れることができる」と定めて、出国の自由の存在を確認している。したがって、わが国国内においては、すべての日本人がこの自由を有し、また、すべての外国人がこの自由を享受できることは明らかである。

　これに関して、出入国管理法が出国に当たって一定の手続を要求し、この手続を遵守しない者を密出国として処罰することが問題となる。これについて、最高裁は「本邦から出国するすべての人の出入国の公正な管理を行うという目的を達成する公共の福祉のため設けられたものであって、合憲性を有する」としている（昭和32年12月25日大法廷判決＝百選〈第5版〉4頁参照）。思うに、出入国管理は、主権国家としての当然の権能であり、管理に必要な限りで制限が発生することもまた当然の帰結である。したがって、国の出入国管理という目的達成に必要な限度における出国の制限は、決して出国の自由そのものを否定するものとは言えない。同時に、最高裁判所も明言しているとおり、これは「すべての人」すなわち、日本人であると外国人であるとを問わずに生ずる制限であって、外国人であるが故に生ずる制限ではないことに、注意するべきである。

(3) 再入国の自由

　本問で中心問題となっているのがこれである。

　森川キャスリーン事件に先行して、判例上問題となった事例としては、在日朝鮮人が、1968年の北朝鮮創建20周年の祝賀式典に出席しようとしたが、わが国入管当局が再入国の許可を出さなかったので争われた事件がある。この事件の場合には争っているうちに、祝賀式典の期日が過ぎてしまったために、そのことを理由に訴訟は打ち切られた（最高裁昭和45年10月16日判決）。しかし、それに先行する東京高裁の判決は、入管当局の審査の不当性を厳しく指摘している（東京高裁昭和43年12月18日判決）。これを受けて、入管当局は、1972年の金日成首相誕生60周年記念行事に参加するため再入国申請を行った祝賀団13人に対しては、そのうち6人について親族訪問の名目で再入国を許可し、又北朝鮮建国記念日の祝賀団についても1973年以降は原則的に再入国を認めるようになっている、という（宮崎繁樹「外国人の人権」ジュリス

ト586）号参照).

ところが，その後に発生した森川キャスリーン事件において，判例は再び大きく保守的に旋回した．この事件における最高裁判所判決は極めて短く，事実上内容がない．即ち，出国の自由に関して引用した昭和32年大法廷判決及びマクリーン事件判決を上げて，次のように述べただけである．

「我が国に在留する外国人は，憲法上，外国へ一時旅行する自由を保障されているものでないことは，当裁判所大法廷判決の趣旨に徴して明らかである．以上と同旨の原審の判断は，正当として是認することができ，原判決に所論の違憲はない．論旨は採用することができない．」

しかし，この2つの判決で問題になった事件と，森川キャスリーン事件は全く異質であり，この立論が正しいとは言えない．即ち，32年判決の場合には，密輸の目的で出国しようとした者が出国の自由を主張したものであり，また，マクリーン事件の場合には，わが国に在留を希望した者に対し，在留許可の更新を拒絶したので，結果としてみれば，強制的に国外に退去させようとした事件である．

その問題点を以下，順次説明したい．

これが問題となるのは，専ら定住外国人である．すなわち一般の外国人が，一旦出国した後，再入国する場合の問題は，上記の通常の入国の自由の場合と全く変わりがない．

これに対して，わが国内に生活の基盤を築いている定住外国人について，いったん出国した場合における再入国の拒否は，そうした生活基盤の破壊を意味する．それは単なる経済的利益の剥奪にとどまらない全人格的な侵害となる場合があり得る．森川キャスリーンの場合であれば，その名に示されるとおり，日本人男性の妻として日本国内で結婚生活を送っている女性であるので，再入国の拒否は，結婚生活を破綻させるものといえる．その場合には，政策的制約の可能な自由権と解するべきではなく，高次の自由権に属すると解すべきである．

また，再入国の許可権が，事実上出国の自由の制限として機能していることを看過してはならない．すなわち，わが国が再入国に当たり，制限的な運用をしていることは広く知られていることから，それらの外国人はむしろ事前に法務当局の見解をたずねるのが普通である．参考条文に示した通り，出入国管理法もそれを予定している．その結果，再入国が許可できないとされた場合は，結局，出国そのものを断念しなければならなくなるからである．そして，出国の自由は，日本人であると外国人であるとを問わず，すべての人に認められるものであることは，国際人権規約が明定し，わが国最高裁判所も承認するところである．

したがって，一般外国人の再入国者と異なり，定住外国人の再入国の自由は，その者の基本的な権利として尊重されなければならない．個々の場合に関して述べるならば，入国を拒否することにより得られる日本国の利益と侵害する個人的利益との厳密な利益考量の下に，その当否を決定しなければならない．

在日朝鮮人の北朝鮮訪問事件の場合であれば，渡航先がわが国にとって好ましくないところから，渡航そのものを抑止する手段として，再入国の自由制限という手法が使用されたのである．具体的妥当性はともかく，このような行使方法は理解できる．

ところが，森川キャスリーン事件の場合には，渡航先が好ましくなかったわけではない．クリスマス休暇を利用して韓国に旅行する計画をたてたに過ぎないのである．そして，彼女について再入国を拒否した結果として，その人物がそのままわが国国内に止まり続けるという事態が発生する．再入国を拒否しなければならないほどに，好ましからざる人物であれば，速やかに退去させるのが筋であり，退去させる必要がない人物であれば，再入国を認めても，何ら問題はないのである．この場合の再入国の拒否は，基本的に論理矛盾といわざるを得ない．

本問では，こうした問題点を浮き彫りにする狙いから，マクリーン事件と森川キャスリーン事件を足して2で割ったような設定にしてみた．

(4) 在留の自由

本問とは直接に関係ないが，きわめて深く関連している問題として，外国人のわが国在留の自由について，以下に簡単に説明したい．

わが国に生活の本拠を有する外国人や日本人と

婚姻している外国人に対しても，その在留許可の期間は比較的短く設定されているのが普通である．その理由について，法務省では「本邦への上陸審査において，上陸許可要件のうちにはその性質上十分な審査が困難なものもあることにかんがみて，許された在留期間内における外国人の在留状況からみて，更に在留を認めるか否かについて再審査する機会を確保する必要があるからである」としている（マクリーン事件における法務省の主張より）．このように，在留期間は決して在留が許された期間を意味するものではなく，国として外国人管理の目的から設定している次回出頭までの期間と解するのが妥当である．

最高裁も「外国人といえども，第22条第1項の居住の自由の保障の結果，合理的な理由の存しない限り，ひきつづき在留を求める権利がある」としている．「なぜなら，第1に在留期間更新時には入国許可申請時とちがつて，外国人はわが国の統治権に服し，憲法で定める基本的人権を享受している．第2に，新規入国の場合には，入国しようとする外国人の人柄もわからず，日本に生活の本拠をもたず，入国後の行動にも不安があるが，期間更新の時点では，人柄もわかつており，日本に生活の本拠を有し，また退去強制事由に触れるようなこともなく，長期にわたつて日本の社会に平穏に居住している者は日本国の安全を脅やかしたり，福祉を妨害したりしない者であることが実証されている．第3に現実の在留期間が在留目的に比し，著しく短く一律に決められ，従つて期間更新が数度にわたり認められることが原則となつている実情のもとでは，外国人は数度の期間更新を期待して在留を開始し，それなりの生活基盤を日本国内で築くのが普通である以上の点に鑑みれば，在日外国人としては，憲法第22条1項により，公共の福祉に反しない限り，在留目的に照らして合理的な期間内は在留期間の更新を受けることが保障されているというべきで あ」るからである（最高裁昭和32年6月19日大法廷判決）．

第33講　プライバシーの限界

■問題■

　Xは昭和39年8月，当時アメリカ合衆国統治下にあった沖縄の繁華街で，友人数名と共に，米兵2人と殴り合いの喧嘩をした際，履いていた下駄を脱いで殴りつけたため，相手に傷害を負わせていた．その後，その喧嘩相手であった米兵一人が現場近くで死体で発見されたところから，X等が加害者と推定され，傷害致死罪で起訴された．

　米国の統治下にあったことから，事件は陪審裁判で審理された．陪審員の審議では，その1人であったYが中心となって，X等の犯行とする証拠がないことが認定され，無罪の答申が行われた．しかし，裁判所では，傷害致死事件に先行して行われた喧嘩の際に傷害を負わせたことを根拠として，傷害罪として懲役3年の実刑判決を下した．このように，極めて重い判決であったため，当時の沖縄では，傷害致死罪で有罪になったという受け止め方が一般に行われた．

　Xはその後昭和41年10月に仮出獄した後，東京で前科を秘したまま就職し，結婚もし，平穏な生活を送っていた．

　一方，Yは，この事件について，日本では極めて珍しい陪審事件であったこと，陪審が無罪答申をしたにもかかわらず，実刑判決という逆転が起こったことなどから，被告人等の名誉を救うためにも，そのありのままの事実を伝える必要があると信じ，関係者全員の実名を使用して，ノンフィクション作品を執筆，出版した．出版に当たっては，関係者全てから実名を使用することの同意を得たが，Xのみは消息不明となっていたため，実名を使用することについての同意を得られなかったが，Yは，真実をありのままに伝えることがこの作品の使命である以上，Xだけを例外にはできないと，同意を得ないままに，実名で描いた．

　この作品はノンフィクション作品として高い評価を受け，権威の高い賞を受賞した．そのことを報道しようとしたテレビ局の特集番組スタッフは，ついに東京に暮らしていたXを発見し，その旨を報道した．

　そこでXは，この作品の中で自分の実名が使用されたため前科にかかわる事実が公表されプライバシーの権利を侵害されたとして，Yに対して損害賠償請求をした．

　これに対し，Yは，本件著作はXの無実を明らかにすることを目的とするものであり，目的を達するためには実名の使用が不可欠であるから，実名使用はプライバシーの侵害に当たらないこと，また沖縄においてはXに前科のあることは公知の事実であり，Xは著名人に当たるからプライバシーは成立しないこと，本件著作は公共の利害に関する事実を公益を図る目的で公表したものであり，現実的悪意を欠く公正な論評であるから，違法性がないことなどを主張して争った．

　上記事例におけるYの主張の憲法上の問題点について論ぜよ．

第Ⅱ部　人権論

■この講での論点細目次と論述のヒント■

〔はじめに〕プライバシー概念の多様性
(1) その誕生
(2) 日本における受け入れ
(3) 情報プライバシー
(4) 自己決定権としてのプライバシー権
(5) 静穏のプライバシー
1　私法上のプライバシーの憲法上の問題点
2　私法上のプライバシー成立要件
3　プライバシー権の限界

〔はじめに〕プライバシー概念の多様性

　プライバシー権は、法律の規定からではなく、学説によって生まれた結果、一種の連想ゲーム的に様々な概念が、その中に含まれるに至った。したがって、論文を書くに当たっては、自分がどの類型のプライバシー概念を取り上げて論じているかに、十分に留意しなければならない。

(1) その誕生

　プライバシーの権利は、もともとアメリカで20世紀になってから発達した権利概念であり、最初は、名誉毀損の亞型として、明確に私法上の権利であった。すなわち、1890年に『ハーバード・ロー・レビュー』第4巻第5号に若き日のブランダイス (Louis D. Brandeis) によって発表された「プライバシーの権利 (The Right to Privacy)」というタイトルで発表された論文が端緒となっている。この論文は、協同執筆者であるウォーレン (Samuel D. Warren) の妻の社交生活が赤新聞により巨細に報道されている状況がもたらす苦痛を法的にどう解決するかという観点から生まれたものであった。

　この理論はしかしなかなか判例の受け入れるところとならず、最初に州レベルで確立したのは1905年のことであった。事件は知らない間に勝手に自分の肖像写真を広告に利用された人の場合であった（ペイブジック事件、"Pavesich v. New England Life Insurance Co. 122 Ga. 190, 50 S.E. 68 (1905)"）。それは保険会社の広告で、その中で彼の写真を粗末な服装で弱々しく見える男性の隣に掲載し、保険に加入した人と、加入する機会を逃した人とを対比して宣伝したというものであった。

　こうして判例上受け入れられると、面白い現象が起こった。これが実定法上の権利ではないために、その後の判決は、連想ゲームのように、この言葉から連想される様々な内容が、プライバシー権の名の下に論ぜられるようになったのである。こうして多様化したプライバシー権の分類に関しては、1960年に、カリフォルニア・ロー・レヴュー (California Law Review, Vol. 48, No.3) で発表された論文「プライバシー」において、ウィリアム・プロッサー (William L. Prosser) が行った4分類が有名である。すなわち

(1) 個人的な利益のために他人の名前や肖像を利用すること
(2) 他人の隠遁や孤独な生活や、プライベートな事柄への侵入
(3) 他人に知られたくない個人的事柄の公表
(4) その人物について大衆の誤解を招くような広告をすること

の4つである。プロッサーは、この類型のそれぞれが保護法益、成立要件、違法性阻却事由等に差異があり、プライバシー権という統一的な概念が存在していない証拠としてこの4分類を行ったのである。しかし、それが逆にプライバシーに関する判例の正確な描写として一般化した。この分類に拠れば、ブランダイスの論文そのものは第2類型の形で書かれていたが、その背景にあった事件そのものは第3類型であり、ペイブジック事件は第1類型ということになる。

　このようにして確立するに至ったプライバシー権は、その後の発展の中で、よく古典的プライバシー権と呼ばれたりする。しかし、その様に呼んだのでは今日では使用されない概念であるかのような印象を与えるし、その法的性格を示してもいないので、本書では、私法上のプライバシーと呼ぶこととする。

(2) 日本における受け入れ

　私法上のプライバシーを代表するわが国判決が、『宴のあと』事件である。これは、文豪として知られる三島由紀夫が、有田元外相が社会党から東京都知事選に立候補して落選した顛末を描いた

作品であるが，執筆に当たり，モデルとなった夫妻のうち，妻の同意は得ていたが，本人の同意を得ていなかった．小説は当初月刊文藝春秋に連載されたので，元外相がプライバシーの侵害であると抗議した結果，文芸春秋では単行本化を断念した．しかし三島が出版に意欲を燃やしたので，新潮社が単行本とした．その際，「注目の長篇モデル小説」とか，「トップクラスの批評家が"モデル小説の模範"というのです．素材になった元外相と料亭の女主人，そして都知事選挙という公知の現実が，これほど作品の中で変貌し，芸術的に昇華すると，読者は文句なしに，相寄り相容れなかった2つの人間像に，そして女主人公の恋の悲劇に感動するでしよう．」といった表現を用いた広告を行うなど，積極的にモデル小説であることをセールスポイントとしたので，訴訟となったものである．したがって，プロッサーの分類では，文芸春秋との関係では第2類型に止まるが，新潮社との関係では第4類型も加わっていると考えることができるであろう．

東京地裁は，次のように述べて，プライバシー権の私法上の成立を認めた．

「いわゆるプライバシー権は私生活をみだりに公開されないという法的保障ないし権利として理解されるから，その侵害に対しては侵害行為の差し止めや精神的苦痛による損害賠償請求権が認められるべきものであり，民法709条はこのような侵害行為もなお不法行為として評価されるべきことを規定しているものと解釈するのが正当である．」

憲法は，国家と私人の関係についてのみ考えられるという前提に立つ限り，ここで問題となっている私人による私人のプライバシーの侵害という問題は，私法の範囲で問題が完結し，憲法レベルにまで発展することはない，ということができるであろう．

(3) 情報プライバシー

社会における情報化の進展に伴い，国家や企業の保有する膨大な量の個人情報の取り扱いを，プライバシー権の中に取り込もうとする主張が現れてくる．これが情報プライバシー権 (informational praivacy) である．前記古典的なプライバシー権が私法上でもっぱら論じられる問題であるのに対して，情報プライバシー権は，主として国家との関係で論じられる（膨大な量の個人情報を取り扱う私企業にどの範囲で考えられるかは大きな問題となる）から，これが憲法が主たる対象とする公法上のプライバシー権であることは明らかであり，その結果，憲法学ではこちらの方が大きく注目される．

これを説明する理論は，人格的自律説からのアプローチと一般的行為自由説からのアプローチでは大きく異なる．諸君は，一般に自己情報コントロール権という理解を示すが，これはわが国では佐藤幸治の提唱になるものである．佐藤は，情報プライバシー権は，すべての種類の個人情報を法的保護に値するものと見て，「自己情報は情報主体が本来管理すべきものである」「自分の個人情報はすべて自分のものである」と主張する．この場合，しかし，すべての個人情報を一律に法的に保護するときは，その外延がはっきりしないため，行政等が円滑に機能しなくなるおそれがある．ひいては情報社会そのものの崩壊となるところから，幸福追求権とクロスさせて，その一環として絞り込もうとする．すなわち，「個人が道徳的自律の存在として，自ら善であると判断する目的を追求して，他者とコミュニケートし，自己の存在にかかわる情報を開示する範囲を選択できる権利」（佐藤〈第3版〉453頁）と定義される．

だから，自己情報コントロール権という説を採る場合には，その導入部に人格的自律説を採用することを論じることが，絶対に必要である（詳しくは第35講参照）．

(4) 自己決定権としてのプライバシー権

米国の判例では，1965年のグリスウォールド事件（Grisworld v. Connecticut, 381 U.S. 479）において，避妊の自由が憲法上のプライバシー権として承認された．さらに，1973年のロー事件（Roe v. Wade, 410 U.S. 113）においては，堕胎の自由が同じくプライバシーだとされた．この両判決を軸として，1980年代に一連の判決が下され，修正14条のデュー・プロセス概念に，リプロダクションの権利など，高度に個人的な行為を自由に選択する権利が含まれることが確立されるに至った．

わが国でも，こうした動きを受けて，芦部信喜が，こうした自己決定権に属する諸行為を広義の

プライバシーの一環として捉えていることは，諸君の知るとおりである．

(5) 静穏のプライバシー

伊藤正己は，大阪市営地下鉄車内放送差し止め請求事件（最判昭和63年12月20日＝百選〈第5版〉50頁参照）において，いわゆる囚われの聴衆の問題を，静穏のプライバシー権と呼んだ．

　　　＊　　＊　　＊

このように，今日においては，プライバシー権は，初期の概念から発展して，多種多様な権利概念を含むようになっている．ここで問題なのは，これらの権利概念は，単に定義段階において異なるだけでなく，その要件や結果においても全て異なっているということである．だから，ある型のプライバシーであるという把握したときには，当然，その論文における意義・要件・効果は，その型のプライバシー特有のものとして構成されなければならない．

学生諸君は，とかく情報プライバシーこそが，現代情報化社会におけるプライバシー概念である，という認識から出発して，どんな問題でも情報プライバシーと把握する傾向を顕著に示す．それどころか，受験予備校の模範答案なるものにも，その傾向は顕著に認められる．そのことは，きちんと理由をつけて説明してくれる限り，構わない．

問題は，本問に取り上げた私人間のプライバシー紛争の場合には，判例は，『宴のあと』事件以来，今日まで，例えば『石に泳ぐ魚』事件のように，一貫して私法上のプライバシーとして議論していることである．これに対し，例えば早稲田大学江沢民事件（最判平成15年9月2日＝百選〈第5版〉46頁）などでは，明確に情報プライバシー権の問題として論じている．

諸君は，情報プライバシーと把握したと記述したにもかかわらず，要件の段階になると，とたんに私法上のプライバシー権という把握の下に立論されている『宴のあと』事件における3要件テストとか，『逆転』事件における最高裁判決の要旨とかを，平気で書き込む．これでは，木に竹を接いだようなもので，論文としての整合性が認められず，落第答案となる．最初に情報プライバシーと書いたら，**第35講**に示したように論理を展開しなければいけない．

1　私法上のプライバシーの憲法上の問題点

ウォーレン及びブランダイスによる1890年の論文でいわれたところの「一人でいさせて貰いたい権利 right to be let alone」ないし「私生活をみだりに公開されない権利」（宴のあと事件判決）のように，もっぱら私人間で争われ，公権力の関与することがない権利は，純粋の私法上の権利であって，本来は，憲法学上の問題とはならない．私人による他の私人のプライバシーを侵害する行為は，民法709条の不法行為の成立が問題になるのである．

先にふれた自己情報コントロール権は，典型的には国家と国民の関係（憲法を公法規範と考える場合にはその典型的な関係）において発生する．それに対し，本問で問題になっている民法709条に基づく私法上のプライバシー権は，そもそも国家と国民の間においては発生しない点に，最大の相違がある．

また，本問は私人間の問題であるからと，機械的に人権の私人間効力の議論を書く人が多い．しかし，そもそも民法709条に基づいて私人間で争われることしかあり得ない私法上のプライバシー権や，同じく民法723条に基づいて争われる名誉権が，私人相互間で効力があるか否かが論点になる方がおかしい．これらは私法上の権利であるが故に，当然に私人間における効力はあるに決まっているのである．これに対し，自己情報コントロール権の場合には，それを私人間で主張しようとする場合には，その本質が公法上の権利であるが故に，私人間効力は問題となりうる．但し，現在においては，「個人情報保護法」が制定され，その法律に規定されている範囲内の私人間においては，自己情報コントロール権が認められるに至っているから，その適用対象になるような問題である場合には特に論じる必要はない．

私法上のプライバシー権の場合には，それが本質的に私法関係であり，したがって憲法を公法の一環として把握する場合には，憲法の問題に属さないことになる．しかし，この私法上の権利を問題にした判例は，『宴のあと』事件を筆頭に，多数，憲法判例集にも登載されているし，本問のように憲法問題として出題もされる．それは，この私法上のプライバシーを憲法レベルで考える必要が二つの面から発生するからである．

第1に，公共の福祉に関する内在的一元説によると，人権を制約しうるのは人権のみである．そして，プライバシーの権利は，ウォーレンの事件でも，『宴のあと』事件でも，表現の自由を抑制する権利として位置づけられた．そうであれば，プライバシーは，人権としての性格を持たなければならない．

第2に，この私人間の紛争には，損害賠償請求と並んで，出版差し止めや謝罪広告の請求が出されている．その場合，国家機関たる裁判所がそれらの請求を承認し，強制した場合，その限度で，国家権力による表現の自由の事前抑制禁止とか内心の自由の侵害，という憲法問題が起こるからである．但し，本問の場合，問題の単純化の狙いから，損害賠償請求だけにとどめているから，この第2の点は現れてこないことになる．

2 私法上のプライバシー成立要件

プライバシー権を憲法上の権利として説明する場合，無名基本権の1つとして，13条に基づく権利と説明することになる．この場合，どのような要件を備えている場合に，具体的権利性が生ずるのかが問題となる．もし，具体的権利性を備えないのであれば，抽象的権利として，立法を待ってはじめて裁判で争いうる権利とされることになる．例えば，情報公開請求権は，そのような権利と考えられてきたため，情報公開法や情報公開条例を必要としたのである．

しかし，通説・判例は，このような特別の法律を待つまでもなく，一定の条件の下に，プライバシーの具体的権利性を承認してきた．

その論理を簡単に見てみよう．

第1に，13条の無名基本権の法的性格を論じる．この過程で，人格的利益説に立つのか，一般的行為自由説に立つのかを明らかにし，何故そう考えるのかを説明する（本書では，この点は第35講で詳しく説明している）．

第2に，プライバシー権がどのような権利なのかを説明する．次いで，13条に基づいて具体的権利性を有するための要件は何かを論じる．

そして，具体的事件において，どのような要件が存在する場合に，法律を待たずして権利の成立を認めうるかについては，宴のあと事件東京地裁判決が挙げた3要件テストが有名である（東京地判昭和39年9月28日＝百選〈第5版〉136頁参照）．

① 私生活上の事実または事実らしく受け取られるおそれがあり，
② 一般人の感受性を基準にして，当該私人の立場に立った場合，公開を欲しないであろうと認められ，
③ 一般の人には未だ知られていない事柄である．

この3要件は重要なので，私法上のプライバシーを論ずる場合，必ず言及してほしい．これを言わない限り，具体的権利性が論証されないから，後は立法論に話が行かざるを得ないのである．同時に，これは上述のとおり，この判例が導入した3要件テストであって，理論的にこの要件が導かれるという性格のものではない．判決が導入したテストが，その後の判例を通じて確立し，その適用内容をみても具体的妥当性があるので，学説としてこれを支持しているのである．学生諸君の論文には，宴のあと判決という言葉を使用しないままに，何の根拠も挙げずに，しかしあたかも理論的に導きうる結論であるかのような表現が，良く見受けられるが，それは間違いなので気をつけよう．

実際，一連の私法上のプライバシーとして捉えた事件は，全てこの3要件で説明することができる．例えば，映画「エロス＋虐殺」事件（東京高決昭和45年4月13日＝百選〈第4版〉140頁，第5版では収録されていない）で，事前抑制が拒絶された理由は③の要件，すなわち一般人にひろく知られている，ということが決め手になった．

本問のベースとなっているノンフィクション『逆転』事件（最判平成6年2月8日＝百選〈第5版〉138頁）では②及び③が決め手となって，プライバシー侵害が肯定され，出版が差し止められているのである．近時においては，私小説『石に泳ぐ魚』（最大判平成14年9月11日＝百選〈第5版〉140頁）事件でも，この3要件がやはり問題となっている．

3 プライバシー権の限界

かつて，宮沢俊義は，憲法13条の公共の福祉という語の理解にあたり，内在的一元論を説いた．そこでは，公共の福祉という人権の外部にある確定的な概念により人権が制限されることを否定した．それに代わって，人権を制約するものは人権であると説明する．2つの人権が衝突し，比較考量して，その調和点として特定の人権が，その場合

ごとの限界に服して承認されることになるのだ,と考えるのである.たとえば,人を殺す権利や人の物を盗む権利もあるが,それはそれぞれ他者の生命権や財産権に衝突する限度で否定されると説明するのである.

このような考え方をする場合には,あらゆる場面において,人権は比較考量に基づいて承認されることになる.本問の場合であれば,プライバシー権と表現の自由が衝突し,両者の比較考量に基づいて,どの限度でプライバシーが認められるかが論文の組み立てとなる.

しかし,その後,学説は大きく変化した.人権の存在を,人間の尊厳に基づいて当然に認められるという,宮沢流の素朴な理解に換えて,より掘り下げた根拠に基づいて説明するようになったのである.その代表が,人格的利益説と一般的行為自由説である.

人格的利益説は,その前提に社会道徳を置く.したがって,道徳に反する行為は,そもそも人権たり得ないと考えることになる.たとえば,人を殺す権利は,他者の生命権との比較考量を云々するまでもなく,当然に人権ではない,と考えるのである.

このことを表現の自由に投影して考えてみよう.人の名誉を傷つけたり,人のプライバシーを侵害するような表現行為は,そもそも許されるのであろうか.それは,あきらかに表現行為の乱用と言うべきで,認められないというべきであろう.だからこそ,旧憲法時代から,刑法230条は,名誉毀損を当然に処罰対象と定め,また,民法723条も名誉権の侵害に対する救済手段を,709条の損害賠償とは別に(あるいはともに)認めてきたのである.

プライバシーは,新しい権利で,名誉権のような立法上の根拠はないが,ブランダイスの論文以来の経緯をみれば,これが名誉権と同じ性格の権利であるといえよう.したがって,名誉権同様,プライバシーの侵害となる表現行為は原則的に許されない.その意味で,私人間では,プライバシー権は,表現の自由に優越する権利である.この結果,プライバシーと表現の自由の比較衡量という考えは生ずる余地が原則としてない.他者の権利を侵害するような権利行使が許されない(民法709条)のは私法上当然のこといえる.

しかし,プライバシーが成立する場合にも,人の置かれている立場によっては,それを侵害するような表現行為を忍受しなければならない.その受忍義務が生ずる場合に限り,比較衡量的な議論が必要となる.

最高裁は,公的地位を有する者であれば,その公的地位の程度に応じてプライバシーが認められても,忍受すべき場合が生ずるとした.しかもその公的地位は,社会的影響力によって決まるのである.例えば,名誉毀損罪に関する事件であるが,最高裁は,次のように述べた.

「私人の私生活上の行状であっても,その携わる社会的活動の性質及びこれを通じて社会に及ぼす影響力の程度などのいかんによっては,その社会活動に対する批判ないし評価の一資料として,刑法230条の2第1項にいう『公共の利害に関する事実』にあたる場合があると解すべきである.」(『月刊ペン』事件,最判昭和56年4月16日=百選〈第5版〉144頁)

この判決で,直接論じられているのは名誉毀損であるが,前述の通り,基本的に同質の権利と理解されるプライバシーに属する場合に,その主体の公的地位によっては,その公的活動に対する批判ないし評価の一資料として表現行為が許容される場合が考えられることになる.

この場合,注意するべきは,表現行為と名誉権・プライバシー権が比較考量されているのではない,ということである.表現それ自体よりも,それが奉仕する対象である国民の知る権利が,プライバシーに対立する権利として登場してきている,と考えるべきであろう.そして,知る権利を重視するべきであると認められる場合には,その限度でプライバシー権が縮減することになるのである.

さらに,最高裁は,ノンフィクション『逆転』事件において,次のように述べて,そのプライバシー権の限界を,より包括的に明らかにした.

「ある者の前科等にかかわる事実は,他面,それが刑事事件ないし刑事裁判という社会一般の関心あるいは批判の対象となるべき事項にかかわるものであるから,事件それ自体を公表することに歴史的

又は社会的な意義が認められるような場合には，事件の当事者についても，その実名を明らかにすることが許されないとはいえない．また，その者の社会的活動の性質あるいはこれを通じて社会に及ぼす影響力の程度などのいかんによっては，その社会的活動に対する批判あるいは評価の一資料として，右の前科等にかかわる事実が公表されることを受忍しなければならない場合もあるといわなければならない（引用判決略）．さらにまた，その者が選挙によって選出される公職にある者あるいはその候補者など，社会一般の正当な関心の対象となる公的立場にある人物である場合には，その者が公職にあることの適否などの判断の一資料として右の前科等にかかわる事実が公表されたときは，これを違法というべきものではない（引用判決略）．」

本問の X の場合，「事件それ自体を公表することに歴史的又は社会的な意義が認められるような場合」に該当することになる．そして，公職に就いている者でも，公職の候補者でもなくて，その持つ社会的影響力から社会的意義が認められた実例としては，月刊ペン事件で問題となった創価学会池田会長（当時）がある．だから，それ類似の社会的意義がないと，プライバシーの制限は認められないことになる．歴史的意義が問題になった好例は，おそらく映画「エロス＋虐殺」事件であろう．この事件では，後に衆議院議員となった神近市子が，殺人未遂事件を起こした葉山日陰茶屋事件が描かれている．これは確かに神近個人についていえば，若き日の前科をとりあげられたものであって，本問同様に，触れられたくないプライバシーに属すると言えよう．しかし，この事件はわが国無政府主義の歴史からみても，女権拡張運動の歴史からみても，重要な歴史的事件である．例えば，「葉山日陰茶屋事件」をキーワードに，諸君がインターネットで検索すれば，たちどころに数百件がヒットして来るであろう．

このような社会的・歴史的意義がある事件であれば，その関係者はプライバシーの侵害を忍受すべきであるという見解を示していることになる．なぜそういえるのか，ということが，本問で本当に諸君に論じてほしいポイントである．先に述べたとおり，簡単に言ってしまえば，一般人の知る権利の優越ということになる．

なお，文中の最初の引用判例は月刊ペン事件である．第2の引用判例は，憲法判例百選には載っていないが，民法判例百選Ⅱには掲載されているので，詳細な事実関係等はそちらで確認しておいてほしい．その事件では，最高裁は次のように述べた．

「上告人は昭和30年2月施行の衆議院議員の総選挙の立候補者であるところ，被上告人は，その経営する新聞に，原判決の判示するように，上告人が学歴および経歴を詐称し，これにより公職選挙法違反の疑いにより警察から追及され，前科があった旨の本件記事を掲載したが，右記事の内容は，経歴詐称の点を除き，いずれも真実であり，かつ，経歴詐称の点も，真実ではなかったが，少くとも，被上告人において，これを真実と信ずるについて相当の理由があったというのであり，右事実の認定および判断は，原判決挙示の証拠関係に照らし，十分これを肯認することができる．

そして，前記の事実関係によると，これらの事実は，上告人が前記衆議院議員の立候補者であったことから考えれば，公共の利害に関するものであることは明らかであり，しかも，被上告人のした行為は，もっぱら公益を図る目的に出たものであるということは，原判決の判文上十分了解することができるから，被上告人が本件記事をその新聞に掲載したことは，違法性を欠くか，または，故意もしくは過失を欠くものであって，名誉毀損たる不法行為が成立しないものと解すべきことは，前段説示したところから明らかである．」

つまりこの場合は公職の候補者ということになる．

第34講　プライバシーと芸術

■問題■

　作家Yは，実名を避けながらXの生き方を素材とする小説をZ甲出版社の発行する文芸誌に発表した．その小説は，質の高い文芸作品として一般に評価されたが，Xは，自分を知る人が読めばその主人公がXであることが容易にわかること，小説は虚実ないまぜに自己の生活や遺伝的特質について言及しており名誉毀損とプライバシーの侵害に当たるものであることを主張して，YとZを相手どり損害賠償と謝罪広告を求める訴えを提起した．さらにXは，Zがその小説を単行本として出版しようと計画していることを知り，その差止めを求める訴えも提起した．以上の事例について，憲法上どのような問題があるかについて論ぜよ．

（平成12年度 国家Ⅰ種法律職問題）

■この講での論点細目次と論述のヒント■

はじめに
1　プライバシーの権利
　(1)　2つのプライバシー概念の相違点
　(2)　私法上のプライバシー成立要件
2　表現の自由の事前抑制と事後抑制の異同
　(1)　単行本出版差し止めと事前抑制の関係
　(2)　事前抑制禁止の根拠
　(3)　検閲と事前抑制禁止の異同
(4)　事前抑制禁止の法理の要件
　①　必要最小限度の規制
　②　規制規定の明確性
　③　手続的保障
3　内心の自由と謝罪の強制
　(1)　内心の自由の意義
　(2)　沈黙の自由と謝罪広告

はじめに

　問題文を一読すれば直ちに気づくと思うが，本問は『石に泳ぐ魚』事件（第1審＝東京地判平成11年6月22日判決，第2審＝東京高裁平成13年2月15日，最判平成14年9月24日＝百選〈第5版〉140頁参照）をベースに作問されたものである．『石に泳ぐ魚』事件は，重要判例解説の憲法の部にも登載されているが，これが憲法上の事件といえるかどうかは非常に微妙なところがある．それはこの事件で問題になっているのが，ここでいうところの私法上のプライバシーだからである．

　同じプライバシーという言葉が使われているから非常に紛らわしいが，私法上のプライバシーは，その意義や要件が公法上のプライバシーとは異なる，という点を押さえておかないと，論文が間違ってしまうことに注意しなければならない．

1　プライバシーの権利

(1)　2つのプライバシー概念の相違点

　プライバシーについては，今日，これを積極的な憲法上の権利であるという把握から，自己情報コントロール権といわれるに至った．この把握自体は正しい．しかし，積極的な憲法上の権利とは，すなわち公法上のプライバシーということである．この種類のプライバシーは典型的には前講で取り上げた事例のように，国（地方公共団体）と国民の間の紛争という形で現れる．

　それに対して，本講で問題となっている私法上のプライバシーは，私人間の民法上の紛争だから，はっきり類型が違う．この2つが，はっきりと違う概念であるということは，例えば判例集でも，公法上のプライバシーに属する前科照会事件（百選〈第5

版⟩4頁⁴⁾や江沢民事件（同頁46）は人権総論の箇所に収録されているのに対し，私法上のプライバシーに属する『宴のあと』事件（同頁136），ノンフィクション『逆転』事件（同頁138）及びこの『石に泳ぐ魚』事件は精神的自由権と，全く違うところに収録されていることからも判ると思う．

しかし，この2つの概念が使い分けられている，ということは，基本書からはあまり明瞭に読みとれないから，かなりよく勉強している諸君でも，本問のような問題で，機械的に，自己情報コントロール権という議論を始めてしまう傾向を示す．そのくせ，プライバシー侵害の要件ということになると，後述する『宴のあと』事件の3要件を並べるという，木に竹を接いだ議論を始めてしまい，落第答案を確実なものにしてしまう．自己情報コントロール権と議論を始めたら，第35講に述べたとおり，プライバシー固有情報と外延情報という方向に議論は発展しなければいけない．

そこで，本問で何故，自己情報コントロール権という議論をしてはいけないのか，という議論をもう少し深めてみよう．

公法上のプライバシーが問題となった前科照会事件の場合，前科というのは，なるほど人に知られたくない情報（プライバシー固有情報）には違いないが，公的情報であり，それを京都市という国（地方公共団体）が不用意に公表したことが，自己情報コントロール権の侵害として争われたのである．江沢民事件で問題になった個人情報とは，学籍番号，氏名，電話番号という，普通は誰でも公にしている種類の情報である（プライバシー外延情報）．それを知られたからといって，誰も私生活がのぞかれたとは考えないであろう．それが問題になったのは，その情報が警察という国家機関に本人の同意なくして引き渡されたためである．つまり，一般には秘密とは言えない情報であっても，自己に関する情報である場合には，自らコントロールすることを国家に対して主張できるというのが，ここでのポイントになる．

これに対し，私法上のプライバシーの場合，問題になっている情報は，本問のXの主張に典型的に現れているとおり，私生活上の情報である．国家とは全く関係のないYやZという私人が，みずからの表現の自由という人権を行使した結果，Xのプライバシーを侵害したのである．X・Y・Zの三者は，全く対等な私人であり，国家はいかなる意味でもこの紛争に拘わっていない．

ここで問題とされるプライバシーは，今日においても依然としてウォーレン及びブランダイスによる1890年の論文でいわれたとおり，「一人でいさせて貰いたい権利（right to be let alone）」であり，『宴のあと』事件判決が述べた「私生活をみだりに公開されない権利」と把握すれば十分なのである．この私法上のプライバシーを憲法問題として把握するのは，次の2つの理由からである．第1に，人権を制約できるのは人権だから（第19講参照），表現の自由を制約しているプライバシーは，人権と理解しなければならない．第2に，この私人間の紛争に，国家機関たる裁判所が事前抑制という形で介入するとき，国家による事前抑制禁止の法理の適用，という憲法問題が起こる．

（2） 私法上のプライバシー成立要件

私人が私人のプライバシーを侵害する場合の，最も重要なリーディングケースは，いうまでもなく『宴のあと』事件東京地裁判決（昭和39年9月28日＝百選〈第5版〉136頁）である．この判決では，プライバシー侵害が成立するための要件として次の3つを挙げた．

① 私生活上の事実または事実らしく受け取られるおそれがあり，

② 一般人の感受性を基準にして，当該私人の立場に立った場合，公開を欲しないであろうと認められ，

③ 一般の人には未だ知られていない事柄である．

この三要件は重要なので，私法上のプライバシーを論ずる場合，必ず言及してほしい．実際，一連の私法上のプライバシー事件判決は全てこの3要件で説明することができる．例えば，映画『エロス＋虐殺』事件（東京高判昭和45年4月13日＝百選〈第4版〉140頁）で，事前抑制が拒絶された理由は③の要件，すなわち一般人にひろく知られている，ということが決め手になったし，ノンフィクション『逆転』事件（最判平成6年2月8日＝百選〈第5版〉138頁）では②及び③が決め手となって，プライバシー侵害が肯定され，出版が差し止められているのである．本問で問題となっている私小説『石に泳ぐ魚』事件でも，この3要件が問題となっていることは判ると思う．

プライバシーの侵害となる表現行為は原則的に許されない．その意味で，私人間では，プライバ

シー権は，表現の自由に優越する権利である．およそ自由権とは，国家からの自由であって，私人からの自由を意味するものではない．だから，表現の自由に，国家に対する関係でのような優越的地位を，対私人関係で考える余地はない．他者の人権を侵害するような権利行使が許されないのは当然のことといえる．それが名誉毀損の形態をとるか，プライバシー侵害の形態をとるかは問題の結論に影響を与えない．

しかし，プライバシーが成立する場合にも，人によっては，それを侵害するような表現行為を忍受しなければならない．第1に，公的地位を有する者であれば，その公的地位の程度に応じてプライバシーが認められても，それに対する侵害を忍受すべき場合が生ずる．

例えば，名誉毀損罪に関する事件であるが，最高裁は，次のように述べた．

「私人の私生活上の行状であっても，その携わる社会的活動の性質及びこれを通じて社会に及ぼす影響力の程度などのいかんによっては，その社会活動に対する批判ないし評価の一資料として，刑法230条の2第1項にいう『公共の利害に関する事実』にあたる場合があると解すべきである．」(『月刊ペン』事件，最判昭和56年4月16日＝百選〈第5版〉144頁)

すなわち，名誉毀損でさえも許容されるのであるから，それよりも権利侵害の程度が低い，と一般的に考えることのできるプライバシーに属する場合に，その主体の公的地位によっては，その公的活動に対する批判ないし評価の一資料として表現行為が許容される場合が考えられることになる．この場合，表現それ自体よりも，それが奉仕する対象である国民の知る権利が対立する利益として登場してきている，と考えるべきであろう．

第2に，ノンフィクション『逆転』事件において，最高裁は，先に言及した公的地位にあるものに対する社会的評価の一資料として公表されたとき以外に，「事件それ自体を公表することに歴史的又は社会的な意義が認められるような場合」についても，関係者はプライバシーの侵害を忍受すべきであるという見解を示している．

本問で問題となるのが，この上記2基準の外に，第3の基準として，芸術作品である場合に，その芸術性の故にプライバシー侵害が許容される場合があり得るか，ということである．

この点について，『宴のあと』事件判決は次のように述べて，これを否定する．

「小説なり映画なりがいかに芸術的価値においてみるべきものがあるとしても，そのことが当然にプライバシー侵害の違法性を阻却するものとは考えられない．それはプライバシーの価値と芸術的価値(客観的な基準が得られるとして)の基準とは全く異質のものであり，法はそのいずれが優位に立つものとも決定できないからである．それゆえたとえば無断で特定の女性の裸身をそれと判るような形式，方法で表現した芸術作品が，芸術的にいかに秀れていても，この場合でいえば通常の女性の感受性を基準にしてそのような形での公開を欲しないのが通常であるような社会では，やはりその公開はプライバシーの侵害であって，違法性を否定することはできない．もっともさきに論じたとおりプライバシーの侵害といえるためには通常の感受性をもった人がモデルの立場に立ってもなお公開されたことが精神的に堪え難いものであるか少くとも不快なものであることが必要であるから，このような不快，苦痛を起させない作品ではプライバシーの侵害が否定されるわけであり，また小説としてのフイクションが豊富で，モデルの起居行動といった生の事実から解放される度合が大きければ大きいほど特定のモデルを想起させることが少くなり，それが進めばモデルの私生活を描いているという認識をもたれなくなるから，同じく侵害が否定されるがそのような例が芸術的に昇華が十分な場合に多いであらうことは首肯できるとしても，それは芸術的価値がプライバシーに優越するからではなく，プライバシーの侵害がないからにほかならない．」

これに対して，映画『エロス＋虐殺』判決は，次のように述べて，利益衡量の必要性を認めているように見える．

「人格的利益の侵害が，小説，演劇，映画等によってなされたとされる場合には，個人の尊厳及び幸福追求の権利の保護と表現の自由(特に言論の自由)の保障との関係に鑑み，いかなる場合に右請求権を認むべきかについて慎重な考慮を要するところである．そうして，一般的には，右請求権の存否は，具体的事案について，被害者が排除ないし予防の措置がなされないままで放置されることによって蒙る不利益の態

様,程度と,侵害者が右の措置によってその活動の自由を制約されることによって受ける不利益のそれとを比較衡量して決すべきである.」

しかし,実際の事実認定の中では,この比較衡量はあまり大きなウェイトを占めておらず,決め手となっているのは前にも述べたとおり,世上公知の事実という点であった.

さらに踏み込んで,小説表現に有利な比較衡量を行い,被告である作家及び出版社に対して全面勝訴の判決を下したのが『名もなき道を』事件である(東京地判平成7年5月19日＝判例タイムズ883号103頁). 同判決は「実在の人物を素材としており,登場人物が誰を素材として描かれたかが一応特定できるような小説ではあるが,実在人物の行動や性格が作者の内面における芸術的創造過程においてデフォルムされ」ているか,「実在人物の行動や性格が小説の主題に沿って取捨選択ないしは変容されて,事実とは意味や価値を異にするものとして作品中に表現され,あるいは実在しない想像上の人物が設定されてその人物との絡みの中で主題が展開されているため,一般読者をして小説全体が作者の芸術的創造力の生み出した創作であって虚構であると受け取らせるに至って」いる場合には,プライバシー侵害や名誉毀損は成立しないとした.

すなわち,『宴のあと』事件では,前に述べたとおり,表現内容の芸術性はプライバシーの成立を否定するものではないのに対し,この判決では,芸術作品としての成功度が十分に高いが故に,作品が虚構であると読者に受け取らせるレベルに達していれば,プライバシーの成立が否定されると説くのである.

これに対しては,学説的には賛同する見解もある(奥平康弘『ジャーナリズムと法』新世社・1997年229頁)が,私は否定説に賛同したい. 棟居快行は次のように説く.

「このような判断基準に立てば,芸術的成功度の主張立証が当事者によってなされ,裁判所がそれについて一定の判断を下すことにならざるをえない. このような判断が裁判になじむとはとうてい考えられない.」(「出版・表現の自由とプライバシー」ジュリスト1166号17頁)

すなわち,裁判上,法律上の争訟の一環として宗教の教義や成績の評価が問題になっても,それが裁判になじむ問題ではないが故に,裁判所が判断を行わないのと同様に,作品の芸術性が問題となっても,裁判官選任の基準は決して芸術性に対する感受性の高さではないのだから,判断を控えるのが妥当であろう.

本問で問題となっている『石に泳ぐ魚』事件では,判決は基本的には『名もなき道を』判決に近い判断を行っている. それにも関わらず,判決が逆転して原告勝訴となった理由は,『名もなき道を』判決が,基準を一般読者に求めたのに対して,本判決では1審も2審も,原告の周囲にいる人に求めたためである.

棟居快行が前記論文の中で行っている要約及び意見をこの点でも引用しておこう.

（原告の）「周辺の人々は,例え作品が高度に芸術的に昇華され,実話が作品中の芸術的必然性のあるエピソードだと一般人にはとられるに至っているとしても,素直にそのように鑑賞せず,むしろ事実若しくは事実らしい作品中の情報だけを,自分のモデル本人に対する補強材料として摂取しがちである. あるいはさらに,作品が虚実織り交ぜて芸術的に成功していればそれだけ,作者が加えた創作の部分(例えばモデルに対応する作中人物の内面の描写)までもが実在のモデルの内面であるかのように受け取られてしまうのである. このように『名もなき道を』判決が前提とした,事実が芸術によって虚構となる,という命題は誤りであって,逆に,虚構までもが優れた芸術作品の中では,事実らしさを帯びるに至る,と考えるべきである.」

私は,この棟居快行見解に賛成であるが,本事件では,『名もなき道を』基準をそのまま適用しても,やはり判決は逆転せざるをえないと考えている. なぜなら,被告側は,これが私小説,すなわち,事実をそのまま赤裸々に描く手法の作品であると主張しているのであるから,私小説としての芸術的成功度が高まれば高まるほど,一般読者はその内容を純然たる虚構と受け止めることはあり得ないからである.

2 表現の自由の事前抑制と事後抑制の異同

ここで注意するべきは,ここまでの議論では,私法上のプライバシーは,人権の制約原理という点を除くと憲法問題ではなく,あくまでも私法上の紛争というレベルに止まっている,ということで

ある．私法上のプライバシーに関して，具体的に憲法問題が発生するためには，公法上のプライバシーと同じく，これを国家が侵害する活動に出る必要がある．人権は国家と国民の関係において考えられるものだからである．私法上のプライバシーに対する国家権力による個別具体的な侵害の主体としては行政権と司法権が考えられる．すなわち，本問の場合，憲法上の論点はもっぱら単行本化の差し止めを裁判所という国家機関に求めている，という点に現れる．

(1) 単行本出版差し止めと事前抑制の関係

本問の場合，Xの求めている単行本化の差し止めが，事前抑制に属するか，事後抑制に属するかにより，論文の構成が大きく異なることになる．

小説そのものはすでに文芸誌に発表されており，Xは，それを単行本化することを差し止めているに過ぎない．この点で，情報は言論の自由市場に到達しているから，したがって，これは事後抑制ではないか，と思われるのである．実際，判例は，このような場合は事前抑制には該当しないと考えているものと思われる．例えば，税関検査事件最高裁判所判決（大法廷昭和50年9月10日 ＝百選〈第5版〉152頁）は，次のように述べている．

「税関検査が表現の事前規制たる側面を有することを否定することはできない．

しかし，これにより輸入が禁止される表現物は，一般に，国外においては既に発表済みのものであって，その輸入を禁止したからといって，それは，当該表現物につき，事前に発表そのものを一切禁止するというものではない．また，当該表現物は，輸入が禁止されるだけであって，税関により没収，廃棄されるわけではないから，発表の機会が全面的に奪われてしまうというわけのものでもない．その意味において，税関検査は，事前規制そのものということはできない．」

国外において発表されていれば，すでに事後抑制という考え方をとるのであれば，国内文芸誌に掲載されている場合には，当然に事後抑制という考えが導かれるであろう．

しかし，私自身は，これは事前抑制に属する，と考えている．なぜなら，表現の自由とは，「自ら選択する……方法により」（国際人権B規約19条2項）伝える自由であり，単行本化する事もまた，一つの独立した表現方法である．そして，情報は，その伝達に使用する方法により，言論の自由市場に与える影響に差があるものなのであるから，単に，別個の伝達方法により，すでに一度言論の自由市場に到達している，という事実は，新たな媒体を利用した表現を抑制するにあたっての事前性を否定するものではない，と考えるからである．

実際問題として，事後抑制と考えた場合には，論文上はあまり論点がないので，以下においては，事前抑制の場合に限定して論じる．

(2) 事前抑制禁止の根拠

表現の自由は，精神権的自由権の代表として，それを国家が抑制する場合，いわゆる二重の基準に基づき，その合憲性の審査については厳格な審査基準が適用されるなど，経済的自由権に比べて，非常に制限的に取り扱うべきである（なぜなのかについては，ここでは省略するが，諸君の論文では簡略にではあるが，述べる必要がある）．しかも，それが事後的に行われるか事前に行われるかにより，制限の度合いが違う．すなわち，事前抑制（prior restraint, or previous restraint）の場合には原則的に禁止され，例外的に認められる場合にも非常に厳しい制約の下でかろうじて認められるに止まるとする理論が，米国の憲法訴訟に関する判例法の上で発達している．

同じように，表現の自由の不当な行使が行われた場合であるにも拘わらず，なぜ事後抑制に比べて，事前抑制を国が実施する場合については，より厳しい制約が課せられるのであろうか．これが事前抑制禁止の法理における第一の論点である．

北方ジャーナル事件（最大判昭和61年6月11日 ＝百選〈第5版〉150頁）において，最高裁はこの点を次のように説明する．

「表現行為に対する事前抑制は，新聞，雑誌その他の出版物や放送等の表現物がその自由市場に出る前に抑止してその内容を読者ないし聴視者の側に到達させる途を閉ざし又はその到達を遅らせてその意義を失わせ，公の批判の機会を減少させるものであり，また，事前抑制たることの性質上，予測に基づくものとならざるをえないこと等から事後制裁の場合よりも広汎にわたり易く，濫用の虞があるうえ，実際上の抑止的効果が事後制裁の場合より大きいと考えられるのであって，表現行為に対する事前抑制は，表現の自由を保障し検閲を禁止する憲法

21条の趣旨に照らし，厳格かつ明確な要件のもとにおいてのみ許容されうるものといわなければならない.」

まことに簡にして要を得た説明であるから，諸君はこれを覚えて，自分の論文中にこのダイジェスト版を必ず書くようにしよう.

(3) 検閲と事前抑制禁止の異同

わが憲法は，欧州の憲法の流れ受けて，検閲の禁止を当然に認めている．この結果，事前抑制と検閲の異同が第2の論点となる（ただし，本問では本質的な論点ではないので，原則として落としてよい．書く場合にも，できるだけ簡潔にまとめること）．

これについては単純に，事前抑制と検閲を同義と考えることもできる．しかし，歴史的背景の全く異なる言葉を同義と考えるのは，基本的に無理があるといわなければならない．その結果，わが国では，広義の事前抑制を，検閲と狭義の事前抑制に分けて考えるのが一般である．その場合，同じく厳しい事前抑制の下にあって，さらに検閲という概念を立てるのであるから，これに対しては絶対的な禁止と解し，それを除く事前抑制については原則的な禁止にとどまるのであって，場合によっては抑制も可能と解することになる．税関検査事件において，最高裁は次のように説明する．

「諸外国においても，表現を事前に規制する検閲の制度により思想表現の自由が著しく制限されたという歴史的経験があり，また，わが国においても，旧憲法下における出版法（明治26年法 律第15号），新聞紙法（明治42年法 律第41号）により，文書，図画ないし新聞，雑誌等を出版直前ないし発行時に提出させた上，その発売，頒布を禁止する権限が内務大臣に与えられ，その運用を通じて実質的な検閲が行われたほか，映画法（昭和14年法 律第66号）により映画フイルムにつき内務大臣による典型的な検閲が行われる等，思想の自由な発表，交流が妨げられるに至つた経験を有するのであつて，憲法21条2項前段の規定は，これらの経験に基づいて，検閲の絶対的禁止を宣言した趣旨と解されるのである．」

そして，こうした沿革から，検閲を次のように定義した．

「行政権が主体となって，思想内容等の表現物を対象とし，その全部または一部の発表の禁止を目的として，対象とされる一定の表現物につき，網羅的一般的に，発表前にその内容を審査した上，不適当と認めるものの発表を禁止することを，その特質として備えるものを指すものと解すべきである．」

この最高裁の採用する検閲の定義は，かなり狭いもので，その妥当性については学説からの批判の強いところである．しかし，いずれにせよ，司法権による抑制に検閲概念の適用がある，という説は存在しないから，ここでその点についてくどくど議論するのは完全に間違いである．

(4) 事前抑制禁止の法理の要件

この二分説の下においては，検閲の概念は，程度の差こそあれ，狭く設定されることになる．が，検閲に該当しないとされても，それにより国家による抑制が完全に自由になるわけではない．検閲の外側には事前抑制の厳しい制約が存在しているからである．

アメリカにおいて，事前抑制は一般に「あるコミュニケーションが生ずる時点に先立って発せられる，そうしたコミュニケーションを禁止する司法的・行政的命令」と定義されている．コミュニケーションとは情報の伝達行為の意味であるから，情報がその発信者の意図する受領者に到達する以前にそれを妨げる行為はすべて事前抑制に該当する．

事前抑制を具体的な訴訟の場において実体的に肯定する判断をするための基準としては，①必要最小限度の法則　②規制規定の明確性　③手続き的保障の3つが特に重要と言われている．

① **必要最小限度の規制**　必要最小限度規制として事前抑制方法が採られていることを合理的に証明する手段として，規制手段相互の比較に代えて，定型的な要件を設定しようとするのが一般的である．

アメリカにおける判例の発展を踏まえて，例外的に表現の事前抑制を司法権が認めうる条件として，①事前抑制をしなければ害悪が生ずることが異例なほど明白（unusual clarity）である場合，あるいは，②事前抑制によって阻止しようとする損害が回復不可能（irreparable）なものである場合，といわれている．

② **規制規定の明確性**　行政権が表現の自由を事前抑制する場合にあっては「立法上可能な限り明確な基準を示すものであることが必要」とい

われている．例えば税関検査事件における最高裁多数意見に対する伊藤正己ほかの反対意見は次のように述べる.

「表現の自由を規制する法律の規定は，それ自体明確な基準を示すものでなければならない．殊に，表現の自由の規制が事前のものである場合には，その規定は，立法上可能な限り明確な基準を示すものであることが必要である．それ故，表現の自由を規制する法律の規定が，国民に対し何が規制の対象となるのかについて適正な告知をする機能を果たし得ず，また，規制機関の恣意的な適用を許す余地がある程に不明確な場合には，その規定は，憲法21条1項に違反し，無効であると判断されなければならない．」

しかし，これは，参考までに紹介したのであって，本問は，立法的規制の問題ではないから，これは論点ではない．

③ **手続的保障** 事前抑制が有する基本的な危険の一つは，適正な手続的保障を欠いたまま，恣意的な行政裁量の下に表現の自由の保護範囲が決定されるという点にある．そこで，そうした恣意的な取り扱いがなされないような保障が存在していることが必要である．最高裁は，北方ジャーナル事件において，次のように述べている．

表現行為に対し，「その事前差止めを仮処分手続によって求める場合に，一般の仮処分命令手続のように，専ら迅速な処理を旨とし，口頭弁論ないし債務者の審尋を必要的とせず，立証についても疎明で足りるものとすることは，表現の自由を確保するうえで，その手続的保障として十分であるとはいえず，しかもこの場合，表現行為者側の主たる防禦方法は，その目的が専ら公益を図るものであることと当該事実が真実であることとの立証にあるのであるから，事実差止めを命ずる仮処分命令を発するについては，口頭弁論又は債務者の審尋を行い，表現内容の真実性等の主張立証の機会を与えることを原則とすべきものと解するのが相当である．」

この手続的保障の要求については，必ず論及すべきである．もっとも，実際には，北方ジャーナル事件では裁判所は，このような方法を採っていない．この点について，最高裁は次のように述べて救済している．

「差止めの対象が公共の利害に関する事項についての表現行為である場合においても，口頭弁論を開き又は債務者の審尋を行うまでもなく，債権者の提出した資料によって，その表現内容が真実でなく，又はそれが専ら公益を図る目的のものではないことが明白であり，かつ，債権者が重大にして著しく回復困難な損害を被る虞があると認められるときは，口頭弁論又は債務者の審尋を経ないで差止めの仮処分命令を発したとしても，憲法21条の前示の趣旨に反するものということはできない．けだし，右のような要件を具備する場合に限って無審尋の差止めが認められるとすれば，債務者に主張立証の機会を与えないことによる実害はないといえるからであり，また，一般に満足的仮処分の決定に対しては債務者は異議の申立てをするとともに当該仮処分の執行の停止を求めることもできると解されるから，表現行為者に対しても迅速な救済の途が残されているといえるのである．」

この点については本問では論及する必要はないが，具体的設問によっては，これが問題になることもあり得るから，議論としては覚えておいてほしい．

北方ジャーナル事件で問題になったのは名誉毀損であるが，前にも述べたとおり，名誉権とプライバシーは非常に似通った権利であるから，そこで問題になっていることが，プライバシーにもほぼそのまま妥当すると考えてよい．

北方ジャーナル事件では，対象となった人物が，選挙に出馬しようとしている者であったから，そのプライバシー侵害は，前にも述べたとおり，一定の要件で許容される可能性がある．その場合に，その表現行為をプライバシー侵害で事前に抑制しようとするときは，前に紹介した事前抑制禁止の法理にしたがい，厳しい判断基準の下に許容される可能性があることになる．

3 内心の自由と謝罪の強制

(1) 内心の自由の意義

思想と良心は，一般条理としては異なる概念である．たとえば共産主義を信奉することは常識的に言って思想の問題であり，主義として殺人や闘争を拒否するが故に兵役を拒否することは良心の

自由の問題である．しかし，これを厳密に区別しても，同一条文に同格に上げられているので実益がない．従って，この2つの概念を併記することによって表現されるところの統一概念を保護の客体と考えるのが妥当である．これを普通，内心の自由と称する．

その内心の自由の意義をどう理解するかについては，大きく2つの考え方が対立している．第1は，内心において独自の考えを展開する自由ないしそのようにして形成した観念を保持する自由一般をいうものと考える立場である（以下「一般観念説」という）．これに対して，信仰に準ずる世界観，主義，主張等を全人格的にとらえ，これに限定するという考え方である（以下「世界観説」という）．下級審判例には明確に世界観説の見解を採用しているものがある（長野勤評事件＝長野地判昭和39年6月2日）が，最高裁の見解ははっきりしない（最大判昭和31年7月4日＝百選〈第4版〉78頁）．

学説的には，この2つはほぼ互角の勢力を持っている．そして，謝罪広告の評価は，一般にこの点に関する説によって決している．

(2) 沈黙の自由と謝罪広告

沈黙の自由で大きな問題となるのは，民法723条の定める名誉毀損に関する特則である．すなわち，損害賠償においては金銭賠償が原則であるが，民法は名誉毀損の場合に限って，金銭賠償と並んで「名誉を回復するに適当なる処分を命」じることができるものとしている．そして従来からその場合には，被告人の負担による謝罪広告を行わせるのが通例となっていた．

これを内心の自由を侵害するものとした主張に対して，最高裁大法廷は「上告人をして右公表事実が虚偽かつ不当であったことを広報機関を通じて発表すべきことを求めるに帰する」として，倫理的な意思，良心の事由を侵害することを要求するものではない，とした（謝罪広告強制事件＝最大判昭和31年7月4日＝百選〈第5版〉76頁参照）．これに対しては，判決そのものにも多数の補足意見や少数意見があったし，学説上も批判がある．

すなわち，一般観念説を採る者は，謝罪や陳謝という行為には一定の倫理的意味があることを重視して，違憲とする見解を採る傾向がある．例えば上記最高裁判所判決藤田裁判官による反対意見は次のように述べる．

「憲法19条にいう『良心の自由』とは単に事物に関する是非弁別の内心的自由のみならず，かかる是非弁別の判断に関する事項を外部に表現するの自由並びに表現せざるの自由をも包含するものと解すべきである．〈中略〉従って，本件のごとき人の本心に反して，事の是非善悪の判断を外部に表現せしめ，心にもない陳謝の念の発露を判決をもって命ずるがごときことは，まさに憲法19条の保障する良心の外的自由を侵犯するものであること疑を容れない．」

これに対して，世界観説を採る者は，たとえば，

「思想・良心とは，世界観，人生観など個人の人格形成に必要な，もしくはそれに関連ある内面的な精神作用であり，謝罪の意思表示の基礎にある道徳的な反省とか誠実さというような事物の是非，善悪の判断などは含まないと解し，謝罪の強制は思想・良心の自由を必ずしも侵害するものではない」（芦部・第4版144頁）

という見解に典型的にみられるように，合憲説を採る傾向がある．

しかし，私見によれば，謝罪広告の場合，内心の自由の意義をどう理解するかとは直接の関係を持たない．ここで要求されているのは「謝罪」ではなく，「謝罪広告」であることに，より注目されるべきである．仮に判決をもって謝罪を要求した場合には，少数意見等の言うとおり，内心の事由に対する国家権力による干渉と評価されるであろう．しかし，謝罪広告は，裁判所が，その確定した事実を，被告の経済的負担の下に，裁判所の定めた形式で広告することを命じたものにすぎない．要するに一定の行為の強制であって，その文言通りの内心の意見を持つようにと言う強制は存在していない．それに付される謝罪文言は，被害者の名誉を回復するに適切なものを，まさにその侵害の態様との比較考量の上に立って裁判所が決定されたものにすぎないのである．このような外形の強制が，即，内心の自由に対する侵害になるのであれば，刑罰というものはおよそ実行不可能である（同旨，佐藤功『日本国憲法概説〈全訂第4版〉』179頁）．

第35講　プライバシーの具体的権利性

問題

A市に生まれたときから居住しているXは、成人後に、自己の小・中学校における内申書の内容を知りたいと考え、A市の情報公開条例に基づいて、A市長Yに対し、開示請求をした。

Yは、内申書の内容は、不開示事由である「個人情報」に該当するとして、請求を拒否した。

上記の事例における憲法上の問題点について論ぜよ。

この講での論点細目次と論述のヒント

はじめに
1 幸福追求権の性質
  (1) 法的権利性について
  (2) 具体的権利性について
  (3) 人格的利益説について
2 自己情報コントロール権としてのプライバシー権
  (1) 情報プライバシー権（informational praivacy）
    ① プライバシー固有情報
    ② プライバシー外延情報
  (2) 一般的行為自由説からの定義＝社会的評価からの自由権
3 内申書に見る自己情報コントロール権
  (1) 内申書の実際
  (2) 内申書の非開示事由該当性
  (3) 情報公開条例による代替可能性

はじめに

プライバシーは非常に多義的な概念である。本問の場合、国家に対する請求権としての公法上のプライバシーが問題となる。

本問では、この中心論点に対して、2つの点で絞りがかかっている。第1に、内申書が純然たる個人情報といえるか、という点である。

文部省（現文部科学省）は、内申書と指導要録については一律全面非公開の方針で各教育委員会を指導してきた。しかし1990年、川崎市で4組の母子が同市の個人情報保護条例に基づいて指導要録の閲覧を請求したのに対し、市教委は94年度から指導要録の全面開示に踏み切った。福岡県でも同年5月より全面開示されているが、川崎市の場合と違って個別事案に即した条件付き開示である。内申書については91年、大阪府高槻市に対し高校生が内申書開示を求めて大阪地裁に行政訴訟を起こした（第1審＝大阪地裁平成6年12月20日判決について平成7年度重要判例解説26頁参照）。また、逗子市教委は94年4月、中学生の開示請求に対し全国で初めて内申書開示を行った。その後、これに続く地方自治体がいくつか現れている。

全体としてみて、指導要録については全面開示が認められる傾向にあるが、内申書については内申書裁判にも見られるように、校長・教師の裁量権の問題や教育機会の保障と選抜の公平性の問題が絡み合っているだけに意見は分かれている。そのあたりをどの程度まで書き込むかが一つの問題である。

第2に、上記高槻市事件の場合、個人情報保護条例に基づく事件である。それがない場合に、情報公開条例に基づいて、抽象的権利の具体化が可能となるかが今ひとつの大きな問題点である。これについては、レセプト公開請求事件が存在している（控訴審＝大阪高裁平成8年9月27日判決について平成8年度重要判例解説9頁参照）。

1 幸福追求権の性質

(1) 法的権利性について

憲法13条が、その根底としているのは、現行憲法がその最高の基本原則としているところの個人

主義である．そのことは，第 1 文が「すべて国民は個人として尊重される」と述べている点に端的に現れている．この規定が，すべての基本的人権の基礎となる条文である，ということは，人権そのものが個人権であることを端的に示している．

わが憲法 13 条は，その由来的にはアメリカ独立宣言と非常に密接な関係にある規定である．すなわち，独立宣言 2 節 2 文は「すべての人は平等に作られ，造物主によって一定の奪うことの出来ない権利を与えられ，その中には生命，自由及び幸福の追求が含まれる．」と述べている．独立宣言は，いわゆる人権宣言ではない．彼らはこれにより，イギリスに対する抵抗権の存在と，自らの統治機構を制定する権利とを確認したのである．したがって，わが 13 条についても，ここから我々は，さまざまの公的制度の創設権を読みとることができる．その意味で，これは基本的に政治的プロパガンダではあっても，かつての通説が説いた訓示規定ではもともとあり得ないものだったのである．

ただ，こうした由来に過度に依存するあまり，今日における幸福追求権を，そうした伝統の延長線上に理解して，後に述べるように自由権に限定するような解釈を行うのが妥当かどうかは疑問がある．先に述べたとおり，無名基本権の総括規定と考える場合には，本条は，個人主義に根ざすところのあらゆる人権の総則規定としての意義を有するものとするべきであろう．

(2) 具体的権利性について

本条が無名基本権に関する法的権利性を承認するものとした場合，それが，抽象的権利を保障するにとどまるのか，それとも具体的権利を保障するものであるのか，という点が次に問題となる．なお，抽象的権利にとどまるとは，個人が裁判で権利主張を直接憲法に基づいてすることは許されず，国会によって憲法を具体化する法律の制定を待って始めて可能になる，という意味である．

これについては，例えば「具体的権利となるためには権利の主体，とくにそれを裁判で主張できる当事者適格，権利の射程範囲，侵害に対する救済方法などが明らかにされねばならず，これらは 13 条のみから引き出すことはむずかしい」（伊藤正己『憲法〈第 3 版〉』229 頁）という批判がある．しかし，これは論理が逆転している，というべきであろう．すなわち，社会の変遷に伴って，人権カタログに掲載されていない新しい種類の人権が生まれ，その権利の主体や射程範囲に至るまで詳細に，社会の人々の法的確信によって支持されるような状態になった人権について，13 条を根拠に直接肯定することが許されないか，という方向から，本条の具体的権利性は考えるべきなのである．

(3) 人格的利益説について

具体的権利性を 13 条で認める場合，

「確かに幸福追求権という観念自体は包括的で外延も明確でないだけに，その具体的権利性をもしルーズに考えると人権のインフレ化を招いたり，それがなくても，裁判官の主観的価値判断によって権利が創設されるおそれもある．

しかし，幸福追求権の内容として認められるために必要な要件を厳格に絞れば，立法措置がとられていない場合に一定の法的利益に憲法上の保護を与えても，右のおそれを極小化することは可能であり，またそれと対比すれば，人権の固有性の原則を生かす利益の方が，はるかに大きいのではあるまいか．この限度で裁判官に，憲法に内在する人権価値を実現するため一定の法創造的機能を認めても，それによって裁判の民主主義的正当性は決して失われるものではないと考えられる．こう考えると，幸福追求権の内容を以下に限定して構成するか，ということが重要な課題となる．」（芦部信喜『憲法学Ⅱ』341 頁）

そして，その絞り込みの手段として，「人格的利益」が考えられる．

すなわち，佐藤幸治及び芦部信喜に代表されるわが国通説は，幸福追求権とは人格的利益であるとしてきた．その意味として佐藤幸治は，近時「前段の『個人の尊厳』原理と結びついて，人格的自律の存在として自己を主張し，そのような存在であり続ける上で必要不可欠な権利・自由を包摂する包括的な主観的権利である」（佐藤『憲法〈第 3 版〉』445 頁）とした．さらに人格的自律を敷衍して「それは，人間の一人ひとりが"自らの生の作者である"ことに本質的価値を認めて，それに必要不可欠な権利・自由の保障を一般的に宣言したもの」（同448頁）と説明する．こう論ずることによって，人格的自律権とはいわゆる自己決定権と同義であり（同459頁参照），私法上で論じられるところの「人格権」とは全く無縁の概念であることがようやく明らかになったのである．注意するべきは，幸福追求権を人格自律権

そのものと主張しているのではない点である．すなわち，それを中核としつつも，それから派生する一連の権利も含めた総合的な権利と把握している．

この説を採用する場合には，第1に，なぜ，このように狭い定義を採用するのか，特にあらゆる生活領域に関する行為の自由（一般的行為自由説）を意味するものではなぜないのか，そして，第2に，この概念を採用した場合に，伊藤等の抽象的権利説の批判に的確な反論ができるのか，という点について，明確な回答を与える必要がある．

第1点については，前述の，可能な限り定義を絞り込むという見解を基礎に，憲法で基本権として説明する以上は，単なる生活上の自由，たとえば服装の自由，趣味の自由，あるいは散歩の自由，読書の自由などではなく，より根元的な「『秩序ある自由の観念に含意されており，それなくしては正義の公正かつ啓発的な体系が不可能になってしまう』ものであるとか，『基本的なものとして分類されるほど，わが国民の伝統と良心に根ざした正義の原則』であると説かれ，どの権利が基本的であるかを裁判官が自己の個人的な観念に基づいて決める自由は存しない」（芦部信喜，上記348頁より），と説明できる．

なお，佐藤幸治は一般的行為自由説に対する批判として，新しい視角を導入している．すなわち，かつては人はすべての行為を行う自由をもち，それは公共の福祉によってのみ制約されるものと理解するのが普通であった．しかし，近時は，例えば強盗する権利とか，殺人を犯す権利というものは，他の人の人権と衝突するから，そもそも本質的に権利性をもたないと考えるべきではないか，との見方が有力になってきている．その場合，一般的行為自由の外延を憲法上画そうとすれば，「結局『公共の福祉に反しない限り』とか『他者を害しない限り』での一般的行為ということにならざるを得ないのではないか，そうした『権利』の捉え方はそもそも『基本的人権』という観念と両立するであろうか」（佐藤，上記447頁）と批判するのである．

第2点について，佐藤幸治は，「確かに人格的生存に不可欠といった要件は明確性を欠くとは言えようが，それは歴史的経験の中で検証確定されていくことが想定されている．法的権利として『基本的人権』という以上そこには一定の内実が措定されているものというべく，憲法が各種権利・自由を例示していることの意味も考えなければならない」（同上447頁）と反論する．芦部信喜には明確な議論はないが，やはり同様に理解してよいであろう．

2　自己情報コントロール権としてのプライバシー権

(1)　情報プライバシー権（informational praivacy）

これは，わが国では佐藤幸治の提唱になるものである．佐藤は，情報プライバシー権は，すべての種類の個人情報を法的保護に値するものと見て，「自己情報は情報主体が本来管理すべきものである」「自分の個人情報はすべて自分のものである」と主張する．この場合，しかし，すべての個人情報を一律に法的保護するときは，その外延がはっきりしないため，行政等が円滑に機能しなくなるおそれがある．ひいては情報社会そのものの崩壊となるところから，幸福追求権とクロスさせて，その一環として絞り込もうとする．すなわち，「個人が道徳的自律の存在として，自ら善であると判断する目的を追求して，他者とコミュニケートし，自己の存在にかかわる情報を開示する範囲を選択できる権利（佐藤，上記453頁）」と定義される．これを利用して，情報プライバシー権の対象となる情報を，プライバシー固有情報とプライバシー外延情報とに区分して，法的保護に差異を設ける．

① **プライバシー固有情報**　これは，人の道徳的自律の存在にかかわる情報と定義される．通常の用語でいえば，秘匿性，非公知性，感情侵害性の程度の高い情報と考えて良いであろう．これについては，公権力は，その人の意志に反して接触を強要し，取得し，蓄積し，利用し，あるいは対外的に開示することが原則的に禁じられる．

(1)　この種情報の収集の問題を取り上げた代表的な判決として，デモ行進時の国による写真撮影の問題を論じた京都府学連事件がある（最高裁昭和44年12月24日大法廷判決＝百選（第5版）42頁参照）．

判決は憲法13条を引用した上で，次のように述べた．

「これは，国民の私生活上の自由が，警察権等の国家権力の行使に対しても保護されるべきことを規定しているものということができる．そして，個人の私生活上の自由の一つとして，何人も，その承諾なしに，みだりにその容ぼう・姿態（以下「容ぼう等」という）を撮影されない自由を有するものというべきである．

これを肖像権と称するかどうかは別として，少なくとも，警察官が，正当な理由もないのに，個人の容ぼう等を撮影することは，憲法13条の趣旨に反し，許されないものといわなければならない．しかしながら，個人の有する右自由も，国家権力の行使から無制限に保護されるわけでなく，公共の福祉のため必要のある場合には相当の制限を受けることは同条の規定に照らして明らかである．そして，犯罪を捜査することは，公共の福祉のため警察に与えられた国家作用の一つであり，警察にはこれを遂行すべき責務があるのであるから（警察法2条1項参照），警察官が犯罪捜査の必要上写真を撮影する際，その対象の中に犯人のみならず第三者である個人の容ぼう等が含まれても，これが許容される場合がありうるものといわなければならない．

そこで，その許容される限度について考察すると，身体の拘束を受けている被疑者の写真撮影を規定した刑訴法218条2項のような場合のほか，次のような場合には，撮影される本人の同意がなく，また裁判官の令状がなくても，警察官による個人の容ぼう等の撮影が許容されるものと解すべきである．すなわち，現に犯罪が行なわれもしくは行なわれたのち間がないと認められる場合であって，しかも証拠保全の必要性および緊急性がありかつその撮影が一般的に許容される限度をこえない相当な方法をもって行なわれるときである．このような場合に行なわれる警察官による写真撮影は，その対象の中に，犯人の容ぼう等のほか，犯人の身辺または被写体とされた物件の近くにいたためこれを除外できない状況にある第三者である個人の容ぼう等を含むことになっても，憲法13条，35条に違反しないものと解すべきである．」

すなわち，厳格な合理性基準を適用しており，強力な権利として承認されている．

(2) この種情報の対外的開示の問題を論じたものとして，前科照会に対する安易な回答を違法として損害賠償を命じたもの（最高裁昭和56年4月14日第三小法廷判決＝百選〈第5版〉44頁参照）がある．すなわち，

「前科及び犯罪経歴（以下「前科等」という）は人の名誉，信用に直接かかわる事項であり，前科等のある者もこれをみだりに公開されないという法律上の保護に値する利益を有するのであって，市区町村長が，本来選挙資格の調査のために作成保管する犯罪人名簿に記載されている前科等をみだりに漏えいしてはならないことはいうまでもないところである．前科等の有無が訴訟等の重要な争点となっていて，市区町村長に照会して回答を得るのでなければ他に立証方法がないような場合には，裁判所から前科等の照会を受けた市区町村長は，これに応じて前科等につき回答をすることができるのであり，同様な場合に弁護士法23条の2に基づく照会に応じて報告することも許されないわけのものではないが，その取扱いには格別の慎重さが要求されるものといわなければならない．」

としている．この場合には，いわゆるやむにやまれぬ利益基準，すなわち厳格な審査基準が使用されており，最高度の保護の対象とされている．

(3) このように，本人の感知しない間に収集，蓄積された情報がプライバシーにふれるものとして問題となる以上，情報プライバシー権の中核を占める具体的な権利としては，情報主体の自己情報閲覧権・訂正請求権となる．当然，それに対応した形で情報処理機関の側に供覧・訂正義務が生ずることになる．

このことを明確に認めた判例として，在日台湾人の身上調査票訂正請求事件がある（東京地裁昭和59年10月30日判決）．それによれば，

「個人情報が当該個人の前科前歴，病歴，信用状態等の極めて重大なる事項に関するものであり，かつ，右情報が明らかに事実に反するものと認められ，しかもこれを放置することによりそれが第三者に提供されることなどを通じて当該個人が社会生活上不利益ないし損害を被る高度の蓋然性が認められる場合には，自己に関する重大な事項についての誤った情報を他人が保有することから生じうべき不利益ないし損害を予め回避するため，当該個人から右個人情報保有者に対して，人格権に基づき右個人情報中の事実に反する部分の抹消ないし訂正を請求しうるものと解するのが相当である．けだし，右のような場合において，当該個人は他人の保有する自己に関する誤った情報の抹消・訂正を求めることにつき，重大かつ切実な人格的利益を有しているのに対し，これを認めることにより右個人情報保有者の被る不利益は全くないか，あるいは極く些細なものに留るものと解されるからである．」

② **プライバシー外延情報** プライバシー固有情報に対して，プライバシー外延情報，すなわち道徳的自律に直接かかわらない外的事項に関する

個別的情報（秘匿性等の程度の低い情報と考えて良いであろう．）については，正当な政府目的のために正当な方法を通じて取得・保有・利用しても，ただちにはプライバシー権の侵害とはいえない．しかし，このような情報も，悪用され又は集積されるとは個人の道徳的自律に影響をもたらすものとして，権利侵害の問題が生ずる．

こうしたプライバシー外延情報の取り扱いについては，1980年にOECDが行った「プライバシー保護と個人データの国際流通についてのガイドラインに関する理事会勧告」で示されたいわゆるOECD8原則が示された．

すなわち

(1) 収集制限の原則：個人データの収集には制限を設けるべきであり，いかなる個人データも適法・公正な手段によって，かつ適当な場合にはデータ主体に知らしめ，又は同意を得た上で収集されるべきである．

(2) データ内容の原則：個人データは，その利用目的に添ったものであるべきであるとともに，利用目的に必要な範囲内で，正確，完全かつ最新のものでなければならない．

(3) 目的明確化の原則：個人データが収集される目的は，収集されるときに特定されなければならず，また，その後のデータの利用は，本来の収集目的を達成することに限定されなければならない．

(4) 利用制限の原則：個人データは，データの対象たる本人の同意又は法律の授権ある場合を除き，前項に示された目的以外のために提供その他の利用に供されてはならない．

(5) 安全保護の原則：個人データは，紛失又は不当なアクセス・破壊・利用・修正・提供等の危険に対し，合理的な安全保護措置により保護されなければならない．

(6) 公開の原則：個人データに関する開発，運用及び政策については，一般的公開の方針が採られねばならず，また，個人データの存在，性質及びその主要な利用目的並びにデータ管理者の身元，勤務所在地に尽き，容易に知る手だてがなければならない．

(7) 個人参加の原則：個人は，自己に関するデータが存在するか否かにつきデータ管理者に確認を求めること，自己のデータを合理的な期間内に過度にならない費用で合理的な方法により，判りやすい形で閲覧すること，その請求が拒否された場合にはその理由を開示されること，また，自己に関するデータにつき争い，そのデータを消去，修正，補正させることができる．

(8) 責任の原則：データ管理者は，以上の原則を実行あらしむる諸措置を遵守する責任を有する．

これが，一般に妥当なものと認識されている．これに基づき，当初，国の保有する個人情報については，「行政機関の保有する電子計算機処理に係る個人情報の保護に関する法律」が1988年に制定され，1990年から全面的に施行された．本問がベースにした一連の内申書訴訟の時点における，国レベルにおける法律はこれである．それによれば，行政機関に個人情報の安全・正確性の確保の義務を課し（同法5条），情報をファイル保有目的以外の目的のために利用・提供することは原則として禁じられ（同法9条），その他必要な個人情報保護措置を講ずるよう努めることとされている（同法26条，27条）．総務省の調査によれば，地方公共団体レベルで個人情報保護条例を制定しているものは2005年末時点で，すべての都道府県・市町村が制定したほか，2007年4月時点では一部事務組合等560団体が制定している結果，計2434となっている．同法は平成15年に全面改正され，現在は「行政機関の保有する個人情報の保護に関する法律」になっている．同法では，若干条文は異なるが，基本的な規制内容は旧法と同様である．

同様の保護義務を民間人に課した「個人情報の保護に関する法律」は，報道機関などによる強い反発があって，大幅な適用除外が設けられた（同法50条）上で，2005年から全面施行されているが，一部で誤解や過剰反応に基づいた問題が発生している．

また，いわゆる国民総背番号制は行政事務の合理化の点からは非常に有効であることが知られているが，同時に情報プライバシーの侵害につながる危険性があることでも知られている．この構築を目指している「住民基本台帳ネットワーク」は，住民基本台帳法の一部改正という形で1999年8月に根拠法が成立し，2002年8月から実施されている．同法によれば，市町村と都道府県，指定情報処理機関の間にネットワークが構築され，本人確認情報（氏名，生年月日，性別，住所，新たに全国民にふられる11桁の住民票コード及びそれらの変更情報）をこのネットワークを通じて流通させることになっている．このシステムでは本人確認情報を保護するための措置として，システム運営主体である市町村

長,都道府県知事又は指定情報処理機関は,この法律の規定に基づく事務の遂行以外の目的のための都道府県知事又は指定情報処理機関の本人確認情報の利用・提供を禁止すること,市町村又は都道府県の関係職員などに本人確認情報に関する秘密保持義務を課すこと,また,住民は,都道府県知事又は指定情報処理機関から自己に係る本人確認情報について開示を受けることができること,などが定められている.しかし,プライバシー保護の問題が解決できていないとして,横浜市など一部地方自治体は消極姿勢を示し,また,日弁連など多方面にわたって反対運動が展開されている.

その反対運動の一環として提起された住基ネットワーク違憲訴訟に対し,最高裁判所は,平成20年3月6日,住民基本台帳ネットワークが取り扱っている情報は,個人の内面に関わるような秘匿性の高い情報とはいえないこと,本人確認情報の適切な取扱いを担保するための制度的措置を講じていることなどを根拠に,当該個人がこれに同意していないとしても,憲法13条により保障された自由を侵害するものではないとして,合憲判決を下した.

(2) 一般的行為自由説からの定義＝社会的評価からの自由権

一般的行為自由説に立つ場合には,人格的利益説をその中核としている自己情報コントロール権という把握の仕方をするわけにはいかない.そこで,この問題については例えば次のようなアプローチを行うことになる.

> 「プライヴァシーとは,個人がある確実な私的領域を持っていること,その領域には他人が進入できないことを指す.プライヴァシー権は,社会的評価から自由な活動領域を個人に与えるための法上の概念であり,自由という保護領域の典型例である.プライヴァシーは,対自的自我(意識体験としての自我)と対他的自我(他者との対立や関係交渉によって完治される自我)との間の個体内コミュニケイションを自由に解放して人間の精神の平穏さを守るのである」(阪本昌成『憲法理論』Ⅱ』成文堂250頁)

この結果,次のように論ずる.

> 「プライヴァシー権を自己情報コントロオル権と同視することを避ける.自己情報コントロオル権といわれる権益から,情報化社会への対抗策を志向すべきではなく,個人情報を大量に収集・処理してい

る組織体の責務(情報管理責任)を明らかにすることからアプロオチすべきところであろう.(同頁254)」

ただし,同じように一般的行為自由説を採りつつ,戸波江二の場合には,その中核に人格的利益説を肯定するから,その限りで自己情報コントロール権を認められることになる.

3 内申書に見る自己情報コントロール権

(1) 内申書の実際

内申書に含まれている情報が,個人のプライバシーに触れる重要性を持つことは,麹町中学内申書事件(最判昭和63年7月15日=百選〔第5版〕78頁)などにより明らかと言える.しかし,自己情報開示請求との関係でどうなるかは,具体的事例に則して理解しないと判りにくいので,前述した高槻市の事例を以下に紹介しよう.

本事件の場合,市立中学校3年に在学し公立高校に進学を希望していたX(原告)は,入学願書提出に先立ち志望校決定の参考資料にするため,高槻市個人情報保護条例に基づき,平成3年1月7日,市教育委員会Y(被告)に対し自己の平成3年度大阪府公立高校選抜実施要項に基づく調査書(いわゆる内申書)の開示(写し)を請求した.この要項によれば,本件内申書は2月下旬に作成され,3月9日正午までに志望先高校に送付される.本件条例18条1項は開示請求に対して「15日以内に」その決定をしなければならないとしているが,その反面,15日間は決定をしなくてもよいことになるから,2月下旬の作成を待ってからの開示請求では開示の目的を達成することができなくなるような事態を生じる.そこでXは,本件内申書が作成される以前に交付決定をして欲しい旨を書き添えたが,1月16日,Yは,本件内申書はYの管理する文書のなかには存在しない旨の通知(以下「本件不存在通知」という)を行った.Xの異議申立てにより,Yの諮問を受けた市個人情報保護審査会は,2月28日本件条例22条2項2号,3号の非開示事由なしとして開示の答申を行った.内申書は3日に作成され,公立高校進学希望者は3月3日に一斉に入学願書を提出したが,Xは保護者とともに校長と話し合い,自己の内申書の内容について情報を得てから3月6日に願書を提出した.3月26日には市議会が,内申書は開示されるべきとの議決を行った.Yは3月5日に本件の継続審議を決め,改めて府教育

委員会や文部省，中学校長会などの意見を聴取して，結局同年6月7日に異議申立ての棄却決定を下した．Xは既に志望校に合格し進学していたが，右棄却決定後，本件不存在通知の取消しと精神的苦痛に対する慰謝料を求めて提訴した．

内申書の様式は，①身分事項欄（氏名,生年月日等），②「各教科の学習の記録」（主要5教科と実技4科目の10段階評価）と「学習の総評」（右評価を踏まえた同じく10段階の相対評価による順位付け），③「身体の記録」，④「総合所見」（要項によれば「各教科の学習,特別活動及び性格行動等について,その特質を明らかにすると思われる事項及び指導上必要な事項を具体的かつ簡明に記入する」）から成っている．また，前記要項によれば，中学校長は内申書作成のための補助機関として教職員（教頭及び三学年担当教員）による委員会を設け，そこで検討した上で内申書が作成される．

本判決は，本件不存在通知の処分性と進学後であっても自己情報開示請求権は左右されないことを認めながらも，本件内申書は既にYの手元を離れているとしてその取消しを求める実益を否定した．他方，本件内申書の内容については，「総合所見」欄以外は本件条例22条2項2号の非開示事由に該当しないと判断し，右欄以外は開示すべき義務があったのにそれを拒否した違法があるとして慰謝料請求の方は認容した．

なお，指導要録の所見を含む各記載欄については東京地判平成6年1月31日（判時1523号58頁）が，小学校の教務主任侯補者推薦書中の校長所見欄については名古屋地判平成5年9月13日（判例地方自治22号48頁）が，それぞれ非開示を適法と判断している．

(2) 内申書の非開示事由該当性

問題は，こうしたプライバシーに基づく自己情報コントロール権がどの程度の具体的権利性を持つかである．前に紹介した台湾人身上調査票訂正要求事件においては，裁判所は，何ら特別の法律に基づくことなく，プライバシーの権利から直接に修正請求権の存在を承認した．本問で問題となっているのは，その一歩手前の情報開示請求に過ぎないことを考えると，一般論として，十分に具体的権利性を承認しうると考えられる．すなわち，その個人のプライバシーという基準により，開示範囲，方法等の諸要件は十分に明確だからである．問題は事件当時有効であった行政機関に関する個人情報保護法13条が，開示請求権の存在を認めた後に，その例外として学校教育法（昭和22年法律第26号）に規定する学校における成績の評価又は入学者の選抜に関する事項を記録する個人情報ファイルについては，この限りでない．と定めて入試の成績と並んで，内申書について，ズバリ不開示情報に含まれていた点にあった（現行法ではそのような例外はなくなっている）．

高槻市条例の場合，そのような明言はないが，代わって「個人の評価，診断，判定等に関する情報であって，本人に知らせないことが正当であると認められるもの」が非開示自由として認められており，前に述べたとおり，市側が内申書のすべての内容が不開示自由に該当するとしたのは，上記個人情報保護法に準じた取扱いをしたものと言うことができる．これに対して，裁判所は，内申書の内容について実質審議し，そのうち，①②③については不開示自由に該当しないが，④については該当するとして，不開示とする事を肯定している．その理由について，判決は次のように述べている．

「特に，本項目は人の評価にかかわることであるから，長所を積極的に評価するものとして記載されたものが，受け取る者によっては，不利益な記載と解釈されることもないわけではないし，また，この欄に記載すべき内容・範囲も，見方によっては，かなり抽象的，概括的で広範囲に及ぶものであるから，これを本人に開示することによって，教師への不信感や遺恨等を招き，教師と生徒との信頼関係を損なうような事態も起きないとはいえず，生徒本人・保護者への開示を前提とすれば，これらの弊害をおそれて，『各教科の学習，特別活動及び性格行動等について，その特質を明らかにすると思われる事項及び指導上必要な事項』の記入が抑制され，その結果，この欄の記載が形骸化し，入学者選抜資料としての客観性，公正さが減殺されるおそれが生じ得るといわざるを得ない．」

このように，長所を書いたつもりが短所と受け取られるような曖昧な記述が存在し，それに基づき，高校の合否が決定されるというのは，それ自体がかなり問題であるが，内申書を合否判断の資料として使用することの当否は，憲法問題とは言えないから，ここでは掘り下げない．

この判決で注意するべきは，個人のプライバシーに関する情報だからといって常に情報開示が要請されるのではなく，当の本人さえも除外することが，裁判上も肯定される場合があり得る，という点である．

すなわち，①②③の点は，生徒側が受領している成績通知票と本質的に同じもので，仮に内申書に

書かれている内容が成績通知票と異なる場合には，本人側に修正あるいは抹消請求権を肯定しうる問題である．仮に個人情報保護条例が存在しない場合にも，プライバシーそのものにより，請求しうると考えられる．この点，先の台湾人事件判決で問題となっていた自己に関する情報と同質のものと言うことができる．

これに対して，④の点は，内申書特有の内容であり，必ずしも本人に訂正・抹消請求権が認められない，と裁判所はしているわけである．麹町中学内申書事件はまさにこの点を問題としており，この点で，本判決も同一の解釈を採用したわけである．

このような取扱いの具体的当否はともかく，こうした事実は，自己情報であっても，常に開示請求権を基本的人権そのものに基づいて具体的権利として構成することは必ずしも可能ではない，ということを示している．ここから，行政庁の保有する個人情報に関して，国の法律や自治体条例の制定を要請し，それを通じて具体的権利化する必要性が導かれることになる．

なお，以上の記述はあくまでも判例の論理を解析しているのであって，諸君として，④の点も含めて人権そのものが具体的権利性を認めうると論じても，理由さえしっかりしていれば何ら問題はない．

（3） 情報公開条例による代替可能性

仮に，④の点に関する情報公開請求権が，人権の限りでは抽象的権利に止まると考えたとして，その地方自治体に個人情報保護条例が存在しないが，情報公開条例は存在する場合に，情報公開条例を利用してプライバシー情報の開示請求が行うことが可能か，ということが，本問の第二の論点である．すなわち個人情報保護条例がない場合に，情報公開条例により具体的権利性を付与することが可能か否かが問題となる．

冒頭に述べたとおり，これに関しては，兵庫県におけるレセプト開示請求事件がある．この事件において兵庫県側は，情報公開条例と個人情報保護条例は，その制度の趣旨が異なり，前者を後者の代用とさせることはできない，と主張し，第1審（神戸地裁平成7年11月27日判決）はこれを肯定して請求を退けた．これに対して，第2審（大阪高裁平成8年9月27日判決）は逆に代替可能性を認めて請求を認めた．最高裁平成13年12月18日判決も，第2審を支持して，次のように述べた．

「本件において問題とされる個人に関する情報が情報公開制度において非公開とすべき情報とされるのは，個人情報保護制度が保護の対象とする個人の権利利益と同一の権利利益を保護するためであると解されるのであり，この点において，両者はいわば表裏の関係にあるということができ，本件のような情報公開制度は，限定列挙された非公開情報に該当する場合にのみ例外的に公開請求を拒否することが許されるものである．これらのことにかんがみれば，個人情報保護制度が採用されていない状況の下において，情報公開制度に基づいてされた自己の個人情報の開示請求については，そのような請求を許さない趣旨の規定が置かれている場合等は格別，当該個人の上記権利利益を害さないことが請求自体において明らかなときは，個人に関する情報であることを理由に請求を拒否することはできないと解するのが，条例の合理的な解釈というべきである．もっとも，当該地方公共団体において個人情報保護制度を採用した場合に個人情報の開示を認めるべき要件をどのように定めるかが決定されていない時点において，同制度の下において採用される可能性のある種々の配慮をしないままに情報公開制度に基づいて本人への個人情報の開示を認めることには，予期しない不都合な事態を生ずるおそれがないとはいえないが，他の非公開事由の定めの合理的な解釈適用により解決が図られる問題であると考えられる．」

思うに，情報公開条例には，当然に，行政側の都合により情報公開を拒みうるとする規定がある．したがって，本問のように，市側としての非公開理由がなく，単にプライバシーだけを根拠として開示を拒んでいる場合には，この判例の言うとおり，もはやその規定により非公開とすることは許されない．すなわち，情報公開条例は個人情報保護条例の代用品として利用しうると解する．

第36講　自己決定権とその限界

問題

1　Aは，昭和4年1月5日に出生し，同38年から「エホバの証人」と称する宗教の信者であった．キリスト教のバイブルは，「生きている動く生き物はすべてあなた方のための食物としてよい．緑の草木の場合のように，わたしはそれを皆あなた方に確かに与える．ただし，その魂つまりその血を伴う肉を食べてはならない．」（創世記9章3節及び4節）と述べているが，エホバの証人は，この概念を現代の医療倫理にも拡張して適用すべきであるとし，輸血医療を否定している．エホバの証人の真摯な信者として，Aは，いかなる場合にも輸血を受けることは拒否するという固い意思を有していた．

2　Aは，平成14年6月17日，C病院に入院し，同年7月6日，悪性の肝臓血管腫との診断結果を伝えられ，かつ，同病院のY医師から，輸血をしないで手術することはできないと言われた．これに対し，Aは，宗教上の信念から輸血を受けることができない旨を伝え，かつ免責証書を手渡した．A及びその夫Bが連署した右証書には，Aは輸血を受けることができないこと及び輸血をしなかったために生じた損傷に関して医師及び病院職員等の責任を問わない旨が記載されていた．これを受けて，Y医師は輸血をしないで手術をすることを決定した．

平成14年9月16日，Y医師は本件手術を施行した．患部の腫瘍を摘出した段階で出血量が約2,245mlに達するなど，輸血を行わなければ命が危ぶまれる状態になったが，Y医師は，Aの意思を尊重して輸血を行う準備をしておらず，その結果，輸血を行わずに手術を続行したので，Aは手術の直後に死亡が確認された．

[問題]
　検察官Xは，Yを未必の故意に基づく殺人罪又は業務上過失致死罪で起訴したとする．その場合に発生する憲法上の問題点を指摘し，論ぜよ．

この講での論点細目次と論述のヒント

問題の所在
1　幸福追求権
　(1)　包括的基本権の必要性
　(2)　幸福追求権の性質
　　①　法的権利性について
　　②　具体的権利性について
　(3)　人格的利益説による権利の限界
　(4)　一般的行為自由説
　(5)　補充適用説について
2　自己決定権
　(1)　自己決定権の概念（定義）
　(2)　「私的事柄」の意義
3　自己の生命，身体の処分に関わる事柄
4　輸血拒否

問題の所在

　本問を信教の自由（憲法20条）の問題ととらえてはならない．本問は，自己決定権（憲法13条）の限界をめぐる問題なのである．例えば，自殺を図った者に対する延命治療は，本人の意に反することは明らかであるが，是認されている．すなわち，自己の生命に関する自己決定権は一般に承認されないので

ある．その場合，自殺を図った理由が宗教上のものであったとしても（例えば，殉教）問題にはならない．

自己決定権，すなわち，自らの行動については，本人自らが決定しうるという権利は，個人主義を根本原理とする憲法体系の下にあっては，それが肯定されることは自明の理と思われる．それにもかかわらず，それがあえて独立の人権として議論の対象となるのは，現代福祉国家が生んだ逆説的状況のためである．

近代社会は，個人の自由を絶対的に重視し，そこへの国家の干渉を排除するところから出発する．近代社会にあっては自己決定権はまさに自明のものであり，そこで論じられたあらゆる自由権は，今日の目から見れば，自己決定権を総論とする際の各論ともいうべき位置づけの中で考えることができる．そこでは，文字どおりあらゆる自己決定が，権利として尊重されていた．シェークスピアの名作『ベニスの商人』に示されるように，自己の生命や身体を破壊する，という内容の契約でさえも，自己決定の尊重から，その遵守が裁判所によっても強制されるという状況にあった．生命を左右する契約でさえその有効性が認められるならば，自己の肉体の自由を制限するにとどまる程度のことを内容とする契約（例えば，債務奴隷，芸娼妓契約）が許容されたのは，当然といえるであろう．

こうした契約の自由を中核とする近代社会は，しかし，やがて大きな壁に衝突することになる．機械的な自由の尊重は，むしろ個人の尊厳を傷つける結果を招くことが，広く認識されるようになった．ここで，素朴な形の自己決定権には大きな限界が課せられるようになった．

この限界を，英米法のように，パターナリズム一辺倒で説明しても良い．しかし，わが国は，個人の自由に対する国家の干渉を，社会権という概念とパターナリズムという概念の両者をともに使用して，説明するという立法主義を採用している．このように人権擁護者として国家が登場することにより，結果として，私権は，大きく2つの概念に分裂することとなった．財産権と人格権である．

財産権とは一般に「権利者が自由に使用，収益，処分することのできる権利」と定義される．要するに，近代市民社会の理念がそのまま通用する権利のことである．

これに対して，人格権とは，「個人の基本的な属性である人格そのものを内容とする権利」と定義される．人格権においては，権利者は，その権利を自由に使用，収益，処分することが禁じられる．それが具体的な権利であることが認められるのは，唯一，その権利に対して違法な侵害があった場合に，それが不法行為を構成し，損害賠償の請求をなし得る点においてである．人格権には，具体的には生命権，信用権，貞操権等があるとされる．

人格権に関しては，国家は，権利者自身が行使することを制限し，あるいは禁止する立法を行うことができる．換言すれば，権利者が自ら人格権を処分する行為を，刑事処罰の対象とすることができる．例えば，生命については，自殺関与罪（刑法202条）が，貞操権については，売春防止法がある．

このような過程により，いったん権利関係の理解は安定状態を得たように見えた．しかし，現代社会の激しい流動性は，従来になかった新しい問題を生みだし，国家の人権擁護者としての地位の無条件の承認は，再び大きな問題意識を持ってみられるようになった．

生命権に関する問題は，近代医療技術の発達により，生命の人工的な延伸が可能になった点から発生してきている．以前であれば，当然に死亡していた者が植物人間となって生存を続けたり，あるいは到底生き続けられないような激しい苦痛の中で，なお生き続けることが可能になったりする，という現象が起きてきたのである．そのため，前者に関する尊厳死，後者に関する安楽死が議論の対象となるようになってきた．しかし，従来の法制の下では，これらは本人の請託がなければ殺人行為に，本人の請託に基づく場合には自殺関与行為に，それぞれ該当し，刑事処罰の対象となる．このため，服役する覚悟がない限り，医師や近親者としては容易に実行し得ないのである．

また，男女同権の確立による女性の社会進出は，社会的地位を守るための不断の闘争という，従来の男性中心社会であれば男性についてだけ起きた問題に，女性も巻き込まれる状況を生みだした．その場合，妊娠・出産という女性特有の生の営みは長期にわたる活動能力の低下を意味するから，女性をその闘争の場面で，男性に比較して著しく

不利な立場に置くことを意味する．この結果，母性という従来の価値観の下においては国家の擁護の対象となる概念を，女性の選択の対象として把握する必要が発生してきた．

すなわち，これらの場合には，人格権概念がかえって個人の尊厳を破壊するという逆説的な状況が再び発生してきたのである．なお，欧米の場合には，わが国よりはるかに問題は深刻である．キリスト教的倫理観の下に，同性愛や妊娠中絶など，わが国では当然に個人の自由の問題と認識されている行為が，今も国家のパターナリスティックな干渉の下にあるからである．

そこで，人格権概念に限界を与え，一定の場合に権利者本人に権利行使を認める手法として，自己決定権なるものがいわれるに至ったと考えることができる．こうした紆余曲折を経て論じられるようになったものであるだけに，今日のそれは，近代市民社会誕生当時のそれのように，無限定に主張することは考えられない．どのような手法で，その限界を画するかが，自己決定権を論ずる場合には，もっとも重要な問題となって現れざるを得ないのである．

今現在，限界を画する手法については，大きく2つの考え方がある．1つは，人権そのものをできるだけ制限的に理解する事により，自己決定の内容が社会的に不当なものとなるのを防ごうという方向である．人権を，人格的自律に関わりのあるものだけに限定しようとする人格的利益説は，その代表的なものである．今日，狭義の自己決定権は，この説の下で，上記人格権に該当する権利に関して，権利者本人の意思による処分権を肯定する理論として構築されている．

今1つは，一般的行為自由を人権として承認することにより，人権そのものはできるだけ緩やかに認めつつ，パターナリズムを厳格に理解することにより，個人の尊厳を維持できなくなるようなパターナリズムは否定することにより，同様の結論を導こうとする考え方である．

1 幸福追求権

自己決定権は，憲法13条の幸福追求権の一環として肯定される．したがって，本問を論ずるにはまず幸福追求権に関する若干の説明が必要になる．これは難しい問題なので，以下では，知識を整理する狙いから，少し詳しく説明したい．

(1) 包括的基本権の必要性

人権を分類する場合，以前はイェリネックの積極的関係（受益権），消極的関係（自由権），能動的関係（参政権），受動的関係（義務）の4分類が基本であった．その後，権利のカタログには社会権（生存権的基本権）というニューフェイスが加わったが，これは理念的には積極的関係ということで比較的容易にこの分類に組み入れることができる．この結果，いまでも多くの学者の行う権利の分類は，何らかの意味でこの分類法の影響下にある．しかし，完全にこの分類に従う例はまず無い．それは，これらのいずれにも属さないものとして，包括的権利という概念を多かれ少なかれ認める必要が生じてきたからである．

それは，特に憲法13条が規定する幸福追求権をめぐって発生する問題である．13条については，かつて公共の福祉に関する内在・外在2元説が説いたように，単なる訓示規定だとして，法規範としては無視する方法もある．しかし，近時，社会・経済情勢の変動に伴って，現行憲法のカタログには載っていない新しいタイプの人権を，学説は承認する必要に迫られている．また，すでに確立している権利でありながら，人権カタログに掲載されていない権利も決して少なくない．その結果，次のような形で，カタログにない新しい人権を認める必要が発生している．

1 　人権は，権利の存在が従来から認知されていたと否とに関わりなく，侵害の歴史を持たなければカタログに登載されることはない，という性質を持っている．名誉権や信用権は，遙か古代から一貫して権利として認められており，わが国の法でも刑法や民法が明確にそれが権利であることを前提にした保護規定をおいている．このように常に法的尊重が与えられてきたために，これらは人権カタログには登載されていないのである．しかし，近時は，北方ジャーナル事件で，「人格権としての名誉の保護」という表現が使用されるなど，基本的人権性を承認する必要が認識されてきている．

第1章 人権総論　　　　　　　　　　　　　　36 自己決定権とその限界

2　特定の形態で激しい侵害の歴史を持てば，それが独立の類型ではなく，事実上他の基本権の一態様として説明できるようなものであっても，カタログに登載される．例えば，表現の自由や信教の自由はどの憲法にも保障規定があるが，内心の自由や学問の自由についてわざわざ独立の条文があるのは，わが国現行憲法くらいのものである．これは戦前において，内心の自由については特高警察の弾圧があり，また学問の自由についても大学における激しい弾圧の歴史が存在していたことを反映している．

3　既存の人権カタログにすでに明確に登載されている人権についても，同様の問題が存在していることが，徐々に明らかになってきた．例えば，自由権の社会権化傾向を承認する場合，その社会権化した概念内容を，カタログの文言に依存して説明することはできないのである．

したがって，人権カタログに登載されているものだけが，この憲法で人権として保障されるものである，というような硬直的な姿勢は明らかに誤っている．アメリカ憲法修正9条は「この憲法に一定の権利を列挙したことをもって，人民の保有する他の諸権利を否定し又は軽視したものと解釈してはならない」と述べているが，その理はわが国憲法の下においても十分に成立するのである．

その場合，解釈法学としては，新しい人権の根拠を憲法慣習法に求めるよりも，なんらかの憲法の明文の規定に根拠を求める方が，体系的に見て，より好ましい行き方といえる．その観点からすれば，総則的な位置にあり，抽象的な言葉が使用されている「幸福追求権」は，まさにそれにふさわしい規定である．こうして，いま，仮に人権カタログに掲記されている人権を有名基本権を呼ぶならば，幸福追求権は，人権カタログに明記されていない「無名基本権」を包括的に保障するための根拠規定と理解することができる．

(2) 幸福追求権の性質

① **法的権利性について**　13条が，その根底としているのは，現行憲法がその最高の基本原則としているところの個人主義である．そのことは，第1文が「すべて国民は個人として尊重される」と述べている点に端的に現れている．この規定が，すべての基本的人権の基礎となる条文である，ということは，人権そのものが個人権であることを端的に示している．

わが憲法13条は，その由来的にはアメリカ独立宣言と非常に密接な関係にある規定である．すなわち，独立宣言第2節第2文は「すべての人は平等に作られ，造物主によって一定の奪うことの出来ない権利を与えられ，その中には生命，自由及び幸福の追求が含まれる．」と述べている．独立宣言は，いわゆる人権宣言ではない．彼らはこれにより，イギリスに対する抵抗権の存在と，自らの統治機構を制定する権利とを確認したのである．したがって，わが13条についても，ここから我々は，さまざまの公的制度の創設権を読みとることができる．その意味で，これは基本的に政治的プロパガンダではあっても，かつて公共の福祉に関する内在・外在二元説が説いた訓示規定では，もともとあり得ないものだったのである．

② **具体的権利性について**　本条が無名基本権に関する法的権利性を承認するものとして，では，抽象的権利を保障するにとどまるのか，それとも裁判において特定の個人の権利として救済を求めることができるような具体的権利を保障するものであるのか，という点が次に問題となる．なお，ここに，抽象的権利にとどまるとは，裁判で権利主張を憲法自身に基づいてすることは許されず，国会によって憲法を具体化する法律の制定を待って始めて可能になる，という意味である．

これについては，例えば「具体的権利となるためには権利の主体とくにそれを裁判で主張できる当事者適格，権利の射程範囲，侵害に対する救済方法などが明らかにされねばならず，これらは13条のみから引き出すことはむずかしい（伊藤正己『憲法〈新版〉』229頁）」という批判がある．しかし，これは論理が逆転している，というべきであろう．すなわち，社会の変遷に伴って，人権カタログに掲載されていない新しい種類の人権が生まれ，その権利の主体や射程範囲に至るまで詳細に，社会の人々の法的確信によって支持されるような状態になった人権について，13条を根拠に直接肯定することが許されない

か,という方向から,本条の具体的権利性は考えるべきなのである.

ここまでは,人格的利益説を採っても,一般的行為自由説を採っても議論の流れは同じである.ここからは説による対立が生ずることになる.

(3) 人格的利益説による権利の限界

人格的利益説を採る場合,その根拠の1つとして権利の限定ということが言われる.

「確かに幸福追求権という観念自体は包括的で外延も明確でないだけに,その具体的権利性をもしルーズに考えると人権のインフレ化を招いたり,それがなくても,裁判官の主観的価値判断によって権利が創設されるおそれもある.

しかし,幸福追求権の内容として認められるために必要な要件を厳格に絞れば,立法措置がとられていない場合に一定の法的利益に憲法上の保護を与えても,右のおそれを極小化することは可能であり,またそれと対比すれば,人権の固有性の原則を生かす利益の方が,はるかに大きいのではあるまいか.この限度で裁判官に,憲法に内在する人権価値を実現するため一定の法創造的機能を認めても,それによって裁判の民主主義的正当性は決して失われるものではないと考えられる.こう考えると,幸福追求権の内容をいかに限定して構成するか,ということが重要な課題となる.」(芦部信喜『憲法学Ⅱ』341頁より引用)

そして,その絞り込みの手段として,「人格的利益」という概念を使用する.その意味として佐藤幸治は,「前段の『個人の尊厳』原理と結びついて,人格的自律の存在として自己を主張し,そのような存在であり続ける上で必要不可欠な権利・自由を包摂する包括的な主観的権利である」(佐藤『憲法〈第3版〉』445頁)とした.さらに人格的自律を敷衍して「それは,人間の一人ひとりが"自らの生の作者である"ことに本質的価値を認めて,それに必要不可欠な権利・自由の保障を一般的に宣言したもの」(同448頁)と説明する.こう論ずることによって,人格的自律権とはいわゆる自己決定権と同義であり(同459頁参照),私法上で論じられるところの「人格権」とは全く無縁の概念であることがようやく明らかになったのである.注意するべきは,幸福追求権を人格自律権そのものと主張しているのではない点である.すなわち,それを中核としつつ

も,それから派生する一連の権利も含めた総合的な権利と把握している.

この点,芦部信喜は必ずしもはっきりしない.が,およそ人権の本質は人格的生存にある,という考えを基本的に有している,と考えられるので同様に理解して良いであろう.芦部信喜の考え方を窺わせる一例を挙げると,国際人権規約の前文で,わが国の正文では人権が「人間の固有の尊厳に由来する」としている部分を,「人間人格の固有の尊厳 inherent dignity of the human person に由来する」と説明している (上記57頁より).

この佐藤の説明は,従来の「個人の人格的生存に不可欠な利益を内容とする権利の総体をいう」とするあいまいな概念に比べて格段に明確な定義であるから,今後,人格的利益説に沿った説を展開する場合には,これに依拠して論ずるのが妥当である.

この説を採用する場合には,第1に,なぜ,このように狭い定義を採用するのか,特にあらゆる生活領域に関する行為の自由(一般的行為自由説)を意味するものではなぜないのか,そして,第2に,この概念を採用した場合に,伊藤等の抽象的権利説の批判に的確な反論ができるのか,という点について,明確な回答を与える必要がある.

第1点については,前節に述べた可能な限り定義を絞り込むという見解を基礎に,憲法で基本権として説明する以上は,単なる生活上の自由,たとえば服装の自由,趣味の自由,あるいは散歩の自由,読書の自由などではなく,より根元的な「『秩序ある自由の観念に含意されており,それなくしては正義の公正かつ啓発的な体系が不可能になってしまう』ものであるとか,『基本的なものとして分類されるほど,わが国民の伝統と良心に根ざした正義の原則』であると説かれ,どの権利が基本的であるかを裁判官が自己の個人的な観念に基づいて決める自由は存しない」(芦部信喜,上記348頁より),と説明できる.

なお,佐藤幸治は一般的行為自由説に対する批判として,新しい視角を導入している.すなわち,かつては人はすべての行為を行う自由をもち,それは公共の福祉によってのみ制約されるものと理解するのが普通であった.しかし,近時は,例えば強盗する権利とか,殺人を犯す権利というものは,

他の人の人権と衝突するから，その限度で，ということではなく，そもそも本質的に権利性をもたないと考えるべきではないか，との見方が有力になってきている．その場合，一般的行為自由の外延を憲法上画そうとすれば，「結局『公共の福祉に反しない限り』とか『他者を害しない限り』での一般的行為ということにならざるを得ないのではないか，そうした『権利』の捉え方はそもそも『基本的人権』という観念と両立するであろうか」(佐藤『憲法〈第3版〉』447頁)と批判するのである．

第2点について，佐藤幸治は，「確かに人格的生存に不可欠といった要件は明確性を欠くとは言えようが，それは歴史的経験の中で検証確定されていくことが想定されている．法的権利として『基本的人権』という以上そこには一定の内実が措定されているものというべく，憲法が各種権利・自由を例示していることの意味も考えなければならない」(同上447頁)と反論する．芦部信喜には明確な議論はないが，やはり同様に理解して良いであろう．

(4) 一般的行為自由説

一般的行為自由説を純粋に採れば，権利の限界はパターナリズムに求めるほかはないと思われる．ただし，同じ一般的行為自由説を採用していても，戸波江二は，次のように主張する．

「国家権力に対して個人の自由な領域を確保するという自由権の本来の意義に照らして，個人の自由な行動が広く保障されるとし，①人権保障の範囲を限定すると，実質的に人権保障を弱めることになる，②人格的価値にかかわらない行為については，相対的に弱い保障を認め，緩やかな審査基準を使用すればよい」(『憲法〈新版〉』76頁より引用)

すなわち，この見解は，その中核として人格的利益説を認め，周辺部分に一般的行為自由説を採っていると解して良さそうである．したがって，以下に人格的利益説における医療拒否の理由としてあげることのかなりの部分は，この説においても使用可能となると考えてよい．

(5) 補充適用説について

幸福追求権が，15条以下の人権カタログに掲載されている個々の権利とどのような関係に立つかについては，補充規定説と保障競合説の2説の対立がある．芦部は，幸福追求権は一般法で，人権カタログに掲載されている権利は特別法という関係にあり，したがって特別法がない場合に限って幸福追求権は機能する，という意味で，補充規定と理解する(佐藤幸治も同旨)．

このような解釈をとる根拠そのものは，幸福追求権に関しては，いずれも明確に書いていない．しかし，様々な議論，特に自由権の社会権的側面に関する議論から推定すれば，次のようにいうことができるであろう．すなわち，人権カタログに載っている個々の人権は，それぞれの歴史的発展の中で，その概念が確立している結果，国家からの干渉に対して強固な保障が存在するようになっている．新しい人権の中に，これら既存の権利を発展的に解消していった場合，既に確立した権利保障メカニズムまでが失われ，かえって国家からの干渉を引き込むおそれがある．それを防ぐためには，既存の権利として保障可能な部分に付いてまで13条の保障を及ぼすことは妥当ではないのだ……と．

問題の所在に書いたような問題意識を前提にすると，人格的利益説に立つ場合には，この概念の援用は必須の要求というべきである．なぜなら，この立場からのアプローチは，自己決定権に該当する概念そのものを可及的に絞り込むことにより，従来確立しているパターナリズムとの衝突をできるだけ回避しようとする論理を採用しているからである．そこで，従来の人権カタログに上がっているものは，自己決定権の概念から自動的に除外する，と論ずるのが有効な手段となるわけである．

冒頭に述べたように，信仰の自由の内容として自己の生命，身体を自由に処分する権利を認めることはあり得ないから，この補充適用の結果，13条の問題として本問は処理することになる．

2 自己決定権

自己決定権に関して，どのような定義を採るべきか，そして，その定義は，何を狙いとしているのかを論ずることにする．なお，伊藤正己のように，幸福追求権の段階で抽象的権利としてしまえば，具体的権利としての自己決定権を論ずる必要はない．その場合，以後の構成は全く違ってくることにも注意しよう．

（1） 自己決定権の概念（定義）

自己決定権の概念は、幸福追求権をどのように把握するかにより、大きく異なる。大きく分けて3通りの理解が知られている。

第1に、自己決定権を緩やかに把握する立場がある。冒頭の［問題の所在］で、現代的パターナリズムの出現前に把握されていた、すべての自由権の基礎となっていた自己決定権の意味で捉える、と考えれば良いであろう。その場合には、内心の自由や信教の自由など「憲法が例示する諸自由の前提ないし上位概念と考える」（山田卓生「私事と自己決定」法学セミナー309号58頁）のが、その典型である。

第2に、一般的行為自由説の立場からの自己決定権に対する把握がある。正確に言うと、この立場では自己決定権という概念を使用せず、人権そのものを、「他人に危害が及ばない限り、公権力から干渉されることなく、自らのことは自らが自由に決定しうる権利」と理解する。この場合、芦部信喜がライフスタイルを決定する権利と総称する一連の権利、すなわち喫煙（嫌煙）の権利、パーマをかける権利、丸坊主にされない権利、バイクの免許を取り、購入し、乗る権利などは、当然に一般的行為自由の一環として理解されることになる。この立場からは、その限界はパターナリズムとして構成していくことになる。

この点、戸波江二は、一般的行為自由説に立ちながらも、人格的利益説の視点も肯定し、「自己決定権を人格的なものに限定した上で、さらに別に一般的行為自由が保障されている」（『憲法』新版177頁）とするから、次に述べる定義をそのまま使えると考えて良いであろう。

第3に、人格的利益説に立つ場合には、「一定の重要な私的事柄について、公権力から干渉されることなく、自ら決定することができる権利」と佐藤幸治は定義する（注釈憲法302頁）。すなわち、一般的行為自由説に比べると、「一定の重要な」という制約が加わっている点が異なり、後は一緒である。なお、同じ佐藤幸治が、教科書の方の定義には、「重要な」という一句をはずしている。しかし、幸福追求権で説明したとおり、人格的利益説は、人格の自律に重要なものだけに人権を絞り込むという考え方であるから、これは入れてある方が妥当と考える（芦部信喜『憲法学Ⅱ』393頁も、こちらの方の定義を援用している）。また、この説に立つ場合、無造作に「自己決定権」という言葉を使用するのは間違いで、どこかできるだけ早い段階で、「人格的自律権」と言い換え、以後、そちらの用語で論ずるのが妥当であろう。

このように、一口に自己決定権といっても、その論者によってこのような理解の差異がある以上、無造作に定義を下すことはできないし、また、下しただけで、理由を説明しないでおくこともまたできないことは、理解してもらえることと思う。

（2） 「私的事柄」の意義

人格的自律権説を採る場合、定義の狙いは、基本的にそれに該当する場合を絞り込むことにある。したがって、定義を構成する各語の中でも、最も重要なのは、「私的事柄」という言葉である。

私人の行為であって、他人に危害を及ぼさないものをいう、と一応は定義しうるであろう。しかし、人間が社会的動物である限り、内心の自由といえども、社会との関わりが発生しうるから、所詮これは相対概念とならざるを得ない。例えば、結婚とか離婚というものは、憲法は、「両性の合意のみに基づいて成立」するとしているが、実際には、家と家との結びつきという面が今日においても強いからである。

このうちで、さらに、「人格的生存にとって不可欠のもので、個別的規定によってカバーされ得ないもの」に該当するものが、最終的に「一定の重要な私的事柄」に該当することになる（注釈憲法304頁）。この後半の文言が、幸福追求権の補充性から導かれることは前述したとおりである。

定義の段階で「一定」という言葉を使用した以上、必ず、その意味するもの、すなわちどのような事項に限定されるか、また、何故そうなるのかについての議論を避けることはできない。すなわち、具体的にこれに該当するものを列挙することによって、重要な指摘事柄という曖昧な概念の明確化を図ることになる。

この概念に基づいて具体的に妥当すると考えられるものとしては、①自己の生命、身体の処分に関わる事柄、②家族の形成・維持に関わる事柄、③リプロダクションに関わる事柄の3つに限定されると、佐藤幸治はいう。家族の形成・維持に関わる事柄とは、直接には婚姻をも意味するが、補充原則

第1章 人権総論　　　　　　　　　　　　　　　　　36 自己決定権とその限界

から、これは24条の問題となるので、人格的自律権には属さない。結局、問題は、離婚の自由ということになる。なお、これが人格的自律に含まれるとするのが佐藤説で、芦部説ではこれはカウントされない。リプロダクションに関わる事柄とは、直接には妊娠（避妊）の自由及び堕胎の自由を意味する。堕胎に関しては、米国の場合には、厳しいパターナリズムが存在し、他方、わが国に比べて女性の社会進出も進んでいることから問題は深刻である。しかし、わが国では優生保護法の弾力的運用が社会的に確立しているため、比較的問題が少ない。妊娠に関しては、人工授精、体外受精等を巡って議論が存在し、受精卵は人か、とか、代理母は母かという議論がある。さらに、独身者がこれら人工手段を使用して妊娠する権利の有無なども論じられている。先天性障害児の出生の権利という問題もある。

これに対して芦部説では、ライフスタイルに関する権利は人格的自律の一環として把握されるのに対して、佐藤幸治説では否定される。これに何が含まれるかも問題であるが、芦部信喜によれば、外見 appearance, 服装 apparel の自由、特に髪型の自由が含まれるという。パーマの禁止、丸刈りの強制などがこの範疇にはいることになる（憲法学Ⅱ402頁）。

ここでは、佐藤・芦部両説に限定して説明した。このように論者により、かなり結論がばたつく問題であるので、自分の基本書をしっかりと読み込んで、理由と結論を確立しておかなければならないところである。

3　自己の生命、身体の処分に関わる事柄

本問で問題としている輸血の拒否は、自己の生命、身体の処分に関する事柄の一環として理解することができる。

近代社会に認められた行きすぎた自己決定権の承認に対する建設的批判として、現代的パターナリズムが成立したという経緯そのものを、人格的自律説は批判しようとするのではない。そのパターナリズムが成立した当時においては想像もできなかったほどの医療技術の進歩の中で、かえって人格の尊厳を失わせる事態が起きてきたことが、人格的自律権の基本的な狙いである。したがって、積極的な安楽死や、まして自殺の権利を承認しようという意図は、その論者のいずれも有していない。しかし、この限界をどのような言葉で論証するかは非常に難しい。

かつて米国では、積極的安楽死を否定し、尊厳死を許容する論理として、通常の治療と、その他の治療（異常な治療）とを分け、通常の治療以外については、患者は拒絶しうる、と説明しようとした。しかし、医療の現場において、この二つの概念を峻別することは不可能であることがやがて知られるようになり、その区別の試みは潰えた。同様に、積極的に治療打ち切りにより死を早めるのは許されないが、消極的に延命措置を実施しないのは許される、というような論理も展開され、わが国でも唱える人が出たが、やはり実際上の区別の困難性から否定されるようになった。最終的に米国の場合には、インフォームド・コンセント法理の下に、医療拒否権を肯定する方向で決着が付いた（1990年6月25日連邦最高裁クルーザン判決）。

わが国の場合、この点についての正面からの判例が存在していないため、理論的な説得力の問題となる。芦部信喜は、上記インフォームド・コンセント法理を、末期患者に限定して肯定するという姿勢を示すが、その根拠ははっきりしない（憲法学Ⅱ400頁）。

この点に付き、佐藤幸治は、幸福追求権の本質が、前述のとおり、「人間の一人ひとりが"自らの生の作者である"ことに本質的価値を認めて、それに必要不可欠な権利・自由の保障を一般的に宣言したもの」であることから、逆に「人の人生設計全般にわたる自律を問題とすべき余地がもはや存在しない」ことを根拠として末期患者の医療拒否権を肯定するという見解を示す。

「臓器の移植に関する法律」は、脳死すなわち植物人間化した際の尊厳死に関する立法的解決例である。すなわち尊厳死を、臓器の提供と引き替えに認める。それにあたっては、死亡者が生存中に臓器提供の意思を書面で表示し、かつ、遺族が当該臓器の摘出を拒まないことという条件が付されている（同法6条1項）。すなわちインフォームド・コンセント法理を脳死者に限定して肯定したと見ることができるであろう。

4 輸血拒否

判例上大きな問題となっているのが,「エホバの証人」というキリスト教系の宗教の信者が,信教の自由を根拠に,輸血を拒絶する自由を主張する点である.輸血を拒否する成人男性の父母が,親族権の侵害を理由に,輸血をともなう医療行為を本人に代わって病院に委任することができる旨の仮処分を申請した事件で,大分地裁昭和60年12月2日決定（判時1180号113頁参照）は次のように述べる.

> 「個人の生命については,最大限に尊重されるべきものであり,社会ないし国家もこれに重大な関心をもち,個人において,私事を理由に自らの生命を勝手に処分することを放任することができないことはいうまでもない.しかし,本件においては,債務者は輸血を拒む以外切断手術を含む他のあらゆる治療を受け,その完治,生命維持を強く願望しているのであり,治療方法としても,放射線療法や化学療法など他の方法も存在することに鑑みると,本件輸血拒否行為を,単純に生命の尊厳に背馳する自己破壊行為類似のものということはできない.」

すなわち,末期患者ではない場合には,自己破壊に直結しないことが,特定の治療法を拒絶する根拠として使用されている.したがって,大量の輸血以外には救命の方法がないような場合には,おそらく否定的結論が引き出されることになるであろう.

これに対して,本問が,その基礎の事件として取り上げた最高裁平成12年2月29日第三小法廷判決は,直接には憲法上の論点を含まないが,その輸血によらなければ救命方法がない事案に関して,最高裁が見解を示した,という点で重要である.

この事件の事実関係を簡単に紹介すると,次のとおりである.

患者「みさえ」は,最初国家公務員共済組合連合会立川病院に入院して検査を受けたところ,悪性の肝臓血管腫であり,輸血をしないで手術することはできないと言われたことから,同病院を退院し,輸血を伴わない手術を受けることができる医療機関を探した.東京大学医科学研究所附属病院の医師に連絡したところ,同医師は,がんが転移していなければ輸血をしないで手術することが可能であるから,すぐ検査を受けるようにと述べた.患者の側では,病院に対して患者及び家族が連署した免責証書を手渡したが,右証書には,みさえは輸血を受けることができないこと及び輸血をしなかったために生じた損傷に関して医師及び病院職員等の責任を問わない旨が記載されていた.

しかし,同病院においては,外科手術を受ける患者が「エホバの証人」の信者である場合,右信者が,輸血を受けるのを拒否することを尊重し,できる限り輸血をしないことにするが,輸血以外には救命手段がない事態に至ったときは,患者及びその家族の諾否にかかわらず輸血する,という方針を採用していた.が,このことを言わずに免責証書を受け取り,手術を行った.その結果,かなりの出血があったので,輸血をしない限り患者を救うことができない可能性が高いと判断して輸血をした,というものである.

要するに,本事案では,どこの病院で医療行為を受けるかということを患者が決めるにあたって,決定的に重要な情報をあえて伏せたまま手術の申し込みを受け,医療行為を行った点に問題がある.インフォームド・コンセント法理に照らして,不法行為の成立が認められたことは,したがって妥当である.それだけのことであれば,これはこれは単なる民事判決であって,憲法上の論点は特にない.

ここで問題となっているのは,従来の安楽死に関する議論の盲点となっていた点である.すなわち,従来は既に医療行為が開始されていることを前提として,それをうち切る自由を問題にしていた.それに対して,ここで問題となっているのは,そもそも医療行為を開始するか否かの自由である.確かに,わが国では,精神病を除き,強制的に医療を受けさせるという法制度は採用されておらず,治療を受けるか否かは本人の自由に属する（自己決定）とされているのである.

問題は,輸血すれば命を助けられるという状況下で,本当に患者の意思を尊重して,どれほど出血しようとも輸血せずに手術を行うという行為が,正当な医療行為として承認できるか,という点である.もし承認できないのであれば,その手術は医療行為ではなく,傷害致死罪に該当する行為と評価されることになる.すなわち,自己決定権と

いう人権を承認できるか否かが，犯罪構成要件該当性を阻却するか否かの分岐点になるのである．ここに本事案の憲法上の問題点が存在する．本判決はインフォームド・コンセント法理を確認したに止まり，その点についての明言を避けた．

私見に依れば，医科研のたてていた，「輸血以外には救命手段がない事態に至ったときは，患者及びその家族の諾否にかかわらず輸血する」という指針は，医師として当然の責務である．したがって，仮に，患者本人及び家族の希望通りの施術を実施し，それと死との因果関係が証明されれば，傷害致死罪が成立することは避けられないと解する．要するに，自己決定権の内容は，大分地裁の言明したとおり，輸血を伴う治療法を受託するか，それ以外の治療法にとどめて死の確率の増大を忍受するかのいずれかに止まると言うべきである．

以下に最高裁判決の中心となる部分の全文を紹介しよう．

「本件において，内田医師らが，みさえの肝臓の腫瘍を摘出するために，医療水準に従った相当な手術をしようとすることは，人の生命及び健康を管理すべき業務に従事する者として当然のことであるということができる．しかし，患者が，輸血を受けることは自己の宗教上の信念に反するとして，輸血を伴う医療行為を拒否するとの明確な意思を有している場合，このような意思決定をする権利は，人格権の一内容として尊重されなければならない．そして，みさえが，宗教上の信念からいかなる場合にも輸血を受けることは拒否するとの固い意思を有しており，輸血を伴わない手術を受けることができると期待して医科研に入院したことを内田医師らが知っていたなど本件の事実関係の下では，内田医師らは，手術の際に輸血以外には救命手段がない事態が生ずる可能性を否定し難いと判断した場合には，みさえに対し，医科研としてはそのような事態に至ったときには輸血するとの方針を採っていることを説明して，医科研への入院を継続した上，内田医師らの下で本件手術を受けるか否かをみさえ自身の意思決定にゆだねるべきであったと解するのが相当である．

ところが，内田医師らは，本件手術に至るまでの約一か月の間に，手術の際に輸血を必要とする事態が生ずる可能性があることを認識したにもかかわらず，みさえに対して医科研が採用していた右方針を説明せず，同人及び被上告人らに対して輸血する可能性があることを告げないまま本件手術を施行し，右方針に従って輸血をしたのである．そうすると，本件においては，内田医師らは，右説明を怠ったことにより，みさえが輸血を伴う可能性のあった本件手術を受けるか否かについて意思決定をする権利を奪ったものといわざるを得ず，この点において同人の人格権を侵害したものとして，同人がこれによって被った精神的苦痛を慰謝すべき責任を負うものというべきである．そして，また，上告人は，内田医師らの使用者として，みさえに対し民法715条に基づく不法行為責任を負うものといわなければならない．」

第37講　人権の私人間効力

問題

高橋和之は，私人間においては，次のように人権は無効力であると主張する．
「憲法という法領域の特性が国家を名宛人とするものである以上，憲法上の『個人の尊厳』は，道徳哲学において有した全方位性を限定されて，国家に対する要請に転化する．たしかに，憲法は最高法規であり，下位規範を拘束する．しかし，その拘束も『対国家性』を超えることはできない．ゆえに，私人間を規制する法律は，私人が国家に対して主張しうる人権を制約する限りでは，憲法の拘束を受けるが，私人相互の水平的な関係に関しては，憲法の人権規定は効力を及ぼさず，その拘束を受けない．」（「『憲法上の人権』の効力は私人間に及ばない――人権の第三者効力論における『無効力説』の再評価」ジュリスト1245号＝2003年6月1日号137頁以下に収録の論文より引用）

この主張の憲法学的な意味について論じ，自らの見解およびその根拠を述べよ．

この講での論点細目次と論述のヒント

はじめに
1　私人間効力が問題となる人権とは？
2　私人間効力の考え方
　(1) 米国におけるスティト・アクション法理
　(2) ドイツにおける理論
　(3) 日本における近時の問題意識
3　学説の現状と問題点
　(1) 無効力説とその問題点
　(2) 直接適用説
　(3) 間接適用説
　(4) 説の選択の決め手
4　挙証責任の配分
5　私　見

はじめに

近年では，国家試験では人権問題は，まず間違いなく事例形式で出題される．事例形式の場合には，人権の私人間効力という問題は，論点である場合にも，一般にあまり大きな論点にはならない，と考えてよい．例えば，私人間効力に関する重要な判例は，三菱樹脂事件判決（最大判昭和48年12月12日＝百選〈第5版〉26頁），日産自動車事件（最判昭和56年3月24日＝百選〈第5版〉30頁），それに昭和女子大事件（最判昭和49年7月19日＝百選〈第5版〉28頁）等がある．しかし，仮に，その事件の事実関係が，そのまま事例形式の問題として出た，として，私人間効力が中心論点になるか，というと，今日では，おそらくそうはならない．

三菱樹脂事件を例にとれば，試用期間における雇用契約解約の自由と勤労の権利（憲法27条）が中心論点となる．そして，27条は社会権だから，私人間効力が認められるのは当然だから，それは論点にはならないであろう（三菱樹脂事件判例は，訴訟当事者が27条ではなく，19条を問題にしたことから，それが論点となった）．日産自動車事件の場合，今日であれば，女性差別撤廃条約及び男女雇用機会均等法が論点となる．これらは，私人間のおける直接適用を予定しているから，やはり私人間効力はもはや論点にはならない．昭和女子大事件の場合には，今日では富山大学事件最高裁判決に従い，いわゆる部分社会論をまず検討すべきであろう（この点は，憲法訴訟論中で第66講として論じている）．その結果，原則的にはその段階で議論は終わって，そこで有害説を採って司法審査の対象になると考えない限り，私人間効力については，論じる要はないことになろう．

こうした事情の結果，私人間効力が中心論点となる事例問題というのは，今日では想定するのは難しい．私人間効力も論点となる問題は容易に予想しうるが，それは通常，数ある論点の1つ，それ

も本論の問題につなげるための導入部に過ぎない場合が大半であろう．その場合，私人間効力論をあまり詳しく書きすぎると，中心論点で，時間や紙幅が不足して落第答案ということになりかねない．その意味で，私人間効力の問題は，ごく簡単に，しかし，正しく述べるという技術を身につけておいてほしい．

問題は，正しく述べるためには，一度は詳しい議論に接しておく必要がある，という点にある．ここでは，そうした基本的な理解をねらって，私人間効力についてずばり聞く問題を工夫してみた．この問題文に示したように，近時，高橋和之が鋭い問題指摘を行った結果，学界の関心も深まっている．平成19年度新司法試験短答式の公法第3問では，ずばり以下に紹介した学説の対立が出題されているほどである．したがって，論文中における記述においても，採用している説の特徴がきちんと出るような記述を行うよう，注意する必要がある．

1　私人間効力が問題となる人権とは？

人権の私人間効力という言い方を聞くと，まるであらゆる人権について，私人間効力が問題になるような印象を受ける．その結果，学生諸君の中には，私人間で人権が論点になる問題にぶつかると，それが何であれ，構わず私人間効力について記述する者をよく見かける．しかし，今日においては，私人間効力が問題となる人権は，意外に少ない．そのあたりからまず説明してみよう．

近代市民革命は，国家の権力から人民を解放することを目的として行われた．そうした自由主義の理念を根本原理とする夜警国家にあっては，国家の機能は治安の維持と国防に限定される．憲法は，国家から個人の権利を守るために存在しているのであるから，互いに対等な地位に立つ私人間にそれが適用にならないのは，当然のことということができる．

しかし，19世紀末から今世紀にかけての資本主義経済の発達は，国家と人民との中間に位置するいわゆる中間大規模組織の発生・発達をもたらした．これらの組織は，一面においては，自然人の人権行使手段として，人権享有主体性までも一定の範囲で認められる（団体の人権享有主体性参照）．同時に，その構成員である自然人の自由を，一定範囲で制限する機能を有する．この結果，単に国家が私人間の問題に介入しないという政策（レッセフェール）を維持しているだけでは，必ずしも自然人の自由を確保することを意味しないということが明らかになってきた．

他方，同時に起きた民主主義の発達は，国家が人民の権利を抑圧するものではなく，それどころかその権利を擁護する味方として機能することを，人民として信用できる状態をもたらした．こうして，国家が人権の擁護者として積極的に私人間に介入する積極国家が誕生するに至った．

積極国家の下においては，憲法そのものにより，国家に積極的に私人間に介入することが命じられている人権（すなわち社会権）については，私人間での効力が肯定されることは当然のことであって，改めて議論する必要すら存在しない．

また，わが国憲法の根本原理である個人主義に照らし，個人の尊厳そのものを踏みにじるような形態の私的自治が，憲法のレベルにおいても許されないことも当然である．私法上，生命権や貞操権に代表される人格権と呼ばれる権利の使用，収益，処分を内容とするものがこれに当たる．人格権は，それが尊重されることは憲法上あまりにも当然であるため，ほとんど憲法に規定はなく，明文があるのはわずかに奴隷的拘束の禁止（18条）程度に止まる．しかし，その他の権利についても同様に，私人間においても直接適用があると考えるべきである．

さらに，積極国家の基礎を形成している健全な民主主義を揺らがすような行為は，私人間で行われることが多い．それは民主主義の直接的な脅威であるが故に，憲法レベルにおいて禁止されるのは当然である．これもあまりに当然のことであるために，憲法に明文があるのは，選挙権の行使に私的にも責任は問われることはない（15条4項）こと程度に過ぎない．しかし，その他の参政権行使を妨げる行為についても同様に考えるべきである．例えば，選挙において立候補する自由は，次の通り，人権として直接私人間にも適用がある，と最高裁は述べている．

「選挙に立候補しようとする者がその立候補について不当に制約を受けるようなことがあれば，その

ことは，ひいては，選挙人の自由な意思の表明を阻害することとなり，自由かつ公正な選挙の本旨に反することとならざるを得ない．この意味において，立候補の自由は，選挙権の自由な行使と表裏の関係にあり，自由かつ公正な選挙を維持するうえで，きわめて重要である．このような見地からいえば，憲法15条1項には，被選挙権者，特にその立候補の自由について，直接には規定していないが，これもまた，同条同項の保障する重要な基本的人権の1つと解すべきである．」（最大判昭和43年12月4日三井美唄事件＝百選〈第5版〉326頁参照）

そしてこの立候補の自由を侵害しない限度でしか，労働基本権を認めなかったのである．

また，本質的に私人間の紛争であるが，憲法的な評価も必要なもの，例えば名誉権や古典的なタイプのプライバシー権を巡る紛争は，それが本質的に私人間紛争であるが故に，私人間効力を論じる必要はない（少し議論が複雑なので，その詳細についてはプライバシー権に関する**第35講**等の説明を参照してほしい）．

結局，私人間効力が問題となる種類の人権とは，消極国家において，従来厳密に国家が私人間に介入することを禁じられていた一連の基本権——そのほとんどは論理の必然から自由権及び自由主義的平等権——である．

今1つ，積極国家であることから，私人間に国家が積極的に介入するという立法を，国会が行うこと自体は当然に合憲であるという前提が存在しているということに注意するべきである．本問の問題文で，高橋が説いている無効力説も，立法者の立法義務の問題と捉えてこれを肯定する．

例えば，家は個人の城であるから，家庭内の問題に国家権力が介入するのは許されない．しかし，夫婦喧嘩でも，女性が一方的に被害者になる自体が多発しているのを放置できないとして，「配偶者からの暴力の防止及び被害者の保護に関する法律」（いわゆるDV法）を制定することができる．ちなみに同法前文は次のように述べている．

「我が国においては，日本国憲法に個人の尊重と法の下の平等がうたわれ，人権の擁護と男女平等の実現に向けた取組が行われている．〈中略〉

ここに，配偶者からの暴力に係る通報，相談，保護，自立支援等の体制を整備することにより，配偶者からの暴力の防止及び被害者の保護を図るため，この法律を制定する．」

このような国家権力の家庭内への介入を許容する立法が，どの限度で許容されるかについては，それ自体が憲法学的に検討しなければならない問題であり，この前文の存在は，立法者自身にも同様の問題意識があることを示している．しかし，ここで諸君に見て欲しいのは，そのような問題についても，人権の直接適用を認める立法が厳に存在しているという事実である．

したがって，いわゆる人権の私人間効力と呼ばれる問題を厳密に表現し直すならば，

「歴史的に国家と国民の関係だけを規律するとされている種類の基本権が，国会の立法を待たずして，私人間に適用になることはあるか．あるとすれば，それはどのような形を採用して行われるべきか．」

ということになる．私人間効力論とは，その程度の問題なのであって，私人の間で人権が論じられさえすれば，常に論点になるというものでは決してない．

2　私人間効力の考え方

問題文にあるとおり，近代憲法における基本的人権規定の「名宛人」は，本来国家であり，したがってそれが適用されるのは，公権力と国民との関係において捉えられてきた．つまり私人間に人権の効力は及ばない，というのが近代市民国家における憲法の常識といえる．しかし，第2次大戦後に，米国とドイツで，これに対する問題意識が芽生えた．そのおおよその内容と，日本への影響を簡単に紹介しよう．

（1）　米国におけるスティト・アクション法理

米国連邦憲法は，本来，連邦の活動を規制するのが目的であった．したがって，その修正条項の冒頭にある権利章典にしても，名宛人は連邦であり，州政府は対象ではなかった．つまり，州法によって，そこに書かれている人権侵害が行われても，それは連邦憲法違反ということにはならないのである．

しかし，南北戦争後，連邦政府は，南部諸州の行う立法や行政に干渉する必要に迫られた．その結果，制定された憲法第14修正が，各州（State）の活動（Action）に対して，「人の生命，自由，財産を

第1章 人権総論　　37 人権の私人間効力

奪ってはならない」と定めた．この適正手続保障を利用して，連邦最高裁判所は，違憲審査権の対象を，州の立法その他の活動にも拡大していった．

さらに，本来は州が行うべき活動を私人にゆだねた場合に，その私人が人権侵害等を引き起こした場合には，それを州（State）の活動（Action）に準じて 14 修正違反になるという理論（スティト・アクションの法理）と言われるものが，連邦判例上，出現したことから注目されるようになった．

例えば，州が公営駐車場を設置している場合に，その中のレストランを同じく公営で経営していれば，そのレストランが黒人差別を行うことは，連邦憲法に違反することは，明らかである．それに対して，そのレストランの経営を私人に委ねていた場合に，その私人が黒人差別を行った場合には，それは本来は私人間の問題だから，連邦憲法違反ということにはならないはずである．しかし，これを州の活動と同視することが許される条件が存在している場合には，連邦憲法を適用して判断することが可能になる（Burton v. Wilmington Parking Authority 365 U.S. 715）．ただこの場合に，どういう条件が存在する場合に，私人の活動を州の活動と同視しうるかは，米国法特有のかなり複雑な問題となるので，ここでは割愛する（簡単に入手しうる本では，芦部信喜『憲法学Ⅱ』（有斐閣・1994 年）314 頁以下が詳しい）．

(2) ドイツにおける理論

日本語では，法と権利は別の言葉で表現されている．ところが，ドイツ語では，法も権利も同じ "Recht" という言葉で表現される．これはドイツ人にとっても，少々紛らわしい．そこで，議論しているのが，法なのか，権利なのかを特に明確にする必要がある場合には，法については "objektives Recht"（すなわち客観的な法），権利については "subjektives Recht"（主観的な権利）と呼んで区別する．

日本語で，基本的人権という場合，それが主観的な権利について論じていることは明らかである．ところが，ドイツでは上記の理由から，それが主観的な権利を意味しているのか，客観的な法を意味しているのかは，文言だけからでは決定できない．その結果，憲法学説は，むしろ，基本的人権という概念には，主観的な権利としての側面と，客観的な法秩序としての側面がある，と一般に考えるようになった．そして，主観的権利としての基本権は国家に対してしか効力を持たないが，客観的法としての側面は，全法秩序に対して効力を持つという考え方が発展した．

その場合，その客観的法秩序が私人間に直接に効力を持つのか（直接効力説），間接的な効力にとどまるのか（間接効力説）が論じられるに至った．もちろん，伝統的な，そもそも人権は私人間には効力を持たないという考え方も存在する（無効力説）．

この点を巡って，ドイツ連邦憲法裁判所で争われたのがリュート判決（Lueth-Urteil, BVerGE 7, 198）である．これは，ハンブルク州広報室長であるリュートが，公開の席や新聞紙上で，ナチス時代にユダヤ人迫害映画を作成した映画監督ハーランを名指しにして，彼がドイツ映画界に再登場することは，ドイツの国際的評価を破壊するとして，彼の映画のボイコットを呼びかけたのに対して，ハーランの映画の配給会社が訴えた事件である．この判決において，ドイツ連邦憲法裁判所は次のように述べた．

> 「基本権は，基本権思想史・制定史，憲法異議申立制度の趣旨からして，第 1 次的には，国家に対する市民の防御権（Abwehrrechte）である．しかし，基本権は同時に，人間の尊厳と人格発展権を中心とする客観的価値秩序を形成しており，この価値体系は，憲法の根本的決定として，民法を含む法の全領域に妥当し，解釈の指針となる．〈中略〉基本権の内容は，客観的規範として，基本権的価値基準の形式をとって，公序の一部を成す強行法的私法規定を媒介として侵入する．」（ドイツ憲法判例研究会編『ドイツの憲法判例』（信山社・1996 年）126 頁＝木村俊夫担当部分より引用）

このように，憲法裁判所判例が明確に間接効力説を採用したことも大いに寄与して，ドイツでは，間接効力説が，通説的地位を持つようになった．

(3) 日本における近時の問題意識

日本では，米国法とは憲法構造が違うこともあり，ドイツ学説の影響を強く受けた．特に，ドイツ連邦憲法裁判所が上述の通り間接効力説を採用したことが，日本で間接適用説を通説的なものとした大きな原因と考えられる．この考え方によれば，自由権や平等権については，民法第 90 条などの一般条項の内容を，憲法人権規定に含まれている客観的法が充填するという間接的なプロセスを経て，私人間の行為を規律する，ということにな

る．そして，三菱樹脂事件判決も，通説は，間接適用説を判例が採用したものと読む．

これに対し，近時，高橋和之は，無効力説の立場から，鋭い批判を展開している．そこでは，間接効力説に対し，客観的法は何故直接適用されないのか，と次のような疑問を提示している．

「おそらく，それはこの法的価値が未だ抽象的な段階のものであり，現実の適用を見るためには『具体化』されなければならないからであろう．その具体化は，一方で，『主観的な基本権』規定として憲法の中で争われるが，他方で，私人間については，私法の一般条項への価値充填という操作を通じて行われるという構想なのであろう．この結果，憲法は全方位的な基本権（客観的な法的価値）と対国家的な具体的基本権の両者を自己の内部に持つことになり，憲法あるいは基本権規定の性格を曖昧化させることになった．憲法は，前憲法的な『倫理的価値』を保護するために国家権力を組織する規範であり，基本権規定は国家がその任務を遂行するにあって侵してはならない国民の権利を掲げたもの，というのではなく，あるいは，その様なものに尽きるものではなく，全社会の基礎として社会内のあらゆる関係において妥当すべき法的価値をも宣言したものという性格を帯びることになる．後者の憲法観・人権観は，徹底すれば，近代的な立憲主義の観念を逆転し，憲法・人権が権力ではなく，国民を拘束するものへと転化するモメントを秘めており，看過することのできない重大な意味を持つものといわざるを得ない．」

ドイツでもこうした問題点は意識されており，それに対する答えは国家の基本権保護義務論という形に展開されている．日本では，この説は小山剛（慶應義塾大学教授）によって展開されているが，諸君に余計な知識を与えて混乱させることを恐れるので，ここでは紹介を避ける．ただ，芦部信喜が，これについては「そのまま日本の解釈論に挿入することには問題がある」（憲法50年を回想して・公法研究59号＝1997年）と指摘していることを付け加えるにとどめる．すなわち，少なくとも芦部説を基本に据えている場合の親和性については疑問がある．上記論文で，高橋も同様に同説に対して鋭い批判を展開している．

高橋は，こうしたことから，フランス革命時に成立した，人権を自然権としてとらえる視点からの無効力説を提唱している．それが問題文として示したものである．

そして，従来，通説が間接適用説と評価してきた三菱樹脂判決についても，「直接適用はおろか間接適用も否定した典型的な無適用説といってよい」と評価している（高橋和之「人権の私人間効力論」高見勝利・岡田信弘・常本照樹編『日本国憲法解釈の再検討』（有斐閣・2004年）14頁）．そして，学説が判決の立場を間接適用説と理解するに至った理由については，原審判決である東京高裁昭和43年6月12日判決（判時523号19頁）が「企業が労働者を雇用する場合等，一方が他方より優越した地位にある場合」に企業が労働者の思想の自由をみだりに侵害してはならないと述べたことへの反論を述べているからである，と指摘する．そして，最高裁判決の論旨について「私人間における調整は立法で対処するということをポイントとしており，民法90条等に言及してはいるが，それは法律による調整の仕方の例示であって，その規定を媒介にして人権規定の効力を及ぼしていくという発想をとっているわけではない」と評価する（同書15頁）．

3　学説の現状と問題点

本設問に関しては，学説的には大きく3説の対立があるとされる．すなわち，無効力説，直接適用説及び間接適用説の3説である．

（1）無効力説とその問題点

純粋の自由国家理念の時代の学説は，無効力説が普通であった．その場合，私人間への介入を定めた立法がただちに違憲という結論を導くものであった．しかし，このような過激な考え方は次第に影を潜め，その後は，公法私法二元論の下に，憲法上の人権とは切り離された法体系として私法領域を考える，ということを主張しているに過ぎない．

今日では，厳密な意味でこの学説を採用する学者は，私の知る限りでは存在しない．第2次大戦後の憲法学者の中では，小嶋和司は無効力説とされるが，その場合にも憲法を間接適用しようとしないだけで，民法90条に基づく純然たる私法上の問題として，同様の保護の手を伸ばして解決するという点に違いはないのである．

しかし，社会国家を肯定する今日の憲法学では，

公法私法2元論は採らないので、もはや現在ではこの説にたつ学者はいない。だが、何となく理解しやすい考え方なので、諸君がこれによろうとする誘惑を感じるといけないので、もう少し細かくその問題点を指摘しておきたい。

理由の第1は、形式的なものである。この説は、すべての立法が公法か私法に2分できない限り成り立たない。しかし、今日の社会国家においては、この2つの中間領域として、社会法あるいは経済法と呼ばれる巨大な法領域が出現している。むしろ、今日における立法及び行政の活動はこの領域に集中しているといっても過言ではない。したがって、この説は、よって立つ基盤をすでに失っているのである。

理由の第2は、実質的なものである。この説の狙いは、公法関係においては、私法上の原理は完全に排除され、公法独自の法原理が支配すると説く点にある。しかし、例えば、国家と公務員の間の法的関係は、私企業とその従業員との間の法的関係に比べて完全に異質のものという必要はない。確かに公法関係においては、私法上の関係においては認めることのできない特殊な制約が働くことはある。例えば、公務員の活動は、私企業に比べて公共性が強いため、その労働基本権が制約されることはある。しかし、公法関係だからそもそも公務員は労働法にいう労働者ではなく、したがって労働基本権はそもそも享有していない、というような議論をするのは間違い、と今日の憲法学は認識している。すなわち、公法関係においても、基本的には私法原理が適用になるのであって、ただ、その公法関係の特質に応じて、必要な限度で私法原理が排除される。どの限度で排除されるかは、2元論の説くように一律に決まるのではなく、ケースバイケースで検討される必要がある、と考えることになる。

(2) 直接適用説

無効力説の対極にたつのが、直接適用説である。すなわち、私人間においても人権の保障機能は認められるとする。直接適用説というと、諸君の中には、すぐにあらゆる場合に完全な私人間への適用を主張する説のように思う人がいるであろう。しかし、それは間違いである。そのように私人間に全面的に国家が介入することを認めてしまっては、結局、全体主義となって、現行憲法の根本原理である個人主義を否定することになるからである。したがって、この学説の下においても、人権と対立する個人の利益としての私的自治が、人権と同様の重要性を持つ価値として認められ、それとの比較衡量にたって、個々の場面では、どの限度で人権が認められるかが決定されることになる。

この亜形として「社会的権力説」ないし「国家類似説」と呼ばれる説がある。この説は、一般的な私人間においては間接適用説で対応しつつ、先に紹介したスティト・アクション法理に基づき、強大な「社会的権力」（例えば大企業、労働組合、医師会、私立大学、経済団体）については、国家に比すべき強大性の故に、直接適用を肯定する（橋本公亘『憲法』（青林書院新社）171頁）。しかし、医師会や弁護士会のように、法律に根拠を持つ独占団体ならともかく、単なる大企業レベルまでもこれに含めるのは、日本の現況に照らした場合は無理があるということができるであろう。

なお、同じく橋本は、制度的保障や原則規範は私人間に直接適用があるという説を唱える。これが社会権と強い関連のある説明であることは明らかであり、将来性はある。しかし、制度的保障とは元々個人の基本権を中核に含まない制度の存在を説明するために、ドイツのカール・シュミットが創設したものであるだけに、それが個人の基本権と関係するということ自体がナンセンスな発想と考える。

(3) 間接適用説

間接適用説と呼ばれる学説は、宮沢俊義が最初に唱えた学説であるが、厳密にいえば、無効力説の一種である。ただ、個別具体的な法律がない場合にも、民法90条を具体的権利を導くための根拠法として使用できると主張することにより、基本権保障を実質的に私人間に及ぼす道を一般的に開いている、という点に、狭義の無効力説との大きな相違を示しているのである。

(4) 説の選択の決め手

こうして現実の学説の対立としては、間接適用説か、直接適用説かの対立となる。上記の通り、両学説は実質的に見る限り、その結論をほとんど異にしないのであるから、両者を選択する決め手は、

各論者の基本的な人権観に依存することになる．それだけに，むしろ基本的な人権観からのきちんとした展開が，諸君の論文としては重要性を持つことになる．

積極国家としての視点を強調し，自由権の社会権化を比較的緩やかに承認する学説を採用する場合には，直接適用説が妥当性を持つといえるであろう．

これに対して，芦部信喜，佐藤幸治をはじめとする，諸君の多くが使用する教科書の著者は，普通は，自由権と社会権とを峻別し，自由権をできるだけ厳密な形で維持しようとする基本的前提を採る．その場合には，当然に間接適用説が妥当することになるであろう．この点について佐藤幸治は次のように説明する．

「基幹的人格的自律権を土台とする人権の本来的性質からすれば，それは対公権力，対私人を問わず妥当すべきものであるが，その妥当の仕方には違いがあるのであり，対私人関係にあっては人格的自律権の相互尊重と自律権の延長としての私的自治の原則が基本的な考慮要素とされなければならない」（第3版，428頁）

なお，このように間接適用が妥当とされる，ということは，その領域において，国家が直接介入するという立法を行うことを禁ずるものでは，決してない．

そのような立法は，介入の程度が低い場合には，公序良俗という一般的，抽象的規範の具体化として把握することができる．男女雇用機会均等法が，私企業における女性差別を解消させるため，企業主に対して援助を行うと定めているが，これはその一例である．

それに対し，国家の介入の度合いが強いときには，むしろ自由権の社会権化傾向の一環として把握すべきことになるであろう．例えば情報公開法は，表現の自由としての知る権利から，社会権としての知る権利への憲法学における質的発展を反映しているということができる．

4 挙証責任の配分

間接適用説をとる場合，その訴訟はいわゆる憲法訴訟ではなく，純然たる民事訴訟となる．したがって，憲法訴訟で説かれる審査基準論はここでは不要である．その代わりに，それと同様の重要性を持つのが，挙証責任の配分の問題である．

考え方としては2通りあり得る．基本的に私的自治が優越している法領域であるから憲法規範が劣後すると考えるか，それとも憲法規範は公序となっているとして私的自治に優越すると考えるか，である．

前者の考えを採ると，人権の間接適用を主張する側が挙証責任を負うと考えるべきことになる．これに対して，後者の考えを採ると，私的自治を主張する側が当該場合において憲法が公序ではない，と挙証する責任を負うべきことになる．

例えば，三菱樹脂事件仙台高裁判決は「社員採用試験の際，応募者にその政治的思想，信条に関係のあることを申請させることは，公序良俗に反し，許されない」として，企業側に挙証責任を負わせた結果，原告が勝訴した．これに対して，同事件の最高裁は，個人の基本的自由や平等に対する侵害の態様・程度が「社会的に許容しうる限度を越える」ときは，「場合によっては，私的自治に対する一般的制限規定である民法1条，90条や不法行為に関する諸規定等の適切な運用によって」私的自治の原則と人権との適切な調整を図る方途も存すると指摘して，原則的に私的自治を優越させた結果，挙証責任を従業員側に課した結果，企業側が勝訴している．

公序良俗というものが，とらえどころのない抽象的な概念であることを考えると，現実の裁判においては，その内容の積極的な証明は至難の技であり，したがって，挙証責任の配分が決定的な重要性を持つ．そのことは，上記三菱樹脂事件の下級審と最高裁の判決の差に明らかであろう．

私人間効力一般としては，どちらと解すべきかを一律に決定することは困難であろう．すなわち，個々の人権ごとに，さらには個別の事例ごとに，個別に決定されるべきである．例えば，三菱樹脂事件のような，雇用関係における思想信条の問題であれば，一般的には，内心の自由の重要性に鑑み，それを侵害するような行為には公序良俗違反性が推定されると言うべきであり，したがって企業側が自らの行為が公序良俗に違反しないことを証明する義務を負うと言うべきである．しかし，

問題となっているのが，いわゆる傾向企業である場合には，企業は自らが傾向企業であることさえ証明すれば，原則的には思想信条を調査するような行為が許容されるというべきである．したがって，その場合には逆に従業員側が，その調査が例外的に公序良俗違反となることを挙証する責任を負うと考える．

　場合によっては，立法的に解決されている場合もある．例えば，企業が性に基づく差別を行っている場合における挙証責任の配分に関しては，今日においては，女子差別撤廃条約が立法的に解決している，というべきである．すなわち同条約2条eは，企業が性差別を撤廃するためのすべての適当な措置をとることを求めており，その措置の内容として「女子に対する差別を撤廃する政策をすべての適当な手段により，かつ，遅滞なく追求する（2条本文）」義務を締約国に課している．これは，私人間においても，性差別の存在は原則的に公序良俗違反と評価すべきことを要請していると考える．したがって，企業側が合理的差別であることを挙証する義務を負うのである．挙証に失敗すれば，そのような就業規則は自動的に公序良俗違反と評価されることになる．

　また，近時有力になりつつある14条列挙事項特別意味説にしたがえば，性別など，そこに列挙されているものは，その歴史的背景から，私人間においてもそれに抵触する行為に対しては公序良俗違反という推定が働き，それとは異なる主張をする側が，公序良俗該当性を挙証する責任がある，というべきことになろう．

5　私　見

　このように，学説が近時激しく対立している分野なので，単に紹介するだけでは，諸君も欲求不満を覚えるであろうから，以下，簡単に私見を述べる．

　私は，高橋型の無効力説は支持しない．この説は，提唱者自身が認めているように，一般的に法実証主義に立っているにも拘わらず，この場合については自然権を前提にする点に第1の弱点がある

（問題文中にも「法規」とか，「下位規範」という言葉があることに明らかなとおり，高橋も基本的には法実証主義に依っている）．第2に，かなり厳格な公法・私法二元説に立つという点でも，公法を単に私法の特別法と考える私の基本的立場と相容れない．そして第3に，このような厳格な公法・私法二元説に立つ結果として，これまでわが国憲法学が積み上げてきた社会権をはじめとする一連の直接適用効力を持つ人権を，「必ずしも直接適用を予定したものではなく，むしろ立法者にその規定を実施するための法律制定を義務づけたもの」とトーンダウンさせる点で，裁判所の人権保障機能を決定的に縮減させるものとすること，などからである．

　では，直接適用・間接適用のいずれが妥当なのか，という疑問が生じると思う．この点について，浦部法穂は次のように述べる．

> 「私人の行為が直接憲法によって違法とされるのか，それとも関係の私法規定を媒介として人権規定の効力が及び直接にはその私法規定によって違法とされるのか，ということは，それほど本質的な問題ではなく，法的な理論構成としてどちらが美しいかという程度の問題でしかないと思われる．〈中略〉要するに，どういう場合に私人の行為に対し憲法の人権規定の効力が及ぶのか，ということさえはっきりすれば，その効力の及び方が直接か間接かということは，はっきりいってどちらでもよい，ということである」（『憲法学教室〈全訂第2版〉』，日本評論社71頁）

　私も基本的に結論においては同様に考える．ただ，途中のプロセスにはかなりの差がある．私は，法律学における理論の美しさは，決定的な重要性を持つものであり，その意味で軽視は許されないと考える．そして，憲法は，国の根本規範であり，私法も含めた全法体系がその授権の下に存在していると考えるので，二者択一的にいうならば，直接適用と考えるのが正しいであろう．しかし，そもそも，ドイツと異なり，客観的法と主観的権利に対し，明確に異なる用語を使用する日本法で，人権に客観的法を読み取るのは無理がある．その意味で，直接か間接かはどうでも良い問題と考える．

第38講 団体自律権と構成員の人権

■問題■

Y県弁護士会が，特定の政党Aに対する政治献金を行うことを決め，その資金に充てるため，全会員に対し，1人当たり5,000円の特別会費を徴収することを決定した．しかし，同会会員である弁護士Xは，Aを支持しない等の理由から本件特別会費の納入を拒否したので，Y県弁護士会は，会則に違反するとして，Xを戒告の処分にした．
上記の事例における憲法上の問題点について論ぜよ．

●類題 1

法律上強制加入とされている団体が，多数決により，特定の政治団体に政治献金をする旨の決定をした．この場合に生ずる憲法上の問題点について，株式会社及び労働組合の場合と比較しつつ，論ぜよ．

（平成13年度司法試験問題）

●類題 2

法律上強制加入団体であるさる専門職業団体は，自己の活動分野の拡充を図る目的で，それに理解を持つ政治団体に政治献金を行うために特別会費を徴収することとし，また，大規模な自然災害にあった地域における同業者支援の寄付をするために特別負担金を集めることとした．この職業団体の行為に関し，憲法上問題となり得る点を挙げ，論評せよ．

（平成14年度国Ⅰ法律職試験問題）

■この講での論点細目次と論述のヒント■

はじめに
1　団体の人権享有主体性
　(1) 法人の権利能力主体性に関する学説
　　① 法人否認論を基本的に採用する法領域
　　② 法人擬制説を基本的に採用する法領域
　　③ 法人実在説を基本的に採用する法領域
　(2) 憲法学における学説の状況
　　① 社団における権利能力の肯定
　　② 財団における権利能力の否定
　　③ 法人実在説の妥当範囲
　　④ 自然人のみに保障される基本権
2　団体の享受する人権の範囲
　(1) 団体の対社会関係
　(2) 団体とその構成員の意見の対立
　　① 国労広島政治活動資金訴訟にみる対内関係
　　② 南九州税理士会訴訟における対内関係
3　部分社会論との関係
4　本問の回答にあたって

はじめに

人権の歴史は，自然人と国家の間における権利獲得の闘争の歴史である．従って，それらが法人ないし団体に適用になることは本来予定されていなかった．しかし，今日では，団体，特に一部の法人は大きな社会的実在性を有するに至った．その結果，実定法上，団体や法人に，権利能力主体性を承認する必要のある場合が生じてきた．その延長線上に，人権享有主体性を考える必要のある場合が生ずる．

実定法上の法人は，多くの場合には，その構成員

の持つ何らかの権利の実現手段として、単に道具として存在しているにすぎない．例えば税金節約の目的の1人法人などは，その構成員の持つ基本的人権の延長上に考えればよく，それと切り離された独自の主体性を考える必要はない．

しかし，団体ないし法人は，それを構成する自然人の人権の単なる足し算的な人権を保有するわけではない．例えば集団としてのデモ行進は，その参加者である自然人が単に同時に同じ方向に歩いているととらえたのではその実体を正しく把握しているとは言えない．それと同様に，様々な団体において，団体それ自体を，その構成員の道具以上の社会的実在として，それを構成する自然人の人権とは別個独立の主体と考える必要が生じてきた．

そこで，本問における論点の第1は，そうした団体独自の人権享有主体性というものはどのような形で肯定できるのか，という点である．第2として，その人権に対する制限は，自然人と同様のものか，それとは異なる制約に服しうるか，という点である．特に，団体が対社会的な関係で有する人権享有主体性と，対内的に構成員たる自然人との関係で有する人権享有主体性が，同一の理解でよいか，ということが問題となる．そこでのキーワードは「団体の目的」とそれとの関連における自律権の限界である．

問題の背景を正確に理解してもらうために，少し基礎的なところから説明を始めたい．

1 団体の人権享有主体性

(1) 法人の権利能力主体性に関する学説

法学上，権利の主体となりうる能力を有する者を「人」という．人権も権利の一種である以上，権利能力の主体となり得ない者は，そもそも人権享有主体性を認めることはできない．

人は自然人と法人とに分類される．すなわち，法人とは自然人以外で権利能力の主体となりうるものをいう．通常認められている法人には，特定の目的に向けられた人の集まりである社団と，特定の目的に捧げられた財産の集まりである財団の2種がある．

法人が権利能力の主体となるか否かに関する学説は，大別すれば3説に分かれる．すなわち，

① **法人否認論**：権利能力の主体となるのは自然人のみであり，法人は存在しないとする．

② **法人擬制論**：権利能力の主体となりうるのは本来自然人だけであるから，法人は実際に存在していないことは承認するが，取引の便宜，安全その他の必要から，その存在を法律上擬制していると解する．

③ **法人実在論**：法人は自然人と同様に，社会の中で実際に存在しているとする．

この3説は，決して相互排斥的関係に立つものではない．すなわち現行実定法においては，法の分野ごとに，その分野の目的に照らして，適宜いずれかの説を採用しているのが通例である．以下にその典型例を見よう．

① 法人否認論を基本的に採用する法領域

刑事法の分野においては，法人否認論を採用するのが通例である．すなわち法人が犯罪の主体となる能力は認めない．法人の決議に基づいて自然人が罪を犯した場合，その決議等に関与した自然人についてその行為を罰するにとどまる．もちろん，名誉毀損や業務妨害における被害者となる能力はこれを認めるが，それは保護法益の存在を認めているのであって，人格主体性の存在を認めたわけではない（ただし，法人実在説を採る少数説が，立法論的には存在する）．

また，特別法で法人処罰の規定をおいている場合にも，法人について犯罪構成要件該当，違法，有責の行為があったかを独立に評価することはなく，その具体的行為を実行した自然人の犯罪行為に基づいて，自然人と法人とをともに罰する（両罰規定）にとどまる．両罰規定は，犯罪の可及的抑止効果で説明され，決して法人そのものが犯罪の主体足りうることを承認したものではない．ちなみに，法人に自由刑を科することは不可能であるとの議論があるが，それは妥当ではない．現に，行政法の分野においては，法人に行政秩序に違反する行為があった場合，行政罰の一類型として，営業停止や操業停止等の自由刑を科している状況にある．

② 法人擬制説を基本的に採用する法領域

民法においては明確に法人擬制説を採用している．すなわち，法人は法律に根拠がある場合以外は設立できない（33条）としており，さらにその行為能力ばかりでなく，権利能力そのものが，法人の設立目的の限度に限定される（43条）．

例えば，相続人が不存在である場合には，その相続財産は法人とされる（民法951条）が，この場合の法人格の存在は擬制以外の理論によって説明する

③ 法人実在説を基本的に採用する法領域

民事訴訟法や税法では，原則として法人実在説が採られる（民訴37条，所得税法4条，法人税法3条，相続税法66条等）．すなわち，設立の根拠となる法律がない場合にも，社団又は財団に権利能力の主体となりうることを承認する．

また，商法にはこのような規定はなく，その限りで民法33条以下の適用があるとするのが通説であった．が，近時はむしろ，取引安全を重視する商法の特殊性を踏まえて法人実在説で考えるべきだとする立場が一般的になってきており，後に紹介する八幡製鉄政治献金事件に見られるように，判例もこの立場に立っていると見られる．

なお，法人実在説を基本的に肯定する法分野において，法人実在説と裏腹の関係に立つ法人格否認の法理が一般に認められていることも忘れてはならない．

法人格否認の法理（disregard of the corporate personality）とは，法人が，その法人格を与えられた法の目的を逸脱して不法又は不当に法人格を利用していると認められる場合に，特定の事案に限ってその法人格を否認し，その背後にある実体に即した法的取扱いをすることをいう．法人の解散のように，全面的に法人格を否定するのではなく，特定事案に限って否認する点に大きな特徴がある．元々はアメリカにおいて会社法上の理論として確立したものであるが，わが国でも，税法分野で昭和37年6月29日，会社法分野で昭和44年2月27日に，それぞれ最高裁判決によって確認されることにより確立した．また，労働法の分野などでも多数の判決や労働委員会裁決で採用されているところである．

自然人においては，法人格はあるかないかの2つに1つであって，特定の事案に限って否定されるというようなことはあり得ない．まして，その否定の理由として，法人格を与えた法の目的を逸脱しているというような事態は考えることが出来ない．すなわち，この法人格否認の法理は，実はその前提となっている法人実在説そのものが，各法律分野における法の目的を実現するために採用されている擬制であることを端的に示している．

* * *

以上のような法分野ごとの法人の扱いの差異は，各分野における個別のニーズに対応している．例えば，民法総則の法人の章を設立の根拠とする法人は唯一，公益法人のみである．そして，公益法人の場合には取引の安全はさほど問題とならならず，単に財産が関係者の個人財産に混入する事態を防ぐことが法人制度の狙いとなるから，権利能力を非常に限定的に取り扱っても問題はない．これに対して商事法人の場合には取引の安全確保の要求が非常に強いものとなるから，一般的に権利能力を承認し，後は取締役の忠実義務という形で内部的な利害の調整をはかる方が合理性が強い．

(2) 憲法学における学説の状況

憲法の分野では，近時は法人実在説的理解が有力に唱えられるようになった．すなわち，

「現代の社会において，法人も自然人と並んでその重要な構成要素であり，同じように活動する実体をそなえていることに求めてよい」（伊藤正己『憲法〈第3版〉』201頁．同旨，佐藤幸治『憲法〈第3版〉』386頁等）

とする．しかし，憲法というものが単に一分野の法ではなく，他のすべての法に対する授権法であることを考えると，このように一律に法人実在説を採用することには疑問がある．すなわち，この説によるときは，法人格否認説を前提としている刑事法領域はもちろん，法人擬制説を前提としている民法までもが違憲と判断されることになるであろう．それぞれの法分野におけるそうした異なる取り扱いには，上述のとおり，それなりの合理性があることを考えると，授権法たる憲法において，そのような硬直的な取り扱いを要すると解することは明らかに不当だからである．

これらの説は，なぜあらゆる法分野で実在説を採用して問題がないのかについて，その根拠がはっきりとせず，学生として論文で採用するには少々ためらわれる．

通説は，圧倒的に擬制説と考えて良い．

すなわち，憲法においては，基本的には法人格を否認し，人権の主体となりうるのは自然人のみと考えるのが妥当である．このことは，憲法21条が集会及び結社の自由を保障していることからも推定することが出来る．結社，すなわち団体の形成の自由を，人の集まりである社団に保障することは自己撞着である以上，そこでの主体はあくまで個々の自然人であり，その人権行使の効果として結社，すなわち法人の形成も保障されていると読むのが文理上妥当であろう．

しかし，同時に，このように集会や結社の自由が

保障されている根拠は、集団としての人には個人としての人には、出来ないことも可能になることのためである。したがって、集団や結社の機能を、一々個々の自然人に分解し、あるいは還元して理解するのは、明らかに妥当ではない。こうしたことから一般に次のように説く。

「法人の活動が自然人を通じて行われ、その効果は究極的に自然人に帰属することに加えて、法人が現代社会において一個の社会的実在として重要な活動を行っていることを考えあわせると、法人に対しても一定の人権の保障が及ぶと解するのが妥当であろう」(芦部信喜『憲法』第4版87頁より引用。なお、戸波江二147頁はここで上げている2つの理由を逆の順序で並べているが、同旨と見て良いであろう。)

ここで注意するべきは、ここに上げられているのは、2つの別の理由だということである。すなわち、第1の理由は、「法人の活動が自然人を通じて行われ、その効果は究極的に自然人に帰属すること」である。ここで言っていることは、自然人の活動の道具であるだから一々個人に分解する必要はない、ということである。これは明確に擬制説である。「法人の概念は、主として、財産権の主体となることにその意味を持つものであるから、人権宣言の規定は、主として財産法上の権利義務に関しては、法人にも適用される結果になる。」(宮沢俊義『憲法II』245頁)というような主張は、こうした枠内で初めて理解できる。注意してほしいのだが、「主として財産権」というのは、精神的自由権における享有主体性を否定する、という意味ではない。例えば、宗教団体に法人格を認める主たる目的が様々な財産権の主体となることを認めることにあることは否定できないが、そのことは宗教法人が信教の自由の享有主体性を保有することを否定するものではない(例えば宗教法人オーム真理教解散命令事件=最決平成8年1月30日=百選〈第5版〉86頁)。

これに対して第2の理由は、「法人が現代社会において一個の社会的実在として重要な活動を行っている」という点に求められている。これは一見、実在説的な根拠にみえるが、実はそうではない。あくまでも社会の中での活動を評価する、ということにすぎない。例えば、大学は、単に教員や学生が偶然に同じ場所に集まって学問活動を行っているのではない。間違いなく、そこには、大学を構成する自然人の単なる総和以上の社会的実在があるといえる。だから、それを直視すれば、自然人の享有する学問の自由とは別に、大学の自治を考える必要が存在するのである。

しかし、同時に忘れてならないことは、そのような社会的実在性に基づいて人権享有主体性を肯定する理由は、それを構成する各自然人の人権の実現手段に過ぎない、ということである。例えば大学の自治を認める理由は、それを構成する自然人の学問の自由に対する制度的保障手段なのである。

その手段性という点において、法人・団体の有する人権享有主体性は限定的なものとならざるを得ない。もし、法人に、完全に自然人と同格に人権享有主体性を肯定するのであれば、自然人とは異なる厳しい制限を法人に課している実定法(例えば政治資金規正法)は違憲と評価されなければならないはずである。しかし、このような実定法は、理由は不明ながら上記伊藤・佐藤等の説でも合憲と認めている。

なお、ドイツ憲法19条3項は次のように定めている

Die Grundrechte gelten auch für inländische juristische Personen, soweit sie ihrem Wesen anch auf diese anwendbar sind

「基本権は、内国法人に対しても、本質上適用可能な場合には、その限りでこれを適用する」

これについて、法人実在説を採る学者は、自らの説を支持する立法例とするが、一般的に法人実在説を採っていると読むよりも、上記のような限定的解釈を採る方が妥当であろう。法人が人権レベルで社会的実在性を有するならば、内国法人であると、外国法人であるとの別なく、人権享有主体性が認められなければおかしいからである。ドイツ憲法裁判所は次のように述べて、わが国通説とほぼ同一の理解を示している。

「法人を基本権の保護領域に組み入れることが正当化できるのは、その形成と活動が自然人の自由な発展の表出である場合のみであり、特に法人の背後にいる自然人に『手をさしのべること』が有意義で必要があると思われる場合である」(BVerfGE 21, 362 = 社会保険保険者事件=『ドイツの憲法判例』信山社、272頁参照)

このように、法人・団体は、その社会的実在性というよりは、自然人の社会目的実現の手段性という点に着目して人権享有主体性を擬制的に肯定するのが妥当である。この解釈を採るに当たって、

特に注意を要するのは次の諸点であろう．

① **社団における権利能力の肯定**　法人が人権の主体性を認められるのは，上記の考え方からすると，それが自然人の集合だからである．換言すれば，その社団が個別の法分野において法人格の主体性を認められているか否かはここでは問題にはならない．例えば，設立中の会社，あるいは法人登記を行っていない労働組合（労働組合法11条参照）であっても，人権の享有主体性を肯定することができる．したがって，この問題を，慣行的に「法人の人権享有主体性」と称しているが，その意味ではこれは誤りで，「団体の人権享有主体性」とするのが正しい．本講で，法人という言葉のかわりに，多くの場面で団体という言葉を使用しているのは，ここに理由がある．

② **財団における権利能力の否定**　社団は，自然人の集合であるから，一般に人権はその活動に保障される．これに対して，同じように団体であっても，財団は，自然人を基本的に要素としていないから，人権の保護は原則的には及ばないと考えるべきである（その旨の指摘は法人実在説を採っているはずの佐藤幸治，上記箇所にもある）．したがって，例えば，大学の自治は，財団法人日本大学が享受するものではない．そこを学問研究の場としている教職員や学生の集団こそが大学の自治権享受の主体と考えるべきである．換言すれば，法人の人権享有主体性なるものは，法律がある団体を財団と定めているのか，それとも社団と定めているのかに関わりなく，一定の目的に向けられた人の集団の存在が認められるとき，そこに認められるのである．

③ **法人実在説の妥当範囲**　個別の法分野で法人実在説を前提とした立法を行うことは，立法裁量の問題である．民事訴訟法や税法は，その代表的な分野である．現在，商事法人においては，必ずしも法人実在説を予定する明文の規定がないために，民法が適用され，定款の範囲内でしか，権利能力主体性がない，という学説も存在していた．しかし，本来，民法は，商事法の分野では原則的に適用されない（商法1条参照）のであるから，民法を根拠に権利能力を制限的に理解するのは誤りである．商事における取引安全確保の観点から，その目的達成に必要な限度で法人実在説にしたがって理解するのが妥当であろう．しかし，取引安全の確保に，法人の実在性を肯定することが衝突する場合には，当然，本則の取引の安全の方が優越する．先に論及した法人格否認の法理はまさにこのことを明らかにしている．

こうした個別法領域における実在性を憲法の人権享有主体性の枠内で，どの程度に承認するべきかはまた別の問題である．

例えば，所有と経営の一致している小規模株式会社の場合には，個人企業が税法その他の便宜のために法人形態をとっていると理解される場合が圧倒的に多い．したがって，それらの場合には，法人として一般的に人権享有主体性を肯定するよりも，単純にその企業の構成員たる自然人を通して人権を承認する方が，はるかに実態に合致するはずである．一部上場企業のような場合にも，マイクロソフト社におけるビル・ゲイツやソフトバンク社における孫正義のように，会社が個人の延長と認められるような場合には，同様に考えて良いであろう．

④ **自然人のみに保障される基本権**　社団の場合にも，自然人の肉体，あるいは個人的な判断と緊密に結びついている人権，例えば選挙権，被選挙権，婚姻の自由，奴隷的拘束からの自由などは，適用が考えられないと言うべきである．

特に重要なのが，犯罪主体足りうる能力である．定款や寄付行為の目的に，違法行為を目的とすることを掲げる法人は考えられないから，法人に犯罪の主体足りうる能力が肯定されないのは当然である．法人実在論を採用している法分野においても，それは当然に肯定しうる．実在論は，あくまでも，その分野の法目的達成の手段として導入されているにすぎないからである．したがって，刑事基本権の主体性を法人が持つことは本質的にあり得ない，といってよい．

その場合に，犯罪活動を行うべきであるとした決議に賛同した自然人が連帯して刑事責任を負うのはまた別の問題である．また，目的の範囲内の活動を行うに際して他の人に損害を加えた場合に，民法上の不法行為責任を負うのも，同様に別問題である．

伊藤正己は，法人が享有しうる人権として，刑事手続き上の諸権利を上げるが，犯罪能力を持たない法人にこれを肯定することがなぜ可能なのかについて説明していない．

2　団体の享受する人権の範囲

前節で述べたとおり，財産権など経済的自由権

第1章 人権総論

38 団体自律権と構成員の人権

を中心として，法人に対して広く人権保障が及ぶと考える場合にも，団体や法人は自然人そのものではないのであるから，その保障の程度は自然人とは異なる．すなわち，原則的に縮小するのは当然である．

この結果，「経済権的自由権については，人権の実質的公平を確保しようとする社会国家の理念に基づいて，自然人よりも広範な積極的規制を加えることが許される」（芦部信喜，上記箇所より引用）．独占禁止法，労働組合法などによる法人の制限はその典型である．

精神的自由権についても同様に，法人の持つ巨大な経済的，社会的実力を考慮に入れると，自然人とは異なる特別の規制に服すると解すべき場合が少なくない．

問題は主として2つのパターンで発生する．第1のパターンは対社会的関係，すなわち団体とその交渉相手となる私人との関係で，団体がどの限度で人権享有主体性を認めうるか，という形で現れる．第2のパターンは体内関係，すなわち団体が，その構成員（のうちの少数者）と異なる思想，信条の主体として行動しうるか，という形で現れる．

(1) 団体の対社会関係

団体の対社会関係における人権享有主体性に関するリーディングケースというべき判例は，八幡製鉄株式会社が自由民主党に政治献金したことに対して，株主が，右寄附は同会社の定款に定められた目的の範囲外の行為であるから，同会社は，右のような寄附をする権利能力を有しないとの理由で，その無効を訴えた事件に関する最高裁判所大法廷昭和45年6月24日判決であろう（百選〈第5版〉24頁参照）．

> 「会社は，一定の営利事業を営むことを本来の目的とするものであるから，会社の活動の重点が，定款所定の目的を遂行するうえに直接必要な行為に存することはいうまでもないところである．しかし，会社は，他面において，自然人とひとしく，国家，地方公共団体，地域社会その他の構成単位たる社会的実在なのであるから，それとしての社会的作用を負担せざるを得ないのであつて，ある行為が一見定款所定の目的とかかわりがないものであるとしても，会社に，社会通念上，期待ないし要請されるものであるかぎり，その期待ないし要請にこたえることは，会社の当然になしうるところであるといわなければならない．そしてまた，会社にとつても，一般に，かかる社会的作用に属する活動をすることは，無益無用のことではなく，企業体としての円滑な発展を図るうえに相当の価値と効果を認めることもできるのであるから，その意味においてこれらの行為もまた，間接ではあつても，目的遂行のうえに必要なものであるとするを妨げない．災害救援資金の寄附，地域社会への財産上の奉仕，各種福祉事業への資金面での協力などはまさにその適例であろう．会社が，その社会的役割を果たすために相当程度のかかる出捐をすることは，社会通念上，会社としてむしろ当然のことに属するわけであるから，毫も，株主その他の会社の構成員の予測に反するものではなく，したがつて，これらの行為が会社の権利能力の範囲内にあると解しても，なんら株主等の利益を害するおそれはないのである．
>
> 以上の理は，会社が政党に政治資金を寄附する場合においても同様である．」

この判決では，「目的遂行に必要な行為」という概念を利用して，法人の定款記載の目的に比べて幅広く権利能力主体性を肯定した点にある．

この場合，企業の構成員である当該株主と，企業それ自体とが，異なる政治的信条を有していたことは明らかである．ただ，政治献金の原資は，会社の余裕資金を利用して行われたのであって，株式配当金の減額その他，株主に負担をかける手段によったのではないため，対内関係の問題は，この場合には表面化していない．

従来，この判決については，団体が，その構成員の一部とは異なる思想，信条を有し，それに基づいて政治的表現の自由を有する，という趣旨の判決が下されたように理解されることが多かった．しかし，上記のように，2つの関係を峻別するならば，ここでは対外関係における会社の人権主体性が肯定されたにとどまり，対内関係については全く論及されていない，と結論づけることが許されよう．

しかし，この判決が，法人に自然人と同等の人権享有主体性を肯定したと把握してはならない．同判決では，入江俊郎，長部謹吾，松田二郎，岩田誠，大隅健一郎の各判事が，その補足意見で，このような論理は，あくまでも商法上の団体については広く法人格実在説を採るのが妥当であるため，一般に通用する論理ではない，ということを明記されていた．

団体の中には，巨大な経済的，社会的実力を有するものがあり，それを考慮に入れると，彼らに自然人と同等の政治的活動の事由を肯定すると，一般国民の政治活動の事由その他の思想，信条の自由を不当に制限する効果を伴うことになるところから，制限の必要が指摘される．そこで，例えば政治資金規正法21条の3は，個人からの寄付に比し，団体からの寄付に対して厳しい制限を課している．このような差別的取り扱いは，自然人と同等と把握する限り，肯定することの困難な点である．

(2) **団体とその構成員の意見の対立**

団体が政治活動できるということと，政治活動に関して団体と意見の合致しない構成員に対して，団体が内部統制権に基づいて処分しうるということは異質の問題である．これに関してはいくつかの最高裁判所判決がある．順次見ていくことにしよう．

① **国労広島政治活動資金訴訟にみる対内関係**
団体の活動における2つの関係を明確に区別した判決としてリーディングケースと認められるのは，国鉄労働組合が，政治活動を行うこと及びその原資を組合員から徴収することを決定したのに対して，その違法を争った事件に関する昭和50年11月28日最高裁判所判決である（百選〈第5版〉328頁参照）．

最高裁判所は，これ以前における三井美唄事件（最大判昭和43年12月4日＝百選〈第5版〉326頁参照）において「労働者がその経済的地位の向上を図るにあたっては，単に対使用者との交渉においてのみこれを求めても，十分にはその目的を達成することができず，労働組合が右の目的をより十分に達成する手段として，その目的達成に必要な政治活動や社会活動を行うことを妨げられるものではない」として，組合の定款に定める目的に直ちに拘束されることなく，幅広く政治活動の自由を肯定する見解を示した．が，本事件の判決では，対内関係では，定款の目的を，対外関係とは異なる厳しい判断を示す必要があることを明らかにした．すなわち，

「労働組合は，労働者の労働条件の維持改善その他経済的地位の向上を図ることを主たる目的とする団体であって，組合員はかかる目的のための活動に参加する者としてこれに加入するのであるから，その協力義務も当然に右目的達成のために必要な団体活動の範囲に限られる．」とし，「多数決原理に基づく組合活動の実効性と組合員個人の基本的利益の調和という観点から，組合の統制力とその反面としての組合員の協力義務の範囲に合理的な限定を加えることが必要である．」

と説く．そして，その1つの限界として政治的活動が存在することを指摘する．すなわち

「政治的活動は一定の政治的思想，見解，判断等に結びついて行われるものであり，労働組合の政治的活動の基礎にある政治的思想，見解，判断等は必ずしも個々の組合員のそれと一致するものではないから，もともと団体構成員の多数決に従って政治的行動をすることを予定して結成された政治団体とは異なる労働組合としては，その多数決による政治的活動に対してこれと異なる政治的思想，見解，判断等をもつ個々の組合員の協力を義務づけることは，原則として許されないと考えるべきである．かかる義務を一般的に認めることは，組合員の個人としての政治的自由，特に自己の意に反して一定の政治的態度や行動をとることを強制されない自由を侵害することになるからである．」

この判決で注目すべき点は，第1に，組合の目的に合致している範囲については，組合の自律が認められ，例え個々の組合員が特定のカンパを行うことに反対していても，組合の自律権が優越して，納付が強制される点である．

第2に，日米安全保障条約反対というような政治的要求は，それが組合の活動としては許されるが，それへの「賛否は，本来，各人が国民の一人として決定すべきことであるから，組合の多数決で組合員を拘束し，協力を強制することは許されない」とした点である．すなわち，第1の点に部分社会法理を読みとることができるならば，第2の点で，組合の目的と合致しない行動については，それが組合の目的に反しない限り，組合としての活動は許されるが，組合員は協力義務を免除される，と言うことになる．

② **南九州税理士会訴訟における対内関係**
従来，この事件（最判平成8年3月19日＝百選〈第5版〉82頁）は，最高裁判決自身が，税理士を業として行うに当たり，弁理士会が強制加入とされている点を重視して議論を展開したため，団体に加入するに当たって任意性のある八幡製鉄のような民間企業と，その点で異質のものとして論じられてきた．確かに，その点は正しい．

「税理士会は，法人として，法及び会則所定の方式による多数決原理により決定された団体の意思に基づいて活動し，その構成員である会員は，これに従い協力する義務を負い，その1つとして会則に従って税理士会の経済的基礎を成す会費を納入する義務を負う．しかし，法が税理士会を強制加入の法人としている以上，その構成員である会員には，様々な思想・信条及び主義・主張を有する者が存在することが当然に予定されている．したがって，税理士会が右の方式により決定した意思に基づいてする活動にも，そのために会員に要請される協力義務にも，おのずから限界がある．

特に，政党など規正法上の政治団体に対して金員の寄付をするかどうかは，選挙における投票の自由と表裏を成すものとして，会員各人が市民としての個人的な政治的思想，見解，判断等に基づいて自主的に決定すべき事柄であるというべきである．なぜなら，政党など規正法上の政治団体は，政治上の主義若しくは施策の推進，特定の公職の候補者の推薦等のため，金員の寄付を含む広範囲な政治活動をすることが当然に予定された政治団体であり（規正法3条等），これらの団体に金員の寄付をすることは，選挙においてどの政党又はどの候補者を支持するかに密接につながる問題だからである．

法は，49条の12第1項の規定において，税理士会が，税務行政や税理士の制度等について権限のある官公署に建議し，又はその諮問に答申することができるとしているが，政党など規正法上の政治団体への金員の寄付を権限のある官公署に対する建議や答申と同視することはできない．」

すなわち，営利法人の場合には，目的に反しない限り広く様々な社会活動が許されるのに対して，このような公益法人は，その目的に厳密に一致する以外の活動を行うことができない．

しかし，実を言うと，この点はこの事件の場合には問題にならない．なぜなら，税理士会でもそのことを承知していて，政治的活動は，南九州税理士会の場合であれば，「南九州各県税理士政治連盟」というダミー団体を作って，そこが行っているのであって，税理士会そのものは行っていないからである．その上で，税理士会で決議を行うことにより，特別会費を徴収し，これを政治連盟に寄付するという手法を採用している．したがって，この事件でも，結局，先の国労広島事件と同様に，団体の内部自律権がこの場合に認められるか否かの点が，中心の論点となるのである．この点につき，判例は次のように言う．

「前記のような公的な性格を有する税理士会が，このような事柄を多数決原理によって団体の意思として決定し，構成員にその協力を義務付けることはできないというべきであり，税理士会がそのような活動をすることは，法の全く予定していないところである．税理士会が政党など規正法上の政治団体に対して金員の寄付をすることは，たとい税理士に係る法令の制定改廃に関する要求を実現するためであっても，法49条2項所定の税理士会の目的の範囲外の行為といわざるを得ない．」

つまり，団体の目的に反した活動のための会費の徴収にあたっては，先の国労広島事件と同様に，ここの会員に多数決原理に基づいて協力を義務づけることはできないということになる．判決は，上記引用文の後半で，依然として税理士会そのものが寄付できないことを強調しているが，しかし，強制加入団体であるか否かは本質的な問題ではない．国労広島事件に照らして考えれば，目的外行為であれば，税理士会として活動できるか否かに関わりなく，個々の会員に強制できないというべきで，その点が大事な点と見るべきである．例えば，公益法人である日本大学は決して強制加入型の団体ではないが，仮に日本大学が特定政党へ寄付を行うことを決定し，その原資を得るため教職員や学生に寄付を強請することが許されるか，と考えてみれば，答えは明らかであろう．

八幡製鉄事件との異質性は，八幡製鉄の場合には，先に述べたように政治献金を行うか否かは株主の個人的利益とは直結しないという意味で対外関係に属するのに対して，本件事件においては政治献金を行うための原資を会員からの特別会費に依存している，という点で，純然たる対内関係に属する点にある．

そして，八幡製鉄事件のような対外関係では，取引の安全保護のため，定款等の目的に反しないかぎりにおいて，人権享有主体性が肯定される．これに対して，国労広島事件や南九州税理士会事件のように，体内関係においては，目的に掲記されていない活動に対しては団体の自律権が認められず，裁判所の積極介入が行われるのである．

3 部分社会論との関係

判例は，この問題の解決にあたり，部分社会論を適用していない．それはなぜかを最後に考えてみたい．このことは，部分社会論を議論として否定する立場の人にとっても重要な問題である．なぜなら，団体内部の紛争にあっては，例え部分社会論を採用しない場合にも，憲法の人権規定は私人間には間接適用しかない（三菱樹脂事件＝最大判昭和48年12月12日＝百選〈第5版〉26頁）とか，私人間には適用がない（昭和女子大事件＝最判昭和49年7月19日＝百選〈第5版〉28頁）という論理で，裁判所が介入しないという論理も存在しているからである．

ここでも決定的な点として，団体の目的との関連を指摘することができる．すなわち，部分社会論が肯定され，裁判所が団体の内部自律に介入しないという姿勢をとる事件は，すべて，その団体の本来の目的となっている活動内容なのである（富山大学単位認定事件＝最判昭和52年3月15日＝百選〈第5版〉416頁），日本共産党袴田事件＝最判昭和63年12月20日＝百選〈第5版〉418頁等）参照）．

国労広島事件においても，裁判所は，労働組合としての本来の目的に合致したカンパ等については，その決議の当否などを全く問題とすることなく，納付義務を肯定している．これに対して，本来の目的に合致しない場合には，南九州税理士会事件においても，積極的に審査し，当否の決定を行っているのである．

これは，部分社会論が，憲法上の人権を担う団体の内部自律の尊重である，というその本質から出てきた限界といえる．

4 本問の回答にあたって

上述のように，南九州税理士会の場合には，ダミー団体を作って活動していたが，本問では事例を単純化するため，弁護士会そのものが政治活動を行っている，というように変更してある．しかし，これは本質的な変更ではない．

問題点の第1は，弁護士会が公益法人であり，したがって営利法人のようにその権利能力を広く承認しなければ，取引の安全を害するおそれがあるというような問題がないことなどから，目的の拘束力を強く承認可能であるので，政党への寄付は許されない，という結論を導けるか否かである．

この点については基本書と相談して決めてほしい．というのも，このこと自体は，単に弁護士会名で寄付できないと言うことを意味するだけで，個人の弁護士が寄付することを禁じるわけではない．したがって，Y県弁護士会有志という名義であれば，寄付はできるのである．

そこで，第2の問題点として，弁護士会が，政治活動など，会の目的に合致しない活動については，自律権の限界に触れ，会員に協力を義務づけることができない，という点が論じられなければならない．ここまで論じて，はじめて，協力義務違反に基づく懲戒が司法審査の対象となることが論証できるのである．

なお，類題2問題文の後半の「大規模な自然災害」云々という記述は，群馬司法書士会事件（最判平成14年4月25日）を受けての出題である．簡単にこの事件を紹介すると，群馬司法書士会では，阪神・淡路大震災により被災した兵庫県司法書士会に復興拠出金を寄付することとし，会員から特別負担金を徴収する旨の総会決議をしたところ，一部会員が，(1)本件拠出金を寄付することは被上告人の目的の範囲外の行為であること，(2)強制加入団体である被上告人は本件拠出金を調達するため会員に負担を強制することはできないこと等を理由に，本件決議は無効であって会員には本件負担金の支払義務がないと主張して，債務の不存在の確認を求めた事案である．最高裁判所第一小法廷は，本件拠出金の寄付は被上告人の目的の範囲を逸脱するものではなく，その調達方法についても，会員の協力義務を否定すべき特段の事情は認められず，また，被上告人が強制加入団体であることを考慮しても，本件負担金の徴収は，会員の政治的又は宗教的立場や思想信条の自由を害するものではなく，会員に社会通念上過大な負担を課すものではないとして，本件決議の効力は決議に反対する会員にも及ぶとしたものである．但し，5人の判事中，2人が反対意見を書くという際どい判決であった．ただ，反対意見は，寄付金総額が年会費総額に匹敵する巨額であることを問題視し，権利能力の範囲外としたもので，社会通念的な寄付を権利能力からはずれるとしたものではない．

第 2 章　精神的自由権論

第 39 講　内心の静穏の権利

■問　題■

　Y市交通局は，市営地下鉄車内放送の自動化費用を捻出し，あわせて赤字経営の改善を図るために，車内で業務放送（案内放送）に加えて，商業宣伝放送を行った．なお，Y市交通局は，商業宣伝放送に対する批判を考慮して，その内容を広域的なシェアを持つ広告主による「生活情報」ではなく，広告主を駅周辺企業とする「企業案内」としていた．
　この地下鉄で通勤していたXは，乗客に商業宣伝放送の聴取を事実上強制することは，
　① 思考・感覚等の精神活動領域の自立性を阻害する人格権侵害行為にあたり，
　② 旅客運送契約に含まれる快適輸送義務に反する
として，Y市を相手取り，当該商業宣伝放送の差止と慰謝料の支払を求めて出訴した．
　上記の事実における憲法上の問題点について論ぜよ．

■この講での論点細目次と論述のヒント■

はじめに
1　問題の考え方
　(1) そのような権利が実定法上認められるか？
　(2) 人権論上の位置づけ
2　権利の成立要件
　(1) 静穏のプライバシー説

(2) 19条説及び21条説
　① 通説的理解
　② 松井茂記説の立場
　③ 私人間効力
3　囚われの聴衆

はじめに

　本問で問題となっている権利をなんというかについては，定説がない．たとえば松井茂記は「聞きたくない表現を聞かされない自由」という名称を使っている（法律のひろば42巻6号38頁以下 参照=以下「松井論文」という）．しかし，お世辞にも言い易い表現とは思えないし，理論的には同一範疇として理解されると思われる「見たくない表現を見ない自由」や「見られたくない時に見られない自由」を含む概念となっていない点で不便である．そこで，私はそれら一連の権利の総称として「内心の静穏の権利」と呼ぶことにしている．

　本問中におけるXの主張として，人格権侵害とあるが，この言葉に引きずられて，いきなり包括基本権の議論を始めてはいけない．包括的基本権としての人格権を広義にとらえるとき，精神的自由権はいずれもその一環を構成する．そして，有名基本権として説明することができれば，包括基本権の議論は不要だからである．

　本問の第一の論点は，ここで主張されている権利をどのようなものと把握するか，ということである．おおざっぱに分けて，プライバシー権説，21条説，19条説などがある．このうち，21条や19条で説明する場合には，包括基本権の議論は不要である．それに対し，プライバシー権ととらえる場合には，もちろん13条からの一連の説明が必要である．

聞きたくない表現を聞かされない自由が問題になった事件は，判例の数はきわめて限られており，判例集に掲載されている判例としては，本問のベースとなった大阪市市営地下鉄車内放送事件（最判昭和63年12月20日）及びそれに先行する小田急電鉄宣伝放送事件（東京高判昭和57年12月21日＝この事件も最高裁判決があるが判例集未登載）及び下級審判例としての勝田市（現在のひたちなか市）放送塔使用禁止請求事件（水戸地判昭和60年12月27日）が目につく程度である．しかもこれらの事件では，もっぱら民事上の権利性が争われていて，憲法上の権利として判例上論じられているわけではない．大阪市営地下鉄事件で，伊藤正己判事が補足意見で静穏のプライバシーに論及している点で，辛うじて憲法判例といえる程度にとどまるのである．

学説的にも，教科書には深く掘り下げた議論はほとんど書かれていない．諸君が容易に参照できる文献に参照範囲を広げても，先に言及した松井論文の他には，渋谷秀樹がジュリスト938号40頁（以下「渋谷判例評釈」という）で，赤坂正浩が平成元年度重要判例解説16頁（以下「赤坂判例評釈」という）で，また，高井裕之が憲法判例百選第5版50頁（以下「高井判例評釈」という）で判例評釈を書いているものなどが目につく程度で，広く一般に論じられているとはとうてい言い得ない．

これらの論文で，力点を置かれているのは，上述したどの権利か，ということよりも，「囚われの聴衆」という状態が発生している場合に，これを憲法上どのように評価するか，という点である．すなわちこれが，本問の第2の論点となる．

しかし，それらわずかに存在している論文でも，検討は不十分で，その権利の存在はともかく，意義，要件，効果などの検討は将来の課題としていたりして，権利の内容が今ひとつはっきりしていない．そういうわけで，本問は，学説・判例が手がかりを提供しない問題に関して，学生諸君としては何をどう論じたらよいか，ということが問われるわけである．

1　問題の考え方

以上のような特徴があるので，本問では，普段と違って，こういう問題に取り組む時には，どういうところから食いついていけばいいか，という方向から問題解説をしてみたい．そもそも，聞きたくない表現を聞かされない自由というのは，具体的権利たり得るのであろうか．

(1)　そのような権利が実定法上認められるか？

新聞やテレビに広告が入ってくる．この場合，我々は，それを見る・見ない，聞く・聞かないの選択の自由があることは間違いない．テレビドラマの間に入るCMの時間のことをトイレ休憩と呼んだりするのは，そのことをよく示している．要するに，その場合に，広告が我々の内心の静穏の権利を侵害するという問題が発生しないのは，受ける我々の側に，その情報を受け入れるか否かの選択権があるからである．その選択権が失われると，これを権利として考える必要が発生してくる．

たとえば，E-mailなどでかまわず広告を送りつけられると，携帯の場合にはそれに対する受信料を支払わなければならないし，パソコンの場合でも膨大な迷惑メールの中に大事な連絡が埋もれてしまうというようなことになって負担となる．だから，こういうこちらが希望してもいない広告は受信を拒絶する自由があって良い．すなわち，見たくない表現を見ない自由である．具体的に表現すると"迷惑メールを受けることを拒絶する権利"が存在していると主張する必要がある．

この権利を具体化したのが，「特定商取引に関する法律」の2002年4月における改正である．この改正を受けて，経済産業省は2002年7月1日から同法律の施行規則を改正し，新たにユーザーが送信者に対して広告メールの受け取りを拒否した場合に，広告メールの再送信を禁止した．また広告メールの受け取りを拒否するための連絡方法の記載を義務づけた．しかし，迷惑メールの抑制にあまり効果がなかったので，これとは別に「特定電子メールの送信の適正化等に関する法律」が，同じ年に制定され，その後も毎年のように改正され，より厳しく取り締られるようになってきている．

この例に見られるように，内心の静穏の権利が，現行法制度の下で，権利として承認されていることは疑う余地がない．問題は，このような特別の法律が存在しない場合に，憲法のみに基づいてこれを具体的権利として，すなわち裁判で争いうる権利として成立している，と主張するにはどのよ

第2章 精神的自由権論　39 内心の静穏の権利

うな要件が必要か、ということである。

(2) 人権論上の位置づけ

このように見たくないものを見ず、聞きたくないものを聞かない自由という概念は、従来の人権体系の中で、憲法解釈学的にはどこに位置づけることが可能なのだろうか。

学説的には、はじめに述べたとおり、3つの見解がある。

第1は、上述したような論理を展開して、プライバシーの仲間と考えて、憲法13条に基づいて説明する立場である。

第2は、消極的な情報受領権（憲法21条）と把握する立場である。これは表現の自由という概念を、国際人権B規約19条2項の「あらゆる種類の情報及び考えを求め、受け、及び伝える自由」と把握することが前提となる。同条の下では、表現の自由は情報受領権、情報請求権及び情報発信権としてとらえられることになる。自由権は、すべて積極・消極2つの形態をとりうる。情報受領権及び情報請求権を積極的形態は「知る権利」として知られている。それに対して、内心の静穏の権利とここで呼んでいる権利は、消極的な情報受領権ととらえられると考えるわけである。先に触れたとおり、私自身はこの説を採る。

第3は、内心の平穏ということから、内心の自由（憲法19条）で説明する立場である。最初に引用した松井茂記論文はこの立場である。ただし、これは表面的な語義から感じるほど単純な説ではない。後に詳述する。

どれが通説というわけではないから、諸君としてはどれを採用しても構わない。その説としてのしっかりした論理体系さえ書ければ、合格答案と評価されるはずである。どの説を採るかで、論文の答案構成は全く変わってきてしまう。以下、どの説を採ると、それぞれどんなところがポイントとなるか、簡単に解説したい。

なお、このように説明すると、上記3つの説を単に並べて、それを紹介あるいは批判する、というスタイルの論文を書く人がよくある。いつも強調することだが、論文の評価は自説をしっかり理由付けしているかで決まるのである。そして他説の批判が自説の根拠となることは滅多にない。要する

に、他説の批判は誤りなく書いていても、点にはならないのである。そして、他説の本質を理解しないままにとんちんかんな批判をした場合には減点の対象にはなる。このように、きわめて危険な行為なので絶対に止めよう。

2 権利の成立要件

(1) 静穏のプライバシー説

本問のベースになっているのは、大阪市営地下鉄車内放送事件であることは明確と思う。本事件は、伊藤正己判事が、その補足意見で「静穏のプライバシー」と呼んだことで有名である。しかし、これを普通のプライバシー権と混同してはならない。なぜなら、静穏のプライバシーというのは、これがプライバシーの一種であると考えたとしても、一般的によく知られている私法上のプライバシー（すなわち「一人でいさせて貰いたい権利（right to be let alone）」）ないし「私生活をみだりに公開されない権利」）とも、公法上のプライバシー（情報プライバシー権）とも違う類型の概念だからである。したがって、そういう類型が別個独立に存在しているのかということ自体が、プライバシー権説を採る場合には、議論の対象になる。

教科書に普通に書かれている私法上ないし公法上のプライバシー（情報プライバシー）とは、どこがどう違うのかを、もう少し詳しく考えてみよう。

私法上のプライバシーの場合、そこで保護の対象となるのは、個人の「私生活上の事実または事実らしく受け取られるおそれがあ」る事実である。また、公法上のプライバシーの場合にも、そこで問題となっているのは、自己情報に関するコントロールである。つまり、従来学んできた2種類のプライバシー権の保護対象は、いずれも自分自身に関する情報という点で共通点がある。

それに対して、本問で問題になっているのは、広告宣伝放送だから、諸君が現在持っていない公的な情報を問題にしているのである。普通のプライバシーに比べると、その対極にある情報ということができるだろう。こういうところから、これをプライバシーの一環として論ずるのは妥当ではないという批判が生じてくる。

しかし、たとえば私法上のプライバシーを「個人がある確実な私的領域を持っていること、その領域には他人が進入できないことを指す」（阪本昌成『憲

法理論II』成文堂250頁）というように把握する場合には，心の静穏というのはまさにそうした私的領域と理解することもできるわけで，その意味で，確かにプライバシーの広い意味には合致しているといえる．あるいは公法上のプライバシーを「物理的にまたはより巧妙な方法で自己の生活の場および自己の選ぶ活動領域に進入されうる程度を決定できる，法的に承認された自由または力」と定義する（佐藤幸治「プライバシーの権利（その公法的側面）の憲法的考察」『法学論叢』86巻5号1頁参照）場合にも，やはりこの概念中には静穏のプライバシーが含まれると結論できそうである．そういう点をとらえれば，静穏のプライバシーが，広い意味のプライバシーであるというのも理解できよう．

誤解しないでほしいが，ここに定義を引用した論者が，静穏のプライバシーが私法上あるいは公法上のプライバシーに含まれると主張していると言うことではない．たとえば佐藤幸治は，プライバシー概念の拡張にはっきり否定的である．私も，プライバシーという言葉をむやみに関連ある事象に使うことは，この概念の混乱を招き，好ましくないと考えている．しかし，そのことによって，この概念が広くプライバシーという言葉を把握するときに，そこに含まれてくる，という事実そのものを否定することはできないのである．

そこから，端的に，いわば第3のプライバシー概念とする説が登場することになるわけである．先に言及した伊藤正己判事は，この広い意味のプライバシー説の代表的論者といえよう．上記最高裁判所判決の補足意見で，次のように述べる．

「人は，法律の規定をまつまでもなく，日常生活において見たくないものを見ず，聞きたくないものを聞かない自由を本来有しているとされる．私は，個人が他者から自己の欲しない刺戟によって心の静穏を乱されない利益を有しており，これを広い意味でのプライバシーと呼ぶことができると考えており，聞きたくない音を聞かされることは，このような心の静穏を侵害することになると考えている．」

しかし，広い意味でのプライバシーの一種と考えたからといって，普通のプライバシーと同じような要件や効果が認められるというわけではない．少なくとも伊藤説に従う限り，これは従来知られていたプライバシー権に比べると，かなり弱い権利だからである．というよりも，従来のプライバシーがきわめて強力な権利だというのが正しいだろう．以下のことは，君たちの論文に書く必要はないが，弱いということを確実に理解してもらう目的で説明しておきたい．

私法上のプライバシーの場合，プライバシー権が存在していることが認められれば，ただちに表現の自由は抑制され，比較考量の余地は存在しなかった．わずかに刑法230条の2第1項にいう『公共の利害に関する事実』にあたる場合（月刊ペン事件最高裁判決参照），もしくは「事件それ自体を公表することに歴史的又は社会的な意義が認められるような場合」（ノンフィクション逆転事件最高裁判決参照）が例外として表現が認められるにすぎなかった．高度の芸術性がある表現でさえも比較検討の対象にはならない．たとえば『石に泳ぐ魚』事件最高裁平成14年9月24日判決は次のようにいう．

「被上告人は，大学院生にすぎず公的立場にある者ではなく，また，本件小説において問題とされている表現内容は，公共の利害に関する事項でもない．さらに，本件小説の出版等がされれば，被上告人の精神的苦痛が倍加され，被上告人が平穏な日常生活や社会生活を送ることが困難となるおそれがある．そして，本件小説を読む者が新たに加わるごとに，被上告人の精神的苦痛が増加し，被上告人の平穏な日常生活が害される可能性も増大するもので，出版等による公表を差し止める必要性は極めて大きい．」

これらの判決に明らかなように，私法上のプライバシーの場合には，原則として精神的自由権の代表とも言うべき知る権利や表現の自由に優越すると理解することができる（詳しくは第34講～35講参照）．

公法上のプライバシーの場合には，プライバシー権の強さは，それがプライバシー固有情報に属するか，プライバシー外延情報に属するかにより，異なる．しかし，いずれにせよ，プライバシー権による保護の対象となると認められる情報に関しては，知る権利に対して原則的に優越的な効力が認められている．その結果，「個人情報の保護に関する法律」の当初案では，マスメディアの報道の自由に対して厳しい制限が課せられることになって大きな社会問題となったことは記憶にあると思う（第3講参照）．

それに対して，ここで静穏のプライバシーと呼ばれている権利は，伊藤説の理解に立つ限り，明らかに上述の二つのプライバシー権よりも弱い効力しか持たない．

普通，プライバシーは精神的自由権と位置づけられる．そして，広告放送は，当然経済的自由権であるから，この二つが衝突した場合，精神的自由権である知る権利が原則として優越すると，常識的には結論が下されるはずである．

実際，大阪市営地下鉄車内放送事件で，原告側の上告理由はこの常識を忠実に展開して次のように述べている．

「上告人の主張する人格権の内容は，思考または感覚等の精神的活動領域の自律性を中核とする精神的自由権に属する基本的人権（憲法13条）であり，『諸権利のなかでも最も包括的で，かつ文明人が最も価値あるとする権利』（ブランダイス）あるいは『すべての自由の端初』（ダグラス）と評価さるべき権利であって，被上告人の有する商業宣伝を行う自由との関係で制約されるとするなら，双方の権利の性格に相応した厳格な基準が示されなければならないものである．〈中略〉原判決は，上告人の保持する人格権が経済的自由権である被上告人の商業宣伝の自由に優越する精神的自由権であることを看過し，これを制約するには憲法の解釈上判例に示された厳格な基準に適合することが必要であるにもかかわらず，これを顧慮しなかったことは，憲法の解釈を誤ったものであり，かつ判断の理由に齟齬があるか，理由不備の違法があるものとして破棄さるべきものである．」

これは，上述した常識からすれば，きわめて自然な論理ということができる．しかし，下級審はもとより，最高裁もこの常識的な論理を，特段の理由を示すことなくあっさりと否定している．その点について伊藤判事は補足していう．

「私見によれば，他者から自己の欲しない刺激によって心の静穏を害されない利益は，人格的利益として現代社会において重要なものであり，これを包括的な人権としての幸福追求権（憲法13条）に含まれると解することもできないものではないけれども，これを精神的自由権の一つとして憲法上優越的地位を有するものとすることは適当ではないと考える．それは，社会に存在する他の利益との調整が図られなければならず，個人の人格にかかわる被侵害利益としての重要性を勘案しつつも，侵害行為の態様との相関関係において違法な侵害であるかどうかを判断しなければならず，プライバシーの利益の側からみるときには，対立する利益（そこには経済的自由権も当然含まれる．）との較量にたって，その侵害を受忍しなければならないこともありうるからである．この相関関係を判断するためには，侵害行為の具体的な態様について検討を行うことが必要となる．」

要するに，否定する理由は，この心の平穏が「精神的自由権の1つとして憲法上優越的地位を有するものとすることは適当ではない」からだ，というわけである．その理由については，伊藤判事は次のように説明している．

「聞きたくない音によって心の静穏を害されることは，プライバシーの利益と考えられるが，本来，プライバシーは公共の場所においてはその保護が希薄とならざるをえず，受忍すべき範囲が広くなることを免れない．個人の居宅における音による侵害に対しては，プライバシーの保護の程度が高いとしても，人が公共の場所にいる限りは，プライバシーの利益は，全く失われるわけではないがきわめて制約されるものになる．したがって，一般の公共の場所にあっては，本件のような放送はプライバシーの侵害の問題を生ずるものとは考えられない．」

すなわち，プライバシーは本来私的空間において優越性を持つのであって，駅構内というような公共の空間では，その優越的地位は失われ，他の精神的自由権はもとより，経済的自由権とでも，比較考量の対象となる程度の弱さに転落する，という論理を展開することになる．プライバシーという前提から見れば，わかりやすい論理と思う．

(2) 19条説及び21条説

19条の内心の自由で説明するのと，21条の表現の自由で説明するのとでは，基本的な考え方に違いはない．どちらも精神的自由権の消極的行使として把握するからである．どちらの条文に依拠して説明するのが妥当と考えるのかは，基本的にそれぞれの条文の射程距離を，諸君がどのように把握するかに依存している．両者の関係について簡単に説明しよう．

① **通説的理解**　普通は，19条は基本的に消極的自由だけを保障していると理解する．なぜなら，思想や良心を外部に対して積極的に表明する自由については，信教の自由について憲法20条，学問的表現の自由について23条，そして，そのいずれにも属さない一般的な表現の自由について，21条がいずれも保障しているところである．したがって，19条で積極的に内心の思想や良心を外部に表明する自由を考えても，20条以下の条文に現れない特別の意義を発見できず，実益がない．その結果，19条で読むことができるのは，消極的な沈黙の自由である．

このように消極的に表現しない自由だけを読む場合，思想と良心を厳密に区別しても，同一条文に同格に上げられているので実益がない．特にわが国の場合，良心という言葉の中心的な意味として一般に認められている信教が，20条という形で独立に保障されている結果，それを除外した良心という概念を考える余地に乏しい．したがって，この2つの概念を併記することによって表現されるところの統一概念を保護の客体と考えるのが妥当と考える．これを普通，内心の自由と称する．

しかしながら，このように，消極的権利に限定して考えた場合にも，なお問題が存在する．すなわち，上述した20条以下の各条は，いずれも積極的な表明の自由だけでなく，消極的な沈黙の自由も保障していると考えられるからである．特に問題となるのが，21条の一般的な表現の自由の保障から導かれる一般的な沈黙の自由である．19条の沈黙の自由は，完全に21条によって保障されている一般的な沈黙の自由に含まれているはずである．したがって，両者の間に何らかの質的差違がない限り，内心の自由は，沈黙についてさえ，特に考える必要が無くなってしまうことになる．

この点については，一般的に，19条の沈黙の自由は絶対的な保障であり，21条の沈黙の自由は相対的な保障として理解する（検閲と事前抑制禁止の法理の関係のように理解することになる）．すなわち，19条の沈黙の自由は公共の福祉の必要があっても侵害できないが，21条の沈黙の自由は公共の福祉の制約に服するので，公共の必要があれば，沈黙権を侵害して，国家が表現を強制することも可能である．現実に憲法38条は，自己に不利益な供述を強要されない，として，自己の利益に直接関わりのない供述の強要を予定している．これを受けて訴訟法では，単なる事実に関しての供述を強制する制度を設けている．裁判における証人の出頭義務（民訴192条〜193条,刑訴150条〜153条の2）及び証人の宣誓・証言義務（民訴201条,刑訴160条〜161条）がそれである．

このような理解に立つ場合には，内心の静穏の権利に関してプライバシーに属することを否定する論者は，必然的に21条説をとらざるを得ない．19条説に立った場合には保障の度合いが強すぎてどうにもならないからである．解釈技術的には，思想及び良心という概念は，単なる心の静穏を含むものではない，と説明すればよい．世界観説に立てばもちろん，一般的観念説に立つ場合でも，観念とは積極的な思考形態であって消極的な平穏を含む概念とはいえないから，問題なく19条説を否定できるはずである．

② **松井茂記説の立場**　では，松井茂記はなぜ19条説を唱えるのだろうか．それは，19条の理解自体が通説と違っているからである．すなわち，19条を「政府が個人の内心に踏み込む」ことの禁止であると理解する．そして，次のように説く．

「最近の心理学・精神医学の発達によって，政府が文字通り個人の内心に踏み込む可能性は現実のものとなってきている．それゆえ，今日では思想・良心の自由は文字通りの内心の保護をも内包する形で理解されねばなるまい．また，政府が特定の思想・良心を促進し，援助する場合にも，思想・良心の問題が生じるものと考えるべきであろう．」（松井茂記『日本国憲法〈第3版〉』（有斐閣）423頁より引用）

独裁国家における洗脳などの状況を見ると，誠に説得力ある論理ということができる．とにかく，そういうことから，松井茂記は単なる消極的沈黙の自由を超えた広い概念として19条を把握しているのである．そこから，内心の静穏も，保護法益として把握する，という見解が導かれることになる．すなわち，松井茂記の見解は，従来の一般的観念説と一見しただけでは似ているが，実際は一線を画した独自のものと理解するべきである．諸君の中で，19条説に魅力を感じた人は，こうした松井茂記の全体系をきちんと理解した論述を展開しなければならない．

③ **私人間効力**　21条で理解するにせよ，19

条で理解するにせよ、内心の静穏の権利に経済的自由に対して優越的地位を否定するような論理を導くにはどうしたらよいだろうか．

小田急電鉄のような私鉄の場合には、きわめて単純である．人権の私人間効力の問題として把握すればよい．そして、通説というべき間接適用説に立つならば、宣伝放送が公序良俗違反といえる程度に達しない限り、90条違反という結論は導かれないから、このプロセスを通じて、2つの人権の衝突をかなり効果的に調整することが可能になる．

問題は、本問のように（具体的には大阪市営地下鉄事件に見られるように）、当事者の一方が地方公共団体である場合である．その点を強調していくと、直接適用が可能になり、その結果、精神的自由権として厳格な審査が要求されることになってしまうからである．しかし、営利活動であるという経営の実態に注目する限り、たまたま法形式的に公法人か私法人かという点にこだわるのは適切とはいえないであろう．

念のため、注記して置くが、諸君の論文では、私人間効力について手抜きした説明をしてはいけない．論文としてのバランスを崩さない範囲に圧縮して、きちんと理由を書き込まねばならない（詳しくは第37講を参照）．

もう1つついでに注記しておくと、プライバシー説を採った場合には私人間効力について言及する必要はない、と考える．大阪市営地下鉄車内放送事件の下級審判決が、もっぱら民法上の債務不履行や不法行為の問題として本問をとらえている点に端的に見られるとおり、プライバシー権は本来私人間に効力があるものであり、それが国家との関係でも主張される結果、人権として把握されるようになったにすぎないからである．

＊　　＊　　＊

以上に紹介したプライバシー説と21条・19条説は、本問に関する限りでは特に結論に差異が生じない．しかし、情報の発信者が国家そのものである場合には、決定的な差異を示す．プライバシー説では、公共空間であるという理由で、基本的に放送する権利の方がプライバシーに対して優越性を示すのであって、その放送者が国か民間かという点では違いが生じない．それに対して、21条・19条説では、放送者が国の場合には、私人間の場合と違って、情報受領拒否権が対国家的権利としてストレートな形で現れてくる結果、原則的に禁圧されるという結論が導かれるからである．私自身は、21条説を妥当と考えるが、その主たる理由はここにある．

冒頭に下級審判例として勝田市放送塔使用禁止請求事件をあげた．この判決そのものは、市が放送塔を通じて、市民に対して市民憲章をはじめとする様々な情報を一日中垂れ流しにすることに対する問題意識がかけらもないひどい代物であった．21条説に立つ場合には、このような放送は当然許されない．ありがたいことに、これが裁判になったことをきっかけに、少なくとも茨城県内の市町村では放送塔の乱用に対する反省が生まれたようである．私は茨城県牛久市というところに住んでいるが、ここでも、昔はやたらと放送が多かったが、近時は、緊急事態をのぞくと、夕方5時の時報放送だけになってほっとしている．

3　囚われの聴衆

本問の場合、今ひとつの大きな問題が、囚われの聴衆という点にある．先に、聞く・聞かないの自由は、その自由が侵害された状態で、人権として問題になると述べたが、その制限状態がきわめて大きい場合をこう呼ぶのである．

本件商業宣伝放送が公共の場所ではあるが、電車の車内という、乗客にとって目的地に到達するため利用せざるをえない交通機関のなかでの放送であり、これを聞くことを事実上強制されるという事実をどう考えるかという問題である．先に、本件に関する判例評釈は、権利の内容等についてあまり論じていないと述べたが、その理由は、渋谷、赤坂、高井いずれの判例評釈もタイトルにこの言葉をあげていることに見られるように、関心の中心が囚われの聴衆という点にあるからである．

伊藤判事は言う．

「人が公共の交通機関を利用するときは、もとよりその意思に基づいて利用するのであり、また他の手段によって目的地に到達することも不可能ではないから、選択の自由が全くないわけではない．しかし、人は通常その交通機関を利用せざるをえないのであり、その利用をしている間に利用をやめるときには

目的を達成することができない．比喩的表現であるが，その者は『とらわれ』た状態におかれているといえよう．そこで車内放送が行われるときには，その音は必然的に乗客の耳に達するのであり，それがある乗客にとって聞きたくない音量や内容のものであってもこれから逃れることができず，せいぜいその者にとってできるだけそれを聞かないよう努力することが残されているにすぎない．したがって，実際上このような『とらわれの聞き手』にとってその音を聞くことが強制されていると考えられよう．およそ表現の自由が憲法上強い保障を受けるのは，受け手の多くの表現のうちから自由に特定の表現を選んで受けとることができ，また受けとりたくない表現を自己の意思で受けとることを拒むことのできる場を前提としていると考えられる（『思想表現の自由市場』といわれるのがそれである）．したがって，特定の表現のみが受け手に強制的に伝達されるところでは表現の自由の保障は典型的に機能するものではなく，その制約をうける範囲が大きいとされざるをえない．」

このように，問題の指摘を行っているのであるが，その持つ法的効果に関する検討についてはお世辞にも充実したものとはいえない．単に次のように述べるだけである．

「本件商業宣伝放送が憲法上の表現の自由の保障をうけるものであるかどうかには問題があるが，これを経済的自由の行使とみるときはもとより，表現の自由の行使とみるとしても，右にみたように，一般の表現行為と異なる評価をうけると解される．もとより，このように解するからといって，『とらわれの聞き手』への情報の伝達がプライバシーの利益に劣るものとして直ちに違法な侵害行為と判断されるものではない．しかし，このような聞き手の状況はプライバシーの利益との調整を考える場合に考慮される1つの要素となるというべきであり，本件の放送が一般の公共の場所においてプライバシーの侵害に当たらないとしても，それが本件のような『とらわれの聞き手』に対しては異なる評価をうけることもありうるのである．

以上のような観点にたって本件をみてみると，試験放送として実施された第一審判決添付別紙(1)のような内容であるとすると違法と評価されるおそれがないとはいえないが，その後被上告人はその内容を控え目なものとし，駅周辺の企業を広告主とし，同別紙(4)の示す基準にのっとり同別紙(5)のような内容で実施するに至っているというのであり，この程度の内容の商業宣伝放送であれば，上告人が右に述べた『とらわれの聞き手』であること，さらに，本件地下鉄が地方公営企業であることを考慮にいれるとしても，なお上告人にとって受忍の範囲をこえたプライバシーの侵害であるということはできず，その論旨は採用することはできないというべきである.」

このように放送内容等に踏み込んだ上で，その程度では権利侵害にはならない，という判断を示したのである．このように，内容を考慮した判断を下す人のために，本問では「その内容を広域的なシェアを持つ広告主による『生活情報』ではなく，広告主を駅周辺企業とする『企業案内』としていた」という点が問題文中に明記されている．したがって，このような見解をとる人は，この文章に対する判断を論文中に書き込まねばならない．

これに対して，囚われの聴衆という問題が発生する場合には，もはや表現内容を評価する必要はない，という見解も存在する．渋谷判例評釈は，その代表的なものである．そこでは，アメリカにおける同種事件の判例（Public Utilities Committee v. Pollak = 343 U.S. 451 (1952)）におけるダグラス判事の反対意見をまず紹介する．ここでは，それ自体の紹介は割愛するが，それは要するに，現在行われている放送の内容ではなく，システムの持つ危険性を問題として，囚われの聴衆に対する放送を許すべきか否かを決定するべきだとしている．これを受けて，渋谷秀樹は次のように述べる．

「『とらわれの聴衆』というコンテクストにおける聞かない自由の保障は，先にみたダグラス裁判官の反対意見が述べるように，最大限に保障するのが正当である．なぜなら，公共輸送機関の車内の乗客は，公共の場所にいるとはいえ，そこから逃れるには，他の輸送機関の使用等の大きな負担を強いられ，また視覚への刺戟と異なり，聴覚への刺戟に対しては，有効な防禦手段をとりえないからである．ただ，公共輸送機関に必要不可欠な放送までも一律に禁止されるとするのは行き過ぎであり，放送の内容・頻度・音量・音質が考慮の対象となる．問題は，放送内容である．放送内容は，情報提供的放送（行き先案内，次の駅名，乗換え案内，降車口の方向案内等），乗車マナー啓発放送，音楽放送，政治宣伝的放送，商業宣伝放送

に分類されよう．このうち，政治宣伝的放送，商業宣伝放送は許されないと解する．表現の自由も絶対的ではない．乗車マナー啓発放送，音楽放送は，許容されるのではないかとの見解もでてこようが，乗車マナー啓発放送は，その効果自体が疑問であり，『お節介放送』である観は否めない．音楽放送も個人的な嗜好があるのでやはり許されないと解する．結局，情報提供的放送のみが許されることになるが，問題は，本件のような商業宣伝放送を兼ねた情報提供が許容さるべきか否かである．商業宣伝放送は，公共輸送機関の財源の一助とするためのものであるが，そういった考慮を比較衡量の秤にかけるのは誤りであり，あくまで乗客（聴衆）の利益からそれは判定さるべきである．このような放送について第二審判決はその有用性を指摘するが，放送時間の制約があるので，精々三件の案内が限度であり，この程度の放送は，案内放送の外観は備えているとはいえ，その実質は特定業者の宣伝放送にほかならず，結局このような放送も許されるべきではないと解する．」

要するに，悪用される可能性のある全ての放送を禁止するべきだ，としているのである．結論の当否はともかく，囚われの聴衆という論点を提起する場合には，少なくともここに取り上げられているような論点を論ずる必要があるのは明らかである．

なお，ここまでで止めておくと，この結論そのものに私が賛同していると思われるおそれがあるので，若干付言する．正直に言って，この結論まで踏み込んで制限する必要があるか，というためらいを私は感ずる．営業活動として行われている放送の場合，乗客の多くに嫌悪感を与えるような放送は当然経営という観点から見てマイナスであるから，そこに自ずと歯止めが働くはずであり，ダグラス判事のように最悪の場合を考える必要は通常はない，と思われるからである．上述したアメリカの事件の場合，乗客の93％は放送に反対しておらず，積極的に反対していたのは3％程度であったことなどから，法廷意見は権利侵害にはなっていないと結論を下したのであるが，その方が社会的妥当性を有すると言うべきであろう．

しかし，繰り返して強調するが，国家等による場合は話が別である．受け手側の好感度の大小というような歯止めが働かないからである．その意味で，先に述べたとおり，公的放送と私的放送を峻別して論じうる21条説の方が，プライバシー説より妥当と考えるのである．

第 40 講　政教分離

■問題■

　YはA県の県知事である．
　近年，Yの支持率がA県内において下がる傾向があることから，Yは，このまま支持率の低落が続けば，次回の県知事選挙では，落選の恐れがあると考えた．そこで，支持率のテコ入れ策をいろいろ検討した．A県下には，神秘的なたたずまいを見せる湖をご神体とするB神社があり，県民の中に少なからぬ信者がいる．Y自身はまったく宗教を信じていないため，従来宗教団体に向けた活動を行っておらず，前回の選挙では，その関係の票が全く得られていなかったが，いま仮に，B神社の信者の票を確実に取り込むことができれば，劣勢を挽回できるという結論に達した．
　そこでYは，毎年秋に行われる同神社の最大の祭事である例大祭に際して5,000円の初穂料を県知事交際費から支出して奉納し，その事実を積極的に県下にアピールした．また，同神社の信者の反発を買うことを恐れて，他の宗教団体にはそうした支出は一切行わず，そのこともまた，積極的にアピールした．
　そうしたところ，それまでB神社の信者ではなかったA県民の中に「知事が初穂料を奉納するほどの神社だから，さぞ霊験あらたかなのだろう」と考える者が現れた結果，B神社へお参りをすることが，県内である種のブームとなり，同年の参拝者数は例年の倍以上になった．
　これに対し，A県民であるXは，地方自治法242条に従い，A県監査委員に対し，Yの公金支出は憲法20条3項および89条に違反しているとして住民監査請求を起こした．しかし，監査委員Cは，Bは自然の湖を畏敬崇拝するだけで，何ら教義や経典を持つものではないため，そもそも宗教とは言えないこと，また，仮にBが宗教団体であるとしても，Yの意図が政治的なものであって，宗教目的でないこと，奉納額が5,000円という少額であるため，Bの活動に対する経済効果も無視できるほど小さいこと，YはBと，初穂料を奉納したことを除けば特に関わりを持っていないことを理由として，問題はないと結論し，Xにその旨を通知した．
　そこで，Xは，同法242条の2に従い，Yに対し，今後における初穂料支出の差し止めと，既に支払った初穂料相当額の損害賠償をA県に支払うことを求めて住民訴訟を起こした．

(1)　Xの訴えの，憲法上の問題点について論ぜよ．
(2)　Yが，宗教票を掘り起こす目的から，B神社だけでなく，県内のすべての宗教団体に対して，知事交際費から，初穂料，献金その他，それぞれの宗教団体の用語に従った寄付を，一律に5,000円ずつ行った場合に，Xが訴えを起こしたとした場合については，(1)と結論が変わるか否かを論ぜよ．

●類題 1
　公立A高校で文化祭を開催するにあたり，生徒から研究発表を募ったところ，キリスト教のある宗派を信仰している生徒Xらが，その宗派の成立と発展に関する研究発表を行いたいと応募した．これに対して，校長Yは，学校行事で特定の宗教に関する宗教活動を支援することは，公立学校における宗教的中立性の原則に違反することになるという理由で，Xらの研究発表を認めなかった．
　上記の事例におけるYの措置について，憲法上の問題点を指摘して論ぜよ．

第 2 章　精神的自由権論　　　　　　　　　　　　　　40　政教分離

（平成 10 年度司法試験問題）

●類題 2
　A 市は，市営汚水処理場建設について地元住民の理解を得るために，建設予定地区にあって，四季の祭を通じて鎮守様として親しまれ，地元住民多数が氏子となっている神社（宗教法人）境内の社殿に通じる未舗装の参道を，2 倍に拡幅して舗装し，工事費用として 100 万円を支出した．なお，この神社の社殿に隣接する社務所は，平素から地区住民の集会場としても使用されていた．A 市の右の措置について，憲法上の問題点を挙げて論ぜよ．

（平成 4 年度司法試験問題）

■この講での論点細目次と論述のヒント■

はじめに
(1) 出題の狙い
(2) 逆転の説明
　① 目的効果基準の標準
　② レモンテストについて
　③ エンドースメントテストについて
　④ 学説のスタンス
1　宗教概念について
(1) 欧米の宗教概念と神道の特殊性
(2) 戦前における国家神道非宗教論と現行憲法
2　政教分離の意義
(1) 政教分離の「政」の概念
(2) 政教分離の「教」の概念
(3) 政教分離の形態
　① 部分的分離主義
　② 完全分離主義
　③ 敵対的分離主義
　④ わが国における分離形態
3　政教分離の法的性格
(1) 制度的保障説の問題点
(2) 人権説
(3) 制度説
(4) 客観的禁止原則
(5) 制度的保障説の問題点について
4　国家と宗教の分離の限界
(1) 総　論
(2) 津市地鎮祭訴訟最高裁判所判決の今日における問題点
　① 神道の除外性
　② レモンテストとの異同
(3) 愛媛玉串訴訟最高裁判所判決のポイント

はじめに

(1)　出題の狙い

　本問は，見れば判るとおり，愛媛玉串訴訟（最大判平成 9 年 4 月 2 日＝百選〈第 5 版〉100 頁参照）をベースに作問されている．特に，その最大の特徴であるエンドースメント・テストを行い易くするべく，作問に工夫が凝らしてある．

　政教分離は，旧司法試験においては頻出領域で，類題に示したとおり数年おきに出題されており，新司法試験においても同様の傾向が示されるものと予想される．新司法試験では，細かな事実関係が示されるので，本問では，それに準じる程度に事実関係を詳しく書き込んで，そうした事実に準拠した論点展開を促すように工夫している．

(2)　逆転の説明

　答案を見て痛感するのが，多くの人が論点を押さえてはいるのだが，何故それが論点なのか，ということに対する認識が不十分だ，ということである．答案における論点とは，最終的な結論を，しっかりと論証するために必要な情報をいう．だから，あらゆる論点は，最終的な結論と有機的に結びついていなければならない．そこで，各論点が，なぜ論点なのかという理由がおおよそ判っていれば，論文の展開のさせ方が理解できるのではないか，と考えて，説明を試みるものである．普通であれば，最初の論点から始めて，結論に向けて説明す

るのだが, ここでは, その流れを逆転して, 最後から逆に遡ぼる説明をしてみようというわけである.

① **目的効果基準の標準**　この問題には, 津市地鎮祭（最大判平成9年4月2日＝百選〈第5版〉100頁参照）と愛媛玉串訴訟という2つの大法廷判決がある. そこで, ここで絶対に理解しておかねばならないのが, 後から出た愛媛玉串判決は, 津市地鎮祭判決に抵触する限度において, 津市地鎮祭判決を修正しているということである. それをきちんと認識しないままに, 津市地鎮祭判決のレベルで答案をまとめてしまう人が意外に多い. それは, 絶対に落第答案なのである.

愛媛玉串判決の導入部は, 津市地鎮祭判決をそっくりなぞっている. だから, そこの部分については判例変更はない. 違いが出てくるのは, 津市地鎮祭判決の作り出した目的効果基準の細部からである. なぜ, 第2の大法廷判決を必要としたかというと, 津市地鎮祭判決の目的効果基準には, 大きく分けて2つの問題があったからである.

問題の第1は, 目的効果基準が, 極めて主観的な基準であったことにある. そのために, これを忠実に事件に適用したにもかかわらず, 同じような事件に対する下級審判例が, 合憲と違憲に極端に分かれるという事態が発生してしまったのである. これが, 愛媛玉串判決というもう1つの大法廷判決を必要とした第1の理由である. 愛媛玉串判決は, 目的効果基準を判断する基準として, 客観性, 換言すれば一般人標準説を導入したのである.

② **レモンテストについて**　今ひとつの大きな判例変更は, 愛媛玉串判決が, それまでの目的効果基準に換えてレモンテストを導入したことである. よく, 目的効果基準とレモンテストは同じものである, という錯覚に基づく論文を書く人がいる. しかし, この2つは本来は全く関係がない. 両者が結びついた経緯を, 山元一は次のように説明している.

「芦部先生は, 1977年の津市地鎮祭事件最高裁の少数意見の方に本当は賛成しておられたが, 判例としては目的効果基準説が定着しているので, 実践的見地からこれを厳しく読むことはできないか, として論陣を張られた. それで, 精力的にアメリカの判例を調べられて, レモンテストというものを1つの基準にする. これは, ①世俗的目的を持ち, ②主要な効果が宗教を促進したり抑制したりせず, ③宗教との過度の関わり合いをもたらさないという, 3つの条件です.〈中略〉レモンテストと比べてみると, こちらでは『関わり合い』というのが注目されていない. それからレモンテストでは, ①②③のどれかに当たれば違憲であるのに対して, 日本の最高裁の場合は, 全部当てはまらなければ違憲とならないと考えているようだ.」（『憲法判例に聞く』日本評論社64頁）

つまり, すなわち, 目的効果基準とレモンテストは, 単に第3の過度の関わり合いという要件が落ちているという以上の, 異なる基準なのである. そして, 愛媛玉串訴訟判決は, 政教分離における審査基準を, 従来の目的効果基準から, レモンテストに切り替えた, という意味で, きわめて重大な判例変更なのである. だからこそ, 大法廷を開く必要があったと理解してほしい.

この結果, 諸君として論文を目的効果基準に換えてレモンテストで書くという必要が, 従来以上に強くなった訳であるが, そのことが答案構成に与える影響はきわめて大きい. 山元一の指摘するとおり, 目的効果基準では, 2つの要件のいずれにおいても違憲という結論が出て, 始めて全体として違憲と結論を下すことができる. それに対し, レモンテストでは, 3つの要件のうち, どれか1つについて違憲と結論が出れば, それで違憲という答えが確定する. 実際, 愛媛玉串判決では, それを精読すれば判ることだが, 第3の過度の関わり合いという新たに加えた要件についてだけ検討して, 玉串料の奉納について違憲という結論を導いているのである. つまり, 前提としてレモンテストが正しいと書きながら, 津市地鎮祭判決当時の予備校本などにしたがって, 3つの要件のそれぞれについて違憲か合憲かの議論を書いたりすると, その書き方自体で減点されかねないことになる.

③ **エンドースメントテストについて**　愛媛玉串判決の重要性は, 過度の関わり合いの判断に際して, その曖昧さを避けるため, エンドースメントテスト（Endorsement test）という補助的な審査基準を導入した点にある. このことも, 絶対に書

き落としてはならないな論点である．それを書かずに，単に主観的な表現で，過度か否かを論じた場合には，やはり原点要因になると考えてほしい．これについて詳しくは後述する．

④ **学説のスタンス**　普通であれば，論理の細かな流れはともかく，学説は，判例の結論にはあまり大きく異を唱えないものである．愛媛玉串判決に関しても，それはいえる．しかし，そこでの問題は，この賛成はきわめて苦渋の判断であって，諸手を挙げての賛成ではない，ということである．だから，論理必然的に判例の結論が出る，式の全面是認型の論文は，高い評価を得ることはできない，ということである．

ここで問題は，米国と日本では，後述するとおり，違う型の政教分離だという点にある．さらに，レモンテストは，違憲立法審査基準であって，決して津市地鎮祭判決や愛媛玉串判決で問題となった事実行為に対する基準ではない．こうしたことから，学説としては，本当はこの審査基準の使用を是認したくないのである．しかし，導かれる結論が，少なくとも目的効果基準よりは良いために，判決の限りでは承認せざるを得ないと考えるのである．

このあたりのフィーリングがにじみ出るようだと，良い論文といえることになる．

以下，この目標に向けて，議論を展開してみよう．

1　宗教概念について

この節に書くことを，このまま論文に書く必要はない．しかし，詳しくは後述するが，実はこれは神道が絡む問題について，目的効果基準ないしレモンテストを使用する際の根本的な問題点，すなわち上述した学説の苦渋の決断という部分と密接に結びついた問題があり，それを正確に理解していない限り，後の書き方に決定的に影響を与えることになるので，説明する．

(1)　**欧米の宗教概念と神道の特殊性**

わが国における信教の自由の持つ意義を正確に理解するには，神道を理解しなければならない．すなわち，欧米流の宗教は「特定の教祖，教義，教典を持ち，かつ教義の伝道，信者の教化育成」等を目的とするものである．

これに対して，わが国の神道の本質は「超自然的，超人間的本質（すなわち絶対者,至高の存在等．なかんずく,神,仏,霊等）の存在を確信し，畏敬崇拝する心情と行為」（「」内はいずれも津市地鎮祭名古屋高裁昭和46年5月14日判決から引用）であるにすぎない．

つまり，しっかりした教義体型を持つものだけを宗教と考える場合には，神道は宗教たり得ない．

(2)　**戦前における国家神道非宗教論と現行憲法**

このように，欧米流の宗教概念と大きく懸け離れたところに神道が存在するために，神道非宗教論，すなわち「いわゆる国家神道または神社神道の本質的普遍的性格は，宗教ではなく国民道徳的なものであり，神社の宗教性は従属的，偶然的性格である」（戦前における政府の公式見解）という主張が容易に導かれる．明治政府は，このことを更に強調するために，神社に対して宣教活動と葬儀の実施を禁ずるという取扱いを行う．もっとも，神道においては，江戸後期の国学者平田篤胤（1776年～1843年）がにわかに宗教性を付与するまでは，宣教活動をすることはなかったし，葬儀を実施したことがなかったから，これはむしろ平田国学による影響を除去して，本来の姿に戻したと言って良い．以後，明治憲法下において，行政的には神社は非宗教として取り扱われることになる．

他方，旧憲法28条は，一般に信教の自由の保障を行ったが，この条文からは法律の留保条項がはずされており，代わりに，信教の自由に優越するものとして「安寧秩序ヲ妨ケス及臣民タルノ義務ニ背カサル限ニ於テ」という制限を伴っていた．そこで，安寧秩序や臣民の義務に抵触すると解された場合には，法律を要せず，警察命令によって取り締まることが可能と解釈されていた．これを受けて，行政監督が厳しく実施された．

この結果，旧憲法下においては，天皇を中心とする神道に慣習法的に国教的な取扱いがなされ，その行う宗教行事への参加は臣民としての義務とされた．

このような2つの要因から，旧憲法の下における信教の自由の保障は不完全なものであることを免れなかった．

しかし，このような事態は，第2次大戦の終了とともに一変した．昭和20年12月15日，連合国最

高司令官総司令部から政府にあてて、いわゆる神道指令（正式には「国家神道,神社神道ニ対スル政府ノ保証支援,保全,監督並ニ弘布ノ廃止ニ関スル件」）が発せられ、これにより神社神道は一宗教として他のすべての宗教と全く同一の法的基礎に立つものとされると同時に、神道を含む一切の宗教を国家から分離するための具体的措置が示された.

現行憲法20条が、通常の欧米型の宗教との関係であれば何よりも問題とされる宣教活動を拒否する自由を問題とすることなく、一足飛びに「宗教行事への参加を強制されない（2項）」と規定しているのは、わが国神道が宣教活動を行うことなく、一般人に宗教行事への参加を求める（例えば、氏子町に住む者に信仰の有無を問わず、神輿を担ぐことを求める）という特殊性に鑑みてのことである.

ちなみに、戦後、自由民主党では何度か、靖国神社国営法の制定を試みた. その場合にも、理論の支柱は、靖国神社の非宗教性にあった. しかし、内閣法制局が、その法案制定の条件として、靖国神社にすべての祭事を禁止する条項を挿入したので、靖国神社側の抵抗により廃案になっている. 要するに、神道を宗教ではない、というのは、神社関係者に対する重大な侮辱となるのである.

* 以上に述べたところから明らかなように、わが国において政教分離を論ずる場合、神道を避けて通ることはできず、したがって、神道を念頭に置いて宗教概念を構成する必要がある. また、わが国で厳格分離ということがいわれる根拠も、こうした神道との関わりの中から生まれたことを見落としてはならない.

2 政教分離の意義

わが国では、上述のように神道があることからくる宗教概念の特殊性から、政教分離概念についても、また、欧米諸国の概念をそのまま持ち込むことができない. すなわち、わが国特有の概念と把握する必要が発生する. そもそも、政教分離という概念は、欧米においてすら、きわめて多義的な概念であって、厳密に定義を下さない限り、議論が噛み合うことがないのである.

(1) 政教分離の「政」の概念

政教分離というとき、それが「政治」と「宗教」の分離ということであれば、これは祭政一致（宗教理念にしたがって政治を行う）の反対語であって、近代民主主義国家でこれを採用していないところはない. 今日の世界では、わずかに、イスラム原理主義者によって、そうした理念が実行されている国が一部に存在する程度である. イギリスのように、国教制度を採用している国においてすら、宗教理念にしたがって政治が行われているわけではないから、政教分離が実現されていることは明らかである.

したがって、ここで論ずる必要があるのは、政治と宗教の分離という意味での政教分離ではない. すなわち国家と宗教の分離として論じなければならない. したがって、「国教分離」という表現の方が、本当は正確である. 政教分離という用語は、慣行的に使用されているが、その真の意味については、十分に注意しなければならない.

(2) 政教分離の「教」の概念

今ひとつの問題となるのが、「教」という部分が教会（宗教団体）を意味するのか、それとも宗教を意味するのかという点である. 欧州においては、一般に、国家と教会の分離（separation of Church and State）が、政教分離という用語の下においては問題とされている. その場合、国家は特定の教会（宗教団体）に有利にならない限り、宗教活動を行うことは何ら問題にはならない. すなわち、国家の非宗教性は、ここでは要求されない.

これに対して、わが国では、国家と宗教の分離（separation of Religion and State）を意味する、と解するのが、通説・判例である. しかし、国家と教会の分離だと主張する有力な異説があることを忘れてはならない.

異説があるということは、これが論点だと言うことであり、したがって、こう述べるには、根拠が必要である. 通説・判例であるということは、理由付けはそうくどく書く必要はないということを意味するだけで、書かなくてよいということではないのである. さらに、ここで注意しておく必要があるのは、憲法20条1項は明確に宗教団体について述べ、また、89条前段は、公金の支出等を禁ずる対象として「宗教上の組織若しくは団体の使用,便益若しくは維持」ということを上げている点である. 一般に、89条前段は20条3項の財政的表現と説かれるが、条文上は明らかに、国家と教会の分離を定めているのである. さらに、継受法解釈からすれば、米国法は国家と教会の分離だと

いう点も，通説・判例にとって不利な点である．ありがたいことに，しかし，そうしたことを根拠に国家と宗教団体の分離だと主張する説は少数説だから，諸君が通説的立場に依る限り，あまりくどく反論を書く必要はない．

（3） 政教分離の形態

政教分離について書くに当たっては，基本的なポイントは押さえておかねばならないので，いきなり論拠について説明する前に，世界各国における政教分離には，どのような形態があるのか，という点から見ていくことにしよう．念のために注意するが，以下のことを諸君の論文に書く必要はない．そもそも諸君は，政教分離は万国共通の原理であるかのように誤解している場合が多い．しかし，政教分離の程度には，国ごとに様々な差異がある．ここから説明することは，まちがっても諸君の論文に書き込む必要のないことであるが，自説の根拠付けにあたり精確さを確保するためには，是非理解してくれねばならないことである．

広い意味での政教分離は，国教制度を採用しているイギリスにさえ認めることができる．狭義の政教分離，すなわち，日本のような国家と宗教の分離制度を採用している国は，欧米にはない．米国と日本は完全分離という点で同一というような書き方をする人がいる（一流の教科書でさえ，そう書いてあるものがあることは承知している）が，上述のとおり，米国で論じられるのは国家と教会の分離であるから，この重大な差異を度外視して同一呼ばわりすることは，明らかに問題がある．

国家と教会（宗教団体）の分離に限定しても，各国で，かなり異なる制度が見られる．それを行う政治的動機により，大きく3つに分類することができる．それは部分的分離主義，完全分離主義及び敵対的分離主義である（この分類方法は，田中耕太郎『教育基本法の理論』有斐閣，昭和36年，534頁以下に準拠している）．

① 部分的分離主義 部分的分離主義は，特定の宗教を国教として認めることをせず，すべての宗教団体を社団として認めるが，それらの社会的重要性，人心に対する良好な影響等を考慮して公法上の社団として他の普通の社団よりも有利な待遇を与える，というものである．ドイツやベルギーにおいて採用されている．

ドイツの場合，信教の自由は連邦憲法（基本法）4条において明確に保障されている．しかし，同7条3項は「宗教教育は，宗派に関わりのない学校を除いて，公立学校においては正規の授業科目である．宗教教育は，国の監督権を妨げることがなければ，宗教団体の教義にそって行われるものとする．いかなる教師も，その意思に反して宗教教育を行うことを義務づけられるものではない．」と定める．この結果，公立学校において正規の授業科目として，その児童の信ずる宗教教育が行われている．仏教など，その学校の校区内に居住する信者の数の少ない宗派の児童や宗教を持たない児童については，その時間には倫理教育が行われている．

さらに，同140条は，ワイマール憲法136条〜139条および141条の規定は「この基本法の構成要素である」と宣言している．要するに過去の憲法の一部の条項がそのまま現行憲法の一部となっている．これらワイマール憲法の条項のうち，特に注目する価値があるのが，137条である．同条5項は「宗教団体は，従来公法上の団体であった限りにおいて，今後も公法上の団体である」とし，これを受けて6項は「公法上の団体たる宗教団体は，市民的課税台帳に基づき，ラントの法の規定の基準にしたがって，課税する権利を有する」と定める．要するに，教会は，教区民から教会税を徴収する憲法上の権利を有しているのである．

現実には，その教会税の徴収は，教会自身が行うのではなく，国家の租税徴収機関（日本流にいえば税務署）が，その本来の租税を徴収する傍ら行う．そして，その租税徴収機関管内に居住する各宗派の信者の比率に応じて教会税を各宗教団体に分配するのである．

このように，部分的政教分離では，国家がすべての宗教団体に，等しく協力的な態度をとる点に特徴がある．

② 完全分離主義 完全分離主義の下においては，部分的分離主義と違って，宗教団体を公法人とするなど，国の活動の一部に組み込むことは認められない．しかし，宗教に対する好意的な立場から，すべての宗教団体に対して一般私法の社団法の基礎の上に，一様に結社の自由が認められる．米国が典型である．

米国の場合，政教分離とは，国教の禁止を意味する（米国憲法第1修正「連邦議会は，国教を樹立し，または宗教上の行為を自由に行うことを禁止する法律〈中略〉を制定してはならない」）．そして，この国境樹立の禁止を確保するための手段が，政教分離である．その結果，国家と宗教団体

の分離で十分ということになる．だから，議会，裁判所，軍隊等には公務員としての地位を有する聖職者を置き，その施設内で，施設を利用して，その庇護の下に宗教活動を行う自由を認める．大統領就任式や国葬など主要な国家儀式はすべてキリスト教式で行われていることは広く知られているとおりである．

③ **敵対的分離主義**　敵対的分離主義の下においては，宗教団体の組織権を一般私法の枠内で認める点では完全分離主義と同様であるが，反宗教的な立場から，他の社団に許容する自由を宗教団体に関しては根本的に制限することになる．その例は，フランスやかつてのソ連にみられる．

フランスの場合，国家の非宗教性（Laicite de l'Etat）ということがいわれる．革命によって生まれたフランス共和国の政教分離はきわめて先鋭的で，すでに1886年の時点で「宗教を排除した義務教育」や「教師の宗教的中立義務」に関する法律を制定している．1790年以降の第1共和制下においては，徹底的な宗教弾圧が行われた．すなわち教会財産は国有化され，修道院は当初統廃合され，後に解体された．従来聖職者であった者は，当初は公務員とされたが，後には聖職の放棄と妻帯の強制が行われた．これにより，3万人以上の聖職者が国外に亡命し，ほとんどは王政復帰後にも戻らなかった．

1789年のフランス人権宣言には信教の自由の保障条項はなく，その後1791年に制定されたフランス最初の憲法以降，今日の第5共和制憲法に至るまで，信教の自由の保障規定はない．現行第5共和制憲法において信教の自由に関わりのある唯一の規定は第1条「フランスは，不可分の非宗教的，民主的かつ社会的な共和国である．フランスは出生，人種または宗教による差別なしに，法の前の平等を保障する」という文言のみである．

現在においても，敵対的政教分離が生きていることは，2004年にフランス議会が「公立学校における宗教的シンボル禁止法」を圧倒的多数で可決した点に端的に見ることができる．これは広くは宗教を理由とした公共ルール違反を認めるべきではないとの問題意識に立っているが，直接には，公立学校でイスラム教徒の女性がスカーフを頭に着けていることを禁止するものである．この法律は2004年9月に施行されたが，10月には早くも頑としてスカーフをはずさずに公立学校に登校した12歳及び13歳の女生徒が，この法律に基づき退学処分となった．なお，同様の制度をトルコでも採用している．

（4）　**わが国における分離形態**

この分類の中でどれかに無理矢理位置づける，という前提をとるならば，確かにわが国は，完全分離主義に属する．決して宗教を敵視してはいないが，受け入れてもいないからである．そこで，従来，わが国の政教分離を論ずる際にも，完全分離主義の典型たる米国における憲法理論を導入して論ずることが行われてきている．しかし，わが国にいう政教分離とは，欧米とは異なり，国家と宗教の分離ということを考えるとき，その継受に当たっては慎重でなければならない．

問題は，なぜ継受法や文言にも拘わらず，国家と宗教の分離を意味するものとして，すなわち最高裁の言葉を借りれば「国家の非宗教性ないし宗教的中立性を確保しようとしたもの」という結論が導かれるのか，という点にある．

宮沢俊義は，この国家の非宗教性を「宗教をまったくの『わたくしごと』にする必要がある」から，と説明している（『憲法II〈新版〉』355頁）．なぜそうする必要があるかというと，「明治憲法の政教一致主義の下で信教の自由がまったく否定されていたことにかえりみ，かような国家の非宗教性または政教分離を採用することにした」と説明する．国家と宗教の分離と解する根拠について言及している教科書では，一般にこのような戦前との決別を理由としてあげている（例えば長谷部恭男『憲法〈第4版〉』196頁，浦部法穂『憲法学教室〈全訂第2版〉』137頁等）．だから，諸君としては，この点の理由付けとしては，ここまでを書いておけば十分である．

ただし，私はこの点について若干異論を持っている．この機会に，簡単に説明する．上記の説明は，要するに戦前において，神道が事実上国教適地委にあったと述べているに他ならない．しかし，単に国教樹立の否定というだけの問題であれば，米国憲法レベルの分離でも十分なのである．すなわち，米国は，英国国教会の弾圧を逃れた清教徒から出発した国であり，国教樹立の禁止には極めてセンシティブなのであるが，そこが宗教団体との

分離で十分としている以上,宗教そのものとの分離まで要求する根拠としては,比較法的に見て不十分と言わざるを得ない.

　私見によれば,次の点が決定的な理由となる.すなわち,わが国信教の自由の,諸外国に比べての大きな特徴は,憲法20条2項が宗教行事への参加強制の禁止を規定している点に端的に示されるとおり,明確に宗教を信じない自由を予定している点にある.これは米国憲法第1修正が,国教の禁止という形で信教の自由を保証しているのにとどまる点と大きな違いである.

　わが国において,無宗教の自由の尊重される理由は,キリスト教諸国やイスラム教諸国等と異なり,各種の宗教が多元的,重層的に発達,併存してきているために,特定の宗教が国民の日常生活を規制する機能が低下し,ひいては宗教を有しない者の数が非常に多くなっている点に求められるであろう.宗教行政を所轄する文化庁が毎年,刊行する『宗教年鑑』をはじめ各種統計資料にも,各宗教教団から提出された宗教別信者数の総合計が,2億1,600万人と日本の総人口の1.8倍にもおよぶ数値が示されている.他方で,世論調査で,「あなたは何か,信仰とか信心とかを持っていますか」と聞いた場合の回答では,無宗教と答える人の割合は確実に70%を超えるのである.

　これに対して,例えば米国では,無宗教者はほとんどいない.次の表には,全米人口に対してわずか0.3%の比重しか持たない宗教までが載っているが,無宗教は載っていない.すなわち,無宗教というのは,米国においては,このような統計レベルでは現れてこないほどの少数者である.したがって,すべての宗教を等しく有利に扱うことにより,信教の自由の保護が事実上可能なため,国家と教会を分離すれば十分であって,国家から宗教までも排除する必要はない.その結果,すべての宗教団体に,等しく特権を与え,若しくは公金を支出する行為は,米国では,政教分離原則違反とはならないのである.

　これに対して,わが国では,米国におけるキリスト教徒に匹敵する割合が,無宗教者なのである.したがって,わが国における信教の自由を論ずる場合には,宗教を信じない自由を無視することはできない.何らかの宗教を信ずる者を等しく有利に扱うことは,無宗教者を相対的に不利に扱うことを意味するから許されない,というべきである.

　このように理解した場合,20条1項で宗教団体に対する特権の付与を禁じ,あるいは89条で公金等の支出を禁じたのは,きわめて厳格な禁止を意味するものと理解しなければならない.後に説明するレモンテスト,エンドースメントテストの使用にあたり,注意するべき点である.

3　政教分離の法的性格

　わが国の政教分離の法的性格に関しては,激しい説の対立が存在している.通説判例は,制度的保障説であるが,人権説,制度説及び客観的禁止説がこれに厳しい批判をあびせているのである.これら3説は基本的に制度的保障説の批判を基礎としているので,どの説を採る場合にも,制度的保障説の正確な理解を欠かすことはできない.ここでも念のために注意するが,諸君の論文で,説を並べる必要はない.自説とその根拠を書けば十分である.しかし,何を根拠とするか,ということは,他説が自説の何を批判しているか,という点を承知していなければできないことなので,他説を紹介するのである.

(1)　制度的保障説の問題点

　政教分離が制度的保障であるかどうかを考えるには,まず,制度的保障そのものがどのような概念なのかを明らかにする必要がある.この概念は,法律の留保を説明するためにドイツのカール・シュミットが考えだしたもので,一般に,組織された既存の制度に対して,憲法的保護を与え,その制度の核心（本質的内容）の侵害されないことを立法権からも保障する法的保障であると説かれる.制度的保障の対象になっているのは制度自体であって,個人の人権そのものではない.すなわち制度は,原則として自由と峻別される.しかし,両者は無関係なものではなく,制度が個人の自由の保護,強化に仕えるという補充的な性格を持つ点に特徴が顕れる（制度の中核をなしているのが自由権であると,書いたりする人が時々いるが,間違いである）.制度そのものを改変したり,廃止したりするには憲法改正によらなければならない.その反面で,制度の周辺的な要素については法律による規制が可能である.

政教分離を制度的保障と把握する場合の議論の内容は後に紹介することにして，ここでは最初に，変則的であるが，制度的保障説にどのような問題点があるかを見ておくことにしよう．

制度説に反対する学説は，基本的に，制度的保障という理論を使用すること自体を拒否する．その理由は大きく3点に求めることができる．

第1に，制度的保障説は，もともと「法律の留保」を伴う憲法規定の説明手段として開発されたものであるから，わが国現行憲法のように法律の留保なく，すべての人権が立法権に対して保障されている法制の下では，その必要性が低下している．

第2に，自由権は一般に国家からの自由という性格を有しているのであるから，国家を前提とし，その法律によって人権が規制されることを予定している制度的保障説は，基本的に相容れない性格を有するこは否めない．その結果，当該制度的保障が奉仕すべき人権規定の保障がかえって弱められるおそれがある．

第3に，政教分離に関しては，憲法は，国教制度の内容を定めてそれを明確に忌避（政教分離原則の明確化）しているのであって，制度を積極的に創設することにかかわる制度的保障の理論によるべき場合ではない（制度の本質的内容を云々する余地がない）．

(2) 人権説

人権説は，主として第1と第2の批判の上に立って，信教の自由の保障は，政教分離を行わない限り，不可能であるから，信教の自由と政教分離は統一的に理解されなければならないと説く（芦部信喜）．このように，政教分離原則自体が人権であるなら，政教分離原則違反の事態が発生すれば，常に誰でも違憲訴訟を起こせそうに思える．しかし，芦部信喜は，「政教分離原則と狭義の信教の自由とを統一的に解するといっても，政教分離原則の違反を理由として（住民訴訟による場合は格別）直ちに違憲訴訟が一般的に認められるわけではない．」（芦部信喜『演習憲法〈新版〉』有斐閣82頁）と述べているので，現実問題として，制度的保障説とどれだけ違うのか，不明なためである．芦部説を採って論文を書く人は，ここに紹介した演習憲法のほか，『憲法判例を読む』（岩波書店）その他を併読して，自分なりの説明を確立するように努力してほしい．教科書レベルの記述では，論文としては不十分である．

(3) 制度説

佐藤孝治は，上記の第3の点を重要な根拠として，政教分離は，特定制度の不存在が保障されている，とする（佐藤幸治『憲法〈第3版〉』498頁参照）．その指摘するところによれば，本来ドイツのカール・シュミットが主張した制度的保障説は制度の積極的な創設に関わるものであって，政教分離のように特定制度の不存在にかかるものではないとする．その上で，政教分離原則は，「個人の信教の自由の保障を完全なものにすることに向けられた制度であり，その内容は憲法上明示されており，その明示したところに従って公権力を厳格に拘束する」ものと解する．

佐藤幸治自身は，「制度としての人権」という概念を有しているが，政教分離に関しては，そのような理解ではなさそうである．制度的保障と同様の，客観的制度として把握しているように思われる．したがって，制度的保障説との差異は，政教分離を，制度の現状の保障（Status-quo-Garantie）を行うと把握していると理解することが許されるだろう．すなわち，単に制度の中核ばかりでなく，憲法がいう政教分離に相当する制度のあらゆる面において絶対的不可侵を保障したものと解しているのである．

しかし，このように主張するときは，後に述べる，分離の限界という困難な問題とぶつからざるを得なくなる．そこで，佐藤は，1項及び2項に言う宗教と，3項の宗教とでは，概念の内容が異なると説くことで，これを解決しようとする．すなわち「前者の『宗教』は広く解するべきであるが，後者の『宗教』は，何らかの固有の教義体系を備えた組織的背景を持つものと解される」（佐藤500頁より引用）．したがって，佐藤説に従った場合にも，本問では，監査委員Cが主張するとおり，宗教性が否定されることになる．但し，その根拠として，佐藤は「不合理な結論が導かれるから」ということしか上げていない．このような記述では，諸君の論文では合格点をあげる訳にはいかないので，佐藤説を採る場合には，この点についての補完を自ら試みなければならない．

（4） 客観的禁止原則説

戸波江二は，佐藤と同じく上記第3の点を根拠として，制度的保障と解するのを拒否し，客観的禁止原則という（戸波『憲法〈新版〉』（ぎょうせい）129頁）．この客観的禁止原則については，同書228頁で次のように説明している．

> 「政教分離原則は，〈中略〉国家が宗教に関与することを客観的に禁止する原則とみるのが妥当である．とはいえ，それは個人の信教の自由を強化・保護するためのものであり，国家と宗教の分離は厳格でなければならない．」

これだけではちょっと判りにくいので，もう少し補足して説明すると次のようになる．第1に「客観的」とつけたのは，上記権利説との違いを強調する趣旨なので，この付加語は本来は必要ではない．「禁止」とは，政教分離原則が国家が宗教と結びつき，あるいは宗教に関与することを禁止した，という意味である．例えば憲法9条が，「戦力は保持しない」とする規定は，国家が戦力を保持することを禁止した規定だが，それと同じように憲法20条3項を理解する．ここで「原則」としたのは，制度的保障との区別を強調する意味である．すなわち，制度的保障の観念は，前述のとおり，本来，特定の制度があって，それを特別に憲法上保障した規定をさす．政教分離原則は，先に制度的保障の問題点として指摘したとおり，国家に対する禁止規定であって，保障されるべき特定の制度をもたないと考えるので，この表現になるのである．例えるならば，制度的保障説は，餡ドーナツみたいなもので，中心にある餡の部分が保障されていると考える．それに対し，禁止原則説は，真ん中に穴の開いたドーナツみたいなもので，真ん中の穴を何かで埋めることが禁止されていると考えるのである．

この考え方は，制度的保障という言葉を使用しない点を除くと，通説・判例の理解ときわめて近い．というより，通説で，制度的保障という伝統のある言葉を使用することから発生する弱点を，客観的禁止原則という理解によってカバーしている点を除くと，通説の理解とほとんど違いがない．その意味で，現在存在する説の中ではもっとも妥当性の高い説と私は考えている．その場合，上記第1及び第2の弱点をどうカバーするかが問題となる．この点は，通説である制度的保障説でも同じことなので，項を改めて次に併せて説明する．

（5） 制度的保障説の問題点について

上述のとおり，権利説ないし制度説には十分な説得力がないと思われるので，基本書として芦部信喜や佐藤幸治を使っている諸君も，この場合だけは制度的保障説ないし客観的禁止説に依拠して書くのが，学生の論文としては無難である．その場合，上記問題点の特に第1及び第2についての説明方法として，多くの論者の賛同を得ているのは，戸波江二の説く理解である．

それによれば，通常，制度的保障説で最大の問題点と指摘されることの多い，何が制度の不可侵の核心（本質的内容）か，を決定するのは，理論そのものの問題ではない．「本質的内容をどのように確定するかという問題がそもそも優れて実践的な解釈問題であって，本質的内容の広狭は究極的には解釈者の価値判断によって定まる．」そして，このように本質的内容の範囲がこの理論自体から論理必然的に導かれないとすれば「結局のところ，いかなる立法が制度的保障の本質的内容を侵して違憲となるかの判断にあたっては，実は，制度的保障の理論は何の役にも立っていないことを意味する．」では，制度的保障理論の意義はどこにあるかといえば，それは制度的保障だとされる特定の憲法規定が人権を直接に保障する規定ではなく，一定の制度を客観的に保障する規定であることを明らかにする規定であることを説明する「一種の説明概念」にすぎず，「そこから何らかの具体的な法的帰結が導き出されるという意味での解釈論的道具概念ではない．」「最も重要なことは，制度的保障とされる憲法規定を個別に検討し，それぞれの法的性格をその規定の特質に応じて確定することである．」（「」内は，いずれも『筑波法政』7号掲載の戸波江二論文より引用）．

この理論を政教分離に当てはめると次のようになる．制度的保障と把握することにより，はじめて「政教分離原則の侵害の有無は，憲法20条2項の宗教の自由侵害の有無と異なり，個人に対する『強制』の要素を必要としない．すなわち，国又は地方公共団体が行政主体になって特定の宗教活動を行えば，一般市民に参加を強制しなくとも，それ

だけで政教分離原則の侵害となる．政教分離に対する軽微な侵害が，やがては思想・良心・信仰といった精神的自由に対する重大な侵害となることを恐れなければならない」（津市地鎮祭，名古屋高裁判決より引用）と解し得る．

このような説明を導きうるという点において，説明の道具として制度的保障概念を使うことが優れているのである．当然，この論理は，この説明の考案者である戸波江二自身の客観的禁止原則説でも使用可能である．

以上のように政教分離の法的性格を制度的保障ないし禁止原則と理解した場合，政教分離原則違反が訴訟で争いうる場合は，次の場合があり得る．

第1に，客観訴訟が認められている場合である．住民訴訟の形態で行われた津市地鎮祭訴訟や愛媛玉串訴訟は，この典型例である．

第2に，問題となった政教分離違反行為が，同時に特定個人の信教の自由を侵害する場合である．典型的には，殉職自衛官合祀事件（最大判昭和63年6月1日＝百選〈第5版〉98頁）がある．この場合，原告の殉職自衛官の妻の宗教的人格権の侵害を契機として訴訟が提起された場合に，その侵害の違法性に関する主張の一環として政教分離原則違反の主張を行うことができるのである．

4 国家と宗教の分離の限界

(1) 総論

ここまでに論じたように，政教分離原則を国家と宗教の分離と理解し，かつ制度的保障ないし客観禁止原則と理解した場合には，国家がどの範囲で宗教に関与しうるかは，基本的にはその国家における宗教に対する価値観で決まることになる．先に述べたとおり，わが国は戦前における事実上の神道国教化という不幸な経験及び無宗教者の権利保護という2つの理由から，国家と宗教の分離を要求していると考える以上，その分離は厳しく理解しなければならない．理想的には，米国においていわれるのと同様に，完全分離が求められるべきである．しかし，国家と宗教団体の分離と異なり，国家と宗教の完全な分離は不可能である．なぜなら，宗教は，個人の内心的な事象としての側面を有するにとどまらず，同時に極めて多方面にわたる外部的な社会事象としての側面を伴うのが常だからである．

この側面においては，教育，福祉，文化，民俗風習など広汎な場面で社会生活と接触することになり，そのことからくる当然の帰結として，国家が，社会生活に規制を加え，あるいは教育，福祉，文化などに関する助成，援助等の諸施策を実施するにあたって，宗教との関わり合いを生ずることを免れえないこととなる．更にまた，政教分離原則を完全に貫こうとすれば，かえって関係者の人権を侵害するという不合理な事態を生ずることを免れない．

この問題は3つの場合に分けて考えることができる．

第1に，宗教とは異なる理由で行われる国家からの援助の受け手として宗教団体が存在する場合である．例えば特定宗教と関係のある私立学校に対し一般の私立学校と同様な助成をしたり，文化財保護の一環として，神社，寺院の建築物や仏像等の維持保存のために国が宗教団体に補助金を支出したりする行為である．わが国は先に述べたように宗教に対して敵対的分離主義を採用しているわけではないから，これらは許される．仮に，それが許されないということになれば，そこには，宗教との関係があることによる不利益な取扱い，すなわち宗教による逆差別が生ずることになるからである．すなわち，社会国家における給付の平等性に反するからである．

第2に，個人の信教の自由の保護のために，国家が宗教と関わりを持つことが要請される場合である．刑務所等における教誨活動がその典型である．刑務所においては，受刑者の信教の自由は，その身体的自由の制限のために事実上制限されている．したがって，教誨活動を認めないときは，国家による消極的侵害という結果を招くことにもなる．人権と人権の衝突の場合には，比較考量によってどちらの人権がどの限度で承認されるかを検討する．政教分離原則と人権の衝突の場合にも，同様の比較考量が許されるべきであろう．

第3に，元々宗教行事であったものが，今日のわが国において，単なる社会習俗と化している場合がある．例えば，わが国が今日採用している休日のほとんどには宗教的背景が存在している．すなわち，日曜（キリスト教の安息日），土曜（ユダヤ教の安息日），正月（神道の祭日），

春分・秋分の日（仏教の祭日）などである．また，クリスマスもわが国ではキリスト教信仰とは切り離された形で一般的祝い事とされている．社会習俗化している場合には，政教分離原則に違反しないということができる．

このような本来的宗教行事が，既に社会習俗化しているのか，それとも依然として宗教的活動に該当するかどうかを検討するにあたっては，当該行為の行われる場所，当該行為に対する一般人の宗教的評価，当該行為者が当該行為を行うについての意図，目的及び宗教的意識の有無，程度，当該行為の一般人に与える効果，影響等，諸般の事情を考慮し，社会通念に従って，客観的に判断しなければならないといえるであろう（津市地鎮祭最高裁判決参照）．すなわち，このような認定の限度において，津市地鎮祭判決は，依然として拘束力を有している．

(2) 津市地鎮祭訴訟最高裁判所判決の今日における問題点

① **神道の除外性**　最高裁判所は，津市地鎮祭訴訟で，目的効果基準を導入した．すなわち，最高裁は，20条3項の国の行為を，次のように定式化した．

「当該行為の目的が宗教的意義をもち，その効果が宗教に対する援助，助長，促進又は圧迫，干渉等になるような行為をいうものと解すべきである．その典型的なものは，同項に例示される宗教教育のような宗教の布教，教化，宣伝等の活動であるが，そのほか宗教上の祝典，儀式，行事等であっても，その目的，効果が前記のようなものである限り，当然，これに含まれる．」

この基準の持っている本質的な問題は，この基準による限り，神道は常に問題外になるという点である．すなわち，この基準は，宗教には目的があるということを前提としている．それは結局，欧米型の宗教概念である，宗教とは「特定の教祖，教義，教典を持ち，かつ教義の伝道，信者の教化育成」等を目的とするものである，と定義しているのと同じことである．これは結局，戦前の神道非宗教論と同一のものである．

本問において，監査委員Cは，この見解にしたがったのである．あるいは，佐藤幸治の制度説にしたがったと考えてもよい．

それに対して，神道は「超自然的，超人間的本質（すなわち絶対者，至高の存在等，なかんずく，神，仏，霊等）の存在を確信し，畏敬崇拝する心情と行為」（「」内はいずれも津市地鎮祭名古屋高判昭和46年5月14日）であるにすぎない．本問におけるB神社は，その典型的な例である．このような本来的な神道は，基本的に教義を持たないから，教義を「布教，教化，宣伝等の活動」をすることはあり得ない．もちろん，神道であれば必ずそうだ，というわけではない．そうした欠陥を，是正しようという試みは行っている．例えば仏教の教義を借りてして，神道の教義とした本地垂迹説，逆本地垂迹説などがそれである．しかし，明治元(1868)年に，神仏判然令が出されて神社付属の社僧は復飾させられ，宮寺制は解体して，このような神仏習合体制は終わりをつげた．だから，今日における普通の神道を前提とする限り，目的効果基準を採用すれば，自動的に基準該当性が否定されるという結果を招くのである．

ここに，宗教とは何か，という最初に展開した議論の必要性が表れることになる．だから，機械的に宗教を論じても，基準を論ずるところで，上記のことをいわなければ意味がない．逆に言えば，基準で，こうしたことを議論するつもりが無ければ，宗教概念を論ずる必要はない．

② **レモンテストとの異同**　この目的効果基準を，往々にしてレモンテストそのものと書く諸君があるが，冒頭に紹介した山元一の述べたとおり，それは間違いである．最高裁判所の使用した目的効果基準は，レモンテストと異なり，第1に，地鎮祭という事実行為に適用したものであり，第2に，過度の関わりという3番目の要件が切り捨てられたものであり，第3に，全てを満たして初めて違憲となるという相違点を有しているものである．

愛媛玉串判決は，第1点は維持したが，第2点は変更し，過度の関わり合いという要件を加えた．さらに，第3点についても，3つの要件のいずれか一つで違憲となれば，全体として違憲となるとした．いま，仮に愛媛玉串判決が目的効果基準を基本的に維持していると理解した場合（現実にそのように理解する学者もいる＝百選〈第5版〉101頁の戸松解説参照）には，すべての要件に違反しない限り違憲とはならないのであるから，第3の要件が加わっただけ，合憲判決が出る可能性が高

まったことになる．現実には，この第3の要件に関する審理で違憲判決が出ている訳であるから，本判決がレモンテストに審査基準を変更したことは明らかと，私は考えている．同判決において，可部少数意見は，

> 「2要件を充足する場合に，それが憲法20条3項にいう『宗教的活動』として違憲となる（その1つでも欠けるときは違憲とならないと）とするもので，この点，合衆国判例にいうレモンテストにおいて，〈3つの要件を述べた部分を省略〉の1つでも充足しないときは違憲とされることとの違いがまず指摘されるべきであろう．」

とのべて，多数意見に反対しているのはこのことを意味するというべきである．

(3) 愛媛玉串訴訟最高裁判所判決のポイント

この判決は，その理由中で，津市地鎮祭判決をかなり長く引用して議論しており，そこだけをみれば，その採用した目的効果基準をそのまま維持したように見える．しかし，実際の判断の段階では，これとは異なる議論が展開されている．すなわち玉串料の宗教的意義について検討をした後，次のように，国家と宗教団体の関わり合いを問題とする．

> 「これらのことからすれば，県が特定の宗教団体の挙行する重要な宗教上の祭祀に関わり合いを持ったということが明らかである．そして，一般に，神社自体がその境内において挙行する恒例の重要な祭祀に際して右のような玉串料等を奉納することは，建築主が主催して建築現場において土地の平安堅固，工事の無事安全等を祈願するために行う儀式である起工式の場合と異なり，時代の推移によって既にその宗教的意義が希薄化し，慣習化した社会的儀礼にすぎないものになっているとまでは到底いうことができず，一般人が本件玉串料等の奉納を社会的儀礼の1つと評価しているとは考え難いところである．そうであれば，玉串料等の奉納者においても，それが宗教的意義を有するものであるという意識を大なり小なり持たざるを得ないのであり，このことは，本件においても同様というべきである．」

ここでは，津市地鎮祭判決で問題となった地鎮祭と，例大祭を対比しつつ，宗教性は，本人の主観的意図ではなく，一般人を標準として決定することが述べられている．冒頭に指摘した基準の客観化の努力の1つである．だから，本問の場合，Yの主観的意図が選挙目当てであるか否かなどは問題にはならず，一般人がどう受け取るかが問題点となる．

本問では，その一般人に与えた効果を詳細に記することで，諸君の判断のぶれを防ぐ努力をしている．

しかし，本判決で最大のポイントは，目的効果基準から一歩踏み出して，過度の関わり合い（Entanglement）を要件として認め，さらに過度の関わり合いが存在しているか否かの判断基準として，エンドースメントテスト（Endorsement test）を導入した点にある．換言すれば，この点を述べない限り，今日において，政教分離原則に関する論文は，合格レベルに達しない．

ここで使われている"endorse"とは，本来，手形などの裏書きの意味であるが，それと同様に，国が特定の宗教団体を積極的に支援する姿勢を示すことにより，その特別性を保障する否かを，政教分離の重要な要素として把握する，という考え方である．この理論は，米国最高裁判所のLynch v. Donnelly (1984)判決での同意意見の中で，オコナー判事が提唱し，Wallace v. Jaffree (1985)判決で発展させた基準である．その内容は，過度の関わりがあるか否かを判断するためのテストとして「宗教を是認または否認するメッセージを政府が送っているかどうか」，すなわち「その宗教を信じない者に，その者達がよそ者であり，政治共同体のまったき構成者ではないとのメッセージを送り，信仰者に，仲間内の者であり政治共同体で優遇されるとのメッセージを送る」者であるかどうかを基準として，政教分離原則違反か否かを判断するというものである．

この基準が愛媛玉串判決で採用されていることは，次の文章に極めて明確である．

> 「本件においては，県が他の宗教団体の挙行する同種の儀式に対して同様の支出をしたという事実がうかがわれないのであって，県が特定の宗教団体との間にのみ意識的に特別のかかわり合いを持ったことを否定することができない．これらのことからすれば，地方公共団体が特定の宗教団体に対してのみ本

件のような形で特別のかかわり合いを持つことは，一般人に対して，県が当該特定の宗教団体を特別に支援しており，それらの宗教団体が他の宗教団体とは異なる特別のものであるとの印象を与え，特定の宗教への関心を呼び起こすものといわざるを得ない．」

この文章が頭に入っていれば，本問のYの行動が，この記述とぴったり噛み合っており，まさにその特定宗教への関心を呼び起こしていることにも，容易に気がつきうるであろう．要するに，小問1に関しては，愛媛玉串判決の論理をそのまま適用すれば，自動的に違憲という答えを導きうるということである．

問題は小問(2)である．この愛媛玉串判決の論理をそのまま適用すれば，これは特定の宗教団体に対する支援ではないので，合憲という答えが出るはずである．最高裁判所は「県が他の宗教団体の挙行する同種の儀式に対して同様の支出をしたという事実がうかがわれない」と言っているが，逆に言えば，他のすべての宗教団体に同様の支出をしていれば，玉串料の支出も合憲となると読めるからである．問題は，そういう結論でよいのか，という点にある．

繰り返し強調したとおり，レモンテストにしても，その補助テストとしてのエンドースメントテストにしても，政教分離を，国家と宗教団体の分離と捉え，国家が宗教活動を行うこと自体は問題視しない米国の判例法が，その自らの政教分離が確保されているか否かを確認するために開発したテストである．すなわち，わが国判例は，導入部において政教分離を国家と宗教の分離としながら，その審査の段階においては国家と宗教団体の分離をテストするだけで足りるとしてしまうという論理矛盾を起こしているのである．

冒頭に述べたとおり，学説が，この判例理論を全面的に妥当としているのではない理由はここにある．政教分離を，国家と宗教の分離と把握する通説・判例の立場に依る限り，「特定の宗教団体との間にのみ意識的に特別のかかわり合いを持った」ことが問題なのではなく，およそ，宗教との間に特別の関わりを持ったことが問題であり，それが特定の宗教団体かすべての宗教団体か，もしくは，特別の関わり合いであることが意識されているかいないか，というようなことは何ら重要性を持たない，と言わざるを得ないのである．
例えば，戸波江二は次のように説明する．

「この基準は，国家と宗教との一定の関わりを前提とするものであって，必ずしも厳格な基準というわけではない．しかし，国家と宗教との間に線を引くための基準として一応の妥当性を有し，また日本の判例でも一般的な基準となっている以上，この基準を基本的に維持して三要件違反の有無を厳格に審査し，他方で，国家行為の宗教性を具体的・実質的に判断していくのが妥当であると思われる．」（新版227頁）

まことに奥歯に物の挟まったような，不明確な支持理由であるが，わたしも賛同する．諸君も，三要件を導入するという説を採る場合（当然そうだと思うが），こうした表現を覚えて，諸君の論文中に再現するという努力が必要になる．

第41講　取材源秘匿の自由

■問題■

　テレビ局Xでは，暴力団がかつての賭博などの活動から，債権取り立てを請け負うなどの業務で，一般社会へ進出してきていることの危険性を国民に知らせるべく，ドキュメンタリー番組を企画し，その中で，暴力団による違法な債権取り立ての様子を放送するという企画をたてた．

　Xは暴力団からの過酷な取り立てを受けている債務者Aに協力を依頼した．暴力団からの仕返しを恐れて難色を示すAから，映像や音声に処理をして誰か判らなくした上で，放送目的のためだけに使うことを条件に承諾を得て，Aの事務室に隠しカメラを設置した．その結果，債権取り立てに当たって暴力団員某がAに暴力を振るう生々しい映像を得ることができたので，特別番組の中で，その映像を約束通り編集した上で放映した．

　警察Yでは，放映された映像をビデオ録画して暴力団員の特定を試みたが，成功しなかったため，犯人を逮捕する目的で，Xに対し，取材フィルムの提出を要請した．しかし，Xは提出を拒否した．そこで，Yは，簡易裁判所裁判官Zの発した差押許可状に基づき，X本社内において，未放送のものを含むこの事件関連のすべての取材フィルムを押収した．

　これに対し，Xは，こうした取材フィルムの押収は，取材相手との信頼関係を損なう恐れがあり，それがひいては報道および取材の自由に重大な支障をきたすとして，押収処分の取り消しを求めて準抗告の申立てを行った．

　Xの準抗告理由における憲法上の問題点を論ぜよ．

■この講での論点細目次と論述のヒント■

問題の所在
1　報道の自由の意義
　(1) 事実の伝達
　(2) 報道機関による活動
2　取材の自由
　(1) 取材の自由の意義
　(2) 取材源秘匿の自由
　(3) 取材物提出拒否権
3　取材源秘匿における比較衡量基準

問題の所在

　取材の自由は，報道の自由の従たる権利であり，今日における報道の自由は，知る権利との関わりを通じて理解されなければならない．したがって，その主たる論点もまた，知る権利の展開に合わせた形で把握されていく必要がある．すなわち，知る権利に奉仕する権利として，報道の自由は積極的に肯定される．他方，知る権利に奉仕する必要性から，報道の自由には一定の限界が発生する．このように，積極，消極両面ともに，知る権利に対する奉仕性から生ずる点を把握することが大切である．

　要するに，報道の自由は，なぜ一般の表現の自由とは別個に論じられるのか，換言すれば，一般の表現の自由との異質性をきちんと押さえられるか否かが，論文の出来を決定する分岐点である．同時に本問の中心論点が，報道の自由ではなく，取材の自由にある点を押さえた文章となっている必要がある．単純に報道の自由に関する論文の冒頭部分を転記したのではいけないのである．

　本問はTBSビデオテープ押収事件として知られる事件の，重要な点を改訂して作ってある．すなわち，同事件の場合には，テレビ局側が暴力団と

結託して作成した,いわゆるやらせ番組である.その様な手法で作成した番組において,そもそも取材の自由が主張できるのか,という根本的な問題がある.事実,この事件における最高裁判所判決の多数意見は,その点を重視して,取材の自由を否定している.そこで,そのような否定的な要素を削るべく,被害者側の協力を得て作成した,という点が大きな変更点である.しかし,せっかくの機会であるので,このやらせという点についても,若干論及してみた.

そこで問題となるのは,この事件が,これに先行する博多駅フィルム提出命令事件や日本テレビ事件とどこが違うのか,また,これらの場合の審査基準としてどのようなものを設定するか,である.当然これが大きな論点となる.

1 報道の自由の意義

報道の自由とは,報道機関が国民に対して客観的事実の伝達をする自由を意味する.すなわち,一般の表現の自由に比べて,伝達内容が,思想・信条ではなく,単なる事実である点に第1の特徴があり,その主体が,不特定の国民ではなく,報道機関という特定の私人である点に第2の特徴がある.

いつも強調しているように,定義は真空中から生まれるものではない.定義を下したら,必ず,何故その様に定義を下すことができるのか,ないし下すべきであるのか,の理由を述べなければいけない.

(1) 事実の伝達

この事実の伝達という点を押さえることは,取材の自由を中心論点とする本問では特に重要である.事実の伝達を使命とするものであるから,その事実の収集活動である取材を特に保護する必要が生ずるからである.

かつては,表現の自由は,憲法19条の思想信条の自由を受けて,これを外部的に表白する自由を意味すると解されていた.その前提の下においては,純然たる事実の伝達は,そのままでは表現の自由の保護客体とならない.そのため,かつての学説は「事実の報道と思想・信条の発表の区別は困難である」,というような詭弁を弄して,無理にその保護対象に取り入れていた.このような説明の下においては,報道の自由は,自民党の自由新報や共産党の赤旗のように,特定の主義主張の下に,必要とあらば真実をねじ曲げる編集をするような報道姿勢の場合には保護対象となりやすいが,報道の自由の理念に忠実に,純粋に客観的真実の報道に徹すれば徹するほど,保護から遠のくという奇妙な結論が導かれる.また,石井記者事件最高裁判決（最大判昭和27年8月6日＝百選〈第5版〉156頁参照）に端的に現れているように,取材の自由までは保障しないという結論が容易に導かれることになる.

これらの見解は,報道の自由の本質を捉えて,それを真っ正面から保護しようという姿勢に立つ理論とは言い難い.その様な説明は,無益どころか,有害なものと評価すべきであろう.このような骨董品的な見解を未だに諸君が書くのは異常という他はない.

なお,どのように論ずるにせよ,報道の自由について論ずるためには,その前提として表現の自由概念そのものを論じなければならない.表現の自由をどのような概念か,まったく述べずに,いきなり上記の「事実と思想の区別は難しい」というような議論を始めるのは,基本的に間違っている.

今日,我々は,従来の狭い,文字通りの表現行為の自由に代わって,今日的な表現の自由として,知る権利を包含する形の表現の自由という概念を知っている.ドイツ基本法第5条が表現の自由の内容として「一般に近づくことができる情報源から妨げられることなく知る権利」を保障したのは,憲法レベルにおいて,かつての表現の自由概念から訣別し,知る権利を正面から肯定した最初の例である.こうした発展を受けて,国際人権B規約（昭和41年制定,わが国の批准昭和54年）19条2項は表現の自由の概念そのものが,「あらゆる種類の情報及び考えを求め,受け及び伝える自由」と定義する.すなわち,人権規約のいう表現の自由は,わが国の伝統的な理解に比べると,第1に,思想・信条,すなわち「考え」に限定されるわけではなく,「情報」にまで拡大されている点,第2に,「求め,受ける自由」も含む総合概念となっている点に大きな相違がある.

もちろん,これは人権規約で定める表現の自由であって,憲法21条の表現の自由は依然としてか

つての狭い概念のままである，という立場を貫くことは可能である．しかし，法律レベル以下の法規範を対象とした解釈法学では，憲法そのものの定める表現の自由か，条約が定める表現の自由かは問題にならない．法段階説的にいって，どちらの場合にも，それに違反する法律や命令は無効だからである．したがってそうした旧弊な立場を維持することは，無用に論理を複雑にする以上の何ものでもない．こうしたことから，今日の憲法学では，憲法21条の自由そのものが，あらゆる考え及び情報を求め，受け，伝える自由と理解するのが普通である．したがって，我が国が世界人権規約を批准した昭和54年以降においては，それ以前の狭い表現の自由概念を述べた学説は，解釈法学としてはその妥当性を失い，それに依拠した判例は，もはやその先例性を失っているというべきである．

この段階で，知る権利を意義づけるに当たり，後に紹介する博多駅フィルム提出命令事件（最決昭和44年11月26日＝百選（第5版）162頁参照）を引用して，民主主義を報道の自由の基礎とのみ説明する者がある．しかし，国民の知る権利は，単に主権者としての地位から発しているのではない．その様な説明をした場合には，知る権利の対象として保護されるのは，主権者として必要な情報に限定されることになってしまうことを，看過している．

知る権利の本質そのものに遡った，より幅広い説明がここでは必要である．例えば，人権の本質を人格的利益説に求める立場では，各人は自らの人格を自由に発展させる権利を持つのであり，そのためには，自己を成長させるために必要なあらゆる種類の情報を，求め，または受ける権利を必然的に保有する，と説明することができるであろう．これを一言に表現すれば，「自己実現と自己統治の権利確保のために」知る権利が認められるといっても良い．こういう簡潔な表現も是非覚えてほしい．

このように知る権利概念を使用する場合には，その権利の内容として事実の伝達が含まれることは当然のことであって，先に論及した事実と思想の区別困難というような有害無益な説明をする必要は完全に失われているのである．

(2) 報道機関による活動

表現の自由の享有主体は，あらゆる私人である．そして，表現の自由が情報の伝達を含む概念である以上，一般私人が，その表現の自由権行使の一形態として客観的真実の伝達を行うことも多い．しかし，その様な活動のことを報道の自由の行使という必要はない．わざわざ，事実の伝達活動を，通常の表現の自由とはことさらに分けて，「報道の自由」というとき，それは，報道機関という特別な機関による事実の伝達活動をいうものと理解すべきである．それは，報道機関が行う事実の伝達活動は，一般私人が行う事実の伝達活動に比べて，憲法上，特別の保護と，制約が課せられるからである．

その相違は，一般私人が行う事実の伝達活動は，上述したところから明らかなように，純然たる表現の自由そのものであるのに対して，報道機関の行う事実の伝達は，知る権利に奉仕する権利という点に由来する．

この報道機関の自由を理解するには，現代社会の持つ2つの大きな特徴に論及する必要がある．

第1に，かつての夜警国家と異なり，今日の福祉国家においては，国家は膨大な量の情報を独占するようになったという点である．

第2に，今日の複雑化から，誰もが情報の発信者であることは困難になってきたため，報道機関がその情報発信者としての地位を独占し，一般国民はもっぱら受け手としての立場に留まるようになってきた，ということである．この結果，主権者たる国民に対して，国政を決定するにあたって必要は情報を供給するのはもっぱら報道機関の役割となってきたのである．

このことを，例えば博多駅事件における取材フィルムの提出に関する最高裁判所決定は次のように述べている．

「報道機関の報道は，民主主義社会において国民が国政に関与するにつき，重要な判断の資料を提供し，国民の『知る権利』に奉仕するものである．」

すなわち，民主主義云々という表現は，こうした現代社会の特徴から発生する，報道機関の持つ自由の特殊性を説明するための論理として登場するのであって，知る権利そのものの内容ではない点

をきちんと押さえておかねばならない．

この報道機関の持つ特別の地位から，報道の自由は，一方において特別の保護が与えられる．なぜなら，上述のようにマスメディアが今日では情報の発信を独占しているが故に，その持つ報道の自由を特別に保護することによってしか，我々国民の知る権利を実効的に保障することはできないからである．

その報道機関に対する特別の保障の結果，例えば，通常人が行えば犯罪となる場合にも，報道機関により報道の自由の一環として行われているが故に，正当業務行為とされる場合がある．その中心にあるのが，本問取材の自由という概念の下に，特に論ぜられる様々な特権である．

他方，この知る権利への奉仕者としての地位から，報道機関の，思想・信条の表現の自由は大幅に制限される．例えば，原則的に不偏・不党が要求され，さらに一定の偏りがあった場合には，国民からのアクセス権が肯定される場合がある．このことは電波メディアには法律上明定されており，印刷メディアの場合にも，基本的に同様に考えられている．ただ，それが抽象的権利に留まるのか，具体的権利として把握することが可能なのかについて，説が分かれているに過ぎないのである．が，この点は本問では論点とはならない（次講参照）．

2 取材の自由

知る権利に奉仕する権利としての報道の自由は，さらに3つの派生原則に分けて理解することができる．取材の自由，編集の自由及び発表の自由である．その中でも，取材の自由は，正確な事実を収集するための活動として，特に強力な保護の対象となる．

（1） 取材の自由の意義

事実を伝達するためには，まず伝達すべき事実を収集しなければならない．報道機関が行う事実収集のための活動を取材という．取材の自由が報道の自由の一環に属するものであることは，今日においては疑う余地がない．

しかし，最初からそうだった訳ではない．先に報道の自由に関し，学説は初期に「事実の報道と思想・信条の発表の区別は困難である」として肯定するという姿勢をとっていた，と述べたが，このように報道の自由を把握する立場からは，必然的に「本来の報道の自由は，取材された事実を報道する自由を意味し，当然には取材の権利をも含むと見るべきではない」（宮沢俊義『憲法II〈新版〉』法律学全集4363頁）とする見解が導かれることになる．判例もこれを受けて，次のように述べて，報道機関の取材活動における特権的な地位を否定していた．

「憲法の保障は，公共の福祉に反しない限り，いいたいことはいわせねばならないということである．未だいいたいことの内容も定まらず，これからその内容を作り出すための取材に関し，〈中略〉証言拒否の権利までも保障したものとはとうてい認められない」（石井記者事件＝最大判昭和27年8月6日＝百選〈第5版〉156頁参照）

同じ判決は，憲法21条は「一般人に対し平等に表現の自由を認めたものであって，新聞記者に特ダネの保障を与えたものではない」とも述べているが，これは逆説的にではあるが，一般の表現の自由に比べた場合の報道の自由の異質性を鋭く指摘したものと言える．

このような判決の流れを大きく変更したのが，先に引用した博多駅フィルム提出命令事件最高裁判決である．同判決は，先の引用部分に続けて次のように述べる．

「思想の表明の自由とならんで，事実の報道の自由は，表現の自由を規定した憲法21条の保障のもとにあることはいうまでもない．また，このような報道機関の報道が正しい内容をもつためには，報道の自由と共に，報道のための取材の自由も，憲法21条の精神に照らし，十分尊重に値いするものといわなければならない．」

この文章は，報道の自由は21条の保障の下にあるが，取材の自由は，21条の精神に照らして保障される権利という表現をとっている．先に述べたとおり，取材の自由は報道の自由を支える従たる権利であり，その意味で21条からでは読み切れないという趣旨が示されているものと思われる．つまり，厳格にいえば，取材の自由は13条の無名基本権として読むべきであろうが，その意義が21条，すなわち知る権利に照らし，極めて重要であるところから，問題なく権利性が認められるとした

のであろう．

　この博多駅事件判決では，取材の自由が法的権利であることは示されているが，抽象的権利のレベルに留まるのか，それとも具体的権利であるのかははっきりしなかった．この権利が具体的権利であることが最も端的に現れてくるのは，公務員の守秘義務を取材活動を通じて突破しようとする場合である．沖縄機密電報漏洩事件で最高裁は博多駅フィルム提出命令事件判決を引用した上で，次のように述べた．

　「報道機関の国政に関する取材行為は，国家秘密の探知という点で公務員の守秘義務と対立拮抗するものであり，時としては誘導・唆誘的性質を伴うものであるから，報道機関が取材の目的で公務員に対し秘密を漏示するようにそそのかしたからといって，そのことだけで，直ちに当該行為の違法性が推定されるものと解するのは相当ではなく，報道機関が公務員に対し根気強く執拗に説得ないし要請を続けることは，それが真に報道の目的からでたものであり，その手段・方法が法秩序全体の精神に照らし相当なものとして社会観念上是認されるものである限りは，実質的に違法性を欠き正当な業務行為というべきである．」（最判昭和53年5月31日＝百選〈第5版〉166頁参照）

　要するに，普通人が行えば，違法と評価される行為と客観的には完全に同一の行為が，報道機関によって行われる場合にだけ，正当業務行為と評価されることになるのである．

　ここで問題は，「その手段・方法が法秩序全体の精神に照らし相当なものとして社会観念上是認されるものである」場合にのみ，取材の自由が認められると論じている点である．冒頭に述べたとおり，TBS事件の場合，暴力団側の協力によるものである点で，はたして社会観念上妥当な取材といえるのかどうかが問題となる．妥当性を否定されれば，そもそも取材の自由の行使とはいえないからである．

(2) 取材源秘匿の自由

　取材の自由という概念が，現行憲法上認められるかどうかについて，前記の通り争いがあった以上，当然に，それから派生する権利である，取材源秘匿の自由というものが認められるかについても，学説上の争いがあった．すなわち，石井記者事件では，憲法21条は新聞記者に特別の保障を与えたものではない，として，これを否定した．しかし，上述の通り，報道の自由は一般の表現の自由と異なる特別な保障であり，その主体たる報道機関には特別の権利が認められると考えるときには，これは当然異なる結論となる．

　取材源の秘匿が要請されるのは，しばしば，取材源と記者の間に，取材源を明らかにしない，という信頼があって始めて正確な情報が得られることがあるためである．この結果，この内々の信頼関係が保護されることによって，正確な情報が国民に伝達されるという結果が生ずるからである．

　名誉毀損事件において，証人として証言を求められた新聞記者が証言を拒否したいわゆる島田記者事件において，札幌高等裁判所は次のように述べた（札幌高判昭和54年8月31日＝昭和54年度重要判例解説）．

　「民事訴訟法281条1項3号において『職業ノ秘密』につき証言拒絶が認められているゆえんは，これを公表すべきものとすると，社会的に正当な職業の維持遂行が不可能又は著しく困難になるおそれがある場合にこれを保護することにあると解されるところ，これを本件について考えてみると，新聞記者の側と情報を提供する側との間において，取材源を絶対に公表しないという信頼関係があって，はじめて正確な情報が提供されるものであり，従って取材源の秘匿は正確な報道の必要条件であるというべきところ，自由な言論が維持されるべき新聞において，もし記者が取材源を公表しなければならないとすると，情報提供者を信頼させ安んじて正確な情報を提供させることが不可能ないし著しく困難になることは当然推測されるところであるから，新聞記者の取材源は右『職業ノ秘密』に該ると解するのが相当である．」

　このように，取材の自由からさらに進んで取材源秘匿の権利まで導いたのである．ここに述べられた論理は，日本フォーエバー・リビング・プロダクツ社をめぐって，米国裁判所より，NHK，読売新聞等の記者に対し，嘱託尋問がなされた事件において，最高裁判所も確認したところである（平成18年10月3日最高裁判所第三小法廷決定）．すなわち，

　「報道関係者の取材源は，一般に，それがみだりに開示されると，報道関係者と取材源となる者との間

の信頼関係が損なわれ，将来にわたる自由で円滑な取材活動が妨げられることとなり，報道機関の業務に深刻な影響を与え以後その遂行が困難になると解されるので，取材源の秘密はの秘密に当たるというべきである．」

同時に，島田記者事件における札幌高裁と同様に，上記嘱託尋問事件における最高裁判所も，これを絶対的な保障とはしなかった．最高裁判所は次のように述べた．

「当該取材源の秘密が保護に値する秘密であるかどうかは，当該報道の内容，性質，その持つ社会的な意義・価値，当該取材の態様，将来における同種の取材活動が妨げられることによって生ずる不利益の内容，程度等と，当該民事事件の内容，性質，その持つ社会的な意義・価値，当該民事事件において当該証言を必要とする程度，代替証拠の有無等の諸事情を比較衡量して決すべきことになる．」

しかも，ここでの比較衡量は，博多駅フィルム提出命令事件のようなアド・ホックなものではない．比較衡量に当たり，次のように，取材の自由に力点を置く比較衡量を行うことを要求するのである．

「比較衡量にあたっては，次のような点が考慮されなければならない．すなわち，報道機関の報道は，民主主義社会において，国民が国政に関与するにつき，重要な判断の資料を提供し，国民の知る権利に奉仕するものである．したがって，思想の表明の自由と並んで，事実報道の自由は，表現の自由を規定した憲法21条の保障の下にあることはいうまでもない．また，このような報道機関の報道が正しい内容を持つためには，報道の自由とともに，報道のための取材の自由も，憲法21条の精神に照らし，十分尊重に値するものといわなければならない（最高裁昭和44年（し）第68号同年11月26日大法廷決定・刑集23巻11号1490頁）．取材の自由の持つ上記のような意義に照らして考えれば，取材源の秘密は，取材の自由を確保するために必要なものとして，重要な社会的価値を有するというべきである．そうすると，当該報道が公共の利益に関するものであって，その取材の手段，方法が一般の刑罰法令に触れるとか，取材源となった者が取材源の秘密の開示を承諾しているなどの事情がなく，しかも，当該民事事件が社会的意義や影響のある重大な民事事件であるため，当該取材源の秘密の社会的価値を考慮してもなお公正な裁判を実現すべき必要性が高く，そのために当該証言を得ることが必要不可欠であるといった事情が認められない場合には，当該取材源の秘密は保護に値すると解すべきであり，証人は，原則として，当該取材源に係る証言を拒絶することができると解するのが相当である．」

すなわち，ここでの比較衡量は，「当該証言を得ることが必要不可欠である」ため，他の証拠方法では実現不可能な場合に限って認められる，という特別の重み付けが行われているのである．

問題は，この判決の論理をどこまで一般化しうるかである．この点については後に詳述する．

（3） 取材物提出拒否権

取材源秘匿権というものが，取材の自由の一環として認められるということになると，さらに進んで，報道目的で撮影されたテレビフィルム等，取材の成果物に対する裁判所からの提出命令や，捜査当局による差し押さえが問題となる．

再三引用している博多駅フィルム提出命令事件最高裁判所判決は，この点について次のように述べた．

「本件において，提出命令の対象とされたのは，すでに放映されたフィルムを含む放映のために準備された取材フイルムである．それは報道機関の取材活動の結果すでに得られたものであるから，その提出を命ずることは，右フイルムの取材活動そのものとは直接関係がない．もっとも，報道機関がその取材活動によって得たフイルムは，報道機関が報道の目的に役立たせるためのものであって，このような目的をもって取材されたフイルムが，他の目的，すなわち，本件におけるように刑事裁判の証拠のために使用されるような場合には，報道機関の将来における取材活動の自由を妨げることになるおそれがないわけではない．」

要するに，明言はされていないが，取材源秘匿と同様に，取材物を官憲に提出することにより，信頼関係を破壊し，将来の取材の自由を制約する可能性を肯定し，これを根拠に提出拒否権を認めていると理解することができる．

その上で，裁判の公正という利益との間に比較

衡量を行うことになる．すなわち，

> 「しかし，取材の自由といっても，もとより何らの制約を受けないものではなく，たとえば公正な裁判の実現というような憲法上の要請があるときは，ある程度の制約を受けることのあることも否定することができない.」

この事件において，裁判の公正という言葉はかなり重い．なぜなら，ここで問題になっているのは，特別公務員暴行陵虐罪（刑法195条）という，国民の国家に対する信頼の根底を揺るがす重大犯罪であり，その重要性に鑑みて特に設けられている準起訴手続という，裁判の信頼を確保するための最後の手段と言うべき特別手続実施のために認められていることだからである．

しかも最高裁は，この裁判の公正と取材の自由の比較衡量の到達点として，放送のために準備されたフィルムに限って提出を命じたのである．放映のために準備されたフィルムだということは，報道機関自身により，将来の取材に障害をもたらさないという第一次的判断が既に行われているものに限定している，ということを意味する．

昭和63年に起きた日本テレビのビデオフィルムを検察事務官が差押事件で最高裁判所は，博多駅フィルム提出命令事件との異同を次のように述べた．

> 「同決定は，付審判請求事件を審理する裁判所の提出命令に関する事案であるのに対し，本件は，検察官の請求によって発付された裁判官の差押許可状に基づき検察事務官が行った差押処分に関する事案であるが，国家の基本的要請である公正な刑事裁判を実現するためには，適正迅速な捜査が不可欠の前提であり，報道の自由ないし取材の自由に対する制約の許否に関しては両者の間に本質的な差異がないことは多言を要しないところである．」（最判平成元年1月30日＝平成2年度重要判例解説参照）

付審判請求と通常の刑事事件を，このように単純に同視できるかについては疑問がある．しかも，この決定が，はかりの一方に乗るものが，このように若干軽いものになっているにも関わらず，利益衡量の段階でも，博多駅フィルム提出命令事件のようなぎりぎりの衡量を行ったかは疑問のあるところである．同判決に対する反対意見で，島谷判事は次のように述べる．

> 「報道機関の取材結果を押収することによる弊害は，個々的な事案の特殊性を超えたところに生ずるものであり，本件ビデオテープの押収がもたらす弊害を取材経緯の特殊性のゆえに軽視することも，適当ではないように思われるのである．更に，本件ビデオテープには未放映部分が含まれているが，右部分は，記者の取材メモに近い性格を帯びており，その押収が前記弊害をいっそう増幅する傾向を有することにも十分留意する必要がある．」

要するに，博多駅事件との相違点としては，編集済みフィルムか，生フィルムかという違いが存在しているのである．

このように，博多駅フィルム提出命令事件の厳しい比較衡量要件を緩和する傾向の延長線上に，捜査機関による押収が問題となった本件TBSビデオフィルム押収事件が存在している．すなわち，本事件では，博多駅フィルム提出命令事件に見られた裁判の主体である裁判所，あるいは日本テレビビデオフィルム差押え事件に見られた裁判の直接の当事者である検察と違い，その一段階前の捜査機関による押収である．

したがって，本事件では，その前例と同様に，比較衡量の一方の基準として，裁判の公正を根拠に説明することはできない．実際，この判決ではその点への論及はない．ここで最高裁判所判決の表面に出ているのは，犯罪を助長する形で行われた取材方法の異常さの指摘なのである．

> 「本件の撮影は，暴力団組長を始め組員の協力を得て行われたものであって，右取材協力者は，本件ビデオテープが放映されることを了承していたのであるから，報道機関たる申立人が右取材協力者のためその身元を秘匿するなど擁護しなければならない利益は，ほとんど存在しない．さらに本件は，撮影開始後複数の組員により暴行が繰り返し行われていることを現認しながら，その撮影を続けたものであって，犯罪者の協力により犯行現場を撮影収録したものといえるが，そのような取材を報道のための取材の自由の一態様として保護しなければならない必要性は疑わしいといわざるを得ない．」

すなわち，日本テレビ事件とは異なり，本件が取材の自由の保護対象となっていること自体が疑問視されている点に大きな特徴がある．

ここで問題となっているのは，いわゆるやらせという番組政策手法である．日本で「やらせ」が，最初に大きく表面化したのは，1985年10月8日の放送テレビ朝日「アフタヌーンショー」からである．これは，ディレクターが「何か面白いものをとりたい」と知り合いの暴走族に依頼して人を集め，仲間内でリンチをさせ，後日その模様を「激写！中学生女番長！セックスリンチ全告白！」という企画で放送したものである．これがやらせであることが明らかになった結果，同番組は打ち切りとなり，テレビ朝日（当時の全国朝日放送）は放送免許の更新を拒絶されかかるという未曾有の危機に瀕する事となった（結局，「条件付き」という事で免許剥奪は免れた）．当然ながら，上記事件の場合にも，TBS事件と同様に，リンチの被害者にとっては，これは真実の暴行事件であったのである．

博多事件最高裁判所が指摘しているように，取材源秘匿の自由が報道機関に認められる大きな自由は，既に行われた取材活動ではなく，「報道機関の将来における取材活動の自由を妨げることになるおそれ」が存在するためである．これを本事件に当てはめると，テレビ局が暴力団を使って，一般市民に対し，暴力を振るうシーンを撮影する自由を将来ともに保障する必要があるか，という点にあることになる．

これをどのように評価するかは，議論の分かれるところであろう．

例えば，奥野判事は，その反対意見で次のように述べる．

「日本テレビ事件と本件とを対比しながら，適正迅速な捜査を遂げるための必要性と，報道機関の報道の自由が妨げられる程度及び将来の取材の自由が受ける影響等を比較衡量すると，日本テレビ事件の犯罪は，国民が広く関心を寄せる重大な贈賄事犯であったが，本件の犯罪は，軽視できない悪質な事犯とはいえ，日本テレビ事件ほど重大とはいえない．また，日本テレビ事件の場合には，ビデオテープは，犯罪立証のためにほとんど不可欠であったのに対し，本件の場合には，暴力団員が不十分ながら犯行を認め，目撃者もおり，ただそれらの供述と被害者の供述とに一致しないところがあるため，ビデオテープが必要となったのであるから，ビデオテープの証拠としての必要性は，日本テレビ事件よりも弱い．そうすると，本件の差押によって得られる利益は，日本テレビ事件のそれと比較すると，相当に小さいというべきである．他方，日本テレビ事件の場合には，賄賂の申込を受けた者が贈賄事件を告発するための証拠を保全することを目的として報道機関に対しビデオテープの採録を依頼し，報道機関がこの依頼に応じてビデオテープを採録したのであるから，報道機関はいわば捜査を代行したともいえるのに対し，本件の場合は，報道機関は，もっぱら暴力団の実態を国民に知らせるという報道目的でビデオテープを採録したものであるから，本件の報道機関の立場を保護すべき利益は，日本テレビ事件のそれに比して，格段に大きいというべきである．

以上のとおりであるから，所論の本件ビデオテープの差押は，違法なものであるといわなければならない．」

すなわち，報道機関側の意図の真摯さによる救済の必要性が，やらせを上回っているという判断である．

これに対し，このような場合にテレビ局側が，上記テレビ朝日のように「何か面白いものをとりたい」という程度の意図なのか，あるいは真剣なものなのかは問題にならないとする見解も強い．例えば，NHKスペシャルにて放送された「奥ヒマラヤ禁断の王国・ムスタン」では，ヒマラヤの気候の厳しさを過剰に表現した点，スタッフに高山病にかかった演技をさせた点，少年僧の馬が死んだ事にした点，流砂や落石を人為的におこした点が，やらせとして社会的批判を浴びた．

諸君として，奥野判事的な考え方をとってもよいし，批判説的な考えをとっても構わない．大事なことは，それが論点だということを認識し，きちんと理由を挙げて論じることである．

3　取材源秘匿における比較衡量基準

本問では，こうしたやらせ問題を議論するのを避けるため，冒頭に述べたとおり，被害者の協力を得ているという設定にしてある．したがって，取材の自由が肯定される事例である．その場合に，取材源秘匿の権利を考えるためには，どのような

比較考量を必要とするであろうか．

芦部信喜は，取材源秘匿の権利を否定するためには，国は厳格な審査基準によるべきだとする．そして，先にも強調したとおり，報道の自由は表現の自由そのものではなく，その一環である知る権利に奉仕する権利だから，厳格な審査基準も，その表現形式が異なることになる．すなわち，

「秘匿権を否定するためには，国は，①被疑事件に明らかに適切な情報を記者が保有していると信じるにたる相当の理由（probable cause）があることを証明し，かつ，②右情報は，表現の自由に対してより制限的でない他の選びうる手段によっては獲得できないこと，および，やむにやまれぬ必要不可欠（compelling）な，他のいかなる利益にも優る利益が右情報に存すること，を明示しなければならない」（『憲法学Ⅲ 人権各論(1) 増補版』299頁）

芦部説を基本書に使っている場合は，当然にこれに基づいて論文を書かねばいけない．ちなみに，これは米国でおきた，本問類似の事件（Brabzburg v. Hayes, 408 U.S. 665 [1972]）で，連邦最高裁の少数意見が示した基準である．

芦部信喜は，単に厳格な審査基準という．しかし，この基準をよく見ると，第2の要件は比較考量基準の一種を要求していることが判る．

確かに，現実に発生している博多駅事件フィルム提出命令事件や日本テレビ取材フィルム差し押さえ事件など，一連の取材物提出拒否権からみの事件で問題となっているのは，裁判の公正ないし捜査の適正という利益と取材の自由という異質の利益との比較考量論である．したがって，そうした場合に，どのような比較考量手段を使用するべきかが問題となる．

上記各事件で，判例により採用された比較衡量手法は，各事件限りの比較衡量（アドホック衡量）である．前述の通り，そのアドホック性が，後に続く事件に対する判決論理としての拘束力を弱め，結論的に，徐々に取材の自由に対する保障の度合いを下げて，いずれの場合にも国側の利益を優越させるという結論を導いているのである．

このように定型化しつつある事件においては，アドホック衡量を排し，より定型的な比較衡量手段を導入しなければならない．すなわち，定義付け衡量，あるいは厳格な比較衡量等の手段の導入を考えるべきなのである．ここで注目するべきは，取材の自由は，報道の自由の一環として，精神的自由権に属する，という点である．

周知のとおり，最高裁判所は，泉佐野市会館使用不許可事件判決で，「厳格な比較衡量論」というべき，あたらしい比較衡量論を開発した．

本件で問題になっている取材の自由も，また，知る権利に奉仕する権利として，精神的自由権の一環に位置づけることが可能である．だから，厳格な比較考量論を使うための要件を，半ばは満たしている．泉佐野市会館事件の場合には，厳格な比較衡量論を適用するのが妥当とされた決め手は，それは準パブリック・フォーラムである点にあった．ちなみに純粋パブリックフォーラムが問題となった大分県屋外広告物条例事件では，定義づけ比較考量が使用されていた．

本件事例では，どちらの基準を使用すべきだろうか．そのメルクマールは何に求めることができるであろうか．

本事案の場合，次の事実を諸君は念頭に置くべきである．すなわち，裁判手続においては証人は民事・刑事を問わず，証言を強制され，報道関係者に限って，本問で論じている取材の自由により証言拒否が認められるに過ぎない．

これに対して，捜査段階においては，何人も捜査当局に対する陳述を強制されることはない．その分だけ，捜査当局のもっている適正な捜査を行う利益というものは弱いものである．したがって，取材物提出拒否権もまた，裁判段階よりも幅広く認められねばならず，この点から，芦部信喜のいう基準が導きうる．

なお，上記の通り，裁判手続きにおいては，報道関係者には証言拒否権が認められるのであるから，その点からも，この厳格な比較考量基準を導くことが可能になると考える．

第42講　マスメディアへの反論文掲載請求権

■問題■

政党甲は，国会において多数の議席を有する与党である．甲は，近づいてきた選挙戦に向けて，議席をさらに伸ばすために，野党第一党である政党Xを批判する次のような意見広告を多数の新聞社に掲載するよう求めた．

その内容は，「X政党は，議席さえ取れればそれでいいのか．選挙戦が近づいても甲政党に対する批判ばかりをしていて，具体的に対立案・方針を出してこない．唱えている政策は甲との相違を強調するためであって，現実的には実現不可能な主張ばかりではないか．このような政党に政権を任せていいのか．」といったものであった．

これを載せることは，加入している日本新聞協会の新聞倫理綱領に反するとして，ほとんどの新聞社がこれを拒否した．

しかし，Y新聞社だけは，これを事実に基づいた主張であり，公益性の高い正確・公正で責任ある言論と認め，意見広告の掲載を認めた．

これに対して，Xは本来公平・中立を旨とするYのような報道機関が，より力の強い一方に肩入れすることはあってはならないとして，この広告を載せたYに責任を求め，問題となった広告と同じスペースの反論文を新聞紙上に無償で載せるよう求めた．

しかし，Yは反論文の掲載を強制されることは，紙面のスペースの面で負担を強いられることになり，また，今後の批判的記事の掲載を躊躇することにつながり，その結果間接的に表現の自由が侵害されるとして，これを拒否した．

そこで，Xは，反論文掲載請求を求めて，Yに対して訴えを提起した．

Xの主張する反論文掲載請求権が認められるか否かに関し，憲法上の問題を論ぜよ．

●類題

放送法は，放送番組の編集にあたって「政治的に公平であること」「意見の対立している問題については，できるだけ多くの角度から論点を明らかにすること」を要求している．新聞と対比しつつ，視聴者及び放送事業者のそれぞれの視点から，その憲法上の問題点を論ぜよ．

■この講での論点細目次と論述のヒント■

はじめに
1　知る権利
2　マスメディアへのアクセス権
　(1)　権利の根拠
(2)　電波メディアにおける訂正請求権
3　印刷メディアにおけるアクセス権
4　反論権

はじめに

表題に付けたとおり，これはマスメディアについてのみ問題になる．なぜなのか，という点については，本文で述べるが，とにかく，その結果，Yがマスメディアなのかどうかは議論の対象になる．すなわち，本問では，マスメディアとは何か，という定義論も必要となる．電波メディアの場合には，わが国の現状としてはすべてマスメディアと見てよいが，印刷メディアの場合には，常にマスメディアというわけではない．

放送法は，携帯用の小型六法には掲記されてい

ない法律であるにもかかわらず，マスメディアへのアクセス権の関連においては，必須の法律である．過去にも司法試験で放送法の知識をズバリ問う問題が出題されている．すなわち，類題に掲げた司法試験平成7年度問題である．

本問は，そこで問題になった政治的意見などにおける公平性を，印刷メディアにおいてテーマとしている点が特徴であるが，基本的には上記司法試験問題と同様のアプローチで差し支えない．つまり，本問には電波メディアと対比して論ぜよ，というような指定はないが，本問でもやはり対比の中から問題点が見えてくることになる．

すなわち，本問の論点は次のようになる．

第1に，アクセス権を認める根拠は何か，である．知る権利というのが答えになるが，どの程度詳細に論じるかが答案構成上，もっとも神経を要するところとなる．ここが手薄であれば，その段階で落第答案となり，ここで詳しすぎると，限られた時間と紙幅で解答することを求められる国家試験では第2以下の，本問におけるメインの論点をきちんと論じきれずに，やはり落第答案となるからである．

第2に，なぜ放送法は，電波メディアにおける表現の自由の制限を肯定しているのかが問題となる．電波は希少な資源であるから，電波メディアは高い公共性が肯定される，と一般にいわれる．なお，上記司法試験の場合には，これに対して，印刷物自体は希少なメディアとはいえないから，公共性を直ちに云々されることはあり得ないことから問題が発展することになるが，本問では論及する必要はない．

第3に，仮にアクセス権が認められるとして，それに具体的権利性が認められるのか，という問題である．

同じ知る権利から発展した権利としての情報公開請求権は，それ自体としては抽象的権利に留まり，情報公開条例あるいは情報公開法という実定法の制定を待ってはじめて具体的権利性が承認された．

電波メディアの場合には，放送法4条という実定法があることが，少なくとも訂正請求権という形のアクセス権を承認する上で議論を容易にしている．それに対して，印刷メディアではどうなるのだろうか．

そして，第4に，本問で最大の論点となるのが，問題文中にずばり書かれているとおり，反論権という形のアクセス権が認められるか，である．最高裁判所は，サンケイ新聞事件（最判昭和62年4月24日 ＝百選〈第5版〉170頁）で，名誉毀損の要件を充たした場合に，これを肯定する口吻をしめしているが，諸君はそれをどう評価するか，という問題である．

1 知る権利

知る権利もプライバシーと同じく，憲法の明文の根拠というよりは，学説や判例の生み出したものである．そこで，それを論ずるに当たっては，明確に2つの異なる型の知る権利が存在していることに注意する必要がある．それは何れも20世紀における「思想の自由市場」の崩壊現象を踏まえて説かれるようになったものである．が，その内容は相当違うので，両者をきちんと区別して理解しておかないと混乱するのは必至である．

第1の型は，コミュニケーションの前提としての知る権利である．それを具体的権利とする必要性は，20世紀においては社会全体の情報量が膨大となったために，発信に先行する情報収集自体が非常に多くのエネルギーを必要とするようになってきた点にある．特に問題は，現代福祉国家が，私人に関する情報を膨大に収集，蓄積，利用しているにも拘らず，そのほとんどに守秘義務をかぶせて国民に公開していない点にある．この状態を放置したのでは，国民は国の情報操作の客体にされるだけで，国政の主体とはなり得ない．こうした状況の下で，国民の主権者たる地位を確立するためには，国の独占する情報へのアクセス権を確立する必要がある．この権利は通常は報道機関によって行使され，これを普通は取材の自由と呼ぶ．したがって，この型の知る権利は，この段階では，一般国民にとっては抽象的な権利にすぎなかった．

しかし，後には，個々人の具体的権利としても考えられる段階に発展していく．最初は，例えば拘置所収容者の新聞を読む権利など，情報収集を国が妨げないことを要求する権利であった．それが，やがてさらに積極的に，国が保有する情報の公開を請求権する権利として認識されるようになってくる．

第2章　精神的自由権論　　　　　42　マスメディアへの反論文掲載請求権

第42講

　第2の型は，報道機関のマス・メディア化，すなわち20世紀になって，巨大な情報産業が出現し，情報の発信を独占する傾向が非常に強くなったことを前提として考えられるようになった知る権利である．本来，表現の自由は，あらゆる人間が情報の発信源となりうる状況を前提に，その自由を保障することによって，国民の知る権利が実質的に保障されることを予想していた．ところが，今日においては巨大情報産業が発達したために，情報の発信源としての地位を事実上それら情報産業が独占するようになり，送り手と受け手の分離が大幅に進んだ結果，表現の自由概念を大きく再構成する必要が発生した．すなわち，これらマスメディアは，その収集した情報を，その編集権に基づいて自由に選択し，あるいは加工することによって，国民が実質的に入手する情報を大幅に操作可能である．そうした情報操作を否定し，個々の国民の知る権利を確保するには，マスメディアの編集権及び思想良心を発信する自由を否定し，中立・公正な情報を提供するべき義務を観念する必要が生じた．それが知る権利として主張されるのである．ここにアクセス権を考える必要が生じてくる．

2　マスメディアへのアクセス権

(1) 権利の根拠

　知る権利は，本来はマスメディアが自分の取材の自由を確保するための理論的支柱として開発したものであるが，理論は常に一人歩きする．そして，第2の型の知る権利はその生みの親のマスメディアを制約する理論として登場してくる．

　簡単に要約すると，次のようになる．

　情報の送り手と受け手が分離した結果，我々国民の知る権利の充足は，マスメディアの報道に全面的に依存するようになる．そのため，一面においてマスメディアは我々一般国民が有する情報を求める権利よりも強力な取材の自由が保障される．例えば，公務員にその秘密を明かすように求める行為は，我々一般国民が行えば犯罪であるが，マスメディアが行えば正当業務行為とされる(外務省秘密電文漏洩事件＝最判昭和53年5月31日＝百選〈第5版〉166頁参照)．また，一般国民の表現の自由よりも強力に報道の自由が保障される．例えば人の名誉を傷つける表現は，一般国民が行えば犯罪になるが，マスメディアが行った場合には，「専ら公益を図ることにあった」という推定が働く結果，構成要件該当性が一般に否定されることになる(月刊ペン事件＝最判昭和56年4月16日＝百選〈第5版〉144頁，夕刊和歌山時事事件＝最大判昭和44年6月25日＝百選〈第5版〉142頁)等参照)．

　このように強力な取材の自由，報道の自由を保障される代償として，しかし，マスメディアの表現の自由，特に編集権には大きな制約が生まれてくる．我々一般国民としては，マスメディアの提供する情報に依存して，判断を下すのであるから，マスメディアの情報が一党一派に偏ったものであってはならないからである．簡単に言ってしまえば，マスメディアには我々一般国民の有するような表現の自由，すなわち自分の思想・心情を表現する自由は否定されるということになる．

　問題は，マスメディアにおける報道の不偏不当性をどのようにして保障するか，である．

　第1に，国家機関そのものがマスメディアに介入して，変更した情報を発信した場合に，それを抑圧する，という方法がある．例えば，テレビ朝日報道部長が政治的に偏向した報道をあえて行ったと公言したため，同人を国会が喚問して究明しようとした，という事件がある．

注：平成5年7月の第40回衆議院議員選挙において，自民党は223議席に止まったのに対して，共産党を除いても野党の合計議席数は243議席に達し，自民党は政権の座から滑り落ちた．この選挙では，テレビが重要な役割を果たしたといわれた．そこで，民放連の作っている放送番組調査委員会は，9月21日，「政治とテレビ」をテーマとして取り上げ，テレビが演じた役割とともに，今後の政治報道のあり方について検討を行った．その場の報告者であった椿貞良・テレビ朝日報道局長が，選挙報道の編集にあたり，例えば「なにがなんでもやっぱりその55年体制を突き崩すようなそういう形の報道に視点を置いていこう」など，偏向した姿勢を貫いた旨の発言を行ったことが，問題となった．

　しかし，このような方法をとる場合には，報道の自由そのものが国家権力により歪む可能性があり，一般論としては妥当ではない．

　第2に，政府や国会から独立した独立行政委員会によって規制する，という方法がある．米国で

は現在は連邦通信委員会（Federal Communications Commission）がその任に当たっている．例えば，米国で，あるテレビ局が社説放送を行ったのに対して，テレビ局に思想・信条等の表明の自由はない，として連邦通信委員会がそのテレビ局の免許を取り消した事件がある．この決定は連邦最高裁によっても支持された．わが国でもかつては電波監理委員会が存在していたが，現在は廃止されたから，この方法は，現行実定法的には不可能である．

第3の方法が，本問のメインテーマであるマスメディアに対するアクセス権である．報道が偏向しており，誤った情報がその受け手に供給された場合には，国民としてマスメディアにアクセスし，正しい情報を誤った情報と同一の手段，規模で報道し直すように要求する権利を肯定するのである．そのような再度の報道は，マスメディアにとって非常に大きな負担となるから，当然，アクセス権の行使を避けるために大きな努力を払うことになる．すなわち，マスメディアへのアクセス権を承認することは，報道の不偏不党の重要な保障手段と考えることができる．この場合，報道が偏向した誤ったものであったか否かは，最終的には裁判所による判定を待つことになる．

つまり，マスメディアとの関係における知る権利の性格は，対国家関係の知る権利とはかなり違う．基本的に，マスメディアに対して，その思想や良心に関する表現の自由を否定しようというのだから，これを21条から直接引き出すことは絶対に不可能である．この権利の内容は，国（司法権も含めて）に対して，マスメディアが情報を自由に操作しないように，中立，公平な報道を行うように監視することを要求しているから，典型的な社会権である．したがって，根拠条文は25条ないし13条ということになる（どちらになるかは基本書に相談しよう）．

マスメディアに関して，現行実定法は大きく異なる2つのスタンスをとっている．電波メディアに関しては，実定法そのものが詳細な規定をおいているのにたいして，印刷メディアに関しては，何の規定もない．そこで，考えやすい電波ディアの方から，ここでは検討してみよう．もちろん，諸君としては電波メディアに関する議論は，本問の解答では書く必要がない（平成7年司法試験問題だと，書かねばならない）．

（2）　電波メディアにおける訂正請求権

報道内容の不偏不党という要求は，電波を媒体としたメディアには，法的に認められている．なぜなら，電波というのは極めて限られた周波数しか使用可能ではない，という意味で，貴重な公共の財産であり，その本質から電波媒体を利用したメディアは必然的にマスメディアになるからである．このような貴重な公共材の私物化は到底許容できない，という事情から，これに対する中立性の要求は容易である．どこの国でも似たりよったりの規制を行っている．わが国の場合，放送法1条が次のように規定する．

　この法律は，左に掲げる原則に従って，放送を公共の福祉に適合するように規律し，その健全な発達をはかることを目的とする．
　一　放送が国民に最大限に普及されて，その効用をもたらすことを保障すること．
　二　放送の不偏不党，真実及び自律を保障することによって，放送による表現の自由を確保すること．
　三　放送に携わる者の職責を明らかにすることによって，放送が健全な民主主義の発達に資するようにすること．

さらに，3条1項4号は，「意見が対立している問題については，できるだけ多くの角度から論点を明らかにすること」と定めて，聴視者の，知る権利を確保することを要求している．これはさらに44条3項以下の規定によって詳細化されている．この結果，電波メディアでは「社説放送」をすることは不可能になっている．

これらの条文を見れば，テレビ朝日報道部長の，情報操作により自民党を敗北に導くことができた，という趣旨の不用意な発言をしたことが，なぜ国会喚問という事態を招いたのか，容易に理解できるであろう．それは実定法上，明確に違法な行為だったからである．喚問が表現の自由に対する国家権力の介入というとらえ方をされなかったことは，この第2の型の知る権利が，十分に確立していることを端的に示している．

このように，電波メディアにおける表現の自由は厳しく制約される結果，誤った報道，あるいは偏った報道が行われた場合には，それによって被

害を受けた者は，電波メディアへのアクセス権が認められている．すなわち放送法4条は次のように定める．

第1項　放送事業者が真実でない事項の放送をしたという理由によって，その放送により権利の侵害を受けた本人又はその直接関係人から，放送のあった日から二週間以内に請求があったときは，放送事業者は，遅滞なくその放送をした事項が事実でないかどうかを調査して，その真実でないことが判明したときは，判明した日から二日以内に，その放送をした放送設備と同等の放送設備により，相当の方法で，訂正又は取消の放送をしなければならない．
第2項　放送事業者がその放送について真実でない事項を発見したときも前項と同様とする

そして同法56条では，これに違反した場合には20万円以下の罰金に処することになっている．実定法が，このように明確にアクセス権を認めているのである．

3　印刷メディアにおけるアクセス権

印刷メディアにおいて，アクセス権がそもそも成立するのか，という点について以下説明する．

電波が極めて希少な資源であるのに対して，印刷物そのものはだれもが利用できる媒体である．したがって，印刷物における表現の自由は広く認められている．それがメディアであっても事情は変わらない．

仮に問題としている印刷メディアが自由民主党の機関誌「自由新報」や共産党の機関誌「赤旗」であった場合，それぞれの政党が自らの政見という偏った情報をそこに提供し，対立する政党の情報をきちんと報道しなかったからといって，それは各メディアの表現の自由の問題にすぎない．したがって，自民党が赤旗紙上において非難された場合，それを名誉毀損として損害賠償の訴えを提起したりすることは考えられるとしても，赤旗の紙面を割いて自民党に反論記事を載せろという要求はそもそも考える余地がない．

あるいは月刊誌文藝春秋が田中角栄の金権疑惑を追及するという編集方針を立て，毎月それを指弾する記事ばかりを掲載するのも，同誌の表現の自由の問題に過ぎない．田中角栄側として反論し

たいといい，月刊誌側がその編集権の行使の一環として，その原稿を受け入れることはありえても，角栄側が，その固有の権利のとして反論権の掲載を要求できるとは一般的には考えられない．

しかし，すべての印刷メディアについて同様にいいうるかは疑問である．特に日本の場合，読売，朝日，日経，毎日，サンケイのような全国紙，あるいは特定の地域において極めて独占性の高いマスメディア，例えば秋田における魁（さきがけ）とか，名古屋における中日新聞などについては，表現の自由の抑制を十分に肯定する余地があるであろう．

なぜなら，これらの新聞は，第1に不偏不党性をそのセールスポイントとしており，したがって我々一般国民としては，その報道が電波メディアの場合と同じく，不偏不党なものであると期待する権利があるといって良い．第2に，これらのマスメディアは極めて情報の独占性が高い．先に例示した月刊誌の場合であれば，それだけをニュースの情報源として生活するという人はまず考えることができないが，日刊紙の場合には，日々の情報の大半を特定のそれに依存するのがむしろ普通といえる．

こうした点から，印刷メディアの場合にも，高度の情報独占性を有する巨大メディアの場合には，電波メディアに準じて，放送法の要求するのと同様の表現の自由の制約が認められるべきであろう．

4　反　論　権

アクセス権の行使方法として，単に訂正請求をするにとどまらず，さらに進んで，誤った報道が行われたのと同等の手段をXに与えて，反論する権利を肯定するという方法が考えられる．

その場合に，問題は，訂正請求権というレベルのアクセス権が認められることと，反論権が認められるということは，決してイコールではないということである．

これは，基本的には名誉毀損における対抗言論の議論から生まれてきた議論である．すなわち，公然と人の名誉が毀損された場合にも，例えば公開の場における討論などのように，名誉権の侵害行為の両当事者が同じ立場にあるにおいて，名誉権が侵害された場合には，ただちに言論によって

反撃することで，名誉権を守ることができる．したがって，一般的にはそうした形で自助努力を払うことを期待するべきであって，訴訟という形で解決するのが適当とは認められない．これを対抗言論という．

しかし，対抗言論という議論が成り立つためには，対等に言論が交わせる者同士であるという前提が必要である．公的コミュニケーションであっても，普通の本や新聞などの印刷メディア，テレビやラジオなどの電波メディアによる情報の発信は，単方向的なものであるため，名誉を毀損された者が，直ちに同じ手段で反論を行うのは不可能である．そこで，限られた場合を除き，裁判を通じて名誉毀損の成立を争う必要がある．そして，傷つけられた名誉の回復手段として，謝罪広告を求めるのが，通常の紛争解決手段である．

しかし，マスメディアへのアクセス権の一態様として，そのまさに同じメディアを使って反論を行う権利が認められれば，マスメディアにおける紛争解決として最適の手段となる．そこで，その権利を裁判で認めることができるか，可能とすればどのような要件が必要かが問題となった．

これがわが国で最初に問題になったのは，自由民主党がサンケイ新聞に，共産党を狙い打った意見広告を掲載したのに対して，共産党が産経新聞に，同じ位置に同じ大きさの広告を無料で載せるように請求した事件である（最判昭和62年4月24日＝百選〈第5版〉170頁）．

最高裁は，サンケイ新聞事件において，最高裁判所は次のように述べた．

第1に，名誉毀損が成立するような場合には，反論権もまた肯定される．

>「人格権としての名誉権に基づいて，加害者に対し，現に行われている侵害行為を排除し，又は将来生ずべき侵害を予防するため侵害行為の差止を請求することができる場合のあることは，当裁判所の判例（北方ジャーナル事件判決参照）とするところであるが，右の名誉回復処分又は差止の請求権も，単に表現行為が名誉侵害を来しているというだけでは足りず，人格権としての名誉の毀損による不法行為の成立を前提としてはじめて認められるものであって，この前提なくして条理又は人格権に基づき所論のような反論文掲載請求権を認めることは到底できないものというべきである．」

第2に，名誉毀損が成立しない場合にも，反論権が認められるかは，大きな問題である．確かに反論権というものが，マス・メディアによる誤った報道を抑止する上で有益な手段であることは認められる．

>「新聞の記事に取り上げられた者が，その記事の掲載によって名誉毀損の不法行為が成立するかどうかとは無関係に，自己が記事に取り上げられたというだけの理由によって，新聞を発行・販売する者に対し，当該記事に対する自己の反論文を無修正で，しかも無料で掲載することを求めることができるものとするいわゆる反論権の制度は，記事により自己の名誉を傷つけられあるいはそのプライバシーに属する事項等について誤った報道をされたとする者にとっては，機を失せず，同じ新聞紙上に自己の反論文の掲載を受けることができ，これによって原記事に対する自己の主張を読者に訴える途が開かれることになるのであって，かかる制度により名誉あるいはプライバシーの保護に資するものがあることも否定し難いところである．」

しかし，この方法には弊害も大きいと指摘する．

>「この制度が認められるときは，新聞を発行・販売する者にとっては，原記事が正しく，反論文は誤りであると確信している場合でも，あるいは反論文の内容がその編集方針によれば掲載すべきでないものであっても，その掲載を強制されることになり，また，そのために本来ならば他に利用できたはずの紙面を割かなければならなくなる等の負担を強いられるのであって，これらの負担が，批判的記事，ことに公的事項に関する批判的記事の掲載をちゅうちょさせ，憲法の保障する表現の自由を間接的に侵す危険につながるおそれも多分に存するのである．このように，反論権の制度は，民主主義社会において極めて重要な意味をもつ新聞等の表現の自由に対し重大な影響を及ぼすものであって，たとえ被上告人の発行するサンケイ新聞などの日刊全国紙による情報の提供が一般国民に対し強い影響力をもち，その記事が特定の者の名誉ないしプライバシーに重大な影響を及ぼすことがあるとしても，不法行為が成立する場合にその者の保護を図ることは別論として，反論権の制度について具体的な成文法がないのに，反論権を認めるに等しい上告人主張のような反論文掲載請求権をたやすく認めることはできないものといわなけ

ればならない。」

要するに、反論権という権利をマス・メディアに対するアクセス権から直ちに導くことは許されず、国に対する情報公開請求権の場合と同じように、立法を必要とする、としている。そこで、電波メディアについては、前記放送法4条が、そうした授権立法といえるか、という問題が生ずるので、この問題に言及している。結論としていえば、同条も反論権までも肯定するものではない、とする。

「放送法4条は訂正放送の制度を設けているが、放送事業者は、限られた電波の使用の免許を受けた者であって、公的な性格を有するものであり（同法44条3項ない し5項、51条等参照）、その訂正放送は、放送により権利の侵害があったこと及び放送された事項が真実でないことが判明した場合に限られるのであり、また、放送事業者が同等の放送設備により相当の方法で訂正又は取消の放送をすべきものとしているにすぎないなど、その要件、内容等において、いわゆる反論権の制度ないし上告人主張の反論文掲載請求権とは著しく異なるものであって、同法4条の規定も、所論のような反論文掲載請求権が認められる根拠とすることはできない。」

以上のことから、本問に対する回答としては、Xは訂正請求権までは問題なく認められるが、さらに進んで反論権を主張するには、名誉毀損の成立が必須のものということができる。

同様に、謝罪放送や謝罪広告は、民法723条の定めるところにより名誉毀損が成立することを前提として認められるのであるから、これも名誉毀損の成立が要件となる。なお、前述のとおり、マス・メディアに思想・信条を表明する自由がない、ということは、謝罪広告事件における19条の問題もまた発生しないと言うことを意味しているから、謝罪放送等を求めることについては特に問題はない。

確かに、一般的に反論権を認めたのではメディア側の編集権というものが抜本的に否定されることになりかねないし、やたらと無料記事を義務づけたのでは、広告収入で成り立っている民間メディアの存立の基礎を揺るがすことにもなりかねない。何より次に上げる請求権を否定することになるという問題がある。

それは、意見広告を乗せる権利というものを、アクセス権として保障できるか、という問題である。これは基本的に肯定すべきだろう。それこそが、商業主義に基づくメディアと表現の自由の接点だと思うからである。その場合に、サンケイ新聞事件における共産党の主張するような反論権を認めると、広告主は通常の何倍か（反論者の数だけ）の広告料を払う立場に追いこまれ、結局意見広告権を否定する結果になる。したがって、反論も自腹でするべきだという理屈になる。しかし、これに対しては、金持ちの意見掲載権だけを認めることになる、という厄介な問題もあり、さらに各社の内部的な倫理綱領をどの限度で認めるか（上記共産党事件の場合、大手他社はすべて掲載を拒んでいるが、それは自民党の権利を侵害したことにはならないか？）という問題も絡んで、まだ解決がついたといえる状況ではない。

しかし、少なくとも、アクセス権のような積極的な権利について、その具体的要件を法が明確に定めることなく、広く認める場合には、最高裁の指摘するとおり、社会の木鐸として、書くべき批判記事等の掲載に当たって躊躇させるなどの萎縮効果を発生させ、報道の自由を阻害する危険性が存在することは否定できない。したがって、印刷メディアに対する一般的なアクセス権は、抽象的権利に留まるというのが妥当である（この点について「雑誌『諸君！』反論文掲載請求事件」がある＝最判平成10年7月17日、第1審判決＝東京地方裁判所平成4年2月25日＝について戸松秀典・平成4年度重要判例解説（ジュリスト臨時増刊1024号）24〜25頁）。

第43講　マスメディアの編集権と政見放送

● 問　題

　公職選挙法の規定によれば，公職の候補者は選挙運動の期間中，NHK等の放送設備により公益のため，その政見を無料で放送することができ，NHK等はその政見を録音又は録画し，これをそのまま放送しなければならないとされている．

　候補者Xは，参議院議員選挙において，NHKの放送設備により政見の録画を行った．しかしXの発言の中には，いわゆる差別用語が含まれていたため，NHKは差別用語を放送することは好ましくないと判断し，当該部分の音声を削除して放送した．

　この事例における憲法上の問題点について論ぜよ．

● 類　題

　放送法は，放送番組の編集にあたって「政治的に公平であること」「意見の対立している問題については，できるだけ多くの角度から論点を明らかにすること」を要求している．新聞と対比しつつ，視聴者及び放送事業者のそれぞれの視点から，その憲法上の問題点を論ぜよ．

（平成7年度司法試験問題）

この講での論点細目次と論述のヒント

はじめに
1　政見放送の意義
　(1) 報道の自由の特殊性と編集権の制約
(2) マスメディアへのアクセス権
2　検閲について
3　事前抑制禁止の法理について

はじめに

　憲法判例百選では，政見放送削除事件は参政権の所に収録されている（百選〈第5版〉358頁参照）が，参政権は本問の直接の論点ではない．参政権の領域の問題として捉えた場合には，当然それは立候補する権利に従たる権利としての表現の自由と把握することになるであろう．しかし，そもそも立候補権，すなわち被選挙権が，人権として存在しているのかどうか自体がはっきりしない（判例は三井美唄事件（最大判昭和43年12月4日＝百選〈第5版〉326頁）を唯一の例外として，一般に否定的であり，学説も同様に否定説が通説である）し，仮に認められるとしても，国民主権原理の下における2元説において，被選挙権に何処まで具体的な内容が付与できるかもはっきりしない．したがって，それに対する従たる権利として構成するとなると，本当に曖昧な問題となり，簡単に手におえる話ではなくなってしまう．

　そこで，選挙の際に立候補者がNHKを通じて無料で政見放送をする権利はマスメディアへのアクセス権を法定したものと理解して論じる方が無難である．このように，マスメディアへのアクセス権が，立法に基づいて明確に存在する場合には，それに対応する形で，マスメディア側の報道の自由は縮減され，自由の享受に伴って発生する義務は免責される．簡単にまとめてしまえば，それだけが本問の論点である．

　もちろん，その背景に，なぜこのようなアクセス権を認めたのか，という問題があり，その理由が，参政権を実質的に保障する知る権利の確保，ということになる．いつも強調するとおり，論文は中心的論点に対して，少なくとも一段上の階層から議論をスタートさせねばならない．したがって，本問の最初の論点はこれになる．

　本問の類題として紹介した司法試験平成7年問

題でも，その論点として，マスメディアに対するアクセス権が現れるが，本問はそれに特化した問題と言うことになる．ただ，一般にマスメディアへのアクセス権は，法律上の根拠がない場合に，憲法から直接導けるのか，ということが大きな論点になる（第42講参照）のに対し，本問では，アクセス権が法律上明記されている点に，そうした典型的な議論との差異が生じる．

1 政見放送の意義

(1) 報道の自由の特殊性と編集権の制約

NHK等の電波メディアは，報道機関として報道の自由を有している．しかし，この報道の自由は，国民の知る権利に奉仕する権利であるところから，一般国民の持つ表現の自由と異なり，その行使に当たり，大きな制約が存在している．すなわち，国民の知る権利に奉仕するということは，国民が主体的に適切な判断を行うのに必要な客観的な情報を供給することを意味するのであるから，その中に自らの思想・信条を混入させて，国民の判断を歪ませることは，許されないからである．取材の自由に関連して，報道の自由を，「考えの伝達と区別することは困難だから」という理由（私が学生だった頃の通説的説明）を，今日における報道の自由概念の説明として行うことは積極的に誤りといえるが，その理由はここにある．

この報道機関の自由の意義ないし特殊性を理解するには，現代社会の持つ2つの大きな特徴に論及する必要がある．第1に，かつての夜警国家と異なり，今日の福祉国家においては，国家は膨大な量の情報を独占するようになったという点である．第2に，今日の複雑化から，誰もが情報の発信者であることは困難になってきたため，報道機関がその情報発信者としての地位を独占し，一般国民はもっぱら受け手としての立場に留まるようになってきた，ということである．この結果，主権者たる国民に対して，国政を決定するにあたって必要は情報を供給するのはもっぱら報道機関の役割となってきたのである．本問では，この知る権利の第2の根拠である発信の独占が重要である．

この情報の発信者としての地位を独占しているものを，一般にマスメディアと呼ぶ．すなわち，報道の自由というものは，一般私人が保有することがあり得ない，特殊な人権である．したがって，報道の自由の享有主体として，法人の人権享有主体性に関する議論はする必要がない．報道機関という組織体（多数人の集合体）だけが，報道の自由の主体足りうるものだからである．その場合に，その報道機関が実定法上法人化しているか，個人事業の形態をとっているかは問うところではない．

報道機関は，客観的事実だけを報道する義務を負い，自らの思想・信条等を伝える自由を有しないという限界が存在することは十分に承知しているので，印刷メディアが社説欄を設けているのを除き，報道内容を通じて自らの思想，信条の表明は行われない．報道機関の思想・信条の表明は，より間接的な手段，すなわち伝達する事実を一定の基準の下に取捨選択し，特定の情報を強調し，他の情報伝達を切り捨てるという形態の行為，すなわち報道の自由の派生原則のうち，編集の自由の行使という形を通じて行われることになる．しかしながら，そのような編集権を自由に認めるときは，これもまた，報道の自由を認める意義を失わせるものであることは明らかといえる（第42講で紹介したテレビ朝日報道部長発言問題参照）．こうして，編集の自由もまた，厳しい制約下にある．

この編集の自由に対する制約は，電波を媒体としたマスメディアでは，法律上明記されている．なぜなら，電波というのは極めて限られた周波数しか使用可能ではない，という意味で，貴重な公共の財産であり，その本質から電波媒体を利用したメディアは必然的にマスメディアになるからである．このような貴重な公共材の私物化は到底許容できない，という事情から，これに対する中立性の要求は容易である．わが国放送法1条は次のように規定する．

「この法律は，左に掲げる原則に従って，放送を公共の福祉に適合するように規律し，その健全な発達をはかることを目的とする．

一 放送が国民に最大限に普及されて，その効用をもたらすことを保障すること．

二 放送の不偏不党，真実及び自律を保障することによって，放送による表現の自由を確保すること．

三 放送に携わる者の職責を明らかにすることによって，放送が健全な民主主義の発達に資するよ

うにすること．」

本問で問題となるのは，第3号の健全な民主主義の発達との関係である．その場合，差別，敵意，又は暴力の扇動となる，国民的，人種的又は宗教的憎悪の唱道（国際人権B規約20条）は，明らかに民主主義の健全な発達に妨げになるというべきであろう．

NHK政見放送削除事件で，裁判所が確定した事実に依れば，立候補者東郷健は，昭和58年6月26日実施の参議院（比例代表選出）議員選挙の際，NHKの放送設備によりその属する雑民党の政見の録画を行ったが，その際，「めかんち，ちんばの切符なんか，だれも買うかいな」という発言を行った，というものである．

これらの発言は，いずれも身体障害者に対する卑俗的・差別的意図を示す用語として一般に使用されるものであるから，仮に，NHKがその自由な取材活動によってこのような発言を録画したような場合，当然これを放映するにあたっては，上記放送法の趣旨にしたがえば，このような差別を助長するような発言を放映する自由はなく，したがって，そのような発言を録画・録音したものは，放映のための編集作業にあたっては削除する責任があるというべきである．

もっとも，言葉というものは，その語られる状況全体の中で理解するべきである．例えば「ちんばというのは身障者に対する差別的言葉であるから，通常は使用するべきではない」という主張を，その中で「ちんば」という差別的言辞を使用しているから，といって禁圧するのは明らかな誤りというべきであろう．東郷健の発言も，実は他者の発言の引用であり，それに対する批判を意図したものというので，そもそも差別的発言であったというNHKの認定そのものに問題のあるものであった．しかし，以下では純粋に差別的意図の発言であったと仮定して，その削除の当否を論じる．

(2) マスメディアへのアクセス権

情報の発信を，マスメディアが独占している今日の社会においては，我々は自分の持つ考えや情報を他の人々に知ってもらうには，伝統的な表現の自由を行使するだけでは十分とはいえない．何らかの方法で，それをマスメディアに採り上げてもらう必要がある．

価値中立的な表現の自由に対する規制の一環として論じられるいくつかの類型，すなわち象徴的行為（例えば，ベトナム戦争反対の意思を象徴する行為として，徴兵令状を公衆の面前で焼き捨てる行為）やスピーチ・プラス（例えば，単なるスピーチに加えて，路上で多数でデモ行進を行う）は，まさに自らの持つ考えや情報をマスメディアに取り上げさせる手段，すなわちマスメディアへのアクセス手段として工夫されたものである．

すなわち，マスメディアが何をニュースとして取り上げるかは，基本的にはその編集の自由に属する．が，多くの人の関心を引くような形態をとって行われた活動は，国民の知る自由に奉仕する立場にあるマスメディアとしては，黙殺することが許されない．したがって，そのような行動と自らの主張を結びつけることにより，編集の自由の限界を超えて，確実に報道させることができるのである．この結果，そうした行動は，ややもすれば過激化する傾向がある．例えば，徴兵令状を焼き捨てるよりは，焼身自殺の方が確実に報道されるし，平穏なデモよりはジグザグデモのような交通秩序をより破壊するデモの方が大きく報道される可能性が高いから，マスメディアへのアクセスを望むものは，過激な行動をとる傾向が見られる．

このように，国民の知る権利という観点から見て，マスメディアとして当然に報道の義務を負うと考えられるような種類の情報は，その情報の発信者の側から見ると，権利として構成することが可能になる．

その第1の類型が，反論権と呼ばれるものである．現在，わが国では，反論権は，一般的な権利としては認められていないが，電波メディアの報道内容が誤っていた場合には，法律の定める限度において権利性が認められている．すなわち放送法4条1項は次のように定める．

「放送事業者が真実でない事項の放送をしたという理由によって，その放送により権利の侵害を受けた本人またはその直接関係者から，放送のあった日から2週間以内に請求があったときは，放送事業者は遅滞なく，その放送をした事項が真実でないかどうかを調査して，その真実でないことが判明したときは，判明した日から2日以内に，その放送をした放送設備と同等の放送設備により，相当の方法で，訂正または取消の放送をしなければならない．」

したがって，例えば上記放送法1条2号にも拘わらず，不偏不党の原則に反し，特定の政党に偏った報道が行われた場合には，不当に報道されなかった政党は，本条に基づいて，その誤りを是正するよう求めることができることになる．

また，メディアの報道内容が，名誉毀損を構成するような場合にも，謝罪広告に代えて反論権を認める余地がある．しかし，前講で紹介したとおり，最高裁判所は，一般的な反論権については，法的根拠がない限り，憲法のみに基づいて反論権を認めることはできないとした（サンケイ新聞事件における最高裁判例参照）．

本問で現れたのは，そこで最高裁が想定した法的根拠のあるマスメディアへのアクセス権という，第2の類型に属するものである．この場合，国民の知る権利が非常に強い事項に関して，情報を保有する者は，その保有する情報の発信手段として，マスメディアを無料で利用できるというものである．

公職の選挙にあたっては，立候補者の政見が広く有権者に知られることが必要である．すなわち，国は，有権者の知る権利を充足させるために適切な措置をとらなければならない．かつては，その役割は立会演説会が担っていた．しかし，それは，多数の有権者に，立候補者の政見を知らせる手段としては効率的な手段ではない．それに対して，NHKや民間放送は多数の国民が常に聴取しているため，ここに立候補者がアクセスし，放送を通じて国民にその政見を知らせることが行われるようになった．したがって，これもまた，法律の明確に承認するマスメディアへのアクセス権と見ることができる．アクセス権が存在する場合，マスメディアは報道の義務を負うから，その限度で，マスメディア側の編集権は縮減する．

これが政見放送であることは，さらに重要である．仮に，発言者がその政見の一環として，身体障害者などに対する差別をより助長することを主張するのであれば，有権者はその事実を知った上で，その候補者に投票するか否かの決定を行うべきである．そのような投票行動を決定する上で極めて重要な情報を削除することを認めることは，国民の知る権利の侵害というべきであって許されない．

例えば，アドルフ・ヒットラーが，その政見の一環として「ユダヤ人が劣等民族であり，それを絶滅することは正義である」という主張を述べていたにもかかわらず，その部分が差別的言辞であるからといって削除され，その他の無難な政見だけが彼の政見として放送され，有権者がそれに基づいて彼に投票するような場合を考えてみれば，削除行為の危険性は明らかといえるであろう．

この事件当時，自治省が発行していた『逐条解説公職選挙法』に依れば，政見放送の場合，「放送事業者が作為的に政見放送を改編することはもちろん，放送事業者が内容を審査検討して放送の諾否を決することは，政見放送の自由を侵害し又は侵害するおそれがあり」したがって「万一その放送が結果的に刑罰法規に触れることになる場合においても，原則として刑法35条にいわゆる『法令による行為』として違法性を阻却するものと解すべきである」としている．妥当な見解というべきであろう．

なお，本判決中で，園部逸夫判事は，次のような補足意見を述べている．参考になる点が多いと思われるので，その全文を紹介する．

「私も，法廷意見と同様の理由により，被上告人日本放送協会が公職選挙法（以下「法」という．）150条の2の規定に違反する本件削除部分の音声を削除して放送した行為（以下「本件削除行為」という．）は，上告人らの主張する不法行為に当たらないものと考える．ところで，法廷意見は，本件削除行為が，法150条一項後段に違反するものであるかどうかについては，全く触れていない．それは，法廷意見が，上告人らの主張する不法行為の成否を判断するに当たって，この問題に触れる必要を認めなかったことを意味する．この点についても，私は，法廷意見と基本的に見解を同じくするものであり，本件削除行為が，被上告人日本放送協会の行為規範としての性格を有する法150条1項後段に違反するかどうかは，上告人らの主張する不法行為の成否とは直接関わりがないと考える．したがって，この問題について判断することは，私の立場においても，法的には不必要な判断と言わなければならないが，この問題が，本件第一審以来の主要な争点であったことを顧慮し，一般論として，私の見解を述べる次第である．

私は，法150条1項後段の『この場合において，日本放送協会及び一般放送事業者は，その政見を録音

し又は録画し，これをそのまま放送しなければならない．』という規定は，公職の候補者（以下「候補者」という．）自身による唯一の放送（放送法2条1号）が法150条1項前段の定める政見放送であることからしても（法151条の53参照），選挙運動における表現の自由及び候補者による放送の利用（いわゆるアクセス）という面において，極めて重要な意味を持つ規定であると考える．法は，一方において，候補者に対し，政見放送をするに当たっては，『その責任を自覚し』『他人若しくは他の政党その他の政治団体の名誉を傷つけ若しくは善良な風俗を害し又は特定の商品の広告その他営業に関する宣伝をする等いやしくも政見放送としての品位を損なう声動をしてはならない．』と定め（法150条の2），政見放送としての品位の保持を候補者自身の良識に基づく自律に任せ，他方において，候補者の政見放送の内容については，日本放送協会及び一般放送事業者（以下「日本放送協会等」という．）の介入を禁止しているのである．したがって，この限りにおいて，日本放送協会等は，事前に放送の内容に介入して番組を編集する責任から解放されているものと解さざるを得ない．候補者の政見放送に対する事前抑制を認める根拠として，遠くは電波法106条1項，107条，108条，近くは法235条の3を挙げる見解があるが，これらの規定は，いずれも事後的な刑罰規定であって，これをもって事前抑制の根拠規定とすることは困難である．いうまでもなく，表現の自由とりわけ政治上の表現の自由は民主政治の根幹をなすものであるから，いかなる機関によるものであれ，一般的に政見放送の事前抑制を認めるべきではない．法150条1項後段は，民主政治にとって自明の原理を明確に規定したものというべきである．

公職の選挙において，政見放送は，選挙人が候補者の政見を知るための重要な判断材料となっており，法150条1項前段の規定は，日本放送協会等に対し，その放送設備により，公益のために，候補者にその政見を放送させることを要請している．そして，法150条1項前段と後段の規定を合わせると，政見放送においては，日本放送協会等の役割は，候補者の政見を公衆ないし視聴者のために伝達すること以上に出るものではないと解するのが妥当であるから，政見放送の内容については，法的にも社会的にも責任を負うものではないと見るべきである．この点に関して，視聴者のすべてがこれらのことを了解しているとはいえない現状においては，視聴者が強い嫌悪感を抱くような内容の政見の録音又は録画については，日本放送協会等において，放送事業者の品位と信用を保持する見地から，その放送前に一定の事前抑制を講ずることを，緊急避難的措置として例外的に認めるべきであるとする見解がある．しかし，このような理論の適用を軽々に認めることは，結局，法律の規定に基づかない事前抑制を事実上放置することとなり，ひいては，日本放送協会等に過大な法的・社会的責任を負わせることとなるものであって妥当でないと考える．

これを要するに，候補者の政見については，それがいかなる内容のものであれ，政見である限りにおいて，日本放送協会等によりその録音又は録画を放送前に削除し又は修正することは，法150条1項後段の規定に違反する行為と見ざるを得ないのである．」

この園部補足意見の大きな問題は，このように，政見放送の削除は違法であるとしておきながら，法廷意見であるところの次の見解に賛同する点にある．

「本件削除部分は，多くの視聴者が注目するテレビジョン放送において，その使用が社会的に許容されないことが広く認識されていた身体障害者に対する卑俗かつ侮蔑的表現であるいわゆる差別用語を使用した点で，他人の名誉を傷つけ善良な風俗を害する等政見放送としての品位を損なう言動を禁止した公職選挙法150条の2の規定に違反するものである．そして，右規定は，テレビジョン放送による政見放送が直接かつ即時に全国の視聴者に到達して強い影響力を有していることにかんがみ，そのような言動が放送されることによる弊害を防止する目的で政見放送の品位を損なう言動を禁止したものであるから，右規定に違反する言動がそのまま放送される利益は，法的に保護された利益とはいえず，したがって，右言動がそのまま放送されなかったとしても，不法行為法上，法的利益の侵害があったとはいえないと解すべきである．」

このような見解に依るときは，結局，有権者は政見放送を通じて，立候補者の政見やさらにその背後にある思想・信条を知る機会を不当に奪われているものであって，結局，マスメディア側の違法な実質的検閲行為を野放しにしてしまうことになり，妥当とはいえない．

本問については，ここまで論じてもらえれば十

分であって，以下の議論は削除して差し支えない．しかし，次のような論点を考える人があるので，以下簡単に説明する．

2 検閲について

本件行為が検閲に該当するかどうかは，問題となる．しかし，検閲が行政機関によって実施されるものをいう点に関して，判例・学説に異論はない（税関検査事件最高裁判決＝百選150頁参照）．NHK については，その強い公共性から準国家機関と見る余地はあるが，公職選挙法は NHK だけに政見放送の義務を課しているのではないから，このような見解には無理がある．したがって，本件削除行為を憲法21条2項にいう検閲と見る余地はない，というべきである．

3 事前抑制禁止の法理について

公職選挙法150条は録画をそのまま放映することを求めているのであるから，上記園部補足意見に明らかなように，NHK 自身による事前抑制は明らかに許されない．

北方ジャーナル事件に明らかなように，行うとすれば，裁判所の手により，同判決に示された厳しい条件を具備しているか否かの審査を通じて実施されなければならない．

その場合，その放送が名誉毀損その他の犯罪を明確に構成すると認められるような場合は，NHK は裁判所に，その放送の中止又は削除を求めて判断を仰ぐ余地はあると思われる．しかし，公職選挙法150条の2は放送内容の責任を明確に立候補者，政党の側に課しているのであるから，ほしいままに削除することは許されない．

また，本問の場合には，特定の個人の名誉を毀損したのではなく，不特定多数者の感情を毀損するおそれがある，侮辱の成立可能性があるだけである．したがって，事前抑制を許容するほどの問題，すなわち本件録画が放映されることにより回復不可能な損害が発生したり，害悪が生ずることが異例なほど明白と解する余地はない．よって NHK の自主規制による事前抑制措置を合法とする余地はない．

第44講 通信の秘密

■問題■

　A暴力団組長であるXは，組事務所のあるマンションの居室に設置された電話で客から覚せい剤買受けの注文を受け，その客に一定の場所に赴くよう指示した上，右場所で覚せい剤の譲渡しに及ぶという方法で，継続的に覚醒剤の販売を行っていた．しかし，電話受付担当者と譲渡し担当者は別人であり，それらの担当者や両者の具体的連絡方法などを特定するに足りる証拠を，警察として通常の捜査によっては収集することが出来なかった．そこで，県警の捜査責任者Yは，犯罪捜査のための通信傍受に関する法律（平成11年8月18日法律第137号）第3条にしたがい，地方裁判所裁判官より通信傍受令状の交付を受け，右居室に設置されていた二台の電話機の通信を傍受して，起訴するに必要な証拠の収集を行った．

　覚醒剤取締法違反として起訴されたXは，同法が憲法21条2項の保障する通信の秘密を侵害するものであって違憲であり，したがって本件電話傍受により得られた検証調書等の証拠能力は否定されるべきであると主張して争った．

　Xの主張中，憲法21条2項違反の点について論ぜよ．

■この講での論点細目次と論述のヒント■

はじめに
1　通信の意義
2　通信の秘密の意義
3　通信の秘密の内容
　(1)　不可侵性の内容
　(2)　検閲の意義
4　通信の秘密の限界
　(1)　郵便物
　(2)　盗　聴
　　①　一方当事者の了解に基づく盗聴
　　①　双方の了解のない盗聴

はじめに

　通信の秘密は，近時，インターネットの発達や「犯罪捜査のための通信傍受に関する法律」（以下，「盗聴法」という）の制定と絡んで非常に問題になってきている．しかし，これまで必ずしも詳しい研究対象となってきたとは言い難い．そのため，多くの点で未解決の問題点を含んでいる．通説が確立していないという意味では，学生論文としてまとめるのは難しいテーマの1つといえる．他面，学者の研究が不足しているということは，さほど掘り下げた論文を要求されることはない．その意味では，楽なテーマと考えることもできるかもしれない．

　書く上で注意すべきポイントの1つは，単純に表現の自由として位置づけてはならない，ということである．すなわち，広い意味での表現の自由には様々な権利が含まれる．例えば，報道の自由，学問の自由，そしてこの通信の秘密などがそれである．これらは，狭義の表現の自由とは異なる点があるからこそ，独立の名称を持つ権利として論じられる．したがって，典型的な表現の自由とは，どこが異なるか，ということが重要な論点となるのである．要するに，表現の自由との異質性の把握が大切である．それが書けて初めて，単なる合格答案から一歩抜け出した差別化した論文といえる．論文の構成としては，単純に，その意義，内容，限界という順に論ずれば十分である．

　本問は，従来の司法試験では出しにくい問題の1つであった．なぜなら，その限界に関する議論は，もっぱら刑事訴訟（捜査）との緊張関係の中から生じてくるからである．しかし，2000年度から両訴必修となった．また，新司法試験では，このよ

うな複合的性格を持ったテーマがむしろ好まれると思われる．その場合，盗聴法に言及するだけでは足らず，刑事訴訟への言及が必要である．なぜなら，盗聴法は，その第1条が明言するとおり，刑事訴訟法の特別法だからである．刑事訴訟法に言及することなく，いきなり盗聴法に言及するのは明らかに歪んだ議論というべきである．

1　通信の意義

人が自らの意思を他に伝えるとき，これを一般に公開する形で行う場合と，特定人に私的に伝達しようする場合の二形態がある．前者が，普通，表現の自由の問題として取り上げられる．これに対して，後者を問題とするのが，通信の秘密である．

従来，通信とは封書や葉書，電信・電話のように，「当事者間の地理的な隔たりのために，第三者の仲介に依拠する特定人どうしの私的なコミュニケーション」(鈴木秀美「通信の秘密」『憲法の争点〈第3版〉』118頁)を意味すると解されてきている．隔地者でない場合には，憲法35条の住居の不可侵などによって保護されると考えるのであろう(そのことを明言するものとして高橋正俊「通信の秘密」『憲法の争点〈第2版〉』104頁)．

しかし，35条は手続的保障の規定であるから，実体的にそこにどのような権利が存在しているかの回答とはなっていない．

また，私人の看取する屋内などについては35条で律しうるとしても，公道等を通行中の会話等を電子装置を使用して盗聴することも今日においては十分に考えられ，それらも保護の対象として考える必要性を考慮するべきであろう．現実に米国における盗聴法は，そのような行為も対象として，裁判官の令状発行が要求されている．その背景には，米国憲法修正4条の保障するのは，「場所ではなく，人である」という判例の見解が存在しているからである．なお，修正4条は次のように定めている．

「不合理な捜索及び逮捕または押収に対し，身体，家屋，書類及び所有物の安全を保障されるという人民の権利は，これを侵してはならない．令状は宣誓または確約によって裏付けられた相当な理由に基づいてのみ発せられ，かつ捜索されるべき場所及び逮捕されるべき人または押収されるべき物件を特定して示したものでなければならない．」

したがって，実質的に見ても，形式的に見ても，又，継受法的に見ても，通信について，我が国において，上述のような狭い通信概念を使用することが妥当とは考えられない．よって，広くいっさいの私的コミュニケーションと把握するべきである．定義的に述べるならば，「音声，書簡，電気通信その他，媒体の如何を問わず，特定人間において行われる私的コミュニケーション」ととらえるべきであると考える(これは私見であり，一般的な説ではない)．

2　通信の秘密の意義

通信の秘密の意義に関しては，現在，大きく分けて3つの説が存在している．

第1は，21条を根拠に通信の秘密が依然として表現の自由の一環であることを承認しつつ，プライバシーの権利の一環であることも承認する，という折衷的な考え方である(以下「表現の自由・プライバシー説」という)．少なくとも教科書レベルではこの見解を説くものが多く(下記に個別に紹介したものの他，例えば浦部・全訂第2版190頁，野中他『憲法Ⅰ〈第4版〉』378頁，佐藤幸治・第3版576頁，伊藤・第3版326頁等)，通説的なものと思われる．

表現の自由の保障となるという根拠としては，次のようなことがいわれる．

> 「通信が他者に対する意思の伝達という一種の表現行為であることに基づくが，更に，公権力による通信内容の探索の可能性を断ち切ることが政治的表現の自由の確保に連なるという考え方もそこにひそんでいると解される．」(芦部信喜『憲法』第4版，207頁)

あるいは次の表現の方が，より端的に表現の自由との関連を承認しているといえる．

> 「個人間の意思伝達が個人の意思形成にかかわり，表現活動の前提となるので，その秘密を保護し，公権力による監視を排除する趣旨を持つものである．」(右崎正博「通信の秘密」佐藤幸治編著『要説コンメンタール日本国憲法』(三省堂 1994年) 155頁)

この見解を採る場合，表現の自由と，この権利の内実としてのプライバシーの権利をどのように調和させて理解するのか，という問題が生ずる．この点については，その見解を詳述したものは，管見の限りでは見あたらず，はっきりしない．しかし，通信の秘密を対国家的権利と把握するのがこの見解を採るものの一般傾向であることから考えると，力点は表現の自由に掛かり，ただ，その性質が

プライバシーに類似していると把握しているに止まると理解すべきであろう（但し、プライバシーに力点があると名言する者として、松井〈第3版〉514頁）。

第2は、プライバシーの権利そのものであって、表現の自由とは独立の権利と考える立場である（以下、プライバシー説という）。この説は、上記表現の自由・プライバシー説が、表現の自由の法理を混在させることを批判しつつ、次のように説く。

「〈通信の秘密〉は本来プライヴァシイの問題と考えられる。意思・情報の人格間での伝達の保護が眼目となっており、この保護は個人の持つ秘匿欲求に応ずるものと見られるからである。かかる保障の一般的根拠は憲法13条の『幸福追求権』に基づくものであるが、それが当人の管理範囲内で行われる場合には35条の『住居等の不可侵』による。」（高橋正俊前掲論文より引用）

第3は、21条に定められていることを直視し、プライバシーから峻別された表現の自由の一環として、通信の秘密を理解しようとする立場である。すなわち、プライバシー説ないし表現の自由・プライバシー説で把握するときは、ここで秘密と呼ばれているものはプライバシーを意味する、という議論であるのに対して、表現の自由の一環として把握するときは、通信の自由が保護され、その消極形態として、通信の秘密も保護されるという論理構造をとることになる（以下「通信の自由説」という＝阪本昌成『憲法理論Ⅲ』（成文堂）140頁参照）。

この説は、秘密の概念における異質性という点で上記2説と相違する。すなわち、秘密とは、第三者の知得を排除する意図があって初めて成立する概念であると説く。したがって、表面上も封鎖性が期待されることの明らかな封書や小包に限られる。葉書やインターネット通信のようなものには、第三者の知得を排除する意図があるとは認められないから、それらを対象に通信の秘密侵害という問題は起こり得ない。あるいは、先に論じた直接的な私的会話の場合、偶然脇にいれば耳にはいるような状態下で行われている私的会話については、通信の秘密の対象とはならないので、公権力が故意に傍受しても問題にならないと考えるべきである、と説く。

これに対して表現の自由・プライバシー説ないしプライバシー説に立つ場合には、それらについても私的コミュニケーションである限り、プライバシーが成立するから、そのコミュニケーションが実質的に保護に値する秘密性を有するか、また、通信の当事者が秘密にすることを欲するか否かに関わりなく、通信の秘密を侵害する行為と評価されることになる。

読者としては、これら3説のうち、自らの基本書と一番調和性のあるものを選んで、それをベースに自説を展開していけばよい。参考までに、私自身がどう考えているかについて一言しておく。

冒頭に論じたとおり、通信、すなわち私的コミュニケーションについては、本来、表現の自由の一環としての保護対象にはならないと考えられる。したがって、本条で通信の自由を読まない限り、憲法典中に通信の自由の保護規定はないことになり、それは不当である。また、条文の位置及び文言的には通信の自由説が妥当であることから、21条2項の解釈としてはこれを支持する。

しかし、今日、プライバシーの権利が判例・学説的に確立していることを考えるとき、本条でプライバシーを読み込まないということは、通信におけるプライバシーの保護を要求しないということを意味するものではない。通信の形を取るプライバシーについては、憲法13条の幸福追求権の一環として保護の対象となるものと考える。

そして、現実の取り扱いにおいて通信の自由とプライバシーを峻別する必要はない、と考える。以下、本講で論ずる通信の秘密とは、文字どおりの秘密に加え、プライバシーもその保護対象として把握する。多数説、判例も、プライバシーを主たる保護法益としつつ、通信の自由の法理を混在させて理解している。

3　通信の秘密の内容

(1)　不可侵性の内容

以上のように、通信の自由に加え、プライバシーも含めて総合的に通信の秘密という概念を理解するときには、ここにいう秘密とは、次の概念である。

第1に、通信の有無そのものが秘密となる。したがって後に論ずる守秘義務者は、公権力からの問い合わせに対して、単に特定当事者間に通信が存在した事実を明かすことも、許されないことに

なる．刑事訴訟法197条2項は「捜査については，公務所または公私の団体に照会して必要な事項の報告を求めることができる」と規定する．が，これに応じて郵便官署や電気通信事業者が，通信に関する事項を報告するのは通信の秘密を侵害することになるので，許されない．すなわち同条はその限度で限定的に理解されなければならない．

第2に，通信の外形から知ることのできる事柄，すなわち通信当事者の氏名・住所，通信日時，通信の場所等もまた保護の対象となる．通信の回数もまた，保護対象である．

第3に通信の内容が保護の対象となる．先に述べたように，その内容が実質的に保護に値する秘密性を有するか，また，通信の当事者がその内容を秘密にすることを欲するか否かに関わりない．

これらはいずれも主としてプライバシー保護の論理から導かれる結論であることに注意するべきである．厳密な通信の自由説を採る阪本説が，第2の点を読み込むのはその意味で疑問である．

通説は，通信の秘密は国家からの侵害に向けられた保護であるので，私人による侵害までもカバーするものではないと説く．確かに，自由権は本来国家からの自由であるから，その限りにおいて，この見解は正しい．しかし，上述のように保護法益としてプライバシーを考えるときには，それが私人間効力のある権利として発展してきた（この点については第33講参照）ことから考えると，疑問である．表現の自由と異なり，通信の秘密は，私人もまた名宛人とする権利と考えるべきであろう．現行の電気通信事業法は，

　3条　電気通信事業者の取扱中に係る通信は，検閲してはならない．
　4条
　　1項　電気通信事業者の取扱中に係る通信の秘密は，侵してはならない．
　　2項　電気通信事業に従事する者は，在職中電気通信事業者の取り扱いに係る通信に関して知り得た他人の秘密を守らなければならない．その職を退いた後においても，同様とする．

と規定して，私企業である電気通信事業者に守秘義務を課している．

従来，通説は憲法の人権規定の私人間効力を否定する立場から，NTTやKDDに課されていた守秘義務の説明に苦慮し，「株式会社とされたのは経営上，技術上の都合に過ぎず，独占企業的性格があって，国民は利用を強制される状況にあることなどから，国家に準じて考えることができ」る（高橋前掲論文より引用）などと説いていたが，今日の電気通信事業者に対する説明としては明らかに不適切であろう．これはこのような通信の秘密の持つ対私人効力から来るものと理解する事ができる．同様に，刑法が私人の信書開封行為を処罰している（133条）のも，秘密の私人間効力として理解することができる．

(2) 検閲の意義

通信の自由が，表現の自由とは異質の私人間コミュニケーション概念であることを直視する場合，検閲概念について，表現の自由との関連で論じられるものをそのまま継承することはできない．すなわち，表現の自由においては，表現が言論の自由市場に到達する前に，国家権力がその内容を審査し，その表現を許すか否かを問題とするものであった．しかし，私的コミュニケーションにおいては，そもそも言論の自由市場への到達があり得ないから，この検閲概念を維持することはできない．

事前・事後を問わず，公権力による通信に対する調査・探求を禁ずるのがここでの検閲の意味であると解せざるを得ない．この点に関しては，一般にそう解されている，といえるだろう．

このように解する場合には，通信の秘密が対国家規定であると解する場合には，検閲と通信の秘密は完全に重複する概念規定となる．その点からも，通信の秘密は対私人効力も含むものと解するべきである．

4　通信の秘密の限界

通信の秘密には，憲法の文言的には制限を課すことが明示されていない．しかし，同じ21条2講が保障している表現の自由に対する検閲の禁止と異なり，それは絶対的な保障を意味するものではないと解される．なぜなら

「(1)　プライバシー一般の根拠たる幸福追求権が公共の福祉による制限を明示的に受けていること（13

条）

(2) 通信の秘密と並列関係にあると考えられる住居等の不可侵は，その保障解除について詳しく規定する，ことなどから推測される．」(高橋・前掲書より引用)

このように，35条を根拠として通信に対する公権的侵害を肯定する以上，その手続きは35条に準じて構成されるべきことになる．

刑事訴訟法は，有体物であると否とにより，捜査方法を分けて規定する．すなわちそれが有体物であって，国に占有を移すことが可能な場合には押収する(刑訴99条)．これに対して占有を国に移すことが不可能な対象の場合には検証する(刑訴128条)．すなわち写真，録音，文書化その他，人，場所，物の性質・形状を五感の作用で認識する行為である．

通信の場合，前者の対象となる物を郵便物と呼び，後者を対象とする認識手段を盗聴という．なお，盗聴のことを婉曲に通信傍受というがあるが，認識手段の正確な表現とは認められないので，ここではとらない．

(1) 郵便物

ここに郵便物とは，封書，葉書のほか，小包，ビデオ，FDその他，通信が有体物の形態をとっているすべてのものを意味する．従来は，郵政省の行うサービスだけであったが，今日において宅配業者の活動を除外する理由はない．

犯罪の捜査のための郵便物の押収は，35条の要件を満たす限り，問題はない．これにつき，刑事訴訟法100条は，通常の押収の「証拠物または没収すべきものと思料するもの」(99条)という要件を郵便物に関して緩和し，「被告人から発し，または被告人に対して発した郵便物」(同条1項)でありさえすれば押収可能としている．これについては刑事訴訟法学者の間にも21条違反として違憲の主張が強い(例えば，田宮裕『ホーンブック刑事訴訟法』(北樹出版)108頁参照)．さらに同条2項は「被告事件に関係があると認めるに足りる状況」にさえあれば，被告人と関係がない郵便物であっても押収可能としていることが問題となる．これについても，35条に違反し，違憲と解するべきであろう．

(2) 盗聴

ここに盗聴とは，単に通信の内容を密かに知得する行為ばかりでなく，先に述べた通信の外的要件，特に通信当事者の所在などを探知する行為(逆探知)を含む．

直接的対話，電話あるいは電子メールの盗聴については，場合を2つに分けて理解するべきである．すなわち通信の一方当事者の了解があって行う盗聴と，双方当事者の了解なしに行う盗聴である．

① **一方当事者の了解に基づく盗聴** 身代金誘拐事件や脅迫事件においては，被害者側の了解を得て，警察による通信内容の盗聴・録取が行われ，また，電気通信事業者の協力による発信地の特定などの活動が行われることがよくある．この問題について判例はないが，内閣法制局意見(昭和38年12月9日付)によれば，犯人の「逮捕に必要な限度においては，事柄の性質上，現行犯人の私生活の秘密を含む基本的人権が即時的に侵害を受けるのはやむを得ない」ことで「日本国憲法33条及び35条も，このことを当然の前提としていることは明らか」としている．結論的には学説一般の支持を受け，そのような取り扱いが行われているが，理論的にこのことを論証するのは困難である．一種の合理的緊急行為として許されるという見解が強い(例えば，阪本・前掲書等)．

しかし，むしろ誘拐や脅迫等の犯罪行為を行う自由は，本来通信の秘密には包含されないと考えることが妥当であろう．

② **双方の了解のない盗聴** 犯罪捜査一般のための盗聴は，理論的にいうならば，郵便物と同様の要件の下に許されると解するべきであろう．この場合，令状に依るべきことは，21条2項，31条及び35条から当然のことであろう．

問題は，郵便物と異なり，電話等の場合は，あらかじめ盗聴すべき対象を限定することがきわめて困難な点にある．捜査の必要から電話の盗聴を認める場合には，勢いある程度包括的な許容を予定せざるを得ない．通説は，

「a 重大犯罪，とりわけ人の生命，身体に危害を生ぜしめる犯罪に限定すること，

b 特に盗聴に依らねばならない特殊事情が存在

するこ と，

c ①ある特定の犯罪がすでに犯され，または犯されつつあること，

②その会話がある特定の電話または場所で行われるであろうこと，を信ずるに足る相当の理由があること」

を最低基準にすべきものとする(佐藤幸治執筆部分・芦部編憲法Ⅱ665頁)．妥当であろう．

問題となっている盗聴法は，この要件の具体化を図っているのであるが，それがどこまで徹底しているかは問題である．

第1の要件に関しては，盗聴が許されるのは盗聴法の別表に限定的に列記されるものに限るとされており，明確な歯止めが存在する点で，妥当であろう．

第2の要件に関しては，同法3条の文言は必ずしも明確とは言い難い．裁判所の具体的判断を通じて，きちんとしたルールの生成を期待するほかはないものと思われる．

第3の要件についてもまた同様である．

こうしたことから，同法は規定の内容そのものは妥当である(つまり法令違憲にはならない)が，今後の運用いかんによっては違憲と判断される場合も生じてくるものと思われる(つまり適用違憲＜処分違憲＞になる可能性は十分にある)．

〈著者紹介〉

甲斐素直（かい・すなお）

昭和45年　日本大学法学部法律学科卒業
　　　　会計検査院事務総長官房審議室上席審議室調査官，司法検査課長を経て，平成5年より日本大学法学部教員

〈主要論文〉
「国民健康保険財政を保険料で賄うとする条例と租税法律主義」ジュリスト1202号（2001年）
「監視カメラと人権」日本法学72巻（2006年）
「憲法17条の本質―制度的保障の中核としての自己責任」日本大学法科大学院法務研究第3号（2007年）
「ドイツにおける法曹養成制度改革について―制度の概要」日本大学法学部法学紀要第49巻（2008年）

〈著　書〉
『財政法規と憲法原理』（日本大学法学部叢書第11巻，1996年・八千代出版）
『予算・財政監督の法構造』（同叢書第15巻，2001年・信山社）

憲法演習ゼミナール読本（上）

2008(平成20)年7月30日　第1版第1刷発行
6061-8：P392　¥4800E-012:100-050

著　者　　甲　斐　素　直
発行者　　今　井　　　貴
発行所　　株式会社　信山社

〒113-0033　東京都文京区本郷 6-2-9-102
Tel 03-3818-1019　Fax 03-3818-0344
エクレール後楽園編集部　〒113-0033　文京区本郷 1-30-18
笠間才木支店　〒309-1625　茨城県笠間市才木 515-3
笠間来栖支店　〒309-1625　茨城県笠間市来栖 2345-1
Tel 0296-71-0215　Fax 0296-72-5410
出版契約No. 2008-6061-8-01010　Printed in Japan

Ⓒ甲斐素直, 2008　印刷・製本／亜細亜印刷・渋谷文泉閣
ISBN978-4-7972-6061-8 C3332　分類323.342憲法c041
6061-0101:012-100-050《禁無断複写》

石田　穣
（民法大系／全8巻）

民法総則	民法大系(1)	続刊
物権法	民法大系(2)	4,800円
担保物権法	民法大系(3)	続刊
債権総論	民法大系(4)	続刊
契約法	民法大系(5)	続刊
事務管理・不当利得・不法行為法		
	民法大系(6)	続刊
親族法	民法大系(7)	続刊
相続法	民法大系(8)	続刊

◇学術選書◇

学術選書1	太田勝造	紛争解決手続論 (第2刷新装版)	近刊
学術選書2	池田辰夫	債権者代位訴訟の構造 (第2刷新装版)	
学術選書3	棟居快行	人権論の新構成 (第2刷新装版)	8,800円
学術選書4	山口浩一郎	労災補償の諸問題 (増補版)	8,800円
学術選書5	和田仁孝	民事紛争交渉過程論 (第2刷新装版)	
学術選書6	戸根住夫	訴訟と非訟の交錯	7,600円
学術選書7	神橋一彦	行政訴訟と権利論 (改版第2刷新装版)	9,800円
学術選書8	赤坂正浩	立憲国家と憲法変遷	12,800円
学術選書9	山内敏弘	立憲平和主義と有事法の展開	8,800円
学術選書10	井上典之	平等権の保障 近刊	
学術選書11	岡本祥治	隣地通行権の理論と裁判 (第2刷新装版)	
学術選書12	野村美明	アメリカ裁判管轄権の構造 近刊	
学術選書13	松尾 弘	所有権譲渡法の理論 続刊	
学術選書14	小畑 郁	ヨーロッパ人権条約の構想と展開 仮題 続刊	
学術選書15	松本博之	証明責任の分配 (第2版) (第2刷新装版) 続刊予定	
学術選書16	安藤仁介	国際人権法の構造 仮題 続刊	
学術選書17	薬師寺公夫	(国際法の諸問題：題未定)	
学術選書18	山田 洋	ドイツ環境行政法と欧州	5,800円
学術選書19	深川裕佳	相殺の担保的機能 近刊	
学術選書20	徳田和幸	複雑訴訟の基礎理論 近刊	
学術選書21	青木 清	(国際私法：題未定) 学術選書22 鳥居淳子 (題未定)	

◇総合叢書◇

総合叢書1　企業活動と刑事規制の国際動向　11,400円
　　　　　　甲斐克則・田口守一編
総合叢書2　憲法裁判の国際的発展 (2)　栗城・戸波・古野編

◇翻訳文庫◇

翻訳文庫1　一般公法講義 1926年　近刊
　　　　　　レオン・デュギー　赤坂幸一・曽我部真裕訳
翻訳文庫2　海洋法　R.R.チャーチル・A.V.ロー著　臼杵英一訳　近刊
翻訳文庫3　シュテルン憲法　棟居快行・鈴木秀美・他訳　近刊

広中俊雄 編著
日本民法典資料集成 1
第1部 民法典編纂の新方針
４６倍判変形　特上製箱入り 1,540頁　本体20万円

① 民法典編纂の新方針　　発売中　　直販のみ
② 修正原案とその審議：総則編関係　　近刊
③ 修正原案とその審議：物権編関係　　近刊
④ 修正原案とその審議：債権編関係上
⑤ 修正原案とその審議：債権編関係下
⑥ 修正原案とその審議：親族編関係上
⑦ 修正原案とその審議：親族編関係下
⑧ 修正原案とその審議：相続編関係
⑨ 整理議案とその審議
⑩ 民法修正案の理由書：前三編関係
⑪ 民法修正案の理由書：後二編関係
⑫ 民法修正の参考資料：入会権資料
⑬ 民法修正の参考資料：身分法資料
⑭ 民法修正の参考資料：諸他の資料
⑮ 帝国議会の法案審議
　　　　―附表　民法修正案条文の変遷

　碓井光明著　政府経費法精義　　4,000円
　碓井光明著　公共契約法精義　　3,800円
　碓井光明著　公的資金助成法精義　　4,000円

◇国際私法学会編◇

国際私法年報1（1999） 3,000円
国際私法年報2（2000） 3,200円
国際私法年報3（2001） 3,500円
国際私法年報4（2002） 3,600円
国際私法年報5（2003） 3,600円
国際私法年報6（2004） 3,000円
国際私法年報7（2005） 3,000円
国際私法年報8（2006） 3,200円
国際私法年報9（2007） 3,500円

◇香城敏麿著作集◇

1 憲法解釈の法理 12,000円
2 刑事訴訟法の構造 12,000円
3 刑法と行政刑法 12,000円

メイン・古代法 安西文夫訳
MAINE'S ANCIENT LAW—POLLOCK版 原著

刑事法辞典 三井誠・町野朔・曽根威彦
吉岡一男・西田典之 編

スポーツ六法2008 小笠原正・塩野宏・松尾浩也 編
法学六法08 石川明・池田真朗・三木浩一他編 1,000円
家事審判法 佐上善和著 第2刷 4,800円

ハンス・ユルゲン・ケルナー著 小川浩三訳 3,200円
ドイツにおける刑事訴追と制裁
憲法訴訟論 新正幸著 6,300円

◇法学講義のための重要条文厳選六法◇
法学六法'08
46版薄型ハンディ六法の決定版 544頁 1,000円

【編集代表】
慶應義塾大学名誉教授　石川　　明
慶應義塾大学教授　　　池田　真朗
慶應義塾大学教授　　　宮島　　司
慶應義塾大学教授　　　安冨　　潔
慶應義塾大学教授　　　三上　威彦
慶應義塾大学教授　　　大森　正仁
慶應義塾大学教授　　　三木　浩一
慶應義塾大学教授　　　小山　　剛

【編集協力委員】
慶應義塾大学教授　　　六車　　明
慶應義塾大学教授　　　犬伏　由子
慶應義塾大学教授　　　山本爲三郎
慶應義塾大学教授　　　田村　次朗
岡 山 大 学 教 授 　　大濱しのぶ
慶應義塾大学教授　　　渡井理佳子
慶應義塾大学教授　　　北澤　安紀
慶應義塾大学准教授　　君嶋　祐子
東北学院大学准教授　　新井　　誠

青竹正一著　新会社法（第2版）3,800円
泉田栄一著　会社法論　　6,880円
今川嘉文著　会社法概論　予5,800円
今川嘉文編　判例アスペクト会社法　予2,000円